수학은 역시 에이급입니다!

에이급출판사 **수·학·교·재·소·개**

	기본	응용	심화
● **수학의 단비** 시작부터 제대로 기본부터 탄탄하게 개념이해 연산강화 문제집	 수학1-상 · 수학1-하 수학2-상 · 수학2-하 수학3-상 · 수학3-하		
● **유형 콕** 시험에 꼭 나오는 내신유형 완벽마스터		수학1-상 · 수학1-하 수학2-상 · 수학2-하 수학3-상 · 수학3-하	
● **원리해설수학** 모든 문제가 풀리는 원리이해의 힘 기본부터 심화까지 한 권으로 끝		수학1-상 · 수학1-하 수학2-상 · 수학2-하 **수학3-상** · 수학3-하	
● **급속충전 에이급수학** 상위권 수준으로 빠르게 실력을 업그레이드하기 위한 문제집		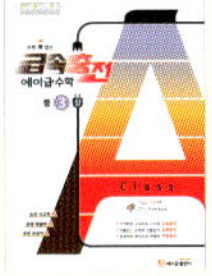 수학1-상 · 수학1-하 수학2-상 · 수학2-하 수학3-상 · 수학3-하	
● **에이급수학** 논리사고력, 문제해결력, 종합응용력을 완성하는 중학 수학 최고의 문제집		 수학1-상 · 수학1-하 수학2-상 · 수학2-하 수학3-상 · 수학3-하	
● **에이급수학 리미티드 에디션** 특목고를 목표로 하는 실전 모의고사 형식의 문제집			 LIMITED EDITION

www.aclassmath.com   **"시작이 에이급이면 결과는 에이플러스입니다."**

원리해설 수학 중 3 - 상

발행일 2024년 11월 1일
펴낸이 김은희 **펴낸곳** 에이급출판사 **등록번호** 제20-449호
책임편집 김선희, 손지영, 이윤지, 성차영, 김은경
마케팅총괄 이재호
표지디자인 김인하
내지디자인 디자인 루나씨
조판 보문미디어
주소 서울시 강남구 봉은사로 37길 13 동우빌딩 5층
전화 02-514-2422~3, 02-517-5277~8
팩스 02-516-6285
홈페이지 www.aclassmath.com

에이급
원리해설 수학
중 3-상

운동을 많이 하면 운동이 늘고
요리를 많이 하면 요리가 느는 것처럼
무언가를 하면 할수록 늘게 됩니다.
단, 꾸준히 하는 것이 중요합니다.
'작심삼일'도 일 년에 120번 넘게 하면
목표를 이룰 수 있으니까요. ^^

시작의 말

수학은 수천 년 전부터 발전을 계속해 왔지만 여전히 모든 학문의 기본이 되는 까닭은 정확한 추론, 사물의 본질을 꿰뚫는 직관력, 체계를 자유로이 생각해가는 창조성 등 인간의 지성이 가장 잘 발휘되는 학문이기 때문입니다.

우리는 단순히 수학적 지식을 배우는 것이 아니라 그 지식을 활용해서 생각하는 힘, 서술하는 힘을 키우고 종합적인 문제해결력을 배웁니다.

「원리해설중학수학」은 원리부터 깨우쳐서 문제에 함축된 의미를 바로 이해하고 어떤 문제를 만나더라도 쉽게 대처할 수 있는 수학적 체력을 기르도록 만들어진 책입니다.

원리의 이해 없이 비슷비슷한 문제만 많이 푼다고 해서 수학 실력이 향상되지는 않습니다. 또한 요령으로 답만 찾아내어서는 사고력과 창의력을 요하는 종합적인 문제는 절대 풀 수가 없습니다.

대입과 수능의 절대변수이자 변별력이 가장 큰 과목은 언제나 수학입니다. 따라서 향후 학습에 큰 도움이 될 수 있도록 심화개념을 연계하여 최상위권의 수학 자신감을 키울 수 있도록 하였습니다.

아무리 세계가 변화하고 교육정책이 바뀌어도 스스로 생각하고, 스스로 판단하고, 자기주도적으로 문제를 해결해 나가는 능력이 가장 중요합니다.

목표가 없으면 성취도 없습니다. 스스로의 가능성을 믿고 꿈에 몰입하는 순간 이미 절반은 이룬 것입니다.

구성과 특징

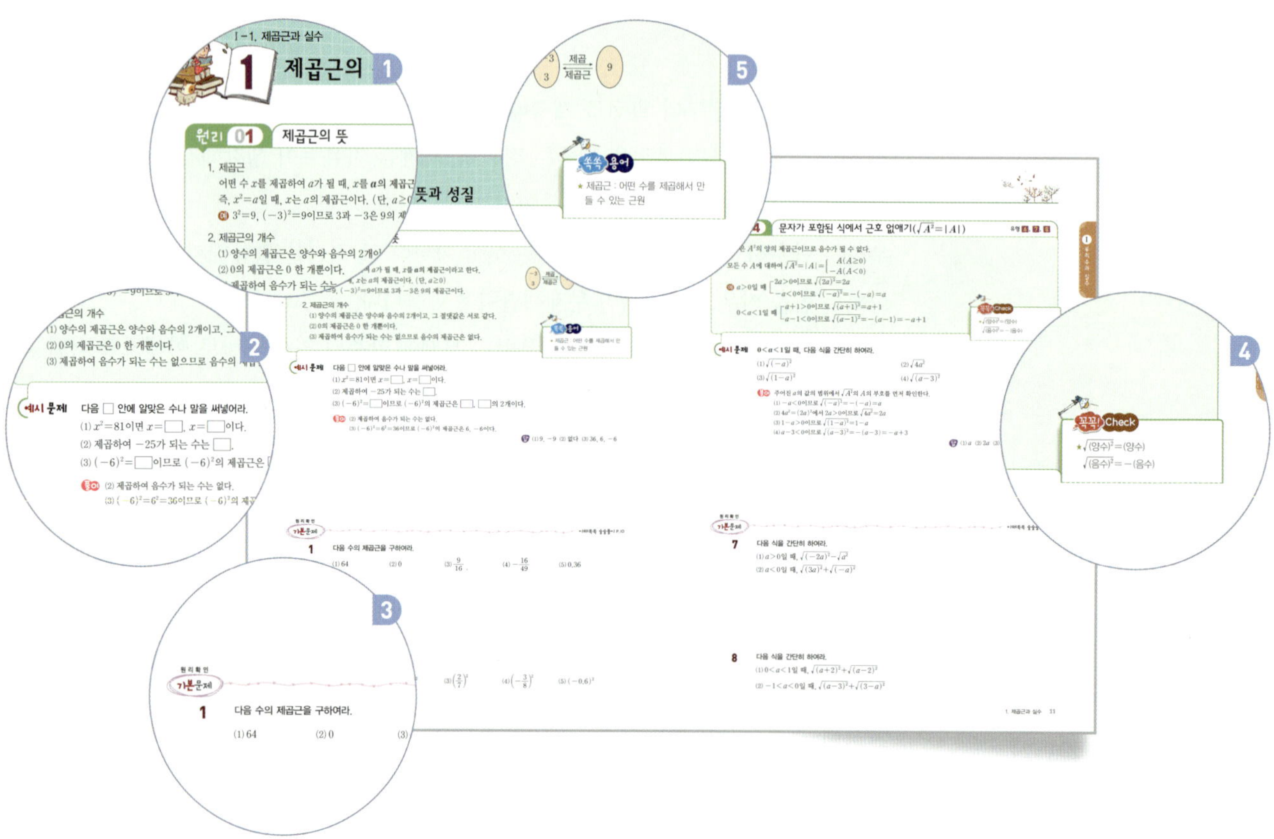

1 원리해설

각 단원에서 반드시 알아야 할 원리를 명쾌하게 해설하였습니다. 예, 그림, 표, 증명을 통하여 개념이 확실하게 뿌리내리고 중요원리가 한 눈에 들어올 수 있도록 하였습니다.
교육과정에는 다루고 있지 않으나 향후 학습을 위해 꼭 필요한 개념은 심화나 Jump로 정리해서 한 발 앞서 갑니다.

2 예시문제

원리를 문제로 풀어보면서 개념을 확실하게 이해하고 있는지 다시 한 번 정리합니다.

3 원리확인 기본문제

각 원리에 대한 대표문제를 스스로 풀어보면서 원리를 문제에 적용시킬 수 있는 능력을 키웁니다.

4 꼭꼭! check

꼭 알아야 하는 필수 원리들을 다시 한 번 한눈에 확인할 수 있도록 하였습니다.

5 쏙쏙용어

중요한 용어들만 뽑아내어 머리에 쏙쏙 들어오도록 알기 쉽게 정리하였습니다.

출제자의 관점에서

착실하게 실력이 붙는 **단계별 구성**으로 최상위권의 자신감이 생깁니다.

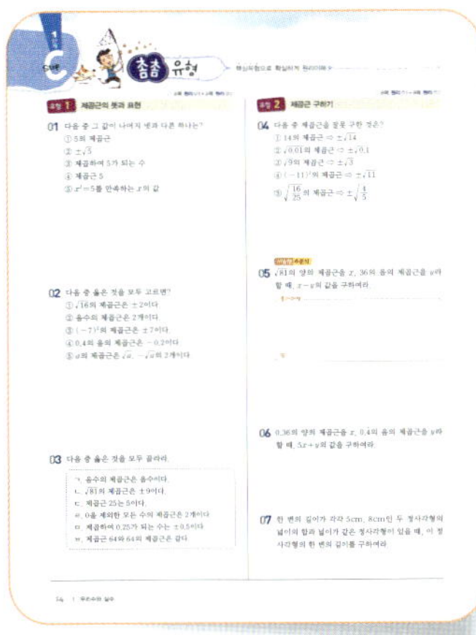

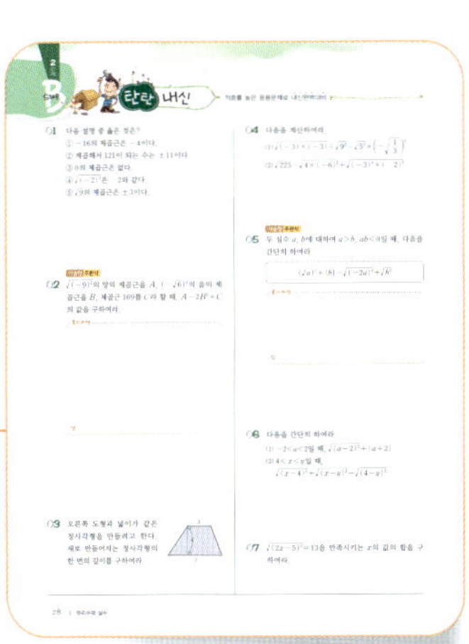

STEP C 촘촘유형

원리와 연관된 다양한 유형을 세분화해서 어떤 문제에도 대처할 수 있는 해법을 익힐 수 있습니다. 원리와 관련 유형이 서로 링크되어 잘 모르는 부분은 다시 한 번 되돌아가서 공부할 수 있습니다.

STEP B 탄탄내신

학교 시험에 꼭 출제되는 수준 높은 응용문제와 비중이 높아진 서술형 문제에도 빈틈 없이 대비해서 내신 만점에 도전합니다.

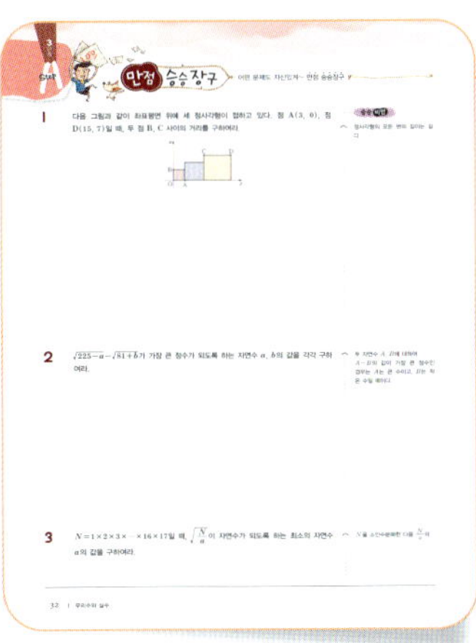

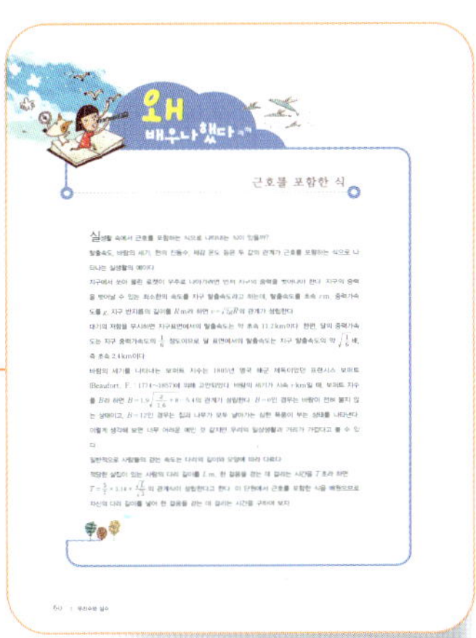

STEP A 만점승승장구

종합적 사고력을 필요로 하는 고난도의 문제로 변별력 1%까지 확실하게 잡아 최상위권의 실력과 자신감을 키웁니다.

왜 배우나 했다.

사칙연산만 할 줄 알면 일상생활에 지장이 없을텐데 어렵게 느껴지는 수학 왜 배우는지 알고 싶다고요? 이 세상 모든 것이 수로 되어 있고, 세상을 보는 법을 알게 됩니다.

➕ 플러스코너

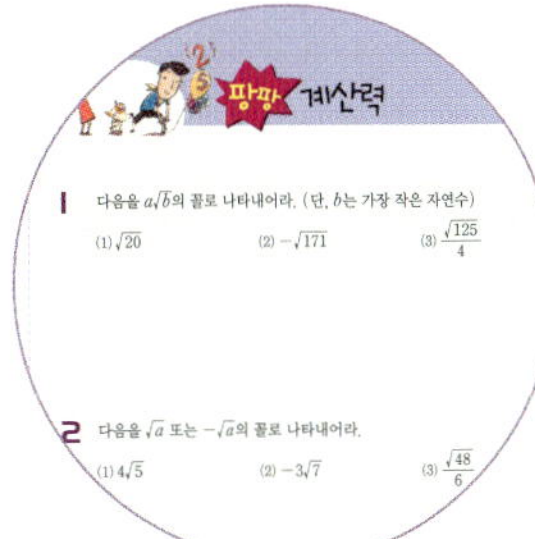

팡팡계산력

많은 문제를 접하면서 집중적으로 계산력이 향상되도록 하였습니다.

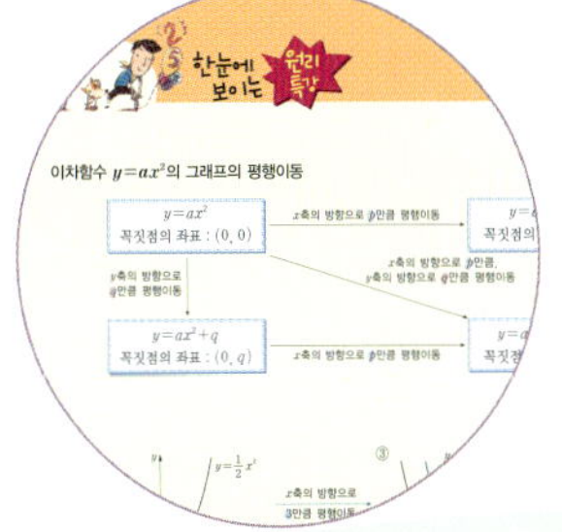

한눈에 보이는 원리특강

꼭 알고 넘어가야 할 중요한 원리를 다시 한 번 일목요연하게 정리하였습니다.

차례

원리해설 수학 **3**-상

원리해설수학 3-하

원리해설수학 3-하는 별도 판매합니다.

I.
무리수와 실수

1 제곱근의 뜻과 성질

원리 01 제곱근의 뜻

유형 1, 2

1. 제곱근

어떤 수 x를 제곱하여 a가 될 때, x를 a의 제곱근이라고 한다.

즉, $x^2=a$일 때, x는 a의 제곱근이다. (단, $a \geq 0$)

예 $3^2=9$, $(-3)^2=9$이므로 3과 -3은 9의 제곱근이다.

2. 제곱근의 개수

(1) 양수의 제곱근은 양수와 음수의 2개이고, 그 절댓값은 서로 같다.

(2) 0의 제곱근은 0 한 개뿐이다.

(3) 제곱하여 음수가 되는 수는 없으므로 음수의 제곱근은 없다.

쏙쏙 용어

★ 제곱근 : 어떤 수를 제곱해서 만들 수 있는 근원

예시 문제 다음 ☐ 안에 알맞은 수나 말을 써넣어라.

(1) $x^2=81$이면 $x=$☐, $x=$☐이다.

(2) 제곱하여 -25가 되는 수는 ☐.

(3) $(-6)^2=$☐이므로 $(-6)^2$의 제곱근은 ☐, ☐의 2개이다.

풀이 (2) 제곱하여 음수가 되는 수는 없다.

(3) $(-6)^2=6^2=36$이므로 $(-6)^2$의 제곱근은 6, -6이다.

답 (1) 9, -9 (2) 없다 (3) 36, 6, -6

원리확인

기본문제

이해쏙쏙 술술풀이 P.10

1 다음 수의 제곱근을 구하여라.

(1) 64 (2) 0 (3) $\dfrac{9}{16}$ (4) $-\dfrac{16}{49}$ (5) 0.36

2 다음 수의 제곱근을 구하여라.

(1) 5^2 (2) $(-3)^2$ (3) $\left(\dfrac{2}{7}\right)^2$ (4) $\left(-\dfrac{3}{8}\right)^2$ (5) $(-0.6)^2$

원리 02 제곱근의 표현

유형 1, 2, 3

1. 제곱근은 기호 $\sqrt{}$ (근호)를 사용하여 나타내고, $\sqrt{a}$를 제곱근 a 또는 루트 a라고 읽는다.

2. $a>0$일 때, a의 제곱근은 $\sqrt{a}$(양의 제곱근), $-\sqrt{a}$(음의 제곱근)로 나타낸다.

$$a \xrightleftharpoons[\text{제곱}]{\text{제곱근}} \sqrt{a},\ -\sqrt{a}\ (단,\ a>0)$$

참고 $\sqrt{a}$와 $-\sqrt{a}$를 한꺼번에 $\pm\sqrt{a}$로 나타내기도 한다.

3. a의 제곱근과 제곱근 a (단, $a>0$)
   (1) a의 제곱근 $\Rightarrow \pm\sqrt{a}$
   (2) 제곱근 $a \Rightarrow \sqrt{a}$
   예 3의 제곱근은 $\pm\sqrt{3}$, 제곱근 3은 $\sqrt{3}$이다.

쏙쏙 용어

★ 근호 : 제곱근을 나타내는 기호

예시 문제 다음 수의 제곱근을 근호를 사용하여 나타내어라.

(1) 2 　　　　　(2) 5 　　　　　(3) 6

풀이 (1) 2의 제곱근은 $\pm\sqrt{2}$이다. 　(2) 5의 제곱근은 $\pm\sqrt{5}$이다. 　(3) 6의 제곱근은 $\pm\sqrt{6}$이다.

답 (1) $\pm\sqrt{2}$ (2) $\pm\sqrt{5}$ (3) $\pm\sqrt{6}$

예시 문제 다음을 구하여라.

(1) 11의 제곱근과 제곱근 11 　　　　　(2) 9의 제곱근과 제곱근 9

답 (1) 11의 제곱근 : $\pm\sqrt{11}$, 제곱근 11 : $\sqrt{11}$
　(2) 9의 제곱근 : ± 3, 제곱근 9 : 3

원리 확인
기본문제

이해쏙쏙 술술풀이 P.10

3 다음 수를 근호를 사용하지 않고 나타내어라.

(1) $\sqrt{4}$ 　　　　　(2) $\sqrt{\dfrac{1}{25}}$ 　　　　　(3) $-\sqrt{0.36}$

4 다음을 근호를 사용하여 나타내어라.

(1) 7의 제곱근 　　　　　(2) 제곱근 15
(3) 8의 음의 제곱근 　　　　　(4) 제곱근 25의 제곱근

원리 03 제곱근의 성질 유형 4, 5

$a>0$일 때
1. $(\sqrt{a})^2=\sqrt{a}\times\sqrt{a}=a$, $(-\sqrt{a})^2=(\sqrt{a})^2=a$ 예 $(\sqrt{3})^2=3$, $(-\sqrt{2})^2=2$
2. $\sqrt{a^2}=a$, $\sqrt{(-a)^2}=\sqrt{a^2}=a$ 예 $\sqrt{4^2}=4$, $\sqrt{(-5)^2}=5$

꼭꼭! Check
★$a>0$일 때,
$(\sqrt{a})^2=(-\sqrt{a})^2=a$
$\sqrt{a^2}=\sqrt{(-a)^2}=a$

예시 문제 다음을 근호를 사용하지 않고 나타내어라.

(1) $(\sqrt{5})^2$ (2) $(-\sqrt{9})^2$ (3) $\sqrt{(-16)^2}$

(4) $\sqrt{7^2}$ (5) $-\sqrt{12^2}$ (6) $-\sqrt{\left(-\dfrac{1}{6}\right)^2}$

풀이 (5) $\sqrt{12^2}=12$이므로 $-\sqrt{12^2}=-12$

(6) $\sqrt{\left(-\dfrac{1}{6}\right)^2}=\dfrac{1}{6}$이므로 $-\sqrt{\left(-\dfrac{1}{6}\right)^2}=-\dfrac{1}{6}$

답 (1) 5 (2) 9 (3) 16 (4) 7 (5) -12 (6) $-\dfrac{1}{6}$

예시 문제 다음을 계산하여라.

(1) $(-\sqrt{7})^2+(\sqrt{2})^2$ (2) $\sqrt{(-8)^2}-\sqrt{3^2}$

(3) $\sqrt{25}\times\sqrt{\left(\dfrac{2}{3}\right)^2}$ (4) $(\sqrt{16})^2\div(-\sqrt{4})^2$

풀이 (1) $(-\sqrt{7})^2+(\sqrt{2})^2=7+2=9$ (2) $\sqrt{(-8)^2}-\sqrt{3^2}=8-3=5$

(3) $\sqrt{25}\times\sqrt{\left(\dfrac{2}{3}\right)^2}=5\times\dfrac{2}{3}=\dfrac{10}{3}$ (4) $(\sqrt{16})^2\div(-\sqrt{4})^2=16\div4=4$

답 (1) 9 (2) 5 (3) $\dfrac{10}{3}$ (4) 4

원리 확인 기본문제 이해쏙쏙 술술풀이 P.10

5 다음을 근호를 사용하지 않고 나타내어라.

(1) $(\sqrt{8})^2$ (2) $(-\sqrt{0.8})^2$ (3) $\sqrt{(-2)^2}$

(4) $-\sqrt{(-1.1)^2}$ (5) $\sqrt{\dfrac{1}{25}}$ (6) $-\left(\sqrt{\dfrac{4}{3}}\right)^2$

6 다음을 계산하여라.

(1) $(\sqrt{10})^2-(-\sqrt{3})^2$ (2) $\sqrt{121}+\sqrt{(-4)^2}-\sqrt{13^2}$

(3) $\sqrt{(-3)^2}\times\sqrt{11^2}\div\left(-\sqrt{\dfrac{3}{4}}\right)^2$ (4) $\sqrt{36}\times\sqrt{5^2}-(-\sqrt{14})^2\div\sqrt{49}$

원리 04 문자가 포함된 식에서 근호 없애기($\sqrt{A^2}=|A|$)   유형 6, 7, 8

$\sqrt{A^2}$은 A^2의 양의 제곱근이므로 음수가 될 수 없다.

모든 수 A에 대하여 $\sqrt{A^2}=|A|=\begin{cases} A & (A\geq 0) \\ -A & (A<0) \end{cases}$

예 $a>0$일 때 $\begin{cases} 2a>0 \text{이므로 } \sqrt{(2a)^2}=2a \\ -a<0 \text{이므로 } \sqrt{(-a)^2}=-(-a)=a \end{cases}$

$0<a<1$일 때 $\begin{cases} a+1>0 \text{이므로 } \sqrt{(a+1)^2}=a+1 \\ a-1<0 \text{이므로 } \sqrt{(a-1)^2}=-(a-1)=-a+1 \end{cases}$

예시 문제 $0<a<1$일 때, 다음 식을 간단히 하여라.

(1) $\sqrt{(-a)^2}$ (2) $\sqrt{4a^2}$

(3) $\sqrt{(1-a)^2}$ (4) $\sqrt{(a-3)^2}$

풀이 주어진 a의 값의 범위에서 $\sqrt{A^2}$의 A의 부호를 먼저 확인한다.

(1) $-a<0$이므로 $\sqrt{(-a)^2}=-(-a)=a$

(2) $4a^2=(2a)^2$에서 $2a>0$이므로 $\sqrt{4a^2}=2a$

(3) $1-a>0$이므로 $\sqrt{(1-a)^2}=1-a$

(4) $a-3<0$이므로 $\sqrt{(a-3)^2}=-(a-3)=-a+3$

답 (1) a (2) $2a$ (3) $1-a$ (4) $-a+3$

원리 확인

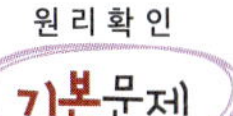

기본문제 이해쏙쏙 술술풀이 P.10

7 다음 식을 간단히 하여라.

(1) $a>0$일 때, $\sqrt{(-2a)^2}-\sqrt{a^2}$

(2) $a<0$일 때, $\sqrt{(3a)^2}+\sqrt{(-a)^2}$

8 다음 식을 간단히 하여라.

(1) $0<a<1$일 때, $\sqrt{(a+2)^2}+\sqrt{(a-2)^2}$

(2) $-1<a<0$일 때, $\sqrt{(a-3)^2}+\sqrt{(3-a)^2}$

원리 05   제곱수를 이용하여 근호 없애기

유형 9, 10, 11, 12

1. $1=1^2$, $4=2^2$, $81=9^2$과 같이 자연수의 제곱인 수를 제곱수라고 한다.

2. 근호 안의 수가 제곱수이면 근호를 없애고 자연수로 나타낼 수 있다.

$$\sqrt{(제곱수)}=\sqrt{(자연수)^2}=(자연수)$$

예 $\sqrt{4}=\sqrt{2^2}=2$, $\sqrt{9}=\sqrt{3^2}=3$, $\sqrt{16}=\sqrt{4^2}=4$

Tip 어떤 자연수를 소인수분해하였을 때, 소인수의 지수가 모두 짝수이면 $(자연수)^2$의 꼴로 고칠 수 있다. 따라서 $\sqrt{A}$가 자연수가 되려면 A를 소인수분해하였을 때, 소인수의 지수가 모두 짝수이어야 한다.

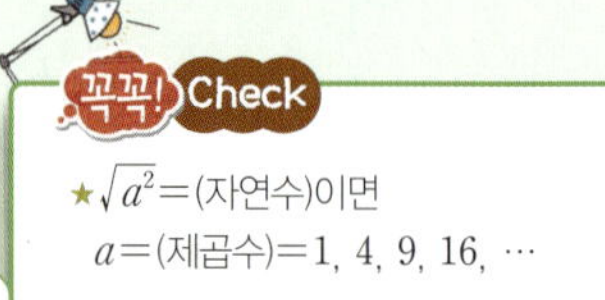

예시 문제   다음은 $\sqrt{2^2\times7\times x}$가 자연수가 되도록 하는 가장 작은 자연수 x의 값을 구하는 과정이다. ☐ 안에 알맞은 수를 써넣어라.

> $\sqrt{2^2\times7\times x}$가 자연수가 되려면 $x=7\times(제곱수)$가 되어야 한다. 이때 제곱수는 $1,\ 4,\ 9,\ 16,\ \cdots$이고, 이 중 가장 작은 수는 ☐이므로 $x=7\times☐=☐$이다.

답 1, 1, 7

원리 확인 기본문제

이해쏙쏙 술술풀이 P.10

9 다음 수가 자연수가 되도록 하는 가장 작은 자연수 x의 값을 구하여라.

(1) $\sqrt{96x}$ (2) $\sqrt{140x}$ (3) $\sqrt{\dfrac{242}{x}}$ (4) $\sqrt{\dfrac{726}{x}}$

10 다음 수가 자연수가 되도록 하는 가장 작은 자연수 x의 값을 구하여라.

(1) $\sqrt{25+x}$ (2) $\sqrt{91+x}$ (3) $\sqrt{130-x}$ (4) $\sqrt{173-x}$

11 $\sqrt{90-x}$가 자연수가 되도록 하는 자연수 x의 값은 모두 몇 개인지 구하여라.

원리 **06** 제곱근의 대소 관계

유형 **13**, **14**, **15**, **16**

1. $a>0$, $b>0$일 때
   (1) $a<b$이면 $\sqrt{a}<\sqrt{b}$
   (2) $\sqrt{a}<\sqrt{b}$이면 $a<b$
   (3) $a<b$이면 $\sqrt{a}<\sqrt{b}$이므로 $-\sqrt{a}>-\sqrt{b}$

   [참고] 정사각형의 한 변의 길이가 길수록 넓이도 넓고,
   　　　 정사각형의 넓이가 넓을수록 한 변의 길이도 길다.

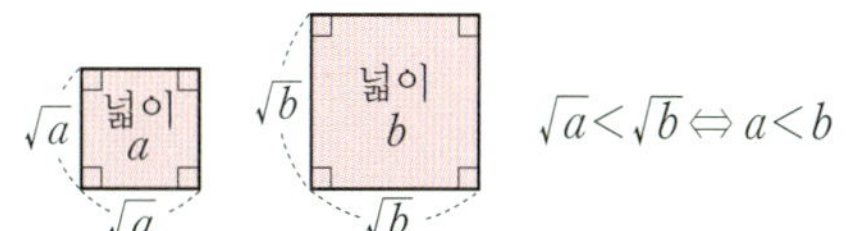

2. 근호가 있는 수와 근호가 없는 수의 대소 비교 방법
   $a>0$, $b>0$일 때,
   (1) 근호가 없는 수를 근호가 있는 수로 바꾸어 비교한다.
   　 $\sqrt{a}$, $b \Rightarrow \sqrt{a}$와 $\sqrt{b^2}$을 비교
   　 예 $\sqrt{3}$과 2에서 $2=\sqrt{4}$이므로 $\sqrt{3}<2$
   (2) 각 수를 제곱하여 비교한다. $\sqrt{a}$, $b \Rightarrow (\sqrt{a})^2$과 b^2을 비교
   　 예 $\sqrt{3}$과 2에서 $(\sqrt{3})^2=3$, $2^2=4$이므로 $\sqrt{3}<2$

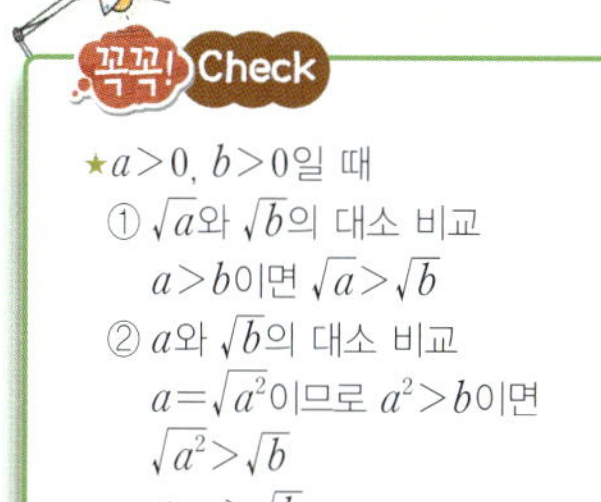

예시 문제 다음 중 두 수의 대소 관계가 옳은 것은?

① $\sqrt{7.2}<\sqrt{7.1}$ 　　　 ② $\sqrt{\dfrac{1}{3}}<\dfrac{1}{3}$ 　　　 ③ $\sqrt{0.3}<\sqrt{0.25}$

④ $\sqrt{\dfrac{2}{3}}<\sqrt{\dfrac{3}{4}}$ 　　　 ⑤ $-\sqrt{8}<-3$

풀이 ① $7.2>7.1$이므로 $\sqrt{7.2}>\sqrt{7.1}$ 　　　 ② $\dfrac{1}{3}=\sqrt{\left(\dfrac{1}{3}\right)^2}=\sqrt{\dfrac{1}{9}}$ 이고 $\dfrac{1}{3}>\dfrac{1}{9}$이므로 $\sqrt{\dfrac{1}{3}}>\dfrac{1}{3}$

③ $0.3>0.25$이므로 $\sqrt{0.3}>\sqrt{0.25}$ 　　　 ④ $\dfrac{2}{3}<\dfrac{3}{4}$이므로 $\sqrt{\dfrac{2}{3}}<\sqrt{\dfrac{3}{4}}$

⑤ $3=\sqrt{3^2}=\sqrt{9}$이고 $8<9$이므로 $\sqrt{8}<3$ 　　 $\therefore -\sqrt{8}>-3$

답 ④

원리확인
기본문제 　　　　　　　　　　　　　　　　　　　　　　　　 이해쏙쏙 술술풀이 P.11

12 다음 수를 큰 수부터 차례대로 써라.

$$\sqrt{2} \qquad 5 \qquad -\sqrt{7} \qquad \sqrt{8} \qquad 0 \qquad -3$$

13 부등식 $1.5<\sqrt{x}<4$를 만족하는 모든 정수 x의 개수를 구하여라.

핵심유형으로 확실하게 원리이해

↻ 8쪽 원리01+9쪽 원리02

유형 1 제곱근의 뜻과 표현

01 다음 중 그 값이 나머지 넷과 다른 하나는?

① 5의 제곱근

② $\pm\sqrt{5}$

③ 제곱하여 5가 되는 수

④ 제곱근 5

⑤ $x^2=5$를 만족하는 x의 값

02 다음 중 옳은 것을 모두 고르면?

① $\sqrt{16}$의 제곱근은 ±2이다.

② 음수의 제곱근은 2개이다.

③ $(-7)^2$의 제곱근은 ±7이다.

④ 0.4의 음의 제곱근은 -0.2이다.

⑤ a의 제곱근은 $\sqrt{a}$, $-\sqrt{a}$의 2개이다.

03 다음 중 옳은 것을 모두 골라라.

> ㄱ. 음수의 제곱근은 음수이다.
>
> ㄴ. $\sqrt{81}$의 제곱근은 ±9이다.
>
> ㄷ. 제곱근 25는 5이다.
>
> ㄹ. 0을 제외한 모든 수의 제곱근은 2개이다.
>
> ㅁ. 제곱하여 0.25가 되는 수는 ±0.5이다.
>
> ㅂ. 제곱근 64와 64의 제곱근은 같다.

↻ 8쪽 원리01+9쪽 원리02

유형 2 제곱근 구하기

04 다음 중 제곱근을 잘못 구한 것은?

① 14의 제곱근 $\Rightarrow \pm\sqrt{14}$

② $\sqrt{0.01}$의 제곱근 $\Rightarrow \pm\sqrt{0.1}$

③ $\sqrt{9}$의 제곱근 $\Rightarrow \pm\sqrt{3}$

④ $(-11)^2$의 제곱근 $\Rightarrow \pm\sqrt{11}$

⑤ $\sqrt{\dfrac{16}{25}}$의 제곱근 $\Rightarrow \pm\sqrt{\dfrac{4}{5}}$

서술형 주관식

05 $\sqrt{81}$의 양의 제곱근을 x, 36의 음의 제곱근을 y라 할 때, $x-y$의 값을 구하여라.

> 풀이과정
>
>
> 답

06 0.36의 양의 제곱근을 x, $0.\dot{4}$의 음의 제곱근을 y라 할 때, $5x+y$의 값을 구하여라.

07 한 변의 길이가 각각 5 cm, 8 cm인 두 정사각형의 넓이의 합과 넓이가 같은 정사각형이 있을 때, 이 정사각형의 한 변의 길이를 구하여라.

↻ 9쪽 원리 02

유형 3 근호를 사용하지 않고 나타내기

08 다음 수 중 근호를 사용하지 않고 나타낼 수 없는 것은?

① $\sqrt{49}$　　② $-\sqrt{16}$　　③ $\sqrt{0.36}$

④ $-\sqrt{0.24}$　　⑤ $\sqrt{\dfrac{16}{25}}$

09 다음 수 중 근호를 사용하지 않고 제곱근을 나타낼 수 있는 것은?

① 14.4　　② $\sqrt{0.09}$　　③ $5.\dot{4}$

④ $\sqrt{49}$　　⑤ $\dfrac{6}{33}$

10 다음 수 중 근호를 사용하지 않고 제곱근을 나타낼 수 있는 것은 모두 몇 개인지 구하여라.

$$5, \quad 16, \quad 32, \quad 0.64, \quad 25.6, \quad \frac{9}{49}$$

↻ 10쪽 원리 03

유형 4 제곱근의 성질 (1)

11 다음 중 그 값이 나머지 넷과 다른 하나는?

① $(-\sqrt{3})^2$　　　　② $-\sqrt{(-3)^2}$

③ $\sqrt{(-3)^2}$　　　　④ $\sqrt{3^2}$

⑤ $(\sqrt{3})^2$

12 다음 수를 큰 것부터 차례로 나열하여라.

$$\sqrt{(-1)^{10}}, \quad -\sqrt{(-3)^2}, \quad \sqrt{0.01}$$
$$(-\sqrt{10})^2, \quad -\sqrt{5^2}, \quad \sqrt{\left(-\frac{1}{2}\right)^2}$$

서술형 주관식

13 $(-\sqrt{0.49})^2$의 양의 제곱근을 A, $\sqrt{(-64)^2}$의 음의 제곱근을 B라 할 때, $10A+B$의 값을 구하여라.

┌ 풀이과정 ─────────

└ 답

↻ 10쪽 원리 03

유형 5 제곱근의 성질을 이용한 계산

14 $\sqrt{(-8)^2}-\sqrt{5^2}+\sqrt{144}$를 계산하여라.

15 다음 중 계산 결과가 가장 큰 것은?

① $\sqrt{2^2}+\sqrt{(-6)^2}$　　　　② $(-\sqrt{13})^2-\sqrt{81}$

③ $(\sqrt{12})^2\times\sqrt{\left(-\dfrac{5}{6}\right)^2}$　　　　④ $\sqrt{(-9)^2}\div\left(\sqrt{\dfrac{3}{7}}\right)^2$

⑤ $\sqrt{(-8)^2}\times\sqrt{10^2}\div(-\sqrt{2})^2$

16 $\sqrt{14^2}-\sqrt{(-2)^2}\times(-\sqrt{4})^2+\sqrt{36}$ 을 계산하여라.

서술형 주관식

17 두 식 A, B가 다음과 같을 때, 물음에 답하여라.

$$A=(\sqrt{15})^2-\sqrt{3^2}\times\sqrt{(-2)^2}$$
$$B=\sqrt{\left(\frac{1}{2}\right)^2}\times\sqrt{(-14)^2}\div(-\sqrt{7})^2+\sqrt{5^2}$$

(1) A의 값을 구하여라.
(2) B의 값을 구하여라.
(3) $A-B$의 값을 구하여라.

풀이과정

답

↻ 11쪽 원리 04

유형 **6** 제곱근의 성질(2) $\sqrt{A^2}=|A|$

18 $a<0$일 때, 다음 중 옳은 것은?
① $\sqrt{(-a)^2}=a$ ② $\sqrt{a^2}=-a$
③ $-\sqrt{a^2}=-a$ ④ $-\sqrt{(-a)^2}=-a$
⑤ $(-\sqrt{-a})^2=a$

19 $a>0$일 때, 다음 **보기** 중 옳은 것을 모두 골라라.

보기
ㄱ. $\sqrt{(-3a)^2}=-3a$ ㄴ. $\sqrt{81a^2}=9a$
ㄷ. $-\sqrt{(-4a)^2}=4a$ ㄹ. $-\sqrt{100a^2}=-10a$
ㅁ. $\sqrt{(5a)^2}=-5a$ ㅂ. $\sqrt{(-2a)^2}=2a$

↻ 11쪽 원리 04

유형 **7** $\sqrt{a^2}$꼴을 포함한 식을 간단히 하기

20 $a>0$일 때, $\sqrt{(5a)^2}+\sqrt{(-2a)^2}$을 간단히 하면?
① 0 ② $3a$ ③ $-3a$
④ $7a$ ⑤ $-7a$

21 $a<0$일 때, $\sqrt{121a^2}-\sqrt{(-5a)^2}$을 간단히 하여라.

서술형 주관식

22 $a>0$, $b<0$일 때, $\sqrt{(-3a)^2}-\sqrt{b^2}+\sqrt{(-8b)^2}$을 간단히 하여라.

풀이과정

답

↻ 11쪽 원리 04

유형 8 $\sqrt{(a-b)^2}$꼴을 포함한 식을 간단히 하기

23 $1<a<2$일 때, $\sqrt{(a-1)^2}+\sqrt{(a-2)^2}$을 간단히 하여라.

24 $-1<x<3$일 때, $\sqrt{(3-x)^2}-\sqrt{(-2-x)^2}$을 간단히 하여라.

서술형 주관식
25 $a<0$, $b>0$일 때, $\sqrt{(a-b)^2}-\sqrt{b^2}+2\sqrt{a^2}$을 간단히 하여라.

풀이과정

답

↻ 12쪽 원리 05

유형 9 $\sqrt{Ax}$가 자연수가 되도록 하는 자연수 x 구하기

26 $\sqrt{48x}$가 자연수가 되도록 하는 x의 값으로 옳지 않은 것은?

① 3　　　　② 12　　　　③ 18
④ 27　　　　⑤ 48

27 $\sqrt{24x}$가 자연수가 되도록 하는 자연수 x의 값 중 100 이하인 수를 모두 구하여라.

28 $\sqrt{1.4\times x}$가 자연수가 되도록 하는 가장 작은 자연수 x의 값을 구하여라.

↻ 12쪽 원리 05

유형 10 $\sqrt{\dfrac{A}{x}}$가 자연수가 되도록 하는 자연수 x 구하기

29 $\sqrt{\dfrac{147}{x}}$이 자연수가 되도록 하는 가장 작은 자연수 x를 구하여라.

서술형 주관식
30 x가 두 자리 자연수일 때, $\sqrt{\dfrac{240}{x}}$이 자연수가 되게 하는 모든 x의 값의 합을 구하여라.

풀이과정

답

31 $\sqrt{\dfrac{504}{n}}$ 가 가장 큰 정수가 되도록 하는 자연수 n의 값을 구하여라.

↻ 12쪽 원리 05

유형 11 $\sqrt{A+x}$ 가 자연수가 되도록 하는 자연수 x 구하기

32 $\sqrt{87+a}$ 가 자연수가 되도록 하는 가장 작은 양의 정수 a의 값을 구하여라.

33 $\sqrt{39+x}=y$ 라 할 때, y가 자연수가 되도록 하는 가장 작은 자연수 x의 값과 그때의 y의 값의 합을 구하여라.

↻ 12쪽 원리 05

유형 12 $\sqrt{A-x}$ 가 정수가 되도록 하는 자연수 x 구하기

34 $\sqrt{34-a}$ 가 정수가 되도록 하는 자연수 a의 값을 모두 더한 값을 구하여라.

35 $\sqrt{90-2a}$ 가 양의 정수가 되도록 하는 자연수 a의 값 중에서 최댓값을 M, 최솟값을 N이라 할 때, $M+N$의 값을 구하여라.

┌ 풀이과정 ─────────────

답

↻ 13쪽 원리 06

유형 13 제곱근의 대소 관계

36 다음 중 두 수의 대소 관계가 옳은 것은?

① $\sqrt{31}<5$ ② $-\sqrt{4.3}>-\sqrt{3.5}$

③ $\sqrt{65}>\sqrt{80}$ ④ $-\sqrt{\dfrac{1}{2}}<-\sqrt{\dfrac{4}{9}}$

⑤ $\sqrt{\dfrac{3}{4}}<\sqrt{\dfrac{5}{7}}$

37 다음 수를 작은 것부터 차례로 나열할 때, 두 번째에 오는 수를 구하여라.

$$\dfrac{3}{5}, \quad 1.21, \quad \sqrt{\dfrac{3}{5}}, \quad \sqrt{5}, \quad \dfrac{1}{3}$$

서술형 주관식

38 다음 수 중에서 가장 큰 수를 a, 가장 작은 수를 b라 할 때, $2a^2-b^2$의 값을 구하여라.

$$\sqrt{2}, \quad -1, \quad -\sqrt{\dfrac{1}{3}}, \quad 0, \quad \sqrt{5}, \quad 2, \quad -\sqrt{3}$$

풀이과정

답

↻ 13쪽 원리 06

유형 14 제곱근의 성질과 대소 관계

39 $\sqrt{(5-\sqrt{21})^2}+\sqrt{(4-\sqrt{21})^2}$ 을 간단히 하여라.

40 $\sqrt{(\sqrt{5}-4)^2}-\sqrt{(7-\sqrt{5})^2}$ 을 간단히 하여라.

↻ 13쪽 원리 06

유형 15 제곱근을 포함한 부등식

41 다음을 만족시키는 자연수 x의 개수를 구하여라.
(1) $\sqrt{7}<\sqrt{x}<\sqrt{12}$　　(2) $3<\sqrt{x-5}<4$
(3) $5\leq\sqrt{3x}<8$

42 $\sqrt{13}<x<\sqrt{54}$ 를 만족하는 자연수 x의 값의 합을 구하여라.

서술형 주관식

43 두 부등식 $2<\sqrt{x}<3$, $\sqrt{5}<x<\sqrt{31}$ 을 동시에 만족시키는 자연수 x의 값을 구하여라.

풀이과정

답

↻ 13쪽 원리 06

유형 16 $\sqrt{x}$ 이하의 자연수 구하기

44 자연수 x에 대하여 $\sqrt{x}$ 이하의 자연수의 개수를 $f(x)$라 할 때, $f(1)+f(3)+f(5)+f(7)+f(9)$의 값을 구하여라.

45 자연수 n에 대하여 $\sqrt{n}$ 이하의 자연수의 개수를 $f(n)$이라 할 때, $f(59)-f(20)$의 값을 구하여라.

2 무리수와 실수

원리 01 무리수와 실수

1. 실수의 집합에서 유리수가 아닌 수, 즉 순환하지 않는 무한소수를 **무리수**라 한다.

[참고] 근호가 있더라도 모두 무리수라고 할 수는 없다. 근호 안의 수가 (유리수)² 꼴이면 근호가 있어도 유리수이다.

예 $\sqrt{4}=\sqrt{2^2}=2$, $\sqrt{121}=\sqrt{11^2}=11$

2. 소수의 분류

$$\text{소수} \begin{cases} \text{유한소수} & \\ \text{무한소수} \begin{cases} \text{순환소수} & \end{cases} \text{유리수} \\ \qquad\qquad \text{순환하지 않는 무한소수 – 무리수} \end{cases}$$

3. 유리수와 무리수를 통틀어 실수라 한다.

4. 실수의 분류

$$\text{실수} \begin{cases} \text{유리수} \begin{cases} \text{정수} \begin{cases} \text{양의 정수(자연수)}: 1,\ 2,\ 3,\ \cdots \\ 0 \\ \text{음의 정수}: -1,\ -2,\ -3,\ \cdots \end{cases} \\ \text{정수가 아닌 유리수}: \dfrac{1}{2},\ -\dfrac{5}{3},\ 1.5,\ 1.\dot{2},\ \cdots \\ \quad {}_{=\text{유한소수와 순환소수}} \end{cases} \\ \text{무리수(순환하지 않는 무한소수)}: \sqrt{2},\ -\sqrt{3},\ \pi,\ \cdots \end{cases}$$

[참고] 특별한 말이 없으면 '수'는 실수를 나타낸다.

꼭꼭! Check

★ 유리수 : $\dfrac{(\text{정수})}{(0\text{이 아닌 정수})}$ 로 나타낼 수 있는 수

★ 무리수 : $\dfrac{(\text{정수})}{(0\text{이 아닌 정수})}$ 로 나타낼 수 없는 수

예시 문제 다음 수가 유리수이면 '유', 무리수이면 '무'라고 써라.

(1) $\sqrt{10}$ (   ) (2) $\sqrt{\dfrac{49}{100}}$ (   ) (3) $-\sqrt{24}$ (   )

(4) $-\sqrt{0.09}$ (   ) (5) $0.2\dot{3}$ (   ) (6) $\sqrt{3.6}$ (   )

풀이 근호 안의 수가 (유리수)² 꼴이면 유리수이고, 근호 안의 수가 (유리수)² 꼴이 아니면 무리수이다.

(2) $\sqrt{\dfrac{49}{100}}=\sqrt{\left(\dfrac{7}{10}\right)^2}=\dfrac{7}{10}$ (4) $-\sqrt{0.09}=-\sqrt{(0.3)^2}=-0.3$ (5) 순환소수는 유리수이다.

답 (1) 무 (2) 유 (3) 무 (4) 유 (5) 유 (6) 무

원리확인

기본문제

이해쏙쏙 술술풀이 P.15

1 다음 보기에서 옳은 것을 모두 골라라.

┌ 보기 ┐
ㄱ. 무한소수는 무리수이다.
ㄴ. 근호가 있는 수는 무리수이다.
ㄷ. 순환하는 무한소수는 모두 무리수가 아니다.
ㄹ. $\sqrt{8}$은 순환하지 않는 무한소수로 나타낼 수 없다.
ㅁ. $1.34\dot{5}$는 유리수이다.
ㅂ. 정수가 아닌 유리수는 모두 유한소수로 나타낼 수 있다.

원리 02 무리수를 수직선 위에 나타내기 유형 3, 4

직각삼각형에서 피타고라스 정리를 이용하여 빗변의 길이를 구하면 무리수를 수직선 위에 나타낼 수 있다.

1. $\sqrt{2}$와 $-\sqrt{2}$를 수직선 위에 나타내기

① 한 칸의 가로와 세로의 길이가 각각 1인 모눈종이 위에 수직선과 직각을
끼인 두 변의 길이가 각각 1인 직각삼각형 AOB를 그린다.

② 직각삼각형 AOB의 빗변의 길이를 구한다.

$\Rightarrow \overline{OA}=\sqrt{1^2+1^2}=\sqrt{2}$

③ 원점 O를 중심으로 하고 $\overline{OA}$를 반지름으로 하는 원을 그릴 때 원과 수직
선이 만나는 두 점 P, Q에 대응하는 수가 각각 $\sqrt{2}$, $-\sqrt{2}$이다.

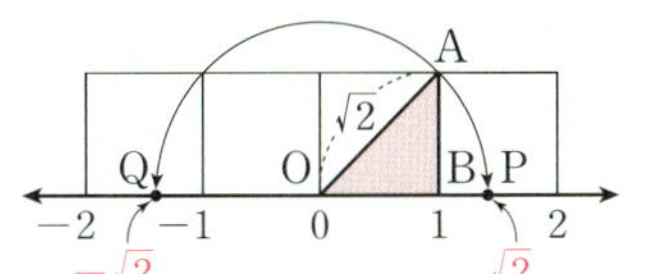

예시 문제 다음은 빗변의 길이가 $\sqrt{5}$인 직각삼각형을 이용하여 무리수 $\sqrt{5}$, $-\sqrt{5}$를 수직선 위에 나타내는 과정이다. $\overline{OA}=\overline{OP}$, $\overline{OC}=\overline{OQ}$일 때, ☐ 안에 알맞은 수를 써넣어라.

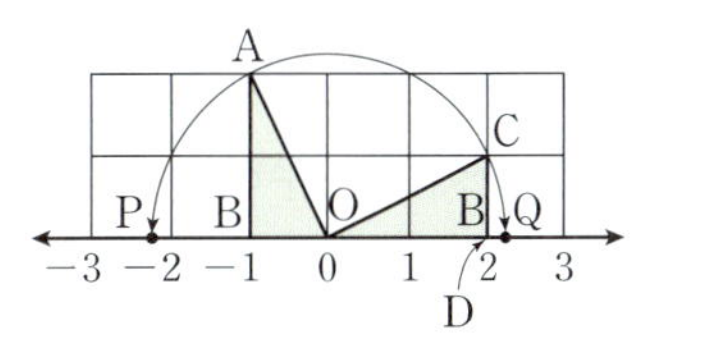

피타고라스 정리에 의해

$\overline{OA}=\sqrt{\overline{OB}^2+\overline{AB}^2}=$ ☐ ,

$\overline{OC}=\sqrt{\overline{OD}^2+\overline{CD}^2}=$ ☐ 이므로

$\overline{OP}=\overline{OA}=$ ☐ , $\overline{OQ}=\overline{OC}=$ ☐

$\therefore$ P(☐), Q(☐)

답 $\sqrt{5}, \sqrt{5}, \sqrt{5}, \sqrt{5}, -\sqrt{5}, \sqrt{5}$

원리확인

기본문제 이해쏙쏙 술술풀이 P.15

2 오른쪽 그림에서 모눈 한 칸은 한 변의 길이가 1이다. ☐ABCD에서 점
A를 중심으로 하고 $\overline{AD}$를 반지름으로 하는 원을 그려서 수직선과 만나
는 점을 P라 할 때, 점 P의 좌표를 구하여라. (단, 점 P는 점 A의 왼쪽
에 있다.)

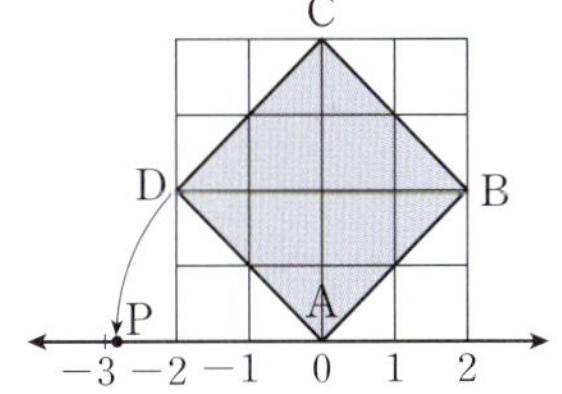

원리 03 실수와 수직선 유형 5

1. **유리수와 수직선**
   서로 다른 두 유리수 사이에는 무수히 많은 유리수가 있고, 모든 유리수는 각각 수직선 위의 한 점에 대응시킬 수 있다.
   <유리수의 조밀성>

2. **무리수와 수직선**
   서로 다른 두 무리수 사이에는 무수히 많은 무리수가 있고, 모든 무리수는 각각 수직선 위의 한 점에 대응시킬 수 있다.
   <무리수의 조밀성>

3. **실수와 수직선**
   수직선은 유리수와 무리수, 즉 실수에 대응하는 점들로 완전히 메울 수 있고, 수직선 위의 각 점에 실수를 하나도 빠짐없이 대응시킬 수 있다. 수직선은 실수를 나타내는 직선이다. (실수의 연속성)

   [참고] 유리수에 대응하는 점 또는 무리수에 대응하는 점만으로 수직선을 완전히 메울 수 없지만 실수에 대응하는 점으로는 수직선을 완전히 메울 수 있어서 실수의 연속성을 지녔다고 한다.

예시 문제 다음 중 옳은 것을 모두 고르면?

① 0과 1 사이에는 무리수가 없다.

② $\sqrt{3}$과 $\sqrt{5}$ 사이에는 무수히 많은 유리수가 있다.

③ 무리수만으로 수직선을 완전히 메울 수 있다.

④ 1과 100 사이에는 무수히 많은 자연수가 있다.

⑤ 모든 유리수는 각각 수직선 위의 한 점에 대응한다.

풀이 ① 서로 다른 두 유리수 0과 1 사이에는 무수히 많은 무리수가 있다.
② 서로 다른 두 무리수 $\sqrt{3}$과 $\sqrt{5}$ 사이에는 무수히 많은 유리수가 있다.
③ 무리수만으로 수직선을 완전히 메울 수 없다.
④ 1과 100 사이에 있는 자연수는 98개이다.
⑤ 모든 실수는 각각 수직선 위의 한 점에 대응한다.

답 ②, ⑤

원리 확인

기본문제 이해쏙쏙 술술풀이 P.15

3 다음 설명 중 옳지 않은 것은?

① $1+\sqrt{3}$은 수직선 위에 나타낼 수 있다.

② $\sqrt{2}$와 $\sqrt{5}$ 사이에는 1개의 정수가 있다.

③ 서로 다른 유리수 사이에는 무수히 많은 무리수가 있다.

④ 수직선은 유리수에 대응하는 점으로 완전히 메울 수 있다.

⑤ 6은 $\sqrt{28}$과 $\sqrt{41}$ 사이에 있는 수이다.

원리 04 실수의 대소 관계

1. 두 실수 a, b에 대해서
   (1) $a-b>0$이면 $a>b$　　(2) $a-b=0$이면 $a=b$　　(3) $a-b<0$이면 $a<b$

2. $a\geq0$, $b\geq0$일 때
   (1) $a^2-b^2>0$이면 $a>b$　　(2) $a^2-b^2=0$이면 $a=b$　　(3) $a^2-b^2<0$이면 $a<b$

3. $a>0$, $b>0$일 때
   (1) $\dfrac{a}{b}>1$이면 $a>b$　　(2) $\dfrac{a}{b}=1$이면 $a=b$　　(3) $\dfrac{a}{b}<1$이면 $a<b$

4. 부등식의 성질을 이용하여 실수의 대소 비교
   a, b, c가 실수이고 $a>b$일 때
   (1) $a+c>b+c$　　(2) $a-c>b-c$

꼭꼭! Check
- (음수) $<0<$ (양수)
- 두 양수에서는 절댓값이 큰 수가 크다.
- 두 음수에서는 절댓값이 작은 수가 크다.
- 수직선 위에서 큰 수는 작은 수보다 오른쪽에 있다.

예시 문제 다음은 두 실수의 대소를 비교하는 과정이다. □ 안에 알맞은 부등호를 써넣어라.

(1) $\sqrt{5}+1$과 2의 대소 관계는 $2=\sqrt{4}$에서 $\sqrt{5}$ □ 2이다.

　　따라서 $\sqrt{5}+1$ □ 2이다.

(2) $\sqrt{18}-1$과 $\sqrt{12}-1$의 대소 관계는 $\sqrt{18}$과 $\sqrt{12}$에서 $18>12$이므로 $\sqrt{18}$ □ $\sqrt{12}$이다.

　　부등식의 양변에서 같은 수를 빼어도 부등호의 방향은 바뀌지 않으므로 $\sqrt{18}-1$ □ $\sqrt{12}-1$이다.

답 (1) $>$, $>$　(2) $>$, $>$

원리 확인 기본문제

이해쏙쏙 술술풀이 P.15

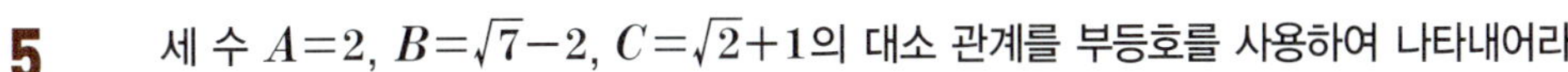

4 다음 중 두 실수의 대소 관계가 옳은 것은?

① $\sqrt{10}-3>\sqrt{10}-\sqrt{8}$　　② $-\sqrt{3}+5>-\sqrt{2}+5$　　③ $-\sqrt{5}+1>\sqrt{2}-\sqrt{5}$

④ $\sqrt{7}-3<\sqrt{11}-3$　　⑤ $\sqrt{20}-3>2$

5 세 수 $A=2$, $B=\sqrt{7}-2$, $C=\sqrt{2}+1$의 대소 관계를 부등호를 사용하여 나타내어라.

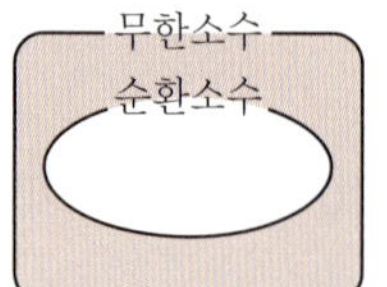

핵심유형으로 확실하게 원리이해

↻ 20쪽 원리 01

유형 1　유리수와 무리수 구별하기

01 오른쪽 그림에서 색칠한 부분에 속하는 수는?

① $\sqrt{0.4}$　　② $\sqrt{0.\dot{4}}$

③ $\sqrt{0.04}$　　④ $3 \times \sqrt{4}$

⑤ $\sqrt{0.01}$

무한소수
순환소수

02 다음 수 중 그 수의 제곱근이 무리수가 아닌 것은?

① 27　　② $\dfrac{2}{7}$　　③ 0.8

④ 0.09　　⑤ 140

03 다음 중 순환하지 않는 무한소수를 모두 골라라.

$$\sqrt{25} \quad 1.\dot{9}\dot{8} \quad \sqrt{0.\dot{4}} \quad -3.14 \quad 1-\sqrt{2} \quad \sqrt{0.\dot{9}}$$

↻ 20쪽 원리 01

유형 2　무리수의 이해

04 다음 중 옳은 것은?

① 무한소수는 유리수이다.

② 순환소수는 무리수이다.

③ 유리수이면 유한소수이다.

④ 무리수인 유리수도 있다.

⑤ 순환소수는 무한소수이다.

05 다음 중 옳은 것은?

① 유리수란 유한소수를 말한다.

② π, $0.\dot{3}$은 무리수이다.

③ 무리수는 순환하지 않는 무한소수이므로 순환소수로 나타낼 수 없다.

④ 무한소수는 모두 무리수이다.

⑤ 근호를 사용하여 나타낸 수는 무리수이다.

↻ 21쪽 원리 02

유형 3　무리수를 수직선 위에 나타내기 (1)

06 다음 그림에서 색칠한 사각형이 모두 정사각형일 때, 세 점 P, Q, R의 좌표를 각각 구하여라.

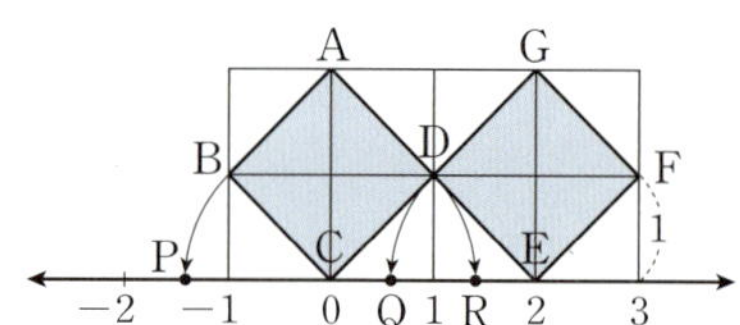

07 다음 그림과 같이 수직선 위에 4개의 정사각형이 있을 때, $1-\sqrt{2}$에 대응하는 점을 구하여라.

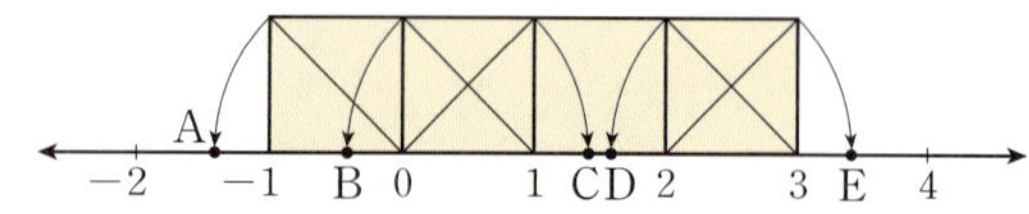

서술형 주관식

08 오른쪽 그림과 같이 수직선 위에 $\overline{AC}=\overline{AB}=1$인 직각삼각형 ABC가 있다. $\overline{BC}=\overline{BP}$이고 점 P에 대응하는 수가 5일 때, 점 A에 대응하는 수를 구하여라.

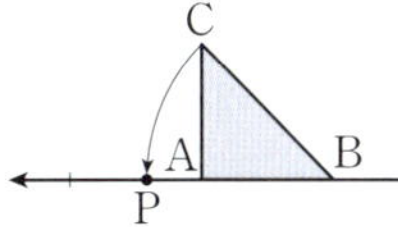

풀이과정

답

↻ 21쪽 원리02

유형 4 무리수를 수직선 위에 나타내기 (2)

09 오른쪽 그림에서 모눈 한 칸은 한 변의 길이가 1이다. $\overline{AD}=\overline{AP}$, $\overline{AB}=\overline{AQ}$일 때, 다음 중 옳지 않은 것은?

① $\square ABCD=5$
② $\overline{AQ}=\overline{AC}$
③ $\overline{AB}=\sqrt{5}$
④ $P(-1-\sqrt{5})$
⑤ $Q(-1+\sqrt{5})$

10 오른쪽 그림에서 모눈 한 칸은 한 변의 길이가 1이다. 정사각형 ABCD에서 $\overline{AD}=\overline{AP}$이고, 점 P에 대응하는 수가 $a-\sqrt{b}$일 때, 정수 a, b에 대하여 $b-a$의 값을 구하여라.

서술형 주관식

11 다음 그림에서 모눈 한 칸은 한 변의 길이가 1이고, $\overline{AB}=\overline{AP}$이다. 점 P에 대응하는 수를 구하여라.

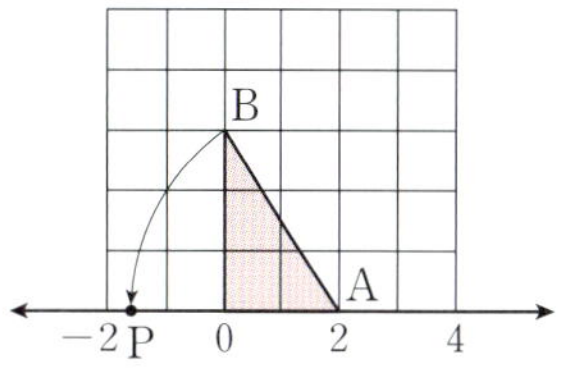

풀이과정

답

↻ 22쪽 원리03

유형 5 실수와 수직선

12 다음 중 옳지 않은 것은?
① -1과 2 사이에는 2개의 정수가 있다.
② 서로 다른 두 유리수 사이에는 무수히 많은 유리수가 있다.
③ 서로 다른 두 무리수 사이에는 무리수가 있을 때도 있고, 없을 때도 있다.
④ 수직선은 실수에 대응하는 점으로 완전히 메울 수 있다.
⑤ 서로 다른 두 유리수 사이에도 무리수가 있다.

13 다음 중 옳지 않은 것을 모두 고르면?

① 실수 중에는 유리수이면서 동시에 무리수인 수는 없다.

② 4에 가장 가까운 무리수는 $5-\sqrt{2}$이다.

③ $\sqrt{40}$과 $\sqrt{45}$ 사이에는 정수가 1개뿐이다.

④ $\dfrac{1}{5}$과 $\dfrac{2}{5}$ 사이에는 무수히 많은 유리수가 있다.

⑤ 무리수는 $\dfrac{(정수)}{(0이\ 아닌\ 정수)}$ 꼴로 나타낼 수 없다.

↻ 23쪽 원리 04

유형 6 두 실수의 대소 관계

14 다음 중 두 실수의 대소 관계가 옳지 않은 것은?

① $6<\sqrt{12}+3$ ② $\sqrt{26}-1>5$

③ $-4-\sqrt{7}>-9-\sqrt{7}$ ④ $\sqrt{5}+\sqrt{3}<5+\sqrt{3}$

⑤ $\sqrt{5}+3>5$

15 다음 중 □ 안에 알맞은 부등호가 나머지 넷과 다른 하나는?

① $\sqrt{24}-3\ \square\ -3+\sqrt{28}$

② $5+\sqrt{10}\ \square\ \sqrt{10}+\sqrt{5}$

③ $\sqrt{7}+\sqrt{8}\ \square\ 3+\sqrt{7}$

④ $\sqrt{17}-4\ \square\ \sqrt{18}-\sqrt{(-3)^2}$

⑤ $\sqrt{13}+2\ \square\ 6$

16 다음 **보기** 중 두 실수의 대소 관계가 옳은 것은 모두 몇 개인지 구하여라.

보기
ㄱ. $8-\sqrt{6}>9-\sqrt{6}$ ㄴ. $\sqrt{7}-2>\sqrt{7}-\sqrt{5}$

ㄷ. $3+\sqrt{3}<\sqrt{10}+\sqrt{3}$ ㄹ. $-4-\sqrt{3}<-5-\sqrt{3}$

ㅁ. $2+\sqrt{7}>2+\sqrt{8}$ ㅂ. $\sqrt{10}-\sqrt{5}<\sqrt{11}-\sqrt{5}$

↻ 23쪽 원리 04

유형 7 세 실수의 대소 관계

17 $a=4-\sqrt{2}$, $b=\sqrt{5}-2$, $c=2$일 때, 세 수 a, b, c의 대소 관계가 옳은 것은?

① $a<b<c$ ② $a<c<b$

③ $b<c<a$ ④ $c<a<b$

⑤ $c<b<a$

서술형 주관식

18 다음 세 수 A, B, C의 대소 관계를 부등호를 사용하여 나타내어라.

$$A=\sqrt{5}+\sqrt{3}\quad B=\sqrt{3}+2\quad C=\sqrt{5}+2$$

풀이과정

답

↻ 23쪽 원리 04

19 다음 수를 크기가 작은 수부터 나열할 때, 세 번째에 오는 수를 구하여라.

$$\sqrt{3}+1 \quad 2-\sqrt{3} \quad \sqrt{5}+2 \quad 1-\sqrt{5} \quad -\sqrt{7}+1$$

↻ 23쪽 원리 04

유형 8   수직선에 대응하는 점 찾기

20 다음 수직선에서 $8-\sqrt{11}$에 대응하는 점이 존재하는 구간은?

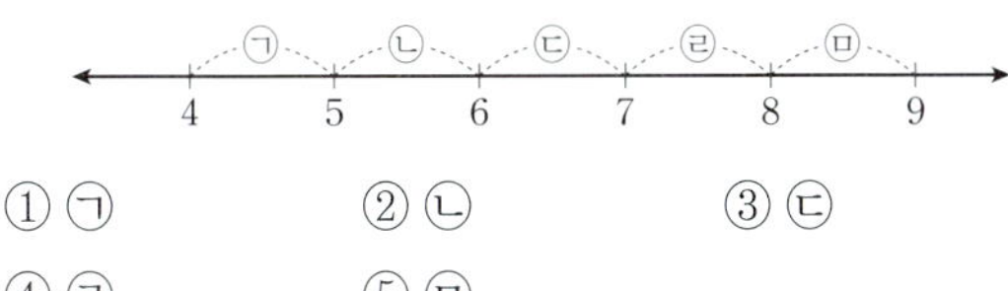

① ㄱ   ② ㄴ   ③ ㄷ

④ ㄹ   ⑤ ㅁ

21 다음 수직선 위의 세 점 A, B, C에 대응하는 수는 $\sqrt{3}-1$, $4-\sqrt{3}$, $-\sqrt{8}+1$ 중 하나이다. 세 점 A, B, C에 대응하는 수를 각각 구하여라.

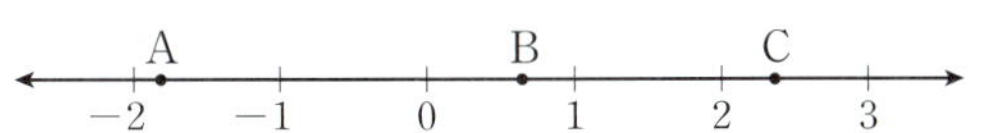

유형 9   두 실수 사이의 수

22 다음 중 두 수 $\sqrt{3}$과 $\sqrt{5}$ 사이에 있는 수는?
(단, $\sqrt{3}$은 1.732로, $\sqrt{5}$는 2.236으로 계산한다.)

① $\sqrt{3}+0.6$ ② $\sqrt{3}+1$ ③ $\sqrt{5}-0.3$

④ $5-\sqrt{5}$ ⑤ $\sqrt{5}-\sqrt{3}$

23 다음 중 두 수 $\sqrt{3}$과 3 사이에 있는 실수가 아닌 것은? (단, $\sqrt{3}$은 1.732로 계산한다.)

① $\sqrt{2}+1$ ② $\sqrt{3}+1$ ③ $\sqrt{4}+0.2$

④ $\sqrt{5}$ ⑤ $\sqrt{5}+1$

24 두 실수 $\sqrt{5}$와 $\sqrt{11}$에 대한 설명 중 옳지 않은 것은?
(단, $\sqrt{5}$는 2.236으로, $\sqrt{11}$은 3.317로 계산한다.)

① $\sqrt{5}$와 $\sqrt{11}$ 사이의 정수는 5개이다.

② $\sqrt{5}$와 $\sqrt{11}$ 사이에는 유리수가 무수히 많다.

③ $\sqrt{11}-1$을 수직선에 나타내면 $\sqrt{5}$보다 오른쪽에 있다.

④ $\sqrt{5}+1$과 $\sqrt{11}$ 사이에는 무리수가 무수히 많다.

⑤ $\dfrac{\sqrt{5}+\sqrt{11}}{2}$을 수직선에 나타내면 $\sqrt{5}$와 $\sqrt{11}$의 가운데 점이다.

01 다음 설명 중 옳은 것은?

① -16의 제곱근은 -4이다.

② 제곱해서 121이 되는 수는 ±11이다.

③ 0의 제곱근은 없다.

④ $\sqrt{(-2)^2}$은 -2와 같다.

⑤ $\sqrt{9}$의 제곱근은 ±3이다.

서술형 주관식

02 $\sqrt{(-9)^2}$의 양의 제곱근을 A, $(-\sqrt{6})^2$의 음의 제곱근을 B, 제곱근 169를 C라 할 때, $A-2B^2+C$의 값을 구하여라.

풀이과정

답

03 오른쪽 도형과 넓이가 같은 정사각형을 만들려고 한다. 새로 만들어지는 정사각형의 한 변의 길이를 구하여라.

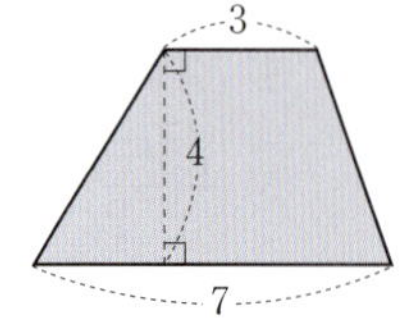

04 다음을 계산하여라.

(1) $\sqrt{(-3)\times(-3)}\div\sqrt{9^2}-\sqrt{5^2}\times\left(-\sqrt{\dfrac{1}{3}}\right)^2$

(2) $\sqrt{225}-\sqrt{4\times(-6)^2}+\sqrt{(-3)^4\times(-2)^2}$

서술형 주관식

05 두 실수 a, b에 대하여 $a>b$, $ab<0$일 때, 다음을 간단히 하여라.

$$(\sqrt{a})^2+|b|-\sqrt{(-2a)^2}+\sqrt{b^2}$$

풀이과정

답

06 다음을 간단히 하여라.

(1) $-2<a<2$일 때, $\sqrt{(a-2)^2}+|a+2|$

(2) $4<x<y$일 때, $\sqrt{(x-4)^2}+\sqrt{(x-y)^2}-\sqrt{(4-y)^2}$

07 $\sqrt{(2x-5)^2}=13$을 만족시키는 모든 x의 값의 합을 구하여라.

08 n이 두 자리의 자연수일 때, $\sqrt{5(n+11)}$이 자연수가 되도록 하는 n의 값을 모두 구하여라.

서술형 주관식

09 $\sqrt{15+3a}$가 자연수가 되도록 하는 가장 작은 자연수를 a, $\sqrt{45-4b}$를 정수가 되도록 하는 가장 큰 자연수를 b라 할 때, 다음을 구하여라.

(1) a의 값 (2) b의 값 (3) $a+b$의 값

풀이과정

답

10 $\sqrt{(3-\sqrt{5})^2}-\sqrt{(\sqrt{5}-4)^2}+(-\sqrt{5})^2$을 간단히 하여라.

11 자연수 n에 대하여 $5\leq\sqrt{nx}<6$이고, nx는 자연수이다. 이를 만족하는 x의 값의 합이 33일 때, n의 값을 구하여라.

12 $\sqrt{6}<\sqrt{x}<4$, $-4<-\sqrt{2x}<-3$을 동시에 만족하는 자연수 x의 값을 구하여라.

서술형 주관식

13 자연수 x에 대하여 $\sqrt{x}$보다 작거나 같은 자연수의 개수를 $N(x)$로 나타내면 $N(1)+N(2)+N(3)+\cdots+N(x)=42$가 성립되는 x의 값을 구하여라.

풀이과정

답

14 다음 그림은 개미굴의 단면도이다. 개미가 개미 구멍으로 들어와 저장소로 가려면 무리수가 쓰인 방을 찾아 따라가면 될 때, ㉠, ㉡, ㉢, ㉣ 중 저장고는? (단, 한 번 지난 방은 되돌아가지 않고 무리수가 있으면 계속 따라 이동한다.)

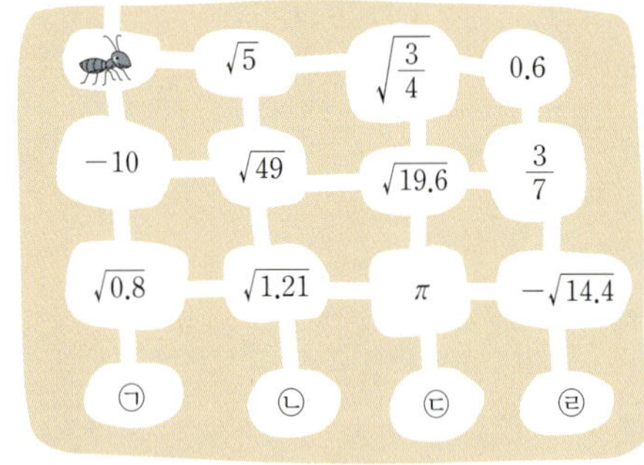

15 다음 **보기**에서 오른쪽 그림의 색칠한 부분에 속하는 수를 모두 골라 그 기호를 써라.

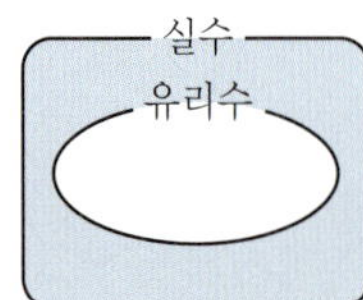

보기

ㄱ. $\sqrt{\dfrac{49}{9}}$ ㄴ. $-\sqrt{1.44}$ ㄷ. $0.3\dot{4}\dot{1}$

ㄹ. $\sqrt{\dfrac{18}{8}}$ ㅁ. $\sqrt{22.5}$ ㅂ. $\sqrt{0}$

ㅅ. $-\sqrt{17.1}$ ㅇ. $\sqrt{0.\dot{4}}$ ㅈ. $\sqrt{529}$

16 a가 자연수일 때, $5<\sqrt{a}\leq 7$을 만족하는 무리수 $\sqrt{a}$는 모두 몇 개인지 구하여라.

17 다음 **보기** 중에서 옳은 것을 골라라.

보기

ㄱ. $\sqrt{81}$의 음의 제곱근은 -9이다.

ㄴ. 서로 다른 두 무리수 사이에는 유한개의 무리수가 있다.

ㄷ. (유리수)$+$(무리수)는 항상 무리수이다.

ㄹ. a의 제곱근은 반드시 양수와 음수 2개 있다.

ㅁ. 근호를 포함한 수는 모두 무리수이다.

ㅂ. 수직선을 유리수에 대응하는 점들로 완전히 메울 수 있다.

18 a는 양의 정수, b는 제곱수가 아닌 양의 정수일 때, 다음 중 항상 무리수인 것은?

① $\sqrt{a}-\sqrt{b}$ ② $\sqrt{a}\times\sqrt{b}$ ③ $\sqrt{a}+\sqrt{b}$

④ $\dfrac{\sqrt{b}}{\sqrt{a}}$ ⑤ $\dfrac{\sqrt{a}}{\sqrt{b}}$

19 다음 그림에서 모눈 한 칸은 한 변의 길이가 1이다. 정사각형 ABCD에서 $\overline{\text{AB}}=\overline{\text{PB}}$일 때, 두 점 P, Q 사이의 거리를 구하여라.

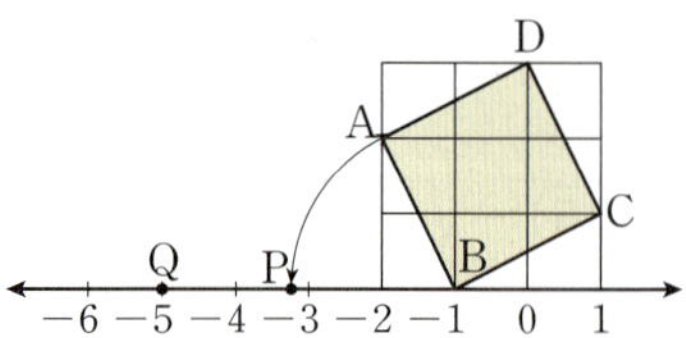

서술형 주관식

20 다음 그림은 한 칸의 가로와 세로의 길이가 1인 모눈종이 위에 삼각형 ABC와 수직선을 그린 것이다. $\overline{AB}=\overline{AD}$, $\overline{AC}=\overline{AE}$일 때, 점 D, E의 좌표를 각각 구하여라.

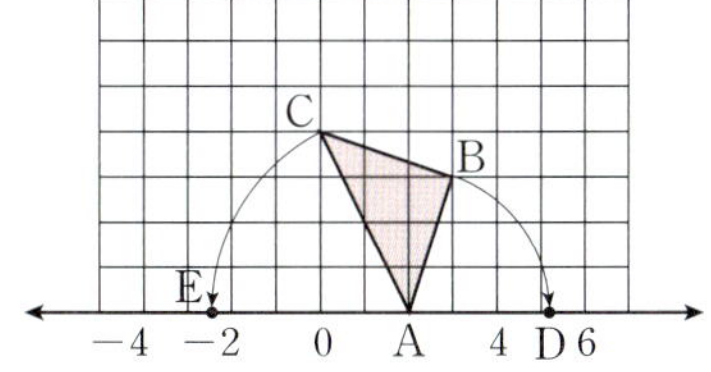

풀이과정

답

22 다음 중 두 실수의 대소 관계가 옳은 것은?

① $\sqrt{12}-2<\sqrt{12}-\sqrt{5}$
② $\sqrt{3}+\sqrt{2}<5$
③ $1+\sqrt{12}<2+\sqrt{3}$
④ $\sqrt{9}+\sqrt{2}<4$
⑤ $\sqrt{45}-5>1+\sqrt{2}$

23 수직선 위에서 $\sqrt{75}+\sqrt{121}$에 대응하는 점은 정수 $a-1$과 a에 대응하는 두 점 사이에 있다. 정수 a의 값을 구하여라.

21 $n>0$일 때, 다음 **보기**에서 옳은 것을 모두 고른 것은?

보기

ㄱ. $\sqrt{n+1}>\sqrt{n+2}$
ㄴ. $\sqrt{n+1}<\sqrt{n^2+1}$
ㄷ. $\sqrt{n}$과 $\sqrt{n+2}$ 사이에는 1개의 자연수가 있다.
ㄹ. $\sqrt{n}$과 $\sqrt{n+1}$ 사이에 있는 무리수는 없다.
ㅁ. $\sqrt{n+1}$이 3자리의 자연수일 때, n은 6자리 또는 7자리 또는 8자리의 자연수이다.

① ㄱ, ㄹ   ② ㄴ   ③ ㄴ, ㄷ
④ ㄹ, ㅁ   ⑤ 없다.

서술형 주관식

24 세 수 $a=\sqrt{12}-1$, $b=4$, $c=\dfrac{\sqrt{7}}{2}+2$의 대소 관계를 부등호를 사용하여 나타내어라.

풀이과정

답

만점 승승장구   어떤 문제도 자신있게~ 만점 승승장구

1 다음 그림과 같이 좌표평면 위에 세 정사각형이 접하고 있다. 점 A(3, 0), 점 D(15, 7)일 때, 두 점 B, C 사이의 거리를 구하여라.

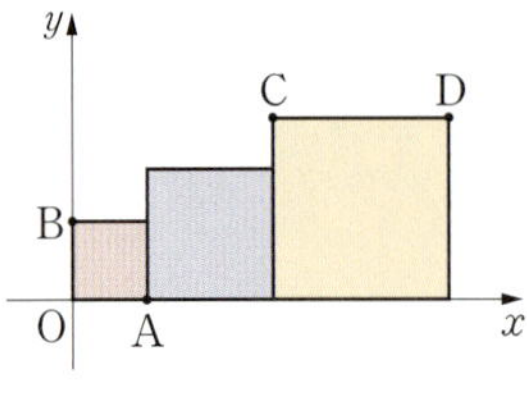

> **승승 비법**
> 정사각형의 모든 변의 길이는 같다.

2 $\sqrt{225-a}-\sqrt{81+b}$가 가장 큰 정수가 되도록 하는 자연수 a, b의 값을 각각 구하여라.

> 두 자연수 A, B에 대하여 $A-B$의 값이 가장 큰 정수인 경우는 A는 큰 수이고, B는 작은 수일 때이다.

3 $N=1\times2\times3\times\cdots\times16\times17$일 때, $\sqrt{\dfrac{N}{a}}$이 자연수가 되도록 하는 최소의 자연수 a의 값을 구하여라.

> N을 소인수분해한 다음 $\dfrac{N}{a}$의 소인수의 지수가 모두 짝수가 되게 하는 a를 찾는다.

4 x가 실수일 때, $\sqrt{(x+|x|)^2}-\sqrt{(x-|x|)^2}$을 간단히 하여라.

> **승승 비법**
> x의 값의 범위를 $x\geq0$, $x<0$으로 나누어 생각한다.

5 두 무리수 $\sqrt{111}$과 $\sqrt{159}$의 합을 수직선 위에 나타내면 어떤 연속하는 두 정수 사이에 대응한다. 이 점의 왼쪽에 있는 자연수의 개수를 구하여라.

> $\sqrt{10}$은 $3.1^2=9.61$, $3.2^2=10.24$이므로 $3.1<\sqrt{10}<3.2$

6 $1<a<b$일 때, $\sqrt{\left(\dfrac{a}{a-1}-\dfrac{b}{b-1}\right)^2}-\sqrt{\left(\dfrac{1}{a-1}\right)^2}+\sqrt{\left(\dfrac{1}{1-b}\right)^2}$을 간단히 하여라.

> $\dfrac{a}{a-1}-\dfrac{b}{b-1}$, $\dfrac{1}{a-1}$, $\dfrac{1}{1-b}$의 부호를 조사한다.

7 $\sqrt{(x-1)^2}+\sqrt{(x+1)^2}<4$의 해를 구하여라.

> 근호 안이 0이 되는 x의 값을 기준으로 x의 값의 범위를 나누어 생각한다.

1 근호를 포함한 식의 계산(1)

원리 01 제곱근의 곱셈

유형 1, 2, 5, 7, 8

1. 제곱근의 곱셈

제곱근끼리 곱할 때는 근호 안의 수끼리 곱한다.

$a>0$, $b>0$일 때, $\sqrt{a}\times\sqrt{b}=\sqrt{a}\sqrt{b}=\sqrt{ab}$ 예 $\sqrt{3}\times\sqrt{5}=\sqrt{3}\sqrt{5}=\sqrt{15}$, $\sqrt{15}=\sqrt{5}\sqrt{3}=\sqrt{5}\times\sqrt{3}$

2. 근호가 있는 식의 변형

(1) 근호 안의 수에 제곱인 수가 있으면 이것을 근호 밖으로 꺼낼 수 있다.

$a>0$, $b>0$일 때, $\sqrt{a^2b}=\sqrt{a^2\times b}=\sqrt{a^2}\times\sqrt{b}=a\sqrt{b}$

예 $\sqrt{12}=\sqrt{4\times3}=\sqrt{2^2\times3}=\sqrt{2^2}\times\sqrt{3}=2\sqrt{3}$

(2) 근호 밖에 있는 양수는 제곱하여 근호 안에 넣을 수 있다.

$a>0$, $b>0$일 때, $a\sqrt{b}=a\times\sqrt{b}=\sqrt{a^2}\times\sqrt{b}=\sqrt{a^2b}$

예 $3\sqrt{2}=3\times\sqrt{2}=\sqrt{3^2}\times\sqrt{2}=\sqrt{3^2\times2}=\sqrt{18}$

주의 $ab>0$일 때 $a<0$, $b<0$일 수도 있으므로 $\sqrt{ab}=\sqrt{a}\sqrt{b}$로 놓고 풀지 않도록 주의한다.

꼭꼭! Check

★ 무리수의 곱셈에서는 유리수는 유리수끼리, 무리수는 무리수끼리 곱한다.

$a>0$, $b>0$이고, m, n이 유리수일 때

1. $m\times\sqrt{a}=m\sqrt{a}$
2. $m\sqrt{a}\times n=mn\sqrt{a}$
3. $m\sqrt{a}\times n\sqrt{b}=mn\sqrt{ab}$

예시 문제 다음 □ 안에 알맞은 수를 써넣어라.

(1) $\sqrt{5}\times\sqrt{11}=\sqrt{\square\times11}=\sqrt{\square}$

(2) $\sqrt{3}\times\sqrt{7}=\sqrt{\square\times\square}=\sqrt{\square}$

(3) $\sqrt{4\times3}=\sqrt{\square^2\times3}=\square\sqrt{3}$

(4) $5\sqrt{6}=\sqrt{\square^2\times\square}=\sqrt{\square}$

답 (1) 5, 55 (2) 3, 7, 21 (3) 2, 2 (4) 5, 6, 150

원 리 확 인

기본문제

이해쏙쏙 술술풀이 P.21

1 다음을 $\sqrt{c}$의 꼴은 $a\sqrt{b}$의 꼴로, $a\sqrt{b}$의 꼴은 $\sqrt{c}$의 꼴로 나타내어라. (단, b는 가장 작은 자연수)

(1) $\sqrt{50}$

(2) $\sqrt{180}$

(3) $4\sqrt{3}$

(4) $3\sqrt{7}$

2 다음 식을 간단히 하여라.

(1) $4\sqrt{3}\times\sqrt{7}$

(2) $2\sqrt{6}\times4\sqrt{10}$

(3) $2\sqrt{5}\times3\sqrt{2}\times\sqrt{7}$

(4) $\sqrt{14}\times\sqrt{6}\times\sqrt{\dfrac{5}{7}}$

1. 제곱근의 나눗셈

제곱근끼리 나눌 때는 근호 안의 수끼리 나눈다.

$$a>0,\ b>0일 때\quad \sqrt{a}\div\sqrt{b}=\frac{\sqrt{a}}{\sqrt{b}}=\sqrt{\frac{a}{b}}\quad \text{예}\quad \sqrt{2}\div\sqrt{3}=\frac{\sqrt{2}}{\sqrt{3}}=\sqrt{\frac{2}{3}},\ \sqrt{\frac{2}{3}}=\frac{\sqrt{2}}{\sqrt{3}}=\sqrt{2}\div\sqrt{3}$$

2. 근호가 있는 식의 변형

(1) 근호 안의 수에 제곱인 수가 있으면 이것을 근호 밖으로 꺼낼 수 있다.

$$a>0,\ b>0일 때,\quad \sqrt{\frac{a}{b^2}}=\frac{\sqrt{a}}{\sqrt{b^2}}=\frac{\sqrt{a}}{b}\quad \text{예}\quad \sqrt{\frac{3}{4}}=\frac{\sqrt{3}}{\sqrt{4}}=\frac{\sqrt{3}}{\sqrt{2^2}}=\frac{\sqrt{3}}{2}$$

(2) 근호 밖에 있는 양수는 제곱하여 근호 안에 넣을 수 있다.

$$a>0,\ b>0일 때,\quad \frac{\sqrt{a}}{b}=\frac{\sqrt{a}}{\sqrt{b^2}}=\sqrt{\frac{a}{b^2}}\quad \text{예}\quad \frac{\sqrt{3}}{2}=\frac{\sqrt{3}}{\sqrt{2^2}}=\frac{\sqrt{3}}{\sqrt{4}}=\sqrt{\frac{3}{4}}$$

Tip $a>0,\ b>0$이고 $m,\ n$이 유리수일 때(단, $n\neq0$)

1. $m\div\sqrt{a}=\dfrac{m}{\sqrt{a}}$　　2. $m\sqrt{a}\div n\sqrt{b}=\dfrac{m\sqrt{a}}{n\sqrt{b}}=\dfrac{m}{n}\times\dfrac{\sqrt{a}}{\sqrt{b}}=\dfrac{m}{n}\sqrt{\dfrac{a}{b}}$

3. $\dfrac{\sqrt{a}}{\sqrt{b}}\div\dfrac{\sqrt{c}}{\sqrt{d}}=\dfrac{\sqrt{a}}{\sqrt{b}}\times\dfrac{\sqrt{d}}{\sqrt{c}}=\sqrt{\dfrac{a}{b}\times\dfrac{d}{c}}=\sqrt{\dfrac{ad}{bc}}$

꼭꼭! Check

★ 제곱근이 있는 식의 나눗셈은 역수의 곱으로 바꿔서 계산한다.

예시 문제　다음 □ 안에 알맞은 수를 써넣어라.

(1) $\sqrt{12}\div\sqrt{35}=\dfrac{\sqrt{\square}}{\sqrt{\square}}=\sqrt{\square}$

(2) $\sqrt{3}\div\sqrt{6}=\sqrt{\dfrac{\square}{\square}}=\sqrt{\square}$

(3) $\sqrt{\dfrac{3}{25}}=\sqrt{\dfrac{3}{5^2}}=\dfrac{\sqrt{\square}}{\sqrt{\square^2}}=\dfrac{\sqrt{\square}}{\square}$

(4) $\dfrac{\sqrt{6}}{7}=\dfrac{\sqrt{\square}}{\sqrt{\square^2}}=\sqrt{\dfrac{\square}{\square^2}}=\sqrt{\square}$

답 (1) $12,\ 35,\ \dfrac{12}{35}$　(2) $\dfrac{3}{6},\ \dfrac{1}{2}$　(3) $3,\ 5,\ 3,\ 5$　(4) $6,\ 7,\ 6,\ 7,\ \dfrac{6}{49}$

원 리 확 인

기본문제　　　　　　　　　　　　　　　　　　　　　　　　　이해쏙쏙 술술풀이 P. 21

3　다음을 $\sqrt{c}$의 꼴은 $\dfrac{\sqrt{a}}{b}$의 꼴로, $\dfrac{\sqrt{a}}{b}$의 꼴은 $\sqrt{c}$의 꼴로 나타내어라. (단, a는 가장 작은 자연수)

(1) $\sqrt{\dfrac{3}{64}}$　　　　　　　　　　(2) $\sqrt{\dfrac{23}{121}}$

(3) $\dfrac{\sqrt{5}}{3}$　　　　　　　　　　　(4) $\dfrac{\sqrt{6}}{5}$

4　다음 식을 간단히 하여라.

(1) $\sqrt{48}\div\sqrt{6}$　　　　　　　　(2) $8\sqrt{14}\div2\sqrt{7}$

(3) $5\sqrt{15}\div2\sqrt{5}$　　　　　　　(4) $(-\sqrt{14})\div\sqrt{21}\times\sqrt{75}$

원리 03 분모의 유리화 (1) 유형 6, 7, 8

분모에 무리수가 있는 분수의 분모, 분자에 0이 아닌 같은 수를 곱하여 분모를 유리수로 고치는 것을 분모의 유리화라 한다. $a>0$, $b>0$일 때

1. $\dfrac{b}{\sqrt{a}}=\dfrac{b\times\sqrt{a}}{\sqrt{a}\times\sqrt{a}}=\dfrac{b\sqrt{a}}{a}$ 예 $\dfrac{2}{\sqrt{5}}=\dfrac{2\times\sqrt{5}}{\sqrt{5}\times\sqrt{5}}=\dfrac{2\sqrt{5}}{5}$

2. $\dfrac{\sqrt{b}}{\sqrt{a}}=\dfrac{\sqrt{b}\times\sqrt{a}}{\sqrt{a}\times\sqrt{a}}=\dfrac{\sqrt{ab}}{a}$ 예 $\dfrac{\sqrt{3}}{\sqrt{2}}=\dfrac{\sqrt{3}\times\sqrt{2}}{\sqrt{2}\times\sqrt{2}}=\dfrac{\sqrt{6}}{2}$

3. $\dfrac{\sqrt{b}}{m\sqrt{a}}=\dfrac{\sqrt{b}\times\sqrt{a}}{m\sqrt{a}\times\sqrt{a}}=\dfrac{\sqrt{ab}}{ma}$ 예 $\dfrac{\sqrt{2}}{3\sqrt{5}}=\dfrac{\sqrt{2}\times\sqrt{5}}{3\sqrt{5}\times\sqrt{5}}=\dfrac{\sqrt{10}}{15}$

Tip 분모가 $\sqrt{a^2 b}$ 꼴이면 $\sqrt{a^2 b}=a\sqrt{b}$를 이용하여 근호 안의 수를 작은 자연수로 만든 다음 유리화한다.

예 $\dfrac{5}{\sqrt{12}}=\dfrac{5}{2\sqrt{3}}=\dfrac{5\times\sqrt{3}}{2\sqrt{3}\times\sqrt{3}}=\dfrac{5\sqrt{3}}{6}$

참고 $\sqrt{2}=1.414\cdots$일 때, $\dfrac{1}{\sqrt{2}}=\dfrac{\sqrt{2}}{2}$에서 $\dfrac{1}{\sqrt{2}}=\dfrac{1}{1.414\cdots}$, $\dfrac{\sqrt{2}}{2}=\dfrac{1.414\cdots}{2}$이다.

이때 $\dfrac{1}{\sqrt{2}}$보다 $\dfrac{\sqrt{2}}{2}$를 계산하는 것이 더 편리하므로 분모를 유리화한다.

꼭꼭! Check

★ 분모의 유리화를 할 때에는 먼저 분수를 간단히 하고 분모가 유리수가 되도록 하는 수 중에서 가장 간단한 수를 곱한다.

예시 문제 다음 □ 안에 알맞은 수를 써넣어라.

(1) $\dfrac{5}{\sqrt{6}}=\dfrac{5\times\sqrt{\Box}}{\sqrt{\Box}\times\sqrt{\Box}}=\Box$

(2) $\dfrac{\sqrt{3}}{\sqrt{7}}=\dfrac{\sqrt{3}\times\sqrt{\Box}}{\sqrt{7}\times\sqrt{\Box}}=\Box$

(3) $\dfrac{4}{3\sqrt{2}}=\dfrac{4\times\sqrt{\Box}}{3\sqrt{2}\times\sqrt{\Box}}=\Box$

풀이 (1) $\dfrac{5}{\sqrt{6}}=\dfrac{5\times\sqrt{6}}{\sqrt{6}\times\sqrt{6}}=\dfrac{5\sqrt{6}}{6}$ (2) $\dfrac{\sqrt{3}}{\sqrt{7}}=\dfrac{\sqrt{3}\times\sqrt{7}}{\sqrt{7}\times\sqrt{7}}=\dfrac{\sqrt{21}}{7}$ (3) $\dfrac{4}{3\sqrt{2}}=\dfrac{4\times\sqrt{2}}{3\sqrt{2}\times\sqrt{2}}=\dfrac{2\sqrt{2}}{3}$

답 풀이 참조

원리확인 기본문제 이해쏙쏙 술술풀이 P.22

5 다음 수의 분모를 유리화하여라.

(1) $\dfrac{5}{\sqrt{3}}$

(2) $\dfrac{6}{\sqrt{2}}$

(3) $\dfrac{3}{2\sqrt{7}}$

(4) $\dfrac{11}{\sqrt{20}}$

6 $\dfrac{3}{\sqrt{5}}=a\sqrt{5}$, $\dfrac{\sqrt{2}}{\sqrt{27}}=b\sqrt{6}$일 때, 유리수 a, b의 합 $a+b$의 값을 구하여라.

정확성과 신속성, 효율적 계산 능력 키우기!

1 다음을 $a\sqrt{b}$의 꼴로 나타내어라. (단, b는 가장 작은 자연수)

(1) $\sqrt{20}$

(2) $-\sqrt{171}$

(3) $\dfrac{\sqrt{125}}{4}$

(4) $\dfrac{\sqrt{512}}{8}$

2 다음을 $\sqrt{a}$ 또는 $-\sqrt{a}$의 꼴로 나타내어라.

(1) $4\sqrt{5}$

(2) $-3\sqrt{7}$

(3) $\dfrac{\sqrt{48}}{6}$

(4) $-6\sqrt{0.1}$

3 다음 수의 분모를 유리화하여라.

(1) $\dfrac{1}{\sqrt{3}}$

(2) $\dfrac{3}{\sqrt{5}}$

(3) $\dfrac{2\sqrt{3}}{\sqrt{6}}$

(4) $\dfrac{8}{\sqrt{28}}$

4 다음을 간단히 하여라.

(1) $2\sqrt{7}\times 5\sqrt{2}$

(2) $\sqrt{32}\times\dfrac{5\sqrt{3}}{8}\times 2\sqrt{5}$

(3) $3\sqrt{\dfrac{15}{7}}\div\sqrt{\dfrac{6}{5}}$

(4) $4\sqrt{18}\div\sqrt{12}\div\sqrt{3}$

(5) $-\dfrac{3}{\sqrt{5}}\times\dfrac{10}{3\sqrt{7}}\div\left(-\dfrac{4\sqrt{3}}{21}\right)$

(6) $\dfrac{\sqrt{7}}{9}\times\dfrac{3\sqrt{2}}{\sqrt{3}}\div\dfrac{\sqrt{32}}{\sqrt{45}}$

(7) $\dfrac{1}{\sqrt{3}}\div\left(-\dfrac{1}{\sqrt{60}}\right)\times\dfrac{4\sqrt{5}}{4\sqrt{2}}$

(8) $\dfrac{1}{\sqrt{18}}\times\sqrt{\dfrac{5}{2}}\div\dfrac{\sqrt{3}}{\sqrt{20}}$

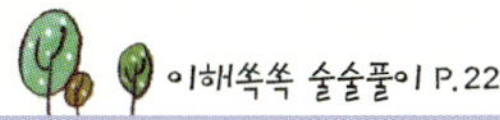
이해쏙쏙 술술풀이 P.22

↻ 34쪽 원리01

유형 1 제곱근의 곱셈

01 $(-5\sqrt{2}) \times 2\sqrt{3} = a\sqrt{b}$일 때, $b-a$의 값을 구하여라. (단, b는 가장 작은 자연수)

02 다음 중 계산 결과가 옳지 않은 것은?
① $\sqrt{7} \times \sqrt{3} = \sqrt{21}$
② $2\sqrt{5} \times (-\sqrt{2}) = -2\sqrt{10}$
③ $3\sqrt{2} \times 4\sqrt{2} = 24$
④ $\sqrt{\dfrac{2}{5}} \times \sqrt{\dfrac{3}{4}} = \sqrt{\dfrac{3}{10}}$
⑤ $\sqrt{\dfrac{5}{6}} \times 5\sqrt{\dfrac{7}{10}} \times \sqrt{\dfrac{7}{12}} = 5\sqrt{\dfrac{7}{12}}$

03 $\sqrt{12} \times \sqrt{3} \times \sqrt{k} = \sqrt{2} \times \sqrt{8}$을 만족하는 양수 k의 값을 구하여라.

04 $\sqrt{2} \times \sqrt{5} \times 2\sqrt{7} \times \sqrt{2a} = 20\sqrt{7}$일 때, 양수 a의 값을 구하여라.

↻ 34쪽 원리01

유형 2 $\sqrt{a^2 b} = a\sqrt{b}$를 이용한 식의 변형

05 다음 중 옳지 않은 것은?
① $\sqrt{24} = 2\sqrt{6}$
② $-\sqrt{52} = -2\sqrt{13}$
③ $-3\sqrt{7} = -\sqrt{21}$
④ $6\sqrt{5} = \sqrt{180}$
⑤ $\sqrt{200} = 10\sqrt{2}$

06 $3\sqrt{2} = \sqrt{a}$, $\sqrt{27} = 3\sqrt{b}$일 때, 자연수 a, b에 대하여 $\sqrt{8ab}$의 값을 구하여라.

07 $\sqrt{20} \times \sqrt{24} \times \sqrt{54} = a\sqrt{5}$를 만족시키는 자연수 a의 값을 구하여라.

08 한 변의 길이가 각각 $8\,\mathrm{cm}$, $12\,\mathrm{cm}$인 두 정사각형의 넓이의 합과 같은 넓이를 갖는 정사각형의 한 변의 길이를 구하여라.

$\circlearrowright$ 35쪽 원리02

유형 3 제곱근의 나눗셈

09 다음 중 계산 결과가 가장 큰 것은?

① $\sqrt{8} \div (-\sqrt{50})$
② $\dfrac{\sqrt{3}}{\sqrt{7}} \div \sqrt{21}$
③ $\sqrt{\dfrac{2}{5}} \div \sqrt{\dfrac{6}{10}}$
④ $\sqrt{60} \div \sqrt{3} \div \sqrt{5}$
⑤ $6\sqrt{21} \div 2\sqrt{7}$

서술형 주관식

10 $\sqrt{7} \div \sqrt{42} = \sqrt{a}$, $\sqrt{\dfrac{9}{28}} \div \sqrt{\dfrac{6}{35}} = \sqrt{b}$일 때, 유리수 a, b에 대하여 ab의 값을 구하여라.

풀이과정

답

11 $\dfrac{\sqrt{5}}{\sqrt{8}} \div \dfrac{2\sqrt{10}}{\sqrt{3}} \div \dfrac{1}{\sqrt{48}}$ 을 간단히 하여라.

$\circlearrowright$ 35쪽 원리02

유형 4 $\sqrt{\dfrac{b}{a^2}} = \dfrac{\sqrt{b}}{a}$ 를 이용한 식의 변형

12 다음 중 옳지 않은 것은?

① $\sqrt{\dfrac{19}{81}} = \dfrac{\sqrt{19}}{9}$
② $\sqrt{\dfrac{7}{36}} = \dfrac{\sqrt{7}}{6}$
③ $\sqrt{\dfrac{26}{72}} = \dfrac{\sqrt{26}}{6}$
④ $-\sqrt{\dfrac{75}{100}} = -\dfrac{\sqrt{3}}{2}$
⑤ $\sqrt{0.11} = \dfrac{\sqrt{11}}{10}$

13 $\sqrt{0.56}$을 근호 안의 수가 가장 작은 자연수가 되도록 하면 $\dfrac{\sqrt{b}}{a}$가 된다. 자연수 a, b에 대하여 ab의 값을 구하여라.

서술형 주관식

14 $\sqrt{0.06} = a\sqrt{6}$, $\dfrac{3\sqrt{5}}{\sqrt{30}} = \sqrt{b}$일 때, 유리수 a, b의 합 $a+b$의 값을 구하여라.

풀이과정

답

↻ 34쪽 원리 01 + 35쪽 원리 02

유형 5 문자를 이용한 제곱근의 표현

15 $\sqrt{3}=a$, $\sqrt{5}=b$일 때, $\sqrt{300}$을 a, b를 이용하여 나타낸 것으로 옳은 것은?

① $2ab$ ② $2a^2b$ ③ $2ab^2$

④ a^2b ⑤ ab^3

16 $\sqrt{2}=a$, $\sqrt{7}=b$일 때, $\sqrt{1.12}$를 a, b를 이용하여 나타낸 것으로 옳은 것은?

① $\dfrac{ab}{9}$ ② $\dfrac{a^2b}{5}$ ③ $\dfrac{a^2b}{10}$

④ $3b$ ⑤ $\dfrac{b}{5a^2}$

서술형 주관식

17 $\sqrt{5}=x$, $\sqrt{7}=y$일 때, $\sqrt{80}-\sqrt{0.0343}=mx+ny$이다. 유리수 m, n의 곱 mn의 값을 구하여라.

풀이과정

답

↻ 36쪽 원리 03

유형 6 분모의 유리화

18 다음 중 분모를 유리화한 것으로 옳지 않은 것은?

① $\dfrac{1}{5\sqrt{2}}=\dfrac{\sqrt{2}}{10}$ ② $\dfrac{4}{\sqrt{18}}=\dfrac{2\sqrt{2}}{3}$

③ $\dfrac{5}{\sqrt{8}}=\dfrac{5\sqrt{2}}{4}$ ④ $\dfrac{3\sqrt{2}}{\sqrt{7}}=\dfrac{3\sqrt{14}}{7}$

⑤ $\dfrac{10}{\sqrt{24}}=\dfrac{5\sqrt{3}}{6}$

19 $\dfrac{2\sqrt{k}}{3\sqrt{2}}$의 분모를 유리화하면 $\dfrac{\sqrt{10}}{3}$이 될 때, 자연수 k의 값을 구하여라.

20 $\dfrac{\sqrt{3}}{\sqrt{6}}=a\sqrt{2}$, $\dfrac{3\sqrt{5}}{\sqrt{8}}=b\sqrt{10}$일 때, 유리수 a, b에 대하여 $\sqrt{ab}$의 값을 구하여라.

↻ 34쪽 원리 01 ~ 36쪽 원리 03

유형 7 제곱근의 곱셈과 나눗셈의 혼합 계산

21 $2\sqrt{3}\times3\sqrt{14}\div(-\sqrt{6})=a\sqrt{b}$에서 유리수 a, b의 합 $a+b$의 값을 구하여라. (단, b는 가장 작은 자연수)

↻ 34쪽 원리 01 ~ 36쪽 원리 03

22 다음을 계산하여라.

(1) $2\sqrt{15} \div \sqrt{3} \times \sqrt{\dfrac{6}{5}}$

(2) $\dfrac{\sqrt{45}}{6} \times \sqrt{72} \div \sqrt{\dfrac{10}{27}}$

(3) $\sqrt{14} \times \sqrt{21} \div \sqrt{10}$

23 $\dfrac{2}{\sqrt{15}} \div \dfrac{\sqrt{35}}{5} \times \dfrac{\sqrt{42}}{4} = a\sqrt{2}$일 때, 유리수 a의 값을 구하여라.

24 다음 중 옳지 않은 것은?

① $2\sqrt{6} \div (-\sqrt{2}) = -2\sqrt{3}$

② $\sqrt{27} \times \sqrt{12} \div \sqrt{6} = 3\sqrt{6}$

③ $8\sqrt{2} \div 4\sqrt{3} \times (-3\sqrt{6}) = -12$

④ $\dfrac{3}{4} \div \dfrac{\sqrt{5}}{3} \div \dfrac{\sqrt{2}}{\sqrt{10}} = \dfrac{9}{4}$

⑤ $\dfrac{\sqrt{75}}{2} \times (-\sqrt{32}) \div 6\sqrt{2} = -\dfrac{5\sqrt{15}}{3}$

유형 8 제곱근의 곱셈과 나눗셈의 도형에서의 활용

25 어느 직사각형의 가로를 한 변으로 하는 정사각형의 넓이는 $54\,\text{cm}^2$이고, 세로를 한 변으로 하는 정사각형의 넓이는 $75\,\text{cm}^2$이다. 이때 이 직사각형의 넓이를 구하여라.

26 오른쪽 그림의 직사각형의 넓이가 $24\sqrt{10}\,\text{cm}^2$일 때, 직사각형의 세로의 길이 x를 구하여라.

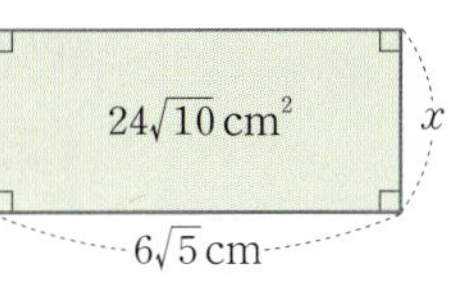

27 다음 그림의 삼각형의 넓이와 사각형의 넓이가 같을 때, 삼각형의 높이 x를 구하여라.

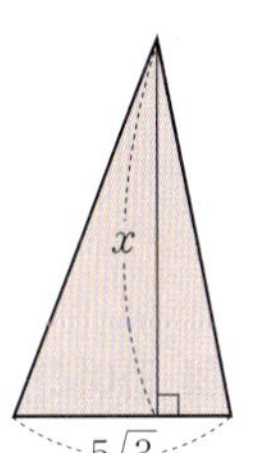

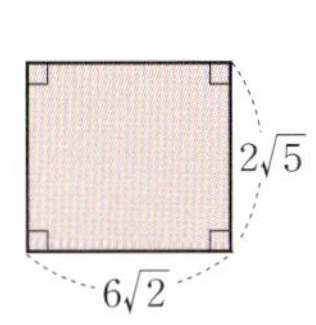

2 근호를 포함한 식의 계산(2)

원리 01 제곱근의 덧셈과 뺄셈

유형 1, 2, 7

제곱근의 덧셈, 뺄셈은 근호 안의 수가 같은 것을 동류항으로 보고 다항식의 덧셈, 뺄셈과 같은 방법으로 계산한다.

$a>0$이고, l, m, n이 유리수일 때

1. $m\sqrt{a}+n\sqrt{a}=(m+n)\sqrt{a}$ 예 $5\sqrt{7}+7\sqrt{7}=(5+7)\sqrt{7}=12\sqrt{7}$

2. $m\sqrt{a}-n\sqrt{a}=(m-n)\sqrt{a}$ 예 $9\sqrt{3}-7\sqrt{3}=(9-7)\sqrt{3}=2\sqrt{3}$

3. $m\sqrt{a}+n\sqrt{a}-l\sqrt{a}=(m+n-l)\sqrt{a}$ 예 $3\sqrt{2}+8\sqrt{2}-5\sqrt{2}=(3+8-5)\sqrt{2}=6\sqrt{2}$

참고 1. 근호 안의 수를 $a\sqrt{b}$꼴로 변형한 후, 근호 안의 수가 같은 것끼리 모아서 계산한다.
   2. 근호 안의 수가 다를 때에는 덧셈, 뺄셈을 할 수 없다.
      예 $\sqrt{2}+\sqrt{5}+3\sqrt{2}=(1+3)\sqrt{2}+\sqrt{5}=4\sqrt{2}+\sqrt{5}$
   3. $a>0$, $b>0$일 때, $\sqrt{a}+\sqrt{b}\neq\sqrt{a+b}$, $\sqrt{a}-\sqrt{b}\neq\sqrt{a-b}$임에 주의한다.

꼭꼭! Check
★ $a>0$, m, n이 유리수일 때
$m\sqrt{a}\pm n\sqrt{a}=(m\pm n)\sqrt{a}$

예시 문제 다음 식을 간단히 하여라.

(1) $3\sqrt{2}+8\sqrt{2}$

(2) $5\sqrt{3}-2\sqrt{3}$

(3) $4\sqrt{5}+7\sqrt{5}-5\sqrt{5}$

(4) $7\sqrt{2}-2\sqrt{6}+\sqrt{2}+4\sqrt{6}$

풀이 (1) $3\sqrt{2}+8\sqrt{2}=(3+8)\sqrt{2}=11\sqrt{2}$
    (2) $5\sqrt{3}-2\sqrt{3}=(5-2)\sqrt{3}=3\sqrt{3}$
    (3) $4\sqrt{5}+7\sqrt{5}-5\sqrt{5}=(4+7-5)\sqrt{5}=6\sqrt{5}$
    (4) $7\sqrt{2}-2\sqrt{6}+\sqrt{2}+4\sqrt{6}=7\sqrt{2}+\sqrt{2}-2\sqrt{6}+4\sqrt{6}=(7+1)\sqrt{2}+(-2+4)\sqrt{6}=8\sqrt{2}+2\sqrt{6}$

답 (1) $11\sqrt{2}$ (2) $3\sqrt{3}$ (3) $6\sqrt{5}$ (4) $8\sqrt{2}+2\sqrt{6}$

원리 확인

기본문제

이해쏙쏙 술술풀이 P.26

1 다음 식을 간단히 하여라.

(1) $8\sqrt{5}-6\sqrt{5}+7\sqrt{5}$

(2) $7\sqrt{2}+3\sqrt{2}-6\sqrt{3}$

(3) $2\sqrt{5}-9\sqrt{2}-2\sqrt{5}+3\sqrt{2}$

(4) $\sqrt{2}-3\sqrt{6}+5\sqrt{6}-2\sqrt{2}$

2 다음 식을 간단히 하여라.

(1) $2\sqrt{63}-\sqrt{7}+5\sqrt{28}$

(2) $\sqrt{32}-\sqrt{27}-\sqrt{8}-\sqrt{75}$

(3) $\dfrac{\sqrt{24}}{5}-\dfrac{\sqrt{6}}{4}+\dfrac{\sqrt{54}}{10}$

(4) $\dfrac{\sqrt{12}}{4}+\sqrt{20}-\dfrac{\sqrt{75}}{3}+\dfrac{\sqrt{5}}{2}$

원리 **02** 분모의 유리화 (2)

유형 **3**, **4**, **7**

1. 근호를 포함한 식의 분배법칙

   무리수에서도 유리수에서와 같이 분배법칙이 성립한다. $a>0$, $b>0$, $c>0$일 때,

   (1) $\sqrt{a}(\sqrt{b}+\sqrt{c})=\sqrt{ab}+\sqrt{ac}$, $\sqrt{a}(\sqrt{b}-\sqrt{c})=\sqrt{ab}-\sqrt{ac}$

   (2) $(\sqrt{a}+\sqrt{b})\sqrt{c}=\sqrt{ac}+\sqrt{bc}$, $(\sqrt{a}-\sqrt{b})\sqrt{c}=\sqrt{ac}-\sqrt{bc}$

   [참고] 유리수에서의 분배법칙
   $$A(B+C)=AB+AC$$

2. 분배법칙을 이용한 분모의 유리화

   분모에 무리수가 있을 때 분모를 유리화하기 위하여 분모, 분자에 같은 무리수를
   곱한 후 분자는 분배법칙을 이용하여 계산한다. $a>0$, $b>0$, $c>0$일 때,

   $$\frac{\sqrt{b}+\sqrt{c}}{\sqrt{a}}=\frac{(\sqrt{b}+\sqrt{c})\times\sqrt{a}}{\sqrt{a}\times\sqrt{a}}=\frac{\sqrt{ab}+\sqrt{ac}}{a}$$

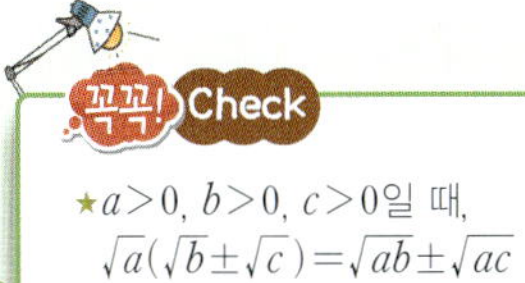

꼭꼭! Check

★ $a>0$, $b>0$, $c>0$일 때,
$\sqrt{a}(\sqrt{b}\pm\sqrt{c})=\sqrt{ab}\pm\sqrt{ac}$

예시 문제 다음을 계산하여라.

(1) $\sqrt{2}(\sqrt{3}-\sqrt{5})$ 　　　　(2) $(\sqrt{2}+\sqrt{3})\times3\sqrt{6}$ 　　　　(3) $(2\sqrt{5}+6\sqrt{10})\div\sqrt{5}$

풀이 (1) $\sqrt{2}(\sqrt{3}-\sqrt{5})=\sqrt{2}\sqrt{3}-\sqrt{2}\sqrt{5}=\sqrt{6}-\sqrt{10}$

(2) $(\sqrt{2}+\sqrt{3})\times3\sqrt{6}=\sqrt{2}\times3\sqrt{6}+\sqrt{3}\times3\sqrt{6}=6\sqrt{3}+9\sqrt{2}$

(3) $(2\sqrt{5}+6\sqrt{10})\div\sqrt{5}=2\sqrt{5}\div\sqrt{5}+6\sqrt{10}\div\sqrt{5}=2\sqrt{5}\times\dfrac{1}{\sqrt{5}}+6\sqrt{10}\times\dfrac{1}{\sqrt{5}}=2+6\sqrt{2}$

답 (1) $\sqrt{6}-\sqrt{10}$ (2) $6\sqrt{3}+9\sqrt{2}$ (3) $2+6\sqrt{2}$

예시 문제 다음 수의 분모를 유리화하여라.

(1) $\dfrac{\sqrt{2}+\sqrt{5}}{\sqrt{3}}$ 　　　　　　　　(2) $\dfrac{\sqrt{10}-\sqrt{2}}{4\sqrt{2}}$

풀이 (1) $\dfrac{\sqrt{2}+\sqrt{5}}{\sqrt{3}}=\dfrac{(\sqrt{2}+\sqrt{5})\times\sqrt{3}}{\sqrt{3}\times\sqrt{3}}=\dfrac{\sqrt{6}+\sqrt{15}}{3}$

(2) $\dfrac{\sqrt{10}-\sqrt{2}}{4\sqrt{2}}=\dfrac{(\sqrt{10}-\sqrt{2})\times\sqrt{2}}{4\sqrt{2}\times\sqrt{2}}=\dfrac{2\sqrt{5}-2}{8}=\dfrac{\sqrt{5}-1}{4}$

답 (1) $\dfrac{\sqrt{6}+\sqrt{15}}{3}$ (2) $\dfrac{\sqrt{5}-1}{4}$

원 리 확 인

기본문제

이해쏙쏙 술술풀이 P.26

3 다음을 계산하여라.

(1) $\sqrt{3}(2\sqrt{3}+5)-\sqrt{6}(4\sqrt{2}-\sqrt{6})$ 　　　　(2) $2\sqrt{5}(\sqrt{15}-4\sqrt{3})+6\sqrt{2}(\sqrt{30}-3\sqrt{6})$

4 다음 수의 분모를 유리화하여라.

(1) $\dfrac{3\sqrt{2}-\sqrt{3}}{2\sqrt{6}}$ 　　　　　　　　(2) $\dfrac{3+\sqrt{2}}{\sqrt{8}}$

원리 03 근호를 포함한 복잡한 식의 계산

유형 5, 6, 7

1. 괄호가 있으면 분배법칙을 이용하여 괄호를 푼다.
2. 근호 안의 제곱인 인수는 근호 밖으로 꺼낸다.
3. 분모에 무리수가 있으면 분모를 유리화한다.
4. 곱셈, 나눗셈을 먼저 계산한다.
5. 근호 안의 수가 같은 것끼리 모아서 덧셈, 뺄셈을 한다.

예시 문제 다음을 간단히 하여라.

$$(1)\ \sqrt{2}\left(2\sqrt{3}+\frac{1}{\sqrt{2}}\right)-8\sqrt{2}\div\sqrt{3}$$

$$(2)\ \sqrt{5}\left(3\sqrt{3}-\frac{2}{\sqrt{3}}\right)+\left(2\sqrt{5}-\frac{\sqrt{5}}{2}\right)\frac{1}{\sqrt{3}}$$

풀이

$$(1)\ \sqrt{2}\left(2\sqrt{3}+\frac{1}{\sqrt{2}}\right)-8\sqrt{2}\div\sqrt{3}=2\sqrt{6}+1-\frac{8\sqrt{2}}{\sqrt{3}}=2\sqrt{6}+1-\frac{8\sqrt{6}}{3}=\frac{-2\sqrt{6}+3}{3}$$

$$(2)\ \sqrt{5}\left(3\sqrt{3}-\frac{2}{\sqrt{3}}\right)+\left(2\sqrt{5}-\frac{\sqrt{5}}{2}\right)\frac{1}{\sqrt{3}}=3\sqrt{15}-\frac{2\sqrt{5}}{\sqrt{3}}+\frac{2\sqrt{5}}{\sqrt{3}}-\frac{\sqrt{5}}{2\sqrt{3}}$$

$$=3\sqrt{15}-\frac{2\sqrt{15}}{3}+\frac{2\sqrt{15}}{3}-\frac{\sqrt{15}}{6}$$

$$=\frac{17\sqrt{15}}{6}$$

답 $(1)\ \dfrac{-2\sqrt{6}+3}{3}$ $(2)\ \dfrac{17\sqrt{15}}{6}$

원리확인 기본문제

이해쏙쏙 술술풀이 P.26

5 다음 식을 간단히 하여라.

$$\frac{\sqrt{5}-2\sqrt{3}}{\sqrt{2}}+(\sqrt{30}-\sqrt{50})\times\sqrt{3}$$

6 $\sqrt{3}(\sqrt{6}+\sqrt{20})-(\sqrt{12}-\sqrt{10})\div\sqrt{5}$ 를 $a\sqrt{2}+b\sqrt{15}$ 의 꼴로 나타낼 때, 유리수 a, b의 합 $a+5b$의 값을 구하여라.

원리 04 제곱근의 값

I

무리수와 실수

1. 제곱근표

1.00부터 99.9까지의 수에 대한 양의 제곱근의 값을 반올림하여 소수점 아래 셋째 자리까지 계산해 놓은 표

2. 제곱근표 읽는 방법

제곱근표에서 처음 두 자리 수의 가로줄과 끝자리 수의 세로줄이 만나는 곳의 수를 읽는다.

예) 제곱근표를 이용하여 무리수 $\sqrt{1.26}$의 값을 구해보면 제곱근표에서 1.2의 가로줄과 6의 세로줄이 만나는 곳의 수 1.122가 무리수 $\sqrt{1.26}$의 값이다. 즉, $\sqrt{1.26}=1.122$

수	0	1	2	3	4	5	6	7	8	9
1.0	1.000	1.005	1.010	1.015	1.020	1.025	1.030	1.034	1.039	1.044
1.1	1.049	1.054	1.058	1.063	1.068	1.072	1.077	1.082	1.086	1.091
1.2	1.095	1.100	1.105	1.109	1.114	1.118	1.122	1.127	1.131	1.136
1.3	1.140	1.145	1.149	1.153	1.158	1.162	1.166	1.170	1.175	1.179
1.4	1.183	1.187	1.192	1.196	1.200	1.204	1.208	1.212	1.217	1.221

3. 제곱근표에 없는 수의 제곱근의 값 구하기

제곱근표에 없는 수(0보다 크고 1보다 작은 수나 100보다 큰 수)의 제곱근의 값은 다음과 같이 제곱근의 성질을 이용하여 제곱근표에 있는 수로 바꾸어서 구한다. 이때 제곱근표에 있는 수가 나올 때까지 소수점을 앞 또는 뒤로 두 칸씩 움직여 $\sqrt{a \times 10^n}$ 또는 $\sqrt{a \times \dfrac{1}{10^n}}$의 꼴로 고쳐서 구한다.

(단, $1 \leq a \leq 99.9$, n은 짝수인 자연수)

(1) 100보다 큰 수 : $\sqrt{100a}=10\sqrt{a}$, $\sqrt{10000a}=100\sqrt{a}$, …를 이용 (단, a는 제곱근표에 있는 수)

예) $\sqrt{2.33}=1.526$일 때, $\sqrt{233}=\sqrt{100 \times 2.33}=10\sqrt{2.33}=10 \times 1.526=15.26$

(2) 0보다 크고 1보다 작은 수 : $\sqrt{\dfrac{a}{100}}=\dfrac{\sqrt{a}}{10}$, $\sqrt{\dfrac{a}{10000}}=\dfrac{\sqrt{a}}{100}$, …를 이용 (단, a는 제곱근표에 있는 수)

예) $\sqrt{26.6}=5.158$일 때, $\sqrt{0.266}=\sqrt{\dfrac{26.6}{100}}=\dfrac{\sqrt{26.6}}{10}=\dfrac{5.158}{10}=0.5158$

참고) 제곱근의 값을 찾는 방법

① $1^2=1$, $2^2=4$에서 $1^2<2<2^2$이므로 $1<\sqrt{2}<2$
② $1.4^2=1.96$, $1.5^2=2.25$에서 $1.4^2<2<1.5^2$이므로 $1.4<\sqrt{2}<1.5$
③ $1.41^2=1.9881$, $1.42^2=2.0164$에서 $1.41^2<2<1.42^2$이므로 $1.41<\sqrt{2}<1.42$
이와 같은 방법으로 계속하면 $\sqrt{2}$는 1.4142와 1.4143 사이의 수임을 알 수 있다.

예) $\sqrt{5}$의 값
① $2^2=4$, $3^2=9$이므로 $2<\sqrt{5}<3$
② $2.2^2=4.84$, $2.3^2=5.29$이므로 $2.2<\sqrt{5}<2.3$
③ $2.23^2=4.9729$, $2.24^2=5.0176$이므로 $2.23<\sqrt{5}<2.24$
④ $2.236^2=4.999696$, $2.237^2=5.0041690$이므로 $2.236<\sqrt{5}<2.237$

예시 문제 다음 제곱근표를 이용하여 주어진 제곱근의 값 또는 x의 값을 구하여라.

수	0	1	2	3	4	5	6
5.5	2.345	2.347	2.349	2.352	2.354	2.356	2.358
5.6	2.366	2.369	2.371	2.373	2.375	2.377	2.379
5.7	2.387	2.390	2.392	2.394	2.396	2.398	2.400
5.8	2.408	2.410	2.412	2.415	2.417	2.419	2.421
5.9	2.429	2.431	2.433	2.435	2.437	2.439	2.441
6.0	2.449	2.452	2.454	2.456	2.458	2.460	2.462
6.1	2.470	2.472	2.474	2.476	2.478	2.480	2.482
6.2	2.490	2.492	2.494	2.496	2.498	2.500	2.502
6.3	2.510	2.512	2.514	2.516	2.518	2.520	2.522
6.4	2.530	2.532	2.534	2.536	2.538	2.540	2.542

(1) $\sqrt{5.73}$

(2) $\sqrt{6.36}$

(3) $\sqrt{x}=2.419$

(4) $\sqrt{x}=2.474$

풀이

수	0	1	2	3	4	5	6
5.5	2.345	2.347	2.349	2.352	2.354	2.356	2.358
5.6	2.366	2.369	2.371	2.373	2.375	2.377	2.379
5.7	2.387	2.390	2.392	2.394	2.396	2.398	2.400
5.8	2.408	2.410	2.412	2.415	2.417	2.419	2.421
5.9	2.429	2.431	2.433	2.435	2.437	2.439	2.441
6.0	2.449	2.452	2.454	2.456	2.458	2.460	2.462
6.1	2.470	2.472	2.474	2.476	2.478	2.480	2.482
6.2	2.490	2.492	2.494	2.496	2.498	2.500	2.502
6.3	2.510	2.512	2.514	2.516	2.518	2.520	2.522
6.4	2.530	2.532	2.534	2.536	2.538	2.540	2.542

(1) 5.7의 가로줄과 3의 세로줄이 만나는 곳의 수 2.394이다.

(2) 6.3의 가로줄과 6의 세로줄이 만나는 곳의 수 2.522이다.

(3) $\sqrt{5.85}=2.419$이므로 $x=5.85$

(4) $\sqrt{6.12}=2.474$이므로 $x=6.12$

답 (1) 2.394 (2) 2.522 (3) 5.85 (4) 6.12

원리확인

기본문제

이해쏙쏙 술술풀이 P.26

7 위의 제곱근표를 이용하여 다음 물음에 답하여라.

(1) $\sqrt{6.05}$의 값을 구하여라.

(2) $\sqrt{a}=2.437$일 때, $10a$의 값을 구하여라.

8 $\sqrt{2}=1.414$, $\sqrt{20}=4.472$일 때, 다음을 구하여라.

(1) $\sqrt{2000}$

(2) $\sqrt{20000}$

(3) $\sqrt{\dfrac{1}{500}}$

원리 05 무리수의 정수 부분과 소수 부분

무리수는 순환하지 않는 무한소수이므로 정수 부분과 소수 부분으로 나눌 수 있다.
이때 무리수의 소수 부분은 무리수에서 정수 부분을 빼서 나타낸다.

(무리수)=(정수 부분)+(소수 부분)
$\Rightarrow$ (소수 부분)=(무리수)−(정수 부분)

예 $\sqrt{2}=1.414\cdots = \boxed{1} + \boxed{0.414\cdots}$
$= \boxed{1} + \boxed{(\sqrt{2}-1)}$

정수 부분　　소수 부분

 **꼭꼭 Check**

★$a>0$, n은 정수일 때,
$n \leq \sqrt{a} < n+1$이면
($\sqrt{a}$의 정수 부분)$=n$
($\sqrt{a}$의 소수 부분)$=\sqrt{a}-n$

예시 문제 다음은 $\sqrt{42}$의 정수 부분과 소수 부분을 구하는 과정이다. □ 안에 알맞은 수를 써넣어라.

$\sqrt{36}<\sqrt{42}<\sqrt{49}$에서 □$<\sqrt{42}<$□이므로 $\sqrt{42}=$□.×××
따라서 $\sqrt{42}$의 정수 부분은 □, 소수 부분은 □이다.

풀이 $\sqrt{36}=6$, $\sqrt{49}=7$이므로 $\sqrt{36}<\sqrt{42}<\sqrt{49}$, 즉 $6<\sqrt{42}<7$
따라서 $\sqrt{42}$의 정수 부분은 6이고, 소수 부분은 $\sqrt{42}-6$이다.

답 6, 7, 6, 6, $\sqrt{42}-6$

예시 문제 다음은 $3+\sqrt{5}$의 정수 부분과 소수 부분을 구하는 과정이다. □ 안에 알맞은 수를 써넣어라.

$\sqrt{4}<\sqrt{5}<\sqrt{9}$에서 □$<\sqrt{5}<$□이므로 □$<3+\sqrt{5}<$□
따라서 $3+\sqrt{5}$의 정수 부분은 □, 소수 부분은 □이다.

풀이 $\sqrt{4}=2$, $\sqrt{9}=3$이므로 $\sqrt{4}<\sqrt{5}<\sqrt{9}$, 즉 $2<\sqrt{5}<3$
양변에 3을 더하면 $5<3+\sqrt{5}<6$
따라서 $3+\sqrt{5}$의 정수 부분은 5, 소수 부분은 $3+\sqrt{5}-5=\sqrt{5}-2$이다.

답 2, 3, 5, 6, 5, $\sqrt{5}-2$

원리확인
기본문제

이해쏙쏙 술술풀이 P.27

9 다음 수의 정수 부분과 소수 부분을 각각 구하여라.

(1) $\sqrt{10}$　　　　　(2) $\sqrt{19}$　　　　　(3) $\sqrt{58}$

10 다음 수의 정수 부분과 소수 부분을 각각 구하여라.

(1) $1+\sqrt{2}$　　　　　(2) $\sqrt{5}-1$

원리 06 무리수의 상등에 관한 정리

1. a, b가 유리수이고 $\sqrt{m}$이 무리수일 때,
$a+b\sqrt{m}=0$이면 $a=0, b=0$이다.

설명 $b\neq0$이라 하면 $a+b\sqrt{m}=0$에서 $b\sqrt{m}=-a$, $\sqrt{m}=-\dfrac{a}{b}$

$\sqrt{m}=-\dfrac{(유리수)}{(유리수)}=(유리수)$이므로 $\sqrt{m}$이 무리수임에 모순된다.

$\therefore b=0$

이때 $a+b\sqrt{m}=0$에서 $b=0$이므로 $a=0$이다.

2. a, b, c, d가 유리수이고 $\sqrt{m}$이 무리수일 때,
$a+b\sqrt{m}=c+d\sqrt{m}$이면 $a=c, b=d$이다.

설명 $a+b\sqrt{m}=c+d\sqrt{m}$에서 우변의 항을 좌변으로 이항하면
$(a-c)+(b-d)\sqrt{m}=0$
1의 **설명**에 의하여 $a-c=0, b-d=0$이므로 $a=c, b=d$이다.

꼭꼭! Check

★ 무리수가 서로 같을 조건은 유리수는 유리수끼리, 무리수는 무리수끼리 같다는 것이다.

예시 문제 $(a-2)+b\sqrt{3}=1+2\sqrt{3}$을 만족하는 유리수 a, b의 값을 각각 구하여라.

풀이 $a+b\sqrt{m}=c+d\sqrt{m}$이면 $a=c, b=d$이므로
$(a-2)+b\sqrt{3}=1+2\sqrt{3}$에서 $a-2=1, b=2$ $\therefore a=3, b=2$

답 $a=3, b=2$

원리 확인 기본문제

이해쏙쏙 술술풀이 P.27

11 $(4\sqrt{3}-7)-a(2-\sqrt{3})=-13+b\sqrt{3}$을 만족하는 유리수 a, b의 값을 각각 구하여라.

정확성과 신속성, 효율적 계산 능력 키우기!

1 다음 식을 간단히 하여라.

(1) $3\sqrt{8}+7\sqrt{2}-\sqrt{32}$

(2) $\sqrt{180}-\sqrt{80}+7\sqrt{5}$

(3) $6\sqrt{5}-\sqrt{15}+\sqrt{20}$

(4) $\sqrt{63}+\sqrt{28}-\sqrt{175}$

(5) $\dfrac{\sqrt{75}}{8}+\dfrac{\sqrt{12}}{3}-\sqrt{27}+\sqrt{\dfrac{3}{4}}$

(6) $\dfrac{1}{2\sqrt{6}}+\dfrac{\sqrt{2}}{4\sqrt{3}}$

(7) $\dfrac{3\sqrt{2}}{\sqrt{7}}+\dfrac{7\sqrt{14}}{8}$

(8) $\dfrac{2}{\sqrt{3}}-\sqrt{12}+5\sqrt{3}$

(9) $\dfrac{8}{\sqrt{2}}+\sqrt{18}-\dfrac{4\sqrt{3}}{\sqrt{6}}$

2 다음 식을 간단히 하여라.

(1) $\dfrac{\sqrt{6}-\sqrt{5}}{\sqrt{2}}+\dfrac{\sqrt{15}+\sqrt{2}}{\sqrt{5}}$

(2) $\dfrac{\sqrt{5}-\sqrt{3}}{\sqrt{3}}-\dfrac{\sqrt{3}-\sqrt{5}}{\sqrt{5}}$

(3) $\dfrac{2\sqrt{3}-3\sqrt{2}}{\sqrt{6}}+\dfrac{1+\sqrt{6}}{\sqrt{3}}$

(4) $\dfrac{3\sqrt{10}+2\sqrt{5}}{\sqrt{5}}-\dfrac{2\sqrt{5}-3\sqrt{10}}{\sqrt{10}}$

3 다음 식을 간단히 하여라.

(1) $(2\sqrt{3}+\sqrt{6})\div\sqrt{2}-\sqrt{3}(\sqrt{6}-\sqrt{24})$

(2) $5\sqrt{2}\left(\dfrac{3}{\sqrt{8}}-\dfrac{\sqrt{12}}{10}\right)-\dfrac{8\sqrt{3}}{\sqrt{24}}$

(3) $\dfrac{4}{\sqrt{2}}-3\sqrt{10}\div\sqrt{\dfrac{1}{5}}$

(4) $\sqrt{32}-\sqrt{6}\times\sqrt{2}+\dfrac{6}{\sqrt{2}}$

(5) $\sqrt{27}(\sqrt{2}-\sqrt{6})+\dfrac{18-\sqrt{48}}{\sqrt{6}}$

(6) $(\sqrt{6}-5)^2+7\sqrt{2}\div\dfrac{1}{\sqrt{3}}$

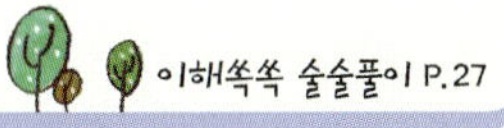

촘촘 유형

핵심유형으로 확실하게 원리이해

↻ 42쪽 원리01

유형 1 제곱근의 덧셈과 뺄셈

01 $\sqrt{45}-a\sqrt{5}+\sqrt{125}=2\sqrt{5}$일 때, 유리수 a의 값을 구하여라.

서술형 주관식

02 $\dfrac{5\sqrt{2}}{6}+\dfrac{\sqrt{45}}{2}-\dfrac{\sqrt{8}}{3}-\dfrac{3\sqrt{5}}{7}=a\sqrt{2}+b\sqrt{5}$일 때 유리수 a, b에 대하여 $7ab$의 값을 구하여라.

풀이과정

답

03 $x=\sqrt{2}-5\sqrt{3}$, $y=\sqrt{2}+5\sqrt{3}$일 때, $2(x+y)(x-y)$의 값을 구하여라.

04 $a=\sqrt{5}$일 때, $3a^2-8a-4\sqrt{5}+1$의 값을 구하여라.

↻ 42쪽 원리01

유형 2 분모에 제곱근이 있는 경우의 덧셈과 뺄셈

05 $\sqrt{50}-\dfrac{4}{\sqrt{2}}+\sqrt{18}$을 간단히 하여라.

06 $\sqrt{32}-\dfrac{7}{\sqrt{8}}+3\sqrt{2}-\dfrac{5}{\sqrt{2}}$를 간단히 하여라.

07 $\dfrac{\sqrt{6}}{5\sqrt{2}}+\dfrac{\sqrt{2}}{\sqrt{5}}-\dfrac{3\sqrt{2}}{\sqrt{6}}+\dfrac{7}{\sqrt{40}}=a\sqrt{3}+b\sqrt{10}$일 때, 유리수 a, b에 대하여 ab의 값을 구하여라.

↻ 43쪽 원리02

유형 3 분배법칙을 이용한 무리수의 계산

08 $(\sqrt{15}+9)\div3-\sqrt{2}\left(\dfrac{\sqrt{10}}{8}-\dfrac{1}{\sqrt{2}}\right)$을 간단히 하여라.

09 $2\sqrt{2}(\sqrt{3}-\sqrt{6})+\sqrt{6}\left(\dfrac{5}{\sqrt{2}}-4\right)$ 를 간단히 하여라.

10 $x=\sqrt{5}-\sqrt{3}$, $y=\sqrt{5}+\sqrt{3}$ 일 때, $\sqrt{5}x-\sqrt{3}y$의 값을 구하여라.

43쪽 원리 02

유형 4 분배법칙을 이용한 분모의 유리화

11 다음 수의 분모를 유리화하여라.

(1) $\dfrac{4-\sqrt{5}}{\sqrt{3}}$ 　　　　　(2) $\dfrac{1+\sqrt{3}}{\sqrt{27}}$

12 $\dfrac{\sqrt{3}+1}{\sqrt{6}}+\dfrac{\sqrt{3}-5}{\sqrt{2}}$ 를 간단히 하여라.

---

13 $x=\dfrac{9+\sqrt{6}}{\sqrt{3}}$, $y=\dfrac{9-\sqrt{6}}{\sqrt{3}}$ 일 때, $\sqrt{2}(x-y)$의 값을 구하여라.

44쪽 원리 03

유형 5 근호를 포함한 복잡한 식의 계산

14 $\sqrt{5}(\sqrt{75}-\sqrt{12})-\sqrt{3}(\sqrt{20}-\sqrt{45})$ 를 간단히 하여라.

15 다음 식을 간단히 하여라.

$$\dfrac{3\sqrt{2}-\sqrt{10}}{\sqrt{5}}-\sqrt{5}\left(\dfrac{6}{\sqrt{2}}-3\sqrt{10}\right)$$

16 $(\sqrt{3})^{2}-\sqrt{2}\left(3\sqrt{18}-\dfrac{1}{\sqrt{6}}\right)+\left(3\sqrt{3}-\dfrac{5}{\sqrt{12}}\right)\sqrt{2}$ 를 간단히 하여라.

↻ 44쪽 원리 03

유형 6 계산 결과가 유리수가 될 조건

17 $3(5+a\sqrt{3})+2a-9\sqrt{3}$이 유리수가 되도록 하는 유리수 a의 값은?

① 1　　　　② 2　　　　③ 3

④ 4　　　　⑤ 5

18 $\sqrt{54}\left(\dfrac{1}{\sqrt{6}}-\dfrac{1}{\sqrt{3}}\right)-\dfrac{a}{\sqrt{2}}(6-\sqrt{8})$이 유리수가 되도록 하는 유리수 a의 값을 구하여라.

서술형 주관식

19 $A=6(a-\sqrt{5})-2\sqrt{5}-1+2a\sqrt{5}$가 유리수일 때, 다음을 구하여라.

(1) 유리수 a의 값　　　(2) A의 값

풀이과정

답

↻ 42쪽 원리 01 ~ 44쪽 원리 03

유형 7 제곱근의 덧셈과 뺄셈의 활용

20 오른쪽 그림과 같은 사다리꼴 ABCD의 넓이를 구하여라.

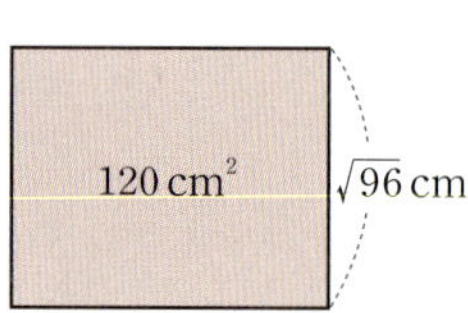

21 오른쪽 그림과 같이 세로의 길이가 $\sqrt{96}$ cm인 직사각형의 넓이가 120 cm^{2}일 때, 직사각형의 둘레의 길이를 구하여라.

22 다음 그림은 한 변의 길이가 1인 정사각형을 수직선 위에 그린 것이다. $\overline{AB}=\overline{AP}$, $\overline{CD}=\overline{CQ}$일 때, 두 점 P, Q 사이의 거리를 구하여라.

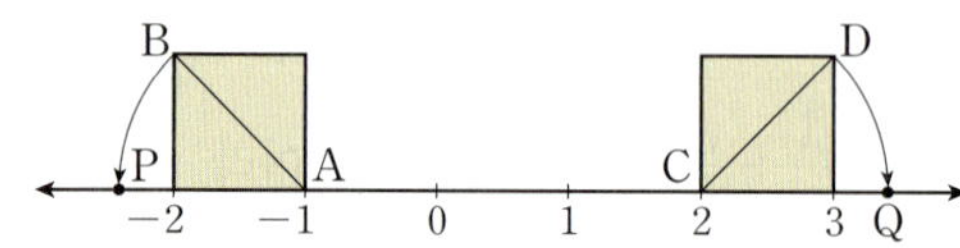

↻ 45쪽 원리 04

유형 8 **제곱근표에 없는 제곱근의 값 구하기**

23 $\sqrt{2.58}=1.606$, $\sqrt{25.8}=5.079$일 때, 다음 중 옳지 않은 것은?

① $\sqrt{25800}=50.79$　　② $\sqrt{258}=16.06$

③ $\sqrt{0.258}=0.5079$　　④ $\sqrt{0.0258}=0.1606$

⑤ $\sqrt{0.000258}=0.01606$

24 $\sqrt{68.5}=8.276$일 때, $\sqrt{a}=0.8276$을 만족시키는 a의 값은?

① 685　　② 6.85　　③ 0.685

④ 0.0685　　⑤ 0.00685

↻ 45쪽 원리 04

유형 9 **제곱근의 값을 이용한 계산**

25 다음 중에서 $\sqrt{7}$의 값을 이용하여 그 값을 구할 수 없는 것은?

① $\sqrt{0.056}$　　② $\sqrt{2.52}$　　③ $\sqrt{63}$

④ $\sqrt{448}$　　⑤ $\sqrt{\dfrac{1}{28}}$

26 $\sqrt{3}=1.732$, $\sqrt{5}=2.236$일 때, $\dfrac{3}{\sqrt{12}}-\sqrt{45}$의 값은?

① -7.574　　② -5.842　　③ 0.584

④ 5.842　　⑤ 7.574

↻ 47쪽 원리 05

유형 10 **무리수의 정수 부분과 소수 부분**

27 $\sqrt{26}$의 소수 부분을 a라 할 때, $a(a+10)$의 값을 구하여라.

28 $3-\sqrt{2}$의 정수 부분을 a, 소수 부분을 b라 할 때, $2a+b$의 값을 구하여라.

서술형 주관식

29 $4\sqrt{3}$의 소수 부분을 a, $5\sqrt{2}$의 소수 부분을 b라 할 때, $\sqrt{3}a-\sqrt{2}b$의 값을 구하여라.

풀이과정

답

01 다음 중 식의 계산이 옳지 않은 것은?

① $3\sqrt{6}=\sqrt{54}$ ② $\sqrt{40}=2\sqrt{10}$

③ $\sqrt{125}=5\sqrt{5}$ ④ $\sqrt{1.6}=\dfrac{8\sqrt{5}}{5}$

⑤ $\sqrt{\dfrac{26}{72}}=\dfrac{\sqrt{13}}{6}$

02 $\sqrt{98}-\sqrt{24}-\sqrt{50}+\sqrt{150}=a\sqrt{2}+b\sqrt{6}$일 때, 유리수 a, b의 곱 ab의 값을 구하여라.

03 $a>0$, $b>0$이고 $ab=4$일 때, 다음 식의 값을 구하여라.

$$\dfrac{1}{a}\sqrt{\dfrac{a}{b}}+\dfrac{1}{b}\sqrt{\dfrac{b}{a}}$$

04 $\dfrac{\sqrt{252}}{\sqrt{a}}$의 값이 자연수가 되도록 하는 자연수 a의 값 중에서 가장 큰 홀수를 x, 가장 작은 짝수를 y라고 할 때, x, y의 값을 각각 구하여라.

05 $\dfrac{10\sqrt{3}}{\sqrt{6}}+\sqrt{27}-\dfrac{4}{\sqrt{8}}-\dfrac{18}{\sqrt{3}}$을 계산하여라.

06 $\dfrac{\sqrt{(-5)^2}}{\sqrt{10}}-5\div\sqrt{2.5}+\sqrt{0.25}\times2$를 계산하여라.

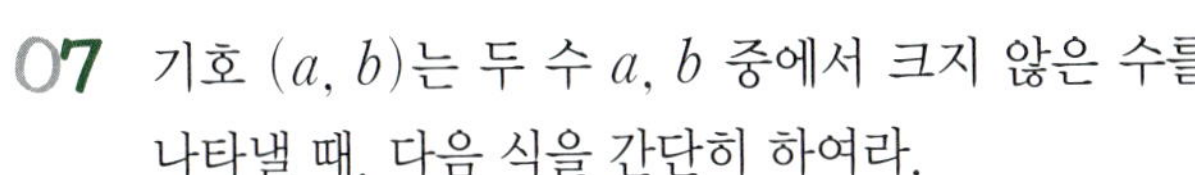

07 기호 $(a,\ b)$는 두 수 $a,\ b$ 중에서 크지 않은 수를 나타낼 때, 다음 식을 간단히 하여라.

$$\left(\dfrac{3}{\sqrt{2}},\ \sqrt{5}\right) \times (7\sqrt{2},\ 5) - (-4\sqrt{3},\ -5.2)$$

08 오른쪽 그림과 같이 넓이가 $240\,\mathrm{cm}^2$인 정사각형의 네 귀퉁이를 잘랐다. 색칠한 부분은 모두 크기가 같은 정사각형이고 넓이의 합은 $60\,\mathrm{cm}^2$일 때, a의 길이를 구하여라.

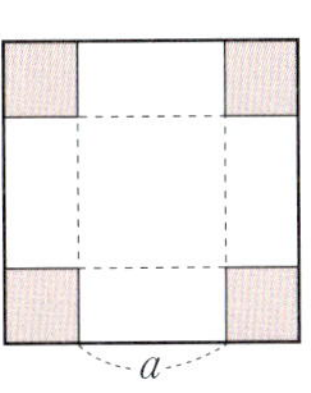

서술형 주관식

09 다음 그림에서 세 정사각형의 넓이가 각각 3, 12, 27일 때, 세 정사각형의 한 변의 길이를 모두 합하면 얼마인지 구하여라.

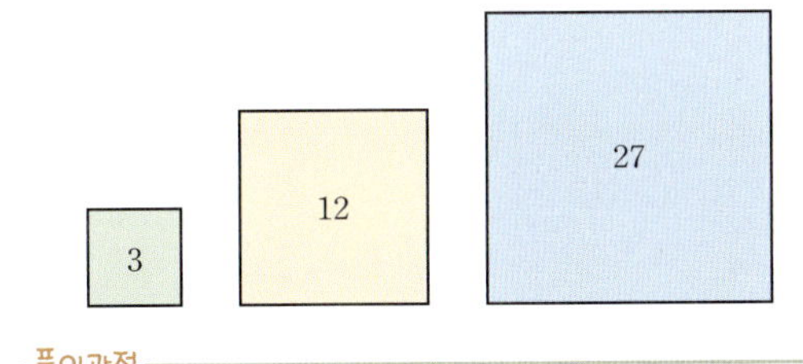

풀이과정

답

10 아래 제곱근표를 이용하여 다음 수의 값을 구하여라.

n	5	20	40	50
$\sqrt{n}$의 값	2.236	4.472	6.325	7.071

(1) $\sqrt{0.05}$

(2) $\sqrt{0.2}$

(3) $\sqrt{4000}$

(4) $\sqrt{5000}$

11 다음 제곱근표를 이용하여 $\sqrt{1.75} - \dfrac{4}{\sqrt{5}} + \sqrt{11.25}$ 의 값을 구하여라.

수	0	1	2	3
3.0	1.732	1.735	1.738	1.741
5.0	2.236	2.238	2.241	2.243
7.0	2.646	2.648	2.650	2.651

서술형 주관식

12 $\sqrt{2}\left(\dfrac{4}{\sqrt{2}} - \dfrac{1}{\sqrt{3}}\right) - \sqrt{3}\left(\sqrt{2}a - \dfrac{1}{\sqrt{3}}\right)$이 유리수가 되도록 하는 유리수 a의 값을 구하여라.

풀이과정

답

13 오른쪽 그림과 같은 사다리꼴 ABCD의 넓이는?

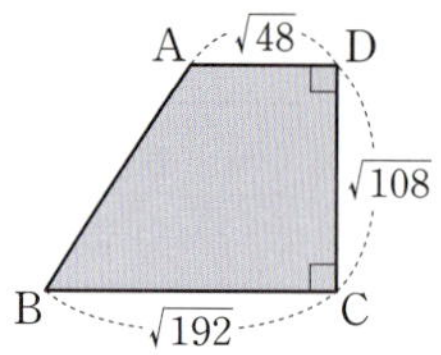

① $36\sqrt{3}$　② 54

③ $54\sqrt{3}$　④ 108

⑤ $108\sqrt{3}$

16 $A=4(a+3\sqrt{6})-6a\sqrt{6}+2,$

$B=\sqrt{27}\left(\dfrac{2}{\sqrt{3}}-6\right)-b(\sqrt{12}+2)$ 이다.

A, B, a, b는 모두 유리수일 때, $A+B$의 값을 구하여라.

서술형 주관식

14 $\sqrt{12}-1$의 소수 부분과 $5-\sqrt{3}$의 소수 부분을 더한 값을 구하여라.

　풀이과정

　답

17 $\sqrt{A}$의 정수 부분을 m, 소수 부분을 n이라 하자. $4<m<7$, $0.4<n<0.7$일 때, 이를 만족하는 자연수 A의 개수를 구하여라.

15 다음 수의 분모를 유리화하여라.

(1) $\dfrac{\sqrt{108}-18\sqrt{2}}{\sqrt{2}}$

(2) $\dfrac{\sqrt{3}-\sqrt{6}}{\sqrt{3}}+\dfrac{\sqrt{6}-\sqrt{2}}{\sqrt{2}}$

18 $\sqrt{4x}+\sqrt{y}=10$, $\sqrt{x}-\sqrt{9y}=-2$일 때, $\sqrt{xy}$의 값을 구하여라. (단, $x>0$, $y>0$)

만점 승승장구 — 어떤 문제도 자신있게~ 만점 승승장구

1 $\sqrt{x}+\sqrt{y}=\sqrt{245}$를 만족하는 정수 x, y의 순서쌍 (x, y) 중에서 y의 값이 최소가 될 때의 $y-x$의 값을 구하여라. (단, $0<x<y$)

> **승승 비법**
> $\sqrt{245}$를 $a\sqrt{b}$의 꼴로 고친 후 두 무리수의 덧셈으로 나타낸다.

2 $\dfrac{31}{36}-(1+a)^2-(1+a)\sqrt{3}-\dfrac{3}{4}=\sqrt{b}$가 성립하는 유리수 a, b의 값을 각각 구하여라. (단, $a<0$)

> **승승 비법**
> a, b, c, d가 유리수이고 $\sqrt{m}$이 무리수일 때,
> $a+b\sqrt{m}=c+d\sqrt{m}$이면 $a=c$, $b=d$이다.

3 자연수 n에 대하여 $\sqrt{n^2+1}$의 소수 부분을 a_n이라 할 때, $(a_{100}+100)^2$의 값을 구하여라.

> **승승 비법**
> a_n의 관계식을 구한 후 a_{100}의 값을 구하여 대입한다.

근호를 포함한 식

실생활 속에서 근호를 포함하는 식으로 나타내는 식이 있을까?

탈출속도, 바람의 세기, 현의 진동수, 체감 온도 등은 두 값의 관계가 근호를 포함하는 식으로 나타나는 실생활의 예이다.

지구에서 쏘아 올린 로켓이 우주로 나아가려면 먼저 지구의 중력을 벗어나야 한다. 지구의 중력을 벗어날 수 있는 최소한의 속도를 지구 탈출속도라고 하는데, 탈출속도를 초속 v m, 중력가속도를 g, 지구 반지름의 길이를 R m라 하면 $v=\sqrt{2gR}$의 관계가 성립한다.

대기의 저항을 무시하면 지구표면에서의 탈출속도는 약 초속 11.2 km이다. 한편, 달의 중력가속도는 지구 중력가속도의 $\frac{1}{6}$ 정도이므로 달 표면에서의 탈출속도는 지구 탈출속도의 약 $\sqrt{\dfrac{1}{6}}$ 배, 즉 초속 2.4 km이다.

바람의 세기를 나타내는 보퍼트 지수는 1805년 영국 해군 제독이었던 프랜시스 보퍼트(Beaufort, F. : 1774~1857)에 의해 고안되었다. 바람의 세기가 시속 v km일 때, 보퍼트 지수를 B라 하면 $B=1.9\sqrt{\dfrac{x}{1.6}+8}-5.4$의 관계가 성립한다. $B=0$인 경우는 바람이 전혀 불지 않는 상태이고, $B=12$인 경우는 집과 나무가 모두 날아가는 심한 폭풍이 부는 상태를 나타낸다. 이렇게 생각해 보면 너무 어려운 예인 것 같지만 우리의 일상생활과 거리가 가깝다고 볼 수 있다.

일반적으로 사람들의 걷는 속도는 다리의 길이와 모양에 따라 다르다.

적당한 살집이 있는 사람의 다리 길이를 L m, 한 걸음을 걷는 데 걸리는 시간을 T초라 하면 $T=\dfrac{5}{7}\times3.14\times\dfrac{\sqrt{L}}{\sqrt{3}}$의 관계식이 성립한다고 한다. 이 단원에서 근호를 포함한 식을 배웠으므로 자신의 다리 길이를 넣어 한 걸음을 걷는 데 걸리는 시간을 구하여 보자.

II.
다항식의 곱셈과 인수분해

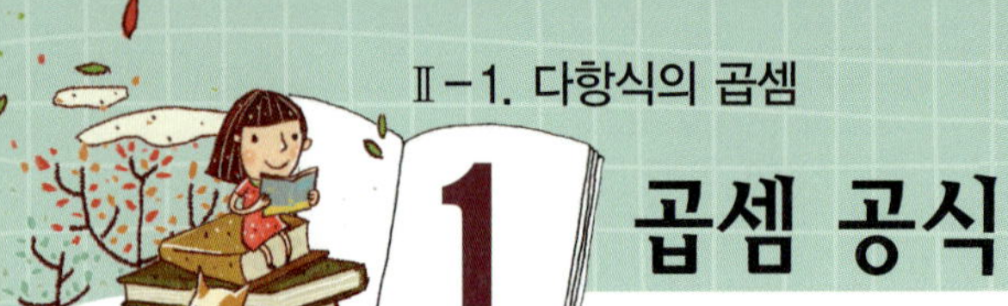

1 곱셈 공식

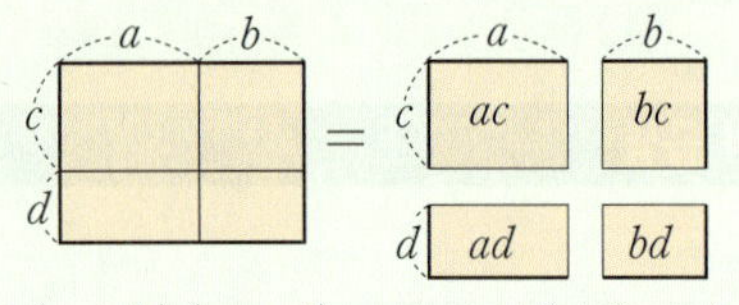
원리 01 · 다항식과 다항식의 곱셈
유형 1

(다항식)×(다항식)

1. 분배법칙을 이용하여 식을 전개한 다음 동류항끼리 간단히 정리한다.

   예 $(x+2)(2x+1)=2x^2+x+4x+2=2x^2+5x+2$

2. 사각형의 넓이를 이용한다.

$$(a+b)(c+d)=ac+ad+bc+bd$$

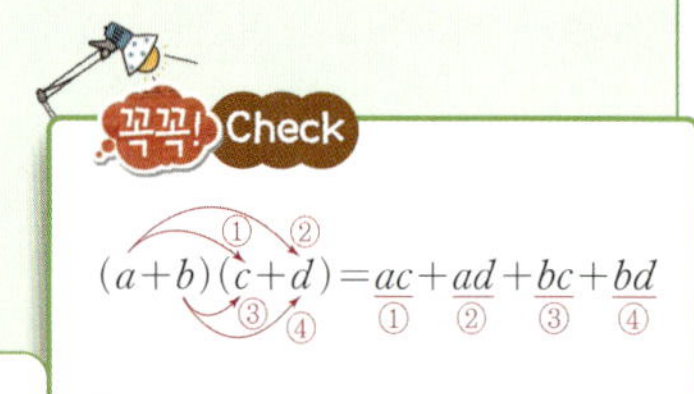

예시 문제 다음 식을 전개하여라.

(1) $(3x+2y)(4x-y)$

(2) $(2a+3)(12a-9)$

(3) $(2x-3)(4x+5)$

(4) $(a-4b)(a-2b)$

풀이 (1) $(3x+2y)(4x-y)=12x^2-3xy+8xy-2y^2=12x^2+5xy-2y^2$

(2) $(2a+3)(12a-9)=24a^2-18a+36a-27=24a^2+18a-27$

(3) $(2x-3)(4x+5)=8x^2+10x-12x-15=8x^2-2x-15$

(4) $(a-4b)(a-2b)=a^2-2ab-4ab+8b^2=a^2-6ab+8b^2$

답 (1) $12x^2+5xy-2y^2$ (2) $24a^2+18a-27$

(3) $8x^2-2x-15$ (4) $a^2-6ab+8b^2$

원리 확인

기본문제

이해쏙쏙 술술풀이 P.33

1 $(x+5y-3)(4x-y)$의 전개식에서 x^2의 계수를 a, xy의 계수를 b라 할 때, a, b의 값을 각각 구하여라.

2 $(ax-7)(3x+b)$를 전개하였을 때, $15x^2-x-c$가 되었다. 정수 a, b, c의 값을 각각 구하여라.

원리 **02** 곱셈 공식 (1) − 합의 제곱, 차의 제곱

1. 합의 제곱

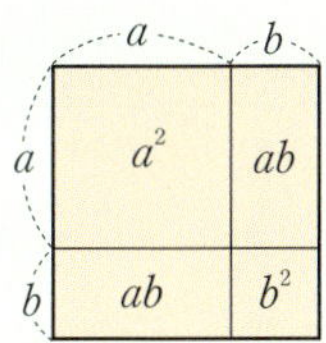

$$(a+b)^2=(a+b)(a+b)=a^2+ab+ab+b^2=a^2+2ab+b^2$$

2. 차의 제곱

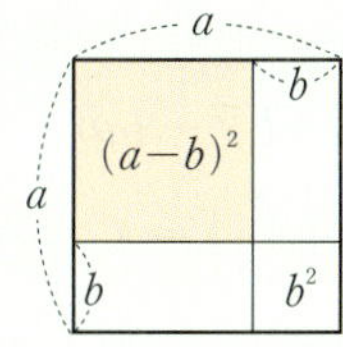

$$(a-b)^2=(a-b)(a-b)=a^2-ab-ab+b^2=a^2-2ab+b^2$$

3. 도형을 이용한 곱셈 공식

(1) 합의 제곱

$(a+b)^2=$(정사각형의 넓이)
$=a^2+ab+ab+b^2$
$=a^2+2ab+b^2$

(2) 차의 제곱

$(a-b)^2=$(색칠한 부분의 넓이)
$=a^2-ab-ab+b^2$
$=a^2-2ab+b^2$

꼭꼭! Check

★$(a+b)^2=a^2+2ab+b^2$
　$(a-b)^2=a^2-2ab+b^2$

예시 문제 다음 식을 전개하여라.

(1) $(5x+2)^2$

(2) $(3x-4)^2$

(3) $(2x+3y)^2$

(4) $\left(9x-\dfrac{1}{3}y\right)^2$

풀이 (1) $(5x+2)^2=(5x)^2+2\times5x\times2+2^2=25x^2+20x+4$

(2) $(3x-4)^2=(3x)^2-2\times3x\times4+4^2=9x^2-24x+16$

(3) $(2x+3y)^2=(2x)^2+2\times2x\times3y+(3y)^2=4x^2+12xy+9y^2$

(4) $\left(9x-\dfrac{1}{3}y\right)^2=(9x)^2-2\times9x\times\dfrac{1}{3}y+\left(\dfrac{1}{3}y\right)^2=81x^2-6xy+\dfrac{1}{9}y^2$

답 (1) $25x^2+20x+4$　(2) $9x^2-24x+16$　(3) $4x^2+12xy+9y^2$　(4) $81x^2-6xy+\dfrac{1}{9}y^2$

원리 확인
기본문제

이해쏙쏙 술술풀이 P.33

3 다음 식을 전개하여라.

(1) $(a+8)^2$

(2) $(-3a+1)^2$

(3) $(a-3b)^2$

(4) $(-a-b)^2$

원리 03 $(a\pm b)^2=a^2\pm 2ab+b^2$의 변형   유형 15

1. (1) $a^2+b^2=(a+b)^2-2ab=(a-b)^2+2ab$

   $(a+b)^2=a^2+2ab+b^2 \Rightarrow a^2+b^2=(a+b)^2-2ab$

   $(a-b)^2=a^2-2ab+b^2 \Rightarrow a^2+b^2=(a-b)^2+2ab$

   (2) $x^2+\dfrac{1}{x^2}=\left(x+\dfrac{1}{x}\right)^2-2=\left(x-\dfrac{1}{x}\right)^2+2$

   $\left(x+\dfrac{1}{x}\right)^2=x^2+2+\dfrac{1}{x^2} \Rightarrow x^2+\dfrac{1}{x^2}=\left(x+\dfrac{1}{x}\right)^2-2$

   $\left(x-\dfrac{1}{x}\right)^2=x^2-2+\dfrac{1}{x^2} \Rightarrow x^2+\dfrac{1}{x^2}=\left(x-\dfrac{1}{x}\right)^2+2$

2. (1) $(a+b)^2=(a-b)^2+4ab,\ (a-b)^2=(a+b)^2-4ab$

   $a^2+b^2=(a+b)^2-2ab=(a-b)^2+2ab$

   $\Rightarrow (a+b)^2=(a-b)^2+4ab,\ (a-b)^2=(a+b)^2-4ab$

   (2) $\left(x+\dfrac{1}{x}\right)^2=\left(x-\dfrac{1}{x}\right)^2+4,\ \left(x-\dfrac{1}{x}\right)^2=\left(x+\dfrac{1}{x}\right)^2-4$

   $x^2+\dfrac{1}{x^2}=\left(x+\dfrac{1}{x}\right)^2-2=\left(x-\dfrac{1}{x}\right)^2+2$

   $\Rightarrow \left(x+\dfrac{1}{x}\right)^2=\left(x-\dfrac{1}{x}\right)^2+4,\ \left(x-\dfrac{1}{x}\right)^2=\left(x+\dfrac{1}{x}\right)^2-4$

3. (1) $(a+b)^2+(a-b)^2=2(a^2+b^2)$

   $(a+b)^2=a^2+2ab+b^2$

   $+)\ (a-b)^2=a^2-2ab+b^2$

   $\overline{(a+b)^2+(a-b)^2=2(a^2+b^2)}$

   (2) $(a+b)^2-(a-b)^2=4ab$

   $(a+b)^2=a^2+2ab+b^2$

   $-)\ (a-b)^2=a^2-2ab+b^2$

   $\overline{(a+b)^2-(a-b)^2=4ab}$

예시 문제 $x+y=3,\ xy=1$일 때, 다음 식의 값을 구하여라.

  (1) x^2+y^2 (2) $(x-y)^2$

    풀이 (1) $x^2+y^2=(x+y)^2-2xy=3^2-2\times 1=9-2=7$

           (2) $(x-y)^2=(x+y)^2-4xy=3^2-4\times 1=9-4=5$

                                              답 (1) 7   (2) 5

원리확인

기본문제   이해쏙쏙 술술풀이 P.33

4 $a-b=5,\ ab=-4$일 때, 다음 식의 값을 구하여라.

    (1) a^2+b^2 (2) $\dfrac{b}{a}+\dfrac{a}{b}$

5 $x+\dfrac{1}{x}=3$일 때, $x^2+\dfrac{1}{x^2}$의 값을 구하여라.

원리 04 곱셈 공식 (2) – 합과 차의 곱

유형 4, 5, 8, 9, 10, 11

1. 합과 차의 곱
$$(a+b)(a-b)=a^2-ab+ab-b^2=a^2-b^2$$

2. 도형을 이용한 곱셈 공식

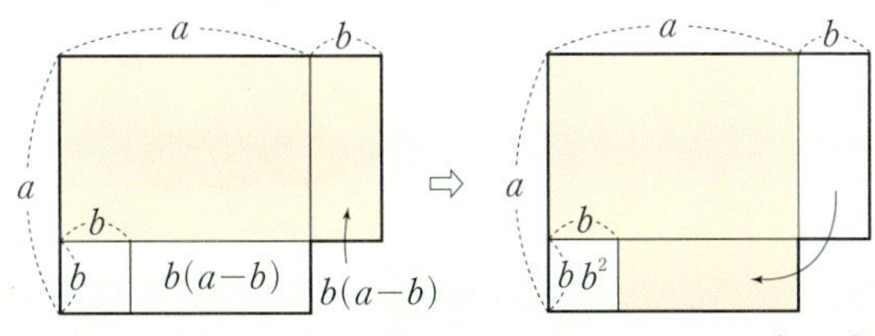

$$(a+b)(a-b)=(색칠한 부분의 넓이)=a^2-b^2$$

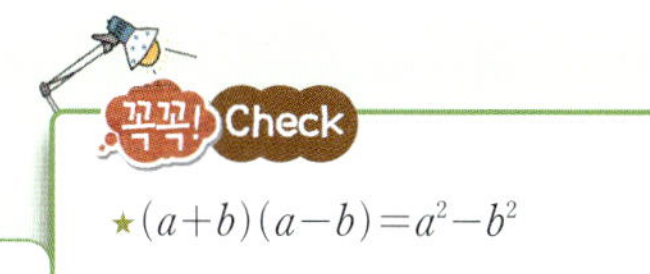

예시 문제 다음 식을 전개하여라.

(1) $(x+5)(x-5)$

(2) $(6-y)(6+y)$

(3) $(2x+y)(2x-y)$

(4) $(-ab+1)(ab+1)$

풀이
(1) $(x+5)(x-5)=x^2-5^2=x^2-25$
(2) $(6-y)(6+y)=6^2-y^2=36-y^2$
(3) $(2x+y)(2x-y)=(2x)^2-y^2=4x^2-y^2$
(4) $(-ab+1)(ab+1)=(1-ab)(1+ab)=1^2-(ab)^2=1-a^2b^2$

답 (1) x^2-25 (2) $36-y^2$ (3) $4x^2-y^2$ (4) $1-a^2b^2$

원리 확인
기본문제

이해쏙쏙 술술풀이 P.33

6 다음 식을 전개하여라.

(1) $(ab-c)(ab+c)$

(2) $\left(-\dfrac{1}{2}y+x\right)\left(\dfrac{1}{2}y+x\right)$

(3) $(5a-2b)(5a+2b)$

(4) $\left(\dfrac{1}{3}x+4y\right)\left(\dfrac{1}{3}x-4y\right)$

7 오른쪽 도형에서 색칠한 부분의 넓이를 구하여라.

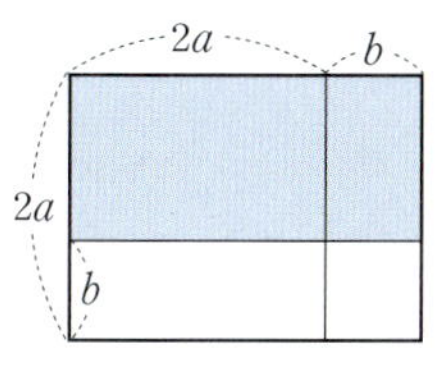

원리 05 곱셈 공식 (3)

1. 일차항의 계수가 1인 두 일차식의 곱
$$(x+a)(x+b)=x^2+bx+ax+ab=x^2+(a+b)x+ab$$

2. 도형을 이용한 곱셈 공식

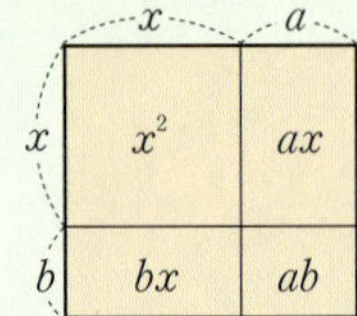

$$(x+a)(x+b)=x^2+ax+bx+ab$$
$$=x^2+(a+b)x+ab$$

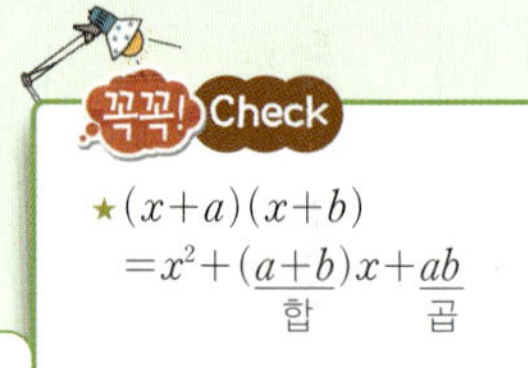

예시 문제 다음 식을 전개하여라.

(1) $(x+3)(x+4)$

(2) $(x+1)(x-6)$

(3) $(a-3b)(a-2b)$

(4) $(a+2b)(a-6b)$

풀이 (1) $(x+3)(x+4)=x^2+(3+4)x+3\times4=x^2+7x+12$

(2) $(x+1)(x-6)=x^2+(1-6)x+1\times(-6)=x^2-5x-6$

(3) $(a-3b)(a-2b)=a^2+(-3b-2b)a+(-3b)\times(-2b)=a^2-5ab+6b^2$

(4) $(a+2b)(a-6b)=a^2+(2b-6b)a+2b\times(-6b)=a^2-4ab-12b^2$

답 (1) $x^2+7x+12$ (2) x^2-5x-6 (3) $a^2-5ab+6b^2$ (4) $a^2-4ab-12b^2$

원리 확인
기본문제

이해쏙쏙 술술풀이 P.34

8 다음 식을 전개하여라.

(1) $(y-8)(y+5)$

(2) $\left(a-\dfrac{1}{5}\right)\left(a+\dfrac{1}{2}\right)$

(3) $(x+2y)(x-3y)$

(4) $(x-5y)(x+2y)$

9 다음 그림과 같은 직사각형에서 색칠한 부분의 넓이를 구하여라.

(1) 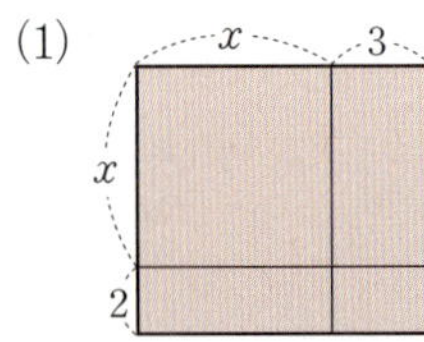

(2) 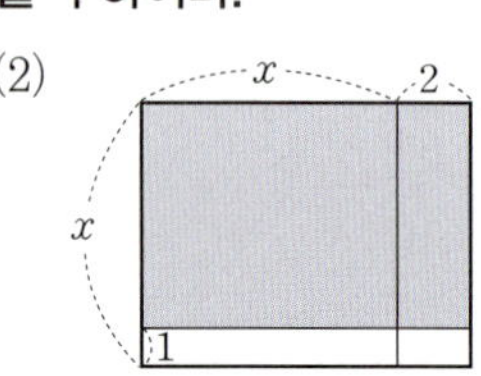

원리 **06**　곱셈 공식 (4)

1. 일차항의 계수가 1이 아닌 두 일차식의 곱
$$(ax+b)(cx+d)=acx^2+adx+bcx+bd=acx^2+(ad+bc)x+bd$$

2. 도형을 이용한 곱셈 공식

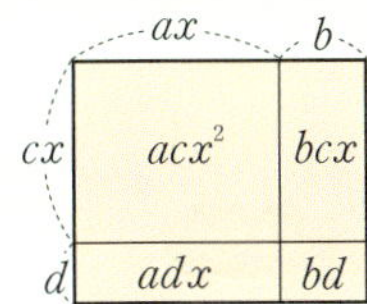

$$(ax+b)(cx+d)=acx^2+adx+bcx+bd$$
$$=acx^2+(ad+bc)x+bd$$

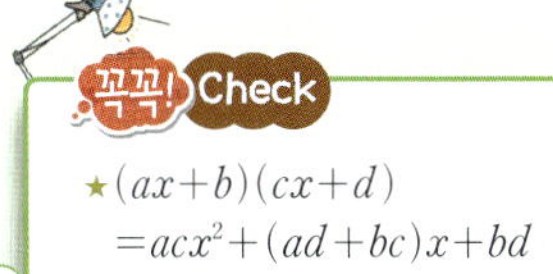

꼭꼭 Check

★ $(ax+b)(cx+d)$
　$=acx^2+(ad+bc)x+bd$

예시 문제　다음 식을 전개하여라.

(1) $(3x-4)(x-2)$

(2) $(5x+1)(2x+2)$

(3) $(2x+y)(3x-5y)$

(4) $(-4x-7y)(3x+10y)$

풀이　(1) $(3x-4)(x-2)=(3\times1)x^2+\{3\times(-2)+(-4)\times1\}x+(-4)\times(-2)=3x^2-10x+8$

(2) $(5x+1)(2x+2)=(5\times2)x^2+(5\times2+1\times2)x+1\times2=10x^2+12x+2$

(3) $(2x+y)(3x-5y)=(2\times3)x^2+\{2\times(-5y)+y\times3\}x+y\times(-5y)=6x^2-7xy-5y^2$

(4) $(-4x-7y)(3x+10y)=\{(-4)\times3\}x^2+\{(-4)\times10y+(-7y)\times3\}x+(-7y)\times10y$
$$=-12x^2-61xy-70y^2$$

답　(1) $3x^2-10x+8$　(2) $10x^2+12x+2$　(3) $6x^2-7xy-5y^2$　(4) $-12x^2-61xy-70y^2$

원리확인 기본문제　　이해쏙쏙 술술풀이 P.34

10　다음 식을 전개하여라.

(1) $(7x-3y)(4x+2y)$

(2) $(5x+2y)(3x-y)$

(3) $(6x+2y)(2x+y)$

(4) $(-x-5y)(9x-y)$

11　다음 그림과 같은 직사각형에서 색칠한 부분의 넓이를 구하여라.

(1)

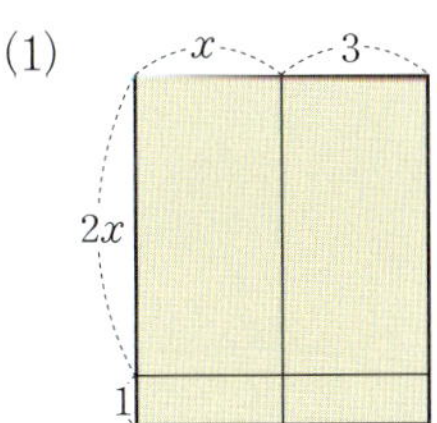

(2)

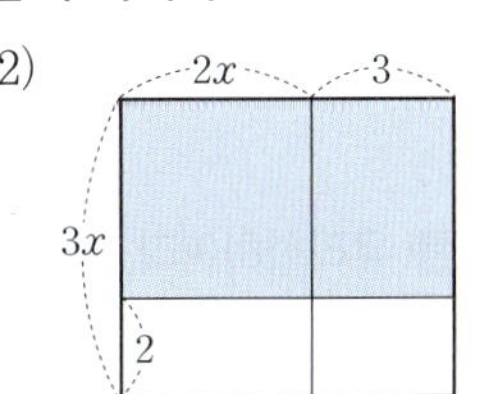

원리 07 곱셈 공식을 이용한 분모의 유리화

1. 곱셈 공식을 이용한 근호를 포함한 식의 계산
   곱셈 공식을 이용하여 전개한 후 근호 안의 수가 같은 것끼리 덧셈과 뺄셈을 한다.
   예 $(\sqrt{3}+2)^2=(\sqrt{3})^2+2\times\sqrt{3}\times2+2^2$
   $=3+4\sqrt{3}+4=7+4\sqrt{3}$

2. 곱셈 공식을 이용한 분모의 유리화
   분수의 분모가 $a\pm\sqrt{b},\ \sqrt{a}\pm b,\ \sqrt{a}\pm\sqrt{b}\,(a>0,\ b>0)$의 꼴인 경우에는
   곱셈 공식 $(a+b)(a-b)=a^2-b^2$을 이용하여 분모를 유리화한다.
   $$\frac{1}{\sqrt{a}+\sqrt{b}}=\frac{1\times(\sqrt{a}-\sqrt{b})}{(\sqrt{a}+\sqrt{b})(\sqrt{a}-\sqrt{b})}=\frac{\sqrt{a}-\sqrt{b}}{a-b}$$
   예 $\dfrac{1}{\sqrt{3}+\sqrt{2}}=\dfrac{1\times(\sqrt{3}-\sqrt{2})}{(\sqrt{3}+\sqrt{2})(\sqrt{3}-\sqrt{2})}=\dfrac{\sqrt{3}-\sqrt{2}}{3-2}=\sqrt{3}-\sqrt{2}$

꼭꼭! Check

★ 분모를 유리화할 때, 분모, 분자에 곱해야 할 수

분모	분모, 분자에 곱해야 할 수
$a\pm\sqrt{b}$	$a\mp\sqrt{b}$
$\sqrt{a}\pm\sqrt{b}$	$\sqrt{a}\mp\sqrt{b}$
$-a\pm\sqrt{b}$	$-a\mp\sqrt{b}$

예시 문제 다음을 계산하여라.

(1) $(\sqrt{3}+\sqrt{5})^2$ (2) $(\sqrt{6}-3)(\sqrt{6}+7)$

풀이 (1) $(\sqrt{3}+\sqrt{5})^2=(\sqrt{3})^2+2\times\sqrt{3}\times\sqrt{5}+(\sqrt{5})^2=3+2\sqrt{15}+5=8+2\sqrt{15}$

(2) $(\sqrt{6}-3)(\sqrt{6}+7)=(\sqrt{6})^2+(7-3)\times\sqrt{6}-3\times7=6+4\sqrt{6}-21=4\sqrt{6}-15$

답 (1) $8+2\sqrt{15}$ (2) $4\sqrt{6}-15$

예시 문제 다음 수의 분모를 유리화하여라.

(1) $\dfrac{1}{5+\sqrt{3}}$ (2) $\dfrac{\sqrt{7}}{\sqrt{7}-\sqrt{2}}$

풀이 (1) $\dfrac{1}{5+\sqrt{3}}=\dfrac{5-\sqrt{3}}{(5+\sqrt{3})(5-\sqrt{3})}=\dfrac{5-\sqrt{3}}{25-3}=\dfrac{5-\sqrt{3}}{22}$

(2) $\dfrac{\sqrt{7}}{\sqrt{7}-\sqrt{2}}=\dfrac{\sqrt{7}(\sqrt{7}+\sqrt{2})}{(\sqrt{7}-\sqrt{2})(\sqrt{7}+\sqrt{2})}=\dfrac{7+\sqrt{14}}{7-2}=\dfrac{7+\sqrt{14}}{5}$

답 (1) $\dfrac{5-\sqrt{3}}{22}$ (2) $\dfrac{7+\sqrt{14}}{5}$

원 리 확 인

기본문제

이해쏙쏙 술술풀이 P.34

12 다음을 계산하여라.

(1) $(5\sqrt{3}-6\sqrt{2})^2$ (2) $(\sqrt{8}+2\sqrt{7})(\sqrt{2}-3\sqrt{7})$

13 다음 수의 분모를 유리화하여라.

(1) $\dfrac{\sqrt{2}}{2\sqrt{5}-3}$ (2) $\dfrac{\sqrt{6}}{5\sqrt{3}+3\sqrt{2}}$

원리 **08** 곱셈 공식을 이용한 수의 계산   유형 **14**

1. 수의 제곱의 계산

   어떤 수의 제곱을 계산할 때 곱셈 공식 $(a\pm b)^2=a^2\pm2ab+b^2$을 이용하면 쉽게 값을 구할 수 있다.

   예 $101^2=(100+1)^2=100^2+2\times100\times1+1^2$
   $$=10000+200+1=10201$$

2. 두 수의 곱의 계산

   (1) $(a+b)(a-b)=a^2-b^2$을 이용하면 쉽게 값을 구할 수 있다.

   (2) $(x+a)(x+b)=x^2+(a+b)x+ab$를 이용하면 쉽게 구할 수 있다.

   예 $101\times103=(100+1)(100+3)$
   $$=100^2+(1+3)\times100+1\times3$$
   $$=10000+400+3=10403$$

예시 문제 다음은 곱셈 공식을 이용하여 수를 계산하는 과정이다. ☐ 안에 알맞은 수를 써넣어라.

(1) $204^2=(200+\boxed{})^2=200^2+2\times200\times\boxed{}+4^2=\boxed{}$

(2) $108\times92=(\boxed{}+8)(\boxed{}-8)=\boxed{}-8^2=\boxed{}$

답 (1) 4, 4, 41616 (2) 100, 100, 100^2, 9936

원리확인

기본문제   이해쏙쏙 술술풀이 P.34

14 곱셈 공식을 이용하여 다음을 계산하여라.

(1) 51^2 (2) 67^2

15 곱셈 공식을 이용하여 다음을 계산하여라.

(1) 94×92 (2) 75×65

(3) 73×68 (4) 198×199

유형 1   다항식과 다항식의 곱셈

01 $(2x-y)(5x+3y)$를 전개하면?

① $10x^2+11xy-3y^2$

② $10x^2+xy-3y^2$

③ $10x^2-xy+3y^2$

④ $7x^2+11xy-3y^2$

⑤ $7x^2+xy-3y^2$

서술형 주관식

02 $(ax-3)(4x+b)$를 전개하면 $cx^2+2x-21$이다. 상수 a, b, c에 대하여 $a+b+c$의 값을 구하여라.

풀이과정

답

03 $(x^2+3x+1)(2x^2-5x+4)$를 전개하였을 때, x^2의 계수를 구하여라.

↻ 61쪽 원리02

유형 2   곱셈 공식 – $(a+b)^2$

04 $(x+a)^2=x^2+bx+49$일 때, 자연수 a, b의 값을 각각 구하여라.

05 $(x+p)^2+q=x^2+3x+5$를 만족하는 유리수 p, q의 값을 각각 구하여라.

06 다음 중 옳지 않은 것은?

① $(x+5)^2=x^2+10x+25$

② $\left(\dfrac{1}{2}x+1\right)^2=\dfrac{1}{4}x^2+x+1$

③ $(-2x-1)^2=4x^2-4x+1$

④ $\left(\dfrac{3}{2}x+2\right)^2=\dfrac{9}{4}x^2+6x+4$

⑤ $(3x+1)^2=9x^2+6x+1$

↻ 61쪽 원리02

유형 3   곱셈 공식 – $(a-b)^2$

07 다음 식을 전개하여라.

(1) $\left(2a-\dfrac{3}{5}b\right)^2$

(2) $(x-3y)^2+(3x-y)^2$

08 $(Ax-1)^2=Bx^2-8x+1$일 때, 상수 A, B에 대하여 $A+B$의 값을 구하여라.

↻ 63쪽 원리04

09 다음 **보기** 중에서 전개한 결과가 $(-a+b)^2$을 전개한 결과와 같은 것을 모두 골라 기호를 써라.

보기

ㄱ. $(b-a)^2$ ㄴ. $(a+b)^2$

ㄷ. $(a-b)^2$ ㄹ. $-(a+b)^2$

ㅁ. $-(a-b)^2$ ㅂ. $-(-a-b)^2$

↻ 63쪽 원리04

유형 **4** 곱셈 공식 – $(a+b)(a-b)$

10 $(-mn+1)(-mn-1)$을 전개하면?

① $-m^2n^2-1$ ② $-m^2n^2+1$

③ m^2n^2-1 ④ m^2n^2+1

⑤ $-2mn-1$

11 다음 중 옳지 않은 것은?

① $(x+8)(x-8)=x^2-64$

② $(-a+1)(-a-1)=a^2-1$

③ $\left(-\dfrac{1}{4}-x\right)\left(-\dfrac{1}{4}+x\right)=-\dfrac{1}{16}+x^2$

④ $(3a+5)(-3a+5)=-9a^2+25$

⑤ $(2a-7b)(2a+7b)=4a^2-49b^2$

12 $a^2=36$, $b^2=48$일 때,

$\left(-\dfrac{1}{3}a+\dfrac{1}{4}b\right)\left(-\dfrac{1}{3}a-\dfrac{1}{4}b\right)$의 값을 구하여라.

유형 **5** 연속한 합과 차의 곱

13 $(1-2)(1+2)(1+4)(1+16)=1-2^{\square}$일 때, $\square$ 안에 알맞은 수를 구하여라.

서술형 주관식

14 $(x-1)(x+1)(x^2+1)(x^4+1)=x^a+b$일 때, 상수 a, b에 대하여 $a+b$의 값을 구하여라.

풀이과정

답

↻ 64쪽 원리05

유형 **6** 곱셈 공식 – $(x+a)(x+b)$

15 $(x-a)(x-4)=x^2-bx+20$일 때, 상수 a, b에 대하여 ab의 값을 구하여라.

16 $(x+4)(-x+2)-3(x-5)(x-1)$을 간단히 하여라.

17 $(x+a)(x+b)$를 전개하였더니 $x^2+cx+10$이 되었다. 다음 중 c의 값이 될 수 없는 수는? (단 a, b, c는 정수)

① -11　　② -7　　③ -5
④ 7　　⑤ 11

↶ 65쪽 원리06

유형 7 곱셈 공식 – $(ax+b)(cx+d)$

18 다음 중 옳지 않은 것은?

① $(2x+8)(x-3)=2x^2+2x-24$
② $(-4x-1)(x+5)=-4x^2-19x-5$
③ $(2x-1)(3x+6)=6x^2+9x-6$
④ $(5x+1)(3x-2)=15x^2-7x-2$
⑤ $(7x-3)(5x+2)=35x^2-x-6$

19 $(6x+A)(Bx-2)=12x^2+Cx-8$일 때, $A+B+C$의 값은? (단, A, B, C는 상수)

① -2　　② -1　　③ 0
④ 2　　⑤ 8

20 $(ax-2)(6x+1)$을 전개하였더니 x^2의 계수는 x의 계수의 3배이었다. 이때 상수 a의 값을 구하여라.

유형 8 곱셈 공식 (종합)

21 다음 중 옳지 않은 것을 모두 고르면?

① $(x+5)(-x+5)=x^2-25$
② $(-x-3y)^2=x^2+6xy+9y^2$
③ $(x-3y)^2=x^2-9y^2$
④ $(x+7)(x-3)=x^2+4x-21$
⑤ $(3x-4)(2x-2)=6x^2-14x+8$

22 다음 중 □ 안에 들어갈 수가 가장 작은 것은?

① $(x+8)^2=x^2+\square x+64$
② $(3x-5)^2=\square x^2-30x+25$
③ $(3x+2y)(3x-2y)=9x^2-\square y^2$
④ $2(x-1)(x+1)(x^2+1)=2x^4-\square$
⑤ $(3x-1)(x+2)=3x^2+\square x-2$

23 다음 식을 간단히 하여라.

(1) $(2x+5)^2-(x+8)(x-8)$
(2) $(3x-2)^2+3(6-x)(x+2)$
(3) $2x(2x-1)-(2x+1)(2x-1)$
(4) $(x-3)^2+(-x+3)(x+3)$

24 $(3x-2)(x+5)-4(x+3)(2x+1)$
$=ax^2+bx+c$일 때, 상수 a, b, c에 대하여 $a+b-c$의 값을 구하여라.

↻ 61쪽 원리02, 63쪽 원리04~65쪽 원리06

유형 9 곱셈 공식과 도형의 넓이

25 오른쪽 그림은 어느 사진작가가 일하는 곳의 도면이다. 암실의 넓이를 구하여라.

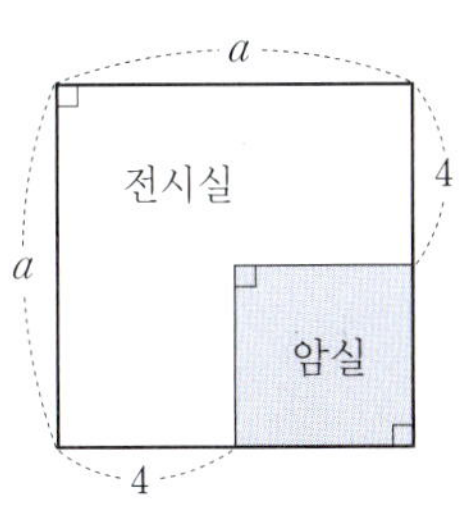

26 오른쪽 그림은 두 직사각형 A, C의 넓이가 같음을 이용하여 어떤 곱셈 공식을 설명하기 위한 것이다. 이 그림으로 설명할 수 있는 곱셈 공식은?

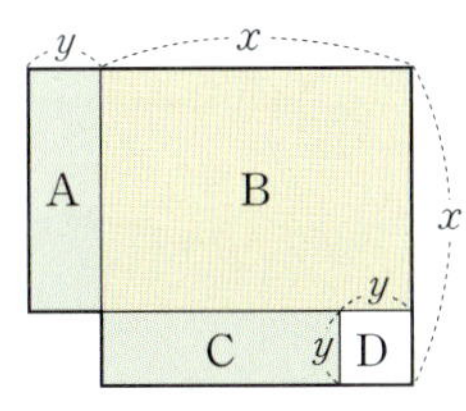

① $(x+y)^2=x^2+2xy+y^2$

② $(x-y)^2=x^2-2xy+y^2$

③ $(x+y)(x-y)=x^2-y^2$

④ $(x+a)(x+b)=x^2+(a+b)x+ab$

⑤ $(ax+b)(cx+d)=acx^2+(ad+bc)x+bd$

27 다음 그림과 같이 가로의 길이가 $8x$, 세로의 길이가 $5x$인 직사각형 모양의 화단 안에 폭이 2인 길을 만들었다. 길을 제외한 화단의 넓이를 구하면?

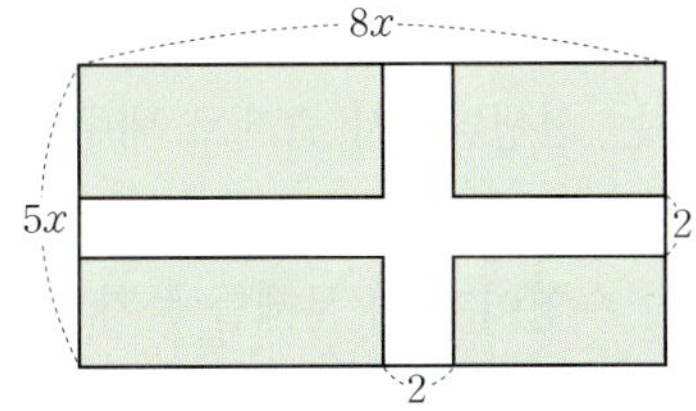

① $40x^2-16x+4$　　② $40x^2-26x-4$

③ $40x-6x+4$　　④ $40x^2-26x+4$

⑤ $40x^2-26x$

↻ 61쪽 원리02, 63쪽 원리04~65쪽 원리06

유형 10 치환을 이용한 식의 전개

28 다음 식을 전개하여라.

(1) $(a+b+3)(a+b-3)$

(2) $(4x-y+3)(4x-y-2)$

29 $(3a-2b+1)(3a+2b-1)$을 전개하였을 때, 상수항을 제외한 모든 계수의 합을 구하여라.

↻ 61쪽 원리02, 63쪽 원리04~65쪽 원리06

유형 11 ( )( )( )( ) 꼴의 전개

30 $(x+2)(x+5)(x-4)(x-7)$을 전개하여라.

서술형 주관식

31 $(a+3)(a+5)(a-4)(a-6)$을 전개하였을 때, a의 계수와 a^2의 계수의 합을 구하여라.

풀이과정

답

66쪽 원리 07

유형 12 곱셈 공식을 이용한 무리수의 계산

32 $(3\sqrt{2}+4)(1-\sqrt{2})$를 계산하면 $a+b\sqrt{2}$일 때, 유리수 a, b에 대하여 $a-b$의 값을 구하여라.

33 $\sqrt{3}\left(\dfrac{1}{\sqrt{3}}-\sqrt{6}\right)+\left(\dfrac{3}{\sqrt{3}}+2\right)(\sqrt{3}-\sqrt{6})$을 간단히 하여라.

34 $(\sqrt{7}-4)^2-(3\sqrt{7}+2)(\sqrt{7}-1)$을 계산하여라.

66쪽 원리 07

유형 13 곱셈 공식을 이용한 분모의 유리화

35 $\dfrac{3}{\sqrt{5}+\sqrt{2}}$의 분모를 유리화하여라.

36 $\dfrac{\sqrt{2}-1}{\sqrt{2}+1}-\dfrac{1+\sqrt{2}}{1-\sqrt{2}}=a+b\sqrt{2}$일 때, 유리수 a, b의 합 $a+b$의 값을 구하여라.

서술형 주관식

37 $x=\dfrac{4}{\sqrt{5}+\sqrt{3}}$, $y=\dfrac{4}{\sqrt{5}-\sqrt{3}}$일 때, $\dfrac{x-y}{x+y}$의 값을 구하여라.

풀이과정

답

67쪽 원리 08

유형 14 곱셈 공식을 이용한 수의 계산

38 수영이는 선생님께서 숙제로 내주신 1008×999를 수학 시간에 배운 곱셈 공식을 이용하여 풀어보기로 하였다. 수영이가 이 문제를 풀기 위해 사용해야 할 곱셈 공식 중 가장 간편한 것은?

① $(a+b)^2$　　　　② $(a-b)^2$
③ $(a+b)(a-b)$　　④ $(x+a)(x+b)$
⑤ $(ax+b)(cx+d)$

이해쏙쏙 술술풀이 P.35

39 곱셈 공식을 이용하여 다음을 계산하여라.

(1) 7.2^2

(2) 103×97

(3) 8.2×7.8

(4) $54^2 + 46^2$

62쪽 원리03

유형15 **식의 값 구하기**

40 $x+y=4$, $xy=-1$일 때, $x^2+y^2-3x^2y^2$의 값을 구하여라.

41 $x-y=3$, $xy=2$일 때, $\dfrac{y}{x}+\dfrac{x}{y}$의 값을 구하여라.

42 $x-\dfrac{1}{x}=3$일 때, $x^2+\dfrac{1}{x^2}$의 값을 구하여라.

43 $x^2-4x-1=0$일 때, $x^2+\dfrac{1}{x^2}$의 값을 구하여라.

44 $x=4\sqrt{3}$, $y=3-2\sqrt{3}$일 때, $(x+y)^2-(x-y)^2$의 값을 구하여라.

45 $x=2+\sqrt{6}$, $y=3\sqrt{2}-\sqrt{3}$일 때, $(x+y)(x-y)$의 값을 구하여라.

46 $x=2\sqrt{3}-4$일 때, $\sqrt{x^2+8x+13}$의 값을 구하여라.

적중률 높은 응용문제로 내신완벽대비

01 다음 중 옳지 않은 것은?

① $(2x-y)^2=4x^2-4xy+y^2$

② $(-x-1)^2=x^2+2x+1$

③ $(-xy+3)(xy+3)=-x^2y^2+9$

④ $(x+6)(x-8)=x^2-2x-48$

⑤ $(2x+5)(-3x+2)=6x^2+19x+10$

서술형 주관식

02 $(2x^2+ax+b)(6x-x^2+3)$을 전개하였을 때, x^3과 x의 계수가 모두 0이 되도록 하는 상수 a, b의 값을 각각 구하여라.

풀이과정

답

03 $(3x-1)(2x-3)+(x+1)(x-1)$을 간단히 하면?

① -2 ② $9x^2$

③ $7x^2+2$ ④ $6x^2-11x+2$

⑤ $7x^2-11x+2$

04 $(a+5)^2-(3a-2)(3a+2)+(8a-7)(4a-5)$를 간단히 하였을 때, a의 계수와 상수항의 합을 구하여라.

05 다음은 연속하는 두 홀수의 제곱의 차는 8의 배수임을 설명하는 과정이다. ①~⑤에 들어갈 것으로 알맞지 않은 것은?

연속하는 두 홀수를 ① , $2n+1$이라 하면
$(2n+1)^2-($ ① $)^2$
$=4n^2+4n+1-($ ② $)$
$=4n^2+4n+1-4n^2+$ ③ -1
$=$ ④
따라서 연속하는 두 홀수의 제곱의 차는 ⑤ 의 배수이다.

① $2n+2$ ② $4n^2-4n+1$

③ $4n$ ④ $8n$

⑤ 8

06 $(x+a)(bx-c)$를 전개하면 dx^2-4x-6일 때, d의 값을 구하여라. (단, a, b, c, d는 모두 자연수)

07 $a^2=\dfrac{9}{13}$, $b^2=\dfrac{5}{13}$일 때, 다음 식의 값을 구하여라.

$$24ab+9(2a+b)(2a-b)-4(3a+b)^2$$

서술형 주관식

08 $(2+1)(2^2+1)(2^4+1)(2^8+1)=2^a+b$일 때, 상수 a, b에 대하여 $a-b$의 값을 구하여라.

풀이과정

답

09 $x^2+3x-1=0$일 때, $(x+5)(x-1)(x-2)(x+4)$의 값을 구하여라.

10 $x:y=4:3$일 때, 다음 식의 값을 구하여라.

(1) $\dfrac{(x+y)^2+(x-y)^2}{(x+y)(x-y)}$

(2) $\dfrac{(3x+y)^2-(x-3y)^2}{(2x+y)(x+2y)}$

11 다음 $\square$ 안에 알맞은 수를 써넣어라.

(1) $(\square x-2)(x+\square)(3x+4)$
   $=21x^3+\square x^2+36x-\square$

(2) $(x-3)(\square x+\square)(2x-3)$
   $=\square x^3-41x^2+\square x+18$

12 $x+y=a$, $xy=b$일 때, 다음 식을 a, b를 사용하여 나타내어라.

(1) x^2+y^2　　　　　　(2) $(x-y)^2$

(3) x^3y+xy^3

13 곱셈 공식을 이용하여 $\dfrac{2007\times2013+2019}{2010}$를 계산하여라.

14 $a-\dfrac{1}{a}=5$일 때, $\left(a+\dfrac{1}{a}\right)^2-4\left(a-\dfrac{1}{a}\right)$의 값을 구하여라.

15 $x+y=3$, $xy=1$일 때, x^4+y^4의 값을 구하여라.

16 $x=5+\sqrt{5}$, $y=5-\sqrt{5}$일 때, $\dfrac{y}{x}+\dfrac{x}{y}$의 값을 구하여라.

17 $x=\dfrac{1}{\sqrt{10}+3}$일 때, $\dfrac{x+1}{x-1}-\dfrac{x-1}{x+1}$의 값을 구하여라.

18 $x=\dfrac{\sqrt{5}-2}{\sqrt{5}+2}$일 때, $x^2-18x+11$의 값을 구하여라.

19 $a-b=5$, $(a-4)(b+4)=10$일 때, $a^2-3ab+b^2$의 값을 구하여라.

20 $a+b+c=1$, $ab+bc+ca=-2$, $abc=4$일 때, $(a+b)(b+c)(c+a)$의 값을 구하여라.

서술형 주관식

21 가로가 x, 세로가 y인 직사각형 모양의 종이를 오른쪽 그림과 같이 $\overline{AB}$를 $\overline{BF}$에, $\overline{ED}$를 $\overline{EG}$에, $\overline{HC}$를 $\overline{HI}$에 겹치도록 접었을 때, 다음 물음에 답하여라.

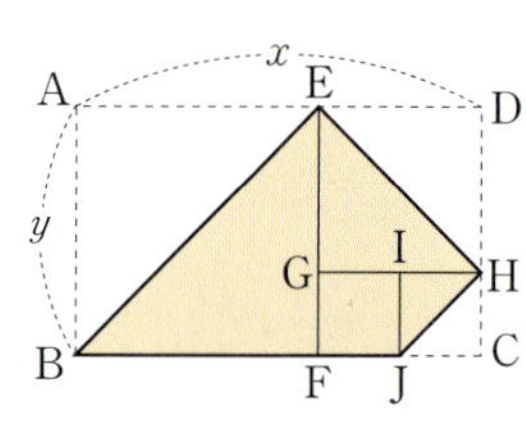

(1) $\overline{HC}$, $\overline{FJ}$의 길이를 x, y에 관한 식으로 각각 나타내어라.

(2) 사각형 GFJI의 넓이를 x, y에 관한 식으로 나타내어라.

풀이과정

답

만점 승승장구 〉 어떤 문제도 자신있게~ 만점 승승장구

이해쏙쏙 술술풀이 P.41

1 다음 식을 간단히 하여라.

(1) $(x-5)(x-3)(x+3)(x+5)$

(2) $(x+y+z)^2-(x-y-z)^2$

(3) $\dfrac{1}{4}(a+b+c)(a-b+c)+\dfrac{1}{4}(a+b-c)(-a+b+c)$

> **승승 비법**
> $(a+b)(a-b)=a^2-b^2$
> $(a+b)^2-(a-b)^2=4ab$

II 다항식의 곱셈과 인수분해

2 다음을 계산하여라.

$$674\times674-673\times675-672\times672+672\times674$$

3 $x^4+2ax^3+x^2+(b+3)x-21$을 x^3+x-3으로 나누면 나머지가 $x+3$일 때, 상수 a, b의 값을 각각 구하여라.

> 몫을 $x+p$로 놓고 푼다.

4 $a+b=5$, $ab=-2$, $x+y=3$, $xy=-6$, $m=ax+by$, $n=bx+ay$일 때, m^2+n^2의 값을 구하여라.

> $m=ax+by$, $n=bx+ay$를 m^2+n^2에 대입한다.

5 $a^2=1$, $b^2=2$, $c^2=3$, $d^2=8$일 때, P의 값을 구하여라.

$$P=(a+b+c-d)^2+(a+b-c+d)^2+(a-b+c+d)^2+(-a+b+c+d)^2$$

> $(a+b)(a-b)=a^2-b^2$임을 이용한다.

1 인수분해의 뜻과 공식

원리 01 인수분해의 뜻

유형 1, 8, 9

1. **인수분해** : 하나의 다항식을 두 개 이상의 다항식의 곱의 꼴로 나타내는 것으로 전개의 역 과정

2. **인수** : 다항식을 인수분해했을 때 곱해진 각각의 식

3. **공통인수** : 다항식의 각 항에 공통으로 들어 있는 인수

   예 $3a+2ab$에서 공통인수는 a이다.

4. **공통인수를 이용한 인수분해**

   다항식의 각 항에 공통인수가 있으면 분배법칙을 이용하여 공통인수로 묶어서 인수분해한다.

   $$ma+mb+mc=m(a+b+c)$$

   참고 공통인수로 묶을 때 수의 경우는 최대공약수로, 문자의 경우는 차수가 가장 낮은 것으로 묶는다.

$$x^2+5x+4 \xrightleftharpoons[\text{전개}]{\text{인수분해}} (x+1)(x+4)$$

합의 모양 · 곱의 모양

인수 : $1, x+1, x+4, (x+1)(x+4)$

꼭꼭! Check

★ 소인수분해와 인수분해

자연수	다항식
약수	인수
소인수분해	인수분해

예시 문제

다음 식에서 인수분해를 할 때 묶어내야 할 공통인수를 찾아라.

(1) x^2+2xy

(2) $a^2b-ab^2+a^2b^2$

(3) $4x^2+6x-12xy$

풀이 (1) x^2, $2xy$에서 공통인수는 x이다.

(2) a^2b, ab^2, a^2b^2에서 묶어내야 할 공통인수는 ab이다.

(3) $4x^2$, $6x$, $12xy$에서 묶어내야 할 공통인수는 $2x$이다.

답 (1) x (2) ab (3) $2x$

원리 확인 기본문제

이해쏙쏙 술술풀이 P.42

1 다음 중 다항식 $3(x-5)(x+6)$의 인수가 아닌 것은?

① 3
② $x-5$
③ $3x-5$
④ $x+6$
⑤ $(x-5)(x+6)$

2 다음 식을 인수분해하여라.

(1) $ma-mb$

(2) $3a^2b+ab^2$

(3) $8x^2-4x+xy$

(4) $2x-xy+xz$

(5) $a(x+1)+b(x+1)$

(6) $(m-n)(3a+1)-5(m-n)$

원리 02 $a^2 \pm 2ab + b^2 = (a \pm b)^2$ (완전제곱식)

유형 2, 3, 4, 8, 9, 13

1. 완전제곱식을 이용한 인수분해

$$a^2 + 2ab + b^2 = (a+b)^2, \quad a^2 - 2ab + b^2 = (a-b)^2$$

곱의 2배   곱의 2배

$$a^2 + 2ab + b^2 = a^2 + ab + ab + b^2 = a(a+b) + b(a+b) = (a+b)(a+b) = (a+b)^2$$
$$a^2 - 2ab + b^2 = a^2 - ab - ab + b^2 = a(a-b) - b(a-b) = (a-b)(a-b) = (a-b)^2$$

2. 완전제곱식이 될 조건

(1) x에 대한 이차식 $x^2 + ax + b\,(b>0)$가 완전제곱식이 될 조건

$x^2 + ax + b$에서 $b = \left(\dfrac{a}{2}\right)^2$, $a = \pm 2\sqrt{b}$이다.

(2) x에 대한 이차식 $ax^2 + bx + c$가 완전제곱식이 될 조건

$ax^2 + bx + c = a\left(x^2 + \dfrac{b}{a}x + \dfrac{c}{a}\right)$에서 $\left(\dfrac{b}{2a}\right)^2 = \dfrac{c}{a}$이므로 $b^2 = 4ac$, 즉 $b = \pm 2\sqrt{ac}$이다.

[참고] 도형으로 확인하기

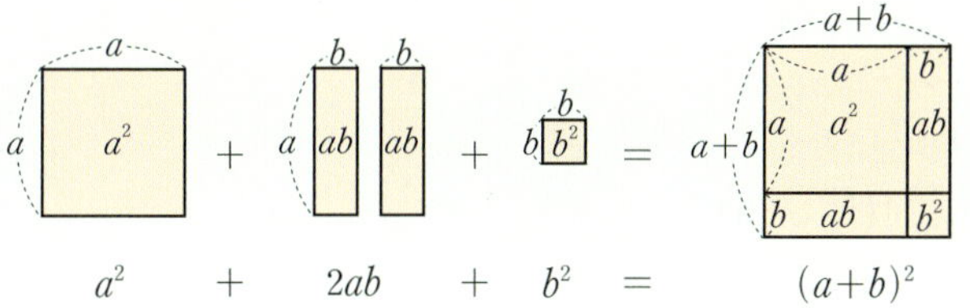

$$a^2 \quad + \quad 2ab \quad + \quad b^2 \quad = \quad (a+b)^2$$

쏙쏙 용어

★ 완전제곱식 : 다항식의 제곱으로 된 식 또는 이 식에 수를 곱한 식

예 $(a+b+c)^2$, $(a-5)^2$, $3(2x+7)^2$, $-(a+3b)^2$

예시 문제   다음 ☐ 안에 알맞은 것을 써넣어라.

(1) $x^2 + 6x + 9 = x^2 + \square \times x \times 3 + \square^2 = (x + \square)^2$

(2) $x^2 - 10x + 25 = x^2 - \square \times x \times \square + \square^2 = (x - \square)^2$

(3) $4x^2 - 4x + 1 = (2x)^2 - \square \times 2x \times 1 + \square^2 = (2x - \square)^2$

(4) $9x^2 - 30xy + 25y^2 = (\square)^2 - \square \times \square \times \square + (\square)^2 = (\square - \square)^2$

답 (1) 2, 3, 3   (2) 2, 5, 5, 5   (3) 2, 1, 1   (4) $3x$, 2, $3x$, $5y$, $5y$, $3x$, $5y$

원리 확인 기본문제

이해쏙쏙 술술풀이 P.42

3 다음 식을 인수분해하여라.

(1) $a^2 + 14a + 49$ (2) $a^2 - 6a + 9$

(3) $16x^2 + 8x + 1$ (4) $-5x^2 + 10x - 5$

4 다음 식이 완전제곱식이 되도록 ☐ 안에 알맞은 수를 써넣어라.

(1) $y^2 - 8y + \square$ (2) $9x^2 \pm \square xy + 16y^2$

원리 03 $a^2-b^2=(a+b)(a-b)$ (제곱의 차)   유형 5, 8, 9, 13

두 식의 제곱의 차의 꼴로 된 다항식의 인수분해는 두 식의 합과 차의 곱으로 인수분해된다.

$$\underset{\text{제곱의 차}}{a^2-b^2}=\underset{\text{합}}{(a+b)}\underset{\text{차}}{(a-b)}$$

$$a^2-b^2=a^2-ab+ab-b^2=a(a-b)+b(a-b)=(a+b)(a-b)$$

[참고] 도형으로 확인하기

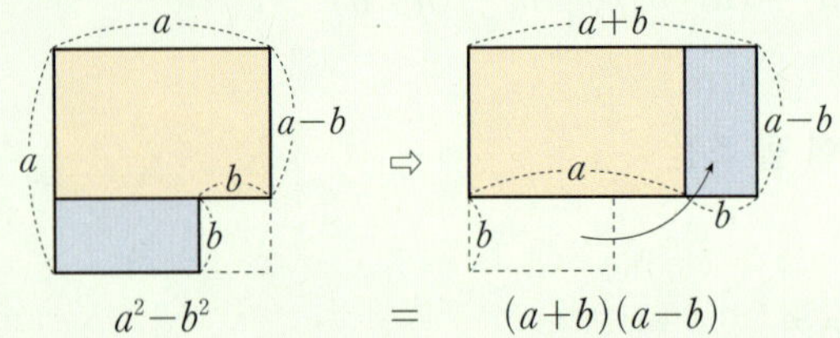

$$a^2-b^2 \qquad = \qquad (a+b)(a-b)$$

[참고] $x^2-2=(x+\sqrt{2})(x-\sqrt{2})$로 인수분해할 수 있으나 특별한 조건이 없으면 유리수 범위에서만 인수분해한다.
따라서 유리수 범위에서 x^2-2는 더이상 인수분해되지 않는다.

예시 문제   다음 □ 안에 알맞은 것을 써넣어라.

(1) $x^2-49=x^2-\square^2=(x+\square)(x-\square)$

(2) $25a^2-36=(\square)^2-6^2=(\square+\square)(\square-6)$

(3) $16y^2-25x^2=(\square)^2-(\square)^2=(\square)(\square)$

답 (1) 7, 7, 7   (2) 5a, 5a, 6, 5a   (3) 4y, 5x, 4y+5x, 4y-5x

원리확인 기본문제

이해쏙쏙 술술풀이 P.42

5 다음 식을 인수분해하여라.

(1) a^2-64 (2) x^2-81

(3) $a^2-\dfrac{1}{9}$ (4) $x^2-\dfrac{4}{25}$

6 다음 식을 인수분해하여라.

(1) $4ax^2-36a$ (2) x^4-1

원리 04 $x^2+(a+b)x+ab=(x+a)(x+b)$

유형 6, 8~13

x^2의 계수가 1인 이차식일 때에는 곱하면 상수항이 되고 합하면 일차항의 계수가 되는 두 수를 찾아 인수분해한다.

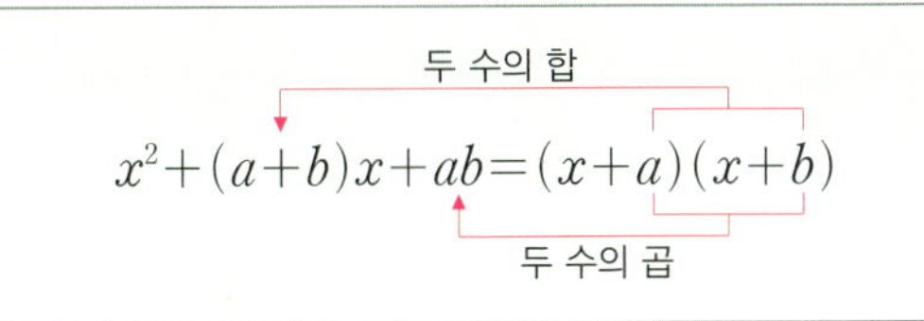

$$x^2+(a+b)x+ab=x^2+ax+bx+ab=x(x+a)+b(x+a)=(x+a)(x+b)$$

[참고] 도형으로 확인하기

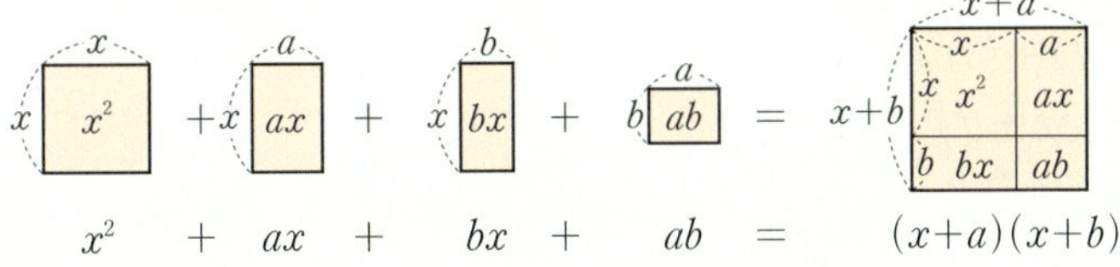

$$x^2 \quad + \quad ax \quad + \quad bx \quad + \quad ab \quad = \quad (x+a)(x+b)$$

꼭꼭! Check

★ x^2+ax+b에서 곱이 b인 두 정수를 먼저 찾은 다음 그 중에서 합이 a인 두 정수를 찾는다.

예시 문제 다음 □ 안에 알맞은 것을 써넣고, 주어진 식을 인수분해하여라.

(1) $x^2+3x-40=$ _______________

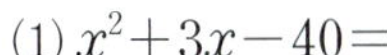

(2) $x^2-x-6=$ _______________

풀이 합이 일차항의 계수이고, 곱이 상수인 두 정수를 찾는다.

(1) $x^2+3x-40=(x+8)(x-5)$

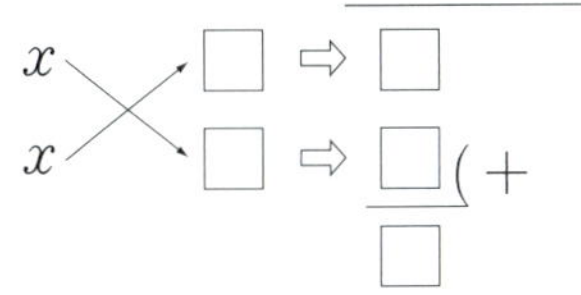

(2) $x^2-x-6=(x+2)(x-3)$

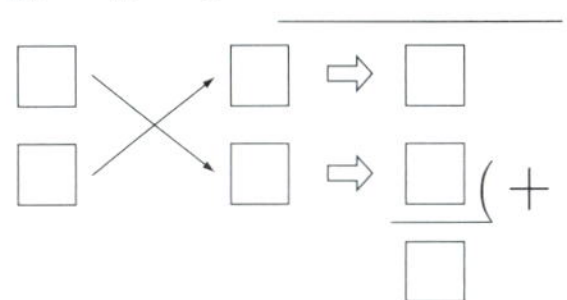

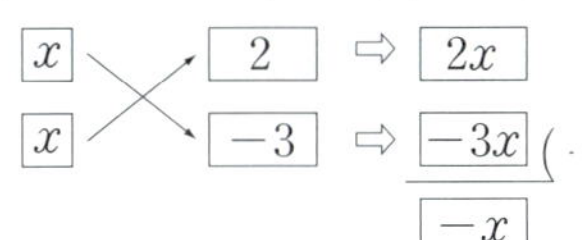

답 풀이 참조

원리 확인
기본문제

이해쏙쏙 술술풀이 P. 42

7 다음 식을 인수분해하여라.

(1) $x^2-8x+15$ (2) $x^2+7x+12$

(3) $x^2+3x-28$ (4) x^2-5x-6

8 다음 식을 인수분해하여라.

(1) $a^2+12ab+35b^2$ (2) $a^2+2ab-8b^2$

(3) $x^2-5xy-14y^2$ (4) $x^2-4xy-12y^2$

원리 05 $acx^2+(ad+bc)x+bd=(ax+b)(cx+d)$ 유형 7 ~ 13

x^2의 계수가 ±1이 아닌 이차식일 때에는 곱이 이차항의 계수(ac)가 되는 두 수와 곱이 상수항(bd)이 되는 두 수를 찾아 쓰고, 찾은 두 수 중 대각선 방향으로 곱하여 더한 것이 x의 계수가 되는 것을 찾아 인수분해한다.

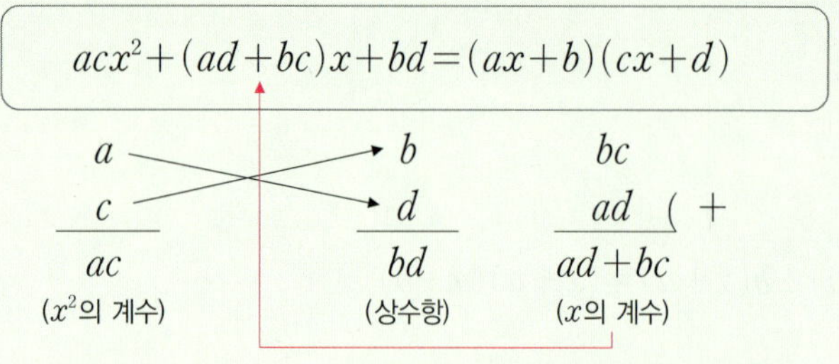

$$acx^2+(ad+bc)x+bd=(ax+b)(cx+d)$$

$$acx^2+(ad+bc)x+bd=acx^2+adx+bcx+bd$$
$$=ax(cx+d)+b(cx+d)$$
$$=(ax+b)(cx+d)$$

꼭꼭! Check

★ 인수분해 방법
① x^2항 아래 : 곱하여 x^2의 계수가 되는 두 정수를 쓴다.
② 상수항 아래 : 곱하여 상수항이 되는 두 정수를 쓴다.
③ 대각선 방향으로 곱하여 합한 것이 x의 계수가 되는 것을 찾는다.

예시 문제 다음 □ 안에 알맞은 것을 써넣고, 주어진 식을 인수분해하여라.

(1) $6x^2-4x-2=$ _______

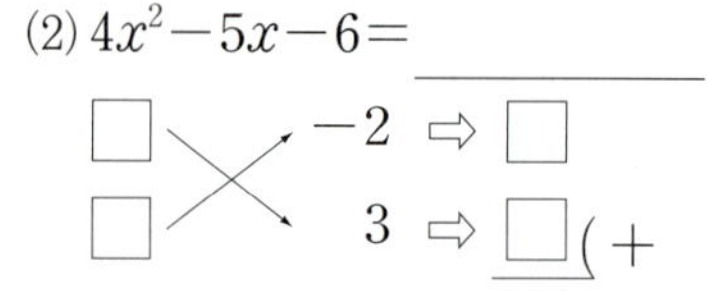

(2) $4x^2-5x-6=$ _______

풀이 (1) $6x^2-4x-2=(2x-2)(3x+1)$

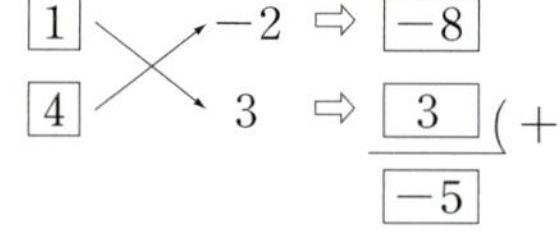

(2) $4x^2-5x-6=(x-2)(4x+3)$

답 풀이 참조

원리확인
기본문제   이해쏙쏙 술술풀이 P.43

9 다음 식을 인수분해하여라.

(1) $2x^2+9x+9$ 　　　　　(2) $6x^2-13x+6$

(3) $3a^2+19a-14$ 　　　　　(4) $5y^2+8y+3$

10 다음 식을 인수분해하여라.

(1) $6x^2+7xy-5y^2$ 　　　　　(2) $3x^2-xy-10y^2$

(3) $2x^2-11xy+5y^2$ 　　　　　(4) $6x^2+xy-12y^2$

이해쏙쏙 술술풀이 P.43

1 완전제곱식을 이용하여 다음 식을 인수분해하여라.

(1) x^2+6x+9 　　　　　　　　(2) $x^2-10x+25$

(3) $x^2-\dfrac{1}{2}x+\dfrac{1}{16}$ 　　　　　　(4) $\dfrac{1}{9}x^2-\dfrac{2}{3}x+1$

(5) $4x^2+12xy+9y^2$ 　　　　　(6) $9x^2-30xy+25y^2$

(7) $x^2+14x+49$ 　　　　　　(8) $16x^2-8x+1$

2 제곱의 차꼴을 이용하여 다음 식을 인수분해하여라.

(1) x^2-121 　　　　　　　　(2) x^2-36

(3) x^2-25y^2 　　　　　　　(4) $9x^2-y^2$

(5) $x^2-\dfrac{1}{64}$ 　　　　　　　(6) $36x^2-1$

(7) $4x^2-49$ 　　　　　　　(8) $\dfrac{1}{9}x^2-\dfrac{1}{4}$

3 다음 이차식을 인수분해하여라.

(1) $x^2+7x+12$ 　　　　　　(2) $x^2-4x-45$

(3) $x^2-4x-12$ 　　　　　　(4) x^2+x-56

(5) $x^2-2xy-15y^2$ 　　　　(6) $x^2+8xy+12y^2$

(7) $x^2-8xy+7y^2$ 　　　　　(8) $x^2+3xy-40y^2$

(9) $2x^2+x-21$ 　　　　　　(10) $6x^2-5x-1$

(11) $4x^2+16x+15$ 　　　　　(12) $12x^2+x-6$

(13) $6x^2-41xy-7y^2$ 　　　　(14) $8x^2-14xy+5y^2$

(15) $15x^2-22xy+48y^2$ 　　　(16) $4x^2+24xy+27y^2$

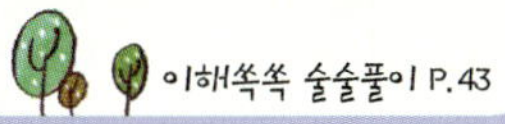

유형 1 공통인수를 이용한 인수분해

01 다음 식에 대한 설명 중 옳은 것은?

$$10ab^2-5a^2b \xrightarrow[\text{ⓛ}]{\text{⊙}} 5ab(2b-a)$$

① ⊙의 과정을 전개한다고 한다.
② ⓛ의 과정을 인수분해한다고 한다.
③ $2b-a$는 $10ab^2$, $-5a^2b$의 공통인수이다.
④ 5, $5ab$, $a(2b-a)$는 모두 $10ab^2-5a^2b$의 인수이다.
⑤ ⓛ의 과정에서 결합법칙이 이용된다.

02 다음 **보기**에서 $2a(a-1)(a+3)$의 인수를 모두 골라라.

보기
ㄱ. $a-1$　　ㄴ. a^2+3　　ㄷ. $3a-1$　　ㄹ. $2a^2-2a$

03 다음 중 다항식과 공통인수가 바르게 짝지어지지 않은 것은?

① $ab^2+2ab \Rightarrow 2a+b$
② $6x^2-3x \Rightarrow 3x$
③ $ma-mb+mc \Rightarrow m$
④ $xy(x-y)+xy \Rightarrow xy$
⑤ $2(a+b)-a(a+b) \Rightarrow a+b$

04 다음 식을 인수분해하여라.

(1) $a(x+y)-b(x+y)$
(2) $2x(3y-1)+1-3y$
(3) $2a(b-3c)-b(3c-b)$

유형 2 인수분해 공식 (1) – 완전제곱식

05 다음 중 완전제곱식으로 인수분해할 수 없는 것은?

① $x^2+8x+16$
② $9x^2-12x+4$
③ $4x^2+5x+1$
④ $x^2+x+\dfrac{1}{4}$
⑤ $\dfrac{1}{36}x^2-\dfrac{1}{3}x+1$

06 $\dfrac{1}{25}x^2-2x+25$를 인수분해하여라.

서술형 주관식

07 $x(x-A)+4=(x-B)^2$을 만족하는 두 상수 A, B에 대하여 $A-B$의 값을 구하여라. (단, $A<0$)

풀이과정

답

08 $20x^3-60x^2y+45xy^2$을 인수분해하여라.

12 $9x^2-(5-p)x+4$가 완전제곱식이 되기 위한 음수 p의 값을 구하여라.

↻ 79쪽 원리02

유형 **3** 완전제곱식이 될 조건

09 다음 식이 완전제곱식이 될 때, □ 안의 자연수가 가장 작은 것은?

① $4a^2-\square ab+49b^2$ ② $a^2+10ab+\square b^2$

③ $\square x^2-8xy+y^2$ ④ $4x^2-\square x+9$

⑤ $9x^2-12x+\square$

↻ 79쪽 원리02

유형 **4** 근호 안이 완전제곱식으로 인수분해되는 식

13 $0<x<4$일 때, $\sqrt{x^2}-\sqrt{x^2-8x+16}$을 간단히 하여라.

서술형 주관식

10 다음 두 식이 모두 완전제곱식이 되도록 하는 양수 a, b에 대하여 $a+b$의 값을 구하여라.

$$x^2-ax+\frac{9}{4},\ 4x^2-20x+b$$

풀이과정

답

14 $-1<x<1$일 때, $\sqrt{x^2+2x+1}+\sqrt{x^2-2x+1}$을 간단히 하여라.

서술형 주관식

15 $-2<x<3$일 때, $\sqrt{x^2-6x+9}-\sqrt{x^2+4x+4}$를 간단히 하여라.

풀이과정

답

11 $5x^2+4x+k$가 완전제곱식이 되게 하는 상수 k의 값을 구하여라.

↻ 80쪽 원리 03

유형 5 인수분해 공식 (2) − 제곱의 차

16 다음 중 인수분해가 바르게 된 것은?

① $-x^2-25=(-x+5)(-x-5)$

② $\dfrac{1}{9}x^2-y^2=\dfrac{1}{9}(x+y)(x-y)$

③ $x^4-1=(x^2+1)(x-1)^2$

④ $-16x^2+81y^2=(-4x+9)(-4x-9)$

⑤ $ax^2-16a=a(x+4)(x-4)$

17 $3x^2y-75y^3$을 인수분해하여라.

서술형 주관식

18 $16x^2-4y^2=a(bx+cy)(bx-cy)$일 때, 자연수 a, b, c에 대하여 $2a-b+c$의 값을 구하여라.

$$(단, c<b<a)$$

풀이과정

답

19 x^2-121이 소수일 때, 자연수 x의 값을 구하여라.

↻ 81쪽 원리 04

유형 6 인수분해 공식 (3) − x^2의 계수가 1인 이차식

20 $x^2+2xy-35y^2=(x-Ay)(x-By)$일 때, 상수 A, B의 곱 AB의 값을 구하여라.

21 다음 중 $6x^3+6x^2y-12xy^2$의 인수가 아닌 것은?

① $x+2y$ ② $x-y$ ③ $2x+4y$

④ $6x+6y$ ⑤ x^2+2xy

서술형 주관식

22 $x^2-10x+21$이 x의 계수가 1인 두 일차식의 곱으로 인수분해될 때, 두 일차식의 합을 구하여라.

풀이과정

답

23 $(x-3)(x+4)+6$을 인수분해하여라.

↻ 82쪽 원리 05

유형 7 인수분해 공식 (4) – x^2의 계수가 1이 아닌 이차식

24 $6x^2+x-15$를 인수분해하면 $A(2x-3)$일 때, 다항식 A를 구하여라.

25 다음의 6장의 카드 중에서 2장을 뽑아 카드에 적힌 다항식을 곱하였더니 $12x^2+13x-35$가 되었다. 6장의 카드 중 뽑은 카드 2장을 골라라.

(가) $4x+5$	(나) $4x+7$	(다) $4x-5$
(라) $3x+7$	(마) $3x-7$	(바) $3x-5$

26 이차식 ax^2+x-b가 $(7x-5)(4x+c)$로 인수분해될 때, 상수 a, b, c에 대하여 $a-b+c$의 값을 구하여라.

27 다음 다항식 중 $2x+3$을 인수로 갖는 것은?

① $3x^2-4x+1$ ② $4x^2-4x-15$

③ $6x^2-11x+3$ ④ $2x^2-3x-2$

⑤ $3x^2+x-2$

↻ 78쪽 원리 01 ~ 82쪽 원리 05

유형 8 인수분해 공식 종합

28 다음 다항식의 인수분해가 잘못된 것은?

① $x^2-12x+36=(x-6)^2$

② $x^2y^2-4z^2=(xy+2z)(xy-2z)$

③ $9x^2+24x+16=(3x+4)^2$

④ $\dfrac{9}{4}x^2-3x+1=\left(\dfrac{3}{2}x+1\right)^2$

⑤ $x^2-7xy+10y^2=(x-2y)(x-5y)$

29 다음 중 □ 안에 들어가야 할 수가 가장 큰 것은?

① $x^2-8x+16=(x-\square)^2$

② $4a^2-49b^2=(2a+\square b)(2a-7b)$

③ $9x^2+6x+1=(\square x+1)^2$

④ $x^2+2xy-15y^2=(x-3y)(x+\square y)$

⑤ $2a^2-7ab+3b^2=(2a-b)(a-\square b)$

30 다음 중 $x-2$를 인수로 갖는 것을 모두 고르면?

① $5x^2-40$ ② $3x^2-x-14$

③ x^2+x-6 ④ $3ax^2-12ax+12a$

⑤ x^2+6x+8

Ⅱ 다항식의 곱셈과 인수분해

↺ 78쪽 원리 01 ~ 82쪽 원리 05

유형 9 두 다항식에서 공통인 인수 구하기

31 다음 중 두 다항식 $2x^2-50$과 $x^2-2x-15$의 공통인 인수는?

① $x-5$ ② $x+15$ ③ $x+3$

④ $2x+5$ ⑤ $2x-5$

서술형 주관식

32 두 다항식 x^2+x-30, $4x^2-19x-5$의 공통인 인수를 구하여라. (단, 1은 제외한다.)

풀이과정

답

↺ 81쪽 원리 04 + 82쪽 원리 05

유형 10 인수가 주어진 이차식의 미지수 구하기

33 x^2-3x+a가 $x-7$을 인수로 가질 때, 상수 a의 값을 구하여라.

34 x에 대한 이차식 ax^2-7x+2가 $3x-1$을 인수로 가질 때, 상수 a의 값을 구하여라.

35 두 다항식 x^2-3x+a, $5x^2+bx-3$의 공통인 인수가 $x-1$일 때, 상수 a, b에 대하여 $a+b$의 값을 구하여라.

↺ 81쪽 원리 04 + 82쪽 원리 05

유형 11 계수 또는 상수항을 잘못 보고 인수분해한 경우

36 어떤 이차식을 인수분해하는데 라니는 x의 계수를 잘못 보고 $(x-6)(x+3)$으로 인수분해하였고, 지현이는 상수항을 잘못 보고 $(x-3)(x-4)$로 인수분해하였다. 이때 이 이차식을 바르게 인수분해하여라.

서술형 주관식

37 이차식 $2x^2+ax+b$를 인수분해하는데 정연이는 x의 계수를 잘못 보고 $(2x+5)(x+2)$로 인수분해하였고, 하선이는 상수항을 잘못 보고 $(2x+3)(x-6)$으로 인수분해하였다. 이때 이 이차식을 바르게 인수분해하여라. (단, a, b는 상수)

풀이과정

답

81쪽 원리04+82쪽 원리05

유형 12 이차식의 각 항의 계수, 상수항이 될 수 있는 값

38 x에 대한 이차식 $x^2+Ax-10$이 $(x+a)(x+b)$로 인수분해될 때, 상수 A의 최댓값은? (단, a, b는 정수, $a>b$)

① -10 ② -9 ③ -3
④ 3 ⑤ 9

39 x^2+9x+k가 $(x+a)(x+b)$로 인수분해될 때, 다음 중 상수 k의 값이 될 수 없는 것은? (단, a, b는 자연수)

① 4 ② 8 ③ 14
④ 18 ⑤ 20

40 다항식 $12x^2-px-7$이 $(4x+a)(3x+b)$로 인수분해될 때, 상수 p의 최댓값을 구하여라. (단, a, b는 정수)

79쪽 원리02~82쪽 원리05

유형 13 도형에서의 활용

41 다음 그림의 모든 직사각형을 빈틈없이 붙여서 큰 직사각형을 만들 때, 그 직사각형의 둘레의 길이를 구하여라.

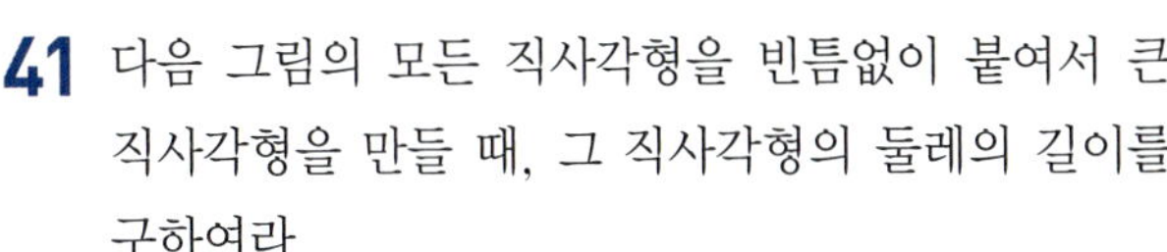

42 넓이가 $25x^2-20xy+4y^2$인 정사각형의 한 변의 길이를 구하여라. (단, $x>y>0$)

43 넓이가 $6x^2-11x+a$인 직사각형의 가로의 길이가 $3x-1$일 때, 이 직사각형의 둘레의 길이를 구하여라. (단, a는 상수)

44 오른쪽 그림과 같이 원의 중심이 같은 두 원이 있다. 두 원의 지름의 길이가 각각 $15r\,\mathrm{cm}$, $11r\,\mathrm{cm}$일 때, 색칠한 부분의 넓이를 구하여라.

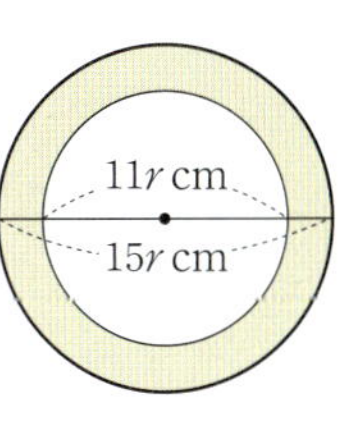

2 인수분해 공식의 활용

원리 01 치환을 이용한 인수분해

유형 1, 2

1. 공통 부분이 있는 식을 인수분해할 때는 공통 부분을 한 문자로 치환하여 인수분해한 다음 치환한 문자에 원래의 식을 대입한다.

  예 $(x+y)^2+9(x+y)+20$을 인수분해하여라.

  공통 부분인 $x+y=A$로 치환하면

  $A^2+9A+20=(A+4)(A+5)$ ⇐ $A=x+y$를 대입
  $\quad\quad\quad\quad\quad\quad\quad =(x+y+4)(x+y+5)$
  $\therefore (x+y)^2+9(x+y)+20=(x+y+4)(x+y+5)$

2. 공통 부분이 없는 경우에는 각각의 식을 다른 문자로 치환해 인수분해 공식을 이용한다.

꼭꼭! Check

★ 공통 부분을 한 문자로 치환하여 인수분해할 때, 결과의 식에 반드시 치환한 문자 대신에 원래의 공통 부분을 대입한다.

예시 문제 다음은 인수분해하는 과정이다. □ 안에 알맞은 식을 써넣어라.

(1) $(x-2)^2+5(x-2)+4$
  $=A^2+5A+4$
  $=(A+1)(\boxed{})$
  $=(\boxed{})(\boxed{})$

(2) $(x+y)^2-(x-y)^2$
  $=A^2-B^2$
  $=(A+B)(\boxed{})$
  $=\boxed{}\times 2y=\boxed{}$

풀이 (1) $x-2=A$로 치환하면
  $(x-2)^2+5(x-2)+4$
  $=A^2+5A+4$
  $=(A+1)(\boxed{A+4})$
  $=(x-2+1)(x-2+4)$
  $=(\boxed{x-1})(\boxed{x+2})$

(2) $x+y=A$, $x-y=B$로 치환하면
  $(x+y)^2-(x-y)^2$
  $=A^2-B^2$
  $=(A+B)(\boxed{A-B})$
  $=(x+y+x-y)(x+y-x+y)$
  $=\boxed{2x}\times 2y=\boxed{4xy}$

답 풀이 참조

원리확인
기본문제 ～～～～～～～～～～～～～～～～～～～～～～～ 이해쏙쏙 술술풀이 P.47

1 다음 식을 인수분해하여라.

(1) $(x-1)^2-2(x-1)+1$

(2) $(a-b)^2-4(a-b)+3$

(3) $(x-y)(x-y+1)-6$

(4) $(x+2y-5)(x+2y+7)+11$

2 다음 식을 인수분해하여라.

(1) $(x+2y)^2-(3x-2y)^2$

(2) $2(x+1)^2+5(x+1)(x-4)+2(x-4)^2$

원리 **02** 복잡한 식의 인수분해

유형 **3**, **4**, **7**

복잡한 식의 인수분해는 다음과 같은 방법으로 한다.

1. 공통인수가 있으면 공통인수로 묶어낸다.
2. 공통 부분이 있으면 한 문자로 치환한다.
3. 항이 여러 개 있으면 적당한 항끼리 묶는다.
4. 문자가 여러 개 있으면 한 문자에 대하여 내림차순으로 정리한다.

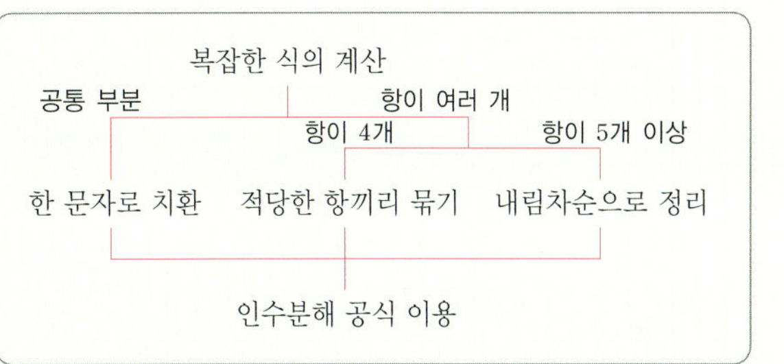

예 $x^2+y^2-2xy-1$을 인수분해하여라.

$$x^2+y^2-2xy-1=x^2-2xy+y^2-1$$
$$=(x-y)^2-1$$
$$=(x-y+1)(x-y-1)$$

예시 문제

다음 식을 인수분해하여라.

(1) $a^3+2a^2b+ab^2$

(2) $ab-a+b-1$

(3) x^2-y^2+2y-1

(4) $x^2+xy-3x+2y-10$

풀이
(1) $a^3+2a^2b+ab^2=a(a^2+2ab+b^2)=a(a+b)^2$
(2) $ab-a+b-1=a(b-1)+(b-1)=(a+1)(b-1)$
(3) $x^2-y^2+2y-1=x^2-(y^2-2y+1)=x^2-(y-1)^2=(x+y-1)(x-y+1)$
(4) $x^2+xy-3x+2y-10=x^2+(y-3)x+2(y-5)=(x+2)(x+y-5)$

$$
\begin{array}{ccc}
x & & 2 \\
x & & y-5 \\
& & y-3
\end{array}
$$

답 (1) $a(a+b)^2$ (2) $(a+1)(b-1)$ (3) $(x+y-1)(x-y+1)$ (4) $(x+2)(x+y-5)$

원리확인

기본문제

이해쏙쏙 술술풀이 P.47

3 다음 식을 인수분해하여라.

(1) $a^2b+ab-a-1$

(2) x^3+x^2y-x-y

(3) $4x^2-4xy+y^2-1$

(4) $-9x^2+9y^2-6y+1$

4 다음 식을 인수분해하여라.

(1) $x^2+3y^2+4xy-2x-4y+1$

(2) $x^2+2xy-3y^2-3x-y+2$

원리 03 그 밖의 인수분해 공식

1. (1) $a^3+3a^2b+3ab^2+b^3=(a+b)^3$

$$a^3+3a^2b+3ab^2+b^3=a^3+2a^2b+ab^2+a^2b+2ab^2+b^3$$
$$=a(a^2+2ab+b^2)+b(a^2+2ab+b^2)$$
$$=a(a+b)^2+b(a+b)^2$$
$$=(a+b)(a+b)^2=(a+b)^3$$

(2) $a^3-3a^2b+3ab^2-b^3=(a-b)^3$

$$a^3-3a^2b+3ab^2-b^3=a^3-2a^2b+ab^2-a^2b+2ab^2-b^3=a(a^2-2ab+b^2)-b(a^2-2ab+b^2)$$
$$=a(a-b)^2-b(a-b)^2=(a-b)(a-b)^2=(a-b)^3$$

2. (1) $a^3+b^3=(a+b)(a^2-ab+b^2)$

$(a+b)^3$의 전개식은 $(a+b)^3=a^3+b^3+3ab(a+b)$이므로

$$a^3+b^3=(a+b)^3-3ab(a+b)=(a+b)\{(a+b)^2-3ab\}$$
$$=(a+b)(a^2-ab+b^2)$$

(2) $a^3-b^3=(a-b)(a^2+ab+b^2)$

$(a-b)^3$의 전개식은 $(a-b)^3=a^3-b^3-3ab(a-b)$이므로

$$a^3-b^3=(a-b)^3+3ab(a-b)=(a-b)\{(a-b)^2+3ab\}$$
$$=(a-b)(a^2+ab+b^2)$$

3. $a^2+b^2+c^2+2ab+2bc+2ca=(a+b+c)^2$

$$a^2+b^2+c^2+2ab+2bc+2ca=(a^2+2ab+b^2)+2bc+2ca+c^2$$
$$=(a+b)^2+2c(a+b)+c^2 \Leftarrow a+b=A\text{로 치환}$$
$$=A^2+2cA+c^2=(A+c)^2 \Leftarrow A=a+b\text{를 대입}$$
$$=(a+b+c)^2$$

4. $a^4+a^2b^2+b^4=(a^2+ab+b^2)(a^2-ab+b^2)$

$$a^4+a^2b^2+b^4=(a^2)^2+2a^2b^2+(b^2)^2-a^2b^2=(a^2+b^2)^2-(ab)^2$$
$$=(a^2+ab+b^2)(a^2-ab+b^2)$$

5. $a^3+b^3+c^3-3abc=(a+b+c)(a^2+b^2+c^2-ab-bc-ca)$

$$=\frac{1}{2}(a+b+c)\{(a-b)^2+(b-c)^2+(c-a)^2\}$$

$$a^3+b^3+c^3-3abc=(a+b)^3-3ab(a+b)+c^3-3abc$$
$$=(a+b)^3+c^3-3ab(a+b)-3abc$$
$$=(a+b+c)^3-3(a+b)c(a+b+c)-3ab(a+b+c)$$
$$=(a+b+c)\{(a+b+c)^2-3(a+b)c-3ab\}$$
$$=(a+b+c)(a^2+b^2+c^2-ab-bc-ca)$$
$$=(a+b+c)\{(a^2-2ab+b^2)+(b^2-2bc+c^2)+(c^2-2ca+a^2)\}\times\frac{1}{2}$$
$$=\frac{1}{2}(a+b+c)\{(a-b)^2+(b-c)^2+(c-a)^2\}$$

Tip $a^3+b^3+c^3$을 인수분해할 때, $a+b+c=0$이면 $a^3+b^3+c^3=3abc$이다.

예시 문제 주어진 식을 인수분해하여 □ 안에 알맞은 식을 써넣어라.

(1) $a^3+3a^2b+3ab^2+b^3=a^3+2a^2b+\boxed{}+a^2b+\boxed{}+b^3$
$$=\boxed{}(a^2+2ab+b^2)+b(\boxed{})$$
$$=\boxed{}(a+b)^2+b(\boxed{})^2$$
$$=(\boxed{})(a+b)^2$$
$$=(\boxed{})^3$$

(2) $a^3-b^3=(a-b)(a^2+b^2)+\boxed{}-\boxed{}$
$$=(a-b)(a^2+b^2)+\boxed{}(\boxed{}-b)$$
$$=(a-b)(a^2+\boxed{}+b^2)$$

(3) $a^2+b^2+c^2+2ab+2bc+2ca=a^2+\boxed{}+b^2+\boxed{}^2+2bc+2ca$
$$=(\boxed{})^2+2c(\boxed{})+c^2$$
$$=(\boxed{})^2$$

(4) $a^4+a^2b^2+b^4=(a^2)^2+\boxed{}+(b^2)^2-\boxed{}$
$$=(a^2+b^2)^2-(\boxed{})^2$$
$$=(a^2+b^2+\boxed{})(a^2+b^2-\boxed{})$$

풀이

(1) $a^3+3a^2b+3ab^2+b^3=a^3+2a^2b+\boxed{ab^2}+a^2b+\boxed{2ab^2}+b^3$
$$=\boxed{a}(a^2+2ab+b^2)+b(\boxed{a^2+2ab+b^2})$$
$$=\boxed{a}(a+b)^2+b(\boxed{a+b})^2$$
$$=(\boxed{a+b})(a+b)^2$$
$$=(\boxed{a+b})^3$$

(2) $a^3-b^3=(a-b)(a^2+b^2)+\boxed{a^2b}-\boxed{ab^2}$
$$=(a-b)(a^2+b^2)+\boxed{ab}(\boxed{a}-b)$$
$$=(a-b)(a^2+\boxed{ab}+b^2)$$

(3) $a^2+b^2+c^2+2ab+2bc+2ca=a^2+\boxed{2ab}+b^2+\boxed{c}^2+2bc+2ca$
$$=(\boxed{a+b})^2+2c(\boxed{a+b})+c^2$$
$$=(a+b+c)^2$$

(4) $a^4+a^2b^2+b^4=(a^2)^2+\boxed{2a^2b^2}+(b^2)^2-\boxed{a^2b^2}$
$$=(a^2+b^2)^2-(\boxed{ab})^2$$
$$=(a^2+b^2+\boxed{ab})(a^2+b^2-\boxed{ab})$$

답 풀이 참조

원리 확인

기본문제 이해쏙쏙 술술풀이 P.48

5 다음 식을 인수분해하여라.

(1) $8a^3+27b^3$

(2) $64x^3-125y^3$

(3) $4x^2+49y^2+z^2+28xy+14yz+4zx$

(4) $a^3-21a^2+147a-343$

(5) $16x^4+36x^2+81$

(6) $x^3+(x-1)^3+(1-2x)^3$

원리 04 인수분해 공식의 활용
유형 5, 6

1. 인수분해 공식을 이용한 수의 계산

   인수분해 공식을 이용하여 수를 계산하면 편리하다.

   예) $98^2-4=98^2-2^2=(98+2)(98-2)=100\times96=9600$

   $$a^2-b^2=(a+b)(a-b)$$

2. 인수분해 공식을 이용한 식의 값

   주어진 식에 수나 식을 직접 대입하는 것보다 주어진 식을 인수분해한 후에 문자의 값을 대입하여 계산하면 편리하다.

   예) $a=5$일 때, a^2+2a-3의 값을 구하여라.

   $$a^2+2a-3=(a+3)(a-1)=(5+3)(5-1)=8\times4=32$$

   인수분해　　　$a=5$를 대입

예시 문제 인수분해 공식을 이용하여 다음을 계산하여라.

(1) 73^2-27^2 　　　　　　(2) $20\times12+20\times8$

풀이 (1) $73^2-27^2=(73+27)(73-27)=100\times46=4600$

(2) $20\times12+20\times8=20(12+8)=20\times20=400$

답 (1) 4600 (2) 400

예시 문제 다음 식의 값을 구하여라.

(1) $a=57$일 때, a^2+6a+9

(2) $x=13$, $y=8$일 때, $x^2-2xy+y^2$

풀이 (1) $a^2+6a+9=(a+3)^2=(57+3)^2=60^2=3600$

(2) $x^2-2xy+y^2=(x-y)^2=(13-8)^2=5^2=25$

답 (1) 3600 (2) 25

원리확인
기본문제 이해쏙쏙 술술풀이 P.48

6 인수분해 공식을 이용하여 다음을 계산하여라.

(1) 78^2-22^2 　　　　　　(2) $3\times87^2-3\times13^2$

7 다음 식의 값을 구하여라.

(1) $x=4+\sqrt5$일 때, $x^2-8x+16$

(2) $a=\sqrt2+1$, $b=\sqrt2-1$일 때, a^2-b^2

1 다음 식을 인수분해하여라.

(1) $xy-2x-2y+4$

(2) $x^2y^2-x^2-y^2+1$

(3) a^2b+a^2-b-1

(4) $x^2-y^2-9z^2-6yz$

(5) $xy+yz+x^2+xz$

(6) $4x^2-y^2-12x+9$

(7) $ax^2-by^2-ay^2+bx^2$

(8) a^3+a^2-a-1

2 다음 식을 인수분해하여라.

(1) $(x-y-3)(x-y)+2$

(2) $(a-2)^2+4(a-2)-12$

(3) $3(2x+1)^2+5(2x+1)-2$

(4) $(x-1)^2+(x-1)(x+1)-2(x+1)^2$

(5) $(x-1)(x+1)(x+3)(x+5)-9$

(6) $a^2-3ab+2b^2+2a-b-3$

(7) x^2-4x-y^2+2y+3

(8) $a^2-39b^2-c^2+10ab+16bc$

(9) $(x^2-9)(x^2+2x-8)-16$

(10) $(xy+1)(x-1)(y-1)+xy$

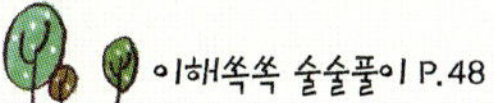

이해쏙쏙 술술풀이 P.48

촘촘 유형

핵심유형으로 확실하게 원리이해

↻ 90쪽 원리 01

유형 1 치환을 이용한 인수분해

01 $(a-2)^2+4(a-2)+3$을 인수분해하면 두 일차식의 곱으로 인수분해될 때, 두 일차식의 합을 구하여라.

02 다음 식을 치환을 이용하여 인수분해하여라.
(1) $(x^2-2x)^2-7(x^2-2x)+12$
(2) $(x^2+4x)^2-8(x^2+4x)-48$
(3) $(x-y)(x-y-5)-14$
(4) $(x+y-2)(x+y+3)-6$
(5) $(x+y+1)^2-(x+y)-21$

서술형 주관식
03 $3(x-1)^2-(x-1)(y+2)-10(y+2)^2$을 인수분해하면 $(x+ay+b)(cx+dy+7)$일 때, 상수 a, b, c, d에 대하여 $a+b+c+d$의 값을 구하여라.
　풀이과정

　답

↻ 90쪽 원리 01

유형 2 $(\ )(\ )(\ )(\ )+k$꼴의 인수분해

04 $(x-7)(x-3)(x-2)(x+2)+36$을 인수분해하여라.

05 $(x+3)(x+6)(x-4)(x-7)-64$를 인수분해하여라.

서술형 주관식
06 $(x-1)(x+1)(x+2)(x+4)+9=(x^2+ax+b)^2$일 때, 상수 a, b에 대하여 $2a+b$의 값을 구하여라.
　풀이과정

　답

↻ 91쪽 원리 02

유형 3 적당한 항끼리 묶어 인수분해하기

07 다음 중 $x^3+4x^2-9x-36$의 인수가 아닌 것은?
① $x-3$　② $x+3$　③ $x-4$
④ $x+4$　⑤ x^2-9

08 다음 식을 인수분해하여라.
(1) $a^2b-b^2c+a^2c-b^3$ (2) x^2y+x^2-y-1
(3) $4x^2+4x+1-y^2$

09 $25x^2-30xy-16+9y^2$을 인수분해하여라.

10 x^2-y^2+4y-4가 x의 계수가 1인 두 일차식의 곱으로 인수분해될 때, 두 일차식의 합을 구하여라.

풀이과정

답

↻ 91쪽 원리 02

유형 **4** 내림차순으로 정리하여 인수분해하기

11 $x^2-2xy+3x-3y+y^2+2$를 인수분해하면?
① $(x-y-1)(x-y-2)$
② $(x-y+1)(x-y+2)$
③ $(x+y-1)(x-y+2)$
④ $(x-y+1)(x+y+2)$
⑤ $(x-y+1)(x+y-2)$

12 $a^2-2ab+16a-16b+64$를 인수분해하여라.

13 $x^2-y^2+4x+8y-12$를 인수분해하였더니 $(x+ay+b)(x+y+c)$가 될 때, 상수 a, b, c에 대하여 $a+b+c$의 값을 구하여라.

풀이과정

답

↻ 94쪽 원리 04

유형 **5** 인수분해 공식을 이용한 수의 계산

14 다음 중 $201^2-200^2=201+200$임을 설명하는 데 가장 알맞은 인수분해 공식은?
① $a^2-2ab+b^2=(a-b)^2$
② $a^2+2ab+b^2=(a+b)^2$
③ $a^2-b^2=(a+b)(a-b)$
④ $x^2+(a+b)x+ab=(x+a)(x+b)$
⑤ $acx^2+(ad+bc)x+bd=(ax+b)(cx+d)$

15 인수분해 공식을 이용하여 다음을 계산하여라.

$$6\times21^2-7\times21\times14-3\times14^2$$

16 $(\sqrt{5}+2)^2-(\sqrt{5}-2)^2$의 값을 구하여라.

↻ 94쪽 원리04

유형 **6** 인수분해 공식을 이용하여 식의 값 구하기

17 $x=1+\sqrt{2}$, $y=1-\sqrt{2}$일 때, 다음 식의 값을 구하여라.
(1) x^2-3x+2
(2) $x^2-3xy-4y^2$

18 $x=1+\sqrt{5}$일 때, $(x-3)^2-10(x-3)+25$의 값을 구하여라.

19 $x=\dfrac{1}{2+\sqrt{5}}$, $y=\dfrac{1}{2-\sqrt{5}}$일 때, $x^2y-x+xy^2-y$의 값은?
① 0 　　② 2 　　③ 4
④ 6 　　⑤ 8

20 $x-y=9$일 때, $x^2-2xy+y^2-x+y-2$의 값을 구하여라.

↻ 91쪽 원리02

유형 **7** 도형에서의 활용

21 오른쪽 그림과 같이 넓이가 $x^2-2x+1-y^2$이고 가로의 길이가 $x+y-1$인 직사각형의 둘레의 길이를 구하여라.

22 한 변의 길이가 x^2인 정사각형에서 가로의 길이를 a만큼 늘이고, 세로의 길이를 b만큼 줄였더니 넓이가 x^4+3x^2-28이 되었다. 이때 $a-b$의 값을 구하여라.

23 어떤 직사각형의 넓이가 $x^2-y^2-8x+16$이고 가로가 $x-y-4$일 때, 세로의 길이를 구하여라.

01 다음 중 인수분해한 것이 옳은 것은?

① $12a^2-3b^2=(6a+b)(2a-3b)$

② $2x^2-12x+16=2(x-1)(x-8)$

③ $4a^2(x-y)+b^2(y-x)$
$\quad=(2a+b)(2a-b)(x-y)$

④ $\dfrac{1}{3}a^2-\dfrac{5}{3}ab-2b^2=\dfrac{1}{3}(a-2b)(a-3b)$

⑤ $2a^2b-20ab+50b=2(ab-5)^2$

02 $6x^2+axy-10y^2$이 $(2x+by)(cx-2y)$로 인수분해될 때, 상수 a, b, c에 대하여 $a-b-c$의 값을 구하여라.

03 다항식 $8x^2-(3k+2)x+2$가 완전제곱식이 될 때, 정수 k에 대하여 k^2-3의 값을 구하여라.

04 x^2+a와 $(x+4)(x-7)-b$가 모두 $x-5$를 인수로 가질 때, 상수 a, b에 대하여 $a-b$의 값을 구하여라.

05 기호 $[\ \ ]$를 $[a,\ b,\ c]=(a-b)(a-c)$로 정의할 때, $[a,\ b,\ c]+4[c,\ a,\ b]$의 인수인 것은?

① $a-c$ ② $2a+c$ ③ $a+2b-3c$

④ $a+2c$ ⑤ $3b-c$

06 다음 식을 인수분해하여라.

(1) $(2x+1)(2x-3)+3x(x+1)+x-25$

(2) $(x-3)(x+3)-(x-3)(x+1)+x(x-7)$

(3) $3(x-3)y^2-2(y-2)x^2$

07 이차식 $2x^2+mx-9$가 $(2x+a)(x+b)$로 인수분해될 때, 다음 중 정수 m의 값으로 가능하지 않은 것은? (단, a, b는 정수)

① -17 ② -7 ③ -3

④ 2 ⑤ 7

08 $-1<a<0$에 대하여 $\sqrt{x}=2-a$일 때, $\sqrt{x+6a-3}+\sqrt{x-4a+12}$의 값을 구하여라.

09 $x^2(x+y)+xy(x+y)-6y^2(x+y)$를 인수분해
하여라.

10 $xy-x-3y+3=5$를 만족하는 양의 정수 x, y의
값을 각각 구하여라.

서술형 주관식

11 x, y가 자연수일 때, $\sqrt{x^2-40}=y$를 만족하는 모
든 y의 값들의 합을 구하여라.

풀이과정

답

12 인수분해 공식을 이용하여 다음을 계산하여라.
(1) $48^2+2\times48\times17+17^2-25^2$
(2) $\dfrac{3^2-1}{3^2}\times\dfrac{4^2-1}{4^2}\times\dfrac{5^2-1}{5^2}\times\dfrac{6^2-1}{6^2}\times\dfrac{7^2-1}{7^2}$

13 $2^{24}-1$은 60과 70 사이의 어떤 두 수로 나누어떨
어진다. 이 두 수를 구하여라.

14 $a+b=\sqrt{10}-1$, $a-b=\sqrt{3}-1$일 때,
a^2+2a-b^2+1의 값을 구하여라.

15 $a\neq b$이고 $\dfrac{b}{a+1}=\dfrac{a}{b+1}$일 때, 다음 물음에 답하
여라.
(1) $a+b$의 값을 구하여라.
(2) $ab=-7$일 때, $a^2b+7a+ab^2+7b$의 값을 구
하여라.

16 밑변의 가로의 길이가 $x-3y$이고 세로의 길이가
x인 직육면체의 부피가 $x^3+3x^2y-18xy^2$일 때,
이 직육면체의 가로, 세로, 높이의 길이의 합을 구
하여라.

서술형 **주관식**

17 한 변의 길이가 각각 $x$cm, $y$cm인 두 개의 정사각형이 있다. 두 정사각형의 둘레의 길이의 합이 40cm이고 넓이의 차가 20cm²일 때, 다음 물음에 답하여라.

(1) $x+y$의 값을 구하여라.

(2) x와 y의 차를 구하여라.

(3) 두 정사각형의 둘레의 길이의 차를 구하여라.

풀이과정

답

Jump

18 $a+b+c=0$, $abc=6$일 때, $a^3+b^3+c^3$의 값을 구하여라.

Jump

19 x^4-2x^3-x+2가 $(x+a)(x+b)(x^2+x+c)$로 인수분해될 때, 상수 a, b, c에 대하여 $a+b+c$의 값은?

① 2   ② -1 ③ 1
④ -2 ⑤ 3

20 $a \circ b = ab+a-b$로 정의할 때,
$(x+y)\circ(x-y)-1$을 인수분해하여라.

21 $5x^2-11xy+6y^2+12x-14y+4$를 인수분해하였더니 $(ax+by+2)(cx+dy+2)$가 되었다. 이때 정수 a, b, c, d에 대하여 $a+b+c+d$의 값을 구하여라.

서술형 **주관식**

22 $(x-3)(x-1)(x+2)(x+4)+k$가 완전제곱식의 꼴로 인수분해된다. 이때 상수 k의 값을 구하고, 주어진 식을 인수분해하여라.

풀이과정

답

23 $\dfrac{1}{8}x-\dfrac{1}{2}y-0$일 때, $\dfrac{3x^2-5xy-12y^2}{2x^2-5xy-3y^2}$의 값을 구하여라. (단, $x\neq 0$, $y\neq 0$이고 $x\neq 3y$)

만점 승승장구

어떤 문제도 자신있게~ 만점 승승장구

1 다음 식의 값을 구하여라.

$$\left(1-\frac{1}{2^2}\right)\left(1-\frac{1}{3^2}\right)\left(1-\frac{1}{4^2}\right)\times \cdots \times \left(1-\frac{1}{10^2}\right)$$

$a^2-b^2=(a+b)(a-b)$를 이용하여 수를 계산한다.

2 $x^2-x-1=0$일 때, $x^4-2x^3+2x^2-x-2$의 값을 구하여라.

공통인수가 생기도록 적당한 항을 묶는다.

3 자연수 $\sqrt{510\times 511\times 512\times 513+1}$을 5로 나눈 나머지를 구하여라.

$510=a$로 치환하여 인수분해한다.

4 $a=\dfrac{1}{2+\sqrt{3}}$, $b=\dfrac{1}{2-\sqrt{3}}$ 일 때, $\dfrac{a^2+b^2}{a^2+2ab+b^2}$ 의 값을 구하여라.

a, b를 분모를 유리화하여 $a+b$, ab의 값을 구한다.

5 $xy^2-x-3y^2-21=0$을 만족하는 양의 정수 x, y의 순서쌍 (x, y)를 모두 구하여라.

21을 우변으로 이항하고 좌변을 두 식의 곱으로 인수분해되도록 만든다.

6 $x=\sqrt{7+4\sqrt{3}}$일 때, $x^4-4x^3+4x^2-12x+3$의 값을 구하여라.

$\sqrt{a^2+2ab+b^2}=\sqrt{(a+b)^2}$
$=|a+b|$

7 $x-3y=2\sqrt{5}-3$일 때, $\dfrac{x-3y+2}{x^2-6xy+3x+9y^2-9y+2}$ 의 값을 구하여라.

주어진 식을 인수분해하여 간단히 한 후 $x-3y$의 값을 대입한다.

8 다항식 $(x+a)(2x+12)+30$이 일차항의 계수와 상수항이 모두 정수인 두 일차식의 곱으로 인수분해될 때, a의 최솟값을 구하여라.

$(x+a)(2x+12)+30$
$=2(x-m)(x-n)$이라 놓고 푼다.

암호를 해독하는 인수분해

영국의 수학자인 토마스 해리엇(Thomas Harriot)은 부등식 기호와 인수분해를 최초로 도입하였다. 그 이후 페르마(Fermat)는 큰 수의 인수를 찾는 법을 설명하였고, 많은 수학자들이 인수분해를 연구한 후 아벨(Abel)이 인수분해를 이용하여 5차 방정식을 풀 수 없음까지 증명하게 되었다. 이렇게 수학자들은 왜 큰 소수를 찾고 인수분해의 연구에 집착한 것일까? 소수를 찾는 것 자체가 수학적 의미를 지니기도 하지만 오늘날 소수는 암호학에서 매우 중요한 역할을 한다. 실제 풀리지 않는 암호는 존재하기 어렵기 때문에 잘 만들어진 암호란 해독하는 데 시간이 오래 걸리는 것을 의미한다. 주어진 수가 어떤 수의 곱인지 알아내기 위해서는 주어진 수를 그 수의 제곱근보다 작은 자연수로 차례로 나누어 보면 되는데 이렇게 소인수를 찾는 방법은 시간이 오래 걸리며 효율적이지 못하다.

RSA 암호는 전자 서명이 가능한 최초의 암호체계로 전자상거래에 널리 쓰이고 있다. 소수와 인수분해의 성질을 이용한 RSA 암호는 두 소수의 곱이 어떤 수로 이루어졌는지 찾는 데 많은 시간이 소요된다는 수학적 사실을 바탕으로 설계되어 있다.

예를 들어 암호를 걸 때 4529524369라는 수를 열쇠로 사용했는데 이 암호를 풀려면 곱해서 4529524369가 나오는 소수 두 개를 알아내야 한다. 이것을 구하려면 차례대로 수를 나누어 보지 않으면 알 수가 없다.

이를 풀면 48611과 93179이다. 물론 컴퓨터를 이용하면 쉽게 구할 수 있겠지만 만약 200자리가 넘는 소수들의 곱으로 이루어진 암호라면 컴퓨터로 계산하더라도 수백 년이 걸린다고 한다.

이처럼 인수분해는 식을 간단하게 정리해 주는 특징 때문에 수학 뿐 아니라 실생활에서도 사용되고 있다. 우리들도 복잡하고 어려운 문제가 있을 때에는 피하거나, 포기하지 말고 인수분해하듯 간단하고 쉬운 것부터 차례대로 풀어 나가는 습관을 들이도록 하자.

Ⅲ.
이차방정식

1 이차방정식과 그 풀이

원리 01 이차방정식의 뜻

유형 1

1. x에 대한 이차방정식

   등식의 모든 항을 좌변으로 이항하여 정리한 식이

   $(x$에 대한 이차식$)=0$

   의 꼴로 되는 방정식을 x에 대한 이차방정식이라고 한다.

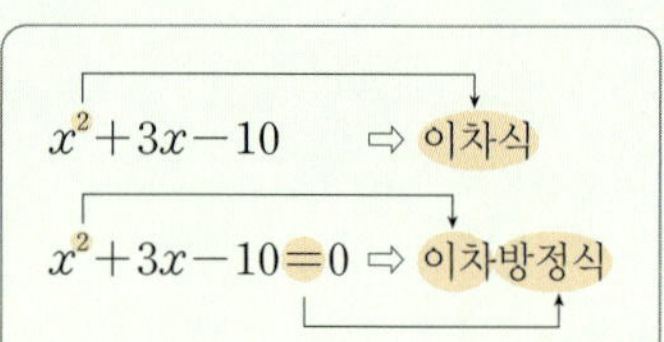

2. 이차방정식의 일반형

   일반적으로 x에 대한 이차방정식은 다음과 같이 나타낼 수 있다.

   $$ax^2+bx+c=0\,(a,\,b,\,c는 상수,\,a\neq0)$$

3. 이차방정식이 되기 위한 조건

   등식 $ax^2+bx+c=0$이 x에 대한 이차방정식이 되기 위한 조건은 $a\neq0$이다.

꼭꼭 Check

★ x에 대한 이차방정식은 $(x$에 대한 이차식$)=0$의 꼴인 등식이다.

예시 문제 다음 중 x에 대한 이차방정식이 아닌 것은?

① $x^2+3=2x^2+3x$

② $3x+2=x-x^2$

③ $2x-1=x^2$

④ $-2(x+1)(x-2)=x^2+5$

⑤ $(x-1)^2=x^2+5x+3$

풀이 식을 정리하여 $ax^2+bx+c=0(a\neq0)$의 꼴로 되는 방정식이 x에 대한 이차방정식이다.

① $x^2+3x-3=0$ ② $x^2+2x+2=0$ ③ $x^2-2x+1=0$

④ $-2(x^2-x-2)=x^2+5,\ -2x^2+2x+4=x^2+5,\ 3x^2-2x+1=0$

⑤ $x^2-2x+1=x^2+5x+3,\ 7x+2=0(x$에 대한 일차방정식$)$

답 ⑤

원리확인

기본문제  이해쏙쏙 술술풀이 P.57

1 다음 이차방정식을 $3x^2+ax+b=0$의 꼴로 나타낼 때, 상수 a, b의 값을 각각 구하여라.

$$4(x+1)(x-3)=x^2-7x$$

2 x에 대한 이차방정식 $(a-1)x^2+bx-1=0$이 이차방정식이 되기 위한 조건은?

① $a\neq-1$

② $a\neq1$

③ $a\neq0$

④ $b\neq-1$

⑤ $b\neq0$

1. 이차방정식의 해 또는 근

   x에 대한 이차방정식 $ax^2+bx+c=0$을 참이 되게 하는 미지수 x의 값을 이차방정식의 해 또는 근이라 한다.

   > $x=m$이 이차방정식 $ax^2+bx+c=0$의 해 $\iff$ $x=m$을 $ax^2+bx+c=0$에 대입하면 등식이 성립

2. 이차방정식을 푼다.

   이차방정식의 해를 모두 구하는 것을 이차방정식을 푼다고 한다.

   예 x의 값이 1, 2, 3, 4일 때, 이차방정식 $x^2-4x+3=0$의 해를 구하여라.

x	1	2	3	4
x^2-4x+3	0	-1	0	3

   따라서 이차방정식 $x^2-4x+3=0$의 해는 $x=1$ 또는 $x=3$이다.

   참고 x에 대한 이차방정식에서 x의 값의 범위에 대한 특별한 언급이 없으면 x의 값의 범위를 실수 전체로 생각한다.

예시 문제 다음 주어진 x의 값이 이차방정식 $2x^2+9x-5=0$의 해이면 ○표, 해가 아니면 ×표를 하여라.

(1) $x=-5$ (　　　) 　　　(2) $x=-1$ (　　　)

(3) $x=\dfrac{1}{2}$ (　　　) 　　　(4) $x=3$ (　　　)

풀이 이차방정식 $2x^2+9x-5=0$에 x 대신 주어진 값을 대입했을 때, 등식이 성립하면 해이고 등식이 성립하지 않으면 해가 아니다.

(1) $x=-5$를 대입하면 $2\times(-5)^2+9\times(-5)-5=0 \Rightarrow$ 해이다.

(2) $x=-1$을 대입하면 $2\times(-1)^2+9\times(-1)-5=-12\neq0 \Rightarrow$ 해가 아니다.

(3) $x=\dfrac{1}{2}$을 대입하면 $2\times\left(\dfrac{1}{2}\right)^2+9\times\dfrac{1}{2}-5=0 \Rightarrow$ 해이다.

(4) $x=3$을 대입하면 $2\times3^2+9\times3-5=40\neq0 \Rightarrow$ 해가 아니다.

답 (1) ○ (2) × (3) ○ (4) ×

원리 확인

기본 문제  이해쏙쏙 술술풀이 P.57

3 x의 값이 -2, -1, 0, 1, 2일 때, 다음 이차방정식을 풀어라.

(1) $x^2+x-2=0$ 　　　　　　　(2) $-x^2+2x+3=0$

4 이차방정식 $x^2+ax-48=0$의 한 근이 $x=-6$일 때, 상수 a의 값을 구하여라.

원리 03 $AB=0$의 성질을 이용한 이차방정식의 풀이   유형 5

두 수 또는 두 식 A, B에 대하여
1. $AB=0$이면 $A=0$ 또는 $B=0$이다.
$\quad (ax+b)(cx+d)=0$에서 $ax+b=0$ 또는 $cx+d=0$
$\quad \therefore x=-\dfrac{b}{a}$ 또는 $x=-\dfrac{d}{c}$
2. $A=0$ 또는 $B=0$이면 $AB=0$이다.

꼭꼭! Check

★ $AB=0$이면 다음 세 가지 중 하나가 성립한다.
(1) $A=0$, $B\neq0$
(2) $A\neq0$, $B=0$
(3) $A=0$, $B=0$

예시 문제   다음 이차방정식을 풀어라.

(1) $x(x+4)=0$ (2) $(x-6)(x+1)=0$

(3) $(2x-3)(x+2)=0$ (4) $(3x+1)(4x-1)=0$

풀이 (1) $x=0$ 또는 $x+4=0$이므로 $x=0$ 또는 $x=-4$

(2) $x-6=0$ 또는 $x+1=0$이므로 $x=6$ 또는 $x=-1$

(3) $2x-3=0$ 또는 $x+2=0$이므로 $x=\dfrac{3}{2}$ 또는 $x=-2$

(4) $3x+1=0$ 또는 $4x-1=0$이므로 $x=-\dfrac{1}{3}$ 또는 $x=\dfrac{1}{4}$

답 (1) $x=0$ 또는 $x=-4$ (2) $x=6$ 또는 $x=-1$ (3) $x=\dfrac{3}{2}$ 또는 $x=-2$ (4) $x=-\dfrac{1}{3}$ 또는 $x=\dfrac{1}{4}$

원리 확인
기본문제 이해쏙쏙 술술풀이 P.57

5 다음 이차방정식 중 해가 $x=-1$ 또는 $x=4$인 것은?

① $(x+1)(4x-1)=0$ ② $(x+1)(x-4)=0$ ③ $(x-1)(x+4)=0$

④ $(x-1)(4x+1)=0$ ⑤ $(-x+1)(x-4)=0$

6 다음 이차방정식을 풀어라.

(1) $-2x(x-5)=0$ (2) $(x+3)(x-4)=0$

(3) $(x+2)(5x-6)=0$ (4) $(2x-1)(3x+1)=0$

원리 **04** 인수분해를 이용한 이차방정식의 풀이 유형 **6**, **7**, **8**, **9**

이차방정식 $ax^2+bx+c=0\,(a\neq0)$의 좌변을 일차식의 곱으로 인수분해할 수 있을 때에는 다음과 같이 구한다.

1. 주어진 이차방정식을 $ax^2+bx+c=0$의 꼴로 정리한다. $\Rightarrow ax^2+bx+c=0$
2. 좌변을 인수분해한다. $\Rightarrow a(x-\alpha)(x-\beta)=0$
3. $AB=0$의 성질을 이용하여 해를 구한다. $\Rightarrow x=\alpha$ 또는 $x=\beta$

예 $x^2-4x+3=0$

$\quad(x-3)(x-1)=0$ ⟩ 인수분해

$\quad x-3=0$ 또는 $x-1=0$ ⟩ $AB=0$이면 $A=0$ 또는 $B=0$임을 이용

$\quad\therefore x=3$ 또는 $x=1$ ⟩ 해 구하기

꼭꼭! Check

★ 좌변을 인수분해하여 $AB=0$의 꼴로 만들어 $A=0$ 또는 $B=0$임을 이용하여 해를 구한다.

예시 문제 다음 이차방정식을 풀어라.

(1) $2x^2-3x=0$ (2) $5x^2-15x=0$

(3) $x^2+5x+4=0$ (4) $x^2-8x+15=0$

풀이 (1) $2x^2-3x=0,\ x(2x-3)=0\quad\therefore x=0$ 또는 $x=\dfrac{3}{2}$

(2) $5x^2-15x=0,\ 5x(x-3)=0\quad\therefore x=0$ 또는 $x=3$

(3) $x^2+5x+4=0,\ (x+1)(x+4)=0,\ x+1=0$ 또는 $x+4=0\quad\therefore x=-1$ 또는 $x=-4$

(4) $x^2-8x+15=0,\ (x-3)(x-5)=0,\ x-3=0$ 또는 $x-5=0\quad\therefore x=3$ 또는 $x=5$

답 (1) $x=0$ 또는 $x=\dfrac{3}{2}$ (2) $x=0$ 또는 $x=3$ (3) $x=-1$ 또는 $x=-4$ (4) $x=3$ 또는 $x=5$

원리 확인
기본문제 이해쏙쏙 술술풀이 P.57

7 인수분해를 이용하여 다음 이차방정식을 풀어라.

(1) $x^2-49=0$ (2) $4x^2-25=0$

(3) $x^2-4x-45=0$ (4) $x^2-5x+4=0$

8 다음 이차방정식을 풀어라.

(1) $2x(x-1)=x$ (2) $(2x-1)(3x+2)=-1$

(3) $x^2+x=2(5-x)$ (4) $2(x-1)^2=3x^2-10$

원리 05 이차방정식의 중근   유형 10, 11

1. 이차방정식의 두 근이 중복되어 서로 같을 때, 이 근을 이차방정식의 중근이라고 한다.

    예 $x^2+6x+9=0$에서 $(x+3)(x+3)=0$, $(x+3)^2=0$ $\therefore x=-3$(중근)

    참고 이차방정식의 해가 중근인 경우 반드시 해 뒤에 중근이라고 써준다.

2. 이차방정식이 중근을 가질 조건

    (1) 이차방정식이 중근을 가지기 위해서는 (완전제곱식)=0, 즉 a(일차식)$^2=0(a\neq0)$의 꼴로 인수분해되어야 한다.

    예 $x^2-2x+1=0$, $(x-1)^2=0$ ⇨ 중근을 갖는다.

    　 $x^2+2x-3=0$, $(x-1)(x+3)=0$ ⇨ 중근을 갖지 않는다.

    (2) 이차방정식 $x^2+ax+b=0$이 중근을 가지려면 좌변이 완전제곱식이 되어야 하므로 $b=\left(\dfrac{a}{2}\right)^2$이어야 한다.

    예 $x^2+4x+A=0$이 중근을 가지려면 $A=\left(\dfrac{4}{2}\right)^2=2^2=4$이어야 한다.

꼭꼭! Check

★ 이차방정식이 (완전제곱식)=0의 꼴이면 이 이차방정식은 중근을 가진다.

예시 문제 다음 이차방정식 중에서 중근을 갖는 것은?

① $3x^2-11x=4$　　② $3x^2-12=0$　　③ $x^2=12x-36$

④ $x^2=1$　　　　　⑤ $1-2x-x^2=1$

풀이 (완전제곱식)=0의 꼴로 인수분해되는 이차방정식을 찾는다.

① $3x^2-11x-4=0$에서 $(3x+1)(x-4)=0$　$\therefore x=-\dfrac{1}{3}$ 또는 $x=4$

② $3x^2-12=0$에서 $x^2-4=0$, $(x+2)(x-2)=0$　$\therefore x=-2$ 또는 $x=2$

③ $x^2-12x+36=0$에서 $(x-6)^2=0$　$\therefore x=6$(중근)

④ $x^2=1$, $x^2-1=0$, $(x+1)(x-1)=0$　$\therefore x=-1$ 또는 $x=1$

⑤ $x^2+2x=0$에서 $x(x+2)=0$　$\therefore x=0$ 또는 $x=-2$

답 ③

원리 확인

기본문제　　　　　　　　　　　　　　　　　　　　　이해쏙쏙 술술풀이 P.58

9 다음 이차방정식을 풀어라.

(1) $x^2-6x+9=0$　　　　　　　　(2) $x^2+10x+21=-4$

(3) $2x^2+32=16x$　　　　　　　(4) $9x^2-5x+7=x+6$

10 x에 대한 이차방정식 $x^2+8x-2m-4=0$이 중근을 가질 때, 상수 m의 값을 구하여라.

1. 이차방정식 $x^2=k(k \geq 0)$의 해 $\Rightarrow x=\pm\sqrt{k}$

2. 이차방정식 $ax^2=k(a \neq 0,\ ak \geq 0)$의 해 $\Rightarrow ax^2=k,\ x^2=\dfrac{k}{a}$　$\therefore x=\pm\sqrt{\dfrac{k}{a}}$

　예 $3x^2=12,\ x^2=4$　$\therefore x=\pm2$

3. 이차방정식 $(x+p)^2=q(q \geq 0)$의 해 $\Rightarrow (x+p)^2=q,\ x+p=\pm\sqrt{q}$　$\therefore x=-p\pm\sqrt{q}$

　예 $(x-1)^2=4$에서 $x-1=\pm2$　$\therefore x=3$ 또는 $x=-1$

4. 이차방정식 $a(x+p)^2=q(a \neq 0,\ aq \geq 0)$의 해

　$\Rightarrow a(x+p)^2=q,\ (x+p)^2=\dfrac{q}{a},\ x+p=\pm\sqrt{\dfrac{q}{a}}$　$\therefore x=-p\pm\sqrt{\dfrac{q}{a}}$

　예 $2(x-1)^2=4,\ (x-1)^2=2,\ x-1=\pm\sqrt{2}$　$\therefore x=1\pm\sqrt{2}$

　참고 이차방정식 $a(x+p)^2=q$에서

　　① 해를 가질 조건 : $aq \geq 0$　　② 해를 가지지 않을 조건 : $aq < 0$

꼭꼭! Check

★이차방정식 $x^2=k(k \geq 0)$의 해
　$\Rightarrow x=\pm\sqrt{k}$
★이차방정식 $(x+p)^2=k(k \geq 0)$
　의 해 $\Rightarrow x=-p\pm\sqrt{k}$

III 이차방정식

예시 문제 다음 이차방정식을 풀어라.

(1) $x^2=11$　　　　　　　　　　(2) $9x^2-25=0$

(3) $(x-3)^2=7$　　　　　　　　(4) $2(x+1)^2=6$

풀이　(1) $x^2=11$　$\therefore x=\pm\sqrt{11}$

　(2) $9x^2-25=0,\ 9x^2=25,\ x^2=\dfrac{25}{9}$　$\therefore x=\pm\dfrac{5}{3}$

　(3) $(x-3)^2=7,\ x-3=\pm\sqrt{7}$　$\therefore x=3\pm\sqrt{7}$

　(4) $2(x+1)^2=6,\ (x+1)^2=3,\ x+1=\pm\sqrt{3}$　$\therefore x=-1\pm\sqrt{3}$

답　(1) $x=\pm\sqrt{11}$　(2) $x=\pm\dfrac{5}{3}$　(3) $x=3\pm\sqrt{7}$　(4) $x=-1\pm\sqrt{3}$

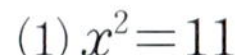

원리 확인
기본문제

이해쏙쏙 술술풀이 P.58

11 다음 이차방정식을 풀어라.

(1) $x^2-16=0$　　　　　　　　(2) $x^2-8=0$

(3) $4x^2-9=0$　　　　　　　　(4) $2x^2-10=0$

12 다음 이차방정식을 풀어라.

(1) $(x+3)^2-25=0$　　　　　　(2) $(x-7)^2-11=0$

(3) $3(x-5)^2-2=0$　　　　　　(4) $(5x+2)^2-15=0$

원리 07 완전제곱식을 이용한 이차방정식의 풀이 유형 13, 14

이차방정식 $ax^2+bx+c=0\,(a\neq0)$에서 $b\neq0$, $c\neq0$일 때, $(x+p)^2=q$의 꼴로 변형시켜 해를 구한다.

1. 양변을 이차항의 계수 a로 나누어 이차항의 계수를 1로 만든다.

2. 상수항을 우변으로 이항한다.

3. 양변에 $\left(\dfrac{x의\ 계수}{2}\right)^2$을 더한다.

4. 좌변을 완전제곱식으로 바꾼다. 즉, (완전제곱식)=(상수)의 꼴

5. 제곱근을 이용하여 해를 구한다.

예 $3x^2-6x-6=0$ 〉 x^2의 계수 3으로 양변을 나눈다.

$x^2-2x-2=0$ 〉 상수항 -2를 우변으로 이항한다.

$x^2-2x=2$ 〉 $\left(\dfrac{x의\ 계수}{2}\right)^2=\left(\dfrac{-2}{2}\right)^2=1$을 양변에 더한다.

$x^2-2x+1=2+1$

$(x-1)^2=3$ 〉 좌변을 완전제곱식으로 바꾼다.

$x-1=\pm\sqrt{3}$ 〉 제곱근의 성질을 이용하여 해를 구한다.

$\therefore x=1\pm\sqrt{3}$

참고 이차방정식 $ax^2+bx+c=0$에서 좌변이 인수분해가 되지 않을 때는 완전제곱식을 이용하여 해를 구할 수 있다.

예시 문제 다음은 완전제곱식을 이용하여 이차방정식 $5x^2+x-2=0$의 해를 구하는 과정이다. □ 안에 알맞은 수를 써넣어라.

$5x^2+x-2=0$의 양변을 □로 나누면 $x^2+\dfrac{1}{5}x-\dfrac{2}{5}=0$, $x^2+\dfrac{1}{5}x=\dfrac{2}{5}$

$x^2+\dfrac{1}{5}x+\boxed{}=\dfrac{2}{5}+\boxed{}$, $\left(x+\boxed{}\right)^2=\boxed{}$ $\therefore x=\boxed{}$

답 $5,\ \dfrac{1}{100},\ \dfrac{1}{100},\ \dfrac{1}{10},\ \dfrac{41}{100},\ \dfrac{-1\pm\sqrt{41}}{10}$

원리확인 기본문제 이해쏙쏙 술술풀이 P.58

13 이차방정식 $2x^2+3x-4=0$을 $(x+a)^2=b$로 고쳤을 때, 상수 a, b에 대하여 $a+b$의 값을 구하여라.

14 완전제곱식을 이용하여 다음 이차방정식을 풀어라.

(1) $x^2-8x+13=0$

(2) $3x^2+5x-1=0$

(3) $4x^2+9x+3=0$

(4) $2x^2+7x+1=0$

1 $AB=0$의 성질을 이용하여 다음 이차방정식을 풀어라.

(1) $x(x-5)=0$

(2) $x(x+3)=0$

(3) $(x+1)(x+2)=0$

(4) $(x-3)(x+5)=0$

(5) $(x-2)(3x-1)=0$

(6) $(4x+3)(x-4)=0$

(7) $(3x-5)(2x+9)=0$

(8) $(2x-5)(7x-4)=0$

2 인수분해를 이용하여 다음 이차방정식을 풀어라.

(1) $x^2-9=0$

(2) $x^2+5x-6=0$

(3) $x^2-5x-24=0$

(4) $2x^2+9x-5=0$

(5) $x^2+16x+64=0$

(6) $3x^2-2x-5=0$

(7) $4x^2-28x+49=0$

(8) $6x^2+5x-6=0$

3 제곱근을 이용하여 다음 이차방정식을 풀어라.

(1) $x^2-24=0$

(2) $3x^2-60=0$

(3) $\dfrac{1}{4}x^2-7=0$

(4) $0.2x^2-1=0$

(5) $(x-1)^2=5$

(6) $(x+5)^2=9$

(7) $2(x-7)^2=98$

(8) $\dfrac{1}{3}(x-4)^2=1$

4 완전제곱식을 이용하여 다음 이차방정식을 풀어라.

(1) $x^2+6x+3=0$

(2) $x^2-4x-1=0$

(3) $x^2+2x-5=0$

(4) $x^2-6x+2=0$

(5) $x^2-2x-9=0$

(6) $x^2+8x-3=0$

(7) $x^2-8x+4=0$

(8) $x^2+4x-3=0$

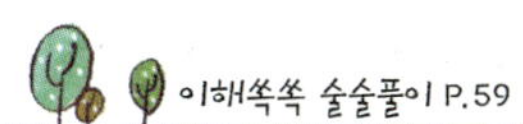

↻ 106쪽 원리01

유형 1 이차방정식의 뜻

01 다음 **보기** 중 이차방정식은 모두 몇 개인가?

> 보기
> ㄱ. $x^2-3=x^2-3x$
> ㄴ. $x(x-6)=2x^2-3x$
> ㄷ. $x^2+5x+3=5x+3$
> ㄹ. $(x+2)(x-2)=3-x^2$
> ㅁ. $(2x+1)(x-2)=(2x-1)(2x+3)$
> ㅂ. $(5+2x)^2=4x^2$

① 2개 ② 3개 ③ 4개
④ 5개 ⑤ 6개

02 이차방정식 $(x-1)^2-6=4x^2+4x-1$을 $ax^2+6x+b=0$의 꼴로 나타낼 때, 상수 a, b에 대하여 $a+b$의 값을 구하여라.

03 $(ax-2)(x+1)=x^2+bx$가 x에 대한 이차방정식이 되기 위한 조건은?

① $a\neq 1$ ② $a\neq -1$ ③ $a\neq 0$
④ $b\neq 2$ ⑤ $b\neq 0$

↻ 107쪽 원리02

유형 2 이차방정식의 해

04 다음 이차방정식 중 $x=-2$를 해로 갖는 것은?

① $x^2-3x=0$ ② $x^2+x-2=0$
③ $x^2+5x+1=0$ ④ $x^2-6x+2=0$
⑤ $x^2-3x+7=0$

05 다음 중 [ ] 안의 수가 주어진 이차방정식의 해인 것은?

① $x^2-5x+6=0$ [4]
② $x^2-x-12=0$ [−4]
③ $x^2+x=-2(x+2)$ [2]
④ $x^2-x=2$ [1]
⑤ $(2x-3)^2=15-2x$ [3]

06 x의 값이 $-3<x\leq 1$인 정수일 때, 이차방정식 $2x^2+x-3=0$의 해를 구하여라.

↻ 107쪽 원리02

유형 3 한 근이 주어졌을 때, 미지수의 값 구하기

07 이차방정식 $x^2+(a-2)x+(a+3)=0$의 한 근이 $x=5$일 때, 상수 a의 값을 구하여라.

08 이차방정식 $2x^2+15x+4a=0$의 한 근이 $x=-8$이고, $6x^2+(b-4)x-3=0$의 한 근이 $x=3$일 때, 상수 a, b의 값을 각각 구하여라.

12 이차방정식 $x^2-8x+12=0$의 한 근을 a라 할 때, $a+\dfrac{12}{a}$의 값을 구하여라.

서술형 주관식

09 $x=-3$이 $x^2-2ax+a-2=0$의 근이면서 $2x^2+(2b-1)x-3=0$의 근일 때, 상수 a, b에 대하여 $a+b$의 값을 구하여라.

> 풀이과정
>
>
> 답

서술형 주관식

13 이차방정식 $x^2-5x+1=0$의 한 근을 a라 할 때, $a+a^2+\dfrac{1}{a}+\dfrac{1}{a^2}$의 값을 구하여라.

> 풀이과정
>
>
> 답

108쪽 원리 03

유형 **5** $AB=0$의 성질을 이용한 이차방정식의 풀이

14 이차방정식 $(x+7)(x-4)=0$의 두 근의 합을 구하여라.

107쪽 원리 02

유형 **4** 한 근이 문자로 주어졌을 때, 식의 값 구하기

10 이차방정식 $3x^2+2x-5=0$의 한 근을 m이라 할 때, $6m^2+4m$의 값을 구하여라.

15 다음 이차방정식 중 두 근의 합이 2인 것은?
① $2x(x-6)=0$
② $(x+3)(2x-1)=0$
③ $(x+1)(x-3)=0$
④ $x(x+4)=0$
⑤ $(x-6)(x+2)=0$

11 이차방정식 $x^2-4x+3=0$의 한 근을 m이라 하고, 이차방정식 $2x^2+7x-4=0$의 한 근을 n이라 할 때, $m^2-4m-2n^2-7n+3$의 값을 구하여라.

Step C 촘촘 유형

유형 6 인수분해를 이용한 이차방정식의 풀이

16 다음 이차방정식을 풀어라.
(1) $x^2+2x-120=0$
(2) $6x^2+x-1=0$
(3) $4+x^2=-x(x-9)$
(4) $(x+1)(x-10)=-x^2-5$

17 이차방정식 $(x+2)(x-3)=2(x^2-4)$를 $(x+a)(x+b)=0$의 꼴로 나타내었을 때, 상수 a, b의 곱 ab의 값을 구하여라.

18 이차방정식 $(3x+2)(x-4)=(x-4)^2$의 두 근 사이의 정수의 개수를 구하여라.

19 이차방정식 $(2x+1)(x-6)=x(x-10)$의 두 근을 a, $b(a>b)$라 할 때, 이차방정식 $x^2+ax-b=0$의 해를 구하여라.

유형 7 한 근이 주어졌을 때, 다른 한 근 구하기

20 x에 대한 이차방정식 $ax^2+x-14=0$의 한 근이 -2일 때, 다른 한 근을 구하여라.

서술형 주관식
21 x에 대한 이차방정식 $2x^2-3(a+3)x+5a+1=0$의 한 근이 $x=1$일 때, 다른 한 근을 구하여라.

풀이과정

답

22 이차방정식 $x^2-2x+a-2=0$의 음수인 근이 a일 때, 상수 a의 값과 다른 한 근을 각각 구하여라.

유형 8 두 이차방정식의 공통인 근

23 이차방정식 $2x^2-5x+2=0$과 $6x^2+5x-4=0$의 공통인 근을 구하여라.

24 두 이차방정식 $3x^2-ax-6=0$, $x^2-2ax+3b=0$ 의 공통인 근이 $x=-3$일 때, 상수 a, b의 합 $a+b$ 의 값을 구하여라.

28 이차방정식 $x^2+ax+b=0$이 중근 $x=7$을 가질 때, 상수 a, b의 합 $a+b$의 값을 구하여라.

$\curvearrowright$ 109쪽 원리 04

유형 9 이차방정식의 근의 활용

25 이차방정식 $x^2-3x-18=0$과 $x^2-ax-24=0$의 음수인 근이 서로 같을 때, 상수 a의 값을 구하여라.

$\curvearrowright$ 110쪽 원리 05

유형 11 이차방정식이 중근을 가질 조건

29 이차방정식 $x^2-3x+k+1=0$이 중근을 갖도록 하 는 상수 k의 값을 구하여라.

서술형 주관식

26 x에 대한 이차방정식 $x^2+m(x-m+1)=0$의 한 근은 이차방정식 $x^2-5x+6=0$의 근 중 작은 근과 같다. 상수 m의 값을 구하여라.

풀이과정

답

서술형 주관식

30 이차방정식 $x^2-2(x+3a)+13=0$이 $x=b$를 중 근으로 가질 때, 상수 a, b의 곱 ab의 값을 구하여 라.

풀이과정

답

$\curvearrowright$ 110쪽 원리 05

유형 10 이차방정식의 중근

27 다음 이차방정식 중 중근을 갖는 것은?
① $x^2=6$ ② $x^2=3x$
③ $x^2+2x-3=0$ ④ $x(x+7)=x-9$
⑤ $5(x-1)^2=2$

31 이차방정식 $2x^2+12x+2(2k-1)=0$이 중근을 가질 때, 이차방정식 $kx^2=-x$의 해를 구하여라. (단, k는 상수)

↻ 111쪽 원리06

유형12 제곱근을 이용한 이차방정식의 풀이

32 이차방정식 $5(x+2)^2=25$를 풀면 $x=-2\pm\sqrt{n}$이다. 상수 n에 알맞은 수는?

① 4   ② 5   ③ 6
④ 7   ⑤ 8

33 이차방정식 $(x-2)^2-12=0$의 두 근의 차를 구하여라.

34 이차방정식 $(x-m)^2=n$의 해가 $x=-3\pm\sqrt{10}$일 때, 상수 m, n에 대하여 $m+n$의 값을 구하여라.

↻ 112쪽 원리07

유형13 완전제곱식 $(x+p)^2=q$의 꼴로 고치기

35 다음은 이차방정식을 풀기 위해 완전제곱식의 꼴로 고치는 과정이다. 상수 A, B에 대하여 $A+B$의 값은?

> 이차방정식 $x^2+2x-2=0$에서 상수항을 이항하면 $x^2+2x=2$
> 좌변이 완전제곱식이 되도록 양변에 같은 수를 더하면 $x^2+2x+A^2=2+A^2$
> 좌변을 완전제곱식으로 고치면 $(x+A)^2=B$

① 3   ② 4   ③ 5
④ 6   ⑤ 7

36 이차방정식 $x^2-6x+4=0$을 $(x+a)^2=b$의 꼴로 고쳤을 때, 상수 a, b의 값을 각각 구하여라.

↻ 112쪽 원리07

유형14 완전제곱식을 이용한 이차방정식의 풀이

37 완전제곱식을 이용하여 다음 이차방정식을 풀어라.

(1) $2x^2-4x-40=0$
(2) $2x^2+8x+3=0$
(3) $(2x-3)^2-(3x+1)(x-3)=15$
(4) $(x-1)(x+3)=-2(x+1)^2$

38 이차방정식 $4x^2-8x-1=0$을 완전제곱식을 이용하여 풀었더니 해가 $x=\dfrac{m\pm\sqrt{n}}{2}$일 때, 유리수 m, n에 대하여 $n-m$의 값을 구하여라.

서술형 주관식

39 이차방정식 $x^2+ax-b=0$을 완전제곱식을 이용하여 풀었더니 해가 $x=-1\pm\sqrt{2}$가 되었다. 이때 유리수 a, b의 값을 각각 구하여라.

풀이과정

답

01 다음 중 [ ] 안의 수가 주어진 이차방정식의 해인 것은?

① $x^2+x-12=0$ $[-3]$

② $x^2-8x+3=0$ $[2]$

③ $2x^2-3x+4=0$ $\left[\dfrac{1}{2}\right]$

④ $4x^2-11x-3=0$ $[3]$

⑤ $3x^2-4x-2=0$ $\left[\dfrac{2}{3}\right]$

02 방정식 $(a^2-1)x^2+ax-1=3x^2-x$가 x에 대한 이차방정식이 되기 위한 조건을 구하여라.

03 다음 이차방정식 중 해가 유리수가 아닌 것은?

① $3x^2-27=0$ ② $4(x-3)^2=16$

③ $x^2-6x+8=0$ ④ $(2x-5)^2=9$

⑤ $5x^2-10x=8$

04 10보다 작은 두 자연수 a, b에 대하여 이차방정식 $x^2-ax+b=0$의 한 근이 $x=a-\sqrt{b}$일 때, 조건을 만족하는 순서쌍 (a, b)의 개수를 구하여라.

05 $\begin{vmatrix} a & b \\ c & d \end{vmatrix}=ad-bc$라 하자. $\begin{vmatrix} x & 1 \\ -5 & x \end{vmatrix}=\begin{vmatrix} 8 & x \\ -2 & 1 \end{vmatrix}$ 을 만족하는 x의 값을 α, β라 할 때, $\alpha+\beta$의 값을 구하여라.

06 x에 대한 이차방정식 $x^2-2ax+3a=0$의 한 근이 2일 때, 다음 중 옳지 않은 것은?

① 상수 a의 값은 4이다.

② 상수 a와 다른 한 근의 합은 -2이다.

③ 주어진 방정식의 x의 계수와 상수항의 합은 4이다.

④ 다른 한 근은 이차방정식 $x^2-5x-6=0$의 근도 된다.

⑤ 주어진 방정식을 $(x+p)^2=q$의 꼴로 나타내면 상수 p, q에 대하여 $p+q=0$이다.

07 자연수의 약수의 개수를 $\langle x \rangle$로 나타낼 때, $\langle x \rangle^2-\langle x \rangle-2=0$을 만족하는 10 이하의 자연수 x를 모두 구하여라.

08 이차방정식 $2x^2-3x-2=0$의 음수인 해를 a라고 할 때, $8a^2-6a-2$의 값을 구하여라.

09 $x^2-7xy+\dfrac{49}{4}y^2=0$일 때, $\dfrac{y}{x}$의 값을 구하여라.
(단, $x\neq0$)

10 다음 이차방정식이 (　) 안의 근을 가질 때, 상수 m의 값과 다른 한 근을 각각 구하여라.
(1) $2x^2-mx+12=0$ $(x=-4)$
(2) $x^2-2x+m=0$ $(x=1+\sqrt{2})$
(3) $m^2(x-1)^2-mx+1=0$ $\left(x=\dfrac{2}{3}\right)$

서술형 주관식
11 이차방정식 $(a^2-1)x^2-4ax+2=0$의 한 근이 $x=\dfrac{1}{2}$일 때, 상수 a의 값과 다른 한 근을 각각 구하여라.

풀이과정

답

12 한 개의 주사위를 두 번 던져 처음 나온 눈의 수를 a, 두 번째 나온 눈의 수를 b라 할 때, 이차방정식 $x^2+ax+b=0$이 중근을 가질 확률을 구하여라.

13 이차방정식 $3x^2+a+7x=x$가 중근을 가질 때, 이차방정식 $(a+4)x^2+33x-3a=1$의 근을 구하여라. (단, a는 상수)

14 이차방정식 $(2x-7)^2=5k$의 해가 유리수가 되도록 하는 자연수 k의 최솟값을 구하여라.

15 두 이차방정식 $x^2+3x-18=0$, $2x^2+26x=-84$의 공통인 근이 이차방정식 $3x^2+(k+8)x-9k=0$의 한 근일 때, 상수 k의 값을 구하여라.

이해쏙쏙 술술풀이 P.64

서술형 **주관식**

16 이차방정식 $ax^2+(a-2)x-10=0$의 두 근 중 한 근은 $x=-2$이고 다른 한 근은 이차방정식 $6x^2-3(bx+1)+8=0$의 한 근일 때, 상수 a, b의 곱 ab의 값을 구하여라.

풀이과정

답

17 두 다항식 $A=(x-3)^2-8$과 $B=2x^2-9x-5$에 대하여 $A\neq-4$, $B=0$을 동시에 만족시키는 x의 값을 구하여라.

18 다음 세 이차방정식은 한 개의 공통인 근을 갖는다. 이때 상수 m, n의 값을 각각 구하여라.

$$x^2+5x+6=0$$
$$x^2+mx+n-0$$
$$x^2-(m-2)x-4m-3=0$$

19 이차방정식 $3x^2+5x-1=0$의 두 근 중에서 양수인 것을 a라 할 때, 다음 중 $n<a<n+1$을 만족하는 정수 n의 값은?

① 3 　　② 2 　　③ 1
④ 0 　　⑤ -1

20 직선 $ax+y-4=0$이 점 $(2a,\ 3a-a^2)$을 지나고 제4사분면을 지나지 않을 때, 상수 a의 값은?

① 4 　　② 3 　　③ 1
④ -1 　　⑤ -4

서술형 **주관식**

21 이차방정식 $9x^2-18x+2k=0$이 유리수의 해를 갖도록 하는 자연수 k의 값을 구하여라.

풀이과정

답

만점 승승장구

어떤 문제도 자신있게~ 만점 승승장구

1 다음 이차방정식을 풀어라.

(1) $x^2+(3+\sqrt{2})x+3\sqrt{2}=0$

(2) $\sqrt{3}x^2-15x+18\sqrt{3}=0$

> **승승 비법**
>
> $x^2+(a+b)x+ab$
> $=(x+a)(x+b)$
> $acx^2+(ad+bc)x+bd$
> $=(ax+b)(cx+d)$

2 이차방정식 $x^2-5|x|=0$을 풀어라.

> $x\geq0$, $x<0$일 때로 나누어 해를 구한다.

3 a, b가 음의 정수일 때, 이차방정식 $x^2+ax+b=0$과 $x^2-4x+3=0$이 한 개의 공통인 근을 갖는다. 두 이차방정식의 공통인 근과 a, b의 값의 순서쌍의 개수를 차례로 구하여라.

> $x^2-4x+3=0$의 해를 구하여 각각의 해가 공통인 근인 경우로 나누어 생각한다.

4 $n^2+3n<\sqrt{20}<n^2+3n+2$인 정수 n의 값을 구하여라.

$4<\sqrt{20}<5$이고 $n^2+3n=$(정수)이다.

5   다음 연립방정식을 풀어라.

(1) $\begin{cases} x+y=4 & \cdots\cdots \text{㉠} \\ xy=2 & \cdots\cdots \text{㉡} \end{cases}$

(2) $\begin{cases} xy+x+y=5 & \cdots\cdots \text{㉠} \\ xy+3x+2y=9 & \cdots\cdots \text{㉡} \end{cases}$

(1) $y=4-x$를 ㉡에 대입한다.

(2) x와 y 사이의 관계식을 구하면 구한 식을 ㉠ 또는 ㉡에 대입한다.

6   다음은 x, y에 대한 연립방정식이다. 방정식의 해가 무수히 많을 때, 상수 a의 값을 구하여라.

$$(a^2-6a+8)x-3y=-63$$
$$-8x+3y=2a^2-9$$

$ax+by+c=0$과 $a'x+b'y+c'=0$의 해가 무수히 많으려면

$$\frac{a}{a'}=\frac{b}{b'}=\frac{c}{c'}$$

1 이차방정식의 활용

원리 01 이차방정식의 근의 공식 유형 1

1. 이차방정식의 근의 공식

x에 대한 이차방정식 $ax^2+bx+c=0\,(a\neq0)$의 해

$$x=\frac{-b\pm\sqrt{b^2-4ac}}{2a}\ (\text{단},\ b^2-4ac\geq0)$$

$ax^2+bx+c=0\,(a\neq0)$

$\quad\rangle$ 양변을 x^2의 계수로 나눈다.

$x^2+\dfrac{b}{a}x+\dfrac{c}{a}=0$

$\quad\rangle$ 상수항을 우변으로 이항한다.

$x^2+\dfrac{b}{a}x=-\dfrac{c}{a}$

$\quad\rangle$ 양변에 $\left(\dfrac{x\text{의 계수}}{2}\right)^2$을 더한다.

$x^2+\dfrac{b}{a}x+\left(\dfrac{b}{2a}\right)^2=-\dfrac{c}{a}+\left(\dfrac{b}{2a}\right)^2$

$\quad\rangle$ 좌변을 완전제곱식의 꼴로 고친다.

$\left(x+\dfrac{b}{2a}\right)^2=\dfrac{b^2-4ac}{4a^2}$

$\quad\rangle$ 제곱근의 성질을 이용한다.

$x+\dfrac{b}{2a}=\pm\dfrac{\sqrt{b^2-4ac}}{2a}$

$\quad\rangle$ 해를 구한다.

$x=-\dfrac{b}{2a}\pm\dfrac{\sqrt{b^2-4ac}}{2a}$

$\quad=\dfrac{-b\pm\sqrt{b^2-4ac}}{2a}$

예 이차방정식 $4x^2+7x-1=0$에서 $a=4$, $b=7$, $c=-1$이므로

$$x=\frac{-7\pm\sqrt{7^2-4\times4\times(-1)}}{2\times4}=\frac{-7\pm\sqrt{65}}{8}$$

2. 일차항의 계수가 짝수인 이차방정식의 근의 공식

x에 대한 이차방정식 $ax^2+2b'x+c=0\,(a\neq0)$의 해

$$x=\frac{-b'\pm\sqrt{b'^2-ac}}{a}\ (\text{단},\ b'^2-ac\geq0)$$

$x=\dfrac{-b\pm\sqrt{b^2-4ac}}{2a}$ 에 $b=2b'$을 대입하면

$x=\dfrac{-2b'\pm\sqrt{4b'^2-4ac}}{2a}=\dfrac{-2b'\pm2\sqrt{b'^2-ac}}{2a}=\dfrac{-b'\pm\sqrt{b'^2-ac}}{a}$

예 이차방정식 $2x^2-8x+3=0$에서 $a=2$, $b'=-4$, $c=3$이므로

$$x=\frac{-(-4)\pm\sqrt{4^2-2\times3}}{2}=\frac{4\pm\sqrt{10}}{2}$$

Tip 이차방정식의 해를 구할 때 인수분해가 되면 인수분해로 해를 구하고, 인수분해가 안되면 근의 공식을 이용한다.

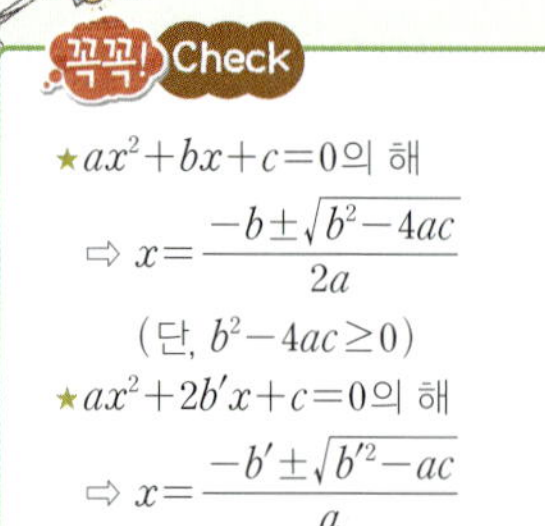

 다음은 근의 공식을 이용하여 이차방정식의 해를 구하는 과정이다. ☐ 안에 알맞은 수를 써넣어라.

(1) $2x^2-9x+8=0$

$a=\boxed{},\ b=-9,\ c=\boxed{}$ 이므로

$$x=\frac{-(-9)\pm\sqrt{(\boxed{})^2-4\times2\times\boxed{}}}{2\times\boxed{}}$$

$$=\frac{9\pm\sqrt{\boxed{}}}{\boxed{}}$$

(2) $x^2-4x-6=0$

$a=1,\ b'=\boxed{},\ c=\boxed{}$ 이므로

$$x=\frac{-(-2)\pm\sqrt{(-2)^2-\boxed{}\times(-6)}}{\boxed{}}$$

$$=2\pm\sqrt{\boxed{}}$$

풀이 (1) $2x^2-9x+8=0$에서 $a=\boxed{2},\ b=-9,\ c=\boxed{8}$ 이므로

$$x=\frac{-(-9)\pm\sqrt{(\boxed{-9})^2-4\times2\times\boxed{8}}}{2\times\boxed{2}}=\frac{9\pm\sqrt{81-64}}{4}=\frac{9\pm\sqrt{\boxed{17}}}{4}$$

(2) $x^2-4x-6=0$에서 $a=1,\ b'=\boxed{-2},\ c=\boxed{-6}$ 이므로

$$x=\frac{-(-2)\pm\sqrt{(-2)^2-\boxed{1}\times(-6)}}{\boxed{1}}=2\pm\sqrt{4+6}=2\pm\sqrt{\boxed{10}}$$

답 풀이 참조

원리 확인

기본문제

이해쏙쏙 술술풀이 P.68

1 근의 공식을 이용하여 다음 이차방정식을 풀어라.

(1) $x^2+3x-2=0$

(2) $2x^2+5x-1=0$

(3) $3x^2-4x-2=0$

(4) $5x^2-7x+1=0$

2 이차방정식 $5x^2-8x+1=0$의 근이 $x=\dfrac{A\pm\sqrt{B}}{5}$ 일 때, 유리수 A, B에 대하여 $B-A$의 값을 구하여라.

원리 02 복잡한 이차방정식의 풀이

유형 2, 3

1. 계수가 분수나 소수인 경우 적당한 수를 곱하여 계수를 정수로 고쳐서 푼다.
   (1) 계수가 분수인 경우 양변에 분모의 최소공배수를 곱한다.
   (2) 계수가 소수인 경우 양변에 10, 100, 1000, …을 곱한다.
2. 괄호가 있는 경우 전개하여 $ax^2+bx+c=0$의 꼴로 고쳐서 푼다.
3. 공통인 식이 있는 경우 공통인 식을 문자로 치환한다.
4. 인수분해 또는 근의 공식을 이용하여 해를 구한다.

예
$$\frac{1}{3}(x+1)^2+2(x+1)-5=0$$
$$(x+1)^2+6(x+1)-15=0$$
$$A^2+6A-15=0$$
$$A=-3\pm\sqrt{3^2-1\times(-15)}=-3\pm\sqrt{24}=-3\pm2\sqrt{6}$$
$$x+1=-3\pm2\sqrt{6}$$
$$\therefore x=-4\pm2\sqrt{6}$$

- 양변에 3을 곱한다.
- $x+1=A$로 치환한다.
- 근의 공식을 이용한다.
- $A=x+1$을 대입한다.

꼭꼭! Check

★ 이차방정식을 $ax^2+bx+c=0$의 꼴로 정리할 때에는 a가 양의 정수가 되도록 하는 것이 인수분해나 근의 공식을 이용하는 데 편리하다.

예시 문제 다음 이차방정식을 풀어라.

(1) $0.1x^2+0.9x=-2$

(2) $\dfrac{1}{2}x^2+\dfrac{1}{3}x-2=0$

(3) $(2x-1)^2=(x+2)(x+4)$

(4) $(x-3)^2-2(x-3)-6=0$

풀이 (1) 양변에 10을 곱하면 $x^2+9x+20=0$, $(x+4)(x+5)=0$ $\therefore x=-4$ 또는 $x=-5$

(2) 양변에 6을 곱하면 $3x^2+2x-12=0$

$a=3,\ b'=1,\ c=-12$에서 $x=\dfrac{-1\pm\sqrt{1^2-3\times(-12)}}{3}=\dfrac{-1\pm\sqrt{1+36}}{3}=\dfrac{-1\pm\sqrt{37}}{3}$

(3) 괄호를 풀면 $4x^2-4x+1=x^2+6x+8$, $3x^2-10x-7=0$

$a=3,\ b'=-5,\ c=-7$에서 $x=\dfrac{-(-5)\pm\sqrt{(-5)^2-3\times(-7)}}{3}=\dfrac{5\pm\sqrt{25+21}}{3}=\dfrac{5\pm\sqrt{46}}{3}$

(4) $x-3=A$로 치환하면 $A^2-2A-6=0$

$a=1,\ b'=-1,\ c=-6$에서 $A=-(-1)\pm\sqrt{(-1)^2-1\times(-6)}=1\pm\sqrt{7}$

$A=x-3$을 대입하면 $x-3=1\pm\sqrt{7}$ $\therefore x=4\pm\sqrt{7}$

답 (1) $x=-4$ 또는 $x=-5$ (2) $x=\dfrac{-1\pm\sqrt{37}}{3}$ (3) $x=\dfrac{5\pm\sqrt{46}}{3}$ (4) $x=4\pm\sqrt{7}$

원리 확인
기본문제

이해쏙쏙 술술풀이 P.68

3 다음 이차방정식을 풀어라.

(1) $2\left(\dfrac{10-x}{2}\right)^2=x^2$

(2) $\dfrac{x^2-3}{5}=\dfrac{-x-2}{4}$

(3) $0.06x^2+0.3x=-0.36$

(4) $0.2x(x+1)=0.3(3-x)-1$

4 다음 이차방정식을 풀어라.

(1) $(2x-1)^2-(2x-1)-6=0$

(2) $(x-3)^2=-2(3-x)$

이차방정식 $ax^2+bx+c=0\,(a\neq0)$의 근의 개수는 근의 공식 $x=\dfrac{-b\pm\sqrt{b^2-4ac}}{2a}$에서 b^2-4ac의 부호에 의

해 결정된다.

b^2-4ac를 근의 판별식이라 하며 D로 나타내기도 한다. 즉, $D=b^2-4ac$

(1) $b^2-4ac>0$이면 서로 다른 두 근 ➡ 근이 2개

$$x=\dfrac{-b+\sqrt{b^2-4ac}}{2a}\ \text{또는}\ x=\dfrac{-b-\sqrt{b^2-4ac}}{2a}\ \right\} \text{근을 가질 조건}\ b^2-4ac\geq0$$

(2) $b^2-4ac=0$이면 한 근(중근) ➡ 근이 1개

$$x=-\dfrac{b}{2a}\ (중근)$$

(3) $b^2-4ac<0$이면 근이 없다. ➡ 근이 0개

> **Tip** 일차항의 계수가 짝수인 이차방정식 $ax^2+2b'x+c=0$은 짝수의 근의 공식
> $$x=\dfrac{-b'\pm\sqrt{b'^2-ac}}{a}\ \text{에서}\ \dfrac{D}{4}=b'^2-ac의 부호를 이용하여 근의 개수를 구한다.$$

꼭꼭! Check

★ $ax^2+bx+c=0$의 근의 개수
$b^2-4ac>0$ ➡ 근이 2개
$b^2-4ac=0$ ➡ 근이 1개(중근)
$b^2-4ac<0$ ➡ 근이 0개

예시 문제　주어진 이차방정식을 $ax^2+bx+c=0$이라고 할 때, 다음 표의 빈칸에 알맞은 것을 써넣어라.

이차방정식	a의 값	b의 값	c의 값	b^2-4ac의 값	근의 개수
$7x^2+8x+2=0$					
$x^2+6x+9=0$					
$5x^2-3x+3=0$					

답

이차방정식	a의 값	b의 값	c의 값	b^2-4ac의 값	근의 개수
$7x^2+8x+2=0$	7	8	2	$8^2-4\times7\times2=64-56=8$	2개
$x^2+6x+9=0$	1	6	9	$6^2-4\times1\times9=36-36=0$	1개
$5x^2-3x+3=0$	5	-3	3	$(-3)^2-4\times5\times3=9-60=-51$	0개

원리 확인

기본문제　　　　　　　　　　　　　　　　　이해쏙쏙 술술풀이 P.69

5　다음 이차방정식의 근의 개수를 구하여라.

(1) $2x^2+3x-4=0$　　　　　　　(2) $x^2+2x-1=0$

(3) $x^2-3x+9=0$　　　　　　　(4) $4x^2-20x+25=0$

6　이차방정식 $x^2-4x-k=0$이 서로 다른 두 근을 가질 때, 상수 k의 값의 범위를 구하여라.

원리 **04** 이차방정식의 근과 계수의 관계  유형 **7**, **8**

1. 이차방정식 $ax^2+bx+c=0\,(a\neq0)$의 두 근을 α, β라 할 때

   (1) 두 근의 합 : $\alpha+\beta=-\dfrac{b}{a}$

   $$\alpha+\beta=\frac{-b+\sqrt{b^2-4ac}}{2a}+\frac{-b-\sqrt{b^2-4ac}}{2a}=\frac{-2b}{2a}=-\frac{b}{a}$$

   (2) 두 근의 곱 : $\alpha\beta=\dfrac{c}{a}$

   $$\alpha\beta=\frac{-b+\sqrt{b^2-4ac}}{2a}\times\frac{-b-\sqrt{b^2-4ac}}{2a}=\frac{b^2-(b^2-4ac)}{4a^2}=\frac{4ac}{4a^2}=\frac{c}{a}$$

2. 근과 계수의 관계의 활용 : 이차방정식 $ax^2+bx+c=0\,(a\neq0)$에서

   (1) 두 근의 차가 k이면 두 근을 α, $\alpha+k$로 놓는다.

   (2) 한 근이 다른 근의 k배이면 α, $k\alpha$로 놓는다. (단, $\alpha\neq0$)

   (3) 두 근의 비가 $m:n$이면 두 근을 $m\alpha$, $n\alpha$로 놓는다. (단, $\alpha\neq0$)

   ⇨ 근과 계수의 관계를 이용하여 미지수의 값을 구한다.

   예 이차방정식 $x^2+x-k=0$의 두 근의 차가 3일 때,

   이차방정식 $x^2+x-k=0$의 두 근을 α, $\alpha+3$이라 하면 근과 계수의 관계에서

   $\alpha+(\alpha+3)=-1$, $\alpha(\alpha+3)=-k$ ∴ $\alpha=-2$, $k=2$

예시 문제 이차방정식의 근과 계수의 관계를 이용하여 다음 이차방정식의 두 근의 합과 곱을 차례로 구하여라.

(1) $x^2-7x+4=0$ (2) $3x^2+6x-1=0$

풀이 (1) $x^2-7x+4=0$에서 $a=1$, $b=-7$, $c=4$이므로

(두 근의 합)$=-\dfrac{b}{a}=-\dfrac{-7}{1}=7$, (두 근의 곱)$=\dfrac{c}{a}=\dfrac{4}{1}=4$

(2) $3x^2+6x-1=0$에서 $a=3$, $b=6$, $c=-1$이므로

(두 근의 합)$=-\dfrac{b}{a}=-\dfrac{6}{3}=-2$, (두 근의 곱)$=\dfrac{c}{a}=-\dfrac{1}{3}$

답 (1) 7, 4 (2) -2, $-\dfrac{1}{3}$

원리확인
기본문제 이해쏙쏙 술술풀이 P.69

7 다음을 구하여라.

(1) 이차방정식 $x^2+ax+b=0$의 두 근의 합이 7, 두 근의 곱이 -10일 때, a, b의 값

(2) 이차방정식 $2x^2+ax-b=0$의 두 근의 합이 -9, 두 근의 곱이 14일 때, a, b의 값

8 x에 대한 이차방정식 $x^2-3x+k=0$의 두 근의 비가 $1:2$일 때, 다음 중 상수 k의 값은?

① 2 ② 1 ③ 0 ④ -1 ⑤ -2

1. 두 근이 α, β이고 x^2의 계수가 a인 이차방정식 구하기

  (1) 연립방정식으로 이차방정식 구하기 : $ax^2+bx+c=0$에 $x=\alpha$, $x=\beta$를 각각 대입하여 구한다.

    예 이차항의 계수가 1이고, 두 근이 2, 3인 이차방정식 $x^2+bx+c=0$에 $x=2$, $x=3$을 대입한다.

$$\begin{cases} 4+2b+c=0 \\ 9+3b+c=0 \end{cases}$$ 을 연립하여 풀면 $b=-5$, $c=6$ $\therefore\ x^2-5x+6=0$

  (2) 인수분해를 이용하여 이차방정식 구하기 : $a(x-\alpha)(x-\beta)=0$을 전개하여 구한다.

    예 이차항의 계수가 1이고, 두 근이 3, 4인 이차방정식은 $(x-3)(x-4)=0$ $\therefore\ x^2-7x+12=0$

  (3) 근과 계수의 관계를 이용하여 이차방정식 구하기 : $x^2-($두 근의 합$)x+($두 근의 곱$)=0$이므로

    $a\{x^2-(\alpha+\beta)x+\alpha\beta\}=0$으로 놓고 구한다.

    예 이차항의 계수가 1이고, 두 근이 1, 5인 이차방정식은 $x^2-(1+5)x+1\times5=0$

      $\therefore\ x^2-6x+5=0$

2. 중근이 α이고 x^2의 계수가 a인 이차방정식 구하기

  $a(x-\alpha)^2=0$을 전개하여 구한다.

    예 중근이 3이고 x^2의 계수가 5인 이차방정식은 $5(x-3)^2=0$ $\therefore\ 5x^2-30x+45=0$

3. 모든 계수가 유리수인 이차방정식 구하기

  한 근이 $p+q\sqrt{m}$이면 다른 한 근은 $p-q\sqrt{m}$이다. (단, p, q는 유리수, $\sqrt{m}$은 무리수)

    예 이차항의 계수가 1이고, 한 근이 $3+\sqrt{2}$이며 모든 계수가 유리수인 이차방정식을 구하여라.

      한 근이 $3+\sqrt{2}$이므로 다른 한 근은 $3-\sqrt{2}$이다.

$$x^2-\underbrace{(3+\sqrt{2}+3-\sqrt{2})}_{\text{두 근의 합}}x+\underbrace{(3+\sqrt{2})(3-\sqrt{2})}_{\text{두 근의 곱}}=0 \quad \therefore\ x^2-6x+7=0$$

예시 문제   다음 수를 근으로 하는 x에 대한 이차방정식을 $x^2+ax+b=0$의 꼴로 나타내어라.

  (1) -1, 2   (2) 3, 5   (3) -4(중근)   (4) $\dfrac{1}{4}$, $\dfrac{1}{3}$

  풀이 (1) $(x+1)(x-2)=0$에서 $x^2-x-2=0$

      (2) $(x-3)(x-5)=0$에서 $x^2-8x+15=0$

      (3) $(x+4)^2=0$에서 $x^2+8x+16=0$

      (4) 두 근의 합은 $\dfrac{7}{12}$, 두 근의 곱은 $\dfrac{1}{12}$이므로 $x^2-\dfrac{7}{12}x+\dfrac{1}{12}=0$

    답 (1) $x^2-x-2=0$ (2) $x^2-8x+15=0$ (3) $x^2+8x+16=0$ (4) $x^2-\dfrac{7}{12}x+\dfrac{1}{12}=0$

원리 확인

기본문제 이해쏙쏙 술술풀이 P.69

9   다음 조건을 만족시키는 x에 대한 이차방정식을 $ax^2+bx+c=0$의 꼴로 나타내어라.

  (1) 두 근이 -2, 5이고 x^2의 계수가 12인 이차방정식

  (2) 두 근의 합이 5, 두 근의 곱이 -2이고 x^2의 계수가 -4인 이차방정식

  (3) 중근이 7이고 x^2의 계수가 3인 이차방정식

  (4) 두 근이 $5+\sqrt{3}$, $5-\sqrt{3}$이고 x^2의 계수가 $\dfrac{1}{2}$인 이차방정식

원리 06 이차방정식의 활용 (1) 유형 10, 11, 12, 13

1. 이차방정식의 활용 문제를 푸는 방법
   (1) 문제의 뜻을 파악하고 구하려는 것을 미지수 x로 놓는다.
   (2) 문제의 뜻에 맞게 이차방정식을 세운다.
   (3) 이차방정식을 푼다.
   (4) 구한 해 중에서 문제의 뜻에 맞는 것을 택한다.
   주의 이차방정식을 세워서 해를 구할 때, 이차방정식의 해가 모두 답이 되는 것은 아니므로 반드시 문제의 조건에 맞는지 확인해야 한다.

2. 수에 관한 활용
   (1) 연속하는 세 정수 : $x-1,\ x,\ x+1$ (x는 정수)
   (2) 연속하는 두 짝수 : $x,\ x+2$ (x는 짝수) 또는 $2x,\ 2x+2$ (x는 자연수)
   (3) 연속하는 두 홀수 : $x,\ x+2$ (x는 홀수) 또는 $2x-1,\ 2x+1$ (x는 자연수)
   (4) 자연수 1부터 n까지의 합 : $\dfrac{n(n+1)}{2}$

예시 문제 자연수 1부터 n까지의 합은 $\dfrac{n(n+1)}{2}$ 이다. 합이 155가 되려면 11부터 얼마까지 더해야 하는지 구하여라.

풀이 $\underbrace{1+2+\cdots+9+10}_{55}+\underbrace{11+\cdots+n}_{155}=\dfrac{n(n+1)}{2}$ 이므로

$\dfrac{n(n+1)}{2}=210,\ n(n+1)=420,\ n^2+n-420=0,\ (n-20)(n+21)=0$

$\therefore n=20$ 또는 $n=-21$

$n>11$이므로 $n=20$

따라서 11부터 20까지 더해야 한다.

답 20

원리 확인 기본문제 이해쏙쏙 술술풀이 P.69

10 어떤 수 x에 5를 더하여 2배 할 것을 잘못하여 x에 5를 더하여 제곱하였다. 그런데도 같은 값이 나왔다고 할 때, 어떤 수 x를 구하여라.

11 연속하는 세 정수를 각각 제곱하여 더했더니 149였다. 이때 이 세 정수의 합을 구하여라.

원리 07 이차방정식의 활용 (2)

1. 위로 던져 올린 물체에 관한 활용
   쏘아 올린 물체의 t초 후의 높이가 $h=at^2+bt+c$로 주어지면 높이가 p일 때의 시간은 t에 대한 이차방정식 $p=at^2+bt+c$의 해이다. (단, $t \geq 0$)

2. 시간, 거리, 속력에 관한 문제
   $$(\text{속력})=\frac{(\text{거리})}{(\text{시간})}, \quad (\text{거리})=(\text{속력})\times(\text{시간}), \quad (\text{시간})=\frac{(\text{거리})}{(\text{속력})}$$

3. 도형에 관한 문제
   (1) (직사각형의 넓이)=(가로의 길이)$\times$(세로의 길이)
   (2) (직사각형의 둘레의 길이)=$2\{(\text{가로의 길이})+(\text{세로의 길이})\}$

예시 문제

정사각형 모양의 꽃밭이 있다. 가로의 길이를 $2\,\mathrm{m}$ 늘리고, 세로의 길이를 $4\,\mathrm{m}$ 줄였더니 넓이가 $72\,\mathrm{m}^2$인 직사각형 모양의 꽃밭이 되었다. 처음 꽃밭의 한 변의 길이를 구하여라.

풀이 처음의 꽃밭의 한 변의 길이를 $x\,\mathrm{m}$라 하면
나중의 꽃밭의 가로의 길이는 $(x+2)\,\mathrm{m}$, 세로의 길이는 $(x-4)\,\mathrm{m}$이다.
$(x+2)(x-4)=72$, $x^2-2x-8=72$, $x^2-2x-80=0$
$(x-10)(x+8)=0$ $\quad \therefore x=10$ 또는 $x=-8$
$x>0$이므로 $x=10$
따라서 처음의 꽃밭의 한 변의 길이는 $10\,\mathrm{m}$이다.

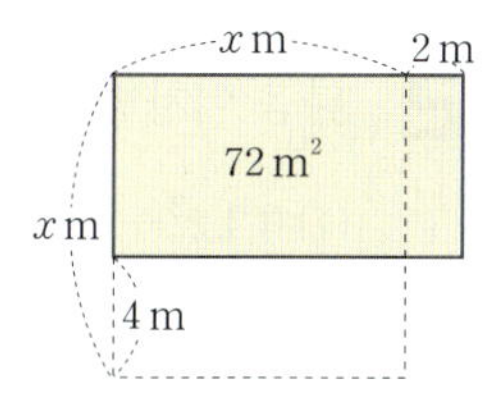

답 $10\,\mathrm{m}$

원리확인 기본문제

이해쏙쏙 술술풀이 P.69

12 지면으로부터 초속 $100\,\mathrm{m}$로 쏘아 올린 공의 t초 후의 높이가 $(100t-5t^2)\,\mathrm{m}$라고 한다. 공을 쏘아 올린 지 몇 초 후에 지면으로부터의 높이가 $420\,\mathrm{m}$가 되는지 모두 구하여라.

13 가로의 길이가 세로의 길이보다 $4\,\mathrm{cm}$ 더 긴 직사각형 모양의 종이가 있다. 오른쪽 그림과 같이 종이의 네 귀퉁이에서 한 변의 길이가 $2\,\mathrm{cm}$인 정사각형을 잘라내고 나머지로 뚜껑이 없는 직육면체 모양의 상자를 만들었더니 부피가 $42\,\mathrm{cm}^3$가 되었다. 처음 직사각형의 세로의 길이를 구하여라.

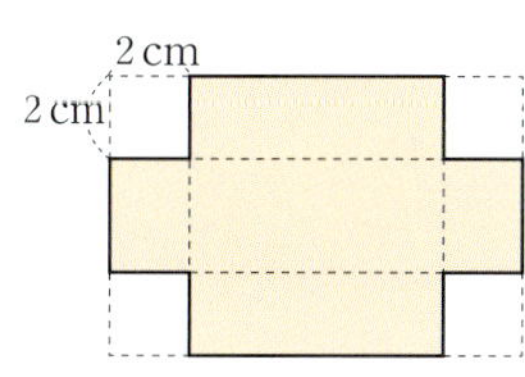

1 다음 이차방정식을 풀어라.

(1) $2x^2-4x-1=0$

(2) $x^2=3x-1$

(3) $x^2-6x=-8$

(4) $6x^2-5x-6=0$

(5) $2x^2+12x+9=0$

(6) $x^2+3x=1-4x+2x^2$

2 다음 이차방정식을 풀어라.

(1) $0.1x^2-0.4x-0.5=0$

(2) $0.2(x^2+2)=-0.8x-0.1$

(3) $\dfrac{1}{6}x^2+x-\dfrac{2}{3}=0$

(4) $\dfrac{3}{10}x-\dfrac{x^2+x}{2}+1=0$

(5) $0.5x^2+\dfrac{4}{3}x+\dfrac{1}{6}=0$

(6) $0.2(x-1)(2x-1)=\dfrac{1}{10}(1-x^2)$

3 다음 이차방정식을 풀어라.

(1) $(2x-1)(3x+4)=x^2-4$

(2) $x(x-3)+6=(2x+3)^2$

(3) $5(x-4)^2-2(x-4)-27=0$

(4) $(x-3)^2+(x-3)-6=0$

(5) $3(2x-1)^2-(2x-1)-10=0$

(6) $\dfrac{1}{3}(x+5)^2-\dfrac{7}{6}(x+5)+\dfrac{1}{2}=0$

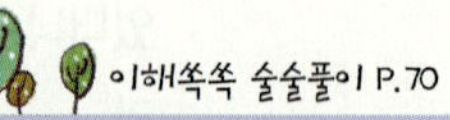
이해쏙쏙 술술풀이 P.70

촘촘 유형
핵심유형으로 확실하게 원리이해

↻ 124쪽 원리 01

유형 1 이차방정식의 근의 공식

01 이차방정식 $(x-5)^2=18-x^2$의 해가 $x=\dfrac{a\pm\sqrt{b}}{2}$ 일 때, 유리수 a, b에 대하여 $3a-b$의 값을 구하여라.

02 근의 공식을 이용하여 다음 이차방정식을 풀어라.
(1) $x^2+2=5x$
(2) $x^2-4x-3=0$
(3) $3x^2+9x-5=0$

03 이차방정식 $x^2-ax+2a-13=0$의 근이 $x=3\pm\sqrt{b}$일 때, 상수 a, b에 대하여 $2a-b$의 값을 구하여라.

↻ 126쪽 원리 02

유형 2 복잡한 이차방정식의 풀이

04 이차방정식 $\dfrac{x^2}{4}-\dfrac{2}{3}x=\dfrac{1}{6}x^2+1$의 근이 $x=A\pm2\sqrt{B}$일 때, $A-B$의 값을 구하여라. (단, A, B는 유리수)

05 이차방정식 $(2x+1)^2-(x-3)(x+1)=5$의 두 근을 α, β라 할 때, $3(\alpha-\beta)$의 값을 구하여라. (단, $\alpha>\beta$)

서술형 주관식

06 이차방정식 $0.2x^2-5=\dfrac{(x+4)(x-5)}{6}$를 풀어라.

┌ 풀이과정 ─────────────

답

↻ 126쪽 원리 02

유형 3 치환을 이용한 이차방정식의 풀이

07 이차방정식 $(2x-1)^2-(2x-1)=6$의 두 근의 합을 구하여라.

08 $(2x-y+1)(2x-y+5)+4=0$일 때, $2y-4x$의 값을 구하여라.

Step C 촘촘 유형

서술형 주관식

09 이차방정식 $\dfrac{1}{4}(x+3)^2=0.7(x+3)+\dfrac{3}{10}$ 의 해를 구하여라.

풀이과정

답

유형 4 이차방정식의 근의 개수

10 다음 이차방정식 중 서로 다른 두 근을 갖는 것을 모두 고르면?

① $x^2-6x-7=0$ ② $3x^2-x-1=0$
③ $x^2+5x+7=0$ ④ $9x^2+12x+4=0$
⑤ $2x^2+20x+50=0$

11 다음 **보기**에서 이차방정식 $x^2-6x+k=0$에 대한 설명으로 옳은 것을 모두 고른 것은?

보기
ㄱ. $k=0$이면 중근을 갖는다.
ㄴ. $k=9$이면 근이 없다.
ㄷ. $k\leq9$이면 적어도 하나의 근을 갖는다.
ㄹ. $k>9$이면 근이 없다.

① ㄱ   ② ㄴ   ③ ㄱ, ㄴ
④ ㄴ, ㄷ   ⑤ ㄷ, ㄹ

유형 5 이차방정식이 중근을 가질 조건

12 이차방정식 $ax^2-4x+a+3=0$이 중근을 갖도록 하는 상수 a의 값을 구하고, 그때의 중근 m을 구하여라. (단, $a\neq1$)

13 두 이차방정식 $x^2-3x+p=0$, $x^2+(3-p)x+q=0$이 모두 중근을 가질 때, 상수 p, q에 대하여 $\dfrac{p}{q}$의 값을 구하여라.

14 이차방정식 $x^2-8x+k+10=0$이 중근을 가질 때, 이차방정식 $(k-3)x^2-6x-4=0$의 두 근의 합을 구하여라.

유형 6 근의 개수에 따른 미지수의 값의 범위 구하기

15 이차방정식 $3x^2-6x+k=0$이 근을 갖지 않을 때, 상수 k의 값의 범위는?

① $k>3$ ② $k<3$ ③ $k\geq3$
④ $k<-3$ ⑤ $-3<k<3$

16 이차방정식 $x^2+ax-14=0$에 대하여 다음 조건을 만족하는 상수 a의 값을 구하여라.

(1) 서로 다른 두 근을 갖는다.

(2) 중근을 갖는다.

(3) 근이 없다.

17 다음 수 중에서 이차방정식 $x^2+3x+m-1=0$이 서로 다른 두 근을 갖도록 하는 정수 m의 값은 모두 몇 개인지 구하여라.

$$-3 \quad -1 \quad 0 \quad 1 \quad 3 \quad 4 \quad 5$$

↻ 128쪽 원리 04

유형 **7**　근과 계수의 관계

18 이차방정식 $3x^2-5ax+6=0$의 두 근의 합이 2, 두 근의 곱이 b일 때, 상수 a, b에 대하여 $5a+b$의 값을 구하여라.

19 이차방정식 $x^2-2x+a-0$의 두 근이 $-\dfrac{1}{3}$, b일 때, 실수 a, b에 대하여 $3a+b$의 값을 구하여라.

---

20 이차방정식 $x^2-4x-11=0$의 두 근을 α, β라 할 때, $\dfrac{\beta}{\alpha}+\dfrac{\alpha}{\beta}$의 값을 구하여라.

풀이과정

답

21 이차방정식 $2x^2+3x-5=0$의 두 근의 합과 곱이 이차방정식 $x^2+ax+b=0$의 두 근일 때, 상수 a, b에 대하여 $a-4b$의 값을 구하여라.

↻ 128쪽 원리 04

유형 **8**　두 근의 차 또는 비가 주어졌을 때, 미지수의 값 구하기

22 이차방정식 $x^2-12x+k=0$의 두 근의 차가 4일 때, 상수 k의 값을 구하여라.

23 이차방정식 $x^2-(3a+4)x+18=0$의 한 근이 나른 한 근의 2배일 때, 상수 a의 값을 구하여라.

↻ 129쪽 원리 05

유형 9 이차방정식 구하기

24 다음 두 수를 근으로 하고, x^2의 계수가 1인 이차방정식을 구하여라.

(1) 1, 3   (2) -3, 4   (3) $\dfrac{1}{2}$, $\dfrac{1}{3}$

25 이차방정식 $3x^2-7x-10=0$의 두 근을 α, β라 할 때, x^2의 계수가 2이고 $\alpha-3$, $\beta-3$을 두 근으로 하는 이차방정식을 구하여라.

26 이차방정식 $x^2+(2a+6)x+(a+b)=0$의 한 근이 $-5+\sqrt{3}$일 때, 유리수 a, b의 값을 각각 구하여라.

↻ 130쪽 원리 06

유형 10 이차방정식의 활용 – 수

27 $(3a+4)^2$을 계산하는데 잘못해서 $2(3a+4)$로 계산했더니 정답보다 440만큼 작은 값이 나왔다. 정답을 구하여라.

---

28 연속하는 세 홀수를 각각 제곱하여 더한 값이 251일 때, 이 세 홀수를 구하여라.

풀이과정

답

↻ 130쪽 원리 06

유형 11 이차방정식의 활용 – 실생활에서의 활용

29 사탕 165개를 x명의 학생들에게 남김없이 똑같이 나누어 주려고 하는데 한 학생이 받을 사탕의 개수가 학생 수보다 4만큼 크다고 할 때, 학생 수를 구하여라.

30 형과 동생의 나이 차는 3살이다. 형과 동생의 나이의 합에 15를 곱한 수는 형과 동생의 나이를 각각 제곱하여 더한 수보다 20이 작다. 이때 형의 나이를 구하여라.

↻ 130쪽 원리 06+131쪽 원리 07

유형 12 이차방정식의 활용 – 쏘아 올린 물체

31 지면으로부터 초속 30m의 속력으로 야구공을 위로 던졌을 때, x초 후의 공의 높이가 $(30x-5x^2)$m라고 한다. 야구공이 지면에 떨어지는 것은 던지고 나서 몇 초 후인지 구하여라.

32 지면으로부터 $70\,m$ 높이의 옥상에서 초속 $45\,m$로 쏘아 올린 공의 x초 후의 높이는 $(70+45x-5x^2)\,m$이다. 이때 공이 지면으로부터 $20\,m$인 지점을 지나는 것은 쏘아 올린 지 몇 초 후인지 구하여라.

↻ 130쪽 원리06+131쪽 원리07

유형13 이차방정식의 활용 – 도형의 길이와 넓이

33 가로, 세로의 길이가 각각 $12\,cm$, $8\,cm$인 직사각형에서 가로는 매초 $1\,cm$의 빠르기로 줄어들고 세로는 매초 $2\,cm$의 빠르기로 늘어날 때, 넓이가 처음과 같아지는 데 걸리는 시간을 구하여라.

34 가로, 세로의 길이가 각각 $40\,m$, $30\,m$인 직사각형 모양의 토지 위에 오른쪽 그림과 같이 폭이 일정한 길을 만들려고 한다. 길을 제외한 부분의 넓이가 $816\,m^2$일 때, 폭의 길이를 구하여라.

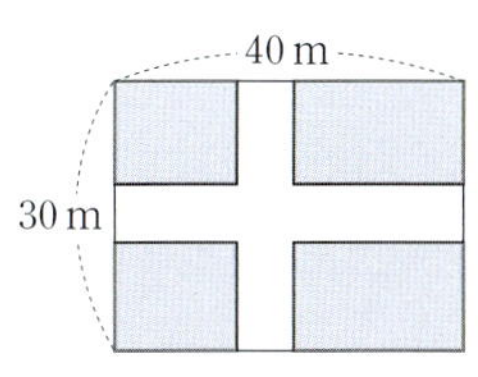

35 오른쪽 그림과 같이 가로의 길이가 $30\,m$, 세로의 길이가 $20\,m$인 직사각형 모양의 토지에 집을 지으려고 한다. 동쪽과 남쪽에는 같은 폭으로 뜰을 만들려고 할 때, 뜰의 넓이는 토지 넓이의 37.5%가 되게 하는 뜰의 폭을 구하여라.

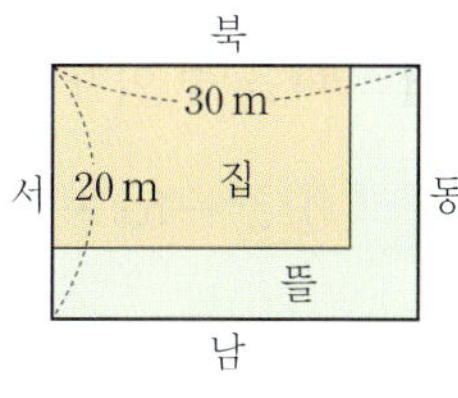

풀이과정

답

36 오른쪽 그림과 같이 반지름의 길이가 $4\,cm$인 원의 반지름을 $x\,cm$만큼 늘려서 동심원을 그릴 때, 큰 원의 넓이는 처음 원의 넓이의 2배가 된다. 이때 큰 원의 반지름의 길이를 구하여라.

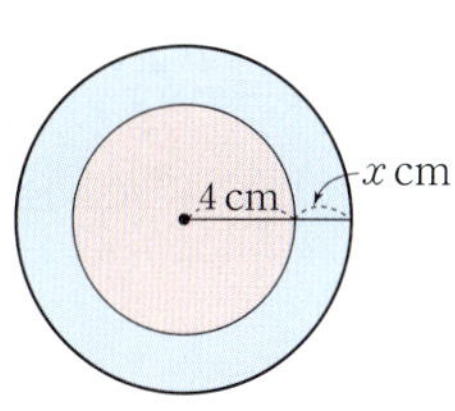

37 반지름의 길이가 연속하는 세 짝수인 3개의 원이 있다. 이 세 원의 넓이의 합이 200π일 때, 가장 작은 원의 넓이를 구하여라.

적중률 높은 응용문제로 내신완벽대비

01 다음 중 이차방정식을 바르게 푼 것은?

① $x^2-5x+3=0 \Rightarrow x=\dfrac{5\pm\sqrt{3}}{2}$

② $3x^2-6x+2=0 \Rightarrow x=\dfrac{3\pm\sqrt{3}}{3}$

③ $x^2-6x-6=0 \Rightarrow x=-3\pm\sqrt{15}$

④ $2x^2+5x-1=0 \Rightarrow x=\dfrac{-5\pm\sqrt{23}}{4}$

⑤ $4x^2-3x-3=0 \Rightarrow x=\dfrac{3\pm\sqrt{57}}{4}$

02 이차방정식 $\dfrac{2}{5}x(x+1)=0.2-0.1x^2$의 해가 $x=\dfrac{a\pm\sqrt{b}}{5}$일 때, $b-a$의 값을 구하여라. (단, a, b는 유리수)

03 다음 이차방정식을 풀어라.

(1) $\dfrac{3x^2-2}{3}-\dfrac{3x^2-2x}{2}=-2$

(2) $(3x+5)(2x-1)-(2x+1)^2=x-5$

04 이차방정식 $2x^2-5x+m=0$의 한 근이 이차방정식 $x^2+x-2=0$의 두 근 사이에 있도록 하는 모든 정수 m의 개수를 구하여라. (단, $m<4$인 정수)

05 두 수 a, b가 $a(a+1)+b(b+1)+2(ab+1)=4$를 만족할 때, $a+b$의 값을 구하여라.

06 다음 이차방정식의 근의 개수를 구하여라. (단, a, b는 상수)

(1) $2x^2-4x-a+1=0$

(2) $ax^2+(a+2b)x+b=0$

07 이차방정식 $2x(kx-4)-x^2+6=0$이 해를 가지지 않을 최소의 정수 k의 값을 구하여라.

08 x에 대한 이차방정식 $x^2-2(3k-4)x+k^2=0$의 두 근을 α, β라 할 때, $(\alpha-1)(\beta-1)=1$이 되도록 하는 상수 k의 값을 구하여라.

09 x에 대한 이차방정식 $x^2+(p^2-7p+10)x+(p-4)=0$의 두 근은 절 댓값이 같고 부호가 서로 반대이다. 이때 상수 p의 값을 구하여라.

서술형 주관식

10 x에 대한 이차방정식 $x^2+px+q=0$의 해가 $x=\dfrac{1}{3}$ 또는 $x=\dfrac{1}{5}$일 때, 이차방정식 $qx^2+px+1=0$의 해를 구하여라. (단, p, q는 상수)

풀이과정

답

11 다음을 만족하는 상수 m의 값을 구하여라.
(1) $x^2+2mx+m^2-2m+3=0$의 두 근의 차가 2 이다.
(2) $x^2-(m-2)x+2m=0$의 두 근의 비가 $2:3$ 이다.

12 이차방정식 $x^2+5x+1=0$의 두 근을 α, β라 할 때, x^2의 계수가 -2이고 $\dfrac{1}{\alpha-1}$, $\dfrac{1}{\beta-1}$을 두 근 으로 하는 이차방정식을 구하여라.

서술형 주관식

13 이차항의 계수가 1인 x에 대한 이차방정식을 푸는 데 민희는 일차항의 계수를 잘못 보고 풀어서 두 근 4와 -1을 얻었고, 주혜는 상수항을 잘못 보고 풀어서 두 근 2와 3을 얻었다. 원래 이차방정식의 근을 구하여라.

풀이과정

답

14 두 자리의 양의 정수가 있다. 십의 자리의 숫자는 일의 자리의 숫자보다 2가 작고, 각 자리의 수의 제곱의 차는 각 자리의 수의 곱에서 20을 뺀 것과 같다. 두 자리의 양의 정수를 구하여라.

15 자두 180개를 몇 명의 학생에게 남김없이 똑같이 나누어 주었더니 한 사람이 받은 자두의 개수는 학생 수보다 3만큼 적었다. 이때 자두를 받은 학생 수는?

① 10명   ② 15명   ③ 20명

④ 25명   ⑤ 30명

16 오른쪽 그림과 같이 직사각형 모양인 종이의 둘레를 1 cm로 일정하게 잘라내어 작은 직사각형을 만들었더니 가로와 세로의 길이의 비가 1 : 2가 되었고, 넓이는 처음 직사각형의 넓이의 $\frac{1}{3}$이 되었다. 처음 직사각형의 가로와 세로의 길이를 각각 구하여라.

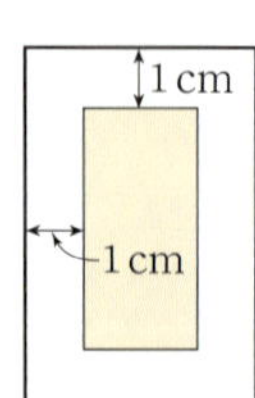

17 지면으로부터 120 m의 높이에서 초속 50 m로 비스듬히 쏘아 올린 물체의 t초 후의 지면으로부터의 높이가 $(-5t^2+50t+120)$ m일 때, 이 물체가 지면에 떨어지는 것은 쏘아 올린 지 몇 초 후인지 구하여라.

18 크기가 같은 정사각형 모양의 타일들을 이어 붙여서 가능한 최대의 정사각형을 만들었더니 타일 15장이 남았다. 또, 이 타일들을 가지고 가로의 길이는 처음 정사각형의 한 변의 길이의 2배, 세로의 길이는 처음 정사각형의 한 변의 길이보다 타일 7장의 길이만큼 짧은 직사각형을 만들려고 하였더니 타일이 17장 부족하였다. 가지고 있는 타일은 모두 몇 장인지 구하여라.

19 오른쪽 그림과 같이 $\angle C=90°$, $\overline{AC}=15$ cm인 직각이등변삼각형 ABC의 내부에 직사각형 PQCR가 있다. 이 직사각형의 넓이가 54 cm^{2}일 때, $\overline{CR}$의 길이는? (단, $\overline{CR}<9$ cm)

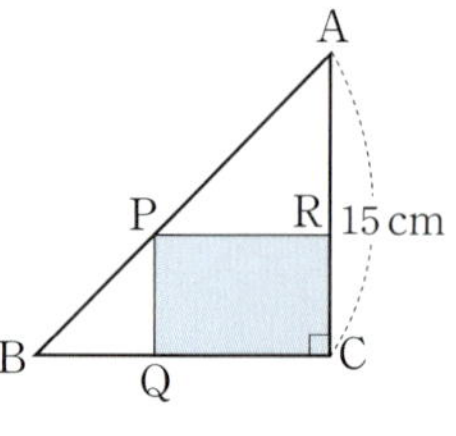

① 4 cm   ② 5 cm   ③ 6 cm

④ 7 cm   ⑤ 8 cm

20 오른쪽 그림과 같이 점 O를 중심으로 하는 세 원이 있다. 점 O, A, B, C는 일직선 위에 있고, $\overline{AB}=\overline{BC}=4\,cm$ 이다. 색칠한 부분의 넓이가 가장 작은 원의 넓이와 같을 때, $\overline{OA}$의 길이를 구하여라.

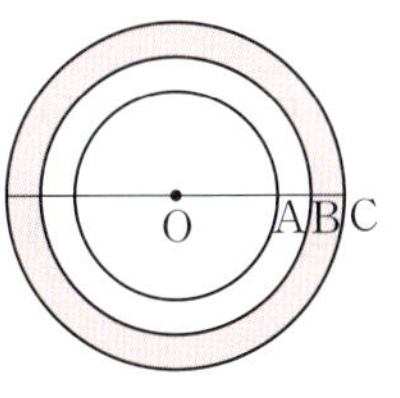

21 오른쪽 그림에서 □ABCD 는 $\overline{AB}=1\,cm$인 직사각형이고, □ABFE와 □OFCH는 정사각형이다. 직사각형 GBCH와 정사각형 ABFE의 넓이가 같을 때, $\overline{AD}$의 길이를 구하여라.

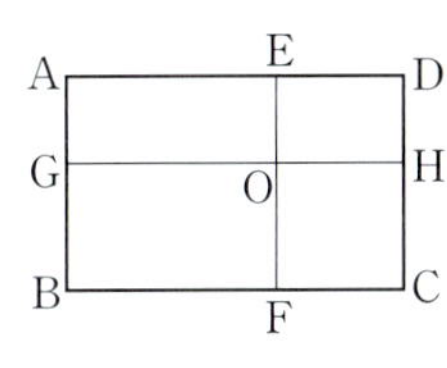

22 직사각형 ABCD에서 변 BC 위에 있는 점 P, 변 CD 위에 있는 점 Q를 잡으면 △ABP, △PCQ, △QDA의 넓이가 같게 된다고 할 때, BP의 길이를 구하여라. (단, $\overline{AB}=2\,cm$, $\overline{BC}=4\,cm$)

23 길이가 13cm인 $\overline{AB}$ 위에 점 C가 있다. $\overline{AC}$, $\overline{CB}$를 각각 한 변으로 하는 두 정사각형의 넓이의 합은 이웃하는 두 변의 길이가 $\overline{AC}$, $\overline{CB}$와 같은 직사각형의 넓이보다 $49\,cm^2$가 크다고 한다. $\overline{AC}$의 길이를 구하여라. (단, $\overline{AC}>\overline{CB}$)

풀이과정

답

24 다음 그림에서 점 P는 일차함수 $y=-\dfrac{1}{2}x+9$의 그래프 위를 움직이는 점이다. 제1사분면 위의 점 P에서 x축, y축에 내린 수선 PA, PB와 x축, y축으로 둘러싸인 직사각형 OAPB의 넓이가 40일 때, 점 P의 좌표를 구하여라.

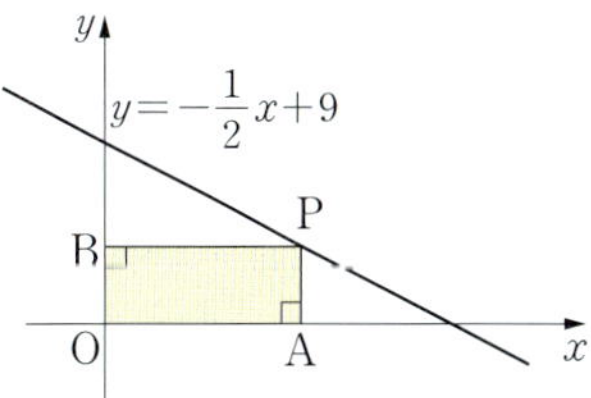

만점 승승장구

어떤 문제도 자신있게~ 만점 승승장구

1 어떤 물건의 원가에 $x\,\%$의 이익을 붙여서 정가를 매겼으나 팔리지 않아서 정가의 $\dfrac{1}{2}x\,\%$를 할인하여 팔았더니 원가의 $12.5\,\%$의 이익이 생겼다고 한다. 이때 x의 값을 구하여라.

> **승승 비법**
> 원가를 a원, 이익을 $x\,\%$라 하면
> (정가)$=$(원가)$+$(이익)
> $$=a+a\times\dfrac{x}{100}$$
> $$=a\left(1+\dfrac{x}{100}\right)$$

2 n이 자연수일 때, $P=n(n+1)(n+2)(n+3)+1$이다. $P=181^2$이 되게 하는 n의 값을 구하여라.

> $n(n+1)(n+2)(n+3)+1$
> $=181^2$을
> $n(n+1)(n+2)(n+3)$
> $=181^2-1$로 놓고 푼다.

3 A지점에서 B지점까지 일직선인 산책로가 있다. 준서는 A에서 출발하여 B까지, 광수는 B에서 출발하여 A까지 각각 일정한 속력으로 뛰었다. 두 사람이 동시에 출발하여 준서가 $1.6\,\text{km}$를 뛰었을 때 광수는 중간 지점까지 $1.2\,\text{km}$가 남았고, 광수가 중간 지점에 도착했을 때 준서는 도착 지점까지 $1.6\,\text{km}$가 남았다. A지점과 B지점 사이의 거리를 구하여라.

> 준서와 광수가 이동한 거리의 비는 항상 일정하다.

4 오른쪽 그림과 같이 세 점 $O(0,\,0)$, $A(6,\,0)$, $B(0,\,6)$이 있다. 직선 $y=2x-k$가 $\overline{\text{AB}}$, $\overline{\text{OA}}$와 만나는 점을 각각 P, Q라 하고 $\triangle\text{APQ}=\dfrac{1}{6}\triangle\text{OAB}$일 때, 상수 k의 값을 구하여라.

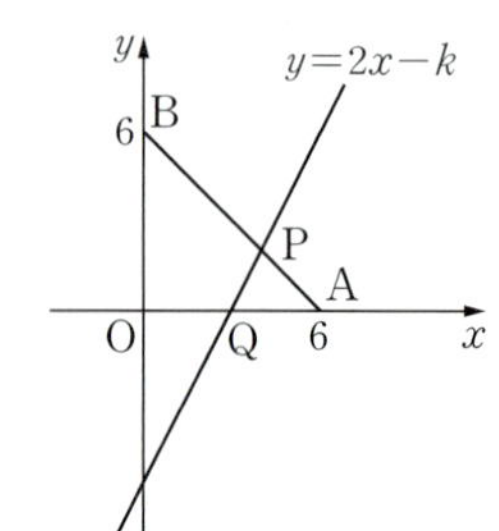

> 직선 AB의 방정식을 구하여 점 P의 좌표를 한 문자에 관한 식으로 나타낸다.

5 40%의 알코올 $10\,\mathrm{L}$가 담긴 용기에서 얼마의 양을 빼내고 같은 양의 물을 넣었다. 또, 앞의 두 배의 양을 빼내고 그것과 같은 양의 물을 넣었더니 28.8%의 알코올이 되었다. 처음에 빼낸 양을 구하여라.

> **승승 비법**
> 농도$(\%)=\dfrac{\text{소금의 양}}{\text{소금물의 양}}\times100$

6 A, B 두 지점 사이의 거리는 $30\,\mathrm{km}$이다. 민재는 시속 $8\,\mathrm{km}$로 B를 향하여 A에서, 현진이는 A를 향하여 B에서 동시에 출발하였다. 도중에 두 사람이 만난 지 1시간 20분 후에 현진이가 A에 도착하였을 때, 현진이의 속력과 두 사람이 만날 때까지 걸린 시간을 각각 구하여라.

> 이동한 거리는 속력에 비례한다.

7 오른쪽 그림의 $\square$ABCD는 $\overline{\mathrm{AD}}=10\,\mathrm{cm}$, 넓이가 $50\,\mathrm{cm}^2$인 평행사변형이다. 점 A를 지나는 직선이 변 BC와 만나는 점을 P라 하고, 대각선 BD와 만나는 점을 Q라 한다. $\square$PCDQ의 넓이는 $15\,\mathrm{cm}^2$이고, $\overline{\mathrm{BP}}=x\,\mathrm{cm}$라 할 때, x의 값을 구하여라.

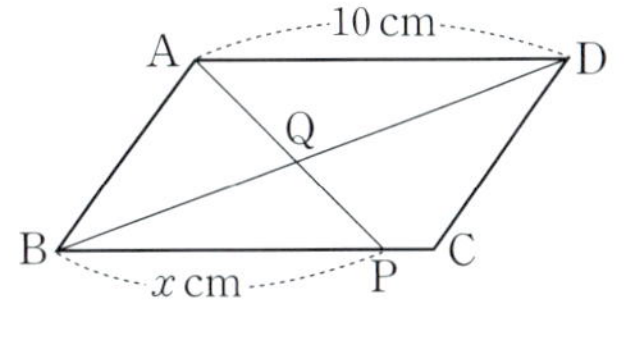

> (평행사변형의 넓이)
> $=$(밑변의 길이)$\times$(높이)

8 오른쪽 그림과 같이 $\angle\mathrm{B}=90^\circ$이고, 세 변의 길이가 6, 8, 10인 $\triangle$ABC가 있다. 이 삼각형의 안쪽에 반지름의 길이가 1인 원이 삼각형의 변에 내접하면서 한 바퀴 움직일 때, 원의 중심 P가 그리는 자취의 길이를 구하여라.

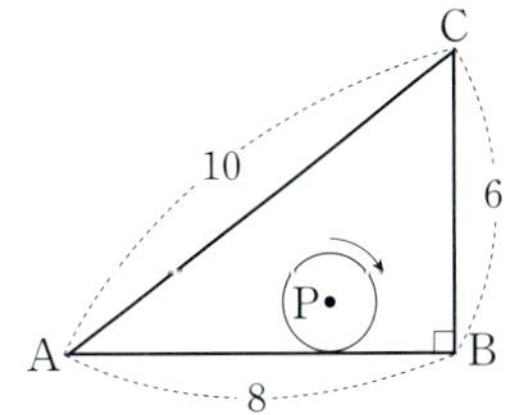

> 원의 중심 P가 그리는 자취를 그려본다.

이차방정식

손가락뼈에는 어떤 규칙이 숨어 있을까?

첫 번째, 두 번째 마디의 뼈의 길이의 합은 세 번째 마디의 뼈의 길이와 비슷하다. 또 두 번째, 세 번째 마디의 뼈의 길이의 합은 네 번째 마디의 뼈의 길이와 비슷하다. 한편 첫 번째, 두 번째 마디의 뼈의 길이의 비는 두 번째와 세 번째 마디의 뼈의 길이의 비, 세 번째와 네 번째 마디의 길이의 비와 비슷하다. 이와 같이 한 선분을 둘로 나눌 때 나뉜 선분 중 짧은 선분과 긴 선분의 길이의 비가 긴 선분과 처음에 주어진 선분의 길이의 비와 같을 때, 우리는 이 비를 황금비라고 한다.

황금비는 주어진 길이를 조화롭고 아름답게 둘로 나누는 비로써 우리가 배운 이차방정식을 이용하여 구할 수 있다.

오른쪽 그림과 같이 선분 AB 위의 점 C에 대하여 $\overline{AC} : \overline{CB} = \overline{CB} : \overline{AB}$가 성립한다고 하자.

$\overline{AC} = 1$, $\overline{CB} = x$라 하면 $\overline{AB} = x+1$이므로 $1 : x = x : (x+1)$

$$x^2 = x+1 \qquad \therefore x^2 - x - 1 = 0$$

근의 공식을 이용하여 위 방정식을 풀면 $x = \dfrac{1 \pm \sqrt{5}}{2}$

이때 $x > 0$이므로 $x = \dfrac{1 + \sqrt{5}}{2}$

따라서 $\sqrt{5} = 2.236$이므로 황금비는 $1 : \dfrac{1+\sqrt{5}}{2} = 1 : 1.618$이다.

이와 같이 이차방정식은 황금비뿐만 아니라 위로 던진 물체가 지면에 떨어질 때까지 걸리는 시간, 인공위성 자동 위치측정 시스템에서의 물체 위치, 태양계의 행성이 태양을 한 바퀴 도는 데 걸리는 시간 등 원하는 값을 구하는 데 매우 유용하게 쓰인다.

IV.
이차함수

1 이차함수와 그 그래프

원리 01   이차함수의 뜻

함수 $y=f(x)$에서 y가 x에 대한 이차식

$$y=ax^2+bx+c\ (a\neq0,\ a,\ b,\ c\text{는 상수})$$

로 나타내어질 때, 이 함수를 x에 대한 **이차함수**라고 한다.

예 $y=x^2,\ y=-x^2+1,\ y=2x^2+x+1 \Rightarrow$ 이차함수

$y=-x+3,\ y=\dfrac{1}{x^2} \Rightarrow$ 이차함수가 아니다.

참고 1. $y=ax^2+bx+c$가 x에 대한 이차함수가 되려면 반드시 $a\neq0$이어야 하나 $b=0$ 또는 $c=0$
이어도 된다.

2. 이차함수 찾기 : $y=(x$에 대한 식$)$으로 정리하여 우변이 x에 대한 이차식인지 확인한다.

꼭꼭! Check

$a\neq0$일 때

• x에 대한 이차식
$\Rightarrow ax^2+bx+c$

• x에 대한 이차방정식
$\Rightarrow ax^2+bx+c=0$

• x에 대한 이차함수
$\Rightarrow y=ax^2+bx+c$

예시 문제   다음 중 이차함수가 아닌 것을 모두 고르면?

① $y=2x^2$ ② $y=-9x^2+x$ ③ $y=x^2-(x^2-x)$

④ $y=\dfrac{1}{x^2}$ ⑤ $y=x(x-4)+3$

풀이 함수 $y=f(x)$에서 y가 x에 대한 이차식으로 나타내어질 때, 이 함수를 이차함수라고 한다.

③ $y=x^2-(x^2-x)=x^2-x^2+x=x$이므로 일차함수이다.

④ $\dfrac{1}{x^2}$의 꼴은 x^2이 분모에 있으므로 이차함수가 아니다.

⑤ $y=x(x-4)+3=x^2-4x+3$

따라서 이차함수가 아닌 것은 ③, ④이다.

답 ③, ④

원리확인

기본문제

이해쏙쏙 술술풀이 P.80

1 다음에서 y를 x에 대한 식으로 나타낼 때, 이차함수인 것을 골라라.

(1) 가로, 세로의 길이가 각각 $x\,\mathrm{cm}$, $(x+2)\,\mathrm{cm}$인 직사각형의 넓이 $y\,\mathrm{cm}^2$

(2) $25\,\mathrm{km}$의 거리를 시속 $x\,\mathrm{km}$로 갈 때 걸린 시간 y시간

(3) 한 변의 길이가 $3x\,\mathrm{cm}$인 정사각형의 둘레의 길이 $y\,\mathrm{cm}$

2 이차함수 $f(x)=-2x^2+9$일 때, 다음 함숫값을 구하여라.

(1) $f(2)$ (2) $f(-3)$ (3) $f\left(\dfrac{5}{2}\right)$

원리 02 이차함수 $y=x^2$, $y=-x^2$의 그래프

1. 이차함수 $y=x^2$, $y=-x^2$의 그래프 그리기

   (1) $y=x^2$의 그래프

x	$\cdots$	-2	-1	0	1	2	$\cdots$
y	$\cdots$	4	1	0	1	4	$\cdots$

   (2) $y=-x^2$의 그래프

x	$\cdots$	-2	-1	0	1	2	$\cdots$
y	$\cdots$	-4	-1	0	-1	-4	$\cdots$

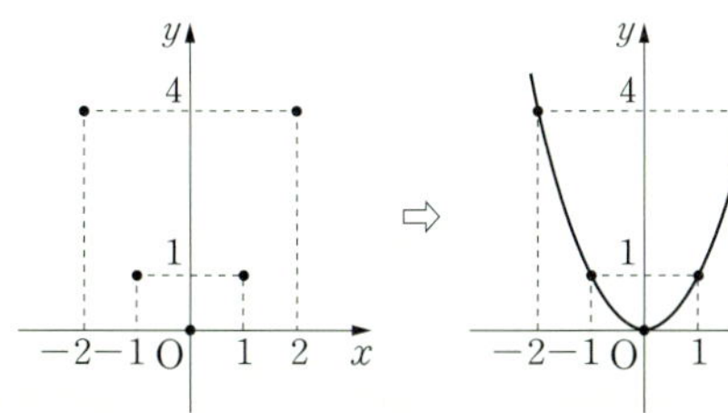

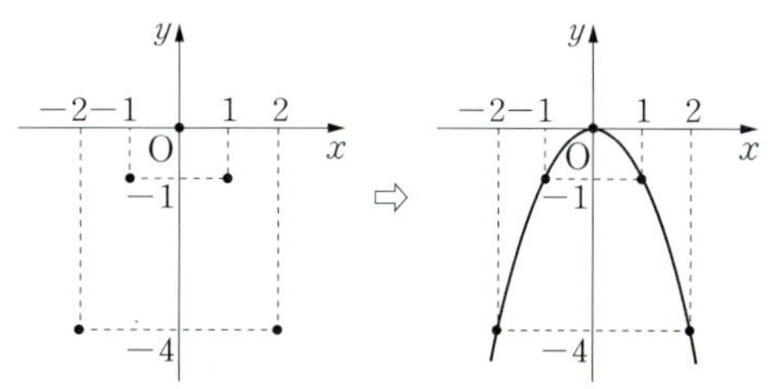

2. 이차함수 $y=x^2$의 그래프

   (1) 원점 $(0, 0)$을 지나고, 아래로 볼록한 곡선이다.

   (2) y축에 대하여 대칭이다. $\Rightarrow$ 축의 방정식 : $x=0$

   (3) $x<0$일 때, x의 값이 증가하면 y의 값은 감소한다.

   　　$x>0$일 때, x의 값이 증가하면 y의 값도 증가한다.

   (4) 원점을 제외한 부분은 모두 x축보다 위쪽에 있다.

3. 이차함수 $y=x^2$의 그래프와 $y=-x^2$의 그래프는 x축에 대하여 서로 대칭이다.

예시 문제 다음은 이차함수 $y=-x^2$의 그래프에 대한 설명이다. 옳지 않은 것은?

① 그래프는 점 $(0, -1)$을 지나며 아래로 볼록한 포물선이다.

② $x>0$일 때, x의 값이 증가하면 y의 값은 감소한다.

③ $x=2$일 때, $y=-4$이다.

④ 모든 x의 값에 대하여 $y\leq0$이다.

⑤ 이차함수 $y=x^2$의 그래프와 x축에 대하여 대칭이다.

풀이 ① 점 $(0, 0)$을 지나며 위로 볼록한 포물선이다.

답 ①

원리확인

기본문제

이해쏙쏙 술술풀이 P.80

3 다음 중 이차함수 $y=x^2$의 그래프 위의 점인 것은?

① $\left(\dfrac{2}{3}, -\dfrac{4}{9}\right)$　　　② $(25, 5)$　　　③ $\left(\dfrac{1}{2}, -\dfrac{1}{4}\right)$

④ $(-7, -49)$　　　⑤ $\left(\dfrac{4}{9}, \dfrac{16}{81}\right)$

원리 03 이차함수 $y=ax^2\,(a\neq0)$의 그래프

유형 **4**, **5**, **6**, **7**

1. 포물선

(1) 이차함수 $y=x^2$, $y=-x^2$의 그래프와 같은 곡선을 **포물선**이라고 한다.

(2) 포물선은 선대칭도형으로 그 대칭축을 포물선의 **축**이라 하고, 포물선과 축의 교점을 포물선의 **꼭짓점**이라 한다.

  ⇨ 축을 접는 선으로 하여 접으면 그래프가 완전히 포개어진다.

(3) 포물선의 축을 이차함수의 그래프의 축이라 한다. 이때 축을 나타내는 직선의 방정식을 축의 방정식이라 한다.

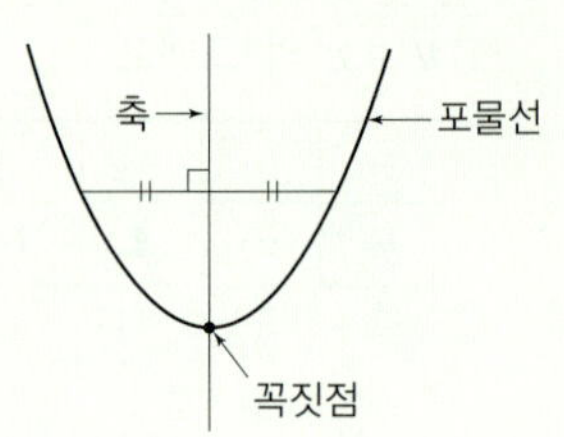

2. 이차함수 $y=ax^2$의 그래프

	$a>0$	$a<0$
그래프의 모양	아래로 볼록한 포물선	위로 볼록한 포물선
그래프의 증가·감소	• $x>0$일 때, x의 값이 증가하면 y의 값도 증가 • $x<0$일 때, x의 값이 증가하면 y의 값은 감소	• $x>0$일 때, x의 값이 증가하면 y의 값은 감소 • $x<0$일 때, x의 값이 증가하면 y의 값도 증가
꼭짓점의 좌표	원점 $(0,\,0)$	
축의 방정식	$x=0\,(y$축$)$	
그래프의 폭	$\lvert a\rvert$가 ⎰ 클수록 폭이 좁아진다. ⎱ 작을수록 폭이 넓어진다.	

그래프의 모양 $a>0$ 칸의 그래프에는 $y=3x^2$, $y=x^2$, $y=\dfrac{1}{3}x^2$ 가, $a<0$ 칸의 그래프에는 $y=-x^2$, $y=-3x^2$, $y=-\dfrac{1}{3}x^2$ 이 그려져 있다.

3. $y=ax^2$, $y=-ax^2$의 그래프의 대칭

(1) 이차함수 $y=ax^2$의 그래프와 $y=-ax^2$의 그래프는 x축에 대하여 서로 대칭이다.

(2) 두 이차함수 $y=ax^2$, $y=-ax^2$의 그래프는 각각 y축에 대하여 대칭인 포물선이다.

Tip 함수 $y=f(x)$의 그래프와 x축에 대하여 대칭인 함수의 그래프의 식은 y의 부호를 바꿔 구한다.

    즉, $-y=f(x)$에서 $y=-f(x)$

4. $y=ax^2$의 그래프 그리기

(1) a의 부호를 보고 그래프의 모양($\lor$, $\land$)을 결정한다.

(2) 꼭짓점 $(0,\,0)$을 찍는다.

(3) 지나는 한 점과 꼭짓점을 지나는 곡선을 y축에 대하여 대칭이 되도록 그린다.

꼭꼭 Check

★ $y=ax^2\,(a\neq0)$에서

(1) $a>0$이면 아래로 볼록한 포물선이고, $a<0$이면 위로 볼록한 포물선이다.

(2) a의 절댓값이 클수록 폭이 좁고 a의 절댓값이 작을수록 폭이 넓다.

다음 이차함수의 그래프를 오른쪽 좌표평면에 그려라.

$$(1)\ y=2x^2 \qquad\qquad (2)\ y=-\frac{1}{3}x^2$$

풀이 (1) 점 $(-2, 8)$, $(-1, 2)$, $(0, 0)$, $(1, 2)$, $(2, 8)$을 지나므로 각각의 점을 찍고 매끄러운 곡선으로 연결한다.

(2) 점 $(-3, -3)$, $(0, 0)$, $(3, -3)$을 지나므로 각각의 점을 찍고 매끄러운 곡선으로 연결한다.

답

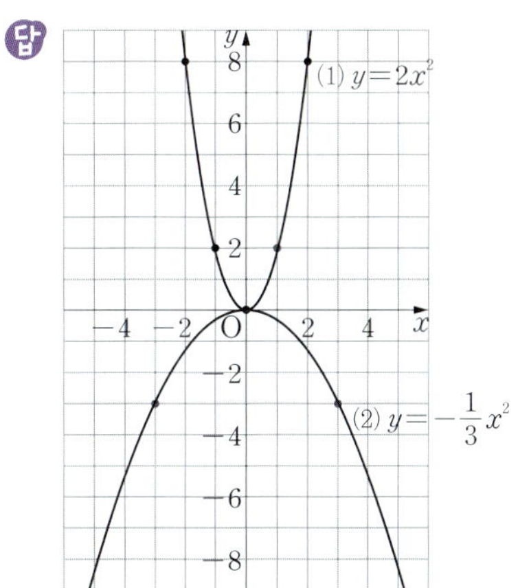

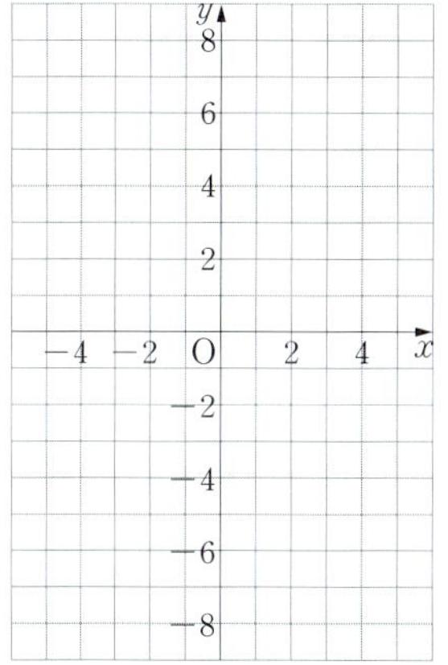

4 다음 보기의 이차함수의 그래프에 대하여 물음에 답하여라.

> **보기**
>
> ㄱ. $y=-x^2$　　　ㄴ. $y=\dfrac{1}{2}x^2$　　　ㄷ. $y=2x^2$
>
> ㄹ. $y=-2x^2$　　　ㅁ. $y=3x^2$　　　ㅂ. $y=-\dfrac{1}{3}x^2$

(1) 위로 볼록한 포물선을 찾아라.

(2) x축에 대하여 서로 대칭인 것을 짝지어라.

(3) 그래프의 폭이 가장 좁은 것과 가장 넓은 것을 각각 찾아라.

5 다음 중 이차함수 $y=ax^2$의 그래프에 대한 설명으로 옳은 것은?

① $a>0$일 때, 위로 볼록한 포물선이다.

② 꼭짓점은 원점이다.

③ 축의 방정식은 $y=0$이다.

④ a의 절댓값이 클수록 그래프의 폭이 넓어진다.

⑤ 이차함수 $y=-ax^2$의 그래프와 y축에 대하여 대칭이다.

원리 04 이차함수 $y=ax^2+q\,(a\neq0)$의 그래프

유형 8 ~ 15

1. 이차함수 $y=ax^2+q$의 그래프는 이차함수 $y=ax^2$의 그래프를 y축의 방향으로 q만큼 평행이동한 것이다.

예 $y=x^2-1$ $\qquad\qquad\qquad\qquad$ $y=-x^2+1$

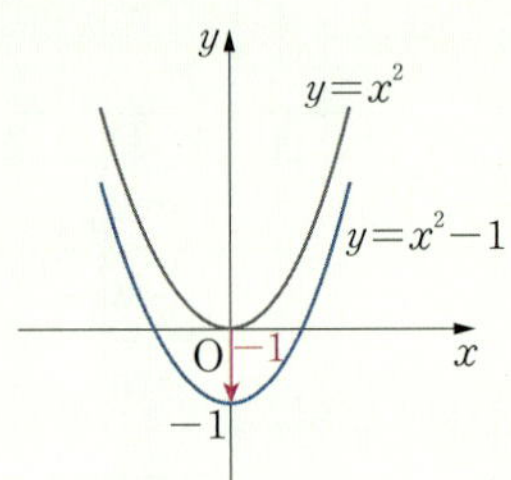
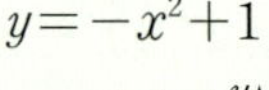
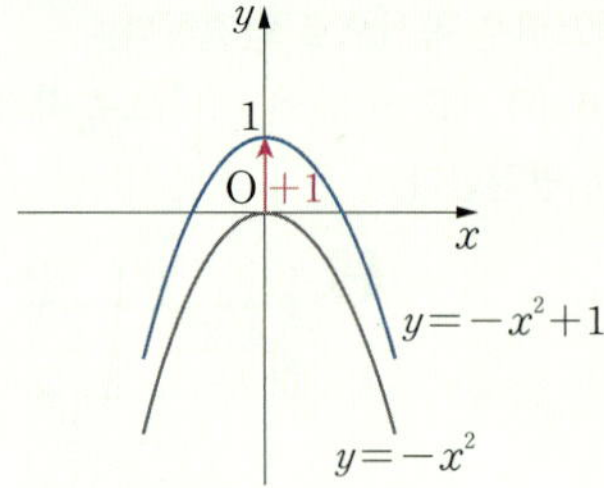

참고 1. 평행이동 : 한 도형을 일정한 방향으로 일정한 거리만큼 이동하는 것

2. 이차함수 $y=ax^2+q$의 그래프는 이차함수 $y=ax^2$의 그래프를
$q>0$이면 y축의 양의 방향(위쪽)으로 평행이동한 것이고, $q<0$이면 y축의 음의 방향(아래쪽)으로 평행이동한 것이다.

2. 이차함수 $y=ax^2+q$의 그래프

	$a>0$	$a<0$
그래프의 모양		
그래프의 증가·감소	•$x>0$일 때, x의 값이 증가하면 y의 값도 증가 •$x<0$일 때, x의 값이 증가하면 y의 값은 감소	•$x>0$일 때, x의 값이 증가하면 y의 값은 감소 •$x<0$일 때, x의 값이 증가하면 y의 값도 증가
꼭짓점의 좌표	$(0,\,q)$	
축의 방정식	$x=0\,(y$축$)$	
그래프의 폭	이차함수 $y=ax^2$의 그래프를 y축의 방향으로 q만큼 평행이동하여도 이차항의 계수 a는 변하지 않으므로 이차함수 $y=ax^2$의 그래프와 모양, 폭이 같다.	

예 이차함수 $y=x^2-3$의 그래프

① $y=x^2$의 그래프를 y축의 방향으로 -3만큼 평행이동한 것

② 꼭짓점의 좌표 : $(0,\,-3)$

③ 축의 방정식 : $x=0\,(y$축$)$

꼼꼼 Check

★$y=ax^2$의 그래프를 y축의 방향으로 q만큼 평행이동하면

	전	후
식	$y=ax^2$	$y=ax^2+q$
축	$x=0$	$x=0$
꼭짓점	$(0,\,0)$	$(0,\,q)$

다음 이차함수의 그래프를 y축의 방향으로 [ ] 안의 수만큼 평행이동한 그래프를 그리고, 축의 방정식과 꼭짓점의 좌표를 각각 구하여라.

(1) $y=2x^2$ [-3]　　　　　(2) $y=-5x^2$ [2]　　　　　(3) $y=\dfrac{3}{2}x^2$ [-2]

풀이 (1) $y=2x^2-3$　　　(2) $y=-5x^2+2$　　　(3) $y=\dfrac{3}{2}x^2-2$

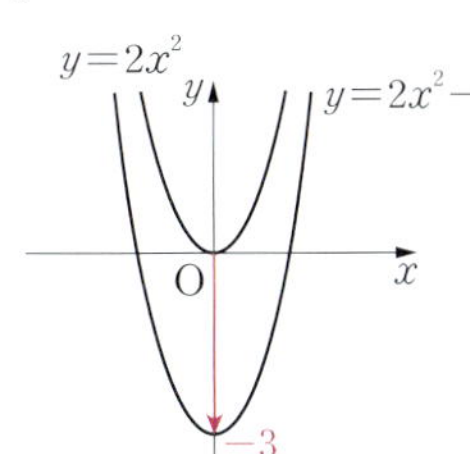
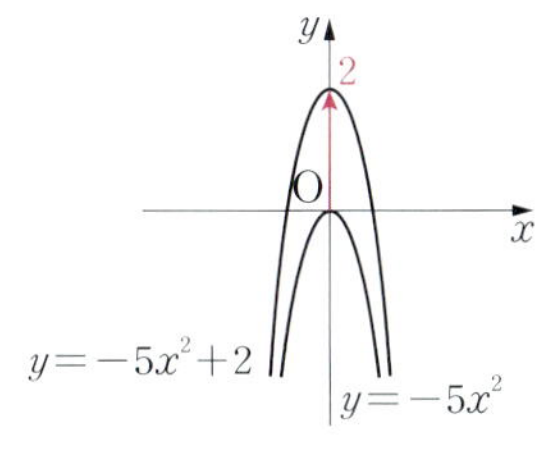
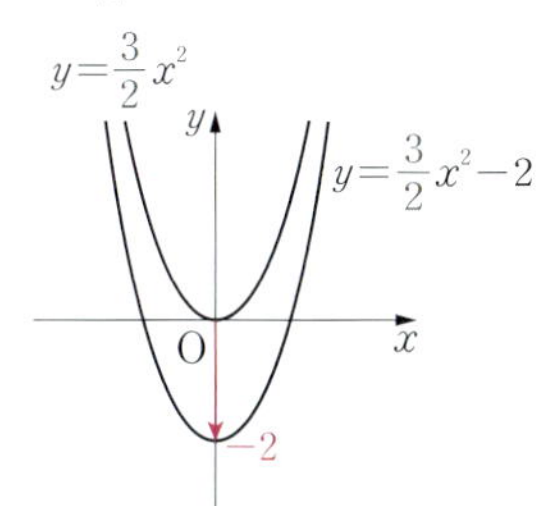

축의 방정식 : $x=0$　　　축의 방정식 : $x=0$　　　축의 방정식 : $x=0$
꼭짓점의 좌표 : $(0,\,-3)$　　꼭짓점의 좌표 : $(0,\,2)$　　꼭짓점의 좌표 : $(0,\,-2)$

답 풀이 참조

이해쏙쏙 술술풀이 P.80

6 다음 이차함수의 그래프는 $y=-3x^2$의 그래프를 y축의 방향으로 얼마만큼 평행이동한 것인지 말하여라.

(1) $y=-3x^2+4$　　　　　　　　　(2) $y=-3x^2-2$

7 이차함수 $y=-2x^2$의 그래프를 y축의 방향으로 4만큼 평행이동하면 점 $(-1,\,a)$를 지날 때, 상수 a의 값을 구하여라.

8 다음 중 이차함수 $y=-3x^2+5$의 그래프에 대한 설명으로 옳지 않은 것은?
① 모든 x의 값에 대하여 $y\le5$이다.
② $y=-3x^2$의 그래프를 y축의 방향으로 5만큼 평행이동한 것이다.
③ 축의 방정식은 $y=0$이다.
④ $y=3x^2-5$의 그래프와 x축에 대하여 대칭이다.
⑤ $x>0$일 때, x의 값이 증가하면 y의 값은 감소한다.

원리 05   이차함수 $y=a(x-p)^2\,(a\neq0)$의 그래프   유형 8 ~ 15

1. 이차함수 $y=a(x-p)^2$의 그래프는 이차함수 $y=ax^2$의 그래프를 x축의 방향으로 p만큼 평행이동한 것이다.

예 $y=2(x-3)^2$

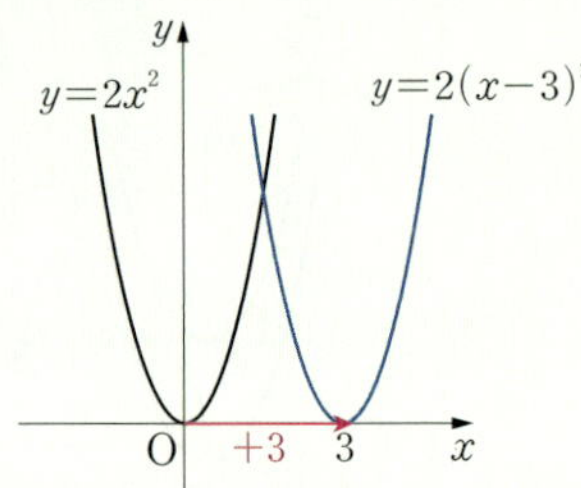
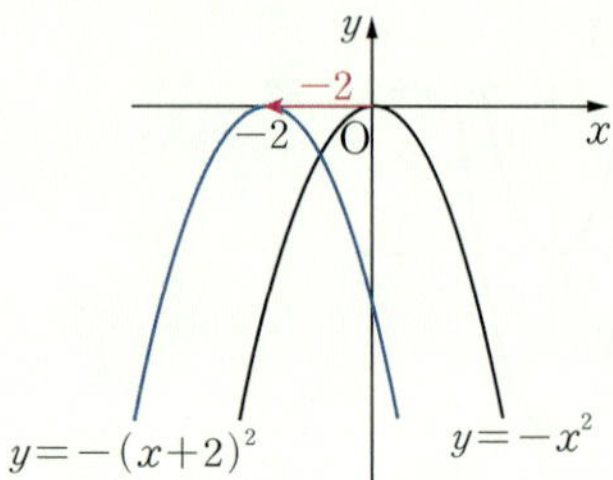

2. 이차함수 $y=a(x-p)^2$의 그래프

	$a>0$	$a<0$
그래프의 모양		
그래프의 증가·감소	• $x>p$일 때, x의 값이 증가하면 y의 값도 증가 • $x<p$일 때, x의 값이 증가하면 y의 값은 감소	• $x>p$일 때, x의 값이 증가하면 y의 값은 감소 • $x<p$일 때, x의 값이 증가하면 y의 값도 증가
꼭짓점의 좌표	$(p,\,0)$	
축의 방정식	$x=p$	
그래프의 폭	이차함수 $y=ax^2$의 그래프와 모양, 폭이 같다.	

예 이차함수 $y=2(x+1)^2$의 그래프
  ① $y=2x^2$의 그래프를 x축의 방향으로 -1만큼 평행이동한 것
  ② 꼭짓점의 좌표 : $(-1,\,0)$
  ③ 축의 방정식 : $x=-1$

참고 1. 포물선의 대칭축이 y축에 평행하므로 이차함수 $y=a(x-p)^2$의 그래프의 축의 방정식은 $x=(수)$의 꼴로 나타난다.
    2. 이차함수의 그래프를 x축의 방향으로 p만큼 평행이동하면 축의 방정식이 $x=p$로 변하므로 그래프의 증가 또는 감소하는 x의 값의 범위는 $x=p$를 기준으로 생각한다.

    $y=a(x-p)^2$의 그래프에서

    (i) $a>0$일 때 $\begin{cases} x>p \Rightarrow x\text{의 값이 증가할 때, }y\text{의 값도 증가} \\ x<p \Rightarrow x\text{의 값이 증가할 때, }y\text{의 값은 감소} \end{cases}$

    (ii) $a<0$일 때 $\begin{cases} x>p \Rightarrow x\text{의 값이 증가할 때, }y\text{의 값은 감소} \\ x<p \Rightarrow x\text{의 값이 증가할 때, }y\text{의 값도 증가} \end{cases}$

꼭꼭! Check

★ $y=ax^2$의 그래프를 x축의 방향으로 p만큼 평행이동하면

	전	후
식	$y=ax^2$	$y=a(x-p)^2$
축	$x=0$	$x=p$
꼭짓점	$(0,\,0)$	$(p,\,0)$

예시 문제 다음 이차함수의 그래프를 그리고, 축의 방정식과 꼭짓점의 좌표를 각각 구하여라.

$(1)\ y=3\left(x+\dfrac{2}{3}\right)^2$ $\qquad\qquad\qquad$ $(2)\ y=-\dfrac{1}{4}(x+3)^2$

풀이 $(1)\ y=3x^2$의 그래프를 x축의 방향으로 $-\dfrac{2}{3}$만큼 평행이동한 것이다.

축의 방정식 : $x=-\dfrac{2}{3}$, 꼭짓점의 좌표 : $\left(-\dfrac{2}{3},\ 0\right)$

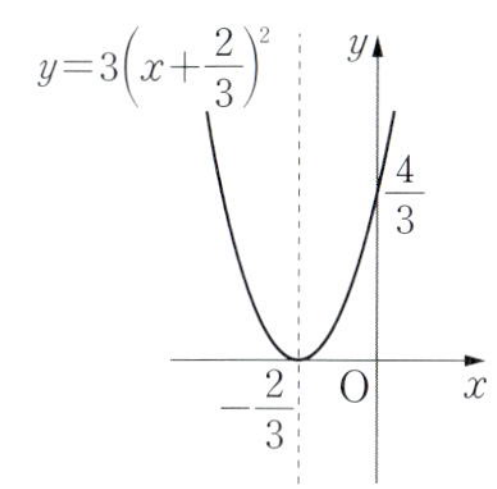

$(2)\ y=-\dfrac{1}{4}x^2$의 그래프를 x축의 방향으로 -3만큼 평행이동한 것이다.

축의 방정식 : $x=-3$, 꼭짓점의 좌표 : $(-3,\ 0)$

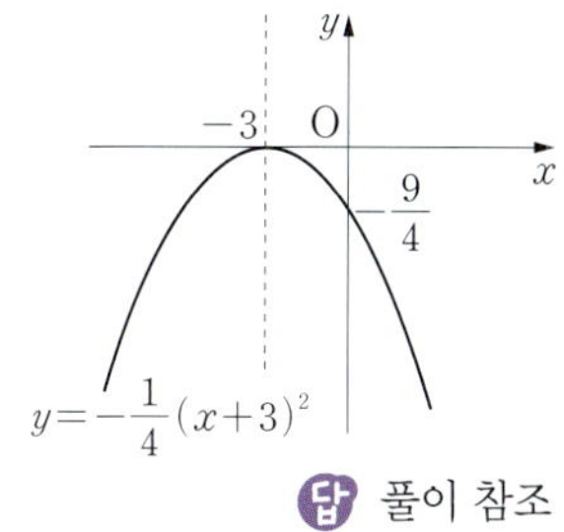

답 풀이 참조

원리확인

기본문제 이해쏙쏙 술술풀이 P.81

9 다음 이차함수의 그래프는 $y=3x^2$의 그래프를 x축의 방향으로 얼마만큼 평행이동한 것인지 말하여라.

$(1)\ y=3(x-4)^2$ $\qquad\qquad\qquad$ $(2)\ y=3(x+2)^2$

10 이차함수 $y=-\dfrac{1}{2}x^2$의 그래프를 x축의 방향으로 -3만큼 평행이동하면 점 $(5,\ k)$를 지난다. 이때 k의 값을 구하여라.

11 다음 중 이차함수 $y=5(x-1)^2$의 그래프에 대한 설명으로 옳은 것은?

① 꼭짓점의 좌표는 $(-1,\ 0)$이다.

② 축의 방정식은 $x=-1$이다.

③ $y=-6x^2$의 그래프보다 폭이 좁다.

④ $y=5x^2$의 그래프를 x축의 방향으로 -1만큼 평행이동한 것이다.

⑤ $x<1$일 때, x의 값이 증가하면 y의 값은 감소한다.

원리 06 이차함수 $y=a(x-p)^2+q\,(a\neq0)$의 그래프   유형 8 ~ 15

1. 이차함수 $y=a(x-p)^2+q$의 그래프는 이차함수 $y=ax^2$의 그래프를 ==x축의 방향으로 p만큼, y축의 방향으로 q만큼 평행이동==한 것이다.

(예) $y=(x-1)^2-2$ (예) $y=-(x-1)^2+2$

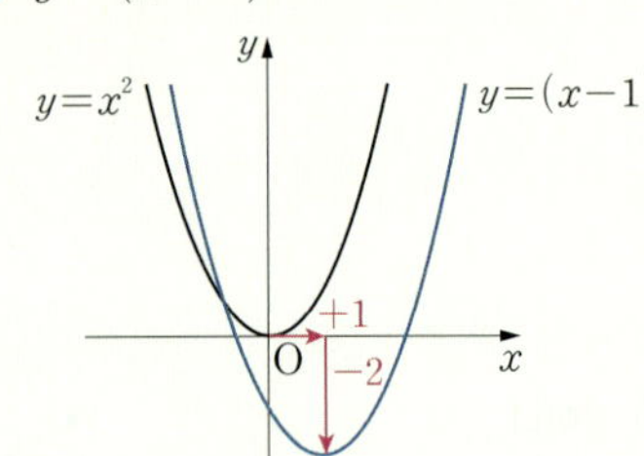
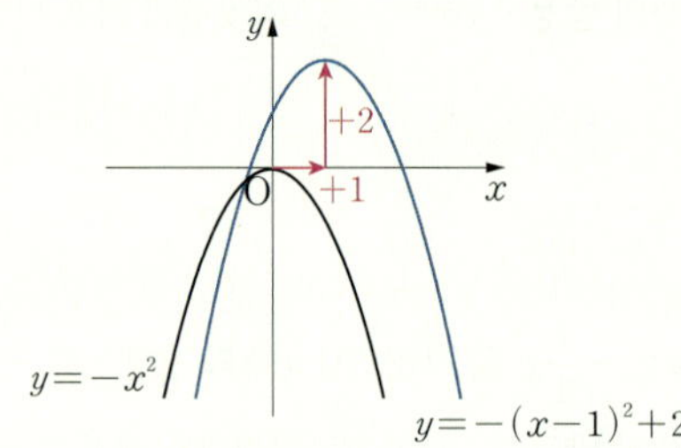

2. 이차함수 $y=a(x-p)^2+q$의 그래프

	$a>0$	$a<0$
그래프의 모양		
그래프의 증가·감소	• $x>p$일 때, x의 값이 증가하면 y의 값도 증가 • $x<p$일 때, x의 값이 증가하면 y의 값은 감소	• $x>p$일 때, x의 값이 증가하면 y의 값은 감소 • $x<p$일 때, x의 값이 증가하면 y의 값도 증가
꼭짓점의 좌표	$(p,\ q)$	
축의 방정식	$x=p$	
그래프의 폭	이차함수 $y=ax^2$의 그래프와 모양, 폭이 같다.	

Tip 1. $y=a(x-p)^2+q$꼴의 이차함수를 이차함수의 표준형이라 한다.

    2. $y=ax^2$의 그래프에서 x축의 방향으로 p만큼 평행이동하면 x 대신 $x-p$를 대입하고 y축의 방향으로 q만큼 평행이동하면 y 대신 $y-p$를 대입한다.

3. 이차함수 $y=a(x-p)^2+q$의 그래프 그리기

  (1) 좌표평면 위에 꼭짓점 $(p,\ q)$를 나타낸다.

  (2) y축과 만나는 점을 구하고 a의 부호를 조사하여 그래프의 모양을 결정한다.

  (3) (1), (2)에서 구한 두 점을 지나는 곡선이 $x=p$에 대칭인 포물선이 되도록 그린다.

꼭꼭 Check

★ $y=ax^2$의 그래프를 x축, y축의 방향으로 각각 p, q만큼 평행이동하면

	전	후
식	$y=ax^2$	$y=a(x-p)^2+q$
축	$x=0$	$x=p$
꼭짓점	$(0,\ 0)$	$(p,\ q)$

다음 이차함수의 그래프를 x축의 방향으로 3만큼, y축의 방향으로 -2만큼 평행이동한 그래프를 그리고, 꼭짓점의 좌표를 구하여라.

(1) $y=x^2$ (2) $y=-\dfrac{1}{3}x^2$

풀이 (1) $y=(x-3)^2-2$ (2) $y=-\dfrac{1}{3}(x-3)^2-2$

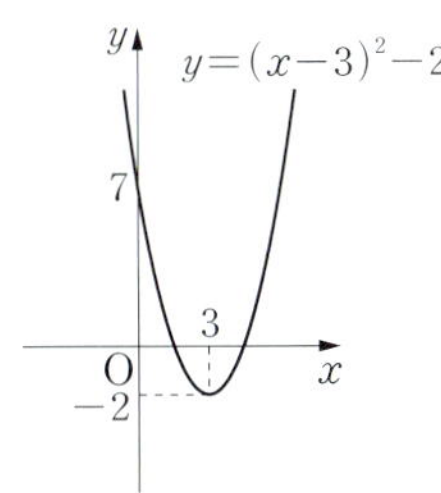

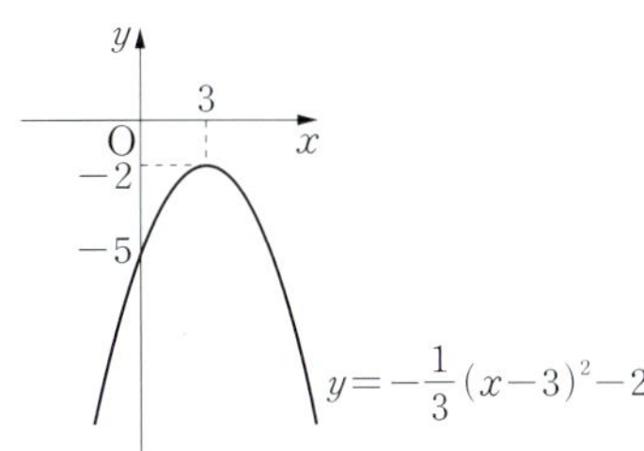

꼭짓점의 좌표 : $(3,\ -2)$ 꼭짓점의 좌표 : $(3,\ -2)$

답 풀이 참조

이해쏙쏙 술술풀이 P.81

원리 확인
기본문제

12 다음 이차함수의 그래프는 $y=\dfrac{3}{4}x^2$의 그래프를 x축, y축의 방향으로 각각 얼마만큼 평행이동한 것인지 차례로 말하여라.

(1) $y=\dfrac{3}{4}(x-1)^2+3$ (2) $y=\dfrac{3}{4}\left(x+\dfrac{1}{3}\right)^2+2$

13 이차함수 $y=\dfrac{2}{3}x^2$의 그래프를 x축의 방향으로 -2만큼, y축의 방향으로 -5만큼 평행이동하면 점 $(k,\ 1)$을 지난다. 이때 양수 k의 값을 구하여라.

14 이차함수 $y=-(x-4)^2+q$의 그래프의 꼭짓점의 좌표가 $(p,\ 11)$이고 축의 방정식이 $x=r$일 때, 상수 $p,\ q,\ r$에 대하여 $2p-q+r$의 값을 구하여라.

원리 07 이차함수 $y=a(x-p)^2+q$ 에서 a, p, q의 부호 — 유형 16

이차함수 $y=a(x-p)^2+q$의 그래프에서

1. a의 부호 : 그래프의 모양에 따라 결정된다.
   (1) 아래로 볼록 : $a>0$
   (2) 위로 볼록 : $a<0$

2. p, q의 부호 : 꼭짓점이 위치하는 사분면에 따라 결정된다.
   (1) 제1사분면 : $p>0$, $q>0$ (2) 제2사분면 : $p<0$, $q>0$
   (3) 제3사분면 : $p<0$, $q<0$ (4) 제4사분면 : $p>0$, $q<0$

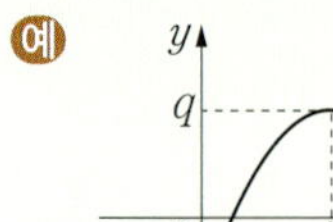

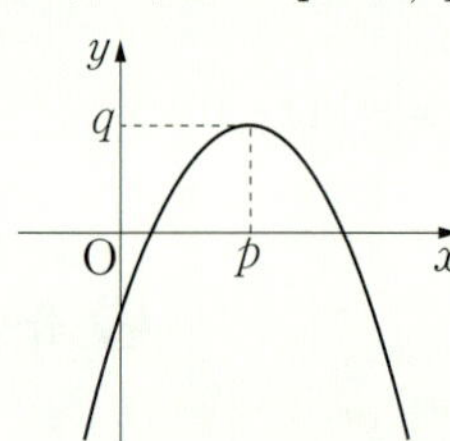

(1) 그래프의 모양이 위로 볼록 $\Rightarrow a<0$
(2) 꼭짓점의 위치가 제1사분면 $\Rightarrow p>0$, $q>0$

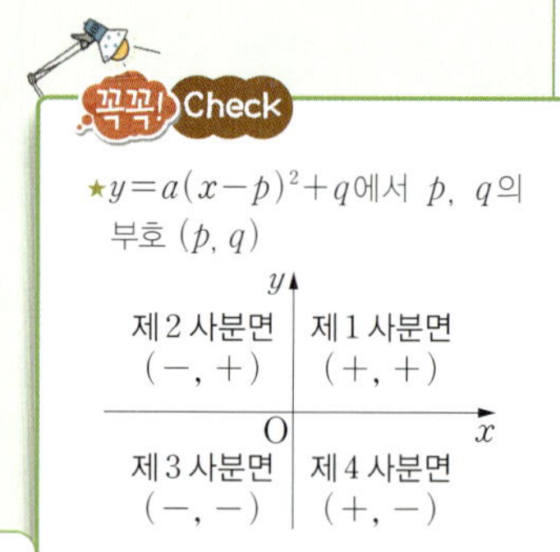

예시 문제 오른쪽 그림에서 각 그래프의 식을 $y=a(x-p)^2+q$의 꼴로 정리할 때, a, p, q의 부호를 구하여라.

(1) 그래프가 ㉠일 때   (2) 그래프가 ㉡일 때

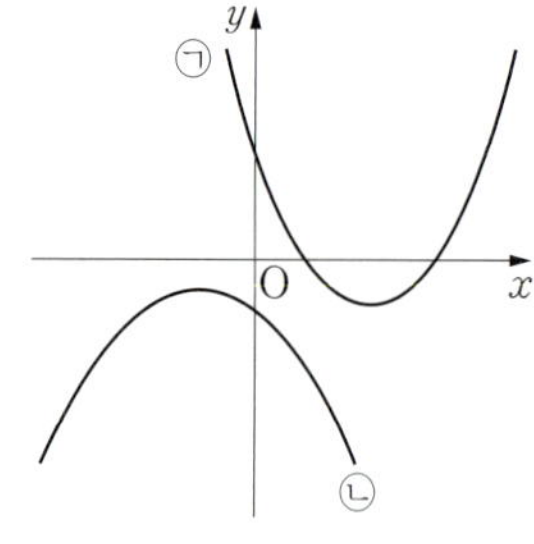

풀이 (1) 그래프가 아래로 볼록하므로 $a>0$, 꼭짓점 (p, q)가 제4사분면 위에 있으므로 $p>0$, $q<0$
(2) 그래프가 위로 볼록하므로 $a<0$, 꼭짓점 (p, q)가 제3사분면 위에 있으므로 $p<0$, $q<0$

답 (1) $a>0$, $p>0$, $q<0$ (2) $a<0$, $p<0$, $q<0$

원리확인
기본문제 이해쏙쏙 술술풀이 P.81

15 이차함수 $y=a(x-p)^2+q$의 그래프가 다음과 같을 때, □ 안에 $>$, $=$, $<$ 중 알맞은 것을 써넣어라.

(1)
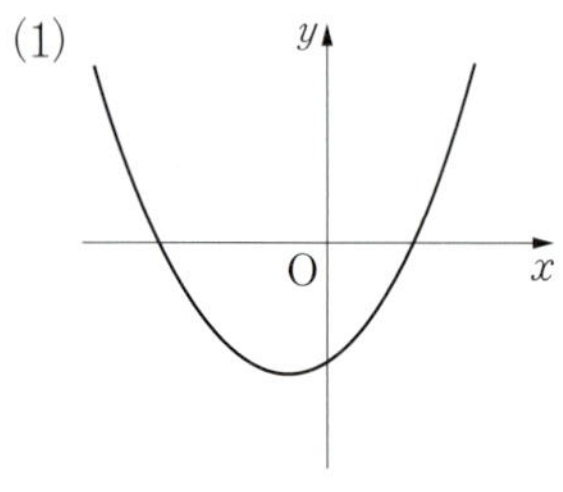

(2)
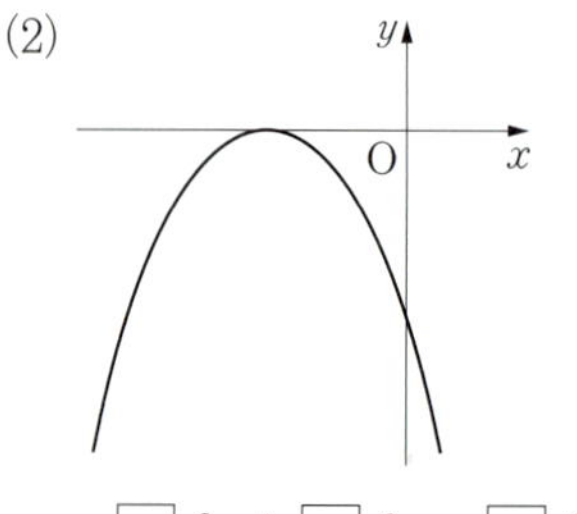

(1) $a\ \square\ 0$, $p\ \square\ 0$, $q\ \square\ 0$

(2) $a\ \square\ 0$, $p\ \square\ 0$, $q\ \square\ 0$

이차함수 $y=ax^2$의 그래프의 평행이동

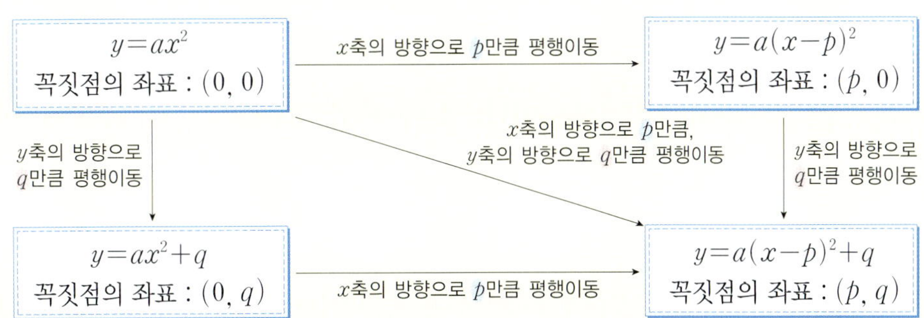

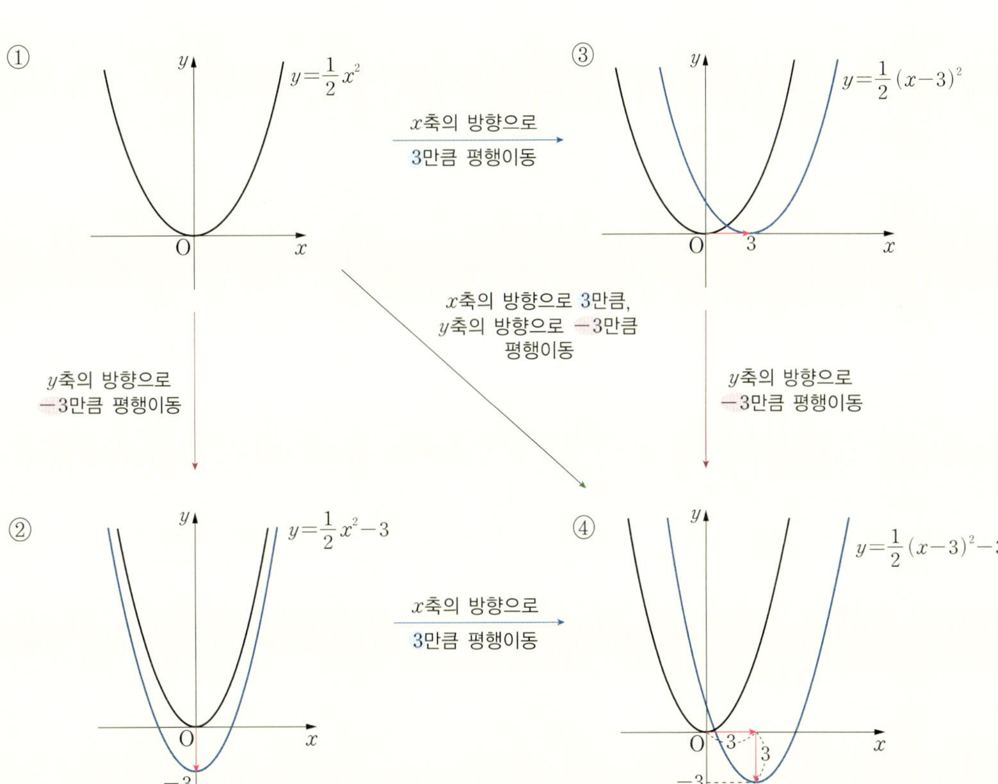

	그래프의 식	축의 방정식	꼭짓점의 좌표
①	$y=\dfrac{1}{2}x^2$	$x=0$	$(0,0)$
②	$y=\dfrac{1}{2}x^2-3$	$x=0$	$(0,-3)$
③	$y=\dfrac{1}{2}(x-3)^2$	$x=3$	$(3,0)$
④	$y=\dfrac{1}{2}(x-3)^2-3$	$x=3$	$(3,-3)$

촘촘 유형 ｜ 핵심유형으로 확실하게 원리이해

↻ 146쪽 원리 01

유형 1 **이차함수의 뜻**

01 다음 중 이차함수인 것은?
① $y=x^2+2-x^2$
② $y=(3x+1)^2-6x^2-3x^2$
③ $y-x^2=-x^2+4x+3$
④ $y=x^2+x-1-2x^2$
⑤ $2x^2+y+1=2(x^2-2x+1)$

02 $y=(a+1)x^2+(x+1)(x-3)$이 x에 대한 이차함수가 되도록 하는 실수 a의 조건을 말하여라.

03 다음 중 y가 x에 대한 이차함수가 아닌 것을 모두 고르면?
① 반지름의 길이가 x인 원의 넓이는 y이다.
② 한 모서리의 길이가 x인 정육면체의 겉넓이는 y이다.
③ 밑변의 길이가 $x\,\mathrm{cm}$이고 높이가 밑변의 길이보다 $5\,\mathrm{cm}$ 긴 삼각형의 넓이는 $y\,\mathrm{cm}^2$이다.
④ 윗변의 길이가 $x\,\mathrm{cm}$이고 아랫변의 길이가 윗변보다 $5\,\mathrm{cm}$ 긴 사다리꼴에서 높이가 $6\,\mathrm{cm}$일 때, 넓이는 $y\,\mathrm{cm}^2$이다.
⑤ 시속 $10\,\mathrm{km}$로 x시간 동안 자전거로 달린 거리는 $y\,\mathrm{km}$이다.

↻ 146쪽 원리 01

유형 2 **이차함수의 함숫값**

04 이차함수 $f(x)=x^2-x+1$에서 $f(-3)+f(2)$의 값을 구하여라.

05 이차함수 $f(x)=-x^2+ax-2$에서 $f(-1)=5$일 때, 상수 a의 값을 구하여라.

서술형 주관식
06 이차함수 $f(x)=ax^2+7x-8$에서 $f(1)=4$, $f(b)=-2$일 때, 정수 a, b의 합 $a+b$의 값을 구하여라.

풀이과정

답

↻ 146쪽 원리 01

유형 3 **이차함수의 그래프가 지나는 점**

07 이차함수 $y=ax^2$의 그래프가 두 점 $(2, 3)$, $(-4, b)$를 지날 때, $4a+b$의 값을 구하여라. (단, a는 상수)

08 이차함수 $y=-2x^2+3$의 그래프가 두 점 $(a, 1)$, $(2, b)$를 지날 때, ab의 값을 구하여라. (단, a는 음수)

11 이차함수 $y=ax^2$의 그래프가 $y=-3x^2$의 그래프보다 폭이 넓고, 이차함수 $y=\dfrac{2}{3}x^2$의 그래프보다 폭이 좁다고 할 때, a의 값의 범위를 구하여라.
(단, $a>0$)

↻ 148쪽 **원리** 03

유형 4 **이차함수 $y=ax^2$의 그래프의 폭**

09 이차함수의 그래프 중 모양이 아래로 볼록하면서 폭이 가장 좁은 것은?

① $y=-4x^2$ ② $y=\dfrac{2}{3}x^2$ ③ $y=2x^2$

④ $y=-\dfrac{1}{2}x^2$ ⑤ $y=x^2$

↻ 148쪽 **원리** 03

유형 5 **이차함수 $y=ax^2$, $y=-ax^2$의 그래프의 관계**

12 다음 **보기**의 이차함수의 그래프 중 x축에 대하여 서로 대칭인 것끼리 짝지어라.

보기

ㄱ. $y=2x^2$ ㄴ. $y=\dfrac{2}{3}x^2$ ㄷ. $y=4x^2$

ㄹ. $y=-\dfrac{1}{4}x^2$ ㅁ. $y=-\dfrac{2}{3}x^2$ ㅂ. $y=-2x^2$

10 두 이차함수 $y=x^2$, $y=-x^2$의 그래프가 다음 그림과 같다. $a<-1$일 때, ㉠~㉤ 중 $y=ax^2$의 그래프로 적당한 것은?

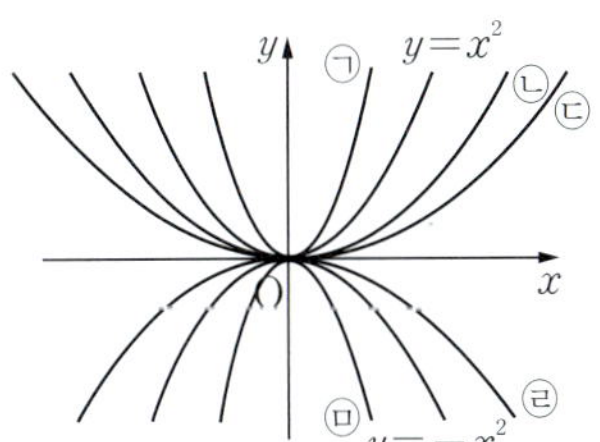

13 이차함수 $y=-3x^2$의 그래프와 x축에 대하여 대칭인 그래프가 점 $(m, 12)$를 지날 때, m의 값을 구하여라.

14 이차함수 $y=5x^2$의 그래프는 점 $(a,\ 2a)$를 지나고 이차함수 $y=bx^2$의 그래프와 x축에 대하여 대칭일 때, $5a+b$의 값을 구하여라. (단, $a\neq0$)

풀이과정

답

↻ 148쪽 원리 03

 이차함수 $y=ax^2$의 그래프의 성질

15 이차함수 $y=-\dfrac{1}{4}x^2$의 그래프에 대한 설명 중 옳지 않은 것은?
① 꼭짓점의 좌표는 $(0,\ 0)$이다.
② 제3, 4사분면을 지난다.
③ 점 $(4,\ -8)$을 지난다.
④ $y=\dfrac{1}{5}x^2$의 그래프보다 폭이 좁다.
⑤ $x<0$일 때, x의 값이 증가하면 y의 값도 증가한다.

16 다음 중 이차함수 $y=ax^2$의 그래프에 대한 설명으로 옳지 않은 것은?
① $a<0$일 때, 위로 볼록한 포물선이다.
② y축에 대하여 대칭인 포물선이다.
③ $a>0$일 때, 제3사분면과 제4사분면을 지난다.
④ $y=-2ax^2$의 그래프보다 폭이 넓다.
⑤ $a>0$일 때, $x>0$에서 x의 값이 증가하면 y의 값도 증가한다.

17 다음 **보기**의 이차함수와 그 그래프에 대한 설명으로 옳은 것은?

보기
ㄱ. $y=-x^2$　　　　ㄴ. $y=\dfrac{2}{5}x^2$
ㄷ. $y=\dfrac{1}{3}x^2$　　　　ㄹ. $y=-\dfrac{2}{5}x^2$

① 아래로 볼록한 포물선은 ㄱ, ㄹ이다.
② ㄱ의 그래프는 ㄹ의 그래프보다 폭이 넓다.
③ ㄴ과 ㄷ의 그래프는 x축에 대하여 서로 대칭이다.
④ 축의 방정식은 모두 $y=0$이다.
⑤ 각 그래프의 꼭짓점은 모두 같다.

↻ 148쪽 원리 03

 이차함수 $y=ax^2$의 식 구하기

18 원점을 꼭짓점으로 하고 y축을 축으로 하여 점 $(4,\ -4)$를 지나는 포물선을 그래프로 하는 이차함수의 식을 구하여라.

19 이차함수 $y=f(x)$의 그래프가 오른쪽 그림과 같을 때, $f(-2)$의 값을 구하여라.

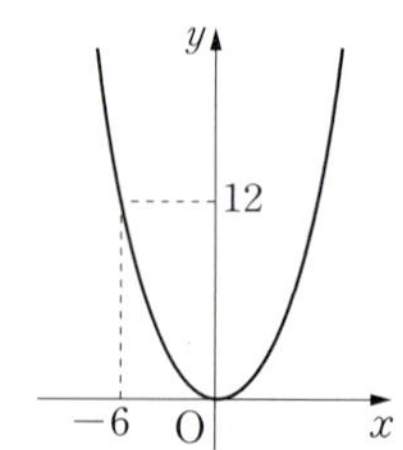

20 오른쪽 그림과 같이 이차함수 $y=x^2$의 그래프 위의 점 A에서 x축에 수선을 그어 x축과 만나는 점을 B라 하고, $\overline{AB}$의 중점을 C라 하자. 이차함수 $y=ax^2$의 그래프가 점 C를 지날 때, 상수 a의 값을 구하여라.

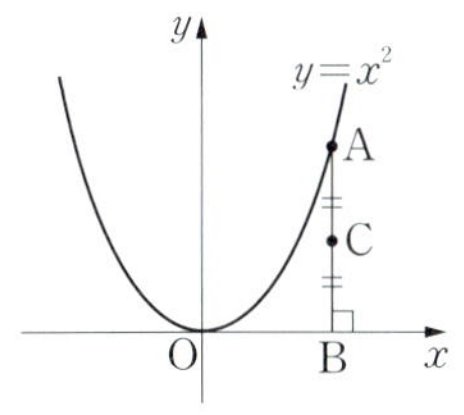

↻150쪽 원리04~154쪽 원리06

유형 **8** **이차함수 $y=ax^2$의 그래프의 평행이동**

21 다음 이차함수의 그래프는 오른쪽 [ ] 안의 이차함수의 그래프를 어떻게 평행이동한 것인지 말하여라.

(1) $y=3x^2-5$ $[y=3x^2]$

(2) $y=(x-2)^2+1$ $[y=x^2]$

(3) $y=-(x-1)^2-5$ $[y=-x^2]$

(4) $y=-\dfrac{1}{2}(x+4)^2+7$ $\left[y=-\dfrac{1}{2}x^2\right]$

22 이차함수 $y=-3x^2$의 그래프를 x축의 방향으로 2만큼 평행이동하면 점 $(5, k)$를 지난다. 이때 k의 값을 구하여라.

23 이차함수 $y=-\dfrac{1}{2}x^2$의 그래프를 x축의 방향으로 3만큼, y축의 방향으로 -2만큼 평행이동하면 점 $(a, -10)$을 지날 때, 음수 a의 값을 구하여라.

풀이과정

답

24 두 이차함수 $y=-3x^2+8$, $y=3(x-1)^2-7$의 그래프에 대한 설명으로 다음 중 옳은 것은?

① 축의 방정식이 같다.

② 꼭짓점의 좌표가 같다.

③ 점 $(2, -4)$를 지난다.

④ $y=-3x^2+8$의 그래프의 폭이 더 넓다.

⑤ $y=3x^2$의 그래프를 평행이동한 것이다.

↻150쪽 원리04~154쪽 원리06

유형 **9** **이차함수 $y=a(x-p)^2+q$의 그래프의 평행이동**

25 이차함수 $y=3(x-2)^2$의 그래프를 x축의 방향으로 -5만큼, y축의 방향으로 4만큼 평행이동한 그래프의 꼭짓점의 좌표를 (p, q), 축의 방정식을 $x=m$이라 할 때, $p+q+m$의 값을 구하여라.

26 이차함수 $y=-(x+3)^2+4$의 그래프를 x축의 방향으로 p만큼, y축의 방향으로 q만큼 평행이동하였더니 $y=-(x-1)^2+7$의 그래프와 일치하였다. 이때 $p-q$의 값을 구하여라.

27 이차함수 $y=\dfrac{1}{4}(x+5)^2-2$의 그래프를 x축의 방향으로 m만큼, y축의 방향으로 -6만큼 평행이동하였더니 점 $(-3,\ 1)$을 지날 때, 음수 m의 값을 구하여라.

서술형 주관식

28 이차함수 $y=2(x+4)^2-7$의 그래프를 x축의 방향으로 -3만큼, y축의 방향으로 m만큼 평행이동하면 점 $(-5,\ 13-m)$을 지난다. 이때 m의 값을 구하여라.

풀이과정

답

유형 **10** **이차함수의 그래프의 꼭짓점의 좌표와 축의 방정식**

29 다음 이차함수의 그래프 중 x축의 방향으로 1만큼, y축의 방향으로 -2만큼 평행이동하였을 때, 꼭짓점이 제3사분면에 있는 함수의 그래프는?

① $y=-x^2+4$　　② $y=-2(x+2)^2$

③ $y=\dfrac{1}{2}x^2+3$　　④ $y=\dfrac{3}{2}(x-1)^2$

⑤ $y=-(x+3)^2+4$

30 이차함수 $y=\dfrac{1}{4}(x+a)^2-3$의 그래프의 축의 방정식은 $x=-2$이고, 점 $(b,\ 6)$을 지날 때, 상수 $a,\ b$에 대하여 $a-b$의 값을 구하여라. (단, $b<0$)

31 이차함수 $y=2x^2+k$의 그래프가 x축의 방향으로 3만큼, y축의 방향으로 4만큼 평행이동한 그래프가 $(1,\ 7)$을 지날 때, 평행이동한 그래프의 꼭짓점의 좌표를 구하여라.

---

32 이차함수 $y=-3(x+k)^2+k^2+1$의 그래프의 꼭짓점이 직선 $y=-x+13$ 위에 있을 때, 상수 k의 값을 구하여라. (단, $k>0$)

↻ 150쪽 원리 04 ~ 154쪽 원리 06

유형 11 이차함수의 그래프의 꼭짓점의 활용

33 이차함수 $y=-\dfrac{2}{3}x^2$의 그래프와 모양이 같고 꼭짓점의 좌표가 $(-2,\ 4)$인 포물선을 그래프로 하는 이차함수의 식을 $y=a(x-p)^2+q$라 할 때, 상수 a, p, q에 대하여 apq의 값을 구하여라.

34 오른쪽 그림은 이차함수 $y=a(x+p)^2+q$의 그래프이다. 이때 상수 a, p, q에 대하여 $a-p+q$의 값은?

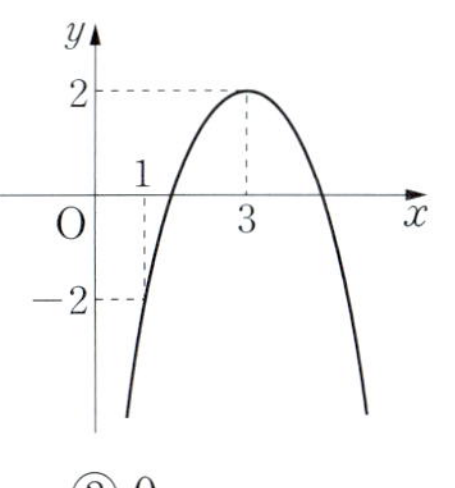

① -4 ② -2 ③ 0
④ 2 ⑤ 4

35 이차함수 $y=4x^2$의 그래프를 평행이동하였더니 오른쪽 그림과 같은 그래프가 그려졌다. 평행이동한 그래프가 점 $(m,\ 6)$을 지날 때, 양수 m의 값을 구하여라.

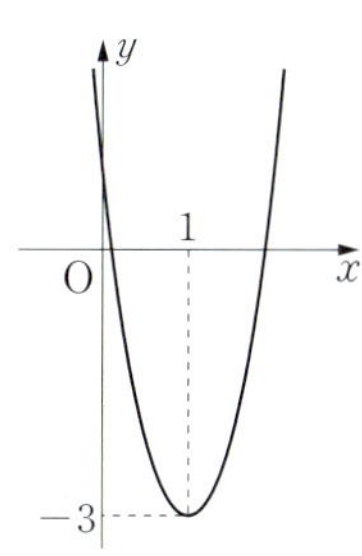

↻ 150쪽 원리 04 ~ 154쪽 원리 06

유형 12 이차함수 $y=a(x-p)^2+q$의 그래프에서 증가, 감소하는 범위

36 이차함수 $y=-\dfrac{1}{3}(x-1)^2$의 그래프에서 x의 값이 증가함에 따라 y의 값이 감소하는 x의 값의 범위는?

① $x<1$ ② $x>1$ ③ $x<-1$
④ $x>-1$ ⑤ $x>0$

37 이차함수 $y=\dfrac{1}{6}x^2$의 그래프를 x축의 방향으로 a만큼, y축의 방향으로 b만큼 평행이동한 그래프에서 x의 값이 증가함에 따라 y의 값도 증가하는 x의 값의 범위가 $x>-1$일 때, a의 값을 구하여라.

↻ 150쪽 원리 04 ~ 154쪽 원리 06

유형 13 이차함수 $y=a(x-p)^2+q$의 그래프의 대칭이동

38 이차함수 $y=-2(x-1)^2$의 그래프와 다음에 대하여 대칭인 그래프를 나타내는 식을 **보기**에서 찾아 그 기호를 써라.

> 보기
> ㄱ. $y=2(x-1)^2$ ㄴ. $y=2(x+1)^2$
> ㄷ. $y=-2(x+1)^2$ ㄹ. $y=-2(x-1)^2$

(1) x축 (2) y축 (3) 원점

39 이차함수 $y=\dfrac{1}{2}x^2$의 그래프를 x축의 방향으로 3만큼, y축의 방향으로 -5만큼 평행이동한 후 x축에 대하여 대칭이동한 그래프의 식을 구하여라.

40 이차함수 $y=3x^2+a$의 그래프를 x축에 대하여 대칭이동한 그래프가 점 $(-1, 4)$, $(2, b)$를 지날 때, 상수 a, b의 값을 각각 구하여라.

> 풀이과정
>
> 답

41 다음 함수의 그래프가 지나는 사분면을 모두 구하여라.

(1) $y=2(x-1)^2$

(2) $y=2x^2-1$

(3) $y=2(x+1)^2+2$

↻ 150쪽 원리 04 ~ 154쪽 원리 06

유형 14 이차함수 $y=a(x-p)^2+q$의 그래프 그리기

42 다음 중 이차함수 $y=-(x-2)^2+1$의 그래프는?

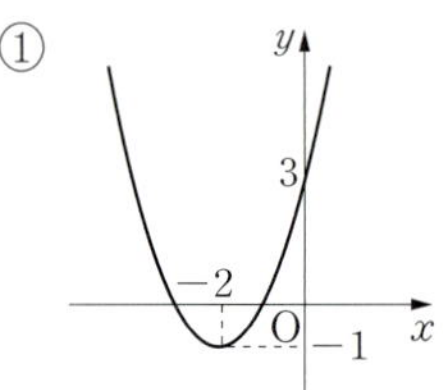
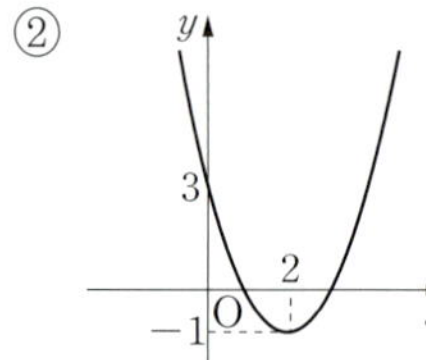
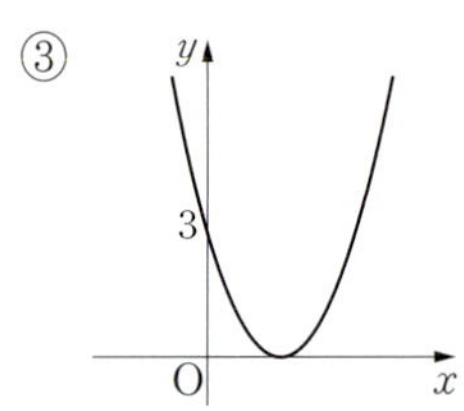
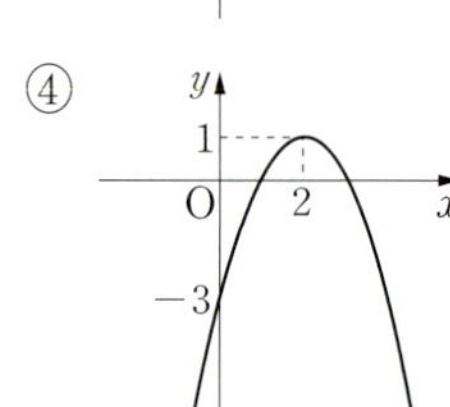
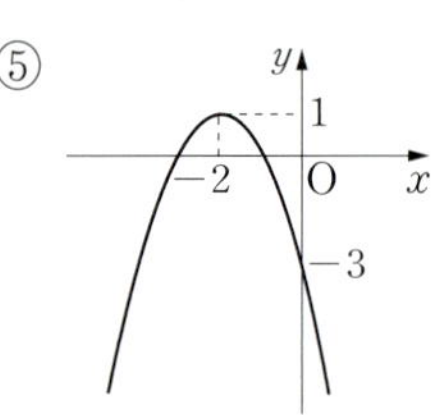

43 다음 중 이차함수 $y=\dfrac{1}{3}(x+3)^2-1$의 그래프가 지나지 않는 사분면은?

① 제1사분면 ② 제1, 2사분면

③ 제2, 4사분면 ④ 제2, 3사분면

⑤ 제4사분면

150쪽 원리04~154쪽 원리06

유형 15 이차함수 $y=a(x-p)^2+q$의 그래프의 성질

44 다음 중 이차함수 $y=5-\dfrac{1}{2}x^2$의 그래프에 대한 설명으로 옳은 것은?

① 축의 방정식은 $x=-\dfrac{1}{2}$이다.

② 꼭짓점의 좌표는 $\left(5, -\dfrac{1}{2}\right)$이다.

③ 제1, 2, 3, 4사분면을 지난다.

④ 모든 x의 값에 대하여 $y\geq5$이다.

⑤ 아래로 볼록한 포물선이다.

45 이차함수 $y=2x^2-1$의 그래프를 x축의 방향으로 5만큼, y축의 방향으로 -3만큼 평행이동한 그래프에 대한 설명으로 옳은 것을 모두 골라라.

보기
ㄱ. 평행이동하면 이차함수 $y=-2x^2$의 그래프와 겹쳐진다.
ㄴ. 꼭짓점의 좌표는 $(5, -4)$이다.
ㄷ. 점 $(6, -2)$를 지난다.
ㄹ. 모든 x의 값에 대하여 y의 값은 양수이다.

46 다음 중 옳지 않은 것을 고르면?

① $y=x^2+3$의 그래프는 점 $(-5, 28)$을 지난다.

② $y=-\dfrac{1}{4}(x+1)^2$의 그래프는 제3, 4사분면을 지난다.

③ $y=2(x+3)^2$의 그래프의 축의 방정식은 $x=-3$이다.

④ $y=-3(x-2)^2-1$를 y축에 대하여 대칭이동한 그래프의 식은 $y=-3(x+2)^2-1$이다.

⑤ $y=-x^2+1$의 그래프를 x축의 방향으로 -1만큼, y축의 방향으로 12만큼 평행이동한 그래프의 식은 $y=-(x+1)^2-11$이다.

156쪽 원리07

유형 16 이차함수 $y=a(x-p)^2+q$의 그래프에서 a, p, q의 부호

47 이차함수 $y=a(x-p)^2+q$의 그래프가 오른쪽 그림과 같을 때, a, p, q의 부호를 부등호를 사용하여 나타내어라.

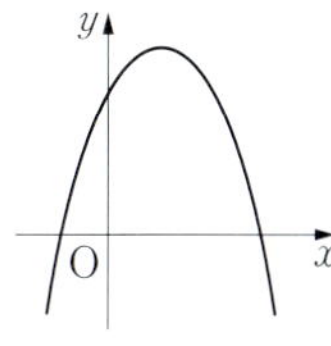

48 이차함수 $y=ax^2-q$의 그래프가 오른쪽 그림과 같을 때, 다음 중 옳은 것은?

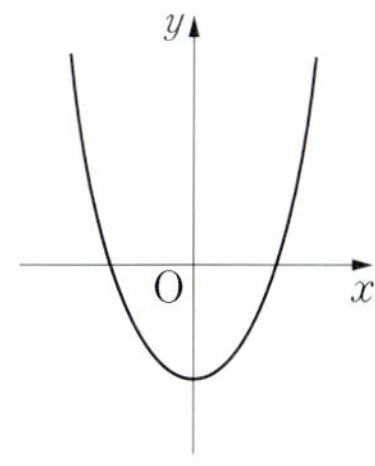

① $a<0$ ② $q>0$

③ $a+q<0$ ④ $a-q>0$

⑤ $aq<0$

49 이차함수 $y=a(x-p)^2+q$의 그래프가 제1, 2, 3사분면만을 지날 때, 상수 a, p, q의 곱 apq의 부호를 구하여라.

01 $y=k(k-5)x^2-6x^2+3x$가 x에 대한 이차함수일 때, 다음 중 실수 k의 값이 될 수 없는 것은?

① -6 ② -1 ③ 0

④ 5 ⑤ 7

02 이차함수 $f(x)=2x^2-ax+b$에서 $f(2)=3$, $f(-1)=9$일 때, $f(5)$의 값을 구하여라. (단, a, b는 상수)

03 오른쪽 그림에서 ㉠은 이차함수 $y=ax^2$의 그래프일 때, 다음 중 ㉡의 그래프로 적당한 것은?

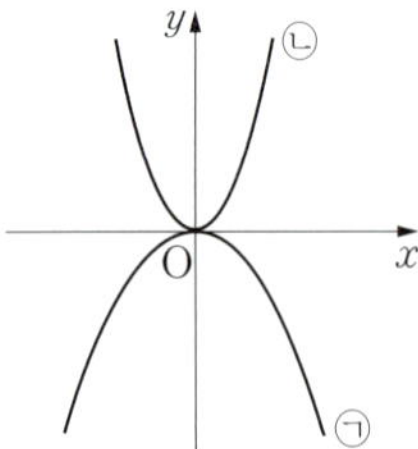

① $y=-ax^2$

② $y=-\dfrac{1}{2}ax^2$

③ $y=-2ax^2$

④ $y=\dfrac{1}{2}ax^2$

⑤ $y=ax^2$

04 오른쪽 그림과 같이 점 $B(k,\ 0)$을 지나고 y축에 평행한 직선 l이 두 이차함수 $y=2x^2$, $y=ax^2$의 그래프와 만나는 점을 각각 A, C라 한다. $\overline{AB}:\overline{BC}=4:1$일 때, 상수 a의 값을 구하여라.

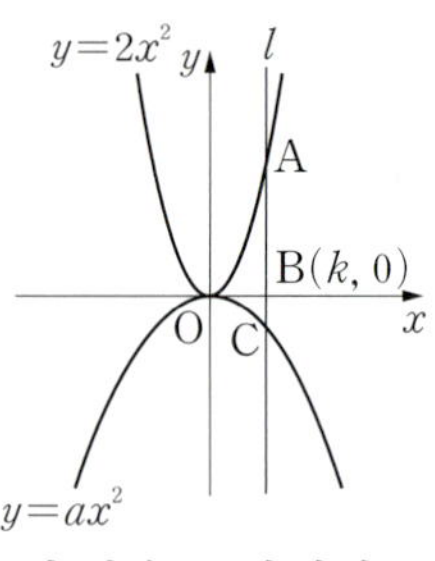

05 오른쪽 그림과 같이 점 A는 이차함수 $y=x^2$의 그래프 위에 있고, 두 점 B, C는 이차함수 $y=-\dfrac{1}{2}x^2$의 그래프 위에 있다. $\overline{AB}$와 $\overline{BC}$는 각각 y축, x축에 평행하고 $\overline{AB}=\overline{BC}$일 때, 점 A의 좌표를 구하여라. (단, 점 A는 제1사분면 위의 점이다.)

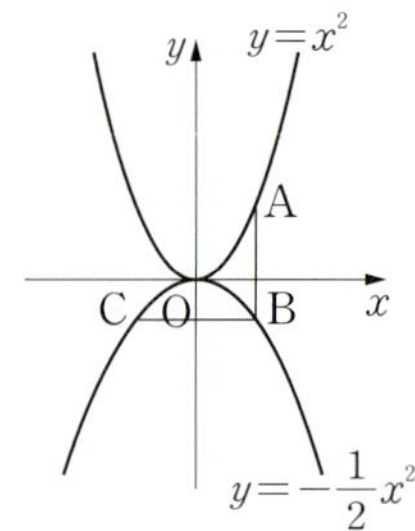

06 이차함수 $y=-\dfrac{2}{9}x^2$의 그래프와 x축에 대하여 대칭인 그래프가 점 $(a-7,\ a-5)$를 지날 때, 모든 a의 값의 합을 구하여라.

07 다음 중 원점을 꼭짓점으로 하고 점 $(6, 12)$를 지나는 포물선과 x축에 대하여 대칭인 포물선이 지나는 점이 아닌 것은?

① $\left(-4, -\dfrac{16}{3}\right)$ ② $(-3, -3)$

③ $\left(-1, -\dfrac{1}{3}\right)$ ④ $\left(\dfrac{1}{2}, \dfrac{1}{12}\right)$

⑤ $\left(2, -\dfrac{4}{3}\right)$

서술형 **주관식**

08 이차함수 $y=3x^2$의 그래프를 x축의 방향으로 p만큼, y축의 방향으로 q만큼 평행이동하면 두 점 $(0, 11)$, $(1, 8)$을 지날 때, $p+q$의 값을 구하여라.

풀이과정

답

09 이차함수 $y=-\dfrac{1}{2}(x-2)^2+3$의 그래프를 x축의 방향으로 k만큼, y축의 방향으로 $3-2k$만큼 평행이동하면 점 $(8, -4)$를 지난다. 이때 k의 값을 구하여라.

10 이차함수 $y=-2(x+a)^2$의 그래프를 y축에 대하여 대칭이동한 후 다시 x축에 대하여 대칭이동하면 점 $(-3, 50)$을 지날 때, 음수 a의 값을 구하여라.

서술형 **주관식**

11 이차함수 $y=-\dfrac{1}{2}(x-3)^2+1$의 그래프를 x축의 방향으로 5만큼, y축의 방향으로 4만큼 평행이동한 후, y축에 대하여 대칭이동한 그래프의 식을 $y=f(x)$라 할 때, $f(-4)$의 값을 구하여라.

풀이과정

답

12 이차함수 $y=(5k-2)(x-1)^2+k-4$에서 모든 x의 값에 대하여 y의 값이 양수가 되도록 하는 가장 작은 정수 k의 값을 구하여라.

13 다음 중 옳은 것을 모두 고르면?

① $y=-x^2+4$의 그래프의 축의 방정식은 $x=4$이다.

② $y=\dfrac{1}{2}(x+3)^2-4$의 꼭짓점의 좌표는 $(3,\ -4)$이다.

③ $y=-3(x+1)^2+5$의 그래프는 $x>-1$일 때 x의 값이 증가하면 y의 값은 감소한다.

④ $y=-2(x+4)^2+1$의 그래프는 점 $(-1,\ -49)$를 지난다.

⑤ $y=\dfrac{1}{3}(x-4)^2-5$의 그래프는 제3사분면을 지나지 않는다.

14 다음 조건을 모두 만족시키는 포물선을 그래프로 하는 이차함수의 식 $y=a(x-p)^2+q$로 적당한 것은? (단, a, p, q는 상수)

> (가) $y=x^2$의 그래프보다 폭이 넓다.
> (나) 꼭짓점은 제4사분면 위에 있다.
> (다) 제3사분면을 지나지 않는다.

① $y=\dfrac{3}{2}(x-2)^2-4$　　② $y=-\dfrac{2}{3}(x-4)^2+5$

③ $y=\dfrac{1}{3}(x-5)^2-1$　　④ $y=4(x+3)^2-2$

⑤ $y=\dfrac{1}{2}(x-1)^2-3$

15 일차함수 $y=ax-b$의 그래프가 오른쪽 그림과 같다. 다음 중 이차함수 $y=b(x-a)^2+ab$의 그래프에서 x의 값이 증가할 때 y의 값은 감소하는 x의 값의 범위를 구하여라. (단, a, b는 상수이다.)

16 이차함수 $y=\dfrac{3}{2}(x+p)^2+p^2-3$의 그래프의 꼭짓점이 직선 $y=-3x+7$ 위에 있을 때, 상수 p의 값을 구하여라. (단, $p>0$)

17 이차함수 $y=a(x-2)^2+1$의 그래프가 모든 사분면을 지나도록 하는 상수 a의 값의 범위를 구하여라.

18 일차함수 $y=-ax+b$의 그래프가 오른쪽 그림과 같을 때, 다음 중 이차함수 $y=a(x+b)^2$의 그래프로 적당한 것은? (단, a, b는 상수)

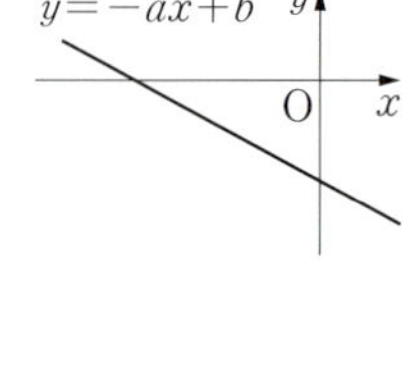

① 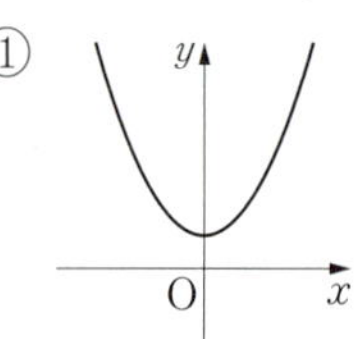　② 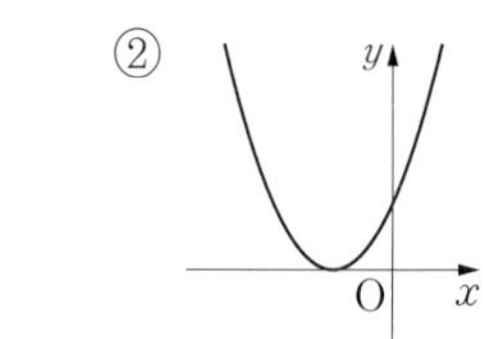

③ 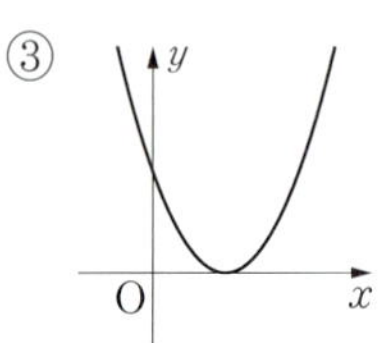　④ 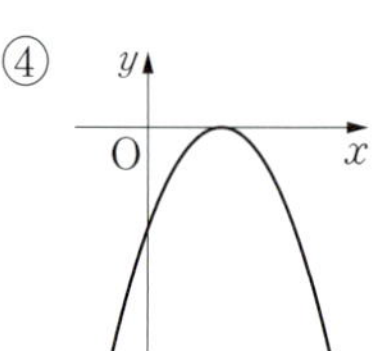

⑤ 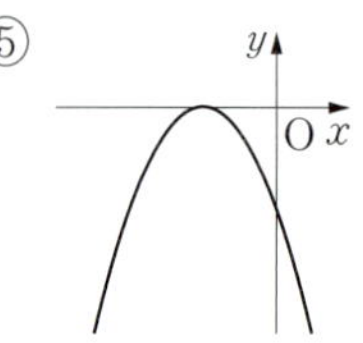

어떤 문제도 자신있게~ 만점 승승장구

이해쏙쏙 술술풀이 P.88

1 이차함수 $y=2(x+2)^2-k$의 그래프를 y축에 대하여 대칭이동한 후 x축의 방향으로 1만큼, y축의 방향으로 5만큼 평행이동하였다. 이 그래프가 x축과 만나는 두 점 사이의 거리가 4인 이차함수의 그래프의 식을 구하여라.

승승 **비법**

축의 방정식이 $x=k$이고 x축과 만나는 두 점 사이의 거리가 4일 때, 두 교점의 x좌표는 각각 $k-2$, $k+2$이다.

2 오른쪽 그림과 같이 이차함수 $y=a(x-p)^2+q$의 그래프에서 꼭짓점을 P, x축과의 교점을 각각 Q, R라 한다. 점 Q$(-1, 0)$이고 점 P의 x좌표는 1, △PQR의 넓이는 8일 때, 상수 a, p, q에 대하여 $\dfrac{pq}{a}$의 값을 구하여라.

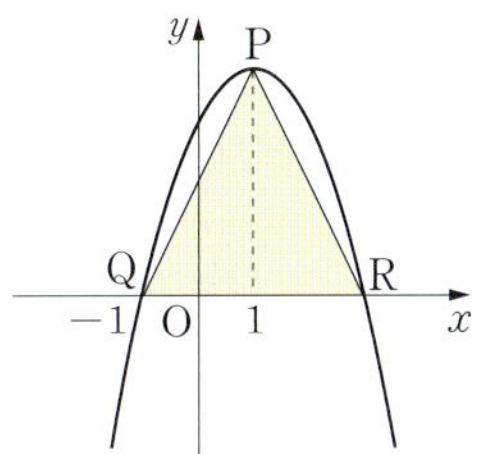

직선 $x=1$에 대하여 대칭인 포물선이므로 점 R의 x좌표는 $1+2=3$이다.

3 오른쪽 그림과 같이 직사각형 ABCD에서 점 A와 D는 이차함수 $y=2x^2$의 그래프 위에 있고, 점 B와 C는 이차함수 $y=x^2$의 그래프 위에 있다. 또, 두 점 C, D는 제1사분면 위에 있고, 두 점 A, B는 제2사분면 위에 있다. $\overline{AB}$가 y축에 평행할 때, 다음 물음에 답하여라.

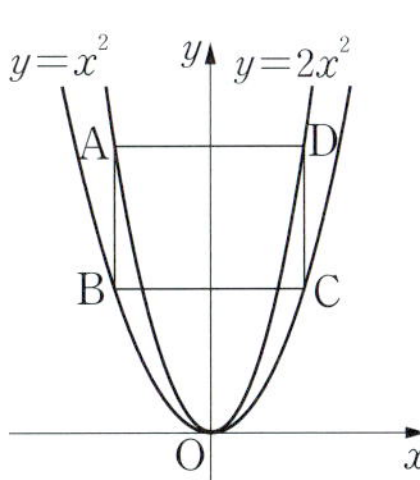

(1) 정사각형은 네 변의 길이는 같다.
(2) P(a, b), Q(c, d)의 중점의 좌표는 $\left(\dfrac{a+c}{2}, \dfrac{b+d}{2}\right)$
(3) (직사각형의 둘레의 길이)
 $=2\{($가로의 길이$)$
  $+($세로의 길이$)\}$

(1) 직사각형 ABCD가 정사각형이 될 때, 점 C의 x좌표를 구하여라.

(2) 점 C가 포물선 $y=x^2$ 위를 움직일 때, 직사각형의 변 CD의 중점은 포물선 $y=ax^2$ 위를 움직인다. 상수 a의 값을 구하여라.

(3) 직사각형 ABCD의 둘레의 길이가 30일 때, 점 C의 x좌표를 구하여라.

IV 이차함수

1 이차함수 $y=ax^2+bx+c$의 그래프

원리 01 이차함수 $y=ax^2+bx+c\,(a\neq0)$의 그래프 — 유형 1, 2, 4~9

1. 이차함수 $y=ax^2+bx+c$의 그래프는 이차함수 $y=a(x-p)^2+q$의 꼴로 고쳐서 그린다.
   - 이차함수의 일반형
   - 이차함수의 표준형

$$y=ax^2+bx+c \Rightarrow y=a\left(x+\frac{b}{2a}\right)^2-\frac{b^2-4ac}{4a}$$

$y=ax^2+bx+c$

$$=a\left(x^2+\frac{b}{a}x\right)+c$$

상수항을 제외하고 x^2의 계수로 이차항과 일차항을 묶는다.

$$=a\left\{\left(x^2+\frac{b}{a}x+\left(\frac{b}{2a}\right)^2-\left(\frac{b}{2a}\right)^2\right)\right\}+c$$

괄호 안에 $\left(\dfrac{x\text{의 계수}}{2}\right)^2$을 더하고 뺀다.

$$=a\left\{x^2+\frac{b}{a}x+\left(\frac{b}{2a}\right)^2\right\}-\frac{b^2}{4a}+c$$

완전제곱식을 만들 부분을 제외한 수를 괄호 밖으로 뺀다.

$$=a\left(x+\frac{b}{2a}\right)^2-\frac{b^2-4ac}{4a}$$

$y=($완전제곱식$)+($상수$)$의 꼴로 정리한다.

2. 이차함수 $y=ax^2+bx+c$의 그래프

	$a>0$	$a<0$
그래프의 모양		
꼭짓점의 좌표	$\left(-\dfrac{b}{2a},\ -\dfrac{b^2-4ac}{4a}\right)$	
축의 방정식	$x=-\dfrac{b}{2a}$ → 꼭짓점의 x좌표	

3. 이차함수 $y=ax^2+bx+c$의 그래프와 x축, y축과의 교점
   이차함수 $y=ax^2+bx+c$의 그래프에서
   (1) x축과의 교점 : 함수의 그래프가 x축과 만나는 점의 x좌표로 $y=0$을 대입하여 구한다.
   $\Rightarrow a(x-\alpha)(x-\beta)=0$일 때의 α, β
   (2) y축과의 교점 : 함수의 그래프가 y축과 만나는 점의 y좌표로 $x=0$을 대입하여 구한다.
   $\Rightarrow c$

참고 1. x축과 만나는 점의 x좌표를 x절편이라 하고, y축과 만나는 점의 y좌표를 y절편이라고 한다.
   2. 이차함수의 그래프와 y축과의 교점은 항상 존재하지만 x축과의 교점은 없을 수도 있다.
   또, x축과 두 점에서 만나는 경우는 그 두 점이 축에 대하여 서로 대칭인 위치에 있다.

꼭꼭 Check
★ 이차함수 $y=ax^2+bx+c$는
$y=a(x-p)^2+q$ 꼴로 고친다.
• 꼭짓점의 좌표 : $(p,\ q)$
• 축의 방정식 : $x=p$

예시 문제 다음은 이차함수 $y=x^2-2x+4$를 $y=a(x-p)^2+q$의 꼴로 고치는 과정이다. $\square$ 안에 알맞은 수를 써넣고, 그래프를 오른쪽 좌표평면 위에 그려라.

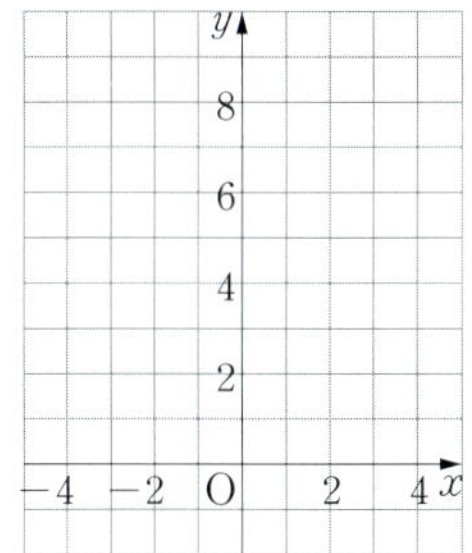

$$y=x^2-2x+4=(x^2-2x+\square)-\square+4$$
$$=(x-\square)^2+\square$$

풀이
$$y=x^2-2x+4$$
$$=(x^2-2x)+4$$
$$=(x^2-2x+1-1)+4$$
$$=(x^2-2x+\boxed{1})-\boxed{1}+4$$
$$=(x-\boxed{1})^2+\boxed{3}$$

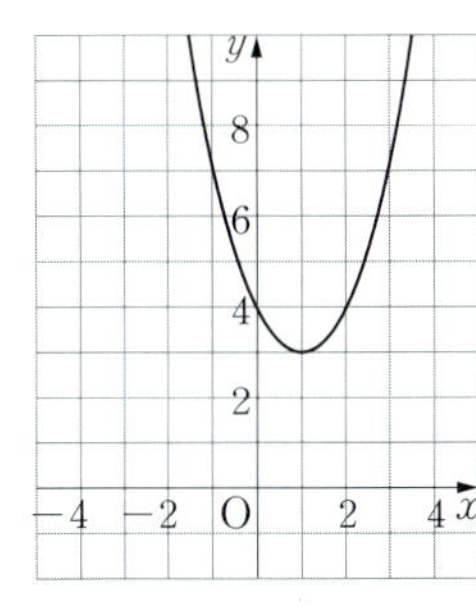

답 풀이 참조

원 리 확 인
기본문제 이해쏙쏙 술술풀이 P.89

1 다음 이차함수의 그래프를 그리고, 축의 방정식과 꼭짓점의 좌표를 각각 구하여라.

(1) $y=2x^2-4x+3$ (2) $y=-\dfrac{1}{2}x^2+2x+1$

2 이차함수 $y=2x^2+4x-6$의 그래프와 x축, y축과의 교점의 좌표를 각각 구하여라.

3 다음 중 이차함수 $y=-2x^2+8x-13$의 그래프에 대한 설명으로 옳은 것은?

① 아래로 볼록하다.

② 꼭짓점의 좌표가 $(-2,\ -5)$이다.

③ y축과 만나는 점의 y좌표는 -5이다.

④ 제1사분면을 지나지 않는다.

⑤ $x>2$일 때, x의 값이 증가하면 y의 값도 증가한다.

원리 02 이차함수 $y=ax^2+bx+c$의 평행이동과 대칭이동   유형 3 , 9

1. 이차함수의 그래프의 평행이동

   이차함수 $y=ax^2+bx+c$의 그래프는 이차함수 $y=a(x-p)^2+q$의 꼴로 고쳐서 평행이동을 생각한다.

   (1) 꼭짓점을 x축의 방향으로 m만큼, y축의 방향을 n만큼 평행이동한 점

   　　$(p,\ q)\ \Rightarrow\ (p+m,\ q+n)$

   　　예 이차함수 $y=x^2-4x+5$의 그래프의 꼭짓점을 x축의 방향으로 -3만큼, y축의 방향으로 2만큼 평행
   　　　　이동한 그래프의 꼭짓점의 좌표

   　　　　$y=x^2-4x+5=(x^2-4x+4)-4+5=(x-2)^2+1$

   　　　　꼭짓점의 좌표 $(2,\ 1)\ \Rightarrow\ (2-3,\ 1+2)=(-1,\ 3)$

   (2) 이차함수의 그래프를 x축의 방향으로 m만큼 평행이동한 그래프의 식

   　　x 대신 $x-m$을 대입 $\Rightarrow\ y=a\{(x-m)-p\}^2+q$

   　　예 이차함수 $y=-x^2+6x+3$의 그래프를 x축의 방향으로 -1만큼 평행이동한 그래프의 식

   　　　　$y=-x^2+6x+3=-(x^2-6x+9)+9+3=-(x-3)^2+12$

   　　　　$\Rightarrow y=-\{(x+1)-3\}^2+12=-(x-2)^2+12$

   (3) 이차함수의 그래프를 y축의 방향으로 n만큼 평행이동한 그래프의 식

   　　y 대신 $y-n$을 대입 $\Rightarrow y-n=a(x-p)^2+q,\ y=a(x-p)^2+q+n$

   　　예 이차함수 $y=2x^2+8x-1$의 그래프를 y축의 방향으로 6만큼 평행이동한 그래프의 식

   　　　　$y=2x^2+8x-1=2(x^2+4x+4)-8-1=2(x+2)^2-9$

   　　　　$\Rightarrow y=2(x+2)^2-9+6=2(x+2)^2-3$

   (4) 이차함수의 그래프를 x축의 방향으로 m만큼, y축의 방향으로 n만큼 평행이동한 그래프의 식

   　　x 대신 $x-m$, y 대신 $y-n$을 대입 $\Rightarrow y-n=a\{(x-m)-p\}^2+q,\ y=a\{(x-m)-p\}^2+q+n$

   　　예 이차함수 $y=-3x^2-6x-2$의 그래프를 x축의 방향으로 5만큼, y축의 방향으로 -7만큼 평행이동한
   　　　　그래프의 식

   　　　　$y=-3x^2-6x-2=-3(x^2+2x+1)+3-2=-3(x+1)^2+1$

   　　　　$\Rightarrow y=-3\{(x-5)+1\}^2+1-7=-3(x-4)^2-6$

2. 이차함수 $y=ax^2+bx+c$의 그래프의 대칭이동

   (1) x축에 대하여 대칭이동 : y 대신 $-y$를 대입한다.

   　　예 $y=x^2-2x+1$을 x축에 대하여 대칭이동한 식은
   　　　　$-y=x^2-2x+1$에서 $y=-x^2+2x-1$이다.

   (2) y축에 대하여 대칭이동 : x 대신 $-x$를 대입한다.

   　　예 $y=x^2-2x+1$을 y축에 대하여 대칭이동한 식은
   　　　　$y=(-x)^2-2\times(-x)+1$에서 $y=x^2+2x+1$이다.

   (3) 원점에 대하여 대칭이동 : x 대신 $-x$, y 대신 $-y$를 대입
   　　한다.

   　　예 $y=x^2-2x+1$을 원점에 대하여 대칭이동한 식은 $-y=(-x)^2-2\times(-x)+1$에 대하여
   　　　　$y=-x^2-2x-1$이다.

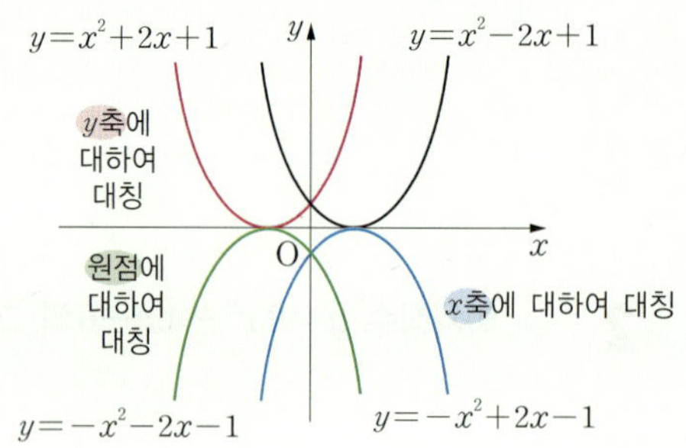

참고

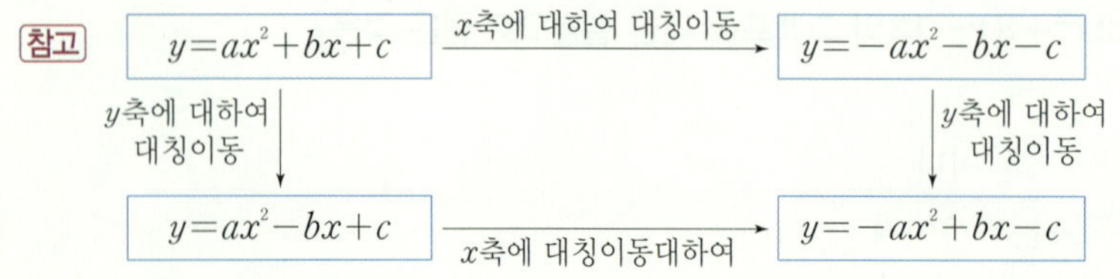

꼭꼭! Check

★ 이차함수 $y=ax^2+bx+c$를
$y=a(x-p)^2+q$의 꼴로 고쳐
x축의 방향으로 m만큼 평행이동
한 식 $\Rightarrow x$ 대신 $x-m$을 대입
y축의 방향으로 n만큼 평행이동
한 식 $\Rightarrow y$ 대신 $y-n$을 대입

예시 문제 이차함수 $y=\dfrac{1}{4}x^2+3x+1$의 그래프에 대하여 다음 물음에 답하여라.

(1) x축의 방향으로 -1만큼, y축의 방향으로 3만큼 평행이동한 그래프의 식을 $y=ax^2+bx+c$의 꼴로 나타내어라.

(2) x축에 대하여 대칭이동한 그래프의 식을 구하여라.

(3) 원점에 대하여 대칭이동한 그래프의 식을 구하여라.

풀이 (1) $y=\dfrac{1}{4}x^2+3x+1=\dfrac{1}{4}(x^2+12x+36)-9+1=\dfrac{1}{4}(x+6)^2-8$의 식에 x 대신 $x+1$, y 대신 $y-3$을 대입한다.

$$y-3=\dfrac{1}{4}\{(x+1)+6\}^2-8=\dfrac{1}{4}(x+7)^2-8 \quad \therefore y=\dfrac{1}{4}x^2+\dfrac{7}{2}x+\dfrac{29}{4}$$

(2) y 대신 $-y$를 대입한다.

$$-y=\dfrac{1}{4}x^2+3x+1 \quad \therefore y=-\dfrac{1}{4}x^2-3x-1$$

(3) x 대신 $-x$, y 대신 $-y$를 대입한다.

$$-y=\dfrac{1}{4}\times(-x)^2+3\times(-x)+1, \ -y=\dfrac{1}{4}x^2-3x+1$$

$$\therefore y=-\dfrac{1}{4}x^2+3x-1$$

답 (1) $y=\dfrac{1}{4}x^2+\dfrac{7}{2}x+\dfrac{29}{4}$ (2) $y=-\dfrac{1}{4}x^2-3x-1$ (3) $y=-\dfrac{1}{4}x^2+3x-1$

4 이차함수 $y=-2x^2-4x-5$의 그래프를 x축의 방향으로 a만큼, y축의 방향으로 b만큼 평행이동하였더니 평행이동한 그래프가 나타내는 식이 $y=-2x^2+4x-8$이 되었다. 이때 상수 a, b에 대하여 $a+b$의 값을 구하여라.

5 이차함수 $y=\dfrac{1}{2}x^2-3x+\dfrac{7}{2}$의 그래프를 x축에 대하여 대칭이동한 그래프의 식을 $y=a(x+p)^2+q$의 꼴로 나타낼 때, 상수 a, p, q의 곱 apq의 값을 구하여라.

원리 03 이차함수 $y=ax^2+bx+c$의 그래프에서 a, b, c의 부호 유형 10

이차함수 $y=ax^2+bx+c\,(a\neq0)$의 그래프에서

1. a의 부호는 그래프의 모양에 따라 결정된다.

(1) 아래로 볼록하면 $a>0$

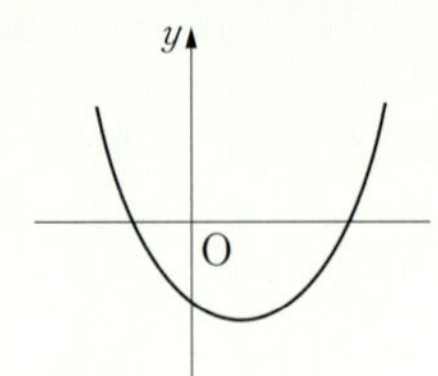

(2) 위로 볼록하면 $a<0$

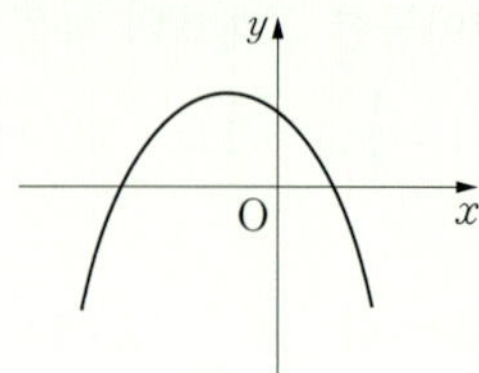

2. b의 부호는 축의 위치에 따라 결정된다.

$$y=ax^2+bx+c=a\left(x+\frac{b}{2a}\right)^2-\frac{b^2-4ac}{4a}$$ 이므로 그래프의 축의 방정식은 $x=-\dfrac{b}{2a}$

(1) 축이 y축의 왼쪽에 있으면 $-\dfrac{b}{2a}<0$에서 $\dfrac{b}{2a}>0$

　　$\therefore ab>0 \Rightarrow a, b$는 같은 부호

(2) 축이 y축과 일치하면 $b=0$

(3) 축이 y축의 오른쪽에 있으면 $-\dfrac{b}{2a}>0$에서 $\dfrac{b}{2a}<0$

　　$\therefore ab<0 \Rightarrow a, b$는 다른 부호

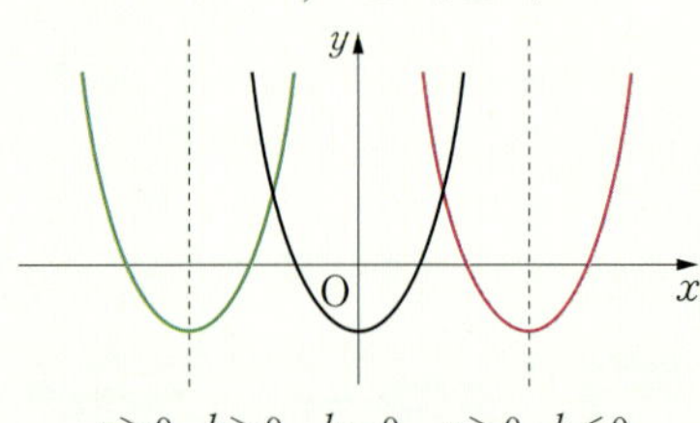

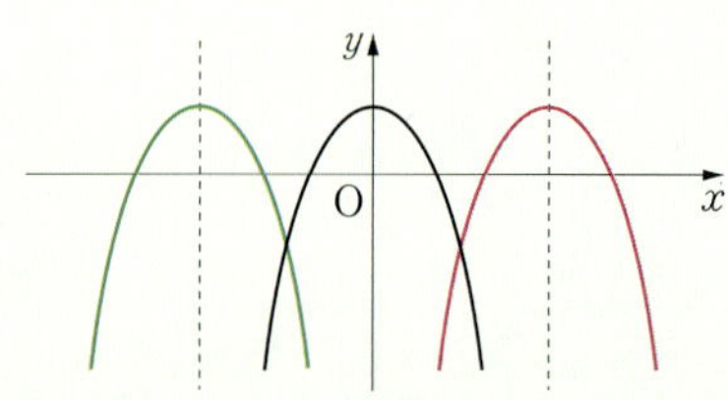

3. c의 부호는 y축과의 교점의 위치에 따라 결정된다.

(1) y축과의 교점이 x축보다 위쪽에 있으면 $c>0$

(2) y축과의 교점이 x축 위에 있으면 $c=0$

(3) y축과의 교점이 x축보다 아래쪽에 있으면 $c<0$

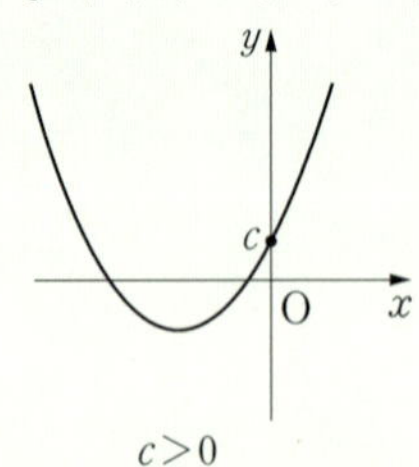

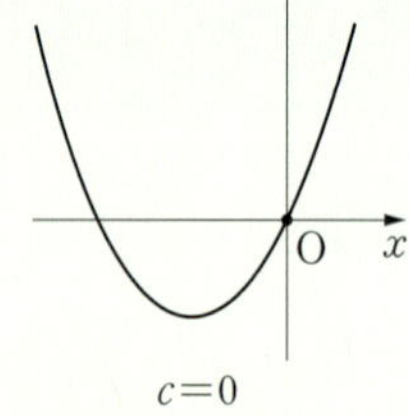

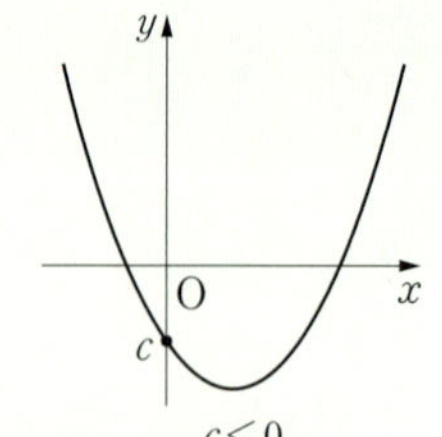

꼭꼭! Check

★ 이차함수 $y=ax^2+bx+c$의 그래프에서
• a의 부호 : 그래프의 모양에 따라 결정
• b의 부호 : 축의 위치에 따라 결정
• c의 부호 : y축과의 교점의 위치에 따라 결정

예시 문제 이차함수 $y=ax^2+bx+c$의 그래프가 다음 그림과 같을 때, a, b, c의 부호를 말하여라.

(1) 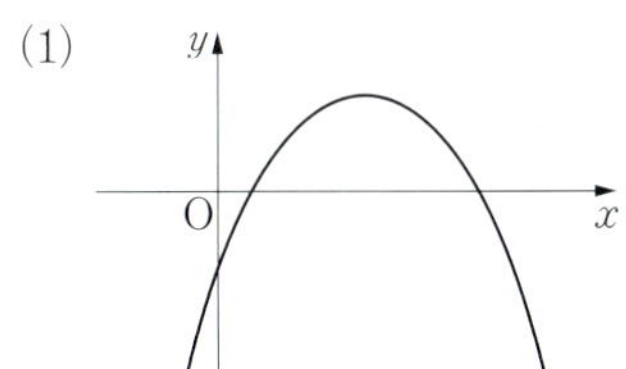

(2) 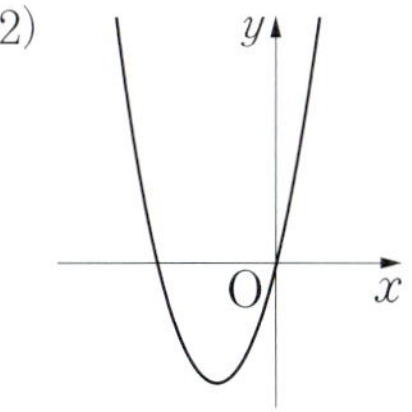

풀이 (1) 그래프가 위로 볼록하므로 $a<0$

축이 y축의 오른쪽에 위치하므로 $ab<0$ $\therefore b>0$

y축과의 교점이 x축보다 아래쪽에 위치하므로 $c<0$

(2) 그래프가 아래로 볼록하므로 $a>0$

축이 y축의 왼쪽에 위치하므로 $ab>0$ $\therefore b>0$

y축과의 교점이 x축(원점) 위에 있으므로 $c=0$

답 (1) $a<0$, $b>0$, $c<0$ (2) $a>0$, $b>0$, $c=0$

원리확인
기본문제

이해쏙쏙 술술풀이 P.90

6 $a>0$, $b<0$, $c<0$일 때, 이차함수 $y=ax^2+bx+c$의 그래프로 알맞은 것은?

① 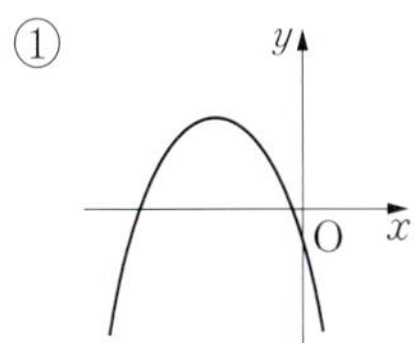

② 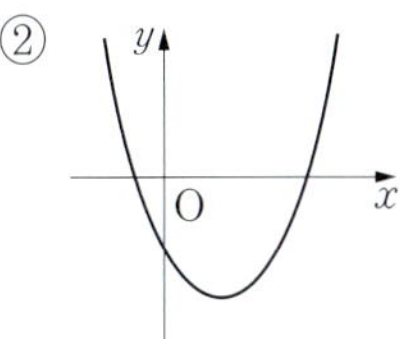

③ 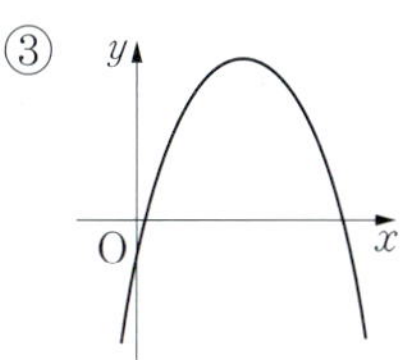

④ 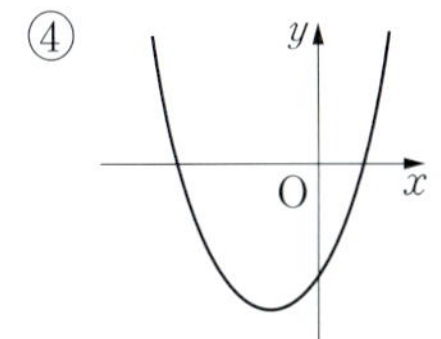

⑤ 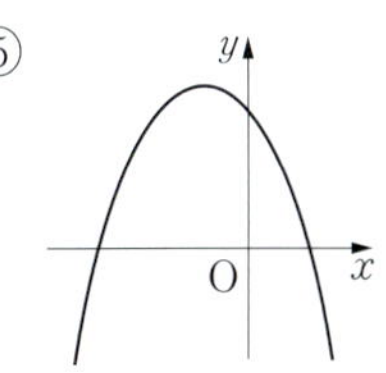

7 이차함수 $y=ax^2+bx+c$의 그래프가 오른쪽 그림과 같을 때, 다음 중 옳지 않은 것은?

① $ab<0$ ② $ac=0$

③ $bc>0$ ④ $a+b+c<0$

⑤ $a-b+c>0$

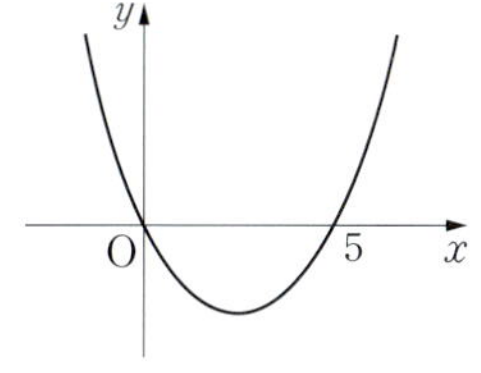

Step C 촘촘 유형

유형 1 이차함수 $y=ax^2+bx+c$를 $y=a(x-p)^2+q$의 꼴로 변형하기

🔄 170쪽 원리 01

01 이차함수 $y=2x^2-12x+5$를 $y=a(x-p)^2+q$의 꼴로 나타낼 때, 상수 a, p, q의 합 $a+p+q$의 값을 구하여라.

서술형 **주관식**

02 이차함수 $y=5x^2-4x+6$의 그래프가 이차함수 $y=5(x-p)^2+pq$의 그래프와 같다고 할 때, 상수 p, q의 값을 각각 구하여라.

풀이과정

답

유형 2 이차함수 $y=ax^2+bx+c$의 그래프의 꼭짓점의 좌표와 축의 방정식

🔄 170쪽 원리 01

03 다음 이차함수의 그래프에서 꼭짓점의 좌표와 축의 방정식을 차례로 구하여라.

(1) $y=2x^2+4x-1$ (2) $y=-x^2+2x+1$

(3) $y=x^2-3x+4$ (4) $y=-2x^2-2x+3$

04 이차함수 $y=4x^2-4x+a$의 그래프의 꼭짓점의 좌표가 $(b, -8)$일 때, 상수 a, b에 대하여 $a+4b$의 값을 구하여라.

서술형 **주관식**

05 두 이차함수 $y=x^2-5x$의 그래프와 $y=\dfrac{1}{4}x^2+ax+b$의 그래프의 꼭짓점이 일치할 때, 상수 a, b의 값을 각각 구하여라.

풀이과정

답

06 이차함수 $y=-\dfrac{1}{2}x^2+2ax-1$의 그래프와 이차함수 $y=-3x^2-12x-11$의 그래프의 축의 방정식이 같을 때, 상수 a의 값을 구하여라.

🔄 172쪽 원리 02

유형 3 이차함수 $y=ax^2+bx+c$의 그래프의 평행이동

07 이차함수 $y=-3x^2+6x-5$의 그래프를 x축의 방향으로 -2만큼, y축의 방향으로 5만큼 평행이동한 그래프의 축의 방정식을 구하여라.

08 이차함수 $y=2x^2+8x+5$의 그래프와 겹쳐지도록 이차함수 $y=2x^2-12x+12$의 그래프를 평행이동 하려면 어떻게 평행이동해야 하는지 구하여라.

서술형 주관식

09 이차함수 $y=ax^2-8x$의 그래프를 x축의 방향으로 6만큼 평행이동한 그래프가 나타내는 이차함수의 식이 $y=-\dfrac{1}{2}x^2+bx+c$일 때, $2a-b-c$의 값을 구하여라.

풀이과정

답

170쪽 **원리** 01

유형 **4** 이차함수 $y=ax^2+bx+c$의 그래프에서 a의 의미

10 다음 이차함수의 그래프 중 위로 볼록하면서 폭이 가장 좁은 것은?

① $y=3x^2-1$ ② $y=-2x^2+x-5$

③ $y=\dfrac{2}{3}(x+1)^2$ ④ $y=\dfrac{1}{2}x^2-x-\dfrac{1}{3}$

⑤ $y=-\dfrac{2}{3}x^2-4x+1$

11 다음 이차함수의 그래프 중 이차함수 $y=\dfrac{1}{5}x^2-\dfrac{2}{5}x+2$의 그래프를 평행이동하여 완전히 포개어지는 것은?

① $y=-\dfrac{1}{5}x^2+\dfrac{2}{5}x-2$

② $y=5(x-2)^2$

③ $y=-(x-1)^2+9-x^2$

④ $y=\dfrac{1}{5}(x-7)^2-6$

⑤ $y=-\dfrac{1}{5}x^2+\dfrac{7}{5}x-8$

170쪽 **원리** 01

유형 **5** 이차함수 $y=ax^2+bx+c$의 그래프에서 증가, 감소하는 범위

12 이차함수 $y=3x^2+12x-8$의 그래프에서 x의 값 이 증가할 때, y의 값도 증가하는 x의 값의 범위를 구하여라.

13 이차함수 $y=-x^2+2ax+7$의 그래프에서 $x>1$ 일 때 x의 값이 증가하면 y의 값이 감소하고, $x<1$ 일 때 x의 값이 증가하면 y의 값도 증가한다고 한 다. 이때 상수 a의 값을 구하여라.

170쪽 **원리** 01

유형 **6** 이차함수 $y=ax^2+bx+c$의 그래프가 x축, y축과 만나는 점

14 이차함수 $y=x^2+x-12$의 그래프와 x축이 만나는 점을 A, B라 할 때, $\overline{AB}$의 길이를 구하여라.

↻ 170쪽 원리 01

15 오른쪽 그림과 같이 이차함수 $y=x^2-x+k$의 그래프와 x축이 만나는 점을 각각 A, B라 하자. $\overline{AB}=5$일 때, k의 값을 구하여라.

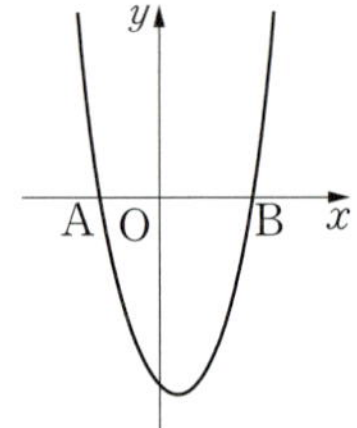

↻ 170쪽 원리 01

유형 7 이차함수 $y=ax^2+bx+c$의 그래프 그리기

16 다음 중 이차함수 $y=-2x^2-4x+1$의 그래프는?

① 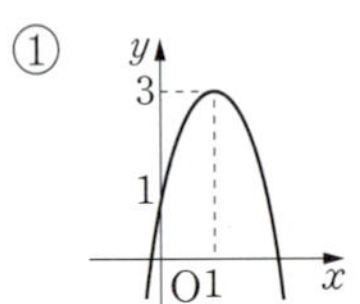 ② 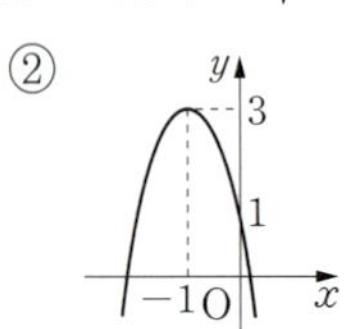

③ 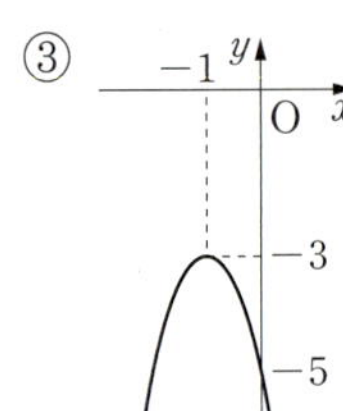 ④ 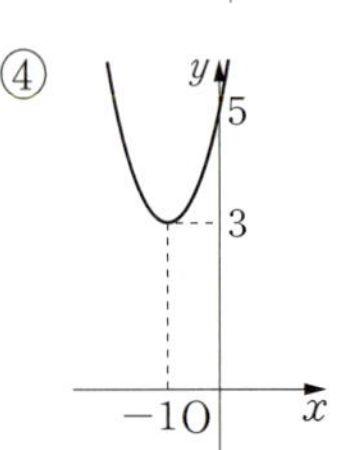

⑤ 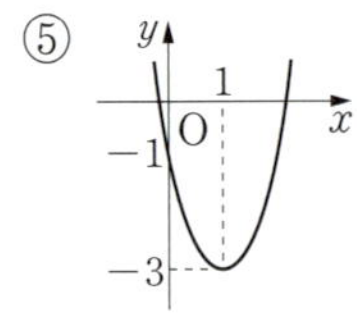

17 다음 중 이차함수의 그래프가 모든 사분면을 지나는 것은?

① $y=-2x^2-3$ ② $y=\dfrac{1}{2}x^2-5x+\dfrac{25}{2}$

③ $y=x^2+4x+1$ ④ $y=-x^2+4x+5$

⑤ $y=-3x^2+6x-5$

유형 8 이차함수 $y=ax^2+bx+c$의 그래프의 활용

18 오른쪽 그림에서 이차함수 $y=x^2-2x-15$의 그래프가 x축과 만나는 점을 각각 A, B라 하고, y축과 만나는 점을 C라 할 때, $\triangle ABC$의 넓이를 구하여라.

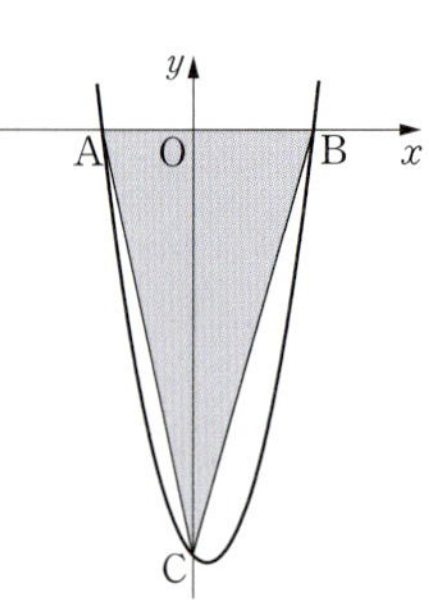

서술형 주관식

19 오른쪽 그림에서 이차함수 $y=-x^2+2x+3$의 그래프와 x축이 만나는 두 점을 A, B라 하고, y축과 만나는 점을 C, 꼭짓점을 D라 할 때, $\triangle ABC$와 $\triangle ABD$의 넓이의 비를 구하여라.

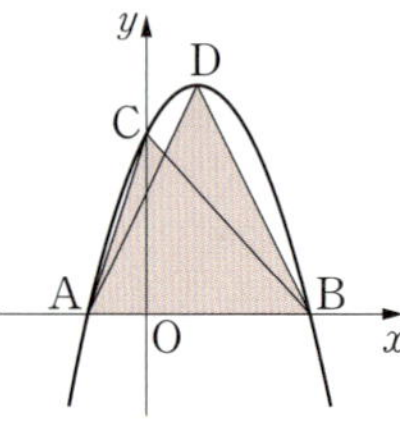

풀이과정

답

20 오른쪽 그림과 같이 이차함수 $y=-x^2+4x+5$의 그래프에서 꼭짓점을 A, y축과의 교점을 B, x축의 양의 부분과 만나는 점을 C라 할 때, $\triangle ABC$의 넓이를 구하여라.

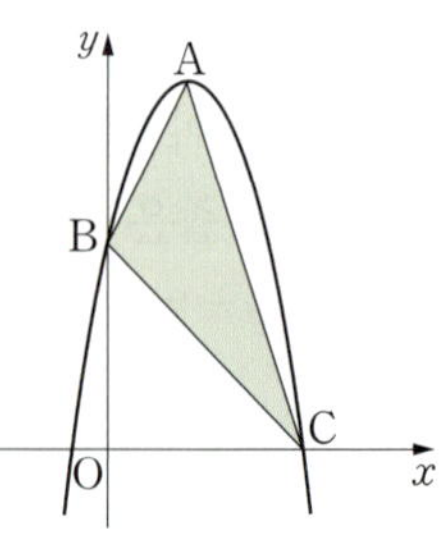

↻ 170쪽 원리 01 + 172쪽 원리 02

유형 9 이차함수 $y=ax^2+bx+c$의 그래프의 성질

21 다음 중 이차함수 $y=-3x^2+6x-1$의 그래프에 대한 설명으로 옳지 않은 것은?

① $x=1$을 축으로 하는 위로 볼록한 포물선이다.

② 꼭짓점의 좌표는 $(1,2)$이다.

③ 점 $(-2,-25)$를 지난다.

④ 이 그래프를 x축의 방향으로 -2만큼, y축의 방향으로 1만큼 평행이동하면 원점을 지난다.

⑤ 이차함수 $y=3x^2+x-4$의 그래프의 폭이 더 넓다.

22 다음 중 이차함수의 그래프에 대한 설명으로 옳은 것은?

① $y=-x^2+2x+6$의 그래프의 축의 방정식은 $x=-1$이다.

② $y=\dfrac{1}{2}x^2$과 $y=-\dfrac{1}{2}x^2+7x$의 그래프의 폭은 서로 다르다.

③ $y=-3x^2+18x-26$의 그래프는 $y=-3x^2$의 그래프를 x축의 방향으로 3만큼, y축의 방향으로 1만큼 평행이동한 것이다.

④ $a<0$일 때, $y=ax^2+bx+c$의 그래프의 꼭짓점은 제3사분면 위에 있다.

⑤ 이차함수 $y=2(x+4)^2-10$의 그래프가 y축과 만나는 점의 y좌표는 -10이다.

↻ 174쪽 원리 03

유형 10 이차함수 $y=ax^2+bx+c$의 그래프에서 a, b, c의 부호

23 이차함수 $y=ax^2+bx+c$에서 $a<0$, $b>0$, $c>0$일 때, 이 함수의 그래프의 꼭짓점은 제 몇 사분면 위에 있는지 구하여라.

24 이차함수 $y=ax^2-bx-c$의 그래프가 제1, 2, 4사분면을 지나고 제3사분면은 지나지 않을 때, 상수 a, b, c의 곱 abc의 부호를 정하여라. (단, $c\neq0$)

25 이차함수 $y=ax^2+bx+c$의 그래프가 오른쪽 그림과 같을 때, 다음 중 이차함수 $y=cx^2+bx-a$의 그래프로 적당한 것은?

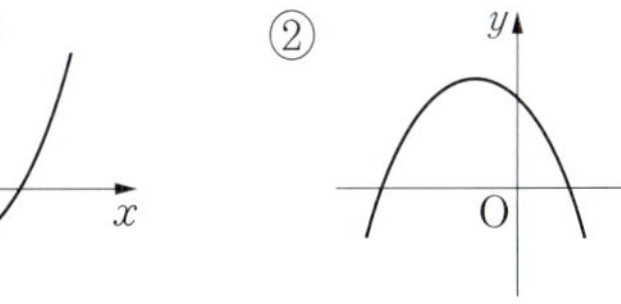

① 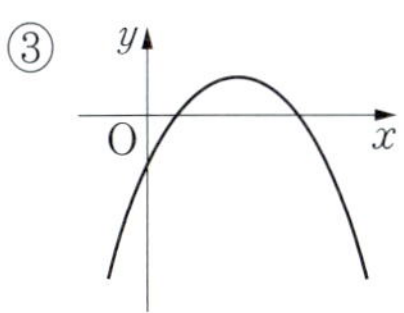 ②

③ 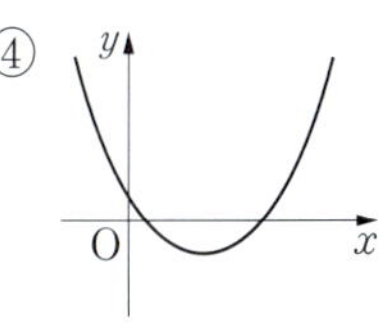 ④ 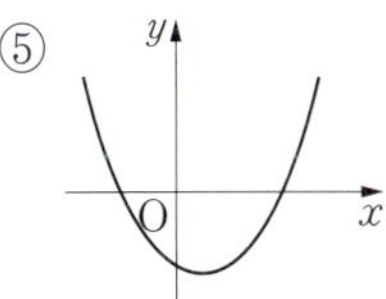

⑤

2 이차함수의 활용

원리 01 이차함수의 식 구하기 (1)

유형 1, 2

1. 꼭짓점의 좌표 (p, q)와 그래프 위의 한 점 (α, β)를 알 때

   ⇨ 이차함수의 식을 $y = a(x-p)^2 + q$로 놓고 $x = \alpha$, $y = \beta$를 대입하여 a의 값을 구한다.

   예 꼭짓점의 좌표가 $(2, 1)$이고, 점 $(-2, 3)$을 지나는 포물선을 그래프로 하는 이차함수의 식을 구하여라.

   꼭짓점의 좌표가 $(2, 1)$이므로 구하는 이차함수의 식을 $y = a(x-2)^2 + 1$로 놓는다.

   이차함수의 그래프가 점 $(-2, 3)$을 지나므로 이차함수의 식에 $x = -2$, $y = 3$을 대입하면

   $$3 = a(-2-2)^2 + 1, \quad 16a = 2 \quad \therefore a = \frac{1}{8}$$

   따라서 구하는 이차함수의 식은 $y = \frac{1}{8}(x-2)^2 + 1$, 즉 $y = \frac{1}{8}x^2 - \frac{1}{2}x + \frac{3}{2}$이다.

   Tip 꼭짓점의 좌표에 따른 이차함수의 식
   1. 꼭짓점의 좌표가 $(0, 0)$일 때 ⇨ $y = ax^2$
   2. 꼭짓점의 좌표가 $(0, q)$일 때 ⇨ $y = ax^2 + q$
   3. 꼭짓점의 좌표가 $(p, 0)$일 때 ⇨ $y = a(x-p)^2$
   4. 꼭짓점의 좌표가 (p, q)일 때 ⇨ $y = a(x-p)^2 + q$

2. 축의 방정식 $x = p$와 그래프 위의 서로 다른 두 점의 좌표를 알 때

   ⇨ 이차함수의 식을 $y = a(x-p)^2 + q$로 놓고 두 점의 좌표를 각각 대입하여 a, q의 값을 구한다.

   예 축의 방정식이 $x = 2$이고, 두 점 $(0, 3)$, $(6, 9)$를 지나는 포물선을 그래프로 하는 이차함수의 식을 구하여라.

   축의 방정식이 $x = 2$이므로 구하는 이차함수의 식을 $y = a(x-2)^2 + q$로 놓는다.

   이차함수의 그래프가 두 점 $(0, 3)$, $(6, 9)$를 지나므로 이차함수의 식에 좌표를 각각 대입하면

   $$\begin{cases} 3 = 4a + q \\ 9 = 16a + q \end{cases} \text{에서 } a = \frac{1}{2}, \ q = 1$$

   따라서 구하는 이차함수의 식은 $y = \frac{1}{2}(x-2)^2 + 1$, 즉 $y = \frac{1}{2}x^2 - 2x + 3$이다.

   Tip 축의 방정식에 따른 이차함수의 식
   1. 축의 방정식이 $x = 0$일 때 ⇨ $y = ax^2 + q$
   2. 축의 방정식이 $x = p$일 때 ⇨ $y = a(x-p)^2 + q$

예시 문제 다음은 조건을 만족시키는 이차함수의 식을 구하는 과정이다. □ 안에 알맞은 수를 써넣어라.

(1) 그래프의 꼭짓점의 좌표가 $(-1, 2)$이고, 점 $(-3, -6)$을 지날 때 이차함수의 식을

$y = a(x + \square)^2 + \square$로 놓고 $x = \square$, $y = \square$을 대입하면 $a = \square$

따라서 구하는 이차함수의 식은 $y = \square x^2 - \square x$이다.

(2) 그래프의 축의 방정식이 $x = 2$이고 두 점 $(3, 2)$, $(5, 26)$을 지날 때, 이차함수의 식을

$y = a(x - \square)^2 + q$로 놓고

$x = 3$, $y = 2$를 대입하면 $a + q = \square$ ······㉠

$x = 5$, $y = 26$을 대입하면 $\square a + q = \square$ ······㉡

㉠, ㉡을 연립하여 풀면 $a = \square$, $q = \square$

따라서 구하는 이차함수의 식은 $y = \square x^2 - \square x + \square$이다.

풀이 (1) 꼭짓점의 좌표가 $(-1, 2)$이므로 이차함수의 식은 $y=a(x+1)^2+2$로 놓고

$x=-3$, $y=-6$을 대입하면 $-6=a(-3+1)^2+2$ $\therefore a=-2$

따라서 구하는 이차함수의 식은 $y=-2(x+1)^2+2$, 즉 $y=-2x^2-4x$이다.

(2) 축의 방정식이 $x=2$이므로 이차함수의 식을 $y=a(x-2)^2+q$로 놓고

$x=3$, $y=2$를 대입하면 $2=a(3-2)^2+q$에서 $a+q=2$ ······ ㉠

$x=5$, $y=26$을 대입하면 $26=a(5-2)^2+q$에서 $9a+q=26$ ······ ㉡

㉠, ㉡을 연립하여 풀면 $a=3$, $q=-1$

따라서 구하는 이차함수의 식은 $y=3(x-2)^2-1$, 즉 $y=3x^2-12x+11$이다.

답 (1) $1, 2, -3, -6, -2, -2, 4$ (2) $2, 2, 9, 26, 3, -1, 3, 12, 11$

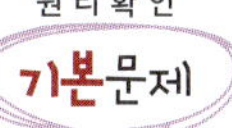

이해쏙쏙 술술풀이 P. 93

1 다음과 같은 포물선을 그래프로 하는 이차함수의 식을 $y=ax^2+bx+c$의 꼴로 나타내어라. (단, a, b, c는 상수)

(1) 꼭짓점의 좌표가 $(1, 3)$이고, 점 $(3, 5)$를 지나는 포물선

(2) 축의 방정식이 $x=4$이고 두 점 $(-2, 13)$, $(8, 3)$을 지나는 포물선

2 다음 그림과 같은 포물선을 그래프로 갖는 이차함수의 식을 $y=ax^2+bx+c$의 꼴로 나타내어라.

(1)
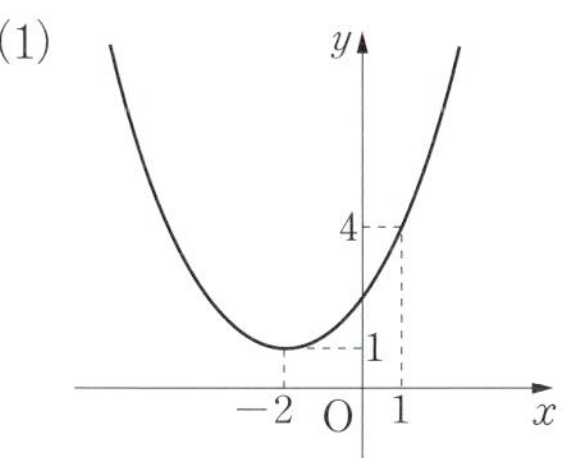

(2)
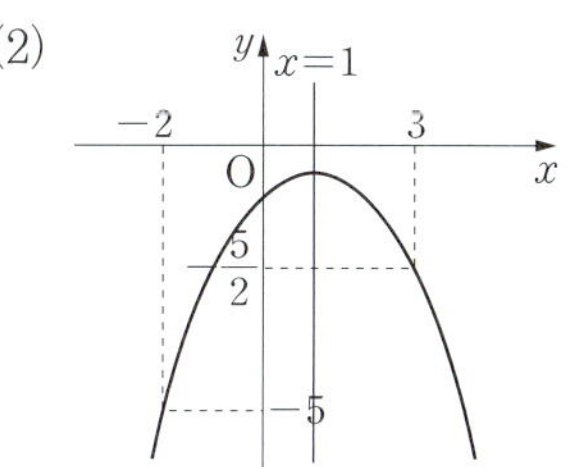

원리 02 이차함수의 식 구하기 (2)

유형 3, 4

1. 그래프 위의 서로 다른 세 점을 알 때
   ⇨ 이차함수의 식을 $y=ax^2+bx+c$로 놓고 세 점의 좌표를 각각 대입하여 a, b, c의 값을 구한다.

   예 세 점 $(0, 0)$, $(-1, 7)$, $(5, -5)$를 지나는 이차함수의 식을 구하여라.

   세 점이 주어졌으므로 구하는 일차함수의 식을 $y=ax^2+bx+c$로 놓는다.

   이차함수의 그래프가 세 점 $(0, 0)$, $(-1, 7)$, $(5, -5)$를 지나므로 이차함수의 식에 좌표를 각각 대입하면

   $$\begin{cases} 0=c \\ 7=a-b+c \\ -5=25a+5b+c \end{cases} \text{에서 } a=1,\ b=-6,\ c=0$$

   따라서 구하는 일차함수의 식은 $y=x^2-6x$이다.

   참고 1. 이차함수의 그래프가 지나는 세 점이 주어질 때에는 세 점의 좌표를 대입하여 연립방정식을 풀어야 하므로 $y=a(x-p)^2+q$
   로 놓는 것보다 $y=ax^2+bx+c$로 놓고 푸는 것이 더 편리하다.
   2. 그래프가 지나는 세 점 중 x좌표가 0인 점의 좌표를 대입하면 c의 값이 바로 구해진다.

2. x절편 m, n과 그래프 위의 한 점 (α, β)를 알 때
   ⇨ 이차함수의 식을 $\boldsymbol{y=a(x-m)(x-n)}$으로 놓고 $x=\alpha$, $y=\beta$를 대입하여 a의 값을 구한다.

   예 x축과의 교점이 $(1, 0)$, $(4, 0)$이고, 점 $(2, 2)$를 지나는 포물선을 그래프로 하는 이차함수의 식을 구하여라.

   x축과의 교점이 $(1, 0)$, $(4, 0)$이므로 구하는 이차함수의 식을 $y=a(x-1)(x-4)$로 놓는다.

   이차함수의 그래프가 점 $(2, 2)$를 지나므로 이차함수의 식에 $x=2$, $y=2$를 대입하면

   $2=a(2-1)(2-4),\ 2=-2a \quad \therefore a=-1$

   따라서 구하는 이차함수의 식은 $y=-(x-1)(x-4)$, 즉 $y=-x^2+5x-4$이다.

   참고 세 점 중 두 점의 좌표가 $(m, 0)$, $(n, 0)$으로 주어질 때에는 이차함수의 식을 $y=ax^2+bx+c$로 놓는 것보다
   $y=a(x-m)(x-n)$으로 놓고 푸는 것이 더 편리하다.

예시 문제 다음은 조건을 만족시키는 이차함수의 식을 구하는 과정이다. ☐ 안에 알맞은 것을 써넣어라.

(1) 그래프가 세 점 $(-1, 8)$, $(1, 0)$, $(0, 3)$을 지날 때, 이차함수의 식을 $y=ax^2+bx+c$로 놓고

   $x=-1$, $y=8$을 대입하면 ☐☐☐☐ ······㉠

   $x=1$, $y=0$을 대입하면 ☐☐☐☐ ······㉡

   $x=0$, $y=3$을 대입하면 ☐☐☐☐ ······㉢

   ㉠, ㉡, ㉢을 연립하여 풀면 $a=$☐, $b=$☐, $c=$☐

   따라서 구하는 이차함수의 식은 ☐☐☐☐이다.

(2) 그래프가 x축과 두 점 $(2, 0)$, $(8, 0)$에서 만나고, 점 $(3, 5)$를 지날 때, 이차함수의 식을

   $y=a(x-2)(x-$☐$)$로 놓고 $x=$☐, $y=$☐를 대입하면 $a=$☐

   따라서 구하는 이차함수의 식은 ☐☐☐☐이다.

(1) 이차함수의 식을 $y=ax^2+bx+c$로 놓고

　　$x=-1,\ y=8$을 대입하면 $8=a\times(-1)^2+b\times(-1)+c$　∴ $a-b+c=8$ …… ㉠

　　$x=1,\ y=0$을 대입하면 $0=a\times1^2+b\times1+c$　∴ $a+b+c=0$ …… ㉡

　　$x=0,\ y=3$을 대입하면 $3=a\times0^2+b\times0+c$　∴ $c=3$ …… ㉢

　　㉠, ㉡, ㉢을 연립하여 풀면 $a=1,\ b=-4,\ c=3$

　　따라서 구하는 이차함수의 식은 $y=x^2-4x+3$이다.

(2) x축과 두 점 $(2,\,0),\ (8,\,0)$에서 만나므로 이차함수의 식을 $y=a(x-2)(x-8)$로 놓고

　　$x=3,\ y=5$를 대입하면 $5=a(3-2)(3-8)$　∴ $a=-1$

　　따라서 구하는 이차함수의 식은 $y=-(x-2)(x-8)$, 즉 $y=-x^2+10x-16$이다.

(1) $a-b+c=8,\ a+b+c=0,\ c=3,\ 1,\ -4,\ 3,\ y=x^2-4x+3$

(2) $8,\ 3,\ 5,\ -1,\ y=-x^2+10x-16$

이해쏙쏙 술술풀이 P. 94

3 다음과 같은 포물선을 그래프로 하는 이차함수의 식을 $y=ax^2+bx+c$의 꼴로 나타내어라.

(1) 세 점 $(0,\,-3),\ (1,\,2),\ (5,\,-2)$를 지나는 포물선

(2) x축과의 교점이 $(-2,\,0),\ (5,\,0)$이고 점 $(4,\,-3)$을 지나는 포물선

4 다음 그림과 같은 포물선을 그래프로 하는 이차함수의 식을 $y=ax^2+bx+c$의 꼴로 나타내어라.

(1)

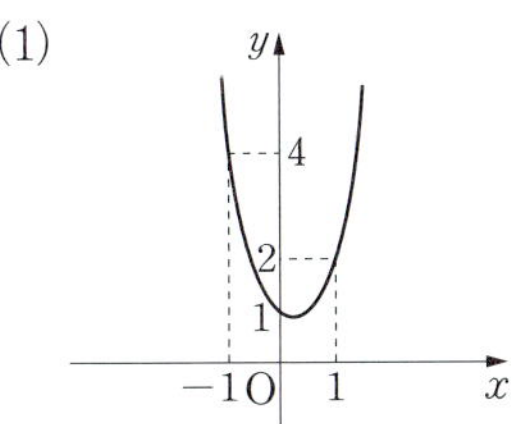

(2)

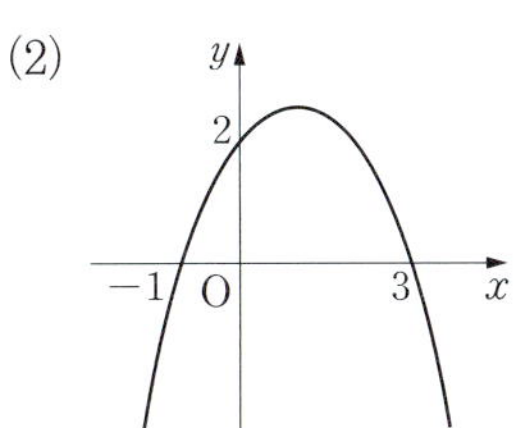

원리 03 이차함수와 이차방정식의 관계

1. 이차함수 $y=ax^2+bx+c$의 그래프와 x축의 교점의 x좌표는 $y=0$일 때의 x의 값이므로 이차방정식 $ax^2+bx+c=0$의 해이다.

2. 이차함수 $y=ax^2+bx+c=a(x-p)^2+q\,(a>0)$의 그래프와 x축의 교점

	$q<0$	$q=0$	$q>0$
그래프의 모양			
x축과의 교점의 개수	2개	1개	0개
판별식 (D)	$b^2-4ac>0$	$b^2-4ac=0$	$b^2-4ac<0$
이차방정식 $ax^2+bx+c=0$의 근	두 근 (α 또는 β)	한 근 (중근 α)	근이 없다.

예시 문제 다음 이차함수의 그래프와 x축의 교점의 x좌표를 모두 구하여라.

(1) $y=x^2-5x+6$ (2) $y=x^2-6x+9$

풀이 (1) 이차방정식 $x^2-5x+6=0$의 해가 구하는 x좌표이다.
$x^2-5x+6=0,\ (x-2)(x-3)=0$ $\therefore x=2$ 또는 $x=3$
(2) 이차방정식 $x^2-6x+9=0$의 해가 구하는 x좌표이다.
$x^2-6x+9=0,\ (x-3)^2=0$ $\therefore x=3$(중근)

답 (1) 2, 3 (2) 3

원리 확인
기본문제　이해쏙쏙 술술풀이 P. 94

5 이차함수 $y=3x^2-7x+8$의 그래프와 x축의 교점의 개수를 구하여라.

6 이차함수 $y=x^2-5x+k-1$의 그래프와 x축이 다음과 같이 만날 때, 상수 k의 값 또는 범위를 구하여라.

(1) 서로 다른 두 점에서 만난다. (2) 한 점에서 만난다.

(3) 만나지 않는다.

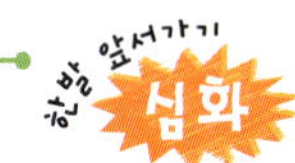

1. 이차함수 $y=ax^2+bx+c$의 그래프와 일차함수 $y=mx+n$의 그래프의 교점의 x좌표는 $ax^2+bx+c=mx+n$에서 이차방정식 $ax^2+(b-m)x+c-n=0$의 해이다.

2. 이차함수 $y=ax^2+bx+c(a>0)$와 일차함수 $y=mx+n$의 그래프의 교점
이차방정식 $ax^2+(b-m)x+c-n=0(a>0)$에서 $D=(b-m)^2-4a(c-n)$

그래프의 모양			
두 그래프의 교점의 개수	2개	1개	0개
판별식(D)	$D>0$	$D=0$	$D<0$
이차방정식의 근	두 근(α 또는 β)	한 근(중근 α)	근이 없다.

예 이차함수 $y=x^2-3$의 그래프와 일차함수 $y=4x-7$의 그래프의 교점이 존재하는지 알아보고, 그때의 좌표를 구하여라.

$x^2-3=4x-7$에서 $x^2-4x+4=0$이고 $\dfrac{D}{4}=(-2)^2-4=0$이므로 교점이 1개 존재한다.

$x^2-4x+4=0,\ (x-2)^2=0$　∴ $x=2$(중근)

$x=2$를 $y=x^2-3$에 대입하면 $y=4-3=1$이므로 두 함수의 그래프의 교점의 좌표는 $(2, 1)$이다.

예시 문제　다음 두 함수의 그래프의 교점의 x좌표를 모두 구하여라.

(1) $\begin{cases} y=x^2 \\ y=7x-10 \end{cases}$
　　　　(2) $\begin{cases} y=2x^2+x \\ y=2x+3 \end{cases}$

풀이　(1) $x^2=7x-10,\ x^2-7x+10=0$의 해가 두 함수의 그래프의 교점의 x좌표이다.

$(x-2)(x-5)=0$　∴ $x=2$ 또는 $x=5$

(2) $2x^2+x=2x+3,\ 2x^2-x-3=0$의 해가 두 함수의 그래프의 교점의 x좌표이다.

$(x+1)(2x-3)=0$　∴ $x=-1$ 또는 $x=\dfrac{3}{2}$

답 (1) $2,\ 5$　(2) $-1,\ \dfrac{3}{2}$

원리확인

기본문제　이해쏙쏙 술술풀이 P.94

7 이차함수 $y=x^2-4x-2$의 그래프와 일차함수 $y=2x+1$의 그래프의 교점의 개수를 구하여라.

8 이차함수 $y=x^2-3x+3$과 일차함수 $y=x+k$에 대하여 다음 물음에 답하여라. (단, k는 상수)

(1) 두 함수의 그래프의 교점이 2개일 때, k의 값의 범위를 구하여라.

(2) 두 함수의 그래프의 교점이 1개일 때, k의 값을 구하여라.

(3) 두 함수의 그래프가 서로 만나지 않을 때, k의 값의 범위를 구하여라.

원리 05 이차함수의 활용 유형 5

1. 이차함수의 활용 문제를 푸는 순서
   (1) 문제에서 제시된 변수 사이의 관계를 파악한다.
   (2) 조건에 따라 두 변수 x, y를 정한다.
   (3) x와 y 사이의 관계식을 세우고, x의 값의 범위를 정한다.
   (4) 식을 정리하거나 그래프를 이용하여 답을 구한다.
   (5) 구한 답이 문제의 조건에 맞는지를 확인한다.
   참고 길이, 높이, 넓이, 시간 등에 해당하는 수는 양수임에 주의한다.

2. 식이 주어지는 경우
   (1) 쏘아 올린 물체 또는 던진 물체 등의 높이와 속도 사이의 관계를 구할 때, $y=a(x-p)^2+q$의 꼴로 바꿔서 푼다.
   (2) 수의 계산 또는 도형의 넓이 등을 구할 때 먼저 변하는 양을 x, x에 따라 변하는 양을 y로 두고 주어진 조건들을 이용하여 식을 세운다.

3. 도형의 넓이
   둘레의 길이가 $2a$인 직사각형 가로의 길이를 x, 넓이를 y라 하면 $y=x(a-x)$로 놓고 구한다.

꼭꼭 Check
★ 이차함수의 활용 문제 푸는 순서
① x, y 정하기
② 이차함수의 식 세우기
③ 답 구하기
④ 답이 조건에 맞는지 확인하기

예시 문제 지면에서 초속 $30\,\mathrm{m}$로 똑바로 쏘아 올린 공의 x초 후의 높이를 $y\,\mathrm{m}$라고 하면 $y=30x-5x^2$의 관계가 성립한다고 한다. 이 공이 지면에 떨어지는 것은 쏘아 올린 지 몇 초 후인지 구하여라.

풀이 $y=0$을 대입하면 $0=30x-5x^2$, $x(x-6)=0$ $\therefore x=0$ 또는 $x=6$
그런데 $x>0$이므로 $x=6$

답 6초 후

원리확인
기본문제 이해쏙쏙 술술풀이 P.95

9 둘레의 길이가 $26\,\mathrm{cm}$인 직사각형이 있다. 이 직사각형의 세로의 길이가 $x\,\mathrm{cm}$, 넓이가 $y\,\mathrm{cm}^2$일 때, 다음 물음에 답하여라.
(1) x와 y 사이의 관계식을 $y=ax^2+bx+c$의 꼴로 나타내어라. (단, a, b, c는 상수)
(2) 이 직사각형의 넓이가 $40\,\mathrm{cm}^2$일 때, 세로의 길이를 구하여라.

촘촘 유형

핵심유형으로 확실하게 원리이해

↻ 180쪽 원리 01

유형 1 이차함수의 식 구하기 (1) – 꼭짓점과 다른 한 점을 알 때

01 꼭짓점의 좌표가 $(2, -11)$이고 점 $(5, 7)$을 지나는 포물선을 그래프로 하는 이차함수의 식을 $y=ax^2+bx+c$라 할 때, 상수 a, b, c에 대하여 $a+b-c$의 값을 구하여라.

02 꼭짓점의 좌표가 $(-1, 3)$이고, 점 $(1, -5)$를 지나는 포물선이 y축과 만나는 점의 좌표를 구하여라.

03 오른쪽 그림과 같이 꼭짓점의 좌표가 $(-4, 1)$이고 y축과의 교점의 y좌표가 -7인 이차함수의 그래프가 점 $(2, k)$를 지날 때, k의 값을 구하여라.

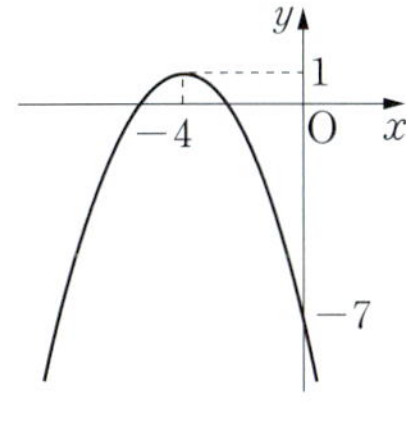

↻ 180쪽 원리 01

유형 2 이차함수의 식 구하기 (2) – 축의 방정식과 두 점을 알 때

04 직선 $x=1$을 축으로 하고 두 점 $(0, 8)$, $(-3, -7)$을 지나는 이차함수의 그래프 위의 점은?

① $(-4, -15)$ ② $(-1, 6)$ ③ $\left(-\dfrac{1}{2}, \dfrac{27}{8}\right)$

④ $(1, 8)$ ⑤ $(3, 5)$

05 축의 방정식이 $x=-1$이고 두 점 $(1, 3)$, $(-2, -3)$을 지나는 포물선을 그래프로 하는 이차함수의 꼭짓점의 좌표를 구하여라.

06 직선 $x=3$을 축으로 하는 포물선이 $(-1, m)$, $(2, 7)$, $(5, 1)$을 지날 때, m의 값을 구하여라.

풀이과정

답

↻ 182쪽 원리 02

유형 3 이차함수의 식 구하기 (3) – 세 점을 알 때

07 이차함수 $y=ax^2-6x+b$의 그래프가 세 점 $(-2, 4)$, $(1, -5)$, $(2, c)$를 지날 때, $a-b-c$의 값을 구하여라.

08 세 점 $(-3, 11)$, $(0, -1)$, $(1, 3)$을 지나는 이차함수의 꼭짓점의 좌표를 구하여라.

09 이차함수 $y=ax^2+bx+c$의 그래프가 오른쪽 그림과 같을 때, 꼭짓점의 좌표를 구하여라.

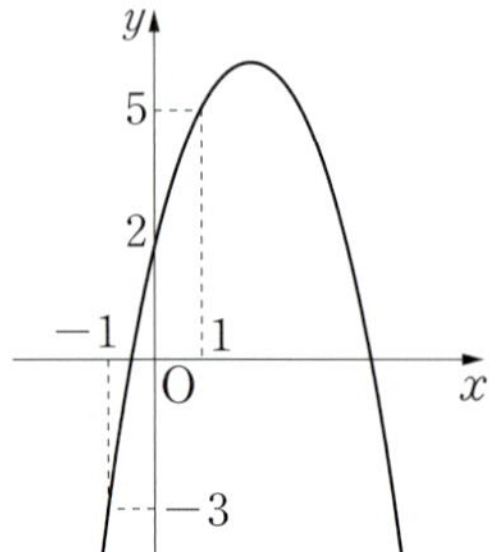

10 세 점 $(-2, 20)$, $(4, -4)$, $(7, 11)$을 지나는 포물선의 그래프가 $y=f(x)$일 때, $f\left(\dfrac{1}{2}\right)$의 값을 구하여라.

↻ 182쪽 원리 02

유형 4 이차함수의 식 구하기 (4) – x축과의 두 교점을 알 때

11 이차함수 $y=ax^2+bx+c$의 그래프가 x축과 두 점 $(-3, 0)$, $(2, 0)$에서 만나고 점 $(0, 12)$를 지날 때, 상수 a, b, c의 합 $a+b+c$의 값을 구하여라.

12 이차함수 $y=ax^2+bx-18$의 그래프가 두 점 $(-6, 0)$, $(1, 0)$을 지나고 y축과 만나는 점의 좌표가 $(0, c)$일 때, $2a-b-c$의 값을 구하여라. (단, a, b는 상수)

13 두 점 $(-3, 0)$, $(5, 0)$을 지나고 꼭짓점의 y좌표가 -4인 포물선을 그래프로 하는 이차함수의 식을 $y=ax^2+bx+c$의 꼴로 나타내어라. (단, a, b, c 는 상수)

14 이차함수 $y=-2x^2+ax+b$의 그래프는 y축을 축 으로 하고 x축과 만나는 두 점 사이의 거리가 10이 다. 이때 상수 a, b에 대하여 $a+b$의 값을 구하여 라.

↻ 186쪽 원리 05

유형 5 이차함수의 활용

15 예인이는 미술시간에 폭이 $28\,\mathrm{cm}$인 은점토 판의 양쪽을 접어서 오른쪽 그림과 같은

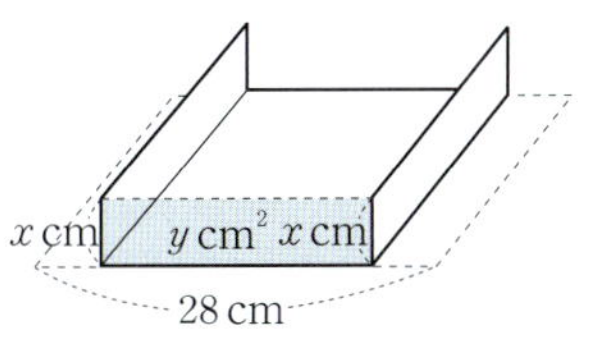

은쟁반을 만들려고 한다. 은쟁반의 높이를 $x\,\mathrm{cm}$, 색칠한 단면의 넓이를 $y\,\mathrm{cm}^2$라 할 때, 다음 물음에 답하여라.
(1) x와 y 사이의 관계식을 구하여라.
(2) 색칠한 단면의 넓이가 $98\,\mathrm{cm}^2$일 때, 높이를 구하 여라.

16 둘레의 길이가 $16\,\mathrm{cm}$인 부채꼴 중에서 넓이가 $16\,\mathrm{cm}^2$인 부채꼴의 반지름의 길이를 구하여라.

서술형 주관식

17 지면에서 초속 $20\,\mathrm{m}$로 위로 쏘아 올린 공의 x초 후 의 높이를 $y\,\mathrm{m}$라고 하면, x와 y 사이에는 $y=20x-5x^2$인 관계가 성립한다. 다음 물음에 답 하여라.
(1) 공을 쏘아 올린 지 몇 초 후에 다시 지면으로 떨 어지는지 구하여라.
(2) 공의 높이가 $15\,\mathrm{m}$가 되는 것은 공을 쏘아 올린 지 몇 초 후인지 구하여라.

풀이과정

답

18 오른쪽 그림과 같이 직사각 형 ABCD는 이차함수 $y=-x^2+6$의 그래프와 x축으로 둘러싸인 부분에 내접한다. 직사각형 ABCD의 둘레의 길이가 12일 때, 점 D의 좌표를 구하여라.

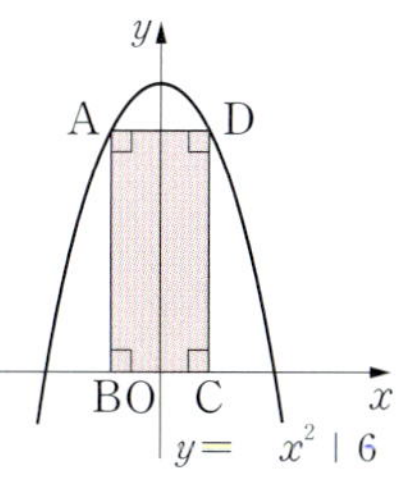

탄탄 내신 ── 적중률 높은 응용문제로 내신완벽대비

01 이차함수 $y=2x^2-8ax+8a^2$의 그래프와 이차함수 $y=3x^2-6bx+2a$의 그래프의 꼭짓점이 일치할 때, 유리수 a, b에 대하여 $a+b$의 값은? (단, $a\neq0$)

① 0   ② $\dfrac{1}{2}$ ③ 1

④ $\dfrac{3}{2}$ ⑤ 2

02 이차함수 $y=4x^2-16ax+8a+5$의 그래프의 꼭짓점의 y좌표가 -19일 때, 그릴 수 있는 두 개의 포물선의 꼭짓점 사이의 거리를 구하여라.

서술형 주관식

03 x에 대한 이차함수 $y=(a+x)^2+2(a+1)x+1$의 그래프에서 꼭짓점의 좌표가 $(b,\ -4)$이다. a가 음수일 때, b의 값을 구하여라.

풀이과정

답

04 이차함수 $y=x^2-2x+3$의 그래프를 x축, y축의 방향으로 평행이동한 그래프가 두 점 $(1,\ 0)$, $(0,\ 1)$을 지난다고 한다. 이때 평행이동한 그래프의 식을 $y=ax^2+bx+c$의 꼴로 나타내어라.

서술형 주관식

05 이차항의 계수가 a이고 꼭짓점의 좌표가 $(1,\ 2)$인 이차함수의 그래프가 제2사분면을 지나지 않을 때, 상수 a의 값의 범위를 구하여라.

풀이과정

답

06 이차함수 $y=x^2-2p(x-1)+8$의 그래프의 꼭짓점이 x축 위에 있을 때, 상수 p의 값을 구하여라.

07 이차함수 $y=\dfrac{1}{3}x^2+\dfrac{2}{3}x-5$의 그래프를 y축의 방향으로 m만큼 평행이동시키면 x축과 만나는 두 점 사이의 거리가 처음의 $\dfrac{3}{2}$배가 된다고 할 때, m의 값을 구하여라.

08 x에 대한 이차함수 $y=-\dfrac{1}{2}x^2+mx+2m-1$에서 x의 값이 증가함에 따라 y의 값이 감소하는 x의 값의 범위가 $x>1$일 때, 이 이차함수의 꼭짓점의 좌표를 구하여라.

09 이차함수 $y=2x^2-7x+3k-1$의 그래프가 제3사분면을 지나지 않을 때, 상수 k의 값의 범위를 구하여라.

서술형 주관식

10 이차함수 $y=kx^2-6kx+9k+2$의 그래프가 모든 사분면을 지날 때, 상수 k의 값의 범위를 구하여라.

풀이과정

답

11 일차함수 $y=ax+b$의 그래프가 오른쪽 그림과 같을 때, 이차함수 $y=ax^2-2abx+a$의 그래프가 지나는 사분면을 모두 구하여라.

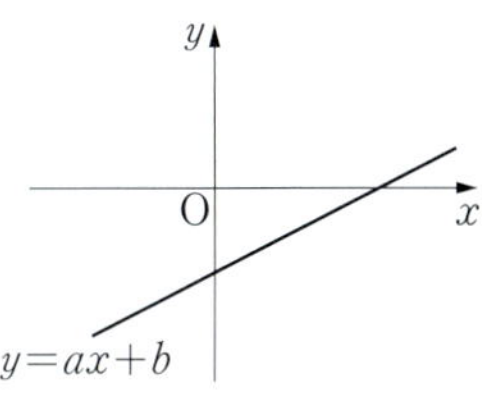

서술형 주관식

12 오른쪽 그림은 꼭짓점의 좌표가 $(-4, 25)$인 이차함수 $y=-x^2+ax+b$의 그래프이다. $\triangle ABC$의 넓이를 구하여라. (단, a, b는 상수)

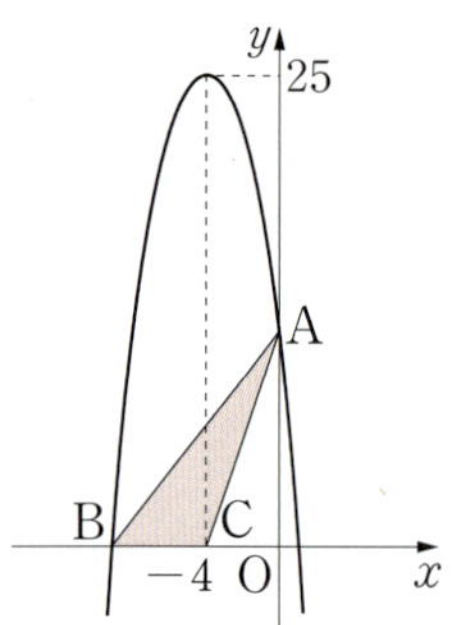

풀이과정

답

13 이차함수 $y=ax^2+bx+c$의 그래프가 오른쪽 그림과 같을 때, 다음의 부호 또는 값을 구하여라. (단, $p>-3$)

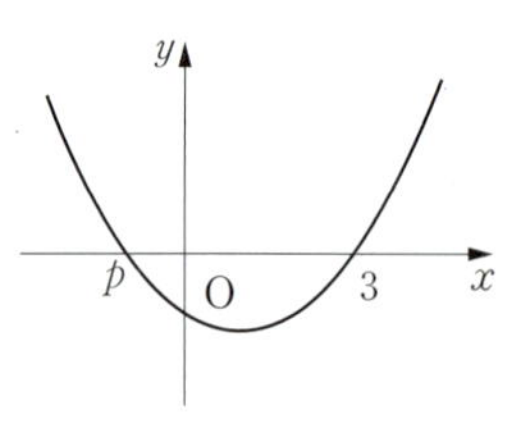

(1) b^2-4ac

(2) $9a+3b+c$

(3) $16a-4b+c$

(4) $a+2b+4c$

14 이차함수 $y=x^2-2ax+b$의 그래프가 점 $(5, 3)$을 지나고 꼭짓점의 좌표가 $(2, c)$일 때, 세 상수 a, b, c에 대하여 $a+b-c$의 값을 구하여라.

서술형 주관식

15 오른쪽 그림은 이차함수 $y=ax^2+bx+c$의 그래프이다. 점 $(p, p+2)$가 이 그래프 위의 점일 때, 양수 p의 값을 구하여라.

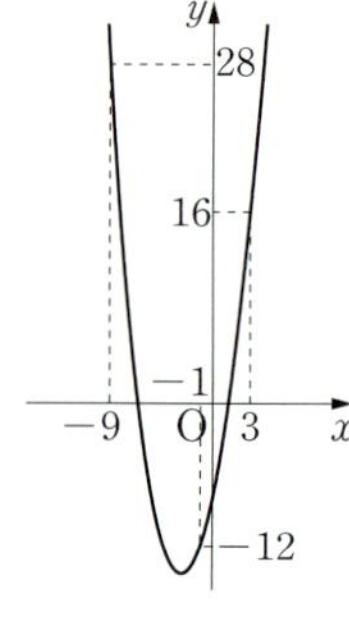

풀이과정

답

16 이차함수 $y=3x^2+6x+4k-5$의 그래프의 꼭짓점이 직선 $y=2x-14$ 위에 있을 때, 이 이차함수의 꼭짓점의 좌표를 구하여라.

17 이차방정식 $ax^2+bx+c=0$의 두 근이 -4, 5이고, 이차함수 $y=ax^2+bx+c$의 꼭짓점의 y좌표는 9이다. 이때 상수 a, b, c에 대하여 $a-b+c$의 값을 구하여라.

20 이차함수 $y=x^2-ax-b$의 그래프가 오른쪽 그림과 같을 때, $\sqrt{(a-b)^2}-\sqrt{(b-a)^2}$을 간단히 하여라.

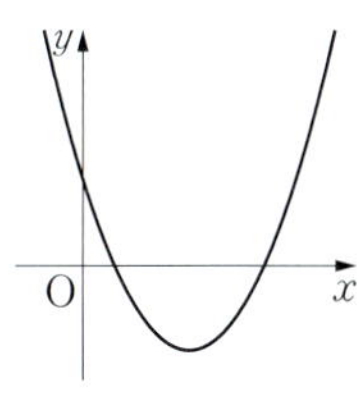

18 오른쪽 그림과 같이 길이가 22 cm인 $\overline{AB}$ 위에 한 점 P를 잡고, $\overline{AP}$, $\overline{PB}$를 각각 한 변으로 하는 두 정사각형을 만들었다. $\overline{AP}$의 길이를 x cm, 두 정사각형의 넓이의 합을 y cm^{2}라 하면 $y=ax^2+bx+c$의 관계가 성립한다고 한다. 상수 a, b, c에 대하여 $a+b+c$의 값을 구하여라.

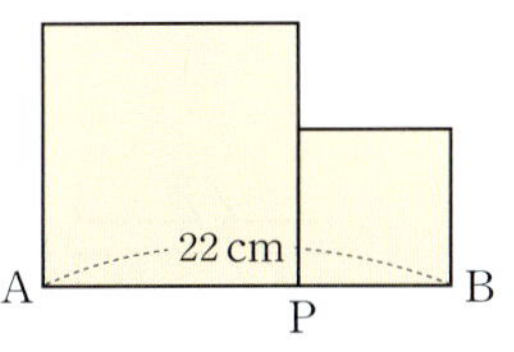

21 오른쪽 그림과 같이 지면에서 비스듬히 쏘아 올린 공을 승윤이가 1.3 m 떨어진 곳에서 받으려고 했다. 이 공은 1.8 m의 높이까지 올라간 다음 승윤이의 머리 끝을 스치고 2 m 떨어진 지점에 떨어졌다. 공이 그리는 곡선이 이차함수의 그래프와 같다고 할 때, 승윤이의 키가 몇 cm인지 구하여라. (단, 스치는 것은 포물선의 모양에 영향을 미치지 않는다.)

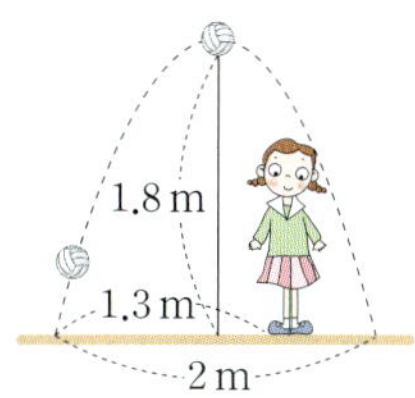

19 오른쪽 그림과 같이 이차함수 $y=\dfrac{2}{3}x^2+\dfrac{4}{3}x-2$의 그래프가 x축과 만나는 두 점을 A, C, y축과 만나는 점을 B라 하자. $\square$ABCD가 평행사변형일 때, 점 D의 좌표를 구하여라.

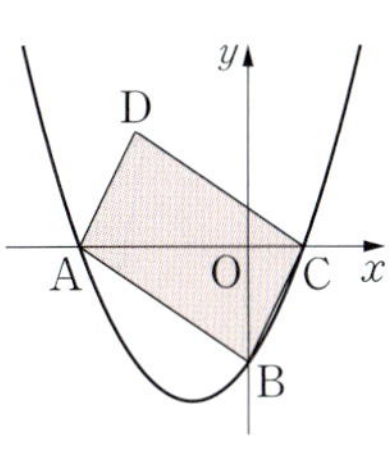

22 어느 기념품 가게에서 한 장에 100원씩 팔면 400장이 팔리는 그림 엽서의 가격을 한 장당 x원 올리면 $2x$장이 적게 팔린다고 한다. 한 장당 판매가격이 130원일 때 총 판매금액을 구하여라.

1 오른쪽 그림에서 두 점 A, B는 각각 두 이차함수
$y=-\dfrac{1}{2}x^2+x+\dfrac{5}{2},\ y=-\dfrac{1}{2}x^2+3x-\dfrac{3}{2}$ 의 그래프
의 꼭짓점이다. 색칠한 부분의 넓이를 구하여라.

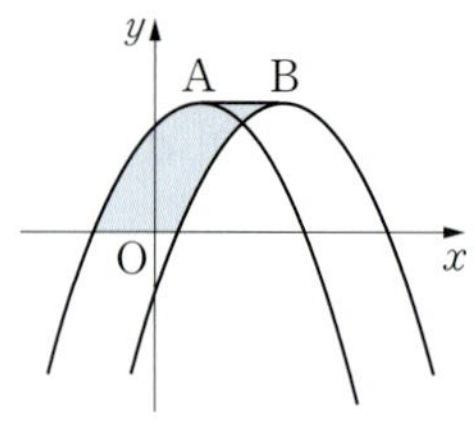

2 오른쪽 그림과 같이 직선 도로에 둘러싸인 사다리꼴 모
양의 땅이 있다. 이 땅에 직사각형 모양의 건물을 지었
더니 넓이가 $\dfrac{121}{3}\,\text{m}^2$일 때, $\overline{\text{FC}}$의 길이를 구하여라.

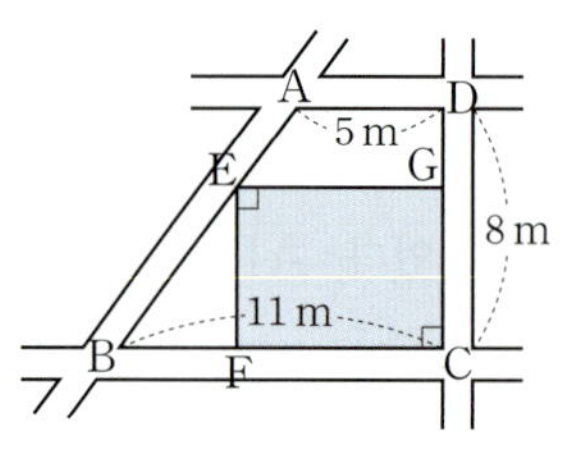

3 오른쪽 그림에서 ①은 이차함수 $y=\dfrac{3}{2}x^2$의 그래프이고,
직선 ②는 함수 ①의 그래프 위의 두 점 $\text{A}(-2,\,a)$,
$\text{B}\left(1,\,\dfrac{3}{2}\right)$을 지나는 일차함수의 그래프이다. 다음 물음에 답
하여라.
(1) 일차함수 ②의 식을 구하여라.
(2) 동일한 x의 값에 대하여 함수 ①의 y의 값이 일차함수
　②의 y의 값의 2배가 되는 x의 값을 구하여라.

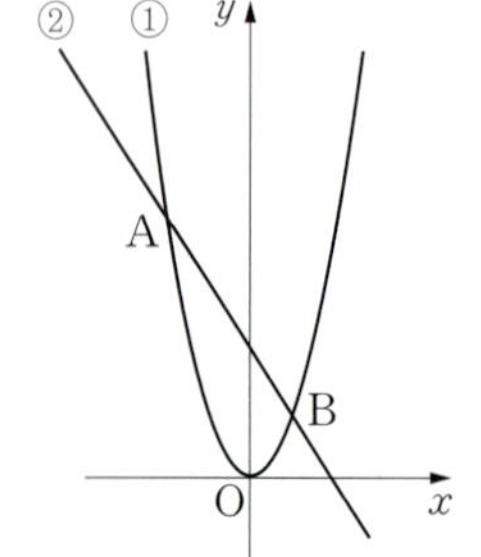

4 오른쪽 그림과 같은 사다리꼴 ABCD의 두 점 P, Q는 점 A를 동시에 출발하여 점 P는 A → B → C까지, 점 Q는 A → D까지 변을 따라 움직인다. 이 두 점이 A를 출발한 지 x초 후에 사다리꼴은 $\overline{PQ}$에 의해 두 부분으로 나누어지는데, 이때 점 A를 포함하는 도형의 넓이는 $y\,\mathrm{cm}^2$라 한다. 다음 물음에 답하여라. (단, 두 점 P, Q는 매초 $1\,\mathrm{cm}$씩 움직인다.)

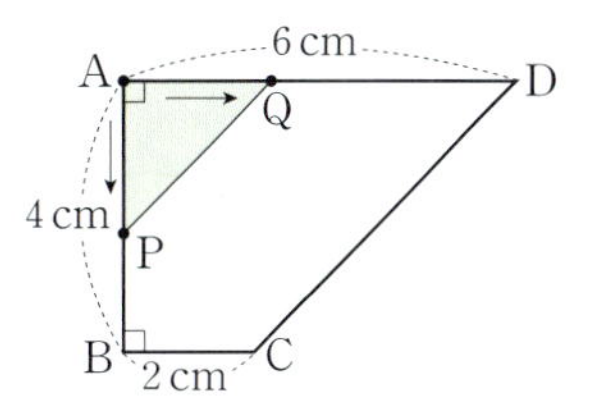

(1) x와 y 사이의 관계를 식으로 나타내어라.

(2) $y=7$이 되는 것은 출발한 지 몇 초 후인지 구하여라.

x의 값의 범위를 나누어 관계식을 구한다.

심화

5 오른쪽 그림과 같이 이차함수 $y=\dfrac{1}{2}x^2$의 그래프와 일차함수 $y=\dfrac{1}{2}x+3$의 그래프의 교점을 각각 A, B라 하고, 직선 AB와 y축의 교점을 C라 한다. 이차함수 $y=\dfrac{1}{2}x^2$의 그래프 위의 한 점 P에 대하여 직선 AP와 y축의 교점을 D라 할 때, $\triangle$DOP의 넓이는 $\triangle$ACD의 넓이의 $\dfrac{1}{9}$이라고 한다. 점 P의 좌표를 구하여라. (단, 점 P는 제2사분면 위에 있다.)

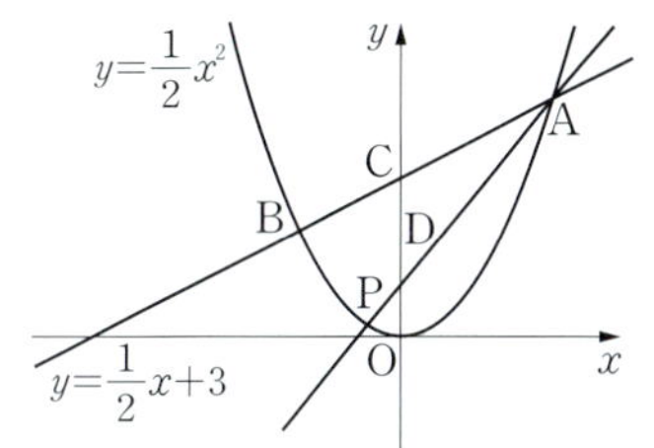

$\dfrac{1}{2}x^2=\dfrac{1}{2}x+3$의 방정식을 풀어 두 점 A, B의 좌표를 구한다.

---

6 이차함수 $y=-x^2+2ax+3a$의 그래프에서 x절편이 -2와 1 사이에 있을 때, 상수 a의 값의 범위를 구하여라.

이차함수 $f(x)=-x^2+2ax+3a$의 x절편이 -2와 1 사이에 있을 조건
(ⅰ) $f(-2)<0$, $f(1)<0$
(ⅱ) 대칭축이 직선 $x=-2$와 $x=1$ 사이에 존재
(ⅲ) $D\geq 0$

자동차의 안전거리

자동차 운전 중 장애물을 발견하고 브레이크를 밟으면 브레이크 등이 켜지는 것을 보고 뒷차 운전자도 브레이크를 밟는다. 뒷차 운전자가 주의를 기울이지 않거나 운동 신경이 나쁘면 브레이크를 늦게 밟아서 앞차와 충돌하게 된다. 그래서 자동차를 운전할 때는 앞차와 충돌하지 않을 만한 거리, 즉 안전거리를 확보해야 한다.

안전거리는 운전자가 장애물을 발견하고 브레이크를 밟을 때까지 자동차가 진행한 거리인 공주거리와 운전자가 브레이크를 밟은 후 자동차가 정지할 때까지 이동한 거리인 제동거리의 합이다.

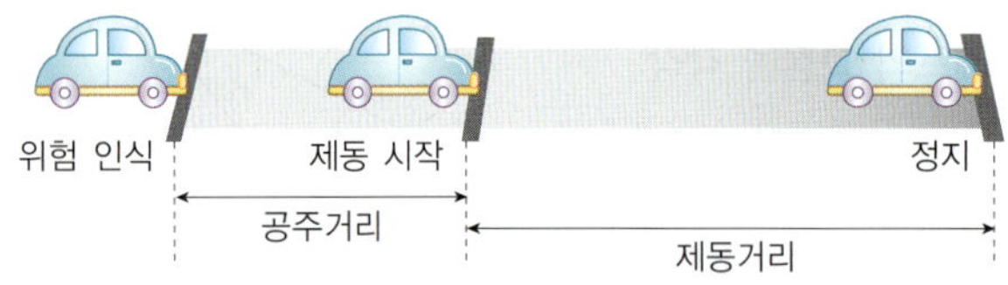

공주거리는 속력에 비례하지만 제동거리는 속력에 비례하는 것이 아니라 처음 속력의 제곱에 비례하기 때문에 차의 속도가 2배 빨라지면 공주거리는 2배로 늘어나고 제동거리는 4배로 늘어난다. 따라서 처음의 안전거리보다 2배 이상의 안전거리가 필요하다.

예를 들어 어느 날 특정 도로 상황에서 시속 $50\,km$이었을 때 공주거리가 $5\,m$, 제동거리가 $25\,m$로 안전거리가 총 $30\,m$이었다면 시속 $100\,km$일 때 공주거리는 $10\,m$, 제동거리는 $100\,m$로 늘어나기 때문에 안전거리는 $110\,m$가 된다. 즉 생활에서 자동차의 속도가 2배가 된다면 처음 안전거리 $30\,m$의 4배에 가까운 안전거리가 필요한 것이다.

이처럼 앞에서 배운 이차함수를 이용하면 안전거리는 속력에 대한 이차함수로 나타낼 수 있을 뿐 아니라 실생활에서 이차함수가 적용되는 예를 흔히 볼 수 있다.

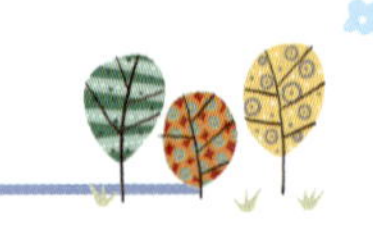

제곱근표 (1)

수	0	1	2	3	4	5	6	7	8	9
1.0	1.000	1.005	1.010	1.015	1.020	1.025	1.030	1.034	1.039	1.044
1.1	1.049	1.054	1.058	1.063	1.068	1.072	1.077	1.082	1.086	1.091
1.2	1.095	1.100	1.105	1.109	1.114	1.118	1.122	1.127	1.131	1.136
1.3	1.140	1.145	1.149	1.153	1.158	1.162	1.166	1.170	1.175	1.179
1.4	1.183	1.187	1.192	1.196	1.200	1.204	1.208	1.212	1.217	1.221
1.5	1.225	1.229	1.233	1.237	1.241	1.245	1.249	1.253	1.257	1.261
1.6	1.265	1.269	1.273	1.277	1.281	1.285	1.288	1.292	1.296	1.300
1.7	1.304	1.308	1.311	1.315	1.319	1.323	1.327	1.330	1.334	1.338
1.8	1.342	1.345	1.349	1.353	1.356	1.360	1.364	1.367	1.371	1.375
1.9	1.378	1.382	1.386	1.389	1.393	1.396	1.400	1.404	1.407	1.411
2.0	1.414	1.418	1.421	1.425	1.428	1.432	1.435	1.439	1.442	1.446
2.1	1.449	1.453	1.456	1.459	1.463	1.466	1.470	1.473	1.476	1.480
2.2	1.483	1.487	1.490	1.493	1.497	1.500	1.503	1.507	1.510	1.513
2.3	1.517	1.520	1.523	1.526	1.530	1.533	1.536	1.539	1.543	1.546
2.4	1.549	1.552	1.556	1.559	1.562	1.565	1.568	1.572	1.575	1.578
2.5	1.581	1.584	1.587	1.591	1.594	1.597	1.600	1.603	1.606	1.609
2.6	1.612	1.616	1.619	1.622	1.625	1.628	1.631	1.634	1.637	1.640
2.7	1.643	1.646	1.649	1.652	1.655	1.658	1.661	1.664	1.667	1.670
2.8	1.673	1.676	1.679	1.682	1.685	1.688	1.691	1.694	1.697	1.700
2.9	1.703	1.706	1.709	1.712	1.715	1.718	1.720	1.723	1.726	1.729
3.0	1.732	1.735	1.738	1.741	1.744	1.746	1.749	1.752	1.755	1.758
3.1	1.761	1.764	1.766	1.769	1.772	1.775	1.778	1.780	1.783	1.786
3.2	1.789	1.792	1.794	1.797	1.800	1.803	1.806	1.808	1.811	1.814
3.3	1.817	1.819	1.822	1.825	1.828	1.830	1.833	1.836	1.838	1.841
3.4	1.844	1.847	1.849	1.852	1.855	1.857	1.860	1.863	1.865	1.868
3.5	1.871	1.873	1.876	1.879	1.881	1.884	1.887	1.889	1.892	1.895
3.6	1.897	1.900	1.903	1.905	1.908	1.910	1.913	1.916	1.918	1.921
3.7	1.924	1.926	1.929	1.931	1.934	1.936	1.939	1.942	1.944	1.947
3.8	1.949	1.952	1.954	1.957	1.960	1.962	1.965	1.967	1.970	1.972
3.9	1.975	1.977	1.980	1.982	1.985	1.987	1.990	1.992	1.995	1.997
4.0	2.000	2.002	2.005	2.007	2.010	2.012	2.015	2.017	2.020	2.022
4.1	2.025	2.027	2.030	2.032	2.035	2.037	2.040	2.042	2.045	2.047
4.2	2.049	2.052	2.054	2.057	2.059	2.062	2.064	2.066	2.069	2.071
4.3	2.074	2.076	2.078	2.081	2.083	2.086	2.088	2.090	2.093	2.095
4.4	2.098	2.100	2.102	2.105	2.107	2.110	2.112	2.114	2.117	2.119
4.5	2.121	2.124	2.126	2.128	2.131	2.133	2.135	2.138	2.140	2.142
4.6	2.145	2.147	2.149	2.152	2.154	2.156	2.159	2.161	2.163	2.166
4.7	2.168	2.170	2.173	2.175	2.177	2.179	2.182	2.184	2.186	2.189
4.8	2.191	2.193	2.195	2.198	2.200	2.202	2.205	2.207	2.209	2.211
4.9	2.214	2.216	2.218	2.220	2.223	2.225	2.227	2.229	2.232	2.234
5.0	2.236	2.238	2.241	2.243	2.245	2.247	2.249	2.252	2.254	2.256
5.1	2.258	2.261	2.263	2.265	2.267	2.269	2.272	2.274	2.276	2.278
5.2	2.280	2.283	2.285	2.287	2.289	2.291	2.293	2.296	2.298	2.300
5.3	2.302	2.304	2.307	2.309	2.311	2.313	2.315	2.317	2.319	2.322
5.4	2.324	2.326	2.328	2.330	2.332	2.335	2.337	2.339	2.341	2.343

제곱근표 (2)

수	0	1	2	3	4	5	6	7	8	9
5.5	2.345	2.347	2.349	2.352	2.354	2.356	2.358	2.360	2.362	2.364
5.6	2.366	2.369	2.371	2.373	2.375	2.377	2.379	2.381	2.383	2.385
5.7	2.387	2.390	2.392	2.394	2.396	2.398	2.400	2.402	2.404	2.406
5.8	2.408	2.410	2.412	2.415	2.417	2.419	2.421	2.423	2.425	2.427
5.9	2.429	2.431	2.433	2.435	2.437	2.439	2.441	2.443	2.445	2.447
6.0	2.449	2.452	2.454	2.456	2.458	2.460	2.462	2.464	2.466	2.468
6.1	2.470	2.472	2.474	2.476	2.478	2.480	2.482	2.484	2.486	2.488
6.2	2.490	2.492	2.494	2.496	2.498	2.500	2.502	2.504	2.506	2.508
6.3	2.510	2.512	2.514	2.516	2.518	2.520	2.522	2.524	2.526	2.528
6.4	2.530	2.532	2.534	2.536	2.538	2.540	2.542	2.544	2.546	2.548
6.5	2.550	2.551	2.553	2.555	2.557	2.559	2.561	2.563	2.565	2.567
6.6	2.569	2.571	2.573	2.575	2.577	2.579	2.581	2.583	2.585	2.587
6.7	2.588	2.590	2.592	2.594	2.596	2.598	2.600	2.602	2.604	2.606
6.8	2.608	2.610	2.612	2.613	2.615	2.617	2.619	2.621	2.623	2.625
6.9	2.627	2.629	2.631	2.632	2.634	2.636	2.638	2.640	2.642	2.644
7.0	2.646	2.648	2.650	2.651	2.653	2.655	2.657	2.659	2.661	2.663
7.1	2.665	2.666	2.668	2.670	2.672	2.674	2.676	2.678	2.680	2.681
7.2	2.683	2.685	2.687	2.689	2.691	2.693	2.694	2.696	2.698	2.700
7.3	2.702	2.704	2.706	2.707	2.709	2.711	2.713	2.715	2.717	2.718
7.4	2.720	2.722	2.724	2.726	2.728	2.729	2.731	2.733	2.735	2.737
7.5	2.739	2.740	2.742	2.744	2.746	2.748	2.750	2.751	2.753	2.755
7.6	2.757	2.759	2.760	2.762	2.764	2.766	2.768	2.769	2.771	2.773
7.7	2.775	2.777	2.778	2.780	2.782	2.784	2.786	2.787	2.789	2.791
7.8	2.793	2.795	2.796	2.798	2.800	2.802	2.804	2.805	2.807	2.809
7.9	2.811	2.812	2.814	2.816	2.818	2.820	2.821	2.823	2.825	2.827
8.0	2.828	2.830	2.832	2.834	2.835	2.837	2.839	2.841	2.843	2.844
8.1	2.846	2.848	2.850	2.851	2.853	2.855	2.857	2.858	2.860	2.862
8.2	2.864	2.865	2.867	2.869	2.871	2.872	2.874	2.876	2.877	2.879
8.3	2.881	2.883	2.884	2.886	2.888	2.890	2.891	2.893	2.895	2.897
8.4	2.898	2.900	2.902	2.903	2.905	2.907	2.909	2.910	2.912	2.914
8.5	2.915	2.917	2.919	2.921	2.922	2.924	2.926	2.927	2.929	2.931
8.6	2.933	2.934	2.936	2.938	2.939	2.941	2.943	2.944	2.946	2.948
8.7	2.950	2.951	2.953	2.955	2.956	2.958	2.960	2.961	2.963	2.965
8.8	2.966	2.968	2.970	2.972	2.973	2.975	2.977	2.978	2.980	2.982
8.9	2.983	2.985	2.987	2.988	2.990	2.992	2.993	2.995	2.997	2.998
9.0	3.000	3.002	3.003	3.005	3.007	3.008	3.010	3.012	3.013	3.015
9.1	3.017	3.018	3.020	3.022	3.023	3.025	3.027	3.028	3.030	3.032
9.2	3.033	3.035	3.036	3.038	3.040	3.041	3.043	3.045	3.046	3.048
9.3	3.050	3.051	3.053	3.055	3.056	3.058	3.059	3.061	3.063	3.064
9.4	3.066	3.068	3.069	3.071	3.072	3.074	3.076	3.077	3.079	3.081
9.5	3.082	3.084	3.085	3.087	3.089	3.090	3.092	3.094	3.095	3.097
9.6	3.098	3.100	3.102	3.103	3.105	3.106	3.108	3.110	3.111	3.113
9.7	3.114	3.116	3.118	3.119	3.121	3.122	3.124	3.126	3.127	3.129
9.8	3.130	3.132	3.134	3.135	3.137	3.138	3.140	3.142	3.143	3.145
9.9	3.146	3.148	3.150	3.151	3.153	3.154	3.156	3.158	3.159	3.161

제곱근표 (3)

수	0	1	2	3	4	5	6	7	8	9
10	3.162	3.178	3.194	3.209	3.225	3.240	3.256	3.271	3.286	3.302
11	3.317	3.332	3.347	3.362	3.376	3.391	3.406	3.421	3.435	3.450
12	3.464	3.479	3.493	3.507	3.521	3.536	3.550	3.564	3.578	3.592
13	3.606	3.619	3.633	3.647	3.661	3.674	3.688	3.701	3.715	3.728
14	3.742	3.755	3.768	3.782	3.795	3.808	3.821	3.834	3.847	3.860
15	3.873	3.886	3.899	3.912	3.924	3.937	3.950	3.962	3.975	3.987
16	4.000	4.012	4.025	4.037	4.050	4.062	4.074	4.087	4.099	4.111
17	4.123	4.135	4.147	4.159	4.171	4.183	4.195	4.207	4.219	4.231
18	4.243	4.254	4.266	4.278	4.290	4.301	4.313	4.324	4.336	4.347
19	4.359	4.370	4.382	4.393	4.405	4.416	4.427	4.438	4.450	4.461
20	4.472	4.483	4.494	4.506	4.517	4.528	4.539	4.550	4.561	4.572
21	4.583	4.593	4.604	4.615	4.626	4.637	4.648	4.658	4.669	4.680
22	4.690	4.701	4.712	4.722	4.733	4.743	4.754	4.764	4.775	4.785
23	4.796	4.806	4.817	4.827	4.837	4.848	4.858	4.868	4.879	4.889
24	4.899	4.909	4.919	4.930	4.940	4.950	4.960	4.970	4.980	4.990
25	5.000	5.010	5.020	5.030	5.040	5.050	5.060	5.070	5.079	5.089
26	5.099	5.109	5.119	5.128	5.138	5.148	5.158	5.167	5.177	5.187
27	5.196	5.206	5.215	5.225	5.235	5.244	5.254	5.263	5.273	5.282
28	5.292	5.301	5.310	5.320	5.329	5.339	5.348	5.357	5.367	5.376
29	5.385	5.394	5.404	5.413	5.422	5.431	5.441	5.450	5.459	5.468
30	5.477	5.486	5.495	5.505	5.514	5.523	5.532	5.541	5.550	5.559
31	5.568	5.577	5.586	5.595	5.604	5.612	5.621	5.630	5.639	5.648
32	5.657	5.666	5.675	5.683	5.692	5.701	5.710	5.718	5.727	5.736
33	5.745	5.753	5.762	5.771	5.779	5.788	5.797	5.805	5.814	5.822
34	5.831	5.840	5.848	5.857	5.865	5.874	5.882	5.891	5.899	5.908
35	5.916	5.925	5.933	5.941	5.950	5.958	5.967	5.975	5.983	5.992
36	6.000	6.008	6.017	6.025	6.033	6.042	6.050	6.058	6.066	6.075
37	6.083	6.091	6.099	6.107	6.116	6.124	6.132	6.140	6.148	6.156
38	6.164	6.173	6.181	6.189	6.197	6.205	6.213	6.221	6.229	6.237
39	6.245	6.253	6.261	6.269	6.277	6.285	6.293	6.301	6.309	6.317
40	6.325	6.332	6.340	6.348	6.356	6.364	6.372	6.380	6.387	6.395
41	6.403	6.411	6.419	6.427	6.434	6.442	6.450	6.458	6.465	6.473
42	6.481	6.488	6.496	6.504	6.512	6.519	6.527	6.535	6.542	6.550
43	6.557	6.565	6.573	6.580	6.588	6.595	6.603	6.611	6.618	6.626
44	6.633	6.641	6.648	6.656	6.663	6.671	6.678	6.686	6.693	6.701
45	6.708	6.716	6.723	6.731	6.738	6.745	6.753	6.760	6.768	6.775
46	6.782	6.790	6.797	6.804	6.812	6.819	6.826	6.834	6.841	6.848
47	6.856	6.863	6.870	6.877	6.885	6.892	6.899	6.907	6.914	6.921
48	6.928	6.935	6.943	6.950	6.957	6.964	6.971	6.979	6.986	6.993
49	7.000	7.007	7.014	7.021	7.029	7.036	7.043	7.050	7.057	7.064
50	7.071	7.078	7.085	7.092	7.099	7.106	7.113	7.120	7.127	7.134
51	7.141	7.148	7.155	7.162	7.169	7.176	7.183	7.190	7.197	7.204
52	7.211	7.218	7.225	7.232	7.239	7.246	7.253	7.259	7.266	7.273
53	7.280	7.287	7.294	7.301	7.308	7.314	7.321	7.328	7.335	7.342
54	7.348	7.355	7.362	7.369	7.376	7.382	7.389	7.396	7.403	7.409

제곱근표 (4)

수	0	1	2	3	4	5	6	7	8	9
55	7.416	7.423	7.430	7.436	7.443	7.450	7.457	7.463	7.470	7.477
56	7.483	7.490	7.497	7.503	7.510	7.517	7.523	7.530	7.537	7.543
57	7.550	7.556	7.563	7.570	7.576	7.583	7.589	7.596	7.603	7.609
58	7.616	7.622	7.629	7.635	7.642	7.649	7.655	7.662	7.668	7.675
59	7.681	7.688	7.694	7.701	7.707	7.714	7.720	7.727	7.733	7.740
60	7.746	7.752	7.759	7.765	7.772	7.778	7.785	7.791	7.797	7.804
61	7.810	7.817	7.823	7.829	7.836	7.842	7.849	7.855	7.861	7.868
62	7.874	7.880	7.887	7.893	7.899	7.906	7.912	7.918	7.925	7.931
63	7.937	7.944	7.950	7.956	7.962	7.969	7.975	7.981	7.987	7.994
64	8.000	8.006	8.012	8.019	8.025	8.031	8.037	8.044	8.050	8.056
65	8.062	8.068	8.075	8.081	8.087	8.093	8.099	8.106	8.112	8.118
66	8.124	8.130	8.136	8.142	8.149	8.155	8.161	8.167	8.173	8.179
67	8.185	8.191	8.198	8.204	8.210	8.216	8.222	8.228	8.234	8.240
68	8.246	8.252	8.258	8.264	8.270	8.276	8.283	8.289	8.295	8.301
69	8.307	8.313	8.319	8.325	8.331	8.337	8.343	8.349	8.355	8.361
70	8.367	8.373	8.379	8.385	8.390	8.396	8.402	8.408	8.414	8.420
71	8.426	8.432	8.438	8.444	8.450	8.456	8.462	8.468	8.473	8.479
72	8.485	8.491	8.497	8.503	8.509	8.515	8.521	8.526	8.532	8.538
73	8.544	8.550	8.556	8.562	8.567	8.573	8.579	8.585	8.591	8.597
74	8.602	8.608	8.614	8.620	8.626	8.631	8.637	8.643	8.649	8.654
75	8.660	8.666	8.672	8.678	8.683	8.689	8.695	8.701	8.706	8.712
76	8.718	8.724	8.729	8.735	8.741	8.746	8.752	8.758	8.764	8.769
77	8.775	8.781	8.786	8.792	8.798	8.803	8.809	8.815	8.820	8.826
78	8.832	8.837	8.843	8.849	8.854	8.860	8.866	8.871	8.877	8.883
79	8.888	8.894	8.899	8.905	8.911	8.916	8.922	8.927	8.933	8.939
80	8.944	8.950	8.955	8.961	8.967	8.972	8.978	8.983	8.989	8.994
81	9.000	9.006	9.011	9.017	9.022	9.028	9.033	9.039	9.044	9.050
82	9.055	9.061	9.066	9.072	9.077	9.083	9.088	9.094	9.099	9.105
83	9.110	9.116	9.121	9.127	9.132	9.138	9.143	9.149	9.154	9.160
84	9.165	9.171	9.176	9.182	9.187	9.192	9.198	9.203	9.209	9.214
85	9.220	9.225	9.230	9.236	9.241	9.247	9.252	9.257	9.263	9.268
86	9.274	9.279	9.284	9.290	9.295	9.301	9.306	9.311	9.317	9.322
87	9.327	9.333	9.338	9.343	9.349	9.354	9.359	9.365	9.370	9.375
88	9.381	9.386	9.391	9.397	9.402	9.407	9.413	9.418	9.423	9.429
89	9.434	9.439	9.445	9.450	9.455	9.460	9.466	9.471	9.476	9.482
90	9.487	9.492	9.497	9.503	9.508	9.513	9.518	9.524	9.529	9.534
91	9.539	9.545	9.550	9.555	9.560	9.566	9.571	9.576	9.581	9.586
92	9.592	9.597	9.602	9.607	9.612	9.618	9.623	9.628	9.633	9.638
93	9.644	9.649	9.654	9.659	9.664	9.670	9.675	9.680	9.685	9.690
94	9.695	9.701	9.706	9.711	9.716	9.721	9.726	9.731	9.737	9.742
95	9.747	9.752	9.757	9.762	9.767	9.772	9.778	9.783	9.788	9.793
96	9.798	9.803	9.808	9.813	9.818	9.823	9.829	9.834	9.839	9.844
97	9.849	9.854	9.859	9.864	9.869	9.874	9.879	9.884	9.889	9.894
98	9.899	9.905	9.910	9.915	9.920	9.925	9.930	9.935	9.940	9.945
99	9.950	9.955	9.960	9.965	9.970	9.975	9.980	9.985	9.990	9.995

memo

memo

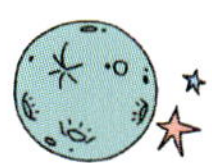

공식은 짧고 원리는 길다.

원리해설 수학

♦ 원리를 이해하고 있는 사람이 수학을 잘합니다. ♦

이해쏙쏙
술술풀이

핵심을 짚어주는 명쾌한 풀이. 따라오세요. 술술 풀립니다

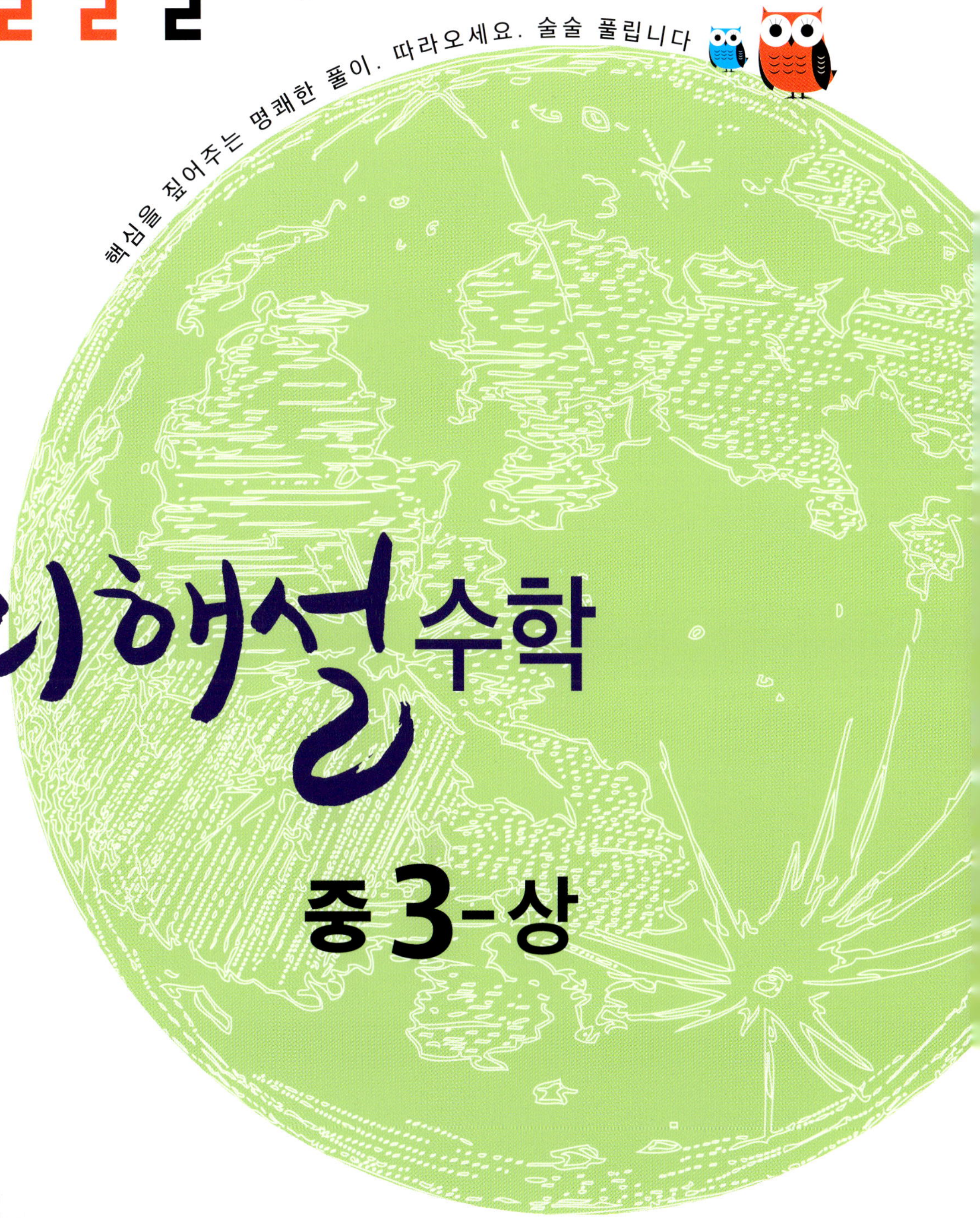

에이급

원리해설 수학

중3-상

에이급출판사

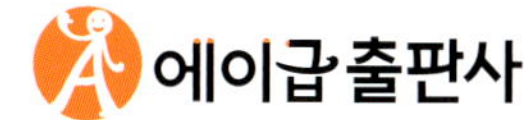

- 부족했던 개념을 완벽하게 내 것으로
- 원리이해를 기반으로 최고수준문제까지

단편적 지식을 관통하는 큰 원리를 이해합니다.

원리해설 수학
이해쏙쏙
술술풀이

I 무리수와 실수 — 1. 제곱근과 실수

1 제곱근의 뜻과 성질

원리확인 기본문제 8~13쪽

1 (1) ± 8 (2) 0 (3) $\pm\dfrac{3}{4}$ (4) 없다. (5) ± 0.6

2 (1) ± 5 (2) ± 3 (3) $\pm\dfrac{2}{7}$ (4) $\pm\dfrac{3}{8}$ (5) ± 0.6

3 (1) 2 (2) $\dfrac{1}{5}$ (3) -0.6

4 (1) $\pm\sqrt{7}$ (2) $\sqrt{15}$ (3) $-\sqrt{8}$ (4) $\pm\sqrt{5}$

5 (1) 8 (2) 0.8 (3) 2 (4) -1.1 (5) $\dfrac{1}{5}$ (6) $-\dfrac{4}{3}$

6 (1) 7 (2) 2 (3) 44 (4) 28 **7** (1) a (2) $-4a$

8 (1) 4 (2) $-2a+6$ **9** (1) 6 (2) 35 (3) 2 (4) 6

10 (1) 11 (2) 9 (3) 9 (4) 4 **11** 9개

12 $5, \sqrt{8}, \sqrt{2}, 0, -\sqrt{7}, -3$ **13** 13개

1단계 C step 촘촘유형 14~19쪽

01 ④ **02** ①, ③ **03** ㄷ, ㅁ **04** ④

05 9 **06** $\dfrac{7}{3}$ **07** $\sqrt{89}$ cm **08** ④

09 ③ **10** 3개 **11** ②

12 $(-\sqrt{10})^2, \sqrt{(-1)^{10}}, \sqrt{\left(-\dfrac{1}{2}\right)^2}, \sqrt{0.01}, -\sqrt{(-3)^2}, -\sqrt{5^2}$ **13** -1 **14** 15 **15** ⑤

16 12 **17** (1) 9 (2) 6 (3) 3 **18** ②

19 ㄴ, ㄹ, ㅂ **20** ④ **21** $-6a$ **22** $3a-7b$

23 1 **24** $-2x+1$ **25** $-3a$ **26** ③

27 6, 24, 54, 96 **28** 35 **29** 3

30 75 **31** 14 **32** 13 **33** 17

34 149 **35** 56 **36** ④ **37** $\dfrac{3}{5}$

38 7 **39** 1 **40** -3

41 (1) 4개 (2) 6개 (3) 13개 **42** 22 **43** 5

44 9 **45** 3

2 무리수와 실수

원리확인 기본문제 20~23쪽

1 ㄷ, ㅁ **2** $P(-\sqrt{8})$ **3** ④ **4** ④

5 $B<A<C$

1단계 C step 촘촘유형 24~27쪽

01 ① **02** ④ **03** $\sqrt{0.4}, 1-\sqrt{2}$

04 ⑤ **05** ③

06 $P(-\sqrt{2}), Q(2-\sqrt{2}), R(\sqrt{2})$ **07** 점 B

08 $4+\sqrt{2}$ **09** ② **10** 8 **11** $2-\sqrt{13}$

12 ③ **13** ②, ③ **14** ② **15** ②

16 3개 **17** ③ **18** $B<A<C$

19 $2-\sqrt{3}$ **20** ①

21 $A: -\sqrt{8}+1, B: \sqrt{3}-1, C: 4-\sqrt{3}$ **22** ③

23 ⑤ **24** ①

2단계 B step 탄탄내신 28~31쪽

01 ② **02** 4 **03** $\sqrt{20}$ **04** (1) $-\dfrac{4}{3}$

(2) 21 **05** $-a-2b$ **06** (1) 4 (2) 0

07 5 **08** 34, 69 **09** (1) 7 (2) 11 (3) 18

10 4 **11** 10 **12** 7 **13** 17

14 ㄹ **15** ㅁ, ㅅ **16** 22개 **17** ㄷ

18 ③ **19** $4-\sqrt{5}$

20 $D(2+\sqrt{10}), E(2-\sqrt{20})$ **21** ⑤

22 ② **23** 20 **24** $a<c<b$

3단계 A step 만점승승장구 32~33쪽

1 $\sqrt{80}$ **2** $a=29, b=19$ **3** 24310

4 $2x$ **5** 23개 **6** 0 **7** $-2<x<2$

I 무리수와 실수 — 2. 근호를 포함한 식의 계산

1 근호를 포함한 식의 계산 (1)

원리확인 기본문제 34~36쪽

1 (1) $5\sqrt{2}$ (2) $6\sqrt{5}$ (3) $\sqrt{48}$ (4) $\sqrt{63}$

2 (1) $4\sqrt{21}$ (2) $16\sqrt{15}$ (3) $6\sqrt{70}$ (4) $2\sqrt{15}$

3 (1) $\dfrac{\sqrt{3}}{8}$ (2) $\dfrac{\sqrt{23}}{11}$ (3) $\sqrt{\dfrac{5}{9}}$ (4) $\sqrt{\dfrac{6}{25}}$

4 (1) $2\sqrt{2}$ (2) $4\sqrt{2}$ (3) $\dfrac{5\sqrt{3}}{2}$ (4) $-5\sqrt{2}$

5 (1) $\dfrac{5\sqrt{3}}{3}$ (2) $3\sqrt{2}$ (3) $\dfrac{3\sqrt{7}}{14}$ (4) $\dfrac{11\sqrt{5}}{10}$ **6** $\dfrac{32}{45}$

1 (1) $2\sqrt{5}$　(2) $-3\sqrt{19}$　(3) $\dfrac{5\sqrt{5}}{4}$　(4) $2\sqrt{2}$

2 (1) $\sqrt{80}$　(2) $-\sqrt{63}$　(3) $\sqrt{\dfrac{4}{3}}$　(4) $-\sqrt{3.6}$

3 (1) $\dfrac{\sqrt{3}}{3}$　(2) $\dfrac{3\sqrt{5}}{5}$　(3) $\sqrt{2}$　(4) $\dfrac{4\sqrt{7}}{7}$

4 (1) $10\sqrt{14}$　(2) $5\sqrt{30}$　(3) $\dfrac{15\sqrt{14}}{14}$　(4) $2\sqrt{2}$　(5) $\dfrac{\sqrt{105}}{2}$

(6) $\dfrac{\sqrt{105}}{12}$　(7) $-5\sqrt{2}$　(8) $\dfrac{5\sqrt{3}}{9}$

01 16　　**02** ⑤　　**03** $\dfrac{4}{9}$　　**04** 5

05 ③　　**06** $12\sqrt{3}$　　**07** 72　　**08** $4\sqrt{13}$ cm

09 ⑤　　**10** $\dfrac{5}{16}$　　**11** $\dfrac{3}{2}$　　**12** ③

13 70　　**14** $\dfrac{8}{5}$　　**15** ③　　**16** ②

17 $-\dfrac{7}{25}$　　**18** ⑤　　**19** 5　　**20** $\dfrac{\sqrt{6}}{4}$

21 1　　**22** (1) $2\sqrt{6}$　(2) $9\sqrt{3}$　(3) $\dfrac{7\sqrt{15}}{5}$

23 $\dfrac{1}{2}$　　**24** ⑤　　**25** $45\sqrt{2}$ cm²　**26** $4\sqrt{2}$ cm

27 $\dfrac{8\sqrt{30}}{5}$

2 근호를 포함한 식의 계산 (2)

1 (1) $9\sqrt{5}$　(2) $10\sqrt{2}-6\sqrt{3}$　(3) $-6\sqrt{2}$　(4) $-\sqrt{2}+2\sqrt{6}$

2 (1) $15\sqrt{7}$　(2) $2\sqrt{2}-8\sqrt{3}$　(3) $\dfrac{9\sqrt{6}}{20}$　(4) $-\dfrac{7\sqrt{3}}{6}+\dfrac{5\sqrt{5}}{2}$

3 (1) $12-3\sqrt{3}$　(2) $-26\sqrt{3}+4\sqrt{15}$

4 (1) $\dfrac{2\sqrt{3}-\sqrt{2}}{4}$　(2) $\dfrac{3\sqrt{2}+2}{4}$　**5** $\dfrac{7\sqrt{10}}{2}-6\sqrt{6}$

6 12　　　**7** (1) 2.460　(2) 59.4

8 (1) 44.72　(2) 141.4　(3) 0.04472

9 (1) 정수 부분 : 3, 소수 부분 : $\sqrt{10}-3$　(2) 정수 부분 : 4, 소수 부분 : $\sqrt{19}-4$　(3) 정수 부분 : 7, 소수 부분 : $\sqrt{58}-7$

10 (1) 정수 부분 : 2, 소수 부분 : $\sqrt{2}-1$　(2) 정수 부분 : 1, 소수 부분 : $\sqrt{5}-2$　　　**11** $a=3,\ b=7$

---

1 (1) $9\sqrt{2}$　(2) $9\sqrt{5}$　(3) $8\sqrt{5}-\sqrt{15}$　(4) 0　(5) $-\dfrac{29\sqrt{3}}{24}$

(6) $\dfrac{\sqrt{6}}{6}$　(7) $\dfrac{73\sqrt{14}}{56}$　(8) $\dfrac{11\sqrt{3}}{3}$　(9) $5\sqrt{2}$

2 (1) $2\sqrt{3}-\dfrac{3\sqrt{10}}{10}$　(2) $\dfrac{2\sqrt{15}}{15}$　(3) $2\sqrt{2}-\dfrac{2\sqrt{3}}{3}$

(4) $2\sqrt{2}+5$　　**3** (1) $\sqrt{6}+\sqrt{3}+3\sqrt{2}$　(2) $\dfrac{15}{2}-\sqrt{6}-2\sqrt{2}$

(3) $-13\sqrt{2}$　(4) $7\sqrt{2}-2\sqrt{3}$　(5) $6\sqrt{6}-11\sqrt{2}$　(6) $31-3\sqrt{6}$

01 6　　**02** $\dfrac{5}{4}$　　**03** $-40\sqrt{6}$

04 $16-12\sqrt{5}$　　　**05** $6\sqrt{2}$　　**06** $\dfrac{11\sqrt{2}}{4}$

07 $-\dfrac{11}{25}$　　**08** $4+\dfrac{\sqrt{15}}{3}-\dfrac{\sqrt{5}}{4}$　　　**09** $\sqrt{3}-2\sqrt{6}$

10 $2-2\sqrt{15}$　　**11** (1) $\dfrac{4\sqrt{3}-\sqrt{15}}{3}$　(2) $\dfrac{3+\sqrt{3}}{9}$

12 $-2\sqrt{2}+\dfrac{2\sqrt{6}}{3}$　　　**13** 4　　**14** $4\sqrt{15}$

15 $14\sqrt{2}-\dfrac{12\sqrt{10}}{5}$　　　**16** $-15+\dfrac{\sqrt{3}}{3}+\dfrac{13\sqrt{6}}{6}$

17 ③　　**18** -1　　**19** (1) 4　(2) 23

20 $(3\sqrt{6}+2)$cm²　　　**21** $18\sqrt{6}$ cm　**22** $3+2\sqrt{2}$

23 ①　　**24** ③　　**25** ①　　**26** ②

27 1　　**28** $4-\sqrt{2}$　　**29** $2-6\sqrt{3}+7\sqrt{2}$

01 ④　　**02** 6　　**03** 1

04 $x=63,\ y=28$　　　**05** $4\sqrt{2}-3\sqrt{3}$

06 $1-\dfrac{\sqrt{10}}{2}$　**07** $\dfrac{15\sqrt{2}}{2}+4\sqrt{3}$　　**08** $2\sqrt{15}$ cm

09 $6\sqrt{3}$　　**10** (1) 0.2236　(2) 0.4472　(3) 63.25　(4) 70.71

11 2.8882　　**12** $-\dfrac{1}{3}$　　**13** ④　　**14** $\sqrt{3}-1$

15 (1) $3\sqrt{6}-18$　(2) $\sqrt{3}-\sqrt{2}$　**16** 34　　**17** 7개

18 8

1 35　　**2** $a=-1,\ b=\dfrac{1}{81}$ 또는 $a=-\dfrac{4}{3},\ b=\dfrac{1}{3}$

3 10001

Ⅱ 다항식의 곱셈과 인수분해 1. 다항식의 곱셈

1 곱셈 공식

원리확인 기본문제 60~67쪽

1 $a=4$, $b=19$ **2** $a=5$, $b=4$, $c=28$

3 (1) $a^2+16a+64$ (2) $9a^2-6a+1$ (3) $a^2-6ab+9b^2$

(4) $a^2+2ab+b^2$ **4** (1) 17 (2) $-\dfrac{17}{4}$ **5** 7

6 (1) $a^2b^2-c^2$ (2) $x^2-\dfrac{1}{4}y^2$ (3) $25a^2-4b^2$ (4) $\dfrac{1}{9}x^2-16y^2$

7 $4a^2-b^2$ **8** (1) $y^2-3y-40$ (2) $a^2+\dfrac{3}{10}a-\dfrac{1}{10}$

(3) $x^2-xy-6y^2$ (4) $x^2-3xy-10y^2$

9 (1) x^2+5x+6 (2) x^2+x-2

10 (1) $28x^2+2xy-6y^2$ (2) $15x^2+xy-2y^2$

(3) $12x^2+10xy+2y^2$ (4) $-9x^2-44xy+5y^2$

11 (1) $2x^2+7x+3$ (2) $6x^2+5x-6$

12 (1) $147-60\sqrt{6}$ (2) $-4\sqrt{14}-38$

13 (1) $\dfrac{2\sqrt{10}+3\sqrt{2}}{11}$ (2) $\dfrac{5\sqrt{2}-2\sqrt{3}}{19}$

14 (1) 2601 (2) 4489

15 (1) 8648 (2) 4875 (3) 4964 (4) 39402

1단계 C step 촘촘유형 68~73쪽

01 ② **02** 17 **03** -9

04 $a=7$, $b=14$ **05** $p=\dfrac{3}{2}$, $q=\dfrac{11}{4}$

06 ③ **07** (1) $4a^2-\dfrac{12}{5}ab+\dfrac{9}{25}b^2$

(2) $10x^2-12xy+10y^2$ **08** 20 **09** ㄱ, ㄷ

10 ③ **11** ③ **12** 1 **13** 8

14 7 **15** 45 **16** $-4x^2+16x-7$

17 ③ **18** ② **19** ④ **20** -12

21 ①, ③ **22** ④ **23** (1) $3x^2+20x+89$

(2) $6x^2+40$ (3) $-2x+1$ (4) $-6x+18$

24 2 **25** $a^2-8a+16$ **26** ③

27 ④ **28** (1) $a^2+2ab+b^2-9$

(2) $16x^2-8xy+y^2+4x-y-6$ **29** 9

30 $x^4-4x^3-39x^2+86x+280$ **31** 1

32 -1 **33** $4-6\sqrt{2}+2\sqrt{3}-2\sqrt{6}$ **34** $4-7\sqrt{7}$

35 $\sqrt{5}-\sqrt{2}$ **36** 6 **37** $-\dfrac{\sqrt{15}}{5}$

38 ④ **39** (1) 51.84 (2) 9991 (3) 63.96 (4) 5032

40 15 **41** $\dfrac{13}{2}$ **42** 11 **43** 18

44 $48\sqrt{3}-96$ **45** $10\sqrt{6}-11$ **46** 3

2단계 B step 탄탄내신 74~76쪽

01 ⑤ **02** $a=12$, $b=-6$ **03** ⑤

04 6 **05** ① **06** 2 **07** -5

08 17 **09** 27 **10** (1) $\dfrac{50}{7}$ (2) $\dfrac{20}{11}$

11 (1) 7, 2, 64, 16 (2) 5, 2, 10, 27

12 (1) a^2-2b (2) a^2-4b (3) a^2b-2b^2 **13** 2011

14 9 **15** 47 **16** 3 **17** $-\dfrac{2}{3}$

18 10 **19** 19 **20** -6

21 (1) $\overline{\text{HC}}=-x+2y$, $\overline{\text{FJ}}=2x-3y$ (2) $-2x^2+7xy-6y^2$

3단계 A step 만점승승장구 77쪽

1 (1) x^4-34x^2+225 (2) $4xy+4zx$ (3) ac

2 1345 **3** $a=4$, $b=3$ **4** 657 **5** 56

Ⅱ 다항식의 곱셈과 인수분해 2. 다항식의 인수분해

1 인수분해의 뜻과 공식

원리확인 기본문제 78~82쪽

1 ③ **2** (1) $m(a-b)$ (2) $ab(3a+b)$

(3) $x(8x-4+y)$ (4) $x(2-y+z)$ (5) $(x+1)(a+b)$

(6) $(m-n)(3a-4)$ **3** (1) $(a+7)^2$ (2) $(a-3)^2$

(3) $(4x+1)^2$ (4) $-5(x-1)^2$ **4** (1) 16 (2) 24

5 (1) $(a+8)(a-8)$ (2) $(x+9)(x-9)$

(3) $\left(a+\dfrac{1}{3}\right)\left(a-\dfrac{1}{3}\right)$ (4) $\left(x+\dfrac{2}{5}\right)\left(x-\dfrac{2}{5}\right)$

6 (1) $4a(x+3)(x-3)$ (2) $(x^2+1)(x+1)(x-1)$

7 (1) $(x-3)(x-5)$ (2) $(x+3)(x+4)$

(3) $(x-4)(x+7)$ (4) $(x-6)(x+1)$

8 (1) $(a+5b)(a+7b)$ (2) $(a+4b)(a-2b)$

(3) $(x-7y)(x+2y)$ (4) $(x-6y)(x+2y)$

9 (1) $(2x+3)(x+3)$ (2) $(2x-3)(3x-2)$

(3) $(a+7)(3a-2)$ (4) $(y+1)(5y+3)$

10 (1) $(2x-y)(3x+5y)$ (2) $(x-2y)(3x+5y)$

(3) $(x-5y)(2x-y)$ (4) $(2x+3y)(3x-4y)$

팡팡 계산력 83쪽

1 (1) $(x+3)^2$ (2) $(x-5)^2$ (3) $\left(x-\dfrac{1}{4}\right)^2$ (4) $\left(\dfrac{1}{3}x-1\right)^2$

(5) $(2x+3y)^2$ (6) $(3x-5y)^2$ (7) $(x+7)^2$ (8) $(4x-1)^2$

2 (1) $(x+11)(x-11)$ (2) $(x+6)(x-6)$
(3) $(x+5y)(x-5y)$ (4) $(3x+y)(3x-y)$
(5) $\left(x+\dfrac{1}{8}\right)\left(x-\dfrac{1}{8}\right)$ (6) $(6x+1)(6x-1)$
(7) $(2x+7)(2x-7)$ (8) $\left(\dfrac{1}{3}x+\dfrac{1}{2}\right)\left(\dfrac{1}{3}x-\dfrac{1}{2}\right)$
3 (1) $(x+3)(x+4)$ (2) $(x-9)(x+5)$
(3) $(x-6)(x+2)$ (4) $(x-7)(x+8)$
(5) $(x-5y)(x+3y)$ (6) $(x+2y)(x+6y)$
(7) $(x-y)(x-7y)$ (8) $(x-5y)(x+8y)$
(9) $(x-3)(2x+7)$ (10) $(x-1)(6x+1)$
(11) $(2x+3)(2x+5)$ (12) $(3x-2)(4x+3)$
(13) $(x-7y)(6x+y)$ (14) $(2x-y)(4x-5y)$
(15) $(3x-8y)(5x+6y)$ (16) $(2x+3y)(2x+9y)$

01 ④　　　02 ㄱ, ㄹ　　　03 ①
04 (1) $(a-b)(x+y)$ (2) $(2x-1)(3y-1)$
(3) $(2a+b)(b-3c)$
05 ③　　06 $\left(\dfrac{1}{5}x-5\right)^2$　　07 -2
08 $5x(2x-3y)^2$　　09 ⑤　　10 28
11 $\dfrac{4}{5}$　　12 -7　　13 $2x-4$　　14 2
15 $-2x+1$　　16 ⑤　　17 $3y(x+5y)(x-5y)$
18 7　　19 12　　20 -35　　21 ④
22 $2x-10$　　23 $(x+3)(x-2)$　　24 $3x+5$
25 (다), (라)　　26 16　　27 ②　　28 ④
29 ②　　30 ③, ④　　31 ①　　32 $x-5$
33 -28　　34 3　　35 0
36 $(x-9)(x+2)$　　37 $(2x-5)(x-2)$
38 ⑤　　39 ①　　40 25　　41 $6x+8$
42 $5x-2y$　　43 $10x-8$　　44 $26\pi r^2\ \mathrm{cm}^2$

2 인수분해 공식의 활용

1 (1) $(x-2)^2$ (2) $(a-b-3)(a-b-1)$
(3) $(x-y+3)(x-y-2)$ (4) $(x+2y+6)(x+2y-4)$
2 (1) $-8x(x-2y)$ (2) $(3x-7)(3x-2)$
3 (1) $(ab-1)(a+1)$ (2) $(x+1)(x-1)(x+y)$
(3) $(2x-y+1)(2x-y-1)$ (4) $(3y+3x-1)(3y-3x-1)$
4 (1) $(x+3y-1)(x+y-1)$ (2) $(x+3y-2)(x-y-1)$
5 (1) $(2a+3b)(4a^2-6ab+9b^2)$
(2) $(4x-5y)(16x^2+20xy+25y^2)$ (3) $(2x+7y+z)^2$

(4) $(a-7)^3$ (5) $(4x^2+6x+9)(4x^2-6x+9)$
(6) $3x(x-1)(1-2x)$　　　6 (1) 5600 (2) 22200
7 (1) 5 (2) $4\sqrt{2}$

1 (1) $(x-2)(y-2)$ (2) $(x+1)(x-1)(y+1)(y-1)$
(3) $(a+1)(a-1)(b+1)$ (4) $(x+y+3z)(x-y-3z)$
(5) $(x+y)(x+z)$ (6) $(2x+y-3)(2x-y-3)$
(7) $(a+b)(x+y)(x-y)$ (8) $(a+1)^2(a-1)$
2 (1) $(x-y-1)(x-y-2)$ (2) $(a+4)(a-4)$
(3) $2(3x+1)(2x+3)$ (4) $-2(3x+1)$
(5) $(x^2+4x-6)(x+2)^2$ (6) $(a-b-1)(a-2b+3)$
(7) $(x+y-3)(x-y-1)$ (8) $(a+13b-c)(a-3b+c)$
(9) $(x^2+x-14)(x^2+x-4)$ (10) $(xy-x+1)(xy-y+1)$

01 $2a$　　02 (1) $(x+1)(x-3)(x^2-2x-4)$
(2) $(x+2)^2(x-2)(x+6)$ (3) $(x-y-7)(x-y+2)$
(4) $(x+y-3)(x+y+4)$ (5) $(x+y-4)(x+y+5)$
03 1　　04 $(x-1)(x-4)(x^2-5x-12)$
05 $(x^2-x-10)(x^2-x-44)$　　　06 5
07 ③　　08 (1) $(a+b)(a-b)(b+c)$
(2) $(x+1)(x-1)(y+1)$ (3) $(2x+y+1)(2x-y+1)$
09 $(5x-3y+4)(5x-3y-4)$　　10 $2x$
11 ②　　12 $(a+8)(a-2b+8)$　　13 3
14 ③　　15 0　　16 $8\sqrt{5}$
17 (1) $2-\sqrt{2}$ (2) $-6+10\sqrt{2}$　　18 $54-14\sqrt{5}$
19 ⑤　　20 70　　21 $4x-4$　　22 3
23 $x+y-4$

01 ③　　02 3　　03 1　　04 -7
05 ①　　06 (1) $7(x+2)(x-2)$ (2) $(x+1)(x-6)$
(3) $(2x-3y)(2x+3y-xy)$　　07 ④　　08 5
09 $(x+y)(x-2y)(x+3y)$
10 $x=4,\ y=6$ 또는 $x=8,\ y=2$　　　11 12
12 (1) 3600 (2) $\dfrac{16}{21}$　　13 63, 65　　14 $\sqrt{30}$
15 (1) -1 (2) 0　　16 $3x+3y$
17 (1) 10 (2) 2 (3) 8 cm　　18 18　　19 ④
20 $(x-y+1)(x+y-1)$　　21 -1
22 $k=25,\ (x^2+x-7)^2$　　23 $\dfrac{16}{9}$

3단계 **A** step **만점승승장구** .... 102~103쪽

1 $\dfrac{11}{20}$ **2** 0 **3** 1 **4** $\dfrac{7}{8}$

5 $(4, 5), (6, 3), (11, 2)$ **6** 0 **7** $\dfrac{\sqrt{5}+1}{8}$

8 -10

Ⅲ 이차방정식

1. 이차방정식과 그 풀이

1 이차방정식과 그 풀이

원리확인 **기본문제** .... 106~112쪽

1 $a=-1, b=-12$ **2** ②

3 (1) $x=-2$ 또는 $x=1$ (2) $x=-1$ **4** -2

5 ② **6** (1) $x=0$ 또는 $x=5$ (2) $x=-3$ 또는 $x=4$

(3) $x=-2$ 또는 $x=\dfrac{6}{5}$ (4) $x=\dfrac{1}{2}$ 또는 $x=-\dfrac{1}{3}$

7 (1) $x=-7$ 또는 $x=7$ (2) $x=-\dfrac{5}{2}$ 또는 $x=\dfrac{5}{2}$

(3) $x=-5$ 또는 $x=9$ (4) $x=1$ 또는 $x=4$

8 (1) $x=0$ 또는 $x=\dfrac{3}{2}$ (2) $x=-\dfrac{1}{2}$ 또는 $x=\dfrac{1}{3}$

(3) $x=-5$ 또는 $x=2$ (4) $x=2$ 또는 $x=-6$

9 (1) $x=3$(중근) (2) $x=-5$(중근) (3) $x=4$(중근)

(4) $x=\dfrac{1}{3}$ (중근) **10** -10

11 (1) $x=\pm 4$ (2) $x=\pm 2\sqrt{2}$ (3) $x=\pm\dfrac{3}{2}$ (4) $x=\pm\sqrt{5}$

12 (1) $x=2$ 또는 $x=-8$ (2) $x=7\pm\sqrt{11}$ (3) $x=5\pm\dfrac{\sqrt{6}}{3}$

(4) $x=\dfrac{-2\pm\sqrt{15}}{5}$ **13** $\dfrac{53}{16}$

14 (1) $x=4\pm\sqrt{3}$ (2) $x=\dfrac{-5\pm\sqrt{37}}{6}$ (3) $x=\dfrac{-9\pm\sqrt{33}}{8}$

(4) $x=\dfrac{-7\pm\sqrt{41}}{4}$

팡팡 계산력 113쪽

1 (1) $x=0$ 또는 $x=5$ (2) $x=0$ 또는 $x=-3$

(3) $x=-1$ 또는 $x=-2$ (4) $x=3$ 또는 $x=-5$

(5) $x=2$ 또는 $x=\dfrac{1}{3}$ (6) $x=-\dfrac{3}{4}$ 또는 $x=4$

(7) $x=\dfrac{5}{3}$ 또는 $x=-\dfrac{9}{2}$ (8) $x=\dfrac{5}{2}$ 또는 $x=\dfrac{4}{7}$

2 (1) $x=\pm 3$ (2) $x=1$ 또는 $x=-6$

(3) $x=8$ 또는 $x=-3$ (4) $x=\dfrac{1}{2}$ 또는 $x=-5$

(5) $x=-8$(중근) (6) $x=-1$ 또는 $x=\dfrac{5}{3}$

(7) $x=\dfrac{7}{2}$ (중근) (8) $x=-\dfrac{3}{2}$ 또는 $x=\dfrac{2}{3}$

3 (1) $x=\pm 2\sqrt{6}$ (2) $x=\pm 2\sqrt{5}$ (3) $x=\pm 2\sqrt{7}$

(4) $x=\pm\sqrt{5}$ (5) $x=1\pm\sqrt{5}$ (6) $x=-2$ 또는 $x=-8$

(7) $x=14$ 또는 $x=0$ (8) $x=4\pm\sqrt{3}$

4 (1) $x=-3\pm\sqrt{6}$ (2) $x=2\pm\sqrt{5}$ (3) $x=-1\pm\sqrt{6}$

(4) $x=3\pm\sqrt{7}$ (5) $x=1\pm\sqrt{10}$ (6) $x=-4\pm\sqrt{19}$

(7) $x=4\pm 2\sqrt{3}$ (8) $x=-2\pm\sqrt{7}$

1단계 **C** step **촘촘유형** .... 114~118쪽

01 ③ **02** 7 **03** ① **04** ②

05 ⑤ **06** $x=1$ **07** -3

08 $a=-2, b=-13$ **09** 2 **10** 10

11 -4 **12** 8 **13** 28 **14** -3

15 ③ **16** (1) $x=-12$ 또는 $x=10$

(2) $x=-\dfrac{1}{2}$ 또는 $x=\dfrac{1}{3}$ (3) $x=\dfrac{1}{2}$ 또는 $x=4$

(4) $x=-\dfrac{1}{2}$ 또는 $x=5$ **17** -2 **18** 6개

19 $x=-1$ 또는 $x=-2$ **20** $x=\dfrac{7}{4}$ **21** $x=8$

22 $a=-1, x=3$ **23** $x=\dfrac{1}{2}$ **24** 4

25 5 **26** -1 또는 4 **27** ④

28 35 **29** $\dfrac{5}{4}$ **30** 2

31 $x=0$ 또는 $x=-\dfrac{1}{5}$ **32** ② **33** $4\sqrt{3}$

34 7 **35** ② **36** $a=-3, b=5$

37 (1) $x=1\pm\sqrt{21}$ (2) $x=-2\pm\dfrac{\sqrt{10}}{2}$ (3) $x=2\pm\sqrt{7}$

(4) $x=\dfrac{-3\pm 2\sqrt{3}}{3}$ **38** 3 **39** $a=2, b=1$

2단계 **B** step **탄탄내신** .... 119~121쪽

01 ④ **02** $a\neq -20$이고 $a\neq 2$ **03** ⑤

04 3개 **05** 2 **06** ② **07** $2, 3, 5, 7$

08 3 **09** $\dfrac{2}{7}$ **10** (1) $m=-11, x=-\dfrac{3}{2}$

(2) $m=-1, x=1-\sqrt{2}$ (3) $m=3, x=\dfrac{5}{3}$

11 $a=7, x=\dfrac{1}{12}$ **12** $\dfrac{1}{18}$

13 $x=-5$ 또는 $x=\dfrac{2}{7}$ **14** 5 **15** 4

16 13　　**17** $-\dfrac{1}{2}$　　**18** $x=-2$일 때 $m=-\dfrac{3}{2}$, $n=-7$, $x=-3$일 때 $m=0$, $n=-9$　　**19** ④

20 ⑤　　**21** 4

3단계 Astep 만점승승장구　　122~123쪽

1 (1) $x=-3$ 또는 $x=-\sqrt{2}$　(2) $x=2\sqrt{3}$ 또는 $x=3\sqrt{3}$

2 $x=-5$ 또는 $x=0$ 또는 $x=5$

3 $x=3$, 2개　　　　　　**4** -4 또는 1

5 (1) $x=2\pm\sqrt{2}$, $y=2\mp\sqrt{2}$

(2) $x=1$일 때 $y=2$, $x=\dfrac{1}{2}$일 때 $y=3$

6 6

Ⅲ 이차방정식
2. 이차방정식의 활용

1 이차방정식의 활용

원리확인 기본문제　　125~131쪽

1 (1) $x=\dfrac{-3\pm\sqrt{17}}{2}$　(2) $x=\dfrac{-5\pm\sqrt{33}}{4}$　(3) $x=\dfrac{2\pm\sqrt{10}}{3}$

(4) $x=\dfrac{7\pm\sqrt{29}}{10}$　　　　　　**2** 7

3 (1) $x=-10\pm10\sqrt{2}$　(2) $x=\dfrac{-5\pm\sqrt{57}}{8}$

(3) $x=-2$ 또는 $x=-3$　(4) $x=\dfrac{-5\pm\sqrt{17}}{4}$

4 (1) $x=2$ 또는 $x=-\dfrac{1}{2}$　(2) $x=3$ 또는 $x=5$

5 (1) 2개　(2) 2개　(3) 0개　(4) 1개　　**6** $k>-4$

7 (1) $a=-7$, $b=-10$　(2) $a=18$, $b=-28$

8 ①　　　　**9** (1) $12x^2-36x-120=0$

(2) $-4x^2+20x+8=0$　(3) $3x^2-42x+147=0$

(4) $\dfrac{1}{2}x^2-5x+11=0$　　**10** $x=-3$ 또는 $x=-5$

11 -21 또는 21　　**12** 6초 후, 14초 후

13 7 cm

팡팡 계산력　　132쪽

1 (1) $x=\dfrac{2\pm\sqrt{6}}{2}$　(2) $x=\dfrac{3\pm\sqrt{5}}{2}$　(3) $x=2$ 또는 $x=4$

(4) $x=\dfrac{3}{2}$ 또는 $x=-\dfrac{2}{3}$　(5) $x=\dfrac{-6\pm3\sqrt{2}}{2}$

(6) $x=\dfrac{7\pm3\sqrt{5}}{2}$　　　　　　**2** (1) $x=-1$ 또는 $x=5$

(2) $x=\dfrac{-4\pm\sqrt{6}}{2}$　(3) $x=-3\pm\sqrt{13}$　(4) $x=\dfrac{-1\pm\sqrt{51}}{5}$

(5) $x=\dfrac{-4\pm\sqrt{13}}{3}$　(6) $x=1$ 또는 $x=\dfrac{1}{5}$

3 (1) $x=0$ 또는 $x=-1$　(2) $x=\dfrac{-5\pm\sqrt{21}}{2}$

(3) $x=\dfrac{21\pm2\sqrt{34}}{5}$　(4) $x=0$ 또는 $x=5$

(5) $x=\dfrac{3}{2}$ 또는 $x=-\dfrac{1}{3}$　(6) $x=-2$ 또는 $x=-\dfrac{9}{2}$

1단계 Cstep 촘촘유형　　133~137쪽

01 4　　　　**02** (1) $x=\dfrac{5\pm\sqrt{17}}{2}$　(2) $x=2\pm\sqrt{7}$

(3) $x=\dfrac{-9\pm\sqrt{141}}{6}$　　**03** 2　　　**04** -3

05 $4\sqrt{3}$　　**06** $x=-10$ 또는 $x=5$　　**07** $\dfrac{3}{2}$

08 6　　**09** $x=\dfrac{-8\pm\sqrt{79}}{5}$　　**10** ①, ②

11 ⑤　　**12** $a=-4$, $m=-\dfrac{1}{2}$　　**13** 16

14 2　　**15** ①　　**16** (1) 모든 실수　(2) 없다.

(3) 없다.　　**17** 5개　　**18** 8　　**19** 0

20 $-\dfrac{38}{11}$　　**21** -11　　**22** 32

23 $\dfrac{5}{3}$ 또는 $-\dfrac{13}{3}$　　　　**24** (1) $x^2-4x+3=0$

(2) $x^2-x-12=0$　(3) $x^2-\dfrac{5}{6}x+\dfrac{1}{6}=0$

25 $2x^2+\dfrac{22}{3}x-\dfrac{8}{3}=0$

26 $a=2$, $b=20$　　　　**27** 400 또는 484

28 7, 9, 11　　**29** 11명　　**30** 17살　　**31** 6초 후

32 10초 후　　**33** 8초　　**34** 6 m　　**35** 5 m

36 $4\sqrt{2}$ cm　　**37** 36π

2단계 Bstep 탄탄내신　　138~141쪽

01 ②　　**02** 16　　**03** (1) $x=\dfrac{3\pm\sqrt{33}}{3}$

(2) $x=\dfrac{-1\pm\sqrt{3}}{2}$　　**04** 20개　　**05** -2 또는 1

06 (1) $a>-1$일 때 근이 2개, $a=-1$일 때 근이 1개(중근), $a<-1$일 때 근이 0개　(2) 2개

07 2　　　**08** 2 또는 4　　**09** 2

10 $x=3$ 또는 $x=5$　　　　**11** (1) 2　(2) $\dfrac{1}{3}$ 또는 12

12 $-2x^2-2x-\dfrac{2}{7}=0$　　**13** $x=\dfrac{5\pm\sqrt{41}}{2}$

14 68　　**15** ②

16 가로의 길이 : 4 cm, 세로의 길이 : 6 cm　　**17** 12초 후

18 271장　　**19** ③　　**20** 12 cm　　**21** $\dfrac{1+\sqrt{5}}{2}$ cm

22 $(6-2\sqrt{5})$cm　　**23** 8 cm

24 P$(8,5)$ 또는 P$(10,4)$

3단계 **A**step 만점승승장구　　142~143쪽

1 50　　**2** 12　　**3** 4.8 km　　**4** 6

5 1 L　　**6** 속력 : 10 km/시, 걸린 시간 : 1시간 40분

7 $2+2\sqrt{11}$　　**8** 12

Ⅳ 이차함수　　1. 이차함수와 그 그래프

1 이차함수와 그 그래프

원리확인 기본문제　　146~156쪽

1 (1)　　**2** (1) 1 (2) -9 (3) $-\dfrac{7}{2}$　　**3** ⑤

4 (1) ㄱ, ㄹ, ㅂ (2) ㄷ과 ㄹ (3) 가장 좁은 것 : ㅁ, 가장 넓은 것 : ㅂ

5 ②　　**6** (1) 4 (2) -2　　**7** 2

8 ③　　**9** (1) 4 (2) -2　　**10** -32

11 ⑤　　**12** (1) 1, 3 (2) $-\dfrac{1}{3}$, 2　　**13** 1

14 1　　**15** (1) $>$, $<$, $<$ (2) $<$, $<$, $=$

1단계 **C**step 촘촘유형　　158~165쪽

01 ④　　**02** $a\ne-2$　　**03** ④, ⑤　　**04** 16

05 -8　　**06** 3　　**07** 15　　**08** 5

09 ③　　**10** ㅁ　　**11** $\dfrac{2}{3}<a<3$

12 ㄱ과 ㅂ, ㄴ과 ㅁ　　**13** -2 또는 2　　**14** -3

15 ③　　**16** ③　　**17** ⑤　　**18** $y=-\dfrac{1}{4}x^2$

19 $\dfrac{4}{3}$　　**20** $\dfrac{1}{2}$

21 (1) y축의 방향으로 -5만큼 (2) x축의 방향으로 2만큼, y축의 방향으로 1만큼 (3) x축의 방향으로 1만큼, y축의 방향으로 -5만큼 (4) x축의 방향으로 -4만큼, y축의 방향으로 7만큼

---

22 -27　　**23** -1　　**24** ③

25 -2　　**26** 1　　**27** -4　　**28** 6

29 ②　　**30** 10　　**31** $(3,-1)$　　**32** 4

33 $\dfrac{16}{3}$　　**34** ⑤　　**35** $\dfrac{5}{2}$　　**36** ②

37 -1　　**38** (1) ㄱ (2) ㄷ (3) ㄴ

39 $y=-\dfrac{1}{2}(x-3)^2+5$　　**40** $a=-7, b=-5$

41 (1) 제1, 2사분면 (2) 제1, 2, 3, 4사분면 (3) 제1, 2사분면

42 ④　　**43** ⑤　　**44** ③

45 ㄴ, ㄷ　　**46** ⑤　　**47** $a<0, p>0, q>0$

48 ②　　**49** $apq>0$

2단계 **B**step 탄탄내신　　166~168쪽

01 ②　　**02** 33　　**03** ③　　**04** $-\dfrac{1}{2}$

05 A$\left(\dfrac{4}{3},\ \dfrac{16}{9}\right)$　　**06** $\dfrac{37}{2}$　　**07** ④

08 9　　**09** 4　　**10** -8　　**11** -3

12 5　　**13** ③, ⑤　　**14** ③　　**15** $x>\dfrac{3}{2}$

16 5　　**17** $-\dfrac{1}{4}<a<0$　　**18** ③

3단계 **A**step 만점승승장구　　169쪽

1 $y=2(x-3)^2-8$　　**2** -4

3 (1) 2 (2) $\dfrac{3}{2}$ (3) 3

Ⅳ 이차함수　　2. 이차함수의 활용

1 이차함수 $y=ax^2+bx+c$의 그래프

원리확인 기본문제　　171~175쪽

1 (1) 축의 방정식 : $x=1$
　　꼭짓점의 좌표 : $(1,1)$

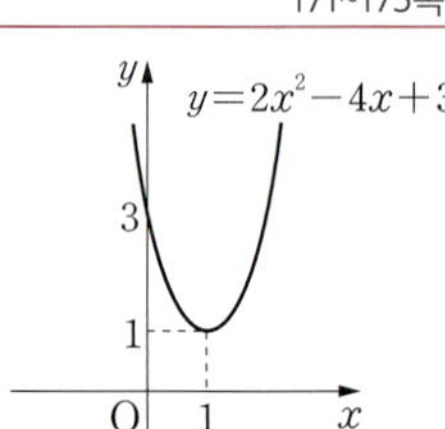

(2) 축의 방정식 : $x=2$
꼭짓점의 좌표 : $(2, 3)$

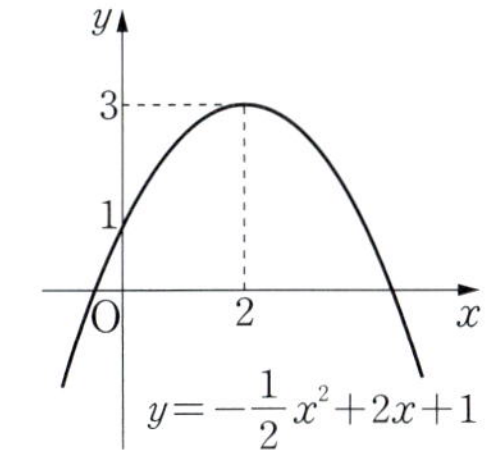

2 x축 : $(1, 0)$, $(-3, 0)$, y축 : $(0, -6)$ 3 ④

4 -1 5 $\dfrac{3}{2}$ 6 ② 7 ③

    176~179쪽

01 -8 02 $p=\dfrac{2}{5}$, $q=13$

03 (1) $(-1, -3)$, $x=-1$ (2) $(1, 2)$, $x=1$
(3) $\left(\dfrac{3}{2}, \dfrac{7}{4}\right)$, $x=\dfrac{3}{2}$ (4) $\left(-\dfrac{1}{2}, \dfrac{7}{2}\right)$, $x=-\dfrac{1}{2}$

04 -5 05 $a=-\dfrac{5}{4}$, $b=-\dfrac{75}{16}$ 06 -1

07 $x=-1$ 08 x축의 방향으로 -5만큼, y축의 방향으로 3만큼
09 -29 10 ② 11 ④
12 $x>-2$ 13 1 14 7 15 -6
16 ② 17 ④ 18 60 19 $3 : 4$
20 15 21 ⑤ 22 ③ 23 제1사분면
24 $abc<0$ 25 ③

2 이차함수의 활용

    181~186쪽

1 (1) $y=\dfrac{1}{2}x^2-x+\dfrac{7}{2}$ (2) $y=\dfrac{1}{2}x^2-4x+3$

2 (1) $y=\dfrac{1}{3}x^2+\dfrac{4}{3}x+\dfrac{7}{3}$ (2) $y=-\dfrac{1}{2}x^2+x-1$

3 (1) $y=-\dfrac{6}{5}x^2+\dfrac{31}{5}x-3$ (2) $y=\dfrac{1}{2}x^2-\dfrac{3}{2}x-5$

4 (1) $y=2x^2-x+1$ (2) $y=-\dfrac{2}{3}x^2+\dfrac{4}{3}x+2$

5 0개 6 (1) $k<\dfrac{29}{4}$ (2) $k=\dfrac{29}{4}$ (3) $k>\dfrac{29}{4}$

7 2개 8 (1) $k>-1$ (2) $k=-1$ (3) $k<-1$

9 (1) $y=-x^2+13x$ (2) 5 cm 또는 8 cm

    187~189쪽

01 -3 02 $(0, 1)$ 03 -17 04 ⑤
05 $(-1, -5)$ 06 -23 07 13
08 $\left(-\dfrac{1}{2}, -\dfrac{3}{2}\right)$ 09 $(2, 6)$ 10 $\dfrac{5}{4}$

11 8 12 9 13 $y=\dfrac{1}{4}x^2-\dfrac{1}{2}x-\dfrac{15}{4}$
14 50 15 (1) $y=-2x^2+28x(0<x<14)$ (2) 7 cm
16 4 cm 17 (1) 4초 후 (2) 1초 후 또는 3초 후
18 $D(2, 2)$

    190~193쪽

01 ② 02 5 03 3
04 $y=x^2-2x+1$ 05 $a\leq-2$ 06 -2 또는 4
07 $-\dfrac{20}{3}$ 08 $\left(1, \dfrac{3}{2}\right)$ 09 $k\geq\dfrac{1}{3}$
10 $-\dfrac{2}{9}<k<0$
11 $-1\leq b<0$일 때 제1, 2사분면, $b<-1$일 때 제1, 2, 3사분면
12 $\dfrac{45}{2}$
13 (1) $b^2-4ac>0$ (2) $9a+3b+c=0$ (3) $16a-4b+c>0$
(4) $a+2b+4c<0$
14 6 15 $-2+\sqrt{14}$
16 $(-1, -16)$ 17 8 18 442
19 $D(-2, 2)$ 20 0 21 163.8 cm
22 44200원

    194~195쪽

1 6 2 $\dfrac{11}{2}$ m
3 (1) $y=-\dfrac{3}{2}x+3$ (2) $-1\pm\sqrt{5}$
4 (1) $y=\dfrac{1}{2}x^2(0\leq x\leq4)$, $y=4x-8(4\leq x\leq6)$ (2) $\sqrt{14}$초 후
5 $P\left(-\dfrac{2}{3}, \dfrac{2}{9}\right)$ 6 $0\leq a<\dfrac{1}{5}$

---

1 제곱근의 뜻과 성질

원리확인 **기본문제**　　　　　　　　　　p. 8~13

1 (1) $8^2=64$, $(-8)^2=64$이므로 64의 제곱근은 ± 8이다.

(2) $0^2=0$이므로 0의 제곱근은 0이다.

(3) $\left(\dfrac{3}{4}\right)^2=\dfrac{9}{16}$, $\left(-\dfrac{3}{4}\right)^2=\dfrac{9}{16}$이므로 $\dfrac{9}{16}$의 제곱근은 $\pm\dfrac{3}{4}$이다.

(4) 제곱하여 음수가 되는 수는 없으므로 $-\dfrac{16}{49}$의 제곱근은 없다.

(5) $(0.6)^2=0.36$, $(-0.6)^2=0.36$이므로 0.36의 제곱근은 ± 0.6이다.

답 (1) ± 8 (2) 0 (3) $\pm\dfrac{3}{4}$ (4) 없다. (5) ± 0.6

2 (1) $5^2=25$에서 5^2의 제곱근은 25의 제곱근과 같으므로 ± 5이다.

(2) $(-3)^2=9$에서 $(-3)^2$의 제곱근은 9의 제곱근과 같으므로 ± 3이다.

(3) $\left(\dfrac{2}{7}\right)^2=\dfrac{4}{49}$에서 $\left(\dfrac{2}{7}\right)^2$의 제곱근은 $\dfrac{4}{49}$의 제곱근과 같으므로 $\pm\dfrac{2}{7}$이다.

(4) $\left(-\dfrac{3}{8}\right)^2=\dfrac{9}{64}$에서 $\left(-\dfrac{3}{8}\right)^2$의 제곱근은 $\dfrac{9}{64}$의 제곱근과 같으므로 $\pm\dfrac{3}{8}$이다.

(5) $(-0.6)^2=0.36$에서 $(-0.6)^2$의 제곱근은 0.36의 제곱근과 같으므로 ± 0.6이다.

답 (1) ± 5 (2) ± 3 (3) $\pm\dfrac{2}{7}$ (4) $\pm\dfrac{3}{8}$ (5) ± 0.6

3 (1) $\sqrt{4}$는 4의 양의 제곱근이므로 2이다.

(2) $\sqrt{\dfrac{1}{25}}$은 $\dfrac{1}{25}$의 양의 제곱근이므로 $\dfrac{1}{5}$이다.

(3) $-\sqrt{0.36}$은 0.36의 음의 제곱근이므로 -0.6이다.

답 (1) 2 (2) $\dfrac{1}{5}$ (3) -0.6

4 양수 a의 양의 제곱근은 $\sqrt{a}$, 음의 제곱근은 $-\sqrt{a}$이다.

(1) 7의 제곱근은 $\pm\sqrt{7}$이다.

(2) 제곱근 15는 15의 양의 제곱근이므로 $\sqrt{15}$이다.

(3) 8의 음의 제곱근은 $-\sqrt{8}$이다.

(4) $5^2=25$이므로 제곱근 25는 $\sqrt{25}=5$이다. 따라서 제곱근 25의 제곱근은 $\pm\sqrt{5}$이다.

답 (1) $\pm\sqrt{7}$ (2) $\sqrt{15}$ (3) $-\sqrt{8}$ (4) $\pm\sqrt{5}$

5 답 (1) 8 (2) 0.8 (3) 2 (4) -1.1 (5) $\dfrac{1}{5}$ (6) $-\dfrac{4}{3}$

6 (1) $(\sqrt{10})^2-(-\sqrt{3})^2=10-3=7$

(2) $\sqrt{121}+\sqrt{(-4)^2}-\sqrt{13^2}=11+4-13=2$

(3) $\sqrt{(-3)^2}\times\sqrt{11^2}\div\left(-\sqrt{\dfrac{3}{4}}\right)^2$
$=3\times 11\div\dfrac{3}{4}=33\times\dfrac{4}{3}=44$

(4) $\sqrt{36}\times\sqrt{5^2}-(-\sqrt{14})^2\div\sqrt{49}$
$=6\times 5-14\div 7=30-2=28$

답 (1) 7 (2) 2 (3) 44 (4) 28

7 (1) $a>0$에서 $-2a<0$이므로
$\sqrt{(-2a)^2}-\sqrt{a^2}=-(-2a)-a=2a-a=a$

(2) $a<0$에서 $3a<0$, $-a>0$이므로
$\sqrt{(3a)^2}+\sqrt{(-a)^2}=-3a+(-a)=-4a$

답 (1) a (2) $-4a$

8 (1) $0<a<1$에서 $a+2>0$, $a-2<0$이므로
$\sqrt{(a+2)^2}+\sqrt{(a-2)^2}=a+2-(a-2)=4$

(2) $-1<a<0$에서 $a-3<0$, $3-a>0$이므로
$\sqrt{(a-3)^2}+\sqrt{(3-a)^2}=-(a-3)+3-a$
$=-2a+6$

답 (1) 4 (2) $-2a+6$

9 근호 안의 수가 제곱수가 되도록 하는 x의 값 중 가장 작은 x의 값을 구한다.

(1) $96=2^5\times 3$이므로 제곱수로 만드는 가장 작은 자연수 x는 $2\times 3=6$이다.

(2) $140=2^2\times 5\times 7$이므로 제곱수로 만드는 가장 작은 자연수 x는 $5\times 7=35$이다.

(3) $242=2\times 11^2$이므로 제곱수로 만드는 가장 작은 자연수 x는 2이다.

(4) $726=2\times 3\times 11^2$이므로 제곱수로 만드는 가장 작은 자연수 x는 $2\times 3=6$이다.

답 (1) 6 (2) 35 (3) 2 (4) 6

10 (1) $25+x>25$이고 25보다 큰 제곱수 중 가장 작아야 하므로 $25+x=36$　∴ $x=11$

(2) $91+x>91$이고 91보다 큰 제곱수 중 가장 작은 수
는 100이므로 $91+x=100$ ∴ $x=9$

(3) $130-x<130$이고 130보다 작은 제곱수 중 가장
커야 하므로 $11^2=121$, $12^2=144$에서
$130-x=121$ ∴ $x=9$

(4) $173-x<173$이고 173보다 작은 제곱수 중 가장
큰 수는 169이므로 $173-x=169$ ∴ $x=4$
답 (1) 11 (2) 9 (3) 9 (4) 4

11 $90-x<90$이고 90보다 작은 제곱수이어야 하므로
$90-x=1, 4, 9, 16, 25, 36, 49, 64, 81$
따라서 $x=89, 86, 81, 74, 65, 54, 41, 26, 9$의 9개
이다.
답 9개

12 양수끼리 대소를 비교하면 $5=\sqrt{25}$이므로 $\sqrt{2}<\sqrt{8}<5$
음수끼리 대소를 비교하면 $-3=-\sqrt{9}$이므로
$\sqrt{7}<\sqrt{9}$에서 $-\sqrt{7}>-\sqrt{9}$
주어진 수를 큰 수부터 차례로 쓰면 $5, \sqrt{8}, \sqrt{2}, 0,$
$-\sqrt{7}, -3$이다.
답 $5, \sqrt{8}, \sqrt{2}, 0, -\sqrt{7}, -3$

13 $1.5=\sqrt{2.25}$, $4=\sqrt{16}$이므로 $\sqrt{2.25}<\sqrt{x}<\sqrt{16}$
∴ $2.25<x<16$
따라서 정수 x의 개수는 $3, 4, 5, \cdots, 14, 15$의 13개이
다.
답 13개

1단계 C Step 촘촘 유형
p. 14~19

01 ④	**02** ①, ③	**03** ㄷ, ㅁ	**04** ④
05 9	**06** $\dfrac{7}{3}$	**07** $\sqrt{89}$cm	**08** ④
09 ③	**10** 3개	**11** ②	**12** $(-\sqrt{10})^2,$

$\sqrt{(-1)^{10}}, \sqrt{\left(-\dfrac{1}{2}\right)^2}, \sqrt{0.01}, -\sqrt{(-3)^2}, -\sqrt{5^2}$

13 -1	**14** 15	**15** ⑤	**16** 12
17 (1) 9 (2) 6 (3) 3	**18** ②	**19** ㄴ, ㄹ, ㅂ	
20 ④	**21** $-6a$	**22** $3a-7b$	**23** 1
24 $-2x+1$	**25** $-3a$	**26** ③	
27 6, 24, 54, 96	**28** 35	**29** 3	
30 75	**31** 14	**32** 13	**33** 17
34 149	**35** 56	**36** ④	**37** $\dfrac{3}{5}$
38 7	**39** 1	**40** -3	
41 (1) 4개 (2) 6개 (3) 13개		**42** 22	
43 5	**44** 9	**45** 3	

01 ①, ②, ③, ⑤ 5의 제곱근이므로 $\pm\sqrt{5}$이다.
④ 제곱근 5는 $\sqrt{5}$이다.
답 ④

02 ① $\sqrt{16}=4$의 제곱근은 ±2이다.
② 음수의 제곱근은 없다.
③ $(-7)^2=49$의 제곱근은 ±7이다.
④ 0.4의 음의 제곱근은 $-\sqrt{0.4}$이다.
⑤ $a>0$일 때, a의 제곱근은 $\sqrt{a}, -\sqrt{a}$의 2개이다.
답 ①, ③

03 ㄱ. 음수의 제곱근은 없다.
ㄴ. $\sqrt{81}=9$의 제곱근은 ±3이다.
ㄷ. (제곱근 25)$=\sqrt{25}=5$
ㄹ. a의 제곱근은 $a>0$일 때 2개, $a=0$일 때 1개,
$a<0$일 때 없다.
ㅁ. $(-0.5)^2=0.25$, $(0.5)^2=0.25$이므로 제곱하여
0.25가 되는 수는 ±0.5이다.
ㅂ. 제곱근 64는 $\sqrt{64}=8$이고, 64의 제곱근은 ±8이
다.

답 ㄷ, ㅁ

04 ④ $(-11)^2=121$의 제곱근은 ±11이다.
답 ④

05 $\sqrt{81}=9$이므로 $\sqrt{81}$의 양의 제곱근은 9의 양의 제곱근
과 같다.
이때 9의 양의 제곱근은 $\sqrt{9}=3$이므로 $x=3$ ⋯ 40%
36의 음의 제곱근은 $-\sqrt{36}=-6$이므로
$y=-6$ ⋯ 40%
∴ $x-y=3-(-6)=9$ ⋯ 20%
답 9

채점 기준	배점
x의 값 구하기	40%
y의 값 구하기	40%
$x-y$의 값 구하기	20%

06 0.36의 양의 제곱근은 $\sqrt{0.36}=\sqrt{(0.6)^2}=0.6$이므로
$x=0.6$
$0.\dot{4}=\dfrac{4}{9}$이므로 $0.\dot{4}$의 음의 제곱근은
$-\sqrt{\dfrac{4}{9}}=-\sqrt{\left(\dfrac{2}{3}\right)^2}=-\dfrac{2}{3}$
∴ $y=-\dfrac{2}{3}$
∴ $5x+y=3-\dfrac{2}{3}=\dfrac{7}{3}$
답 $\dfrac{7}{3}$

07 한 변의 길이가 $5\,\text{cm}$인 정사각형의 넓이는
$5\times5=25(\text{cm}^2)$
한 변의 길이가 $8\,\text{cm}$인 정사각형의 넓이는
$8\times8=64(\text{cm}^2)$
구하려는 정사각형의 넓이가 $25+64=89(\text{cm}^2)$이므로 한 변의 길이는 $\sqrt{89}\,\text{cm}$이다. 　답 $\sqrt{89}\,\text{cm}$

08 근호 안의 수가 (유리수)^{2}이면 근호를 사용하지 않고 나타낼 수 있다.
① $49=7^2$이므로 $\sqrt{49}=7$
② $16=4^2$이므로 $-\sqrt{16}=-4$
③ $0.36=(0.6)^2$이므로 $\sqrt{0.36}=0.6$
④ $0.24=\dfrac{6}{25}$ 은 (유리수)^{2}이 아니므로 근호를 사용하지 않고 나타낼 수 없다.
⑤ $\dfrac{16}{25}=\left(\dfrac{4}{5}\right)^2$이므로 $\sqrt{\dfrac{16}{25}}=\dfrac{4}{5}$
답 ④

09 ① $\pm\sqrt{14.4}$　② $\sqrt{0.09}=0.3$이므로 $\pm\sqrt{0.3}$
③ $5.4=\dfrac{49}{9}$이므로 $\pm\dfrac{7}{3}$　④ $\sqrt{49}=7$이므로 $\pm\sqrt{7}$
⑤ $\dfrac{6}{33}=\dfrac{2}{11}$이므로 $\pm\sqrt{\dfrac{2}{11}}$
답 ③

10 5의 제곱근 ⇨ $\pm\sqrt{5}$, 16의 제곱근 ⇨ ±4
32의 제곱근 ⇨ $\pm\sqrt{32}$, 0.64의 제곱근 ⇨ ±0.8
25.6의 제곱근 ⇨ $\pm\sqrt{25.6}$, $\dfrac{9}{49}$의 제곱근 ⇨ $\pm\dfrac{3}{7}$
따라서 근호를 사용하지 않고 제곱근을 나타낼 수 있는 것은 16, 0.64, $\dfrac{9}{49}$의 3개이다. 　답 3개

11 ① $(-\sqrt{3})^2=3$　　② $-\sqrt{(-3)^2}=-3$
③ $\sqrt{(-3)^2}=3$　　④ $\sqrt{3^2}=3$
⑤ $(\sqrt{3})^2=3$ 　답 ②

12 $\sqrt{(-1)^{10}}=1$, $-\sqrt{(-3)^2}=-3$, $\sqrt{0.01}=0.1$,
$(-\sqrt{10})^2=10$, $-\sqrt{5^2}=-5$, $\sqrt{\left(-\dfrac{1}{2}\right)^2}=\dfrac{1}{2}$
따라서 큰 수부터 차례로 쓰면 $(-\sqrt{10})^2$, $\sqrt{(-1)^{10}}$, $\sqrt{\left(-\dfrac{1}{2}\right)^2}$, $\sqrt{0.01}$, $-\sqrt{(-3)^2}$, $-\sqrt{5^2}$이다.
답 $(-\sqrt{10})^2$, $\sqrt{(-1)^{10}}$, $\sqrt{\left(-\dfrac{1}{2}\right)^2}$,
$\sqrt{0.01}$, $-\sqrt{(-3)^2}$, $-\sqrt{5^2}$

13 $(-\sqrt{0.49})^2=0.49$의 양의 제곱근은 $\sqrt{0.49}=0.7$이므로 $A=0.7$ 　… 40%
$\sqrt{(-64)^2}=64$의 음의 제곱근은 $-\sqrt{64}=-8$이므로 $B=-8$ 　… 40%
$\therefore 10A+B=7-8=-1$ 　… 20%
답 -1

채점 기준	배점
A의 값 구하기	40%
B의 값 구하기	40%
$10A+B$의 값 구하기	20%

14 $\sqrt{144}=\sqrt{12^2}=12$이므로
$\sqrt{(-8)^2}-\sqrt{5^2}+\sqrt{144}=8-5+12=15$ 　답 15

15 ① $\sqrt{2^2}+\sqrt{(-6)^2}=2+6=8$
② $(-\sqrt{13})^2-\sqrt{81}=13-9=4$
③ $(\sqrt{12})^2\times\sqrt{\left(-\dfrac{5}{6}\right)^2}=12\times\dfrac{5}{6}=10$
④ $\sqrt{(-9)^2}\div\left(\sqrt{\dfrac{3}{7}}\right)^2=9\div\dfrac{3}{7}=9\times\dfrac{7}{3}=21$
⑤ $\sqrt{(-8)^2}\times\sqrt{10^2}\div(-\sqrt{2})^2=8\times10\div2=40$
따라서 계산 결과가 가장 큰 것은 ⑤이다.
답 ⑤

16 $\sqrt{14^2}-\sqrt{(-2)^2}\times(-\sqrt{4})^2+\sqrt{36}$
$=14-2\times4+6=12$ 　답 12

17 (1) $A=(\sqrt{15})^2-\sqrt{3^2}\times\sqrt{(-2)^2}$
$=15-3\times2=9$ 　… 40%
(2) $B=\sqrt{\left(\dfrac{1}{2}\right)^2}\times\sqrt{(-14)^2}\div(-\sqrt{7})^2+\sqrt{5^2}$
$=\dfrac{1}{2}\times14\div7+5=1+5=6$ 　… 40%
(3) $A-B=9-6=3$ 　… 20%
답 (1) 9　(2) 6　(3) 3

채점 기준	배점
(1) 구하기	40%
(2) 구하기	40%
(3) 값 구하기	20%

18 $a<0$에서 $-a>0$이므로
① $\sqrt{(-a)^2}=-a$　　② $\sqrt{a^2}=-a$
③ $-\sqrt{a^2}=-(-a)=a$
④ $-\sqrt{(-a)^2}=-(-a)=a$
⑤ $(-\sqrt{-a})^2=(\sqrt{-a})^2=-a$
답 ②

19 ㄱ. $-3a<0$이므로 $\sqrt{(-3a)^2}=-(-3a)=3a$

ㄴ. $\sqrt{81a^2}=\sqrt{(9a)^2}=9a$

ㄷ. $-4a<0$이므로
$$-\sqrt{(-4a)^2}=-\{-(-4a)\}=-4a$$

ㄹ. $-\sqrt{100a^2}=-\sqrt{(10a)^2}=-10a$

ㅁ. $\sqrt{(5a)^2}=5a$

ㅂ. $-2a<0$이므로 $\sqrt{(-2a)^2}=-(-2a)=2a$

답 ㄴ, ㄹ, ㅂ

20 $a>0$에서 $5a>0$, $-2a<0$이므로
$$\sqrt{(5a)^2}+\sqrt{(-2a)^2}=5a+\{-(-2a)\}$$
$$=5a+2a=7a$$

답 ④

21 $a<0$에서 $-5a>0$이고 $\sqrt{121a^2}=\sqrt{(11a)^2}=-11a$
이므로
$$\sqrt{121a^2}-\sqrt{(-5a)^2}=-11a-(-5a)=-6a$$

답 $-6a$

22 $a>0$, $b<0$에서 $-3a<0$, $-8b>0$이므로 … 40%
$$\sqrt{(-3a)^2}-\sqrt{b^2}+\sqrt{(-8b)^2}$$
$$=-(-3a)-(-b)+(-8b) \qquad \cdots 40\%$$
$$=3a-7b \qquad \cdots 20\%$$

답 $3a-7b$

채점 기준	배점
$-3a$, b, $-8b$의 부호 결정하기	40%
근호 없애기	40%
식을 간단히 하기	20%

23 $1<a<2$에서 $a-1>0$, $a-2<0$이므로
$$\sqrt{(a-1)^2}+\sqrt{(a-2)^2}=(a-1)-(a-2)=1$$ **답** 1

24 $-1<x<3$에서 $3-x>0$, $-2-x<0$이므로
$$\sqrt{(3-x)^2}-\sqrt{(-2-x)^2}=(3-x)-\{-(-2-x)\}$$
$$=-2x+1$$

답 $-2x+1$

25 $a<0$, $b>0$에서 $a<b$이므로 $a-b<0$ … 30%
$$\therefore \sqrt{(a-b)^2}-\sqrt{b^2}+2\sqrt{a^2}$$
$$=-(a-b)-b-2a \qquad 40\%$$
$$=-a+b-b-2a$$
$$=-3a \qquad \cdots 30\%$$

답 $-3a$

채점 기준	배점
$a-b$의 부호 결정하기	30%
근호 없애기	40%
식을 간단히 하기	30%

26 ① $\sqrt{48x}=\sqrt{2^4\times3\times3}=\sqrt{2^4\times3^2}=12$

② $\sqrt{48x}=\sqrt{2^4\times3\times2^2\times3}=\sqrt{2^6\times3^2}=24$

③ $\sqrt{48x}=\sqrt{2^4\times3\times2\times3^2}=\sqrt{2^5\times3^3}=\sqrt{864}$

④ $\sqrt{48x}=\sqrt{2^4\times3\times3^3}=\sqrt{2^4\times3^4}=36$

⑤ $\sqrt{48x}=\sqrt{2^4\times3\times2^4\times3}=\sqrt{2^8\times3^2}=48$ **답** ③

〔다른 풀이〕

48을 소인수분해하면 $2^4\times3$이므로 $x=3\times$ (제곱수)

27 $24=2^3\times3$이므로 구하는 x의 값은 6, $6\times2^2=24$,
$6\times3^2=54$, $6\times4^2=96$이다. **답** 6, 24, 54, 96

28 $1.4\times x=\dfrac{7}{5}\times x$이므로 $x=5\times7\times$ (자연수)^2
따라서 가장 작은 자연수 x의 값은 $5\times7=35$이다.

답 35

29 $\sqrt{\dfrac{147}{x}}=\sqrt{\dfrac{3\times7^2}{x}}$이 자연수가 되도록 하는 자연수 x
는 3, 3×7^2이다.
따라서 가장 작은 자연수 x는 3이다. **답** 3

30 $\dfrac{240}{x}=\dfrac{2^4\times3\times5}{x}$이므로 … 30%
$x=3\times5\times$ (자연수)^2
$x=3\times5=15$, $x=2^2\times3\times5=60$ … 50%
따라서 모든 x의 값의 합은 $15+60=75$이다. … 20%

답 75

채점 기준	배점
근호 안의 수를 소인수분해하기	30%
x의 값 구하기	50%
모든 x의 값의 합 구하기	20%

31 $\sqrt{\dfrac{504}{n}}=\sqrt{\dfrac{2^3\times3^2\times7}{n}}$이 가장 큰 정수가 되려면
$n=2\times7=14$ **답** 14

32 87보다 큰 제곱수 중 가장 작은 수는 100이므로
$87+a=100$ $\therefore a=13$ **답** 13

33 39보다 큰 제곱수 중 가장 작은 수는 49이므로
$39+x=49$에서 $x=10$이고 $y=\sqrt{49}=7$이다.
$\therefore x+y=10+7=17$ **답** 17

34 $\sqrt{34-a}$가 정수가 되려면 $34-a=0$, 1, 4, 9, 16, 25
이므로 $a=34$, 33, 30, 25, 18, 9
$\therefore 34+33+30+25+18+9=149$ **답** 149

35 $\sqrt{90-2a}$가 양의 정수(자연수)가 되려면
$90-2a=1$, 4, 9, 16, 25, 36, 49, 64, 81 $\cdots 30\%$
$2a=89$, $\underline{86}$, 81, $\underline{74}$, 65, $\underline{54}$, 41, $\underline{26}$, 9에서
a가 자연수이므로 $a=43$, 37, 27, 13 $\cdots 50\%$
따라서 $M=43$, $N=13$이므로
$M+N=56$이다. $\cdots 20\%$
답 56

채점 기준	배점
$90-2a$의 값 구하기	30%
a의 값 구하기	50%
$M+N$의 값 구하기	20%

36 ① $5=\sqrt{25}$이므로 $31>25$ $\quad\therefore \sqrt{31}>5$
② $4.3>3.5$이므로 $\sqrt{4.3}>\sqrt{3.5}$
$\quad\therefore -\sqrt{4.3}<-\sqrt{3.5}$
③ $65<80$이므로 $\sqrt{65}<\sqrt{80}$
④ $\dfrac{1}{2}>\dfrac{4}{9}$이므로 $\sqrt{\dfrac{1}{2}}>\sqrt{\dfrac{4}{9}}$ $\quad\therefore -\sqrt{\dfrac{1}{2}}<-\sqrt{\dfrac{4}{9}}$
⑤ $\dfrac{3}{4}>\dfrac{5}{7}$이므로 $\sqrt{\dfrac{3}{4}}>\sqrt{\dfrac{5}{7}}$ **답** ④

37 $\dfrac{3}{5}=\sqrt{\dfrac{9}{25}}$, $\sqrt{\dfrac{3}{5}}=\sqrt{\dfrac{15}{25}}$, $\sqrt{5}>2$, $\dfrac{1}{3}=\sqrt{\dfrac{1}{9}}$ 이므로
작은 것부터 차례로 나열하면 $\dfrac{1}{3}$, $\dfrac{3}{5}$, $\sqrt{\dfrac{3}{5}}$, 1.21, $\sqrt{5}$
따라서 두 번째에 오는 수는 $\dfrac{3}{5}$이다. **답** $\dfrac{3}{5}$

38 양수끼리 대소를 비교하면 $2=\sqrt{4}$이므로
$\sqrt{2}<2<\sqrt{5}$ $\quad\therefore a=\sqrt{5}$ $\cdots 30\%$
음수끼리 대소를 비교하면
$\dfrac{1}{3}<1<3$, $\sqrt{\dfrac{1}{3}}<\sqrt{1}<\sqrt{3}$에서
$-\sqrt{3}<-\sqrt{1}<-\sqrt{\dfrac{1}{3}}$이므로
$-\sqrt{3}<-1<-\sqrt{\dfrac{1}{3}}$
$\therefore b=-\sqrt{3}$ $\cdots 50\%$
$\therefore 2a^2-b^2=2\times(\sqrt{5})^2-(-\sqrt{3})^2=10-3=7$ $\cdots 20\%$
답 7

채점 기준	배점
a의 값 구하기	30%
b의 값 구하기	50%
$2a^2-b^2$의 값 구하기	20%

39 $4<\sqrt{21}<5$이므로 $5-\sqrt{21}>0$, $4-\sqrt{21}<0$
$\therefore \sqrt{(5-\sqrt{21})^2}+\sqrt{(4-\sqrt{21})^2}$
$=5-\sqrt{21}-(4-\sqrt{21})=1$ **답** 1

40 $\sqrt{5}-4<0$, $7-\sqrt{5}>0$이므로
$\sqrt{(\sqrt{5}-4)^2}-\sqrt{(7-\sqrt{5})^2}=-(\sqrt{5}-4)-(7-\sqrt{5})$
$=-\sqrt{5}+4-7+\sqrt{5}=-3$
답 -3

41 $a>0$, $b>0$, $x>0$일 때,
$a<\sqrt{x}<b \Rightarrow a^2<(\sqrt{x})^2<b^2 \Rightarrow a^2<x<b^2$
(1) $\sqrt{7}<\sqrt{x}<\sqrt{12}$, $(\sqrt{7})^2<(\sqrt{x})^2<(\sqrt{12})^2$에서
$7<x<12$
따라서 자연수 x는 8, 9, 10, 11의 4개이다.
(2) $3<\sqrt{x-5}<4$, $3^2<(\sqrt{x-5})^2<4^2$에서
$9<(x-5)<16$ $\quad\therefore 14<x<21$
따라서 자연수 x는 15, 16, 17, 18, 19, 20의 6개이다.
(3) $5\leq\sqrt{3x}<8$, $5^2\leq(\sqrt{3x})^2<8^2$에서
$25\leq 3x<64$ $\quad\therefore \dfrac{25}{3}\leq x<\dfrac{64}{3}$
따라서 자연수 x는 9, 10, 11, $\cdots$, 21의 13개이다.
답 (1) 4개 (2) 6개 (3) 13개

42 $\sqrt{13}<x<\sqrt{54}$이므로 $(\sqrt{13})^2<x^2<(\sqrt{54})^2$에서
$13<x^2<54$
이때 x는 자연수이므로 $x^2=16$, 25, 36, 49
따라서 x는 4, 5, 6, 7이므로 그 합은
$4+5+6+7=22$이다. **답** 22

43 $2<\sqrt{x}<3$에서 $2^2<(\sqrt{x})^2<3^2$, $4<x<9$이므로 자연수 x는 5, 6, 7, 8이다. $\cdots 40\%$
$\sqrt{5}<x<\sqrt{31}$에서 $(\sqrt{5})^2<x^2<(\sqrt{31})^2$, $5<x^2<31$
이므로 자연수 x는 3, 4, 5이다. $\cdots 40\%$
따라서 두 부등식을 동시에 만족하는 자연수 x는 5이다. $\cdots 20\%$
답 5

채점 기준	배점
$2<\sqrt{x}<3$을 만족하는 자연수 x의 값 구하기	40%
$\sqrt{5}<x<\sqrt{31}$을 만족하는 자연수 x의 값 구하기	40%
동시에 만족하는 자연수 x의 값 구하기	20%

44 $\sqrt{1}=1$, $\sqrt{4}=2$, $\sqrt{9}=3$이므로
$f(1)=f(3)=1$, $f(5)=f(7)=2$, $f(9)=3$

$$\therefore f(1)+f(3)+f(5)+f(7)+f(9)$$
$$=1+1+2+2+3=9$$

답 9

45 $49<59<64$이므로 $7<\sqrt{59}<8$ $\therefore f(59)=7$
$16<20<25$이므로 $4<\sqrt{20}<5$ $\therefore f(20)=4$
$\therefore f(59)-f(20)=7-4=3$

답 3

2 무리수와 실수

원리확인 **기본문제** p. 20~23

1 ㄱ. 순환하는 무한소수는 유리수이다.
ㄴ. $\sqrt{4}=\sqrt{2^2}=2$이므로 $\sqrt{4}$는 유리수이다.
ㄹ. 제곱하여 8이 되는 유리수는 없으므로 $\sqrt{8}$은 순환하지 않는 무한소수(무리수)이다.
ㅂ. 정수가 아닌 유리수는 유한소수나 순환소수로 나타낼 수 있다.

답 ㄷ, ㅁ

2 피타고라스 정리에 의해
$$\overline{\mathrm{AP}}=\overline{\mathrm{AD}}=\sqrt{2^2+2^2}=\sqrt{8}$$
따라서 점 $\mathrm{P}(-\sqrt{8})$이다.

답 $\mathrm{P}(-\sqrt{8})$

3 ② $1<\sqrt{2}<2$, $2<\sqrt{5}<3$이므로 $\sqrt{2}$와 $\sqrt{5}$ 사이에는 정수가 2 한 개 있다.
④ 수직선은 유리수와 무리수로 완전히 메울 수 있다.

답 ④

4 ① $3>\sqrt{8}$에서 $-3<-\sqrt{8}$이므로 $\sqrt{10}-3<\sqrt{10}-\sqrt{8}$
② $\sqrt{3}>\sqrt{2}$에서 $-\sqrt{3}<-\sqrt{2}$이므로
   $-\sqrt{3}+5<-\sqrt{2}+5$
③ $1<\sqrt{2}$이므로 $-\sqrt{5}+1<\sqrt{2}-\sqrt{5}$
④ $\sqrt{7}<\sqrt{11}$이므로 $\sqrt{7}-3<\sqrt{11}-3$
⑤ $\sqrt{20}-3-2=\sqrt{20}-5<0$이므로 $\sqrt{20}-3<2$

답 ④

5 $A-B=2-(\sqrt{7}-2)=4-\sqrt{7}>0\,(\because 2<\sqrt{7}<3)$
$\therefore B<A$ ……㉠
$A-C=2-(\sqrt{2}+1)=1-\sqrt{2}<0\,(\because 1<\sqrt{2}<2)$
$\therefore A<C$ ……㉡
㉠, ㉡에서 $B<A<C$

답 $B<A<C$

1단계

C Step 촘촘 유형 p. 24~27

01 ①	**02** ④	**03** $\sqrt{0.\dot{4}}$, $1-\sqrt{2}$
04 ⑤	**05** ③	**06** $\mathrm{P}(-\sqrt{2})$, $\mathrm{Q}(2-\sqrt{2})$,
R$(\sqrt{2})$	**07** 점 B	**08** $4+\sqrt{2}$ **09** ②
10 8	**11** $2-\sqrt{13}$	**12** ③ **13** ②, ③
14 ②	**15** ②	**16** 3개 **17** ③
18 $B<A<C$		**19** $2-\sqrt{3}$ **20** ①
21 A : $-\sqrt{8}+1$, B : $\sqrt{3}-1$, C : $4-\sqrt{3}$		**22** ③
23 ⑤	**24** ①	

01 색칠한 부분은 무리수이므로 근호 안의 수가 유리수의 제곱이 아닌 수를 찾는다.
② $\sqrt{0.\dot{4}}=\sqrt{\dfrac{4}{9}}=\sqrt{\left(\dfrac{2}{3}\right)^2}=\dfrac{2}{3}$
③ $\sqrt{0.04}=\sqrt{(0.2)^2}=0.2$
④ $3\times\sqrt{4}=3\times\sqrt{2^2}=3\times2=6$
⑤ $\sqrt{0.01}=\sqrt{(0.1)^2}=0.1$

답 ①

02 각 수의 제곱근은 다음과 같다.
① $\pm\sqrt{27}$ ② $\pm\sqrt{\dfrac{2}{7}}$ ③ $\pm\sqrt{0.8}$
④ ±0.3 ⑤ $\pm\sqrt{140}$

답 ④

03 $\sqrt{25}=\sqrt{5^2}=5$, $\sqrt{0.\dot{9}}=\sqrt{\dfrac{9}{9}}=\sqrt{1}=1$

답 $\sqrt{0.\dot{4}}$, $1-\sqrt{2}$

04 ① 무한소수 중 순환하지 않는 무한소수는 무리수이다.
② 순환소수는 유리수이다.
③ 순환하는 무한소수로 표현되는 유리수도 있다.
④ 무리수이면서 유리수인 실수는 없다.
따라서 옳은 것은 ⑤이다.

답 ⑤

05 ① 유한소수는 유리수이다.
② $0.\dot{3}$은 순환소수이므로 유리수이다.
④ 순환하는 무한소수는 무리수가 아니다. (유리수이다.)
⑤ 근호 안의 수가 유리수의 제곱인 수는 유리수이다.

답 ③

06 $\overline{\mathrm{CP}}=\overline{\mathrm{CB}}=\sqrt{1^2+1^2}=\sqrt{2}$,
$\overline{\mathrm{CR}}=\overline{\mathrm{CD}}=\sqrt{1^2+1^2}=\sqrt{2}$,
$\overline{\mathrm{EQ}}=\overline{\mathrm{ED}}=\sqrt{1^2+1^2}=\sqrt{2}$이다.

$\therefore \mathrm{P}(-\sqrt{2}),\ \mathrm{Q}(2-\sqrt{2}),\ \mathrm{R}(\sqrt{2})$

답 $\mathrm{P}(-\sqrt{2}),\ \mathrm{Q}(2-\sqrt{2}),\ \mathrm{R}(\sqrt{2})$

07 한 변의 길이가 1인 정사각형의 대각선의 길이는
$\sqrt{1^2+1^2}=\sqrt{2}$이다. 또, $1-\sqrt{2}$에 대응하는 점은 1에서
왼쪽으로 $\sqrt{2}$만큼 간 곳에 있는 점이다.
따라서 $1-\sqrt{2}$에 대응하는 점은 B이다.　　　답 점 B

08 $\overline{\mathrm{BC}}=\overline{\mathrm{BP}}=\sqrt{1^2+1^2}=\sqrt{2}$이다.　　　… 30%
점 P에 대응하는 수가 5이므로 점 B에 대응하는 수는
$5+\sqrt{2}$이다.　　　… 30%
따라서 점 A에 대응하는 수는 $5+\sqrt{2}-1=4+\sqrt{2}$이
다.　　　… 40%

답 $4+\sqrt{2}$

채점 기준	배점
$\overline{\mathrm{BP}}$의 길이 구하기	30%
점 B에 대응하는 수 구하기	30%
점 A에 대응하는 수 구하기	40%

09 ① $\overline{\mathrm{AB}}=\overline{\mathrm{AD}}=\sqrt{1^2+2^2}=\sqrt{5}$이므로
$\square\mathrm{ABCD}=(\sqrt{5}\,)^2=5$
② $\overline{\mathrm{AC}}$는 정사각형의 대각선이므로 $\overline{\mathrm{AC}}\ne\overline{\mathrm{AQ}}$이다.

답 ②

10 $\overline{\mathrm{AD}}=\overline{\mathrm{AP}}=\sqrt{1^2+3^2}=\sqrt{10}$이므로 점 P에 대응하는
수는 $2-\sqrt{10}$
따라서 $a=2$, $b=10$이므로 $b-a=8$이다.　　　답 8

11 $\overline{\mathrm{AB}}=\overline{\mathrm{AP}}=\sqrt{2^2+3^2}=\sqrt{13}$이다.　　　… 60%
따라서 점 P에 대응하는 수는 $2-\sqrt{13}$이다.　　　… 40%

답 $2-\sqrt{13}$

채점 기준	배점
$\overline{\mathrm{AP}}$의 길이 구하기	60%
점 P에 대응하는 수 구하기	40%

12 ① -1과 2 사이에는 0, 1의 2개의 정수가 있다.
③ 서로 다른 두 무리수 사이에는 무수히 많은 무리수
가 있다.　　　답 ③

13 ② 수와 수 사이에는 무수히 많은 무리수가 있으므로 4
에 가장 가까운 무리수는 구할 수 없다.
③ $\sqrt{36}<\sqrt{40}<\sqrt{45}<\sqrt{49}$에서 $6<\sqrt{40}<\sqrt{45}<7$이
므로 $\sqrt{40}$과 $\sqrt{45}$ 사이에는 정수가 없다.

답 ②, ③

14 ① $\sqrt{12}+3-6=\sqrt{12}-3=\sqrt{12}-\sqrt{9}>0$이므로
$6<\sqrt{12}+3$
② $\sqrt{26}-1-5=\sqrt{26}-6=\sqrt{26}-\sqrt{36}<0$이므로
$\sqrt{26}-1<5$
③ $4<9$에서 $-4>-9$이므로
$-4-\sqrt{7}>-9-\sqrt{7}$
④ $\sqrt{5}<5$이므로 $\sqrt{5}+\sqrt{3}<5+\sqrt{3}$
⑤ $\sqrt{5}+3-5=\sqrt{5}-2=\sqrt{5}-\sqrt{4}>0$이므로
$\sqrt{5}+3>5$

답 ②

15 ① $\sqrt{24}-3-(-3+\sqrt{28})=\sqrt{24}-\sqrt{28}<0$
$\therefore \sqrt{24}-3<-3+\sqrt{28}$
② $5+\sqrt{10}-(\sqrt{10}+\sqrt{5})=5-\sqrt{5}>0$
$\therefore 5+\sqrt{10}>\sqrt{10}+\sqrt{5}$
③ $\sqrt{7}+\sqrt{8}-(3+\sqrt{7})=\sqrt{8}-3<0$
$\therefore \sqrt{7}+\sqrt{8}<3+\sqrt{7}$
④ $\sqrt{17}-4-(\sqrt{18}-\sqrt{(-3)^2})=\sqrt{17}-\sqrt{18}-1<0$
$\therefore \sqrt{17}-4<\sqrt{18}-\sqrt{(-3)^2}$
⑤ $\sqrt{13}+2-6=\sqrt{13}-4<0$　$\therefore \sqrt{13}+2<6$

답 ②

16 ㄱ. $8<9$이므로 $8-\sqrt{6}<9-\sqrt{6}$
ㄴ. $2<\sqrt{5}$이므로 $\sqrt{7}-2>\sqrt{7}-\sqrt{5}$
ㄷ. $3<\sqrt{10}$이므로 $3+\sqrt{3}<\sqrt{10}+\sqrt{3}$
ㄹ. $-4>-5$이므로 $-4-\sqrt{3}>-5-\sqrt{3}$
ㅁ. $\sqrt{7}<\sqrt{8}$이므로 $2+\sqrt{7}<2+\sqrt{8}$
ㅂ. $\sqrt{10}<\sqrt{11}$이므로 $\sqrt{10}-\sqrt{5}<\sqrt{11}-\sqrt{5}$
따라서 옳은 것은 ㄴ, ㄷ, ㅂ의 3개이다.

답 3개

17 $a-c=4-\sqrt{2}-2=2-\sqrt{2}>0$이므로 $a>c$
$b-c=\sqrt{5}-2-2=\sqrt{5}-4<0$이므로 $b<c$
$\therefore b<c<a$

답 ③

18 (i) $A-B=(\sqrt{5}+\sqrt{3})-(\sqrt{3}+2)$
$\qquad=\sqrt{5}-2=\sqrt{5}-\sqrt{4}>0$
$\quad\therefore A>B$　　　… 40%
(ii) $A-C=(\sqrt{5}+\sqrt{3})-(\sqrt{5}+2)$
$\qquad=\sqrt{3}-2=\sqrt{3}-\sqrt{4}<0$
$\quad\therefore A<C$　　　… 40%
(i), (ii)에서 $B<A<C$　　　… 20%

답 $B<A<C$

채점 기준	배점
A와 B의 대소 비교	40%
A와 C의 대소 비교	40%
A, B, C의 대소 관계	20%

19 $\sqrt{3}+1$, $2-\sqrt{3}$, $\sqrt{5}+2$는 양수이고 $1-\sqrt{5}$, $-\sqrt{7}+1$
은 음수이므로 구하는 수는 양수 중 가장 작은 수이다.
$\sqrt{3}+1$과 $\sqrt{5}+2$에서 $\sqrt{3}<\sqrt{5}$, $1<2$이므로
$\sqrt{3}+1<\sqrt{5}+2$
$\sqrt{3}+1$과 $2-\sqrt{3}$에서 $1<\sqrt{3}<2$이므로
$2-\sqrt{3}<1 \Rightarrow \sqrt{3}+1>2-\sqrt{3}$
따라서 구하는 수는 $2-\sqrt{3}$이다.　　　　　　답 $2-\sqrt{3}$

20 $\sqrt{9}<\sqrt{11}<\sqrt{16}$에서 $3<\sqrt{11}<4$이므로
$-4<-\sqrt{11}<-3$　　∴ $4<8-\sqrt{11}<5$
따라서 $8-\sqrt{11}$에 대응하는 점은 ㉠ 구간에 있다.
답 ①

21 $1<\sqrt{3}<2$에서 $0<\sqrt{3}-1<1$이므로 $\sqrt{3}-1$은 점 B
에 대응하는 수이다.
$-2<-\sqrt{3}<-1$에서 $2<4-\sqrt{3}<3$이므로 $4-\sqrt{3}$
은 점 C에 대응하는 수이다.
$2<\sqrt{8}<3$에서 $-3<-\sqrt{8}<-2$,
$-2<-\sqrt{8}+1<-1$이므로 $-\sqrt{8}+1$은 점 A에 대
응하는 수이다.
답 A : $-\sqrt{8}+1$, B : $\sqrt{3}-1$, C : $4-\sqrt{3}$

22 ① $\sqrt{3}+0.6=2.332$
② $\sqrt{3}+1=2.732$
③ $\sqrt{5}-0.3=1.936$
④ $5-\sqrt{5}=2.764$
⑤ $\sqrt{5}-\sqrt{3}=0.504$
답 ③

23 ① $1<\sqrt{2}<2$이므로 $2<\sqrt{2}+1<3$
② $\sqrt{3}+1=2.732$
③ $\sqrt{4}+0.2=2.2$
④ $2<\sqrt{5}<3$
⑤ $3<\sqrt{5}+1<4$
답 ⑤

24 ① $2<\sqrt{5}<3$, $3<\sqrt{11}<4$이므로 $\sqrt{5}$와 $\sqrt{11}$ 사이의
정수는 3 한 개이다.
답 ①

---

p. 28∼31

2단계 B Step 탄탄 내신

01 ②	**02** 4	**03** $\sqrt{20}$
04 (1) $-\dfrac{4}{3}$　(2) 21		**05** $-a-2b$
06 (1) 4　(2) 0	**07** 5	**08** 34, 69
09 (1) 7　(2) 11　(3) 18	**10** 4	**11** 10
12 7	**13** 17	**14** ㉣	**15** ㅁ, ㅅ
16 22개	**17** ㄷ	**18** ③	**19** $4-\sqrt{5}$
20 D($2+\sqrt{10}$), E($2-\sqrt{20}$)		**21** ⑤
22 ②	**23** 20	**24** $a<c<b$

01 (core) 제곱하여 $a(a\geq0)$가 되는 수를 a의 제곱근이라 한다.
① -16은 음수이므로 제곱근이 없다.
② $\pm\sqrt{121}=\pm\sqrt{11^2}=\pm11$
③ $\pm\sqrt{0}=0$
④ $\sqrt{(-2)^2}=\sqrt{2^2}=2$
⑤ $\sqrt{9}=\sqrt{3^2}=3$이므로 $\sqrt{9}$의 제곱근은 $\pm\sqrt{3}$이다.
답 ②

02 $\sqrt{(-9)^2}=9$에서 9의 양의 제곱근은 $\sqrt{9}=3$이므로
$A=3$　　　　　　　　　　　　　　　　　… 30%
$(-\sqrt{6})^2=6$에서 6의 음의 제곱근은 $-\sqrt{6}$이므로
$B=-\sqrt{6}$　　　　　　　　　　　　　　… 30%
제곱근 169는 $\sqrt{169}=\sqrt{13^2}=13$이므로 $C=13$　… 30%
∴ $A-2B^2+C=3-12+13=4$　　　　… 10%
답 4

채점 기준	배점
A의 값 구하기	30%
B의 값 구하기	30%
C의 값 구하기	30%
$A-2B^2+C$의 값 구하기	10%

03 (core) 넓이가 a인 정사각형의 한 변의 길이는 $\sqrt{a}$이다.
(사다리꼴의 넓이)$=\dfrac{1}{2}\times(3+7)\times4=20$
정사각형의 한 변의 길이를 a라 하면
$a^2=20$이므로 $a=\sqrt{20}\,(\because a>0)$이다.
답 $\sqrt{20}$

04 (core) 제곱근의 성질을 이용하여 근호를 없앤 후 유리수의 사칙
연산을 한다.
(1) $\sqrt{(-3)\times(-3)}\div\sqrt{9^2}-\sqrt{5^2}\times\left(-\sqrt{\dfrac{1}{3}}\right)^2$
$=3\div9-5\times\dfrac{1}{3}=\dfrac{1}{3}-\dfrac{5}{3}=-\dfrac{4}{3}$

(2) $\sqrt{225}-\sqrt{4\times(-6)^2}+\sqrt{(-3)^4\times(-2)^2}$
$=15-\sqrt{2^2\times6^2}+\sqrt{3^4\times2^2}$
$=15-\sqrt{(2\times6)^2}+\sqrt{(9\times2)^2}$
$=15-12+18=21$

답 (1) $-\dfrac{4}{3}$ (2) 21

05 $ab<0$이므로 a, b는 서로 다른 부호이고, $a>b$이므로
$a>0$, $b<0$이다. ··· 40%
$\therefore (\sqrt{a})^2+|b|-\sqrt{(-2a)^2}+\sqrt{b^2}$
$=a-b-2a-b=-a-2b$ ··· 60%

답 $-a-2b$

채점 기준	배점
a, b의 부호 정하기	40%
주어진 식 간단히 하기	60%

06 core (1) $-2<a<2$이므로 $a-2<0$, $a+2>0$
(2) $4<x<y$이므로 $x-4>0$, $x-y<0$, $4-y<0$
(1) $-2<a<2$에서 $a-2<0$, $a+2>0$이다.
$\therefore \sqrt{(a-2)^2}+|a+2|=-(a-2)+a+2$
$=-a+2+a+2=4$
(2) $4<x<y$이므로 $x-4>0$, $x-y<0$, $4-y<0$이
다.
$\therefore \sqrt{(x-4)^2}+\sqrt{(x-y)^2}-\sqrt{(4-y)^2}$
$=x-4-(x-y)+(4-y)=0$

답 (1) 4 (2) 0

07 core $\sqrt{A^2}$에서 $A\geq0$일 때와 $A<0$일 때로 나누어 생각한다.
(i) $2x-5\geq0$, 즉 $x\geq\dfrac{5}{2}$일 때
$2x-5=13$, $2x=18$ $\therefore x=9$
(ii) $2x-5<0$, 즉 $x<\dfrac{5}{2}$일 때
$-2x+5=13$, $-2x=8$ $\therefore x=-4$
(i), (ii)에서 모든 x의 값의 합은 $9+(-4)=5$

답 5

08 core $\sqrt{5(n+11)}=$(자연수)이면 $5(n+11)=$(자연수)^2
$\sqrt{5(n+11)}$이 자연수가 되기 위해서는
$n+11=5$, 5×2^2, 5×3^2, 5×4^2, 5×5^2, ···이어야 한
다.
n이 두 자리의 자연수이므로 $10\leq n\leq99$이다.
$\therefore 21\leq n+11\leq110$
$n+11=5\times3^2$에서 $n=34$
$n+11=5\times4^2$에서 $n=69$

따라서 자연수가 되도록 하는 n의 값은 34, 69이다.

답 34, 69

09 (1) $\sqrt{15+3a}$가 자연수가 되려면 $15+3a$는 제곱수이
어야 한다.
$15+3a$보다 큰 제곱수는 16, 25, 36, 49, 64, 81,
···이므로 $3a=1$, 10, 21, 34, 49, 66, ···이다.
$3a$는 자연수이고 a는 가장 작은 자연수이므로
$3a=21$ $\therefore a=7$ ··· 40%
(2) $\sqrt{45-4b}$가 정수가 되려면 $45-4b$가 0 또는 제곱
수이어야 한다. $45-4b$보다 작은 제곱수는 36, 25,
16, 9, 4, 1이므로
$4b=9$, 20, 29, 36, 41, 44, 45
$4b$는 자연수이고 b는 가장 큰 자연수이므로
$4b=44$ $\therefore b=11$ ··· 40%
(3) $a+b=18$ ··· 20%

답 (1) 7 (2) 11 (3) 18

채점 기준	배점
(1) 구하기	40%
(2) 구하기	40%
(3) 구하기	20%

10 core $\sqrt{(a-b)^2}=\begin{cases} a-b\ (a\geq b) \\ -a+b\ (a<b) \end{cases}$
$\sqrt{4}<\sqrt{5}<\sqrt{9}$에서 $2<\sqrt{5}<3$이므로
$3-\sqrt{5}>0$, $\sqrt{5}-4<0$이다.
$\therefore \sqrt{(3-\sqrt{5})^2}-\sqrt{(\sqrt{5}-4)^2}+(-\sqrt{5})^2$
$=(3-\sqrt{5})-(-\sqrt{5}+4)+5$
$=3-\sqrt{5}+\sqrt{5}-4+5=4$

답 4

11 core 두 양수 a, b에 대하여 $a<\sqrt{x}<b \Rightarrow a^2<x<b^2$
$5\leq\sqrt{nx}<6$이므로 $25\leq nx<36$에서
$nx=25$, 26, 27, ···, 34, 35
$\therefore x=\dfrac{25}{n}, \dfrac{26}{n}, \dfrac{27}{n}, \cdots, \dfrac{34}{n}, \dfrac{35}{n}$
$\dfrac{25+26+27+\cdots+34+35}{n}=\dfrac{330}{n}=33$이므로
$n=10$

답 10

12 core 두 양수 a, b에 대하여
$\sqrt{a}<\sqrt{x}<\sqrt{b} \Rightarrow a<x<b$, $a<\sqrt{x}<b \Rightarrow a^2<x<b^2$
$\sqrt{6}<\sqrt{x}<4$에서 $6<x<16$ ······㉠
$-4<-\sqrt{2x}<-3$에서 $3<\sqrt{2x}<4$, $9<2x<16$
$\therefore \dfrac{9}{2}<x<8$ ······㉡

㉠, ㉡에서 $6 < x < 8$이므로 구하는 자연수 x의 값은 7이다.　　　　　　　　　　　　　　　**답** 7

13 자연수 x에 대하여
$1 \leq x < 4 \Rightarrow N(x) = 1$, $4 \leq x < 9 \Rightarrow N(x) = 2$
$9 \leq x < 16 \Rightarrow N(x) = 3$,
$16 \leq x < 25 \Rightarrow N(x) = 4$　　　　　　… 60 %
$N(1) + N(2) + N(3) + \cdots + N(x)$
$= 1 \times 3 + 2 \times 5 + 3 \times 7 + 4 \times n = 42$에서 $n = 2$
$\therefore x = 3 + 5 + 7 + 2 = 17$　　　　　　　… 40 %
답 17

채점 기준	배점
$N(x)$의 값 구하기	60 %
x의 값 구하기	40 %

14 (core) 근호 안의 수가 (유리수)^2 꼴이면 무리수가 아니다.
무리수는 $\sqrt{5}$, $\sqrt{\dfrac{3}{4}}$, $\sqrt{19.6}$, $\sqrt{0.8}$, π, $-\sqrt{14.4}$이므로
저장고는 ㉣이다.　　　　　　　　　　**답** ㉣

15 (core) 색칠한 부분의 수는 무리수이다.
ㄱ. $\sqrt{\dfrac{49}{9}} = \sqrt{\left(\dfrac{7}{3}\right)^2} = \dfrac{7}{3}$
ㄴ. $-\sqrt{1.44} = -\sqrt{(1.2)^2} = -1.2$
ㄷ. 순환소수
ㄹ. $\sqrt{\dfrac{18}{8}} = \sqrt{\dfrac{9}{4}} = \sqrt{\left(\dfrac{3}{2}\right)^2} = \dfrac{3}{2}$
ㅂ. $\sqrt{0} = 0$
ㅇ. $\sqrt{0.\dot{4}} = \sqrt{\dfrac{4}{9}} = \sqrt{\left(\dfrac{2}{3}\right)^2} = \dfrac{2}{3}$
ㅈ. $\sqrt{529} = \sqrt{23^2} = 23$　　　　　　**답** ㅁ, ㅅ

16 (core) 무리수는 유리수가 아닌 수이다.
$5 < \sqrt{a} \leq 7$에서 $25 < a \leq 49$
$\sqrt{a}$가 무리수이려면 a가 제곱수가 아니어야 하므로
36, 49를 제외하면 무리수 $\sqrt{a}$는 $49 - 25 - 2 = 22$(개)
이다.　　　　　　　　　　　　　　　**답** 22개

17 (core) 수직선은 유리수와 무리수가 대응하는 점들로 완전히 메울 수 있다.
ㄱ. $\sqrt{81} = 9$의 음의 제곱근은 $-\sqrt{9} = -3$이다.
ㄴ. 서로 다른 두 무리수 사이에는 무수히 많은 무리수
　가 있다.
ㄹ. $a > 0$일 때, a의 제곱근은 $\pm\sqrt{a}$의 2개이다.
ㅁ. 근호 안의 수가 (유리수)^{2}의 꼴이면 유리수이다.

ㅂ. 수직선을 유리수만으로는 메울 수 없다.　　**답** ㄷ

18 (core) a, b에 수를 대입하여 본다.
① $a = 2$, $b = 2$일 때 $\sqrt{a} - \sqrt{b} = \sqrt{2} - \sqrt{2} = 0$
② $a = 2$, $b = 2$일 때 $\sqrt{a} \times \sqrt{b} = \sqrt{2} \times \sqrt{2} = (\sqrt{2})^2 = 2$
③ a가 제곱수일 때, $\sqrt{a}$는 양의 정수이고 $\sqrt{b}$는 무리수
　이므로 $\sqrt{a} + \sqrt{b}$는 무리수이다.
　a가 제곱수가 아닐 때, $\sqrt{a}$는 무리수이므로 $\sqrt{a} + \sqrt{b}$
　도 무리수이다.
④ $a = 2$, $b = 2$일 때 $\dfrac{\sqrt{b}}{\sqrt{a}} = \dfrac{\sqrt{2}}{\sqrt{2}} = 1$
⑤ $a = 2$, $b = 2$일 때, $\dfrac{\sqrt{a}}{\sqrt{b}} = \dfrac{\sqrt{2}}{\sqrt{2}} = 1$　　**답** ③

19 (core) a에서 오른쪽으로 $\sqrt{k}$만큼 떨어진 점에 대응하는 수 $\Rightarrow$
$a + \sqrt{k}$
a에서 왼쪽으로 $\sqrt{k}$만큼 떨어진 점에 대응하는 수 $\Rightarrow a - \sqrt{k}$
$\overline{AB} = \overline{PB} = \sqrt{1^2 + 2^2} = \sqrt{5}$이므로 점 P에 대응하는 수
는 $-1 - \sqrt{5}$이다.
$\therefore \overline{PQ} = (-1 - \sqrt{5}) - (-5) = 4 - \sqrt{5}$　**답** $4 - \sqrt{5}$

20 (core) 피타고라스 정리를 이용한다.
$\overline{AB} = \overline{AD} = \sqrt{1^2 + 3^2} = \sqrt{10}$　　　　　… 30 %
따라서 점 D에 대응하는 수는 $2 + \sqrt{10}$이다.　… 20 %
$\overline{AC} = \overline{AE} = \sqrt{2^2 + 4^2} = \sqrt{20}$　　　　　… 30 %
따라서 점 E에 대응하는 수는 $2 - \sqrt{20}$이다.
$\therefore D(2 + \sqrt{10})$, $E(2 - \sqrt{20})$　　　　… 20 %
답 $D(2 + \sqrt{10})$, $E(2 - \sqrt{20})$

채점 기준	배점
$\overline{AD}$의 길이 구하기	30 %
점 D에 대응하는 수 구하기	20 %
$\overline{AE}$의 길이 구하기	30 %
점 E에 대응하는 수 구하기	20 %

21 (core) $0 < n < 1$일 때 $n^2 < n$이므로 $\sqrt{n^2} < \sqrt{n}$
A가 세 자리의 자연수 $\Rightarrow 100 \leq A < 1000$
ㄱ. $n + 1 < n + 2$이므로 $\sqrt{n+1} < \sqrt{n+2}$
ㄴ. $n = \dfrac{1}{2}$일 때 $n + 1 = \dfrac{3}{2}$, $n^2 + 1 = \dfrac{5}{4}$에서
　$\dfrac{3}{2} > \dfrac{5}{4}$이므로 성립하지 않는다.
ㄷ. $n = 5$일 때 $n + 2 = 7$에서 $2 < \sqrt{5} < 3$, $2 < \sqrt{7} < 3$
　이므로 두 무리수 사이에 자연수는 없다.
ㄹ. 서로 다른 두 무리수 사이에는 무수히 많은 무리수
　가 있다.
ㅁ. $\sqrt{n+1}$이 3자리의 자연수이므로
　$100 \leq \sqrt{n+1} < 1000$

$100^2 \leq (\sqrt{n+1})^2 < 1000^2$ 에서

$10000 \leq n+1 < 1000000$

$\therefore 9999 \leq n < 999999$

따라서 n은 4자리 또는 5자리 또는 6자리의 자연수이다.

답 ⑤

22 core 부등호의 성질을 이용하여 대소를 비교한다.

① $2<\sqrt{5}$ 이므로 $\sqrt{12}-2>\sqrt{12}-\sqrt{5}$

② $1<\sqrt{2}<\sqrt{3}<2$ 에서 $2<\sqrt{3}+\sqrt{2}<4$ 이므로 $\sqrt{3}+\sqrt{2}<5$

③ $3<\sqrt{12}<4$ 에서 $4<1+\sqrt{12}<5$

$1<\sqrt{3}<2$ 에서 $3<2+\sqrt{3}<4$

$\therefore 1+\sqrt{12}>2+\sqrt{3}$

④ $\sqrt{9}=3$, $1<\sqrt{2}<2$ 에서 $4<\sqrt{9}+\sqrt{2}<5$ 이므로 $\sqrt{9}+\sqrt{2}>4$

⑤ $6<\sqrt{45}<7$ 에서 $1<\sqrt{45}-5<2$, $2<1+\sqrt{2}<3$ 이므로 $\sqrt{45}-5<1+\sqrt{2}$

답 ②

23 core 무리수 $\sqrt{a}$ ⇨ $n<\sqrt{a}<n+1$

$\sqrt{64}<\sqrt{75}<\sqrt{81}$ 에서 $8<\sqrt{75}<9$, $\sqrt{121}=11$ 이므로

$19<\sqrt{75}+11<20$

따라서 $a=20$ 이다.

답 20

24 $a-b=(\sqrt{12}-1)-4$

$\qquad = \sqrt{12}-5<0 \,(\because 3<\sqrt{12}<4)$

$\therefore a<b$ ……㉠ … 30%

$b-c=4-\left(\dfrac{\sqrt{7}}{2}+2\right)=2-\dfrac{\sqrt{7}}{2}>0$

$\left(\because 2<\sqrt{7}<3, \ 1<\dfrac{\sqrt{7}}{2}<\dfrac{3}{2}\right)$

$\therefore b>c$ ……㉡ … 30%

$a-c=(\sqrt{12}-1)-\left(\dfrac{\sqrt{7}}{2}+2\right)$

$\qquad = \sqrt{12}-\left(\dfrac{\sqrt{7}}{2}+3\right)<0$

$\left(\because 3<\sqrt{12}<4, \ 4<\dfrac{\sqrt{7}}{2}+3<\dfrac{9}{2}\right)$

$\therefore a<c$ ……㉢ … 30%

㉠, ㉡, ㉢에서 $a<c<b$ 이다. … 10%

답 $a<c<b$

채점 기준	배점
a, b의 크기 비교	30%
b, c의 크기 비교	30%
a, c의 크기 비교	30%
a, b, c의 크기 비교	10%

3단계

A Step 만점 승승장구   p. 32~33

1 $\sqrt{80}$ **2** $a=29$, $b=19$ **3** 24310

4 $2x$ **5** 23개   **6** 0

7 $-2<x<2$

1 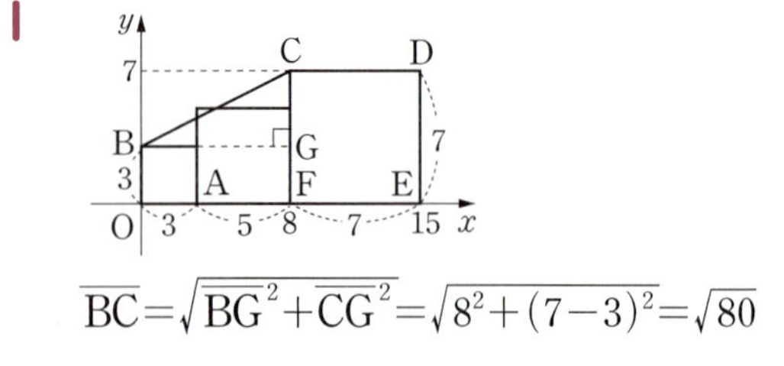

$\overline{BC}=\sqrt{\overline{BG}^2+\overline{CG}^2}=\sqrt{8^2+(7-3)^2}=\sqrt{80}$

답 $\sqrt{80}$

2 $\sqrt{225-a}-\sqrt{81+b}$ 가 가장 큰 정수가 되는 때는 $\sqrt{225-a}$는 최댓값, $\sqrt{81+b}$는 최솟값을 가질 때이다.

$\sqrt{225}=15>\sqrt{225-a}$ 에서 $\sqrt{225-a}=14$일 때 최댓값을 가지므로 $a=225-196=29$ 이다.

$\sqrt{81}=9<\sqrt{81+b}$ 에서 $\sqrt{81+b}=10$일 때 최솟값을 가지므로 $b=100-81=19$ 이다.

$\therefore a=29, \ b=19$

답 $a=29$, $b=19$

3 N을 소인수분해하면

$N=1\times2\times3\times\cdots\times16\times17$

$\quad = 2^{15}\times3^6\times5^3\times7^2\times11\times13\times17$

$\dfrac{N}{a}$이 제곱수가 되려면 약분하였을 때, 분자가 제곱수이어야 하고 a는 가장 작은 자연수이므로

$a=2\times5\times11\times13\times17=24310$ 이다.

답 24310

4 (i) $x\geq0$일 때 $x+|x|=2x$, $x-|x|=0$ 이므로

$\sqrt{(x+|x|)^2}-\sqrt{(x-|x|)^2}=\sqrt{(2x)^2}=2x$

(ii) $x<0$일 때 $x+|x|=0$, $x-|x|=2x$ 이므로

$\sqrt{(x+|x|)^2}-\sqrt{(x-|x|)^2}=-\sqrt{(2x)^2}=2x$

(i), (ii)에서 $\sqrt{(x+|x|)^2}-\sqrt{(x-|x|)^2}=2x$

답 $2x$

5 $10<\sqrt{111}<11$ 에서 $10.5^2=110.25$, $10.6^2=112.36$ 이므로 $10.5<\sqrt{111}<10.6$ ……㉠

$12<\sqrt{159}<13$ 에서 $12.6^2=158.76$, $12.7^2=161.29$ 이므로 $12.6<\sqrt{159}<12.7$ ……㉡

㉠, ㉡에서 $23.1 < \sqrt{111} + \sqrt{159} < 23.3$

따라서 $\sqrt{111}$과 $\sqrt{159}$의 합에 대응하는 점의 왼쪽에 있는 자연수는 23개이다.

답 23개

6
$$\frac{a}{a-1} - \frac{b}{b-1} = \frac{a(b-1) - b(a-1)}{(a-1)(b-1)}$$
$$= \frac{ab - a - ab + b}{(a-1)(b-1)}$$
$$= \frac{-a+b}{(a-1)(b-1)}$$

$1 < a < b$에서 $a-1 > 0$, $b-1 > 0$, $-a+b > 0$이므로 $\dfrac{a}{a-1} - \dfrac{b}{b-1} > 0$

$a-1 > 0$이므로 $\dfrac{1}{a-1} > 0$,

$1-b < 0$이므로 $\dfrac{1}{1-b} < 0$

$$\therefore \sqrt{\left(\frac{a}{a-1} - \frac{b}{b-1}\right)^2} - \sqrt{\left(\frac{1}{a-1}\right)^2} + \sqrt{\left(\frac{1}{1-b}\right)^2}$$
$$= \frac{a}{a-1} - \frac{b}{b-1} - \frac{1}{a-1} - \frac{1}{1-b}$$
$$= \frac{a-1}{a-1} + \frac{-b+1}{b-1} = 1 - 1 = 0$$

답 0

---

7 (i) $x < -1$일 때 $x-1 < 0$, $x+1 < 0$이므로
$\sqrt{(x-1)^2} + \sqrt{(x+1)^2} < 4$에서
$-(x-1) - (x+1) < 4$, $-2x < 4$, $x > -2$
$\therefore -2 < x < -1$

(ii) $-1 \leq x < 1$일 때 $x-1 < 0$, $x+1 \geq 0$이므로
$\sqrt{(x-1)^2} + \sqrt{(x+1)^2} < 4$에서
$-(x-1) + (x+1) < 4$, $2 < 4$ $\therefore -1 \leq x < 1$

(iii) $x \geq 1$일 때 $x-1 \geq 0$, $x+1 > 0$이므로
$\sqrt{(x-1)^2} + \sqrt{(x+1)^2} < 4$에서
$(x-1) + (x+1) < 4$, $2x < 4$, $x < 2$
$\therefore 1 \leq x < 2$

(i), (ii), (iii) 에서 $-2 < x < 2$이다.

답 $-2 < x < 2$

---

1 근호를 포함한 식의 계산 (1)

원리확인 **기본문제** p. 34~36

1 (1) $\sqrt{50} = \sqrt{25 \times 2} = \sqrt{5^2 \times 2} = 5\sqrt{2}$

(2) $\sqrt{180} = \sqrt{36 \times 5} = \sqrt{6^2 \times 5} = 6\sqrt{5}$

(3) $4\sqrt{3} = \sqrt{4^2} \times \sqrt{3} = \sqrt{4^2 \times 3} = \sqrt{48}$

(4) $3\sqrt{7} = \sqrt{3^2} \times \sqrt{7} = \sqrt{3^2 \times 7} = \sqrt{63}$

답 (1) $5\sqrt{2}$ (2) $6\sqrt{5}$ (3) $\sqrt{48}$ (4) $\sqrt{63}$

2 (1) $4\sqrt{3} \times \sqrt{7} = 4\sqrt{21}$

(2) $2\sqrt{6} \times 4\sqrt{10} = 2\sqrt{2 \times 3} \times 4\sqrt{2 \times 5} = 8\sqrt{2^2 \times 3 \times 5}$
$\qquad = 16\sqrt{15}$

(3) $2\sqrt{5} \times 3\sqrt{2} \times \sqrt{7} = 2 \times 3 \times \sqrt{5 \times 2 \times 7} = 6\sqrt{70}$

(4) $\sqrt{14} \times \sqrt{6} \times \sqrt{\dfrac{5}{7}} = \sqrt{14 \times 6 \times \dfrac{5}{7}} = \sqrt{2^2 \times 3 \times 5}$
$\qquad = 2\sqrt{15}$

답 (1) $4\sqrt{21}$ (2) $16\sqrt{15}$ (3) $6\sqrt{70}$ (4) $2\sqrt{15}$

3 (1) $\sqrt{\dfrac{3}{64}} = \sqrt{\dfrac{3}{8^2}} = \dfrac{\sqrt{3}}{\sqrt{8^2}} = \dfrac{\sqrt{3}}{8}$

(2) $\sqrt{\dfrac{23}{121}} = \sqrt{\dfrac{23}{11^2}} = \dfrac{\sqrt{23}}{\sqrt{11^2}} = \dfrac{\sqrt{23}}{11}$

(3) $\dfrac{\sqrt{5}}{3} = \dfrac{\sqrt{5}}{\sqrt{3^2}} = \sqrt{\dfrac{5}{9}}$

(4) $\dfrac{\sqrt{6}}{5} = \dfrac{\sqrt{6}}{\sqrt{5^2}} = \sqrt{\dfrac{6}{25}}$

답 (1) $\dfrac{\sqrt{3}}{8}$ (2) $\dfrac{\sqrt{23}}{11}$ (3) $\sqrt{\dfrac{5}{9}}$ (4) $\sqrt{\dfrac{6}{25}}$

4 (1) $\sqrt{48} \div \sqrt{6} = \dfrac{\sqrt{48}}{\sqrt{6}} = \sqrt{\dfrac{48}{6}} = \sqrt{8} = \sqrt{2^3} = 2\sqrt{2}$

(2) $8\sqrt{14} \div 2\sqrt{7} = \dfrac{8\sqrt{14}}{2\sqrt{7}} = \dfrac{8}{2}\sqrt{\dfrac{14}{7}} = 4\sqrt{2}$

(3) $5\sqrt{15} \div 2\sqrt{5} = \dfrac{5\sqrt{15}}{2\sqrt{5}} = \dfrac{5}{2}\sqrt{\dfrac{15}{5}} = \dfrac{5\sqrt{3}}{2}$

(4) 근호 안의 수에 제곱인 수가 있으면 먼저 간단히 하여 계산한다.
$(-\sqrt{14}) \div \sqrt{21} \times \sqrt{75}$
$= (-\sqrt{14}) \times \dfrac{1}{\sqrt{21}} \times 5\sqrt{3}$
$= -5\sqrt{14 \times \dfrac{1}{21} \times 3}$
$= -5\sqrt{2}$

답 (1) $2\sqrt{2}$ (2) $4\sqrt{2}$ (3) $\dfrac{5\sqrt{3}}{2}$ (4) $-5\sqrt{2}$

5 분모에 무리수가 있는 분수의 분모, 분자에 0이 아닌 같은 수를 곱하여 분모를 유리수로 고치는 것을 분모의 유리화라고 한다.

(1) $\dfrac{5}{\sqrt{3}} = \dfrac{5 \times \sqrt{3}}{\sqrt{3} \times \sqrt{3}} = \dfrac{5\sqrt{3}}{3}$

(2) $\dfrac{6}{\sqrt{2}} = \dfrac{6 \times \sqrt{2}}{\sqrt{2} \times \sqrt{2}} = \dfrac{6\sqrt{2}}{2} = 3\sqrt{2}$

(3) 분모가 $a\sqrt{b}$의 꼴인 분수의 분모를 유리화할 때는 분모, 분자에 $\sqrt{b}$만 곱한다.

$$\dfrac{3}{2\sqrt{7}} = \dfrac{3 \times \sqrt{7}}{2\sqrt{7} \times \sqrt{7}} = \dfrac{3\sqrt{7}}{14}$$

(4) 분모의 근호 안에 제곱인 인수가 포함되어 있으면 $\sqrt{a^2 b} = a\sqrt{b}$임을 이용하여 제곱인 인수를 꺼낸 다음 분모를 유리화한다.

$$\dfrac{11}{\sqrt{20}} = \dfrac{11}{2\sqrt{5}} = \dfrac{11 \times \sqrt{5}}{2\sqrt{5} \times \sqrt{5}} = \dfrac{11\sqrt{5}}{10}$$

답 (1) $\dfrac{5\sqrt{3}}{3}$ (2) $3\sqrt{2}$ (3) $\dfrac{3\sqrt{7}}{14}$ (4) $\dfrac{11\sqrt{5}}{10}$

6 $\dfrac{3}{\sqrt{5}} = \dfrac{3 \times \sqrt{5}}{\sqrt{5} \times \sqrt{5}} = \dfrac{3\sqrt{5}}{5}$에서 $a = \dfrac{3}{5}$

$\dfrac{\sqrt{2}}{\sqrt{27}} = \dfrac{\sqrt{2}}{3\sqrt{3}} = \dfrac{\sqrt{2} \times \sqrt{3}}{3\sqrt{3} \times \sqrt{3}} = \dfrac{\sqrt{6}}{9}$에서 $b = \dfrac{1}{9}$

$\therefore a + b = \dfrac{3}{5} + \dfrac{1}{9} = \dfrac{32}{45}$

답 $\dfrac{32}{45}$

팡팡 계산력 p. 37

1 (1) $2\sqrt{5}$ (2) $-3\sqrt{19}$ (3) $\dfrac{5\sqrt{5}}{4}$ (4) $2\sqrt{2}$

2 (1) $\sqrt{80}$ (2) $-\sqrt{63}$ (3) $\sqrt{\dfrac{4}{3}}$ (4) $-\sqrt{3.6}$

3 (1) $\dfrac{\sqrt{3}}{3}$ (2) $\dfrac{3\sqrt{5}}{5}$ (3) $\sqrt{2}$ (4) $\dfrac{4\sqrt{7}}{7}$

4 (1) $10\sqrt{14}$ (2) $5\sqrt{30}$ (3) $\dfrac{15\sqrt{14}}{14}$ (4) $2\sqrt{2}$ (5) $\dfrac{\sqrt{105}}{2}$

(6) $\dfrac{\sqrt{105}}{12}$ (7) $-5\sqrt{2}$ (8) $\dfrac{5\sqrt{3}}{9}$

1 (1) $\sqrt{20} = \sqrt{2^2 \times 5} = 2\sqrt{5}$

(2) $-\sqrt{171} = -\sqrt{3^2 \times 19} = -3\sqrt{19}$

(3) $\dfrac{\sqrt{125}}{4} = \dfrac{\sqrt{5^2 \times 5}}{4} = \dfrac{5\sqrt{5}}{4}$

(4) $\dfrac{\sqrt{512}}{8} = \dfrac{\sqrt{16^2 \times 2}}{8} = \dfrac{16\sqrt{2}}{8} = 2\sqrt{2}$

답 (1) $2\sqrt{5}$ (2) $-3\sqrt{19}$ (3) $\dfrac{5\sqrt{5}}{4}$ (4) $2\sqrt{2}$

2 (1) $4\sqrt{5} = \sqrt{4^2 \times 5} = \sqrt{80}$

(2) $-3\sqrt{7} = -\sqrt{3^2 \times 7} = -\sqrt{63}$

(3) $\dfrac{\sqrt{48}}{6} = \sqrt{\dfrac{48}{6^2}} = \sqrt{\dfrac{48}{36}} = \sqrt{\dfrac{4}{3}}$

(4) $-6\sqrt{0.1} = -\sqrt{6^2 \times 0.1} = -\sqrt{3.6}$

답 (1) $\sqrt{80}$ (2) $-\sqrt{63}$ (3) $\sqrt{\dfrac{4}{3}}$ (4) $-\sqrt{3.6}$

3 (1) $\dfrac{1}{\sqrt{3}} = \dfrac{1 \times \sqrt{3}}{\sqrt{3} \times \sqrt{3}} = \dfrac{\sqrt{3}}{3}$

(2) $\dfrac{3}{\sqrt{5}} = \dfrac{3 \times \sqrt{5}}{\sqrt{5} \times \sqrt{5}} = \dfrac{3\sqrt{5}}{5}$

(3) $\dfrac{2\sqrt{3}}{\sqrt{6}} = \dfrac{2\sqrt{3} \times \sqrt{6}}{\sqrt{6} \times \sqrt{6}} = \dfrac{6\sqrt{2}}{6} = \sqrt{2}$

(4) $\dfrac{8}{\sqrt{28}} = \dfrac{8}{2\sqrt{7}} = \dfrac{8 \times \sqrt{7}}{2\sqrt{7} \times \sqrt{7}} = \dfrac{8\sqrt{7}}{14} = \dfrac{4\sqrt{7}}{7}$

답 (1) $\dfrac{\sqrt{3}}{3}$ (2) $\dfrac{3\sqrt{5}}{5}$ (3) $\sqrt{2}$ (4) $\dfrac{4\sqrt{7}}{7}$

4 (1) $2\sqrt{7} \times 5\sqrt{2} = 2 \times 5 \times \sqrt{7 \times 2} = 10\sqrt{14}$

(2) $\sqrt{32} \times \dfrac{5\sqrt{3}}{8} \times 2\sqrt{5} = 4\sqrt{2} \times \dfrac{5\sqrt{3}}{8} \times 2\sqrt{5}$

$$= 4 \times \dfrac{5}{8} \times 2 \times \sqrt{2 \times 3 \times 5}$$

$$= 5\sqrt{30}$$

(3) $3\sqrt{\dfrac{15}{7}} \div \sqrt{\dfrac{6}{5}} = \dfrac{3\sqrt{15}}{\sqrt{7}} \times \dfrac{\sqrt{5}}{\sqrt{6}} = 3\sqrt{\dfrac{15}{7} \times \dfrac{5}{6}}$

$$= 3 \times \dfrac{5}{\sqrt{14}} = \dfrac{15 \times \sqrt{14}}{\sqrt{14} \times \sqrt{14}}$$

$$= \dfrac{15\sqrt{14}}{14}$$

(4) $4\sqrt{18} \div \sqrt{12} \div \sqrt{3} = 12\sqrt{2} \div 2\sqrt{3} \div \sqrt{3}$

$$= 12\sqrt{2} \times \dfrac{1}{2\sqrt{3}} \times \dfrac{1}{\sqrt{3}}$$

$$= 12 \times \dfrac{1}{2} \times \sqrt{2 \times \dfrac{1}{3} \times \dfrac{1}{3}}$$

$$= 6 \times \dfrac{\sqrt{2}}{3} = 2\sqrt{2}$$

(5) $-\dfrac{3}{\sqrt{5}}\times\dfrac{10}{3\sqrt{7}}\div\left(-\dfrac{4\sqrt{3}}{21}\right)$

$=-\dfrac{3}{\sqrt{5}}\times\dfrac{10}{3\sqrt{7}}\times\left(-\dfrac{21}{4\sqrt{3}}\right)$

$=-3\times\dfrac{10}{3}\times\left(-\dfrac{21}{4}\right)\times\sqrt{\dfrac{1}{5}\times\dfrac{1}{7}\times\dfrac{1}{3}}$

$=\dfrac{105}{2}\times\sqrt{\dfrac{1}{105}}=\dfrac{105}{2\sqrt{105}}$

$=\dfrac{105\times\sqrt{105}}{2\sqrt{105}\times\sqrt{105}}=\dfrac{105\sqrt{105}}{210}=\dfrac{\sqrt{105}}{2}$

(6) $\dfrac{\sqrt{7}}{9}\times\dfrac{3\sqrt{2}}{\sqrt{3}}\div\dfrac{\sqrt{32}}{\sqrt{45}}$

$=\dfrac{\sqrt{7}}{9}\times\dfrac{3\sqrt{2}}{\sqrt{3}}\div\dfrac{4\sqrt{2}}{3\sqrt{5}}$

$=\dfrac{\sqrt{7}}{9}\times\dfrac{3\sqrt{2}}{\sqrt{3}}\times\dfrac{3\sqrt{5}}{4\sqrt{2}}$

$=\dfrac{1}{9}\times3\times\dfrac{3}{4}\times\sqrt{7\times\dfrac{2}{3}\times\dfrac{5}{2}}$

$=\dfrac{1}{4}\sqrt{\dfrac{35}{3}}=\dfrac{\sqrt{35}}{4\sqrt{3}}=\dfrac{\sqrt{35}\times\sqrt{3}}{4\sqrt{3}\times\sqrt{3}}=\dfrac{\sqrt{105}}{12}$

(7) $\dfrac{1}{\sqrt{3}}\div\left(-\dfrac{1}{\sqrt{60}}\right)\times\dfrac{4\sqrt{5}}{4\sqrt{2}}$

$=\dfrac{1}{\sqrt{3}}\div\left(-\dfrac{1}{2\sqrt{15}}\right)\times\dfrac{\sqrt{5}}{\sqrt{2}}$

$=\dfrac{1}{\sqrt{3}}\times(-2\sqrt{15})\times\dfrac{\sqrt{5}}{\sqrt{2}}$

$=-2\sqrt{\dfrac{1}{3}\times15\times\dfrac{5}{2}}$

$=-\dfrac{10}{\sqrt{2}}=-\dfrac{10\times\sqrt{2}}{\sqrt{2}\times\sqrt{2}}=-\dfrac{10\sqrt{2}}{2}=-5\sqrt{2}$

(8) $\dfrac{1}{\sqrt{18}}\times\sqrt{\dfrac{5}{2}}\div\dfrac{\sqrt{3}}{\sqrt{20}}$

$=\dfrac{1}{3\sqrt{2}}\times\dfrac{\sqrt{5}}{\sqrt{2}}\div\dfrac{\sqrt{3}}{2\sqrt{5}}$

$=\dfrac{1}{3\sqrt{2}}\times\dfrac{\sqrt{5}}{\sqrt{2}}\times\dfrac{2\sqrt{5}}{\sqrt{3}}$

$=\dfrac{10}{6\sqrt{3}}=\dfrac{10\times\sqrt{3}}{6\sqrt{3}\times\sqrt{3}}=\dfrac{10\sqrt{3}}{18}=\dfrac{5\sqrt{3}}{9}$

답 (1) $10\sqrt{14}$ (2) $5\sqrt{30}$ (3) $\dfrac{15\sqrt{14}}{14}$ (4) $2\sqrt{2}$

(5) $\dfrac{\sqrt{105}}{2}$ (6) $\dfrac{\sqrt{105}}{12}$ (7) $-5\sqrt{2}$ (8) $\dfrac{5\sqrt{3}}{9}$

C Step 1단계 촘촘 유형　　　　p. 38~41

01 16	**02** ⑤	**03** $\dfrac{4}{9}$	**04** 5
05 ③	**06** $12\sqrt{3}$	**07** 72	**08** $4\sqrt{13}$ cm
09 ⑤	**10** $\dfrac{5}{16}$	**11** $\dfrac{3}{2}$	**12** ③
13 70	**14** $\dfrac{8}{5}$	**15** ③	**16** ②
17 $-\dfrac{7}{25}$	**18** ⑤	**19** 5	**20** $\dfrac{\sqrt{6}}{4}$
21 1	**22** (1) $2\sqrt{6}$ (2) $9\sqrt{3}$ (3) $\dfrac{7\sqrt{15}}{5}$		
23 $\dfrac{1}{2}$	**24** ⑤	**25** $45\sqrt{2}$ cm²	
26 $4\sqrt{2}$ cm	**27** $\dfrac{8\sqrt{30}}{5}$		

01 $(-5\sqrt{2})\times2\sqrt{3}=(-5)\times2\times\sqrt{2\times3}=-10\sqrt{6}$ 이므로 $a=-10,\ b=6$

$\therefore b-a=6-(-10)=16$　　　답 16

02 ① $\sqrt{7}\times\sqrt{3}=\sqrt{7\times3}=\sqrt{21}$

② $2\sqrt{5}\times(-\sqrt{2})=2\times(-1)\times\sqrt{5\times2}=-2\sqrt{10}$

③ $3\sqrt{2}\times4\sqrt{2}=3\times4\times\sqrt{2\times2}=12\times2=24$

④ $\sqrt{\dfrac{2}{5}}\times\sqrt{\dfrac{3}{4}}=\sqrt{\dfrac{2}{5}\times\dfrac{3}{4}}=\sqrt{\dfrac{3}{10}}$

⑤ $\sqrt{\dfrac{5}{6}}\times5\sqrt{\dfrac{7}{10}}\times\sqrt{\dfrac{7}{12}}=5\sqrt{\dfrac{5}{6}\times\dfrac{7}{10}\times\dfrac{7}{12}}$

$=5\sqrt{\left(\dfrac{7}{12}\right)^2}=5\times\dfrac{7}{12}=\dfrac{35}{12}$

답 ⑤

03 $\sqrt{12}\times\sqrt{3}\times\sqrt{k}=\sqrt{36k},\ \sqrt{2}\times\sqrt{8}=\sqrt{16}=4$ 이므로

$\sqrt{36k}=4,\ 36k=16$　　$\therefore k=\dfrac{4}{9}$　　答 $\dfrac{4}{9}$

04 $\sqrt{2}\times\sqrt{5}\times2\sqrt{7}\times\sqrt{2a}=20\sqrt{7}$ 에서

$\sqrt{20a}\times2\sqrt{7}=20\sqrt{7}$ 이므로 $\sqrt{20a}=10,\ 20a=100$

$\therefore a=5$　　答 5

05 ① $\sqrt{24}=\sqrt{2^2\times6}=2\sqrt{6}$

② $-\sqrt{52}=-\sqrt{2^2\times13}=-2\sqrt{13}$

③ $-3\sqrt{7}=-\sqrt{3^2\times7}=-\sqrt{63}$

④ $6\sqrt{5}=\sqrt{6^2\times5}=\sqrt{180}$

⑤ $\sqrt{200}=\sqrt{2\times10^2}=10\sqrt{2}$　　答 ③

06 $3\sqrt{2}=\sqrt{3^2\times2}=\sqrt{18}$ 이므로 $a=18$

$\sqrt{27}=\sqrt{3^2\times3}=3\sqrt{3}$이므로 $b=3$

$\therefore \sqrt{8ab}=\sqrt{2^3\times2\times3^2\times3}=12\sqrt{3}$

답 $12\sqrt{3}$

07 $\sqrt{20}\times\sqrt{24}\times\sqrt{54}=2\sqrt{5}\times2\sqrt{6}\times3\sqrt{6}$

$=2\times2\times3\times\sqrt{5\times6\times6}=72\sqrt{5}$

이므로 $a=72$

답 72

08 정사각형의 한 변의 길이를 $x\,\mathrm{cm}$라 하면

$x^2=8^2+12^2=208$ $\quad\therefore x=\sqrt{208}=4\sqrt{13}\,(\because x>0)$

답 $4\sqrt{13}\,\mathrm{cm}$

09 ① $\sqrt{8}\div(-\sqrt{50})=2\sqrt{2}\div(-5\sqrt{2})$

$=2\sqrt{2}\times\left(-\dfrac{1}{5\sqrt{2}}\right)=-\dfrac{2}{5}$

② $\dfrac{\sqrt{3}}{\sqrt{7}}\div\sqrt{21}=\dfrac{\sqrt{3}}{\sqrt{7}}\times\dfrac{1}{\sqrt{21}}=\sqrt{\dfrac{3}{7}\times\dfrac{1}{21}}$

$=\dfrac{1}{7}\left(=\sqrt{\dfrac{1}{49}}\right)$

③ $\sqrt{\dfrac{2}{5}}\div\sqrt{\dfrac{6}{10}}=\dfrac{\sqrt{2}}{\sqrt{5}}\times\dfrac{\sqrt{10}}{\sqrt{6}}=\sqrt{\dfrac{2}{5}\times\dfrac{10}{6}}=\sqrt{\dfrac{2}{3}}$

④ $\sqrt{60}\div\sqrt{3}\div\sqrt{5}=2\sqrt{15}\times\dfrac{1}{\sqrt{3}}\times\dfrac{1}{\sqrt{5}}$

$=2\sqrt{15\times\dfrac{1}{3}\times\dfrac{1}{5}}=2\,(=\sqrt{4})$

⑤ $6\sqrt{21}\div2\sqrt{7}=6\sqrt{21}\times\dfrac{1}{2\sqrt{7}}$

$=6\times\dfrac{1}{2}\sqrt{21\times\dfrac{1}{7}}=3\sqrt{3}\,(=\sqrt{27})$

$-\dfrac{2}{5}<\dfrac{1}{7}<\sqrt{\dfrac{2}{3}}<2<3\sqrt{3}$이므로 계산 결과가 가장

큰 것은 ⑤이다.

답 ⑤

10 $\sqrt{7}\div\sqrt{42}=\sqrt{7}\times\dfrac{1}{\sqrt{42}}=\sqrt{7\times\dfrac{1}{42}}=\sqrt{\dfrac{1}{6}}$ 에서

$a=\dfrac{1}{6}$

… 30%

$\sqrt{\dfrac{9}{28}}\div\sqrt{\dfrac{6}{35}}=\dfrac{\sqrt{9}}{\sqrt{28}}\times\dfrac{\sqrt{35}}{\sqrt{6}}=\sqrt{\dfrac{9}{28}\times\dfrac{35}{6}}=\sqrt{\dfrac{15}{8}}$

에서 $b=\dfrac{15}{8}$

… 50%

$\therefore ab=\dfrac{1}{6}\times\dfrac{15}{8}=\dfrac{5}{16}$

… 20%

답 $\dfrac{5}{16}$

채점 기준	배점
a의 값 구하기	30%
b의 값 구하기	50%
ab의 값 구하기	20%

11 $\dfrac{\sqrt{5}}{\sqrt{8}}\div\dfrac{2\sqrt{10}}{\sqrt{3}}\div\dfrac{1}{\sqrt{48}}=\dfrac{\sqrt{5}}{2\sqrt{2}}\div\dfrac{2\sqrt{10}}{\sqrt{3}}\div\dfrac{1}{4\sqrt{3}}$

$=\dfrac{\sqrt{5}}{2\sqrt{2}}\times\dfrac{\sqrt{3}}{2\sqrt{10}}\times4\sqrt{3}$

$=\dfrac{1}{2}\times\dfrac{1}{2}\times4\times\sqrt{\dfrac{5}{2}\times\dfrac{3}{10}\times3}$

$=\sqrt{\dfrac{9}{4}}=\dfrac{3}{2}$

답 $\dfrac{3}{2}$

12 ① $\sqrt{\dfrac{19}{81}}=\sqrt{\dfrac{19}{9^2}}=\dfrac{\sqrt{19}}{9}$ ② $\sqrt{\dfrac{7}{36}}=\sqrt{\dfrac{7}{6^2}}=\dfrac{\sqrt{7}}{6}$

③ $\sqrt{\dfrac{26}{72}}=\sqrt{\dfrac{13}{36}}=\sqrt{\dfrac{13}{6^2}}=\dfrac{\sqrt{13}}{6}$

④ $-\sqrt{\dfrac{75}{100}}=-\sqrt{\dfrac{3}{4}}=-\sqrt{\dfrac{3}{2^2}}=-\dfrac{\sqrt{3}}{2}$

⑤ $\sqrt{0.11}=\sqrt{\dfrac{11}{100}}=\sqrt{\dfrac{11}{10^2}}=\dfrac{\sqrt{11}}{10}$

답 ③

13 $\sqrt{0.56}=\sqrt{\dfrac{56}{100}}=\dfrac{2\sqrt{14}}{10}=\dfrac{\sqrt{14}}{5}$ 에서 $a=5,\ b=14$

$\therefore ab=70$

답 70

14 $\sqrt{0.06}=\sqrt{\dfrac{6}{100}}=\dfrac{\sqrt{6}}{10}$ 에서 $a=\dfrac{1}{10}$

… 40%

$\dfrac{3\sqrt{5}}{\sqrt{30}}=\sqrt{\dfrac{45}{30}}=\sqrt{\dfrac{3}{2}}$ 에서 $b=\dfrac{3}{2}$

… 40%

$\therefore a+b=\dfrac{8}{5}$

… 20%

답 $\dfrac{8}{5}$

채점 기준	배점
a의 값 구하기	40%
b의 값 구하기	40%
$a+b$의 값 구하기	20%

15 $\sqrt{300}=\sqrt{2^2\times3\times5^2}=2\times\sqrt{3}\times(\sqrt{5})^2=2ab^2$ 답 ③

16 $\sqrt{1.12}=\sqrt{\dfrac{112}{100}}=\sqrt{\dfrac{28}{25}}=\sqrt{\dfrac{2^2\times7}{5^2}}=\dfrac{(\sqrt{2})^2\times\sqrt{7}}{5}$

$=\dfrac{a^2b}{5}$

답 ②

17 $\sqrt{80}=\sqrt{2^4\times5}=4\sqrt{5}$이고

$\sqrt{0.0343}=\sqrt{\dfrac{343}{10000}}=\sqrt{\dfrac{7^3}{100^2}}=\dfrac{7\sqrt{7}}{100}$ 이므로

… 60%

$\sqrt{80}-\sqrt{0.0343}=4\sqrt{5}-\dfrac{7\sqrt{7}}{100}$ 에서

$m=4,\ n=-\dfrac{7}{100}$

… 20%

$$\therefore m \times n = -\frac{7}{25} \qquad \cdots 20\%$$

답 $-\dfrac{7}{25}$

채점 기준	배점
$\sqrt{80}$, $\sqrt{0.0343}$을 $a\sqrt{b}$꼴로 나타내기	60%
m, n의 값 구하기	20%
mn의 값 구하기	20%

18 ① $\dfrac{1}{5\sqrt{2}} = \dfrac{1\times\sqrt{2}}{5\sqrt{2}\times\sqrt{2}} = \dfrac{\sqrt{2}}{10}$

② $\dfrac{4}{\sqrt{18}} = \dfrac{4}{3\sqrt{2}} = \dfrac{4\times\sqrt{2}}{3\sqrt{2}\times\sqrt{2}} = \dfrac{4\sqrt{2}}{6} = \dfrac{2\sqrt{2}}{3}$

③ $\dfrac{5}{\sqrt{8}} = \dfrac{5}{2\sqrt{2}} = \dfrac{5\times\sqrt{2}}{2\sqrt{2}\times\sqrt{2}} = \dfrac{5\sqrt{2}}{4}$

④ $\dfrac{3\sqrt{2}}{\sqrt{7}} = \dfrac{3\sqrt{2}\times\sqrt{7}}{\sqrt{7}\times\sqrt{7}} = \dfrac{3\sqrt{14}}{7}$

⑤ $\dfrac{10}{\sqrt{24}} = \dfrac{10}{2\sqrt{6}} = \dfrac{5}{\sqrt{6}} = \dfrac{5\times\sqrt{6}}{\sqrt{6}\times\sqrt{6}} = \dfrac{5\sqrt{6}}{6}$

답 ⑤

19 $\dfrac{2\sqrt{k}}{3\sqrt{2}} = \dfrac{2\sqrt{2k}}{6} = \dfrac{\sqrt{2k}}{3}$ 에서 $\dfrac{\sqrt{2k}}{3} = \dfrac{\sqrt{10}}{3}$ 이므로

$\sqrt{2k} = \sqrt{10}$, $2k = 10$ $\quad \therefore k = 5$ 답 5

20 $\dfrac{\sqrt{3}}{\sqrt{6}} = \dfrac{\sqrt{3}\times\sqrt{6}}{\sqrt{6}\times\sqrt{6}} = \dfrac{3\sqrt{2}}{6} = \dfrac{\sqrt{2}}{2}$ 에서 $a = \dfrac{1}{2}$

$\dfrac{3\sqrt{5}}{\sqrt{8}} = \dfrac{3\sqrt{5}}{2\sqrt{2}} = \dfrac{3\sqrt{5}\times\sqrt{2}}{2\sqrt{2}\times\sqrt{2}} = \dfrac{3\sqrt{10}}{4}$ 에서 $b = \dfrac{3}{4}$

$\therefore \sqrt{ab} = \sqrt{\dfrac{1}{2}\times\dfrac{3}{4}} = \sqrt{\dfrac{3}{8}} = \dfrac{\sqrt{3}}{2\sqrt{2}} = \dfrac{\sqrt{3}\times\sqrt{2}}{2\sqrt{2}\times\sqrt{2}} = \dfrac{\sqrt{6}}{4}$

답 $\dfrac{\sqrt{6}}{4}$

21 $2\sqrt{3}\times 3\sqrt{14} \div(-\sqrt{6})$

$= 2\sqrt{3}\times 3\sqrt{14}\times\left(-\dfrac{1}{\sqrt{6}}\right)$

$= 2\times 3\times(-1)\times\sqrt{3\times 14\times\dfrac{1}{6}} = -6\sqrt{7}$

에서 $a = -6$, $b = 7$

$\therefore a+b = 1$ 답 1

22 (1) $2\sqrt{15}\div\sqrt{3}\times\sqrt{\dfrac{6}{5}} = 2\sqrt{15}\times\dfrac{1}{\sqrt{3}}\times\sqrt{\dfrac{6}{5}}$

$= 2\sqrt{15\times\dfrac{1}{3}\times\dfrac{6}{5}} = 2\sqrt{6}$

(2) $\dfrac{\sqrt{45}}{6}\times\sqrt{72}\div\sqrt{\dfrac{10}{27}} = \dfrac{3\sqrt{5}}{6}\times 6\sqrt{2}\times\sqrt{\dfrac{27}{10}}$

$= \left(\dfrac{3}{6}\times 6\right)\times\sqrt{5\times 2\times\dfrac{27}{10}}$

$= 3\times 3\sqrt{3} = 9\sqrt{3}$

(3) $\sqrt{14}\times\sqrt{21}\div\sqrt{10} = \sqrt{14}\times\sqrt{21}\times\dfrac{1}{\sqrt{10}}$

$= \sqrt{14\times 21\times\dfrac{1}{10}} = \sqrt{\dfrac{3\times 7^2}{5}}$

$= \dfrac{7\sqrt{3}}{\sqrt{5}} = \dfrac{7\sqrt{15}}{5}$

답 (1) $2\sqrt{6}$ (2) $9\sqrt{3}$ (3) $\dfrac{7\sqrt{15}}{5}$

23 $\dfrac{2}{\sqrt{15}}\div\dfrac{\sqrt{35}}{5}\times\dfrac{\sqrt{42}}{4} = \dfrac{2}{\sqrt{15}}\times\dfrac{5}{\sqrt{35}}\times\dfrac{\sqrt{42}}{4}$

$= \left(2\times 5\times\dfrac{1}{4}\right)\times\sqrt{\dfrac{1}{15}\times\dfrac{1}{35}\times 42}$

$= \dfrac{5}{2}\times\sqrt{\dfrac{2}{5^2}} = \dfrac{5}{2}\times\dfrac{\sqrt{2}}{5} = \dfrac{\sqrt{2}}{2}$

$\therefore a = \dfrac{1}{2}$ 답 $\dfrac{1}{2}$

24 ⑤ $\dfrac{\sqrt{75}}{2}\times(-\sqrt{32})\div 6\sqrt{2} = \dfrac{5\sqrt{3}}{2}\times(-4\sqrt{2})\times\dfrac{1}{6\sqrt{2}}$

$= -\dfrac{5\sqrt{3}}{3}$ 답 ⑤

25 직사각형의 (가로)$= \sqrt{54} = 3\sqrt{6}\,(\text{cm})$,

(세로)$= \sqrt{75} = 5\sqrt{3}\,(\text{cm})$

$\therefore$ (직사각형의 넓이)$= 3\sqrt{6}\times 5\sqrt{3} = 15\sqrt{18}$

$= 45\sqrt{2}\,(\text{cm}^2)$ 답 $45\sqrt{2}\,\text{cm}^2$

26 직사각형의 넓이가 $24\sqrt{10}\,\text{cm}^2$이므로

$6\sqrt{5}\times x = 24\sqrt{10}$

$\therefore x = 24\sqrt{10}\div 6\sqrt{5} = 24\sqrt{10}\times\dfrac{1}{6\sqrt{5}} = 4\sqrt{2}\,(\text{cm})$

답 $4\sqrt{2}\,\text{cm}$

27 (직사각형의 넓이)$= 6\sqrt{2}\times 2\sqrt{5} = 12\sqrt{10}$

(삼각형의 넓이)$= \dfrac{1}{2}\times 5\sqrt{3}\times x = 12\sqrt{10}$

$x = 12\sqrt{10}\div\dfrac{1}{2}\div 5\sqrt{3} = 12\sqrt{10}\times 2\times\dfrac{1}{5\sqrt{3}}$

$= \dfrac{24\sqrt{10}}{5\sqrt{3}} = \dfrac{24\sqrt{10}\times\sqrt{3}}{5\sqrt{3}\times\sqrt{3}} = \dfrac{24\sqrt{30}}{15} = \dfrac{8\sqrt{30}}{5}$

답 $\dfrac{8\sqrt{30}}{5}$

2 근호를 포함한 식의 계산 (2)

원리확인 **기본문제** p. 42~48

1 (1) $8\sqrt{5}-6\sqrt{5}+7\sqrt{5}=(8-6+7)\sqrt{5}=9\sqrt{5}$
(2) $7\sqrt{2}+3\sqrt{2}-6\sqrt{3}=(7+3)\sqrt{2}-6\sqrt{3}$
$\qquad\qquad\qquad\qquad =10\sqrt{2}-6\sqrt{3}$
(3) $2\sqrt{5}-9\sqrt{2}-2\sqrt{5}+3\sqrt{2}$
$\quad =2\sqrt{5}-2\sqrt{5}-9\sqrt{2}+3\sqrt{2}$
$\quad =(2-2)\sqrt{5}+(-9+3)\sqrt{2}=-6\sqrt{2}$
(4) $\sqrt{2}-3\sqrt{6}+5\sqrt{6}-2\sqrt{2}$
$\quad =\sqrt{2}-2\sqrt{2}-3\sqrt{6}+5\sqrt{6}$
$\quad =(1-2)\sqrt{2}+(-3+5)\sqrt{6}=-\sqrt{2}+2\sqrt{6}$
답 (1) $9\sqrt{5}$ (2) $10\sqrt{2}-6\sqrt{3}$ (3) $-6\sqrt{2}$ (4) $-\sqrt{2}+2\sqrt{6}$

2 (1) $2\sqrt{63}-\sqrt{7}+5\sqrt{28}=6\sqrt{7}-\sqrt{7}+10\sqrt{7}$
$\qquad\qquad\qquad\qquad\qquad =(6-1+10)\sqrt{7}=15\sqrt{7}$
(2) $\sqrt{32}-\sqrt{27}-\sqrt{8}-\sqrt{75}$
$\quad =4\sqrt{2}-3\sqrt{3}-2\sqrt{2}-5\sqrt{3}$
$\quad =(4-2)\sqrt{2}+(-3-5)\sqrt{3}=2\sqrt{2}-8\sqrt{3}$
(3) $\dfrac{\sqrt{24}}{5}-\dfrac{\sqrt{6}}{4}+\dfrac{\sqrt{54}}{10}=\dfrac{2\sqrt{6}}{5}-\dfrac{\sqrt{6}}{4}+\dfrac{3\sqrt{6}}{10}$
$\qquad\qquad\qquad\qquad\quad =\left(\dfrac{2}{5}-\dfrac{1}{4}+\dfrac{3}{10}\right)\sqrt{6}$
$\qquad\qquad\qquad\qquad\quad =\dfrac{9\sqrt{6}}{20}$
(4) $\dfrac{\sqrt{12}}{4}+\sqrt{20}-\dfrac{\sqrt{75}}{3}+\dfrac{\sqrt{5}}{2}$
$\quad =\dfrac{2\sqrt{3}}{4}+2\sqrt{5}-\dfrac{5\sqrt{3}}{3}+\dfrac{\sqrt{5}}{2}$
$\quad =\left(\dfrac{1}{2}-\dfrac{5}{3}\right)\sqrt{3}+\left(2+\dfrac{1}{2}\right)\sqrt{5}=-\dfrac{7\sqrt{3}}{6}+\dfrac{5\sqrt{5}}{2}$
답 (1) $15\sqrt{7}$ (2) $2\sqrt{2}-8\sqrt{3}$
(3) $\dfrac{9\sqrt{6}}{20}$ (4) $-\dfrac{7\sqrt{3}}{6}+\dfrac{5\sqrt{5}}{2}$

3 (1) $\sqrt{3}(2\sqrt{3}+5)-\sqrt{6}(4\sqrt{2}-\sqrt{6})$
$\quad =\sqrt{3}\times2\sqrt{3}+\sqrt{3}\times5-\sqrt{6}\times4\sqrt{2}-\sqrt{6}\times(-\sqrt{6})$
$\quad =6+5\sqrt{3}-8\sqrt{3}+6=12-3\sqrt{3}$
(2) $2\sqrt{5}(\sqrt{15}-4\sqrt{3})+6\sqrt{2}(\sqrt{30}-3\sqrt{6})$
$\quad =2\sqrt{5}\times\sqrt{15}+2\sqrt{5}\times(-4\sqrt{3})+6\sqrt{2}\times\sqrt{30}$
$\qquad +6\sqrt{2}\times(-3\sqrt{6})$
$\quad =10\sqrt{3}-8\sqrt{15}+12\sqrt{15}-36\sqrt{3}$
$\quad =(10-36)\sqrt{3}+(-8+12)\sqrt{15}$
$\quad =-26\sqrt{3}+4\sqrt{15}$
답 (1) $12-3\sqrt{3}$ (2) $-26\sqrt{3}+4\sqrt{15}$

4 (1) $\dfrac{3\sqrt{2}-\sqrt{3}}{2\sqrt{6}}=\dfrac{(3\sqrt{2}-\sqrt{3})\times\sqrt{6}}{2\sqrt{6}\times\sqrt{6}}$
$\qquad\qquad\quad =\dfrac{6\sqrt{3}-3\sqrt{2}}{12}=\dfrac{2\sqrt{3}-\sqrt{2}}{4}$
(2) $\dfrac{3+\sqrt{2}}{\sqrt{8}}=\dfrac{3+\sqrt{2}}{2\sqrt{2}}=\dfrac{(3+\sqrt{2})\times\sqrt{2}}{2\sqrt{2}\times\sqrt{2}}$
$\qquad\qquad =\dfrac{3\sqrt{2}+2}{4}$
답 (1) $\dfrac{2\sqrt{3}-\sqrt{2}}{4}$ (2) $\dfrac{3\sqrt{2}+2}{4}$

5 $\dfrac{\sqrt{5}-2\sqrt{3}}{\sqrt{2}}+(\sqrt{30}-\sqrt{50})\times\sqrt{3}$
$=\dfrac{\sqrt{10}-2\sqrt{6}}{2}+(\sqrt{30}-5\sqrt{2})\times\sqrt{3}$
$=\dfrac{\sqrt{10}}{2}-\sqrt{6}+3\sqrt{10}-5\sqrt{6}=\dfrac{7\sqrt{10}}{2}-6\sqrt{6}$
답 $\dfrac{7\sqrt{10}}{2}-6\sqrt{6}$

6 $\sqrt{3}(\sqrt{6}+\sqrt{20})-(\sqrt{12}-\sqrt{10})\div\sqrt{5}$
$=\sqrt{3}(\sqrt{6}+2\sqrt{5})-\dfrac{2\sqrt{3}-\sqrt{10}}{\sqrt{5}}$
$=3\sqrt{2}+2\sqrt{15}-\dfrac{2\sqrt{15}-5\sqrt{2}}{5}$
$=4\sqrt{2}+\dfrac{8\sqrt{15}}{5}$
에서 $a=4,\ b=\dfrac{8}{5}$
$\therefore a+5b=4+5\times\dfrac{8}{5}=12$
답 12

7 (1) 6.0의 가로줄과 5의 세로줄이 만나는 곳의 수가
2.460이므로 $\sqrt{6.05}=2.460$이다.
(2) $\sqrt{5.94}=2.437$에서 $a=5.94$이므로 $10a=59.4$
답 (1) 2.460 (2) 59.4

8 (1) $\sqrt{2000}=\sqrt{100\times20}=\sqrt{10^2}\sqrt{20}$
$\qquad\qquad =10\sqrt{20}=10\times4.472=44.72$
(2) $\sqrt{20000}=\sqrt{10000\times2}=\sqrt{100^2}\sqrt{2}$
$\qquad\qquad\quad =100\sqrt{2}=100\times1.414=141.4$
(3) $\sqrt{\dfrac{1}{500}}=\sqrt{\dfrac{20}{10000}}=\dfrac{\sqrt{20}}{\sqrt{100^2}}$
$\qquad\quad =\dfrac{\sqrt{20}}{100}=\dfrac{4.472}{100}=0.04472$
답 (1) 44.72 (2) 141.4 (3) 0.04472

9 (1) $\sqrt{9}<\sqrt{10}<\sqrt{16}$에서 $3<\sqrt{10}<4$이므로 정수 부분은 3이고, 소수 부분은 $\sqrt{10}-3$이다.

(2) $\sqrt{16}<\sqrt{19}<\sqrt{25}$에서 $4<\sqrt{19}<5$이므로 정수 부분은 4이고, 소수 부분은 $\sqrt{19}-4$이다.

(3) $\sqrt{49}<\sqrt{58}<\sqrt{64}$에서 $7<\sqrt{58}<8$이므로 정수 부분은 7이고, 소수 부분은 $\sqrt{58}-7$이다.

답 (1) 정수 부분 : 3, 소수 부분 : $\sqrt{10}-3$

(2) 정수 부분 : 4, 소수 부분 : $\sqrt{19}-4$

(3) 정수 부분 : 7, 소수 부분 : $\sqrt{58}-7$

10 (1) $1<\sqrt{2}<2$이므로 $2<1+\sqrt{2}<3$

따라서 $1+\sqrt{2}$의 정수 부분은 2이고, 소수 부분은 $(1+\sqrt{2})-2=\sqrt{2}-1$이다.

(2) $2<\sqrt{5}<3$이므로 $1<\sqrt{5}-1<2$

따라서 $\sqrt{5}-1$의 정수 부분은 1이고, 소수 부분은 $(\sqrt{5}-1)-1=\sqrt{5}-2$이다.

답 (1) 정수 부분 : 2, 소수 부분 : $\sqrt{2}-1$

(2) 정수 부분 : 1, 소수 부분 : $\sqrt{5}-2$

11 $(4\sqrt{3}-7)-a(2-\sqrt{3})=4\sqrt{3}-7-2a+a\sqrt{3}$
$=(-7-2a)+(4+a)\sqrt{3}$
$=-13+b\sqrt{3}$

$-7-2a=-13$, $4+a=b$에서 $a=3$, $b=7$

답 $a=3$, $b=7$

팡팡 계산력　　　　p. 49

1 (1) $9\sqrt{2}$　(2) $9\sqrt{5}$　(3) $8\sqrt{5}-\sqrt{15}$　(4) 0　(5) $-\dfrac{29\sqrt{3}}{24}$

(6) $\dfrac{\sqrt{6}}{6}$　(7) $\dfrac{73\sqrt{14}}{56}$　(8) $\dfrac{11\sqrt{3}}{3}$　(9) $5\sqrt{2}$

2 (1) $2\sqrt{3}-\dfrac{3\sqrt{10}}{10}$　(2) $\dfrac{2\sqrt{15}}{15}$　(3) $2\sqrt{2}-\dfrac{2\sqrt{3}}{3}$

(4) $2\sqrt{2}+5$　　**3** (1) $\sqrt{6}+\sqrt{3}+3\sqrt{2}$　(2) $\dfrac{15}{2}-\sqrt{6}-2\sqrt{2}$

(3) $-13\sqrt{2}$　(4) $7\sqrt{2}-2\sqrt{3}$　(5) $6\sqrt{6}-11\sqrt{2}$　(6) $31-3\sqrt{6}$

1 (1) $3\sqrt{8}+7\sqrt{2}-\sqrt{32}=6\sqrt{2}+7\sqrt{2}-4\sqrt{2}=9\sqrt{2}$

(2) $\sqrt{180}-\sqrt{80}+7\sqrt{5}=6\sqrt{5}-4\sqrt{5}+7\sqrt{5}=9\sqrt{5}$

(3) $6\sqrt{5}-\sqrt{15}+\sqrt{20}=6\sqrt{5}-\sqrt{15}+2\sqrt{5}=8\sqrt{5}-\sqrt{15}$

(4) $\sqrt{63}+\sqrt{28}-\sqrt{175}=3\sqrt{7}+2\sqrt{7}-5\sqrt{7}=0$

(5) $\dfrac{\sqrt{75}}{8}+\dfrac{\sqrt{12}}{3}-\sqrt{27}+\sqrt{\dfrac{3}{4}}$

$=\dfrac{5\sqrt{3}}{8}+\dfrac{2\sqrt{3}}{3}-3\sqrt{3}+\dfrac{\sqrt{3}}{2}=-\dfrac{29\sqrt{3}}{24}$

---

(6) $\dfrac{1}{2\sqrt{6}}+\dfrac{\sqrt{2}}{4\sqrt{3}}=\dfrac{\sqrt{6}}{12}+\dfrac{\sqrt{6}}{12}=\dfrac{\sqrt{6}}{6}$

(7) $\dfrac{3\sqrt{2}}{\sqrt{7}}+\dfrac{7\sqrt{14}}{8}=\dfrac{3\sqrt{14}}{7}+\dfrac{7\sqrt{14}}{8}=\dfrac{73\sqrt{14}}{56}$

(8) $\dfrac{2}{\sqrt{3}}-\sqrt{12}+5\sqrt{3}=\dfrac{2\sqrt{3}}{3}-2\sqrt{3}+5\sqrt{3}=\dfrac{11\sqrt{3}}{3}$

(9) $\dfrac{8}{\sqrt{2}}+\sqrt{18}-\dfrac{4\sqrt{3}}{\sqrt{6}}=4\sqrt{2}+3\sqrt{2}-2\sqrt{2}=5\sqrt{2}$

답 (1) $9\sqrt{2}$　(2) $9\sqrt{5}$　(3) $8\sqrt{5}-\sqrt{15}$　(4) 0　(5) $-\dfrac{29\sqrt{3}}{24}$

(6) $\dfrac{\sqrt{6}}{6}$　(7) $\dfrac{73\sqrt{14}}{56}$　(8) $\dfrac{11\sqrt{3}}{3}$　(9) $5\sqrt{2}$

2 (1) $\dfrac{\sqrt{6}-\sqrt{5}}{\sqrt{2}}+\dfrac{\sqrt{15}+\sqrt{2}}{\sqrt{5}}$

$=\dfrac{2\sqrt{3}-\sqrt{10}}{2}+\dfrac{5\sqrt{3}+\sqrt{10}}{5}=2\sqrt{3}-\dfrac{3\sqrt{10}}{10}$

(2) $\dfrac{\sqrt{5}-\sqrt{3}}{\sqrt{3}}-\dfrac{\sqrt{3}-\sqrt{5}}{\sqrt{5}}=\dfrac{\sqrt{15}-3}{3}-\dfrac{\sqrt{15}-5}{5}$

$=\dfrac{2\sqrt{15}}{15}$

(3) $\dfrac{2\sqrt{3}-3\sqrt{2}}{\sqrt{6}}+\dfrac{1+\sqrt{6}}{\sqrt{3}}$

$=\dfrac{6\sqrt{2}-6\sqrt{3}}{6}+\dfrac{\sqrt{3}+3\sqrt{2}}{3}=2\sqrt{2}-\dfrac{2\sqrt{3}}{3}$

(4) $\dfrac{3\sqrt{10}+2\sqrt{5}}{\sqrt{5}}-\dfrac{2\sqrt{5}-3\sqrt{10}}{\sqrt{10}}$

$=\dfrac{15\sqrt{2}+10}{5}-\dfrac{10\sqrt{2}-30}{10}=2\sqrt{2}+5$

답 (1) $2\sqrt{3}-\dfrac{3\sqrt{10}}{10}$　(2) $\dfrac{2\sqrt{15}}{15}$

(3) $2\sqrt{2}-\dfrac{2\sqrt{3}}{3}$　(4) $2\sqrt{2}+5$

3 (1) $(2\sqrt{3}+\sqrt{6})\div\sqrt{2}-\sqrt{3}(\sqrt{6}-\sqrt{24})$

$=\dfrac{2\sqrt{3}}{\sqrt{2}}+\dfrac{\sqrt{6}}{\sqrt{2}}-\sqrt{3}(\sqrt{6}-2\sqrt{6})$

$=\sqrt{6}+\sqrt{3}+3\sqrt{2}$

(2) $5\sqrt{2}\left(\dfrac{3}{\sqrt{8}}-\dfrac{\sqrt{12}}{10}\right)-\dfrac{8\sqrt{3}}{\sqrt{24}}$

$=5\sqrt{2}\left(\dfrac{3}{2\sqrt{2}}-\dfrac{2\sqrt{3}}{10}\right)-\dfrac{8\sqrt{3}}{2\sqrt{6}}$

$=\dfrac{15}{2}-\dfrac{2\sqrt{6}}{2}-\dfrac{24\sqrt{2}}{12}=\dfrac{15}{2}-\sqrt{6}-2\sqrt{2}$

(3) $\dfrac{4}{\sqrt{2}}-3\sqrt{10}\div\sqrt{\dfrac{1}{5}}=\dfrac{4\sqrt{2}}{2}-3\sqrt{10}\times\sqrt{5}$

$=2\sqrt{2}-15\sqrt{2}=-13\sqrt{2}$

---

(4) $\sqrt{32}-\sqrt{6}\times\sqrt{2}+\dfrac{6}{\sqrt{2}}=4\sqrt{2}-2\sqrt{3}+\dfrac{6\sqrt{2}}{2}$
$=7\sqrt{2}-2\sqrt{3}$

(5) $\sqrt{27}(\sqrt{2}-\sqrt{6})+\dfrac{18-\sqrt{48}}{\sqrt{6}}$
$=3\sqrt{3}(\sqrt{2}-\sqrt{6})+\dfrac{18\sqrt{6}-12\sqrt{2}}{6}$
$=3\sqrt{6}-9\sqrt{2}+3\sqrt{6}-2\sqrt{2}=6\sqrt{6}-11\sqrt{2}$

(6) $(\sqrt{6}-5)^2+7\sqrt{2}\div\dfrac{1}{\sqrt{3}}$
$=6-10\sqrt{6}+25+7\sqrt{2}\times\sqrt{3}$
$=31-3\sqrt{6}$

답 (1) $\sqrt{6}+\sqrt{3}+3\sqrt{2}$ (2) $\dfrac{15}{2}-\sqrt{6}-2\sqrt{2}$
(3) $-13\sqrt{2}$ (4) $7\sqrt{2}-2\sqrt{3}$
(5) $6\sqrt{6}-11\sqrt{2}$ (6) $31-3\sqrt{6}$

1단계 C Step 촘촘 유형

p. 50~53

01 6	**02** $\dfrac{5}{4}$	**03** $-40\sqrt{6}$
04 $16-12\sqrt{5}$	**05** $6\sqrt{2}$	**06** $\dfrac{11\sqrt{2}}{4}$
07 $-\dfrac{11}{25}$	**08** $4+\dfrac{\sqrt{15}}{3}-\dfrac{\sqrt{5}}{4}$	**09** $\sqrt{3}-2\sqrt{6}$
10 $2-2\sqrt{15}$	**11** (1) $\dfrac{4\sqrt{3}-\sqrt{15}}{3}$	(2) $\dfrac{3+\sqrt{3}}{9}$
12 $-2\sqrt{2}+\dfrac{2\sqrt{6}}{3}$	**13** 4	**14** $4\sqrt{15}$
15 $14\sqrt{2}-\dfrac{12\sqrt{10}}{5}$	**16** $-15+\dfrac{\sqrt{3}}{3}+\dfrac{13\sqrt{6}}{6}$	
17 ③	**18** -1	**19** (1) 4 (2) 23
20 $(3\sqrt{6}+2)\text{cm}^2$	**21** $18\sqrt{6}\text{cm}$	**22** $3+2\sqrt{2}$
23 ①	**24** ③	**25** ① **26** ②
27 1	**28** $4-\sqrt{2}$	**29** $2-6\sqrt{3}+7\sqrt{2}$

01 $\sqrt{45}-a\sqrt{5}+\sqrt{125}=3\sqrt{5}-a\sqrt{5}+5\sqrt{5}$
$=(3-a+5)\sqrt{5}=2\sqrt{5}$에서
$3-a+5=2$ $\therefore a=6$　　　　답 6

02 $\dfrac{5\sqrt{2}}{6}+\dfrac{\sqrt{45}}{2}-\dfrac{\sqrt{8}}{3}-\dfrac{3\sqrt{5}}{7}$
$=\dfrac{5\sqrt{2}}{6}+\dfrac{3\sqrt{5}}{2}-\dfrac{2\sqrt{2}}{3}-\dfrac{3\sqrt{5}}{7}$
$=\left(\dfrac{5}{6}-\dfrac{2}{3}\right)\sqrt{2}+\left(\dfrac{3}{2}-\dfrac{3}{7}\right)\sqrt{5}=\dfrac{\sqrt{2}}{6}+\dfrac{15\sqrt{5}}{14}$에서
　　　　　　　　　　　　　　　　… 60%

$a=\dfrac{1}{6},\ b=\dfrac{15}{14}$　　　　… 20%
$\therefore 7ab=7\times\dfrac{1}{6}\times\dfrac{15}{14}=\dfrac{5}{4}$　　… 20%

답 $\dfrac{5}{4}$

채점 기준	배점
주어진 식의 좌변을 간단히 하기	60%
a, b의 값 구하기	20%
$7ab$의 값 구하기	20%

03 $x+y=(\sqrt{2}-5\sqrt{3})+(\sqrt{2}+5\sqrt{3})=2\sqrt{2}$
$x-y=(\sqrt{2}-5\sqrt{3})-(\sqrt{2}+5\sqrt{3})=-10\sqrt{3}$
$\therefore 2(x+y)(x-y)=2\times2\sqrt{2}\times(-10\sqrt{3})$
$=-40\sqrt{6}$

답 $-40\sqrt{6}$

04 $3a^2-8a-4\sqrt{5}+1=3\times(\sqrt{5})^2-8\sqrt{5}-4\sqrt{5}+1$
$=15-8\sqrt{5}-4\sqrt{5}+1$
$=16-12\sqrt{5}$

답 $16-12\sqrt{5}$

05 $\sqrt{50}-\dfrac{4}{\sqrt{2}}+\sqrt{18}=5\sqrt{2}-\dfrac{4\sqrt{2}}{2}+3\sqrt{2}$
$=(5-2+3)\sqrt{2}=6\sqrt{2}$

답 $6\sqrt{2}$

06 $\sqrt{32}-\dfrac{7}{\sqrt{8}}+3\sqrt{2}-\dfrac{5}{\sqrt{2}}=4\sqrt{2}-\dfrac{7}{2\sqrt{2}}+3\sqrt{2}-\dfrac{5}{\sqrt{2}}$
$=4\sqrt{2}-\dfrac{7\sqrt{2}}{4}+3\sqrt{2}-\dfrac{5\sqrt{2}}{2}$
$=\dfrac{11\sqrt{2}}{4}$

답 $\dfrac{11\sqrt{2}}{4}$

07 $\dfrac{\sqrt{6}}{5\sqrt{2}}+\dfrac{\sqrt{2}}{\sqrt{5}}-\dfrac{3\sqrt{2}}{\sqrt{6}}+\dfrac{7}{\sqrt{40}}$
$=\dfrac{2\sqrt{3}}{10}+\dfrac{\sqrt{10}}{5}-\dfrac{6\sqrt{3}}{6}+\dfrac{7}{2\sqrt{10}}$
$=\dfrac{\sqrt{3}}{5}+\dfrac{\sqrt{10}}{5}-\sqrt{3}+\dfrac{7\sqrt{10}}{20}$
$=\left(\dfrac{1}{5}-1\right)\sqrt{3}+\left(\dfrac{1}{5}+\dfrac{7}{20}\right)\sqrt{10}$
$=-\dfrac{4\sqrt{3}}{5}+\dfrac{11\sqrt{10}}{20}$
$a=-\dfrac{4}{5},\ b=\dfrac{11}{20}$이므로
$ab=\left(-\dfrac{4}{5}\right)\times\dfrac{11}{20}=-\dfrac{11}{25}$　　답 $-\dfrac{11}{25}$

08 $(\sqrt{15}+9)\div 3-\sqrt{2}\left(\dfrac{\sqrt{10}}{8}-\dfrac{1}{\sqrt{2}}\right)$

$=\dfrac{\sqrt{15}}{3}+3-\dfrac{2\sqrt{5}}{8}+1$

$=4+\dfrac{\sqrt{15}}{3}-\dfrac{\sqrt{5}}{4}$ 　　🔴 $4+\dfrac{\sqrt{15}}{3}-\dfrac{\sqrt{5}}{4}$

09 $2\sqrt{2}(\sqrt{3}-\sqrt{6})+\sqrt{6}\left(\dfrac{5}{\sqrt{2}}-4\right)$

$=2\sqrt{6}-4\sqrt{3}+5\sqrt{3}-4\sqrt{6}=\sqrt{3}-2\sqrt{6}$

🔴 $\sqrt{3}-2\sqrt{6}$

10 $\sqrt{5}x-\sqrt{3}y=\sqrt{5}(\sqrt{5}-\sqrt{3})-\sqrt{3}(\sqrt{5}+\sqrt{3})$

$=5-\sqrt{15}-\sqrt{15}-3=2-2\sqrt{15}$

🔴 $2-2\sqrt{15}$

11 (1) $\dfrac{4-\sqrt{5}}{\sqrt{3}}=\dfrac{(4-\sqrt{5})\times\sqrt{3}}{\sqrt{3}\times\sqrt{3}}=\dfrac{4\sqrt{3}-\sqrt{15}}{3}$

(2) $\dfrac{1+\sqrt{3}}{\sqrt{27}}=\dfrac{1+\sqrt{3}}{3\sqrt{3}}=\dfrac{(1+\sqrt{3})\times\sqrt{3}}{3\sqrt{3}\times\sqrt{3}}=\dfrac{3+\sqrt{3}}{9}$

🔴 (1) $\dfrac{4\sqrt{3}-\sqrt{15}}{3}$　(2) $\dfrac{3+\sqrt{3}}{9}$

12 $\dfrac{\sqrt{3}+1}{\sqrt{6}}+\dfrac{\sqrt{3}-5}{\sqrt{2}}$

$=\dfrac{(\sqrt{3}+1)\times\sqrt{6}}{\sqrt{6}\times\sqrt{6}}+\dfrac{(\sqrt{3}-5)\times\sqrt{2}}{\sqrt{2}\times\sqrt{2}}$

$=\dfrac{3\sqrt{2}+\sqrt{6}}{6}+\dfrac{\sqrt{6}-5\sqrt{2}}{2}=-2\sqrt{2}+\dfrac{2\sqrt{6}}{3}$

🔴 $-2\sqrt{2}+\dfrac{2\sqrt{6}}{3}$

13 $x=\dfrac{9+\sqrt{6}}{\sqrt{3}}=\dfrac{(9+\sqrt{6})\times\sqrt{3}}{\sqrt{3}\times\sqrt{3}}=\dfrac{9\sqrt{3}+3\sqrt{2}}{3}$

$=3\sqrt{3}+\sqrt{2}$

$y=\dfrac{9-\sqrt{6}}{\sqrt{3}}=\dfrac{(9-\sqrt{6})\times\sqrt{3}}{\sqrt{3}\times\sqrt{3}}=\dfrac{9\sqrt{3}-3\sqrt{2}}{3}$

$=3\sqrt{3}-\sqrt{2}$

$\therefore \sqrt{2}(x-y)=\sqrt{2}(3\sqrt{3}+\sqrt{2}-3\sqrt{3}+\sqrt{2})$

$=\sqrt{2}\times2\sqrt{2}=4$ 　　🔴 4

14 $\sqrt{5}(\sqrt{75}-\sqrt{12})-\sqrt{3}(\sqrt{20}-\sqrt{45})$

$=\sqrt{5}(5\sqrt{3}-2\sqrt{3})-\sqrt{3}(2\sqrt{5}-3\sqrt{5})$

$=\sqrt{5}\times3\sqrt{3}-\sqrt{3}\times(-\sqrt{5})$

$=3\sqrt{15}+\sqrt{15}=4\sqrt{15}$ 　　🔴 $4\sqrt{15}$

15 $\dfrac{3\sqrt{2}-\sqrt{10}}{\sqrt{5}}-\sqrt{5}\left(\dfrac{6}{\sqrt{2}}-3\sqrt{10}\right)$

$=\dfrac{3\sqrt{10}-5\sqrt{2}}{5}-\dfrac{6\sqrt{5}}{\sqrt{2}}+15\sqrt{2}$

$=\dfrac{3\sqrt{10}}{5}-\sqrt{2}-3\sqrt{10}+15\sqrt{2}$

$=14\sqrt{2}-\dfrac{12\sqrt{10}}{5}$ 　　🔴 $14\sqrt{2}-\dfrac{12\sqrt{10}}{5}$

16 $(-\sqrt{3})^2-\sqrt{2}\left(3\sqrt{18}-\dfrac{1}{\sqrt{6}}\right)+\left(3\sqrt{3}-\dfrac{5}{\sqrt{12}}\right)\sqrt{2}$

$=3-18+\dfrac{1}{\sqrt{3}}+3\sqrt{6}-\dfrac{5}{\sqrt{6}}$

$=3-18+\dfrac{\sqrt{3}}{3}+3\sqrt{6}-\dfrac{5\sqrt{6}}{6}$

$=-15+\dfrac{\sqrt{3}}{3}+\dfrac{13\sqrt{6}}{6}$ 　　🔴 $-15+\dfrac{\sqrt{3}}{3}+\dfrac{13\sqrt{6}}{6}$

17 $3(5+a\sqrt{3})+2a-9\sqrt{3}=15+3a\sqrt{3}+2a-9\sqrt{3}$

$=15+2a+\sqrt{3}(3a-9)$

$3a-9=0$이어야 하므로

$3a=9$ 　$\therefore a=3$ 　　🔴 ③

18 $\sqrt{54}\left(\dfrac{1}{\sqrt{6}}-\dfrac{1}{\sqrt{3}}\right)-\dfrac{a}{\sqrt{2}}(6-\sqrt{8})$

$=3\sqrt{6}\left(\dfrac{1}{\sqrt{6}}-\dfrac{1}{\sqrt{3}}\right)-\dfrac{a}{\sqrt{2}}(6-2\sqrt{2})$

$=3-3\sqrt{2}-3a\sqrt{2}+2a=2a+3+(-3-3a)\sqrt{2}$

$-3-3a=0$이므로 $a=-1$ 　　🔴 -1

19 (1) $6(a-\sqrt{5})-2\sqrt{5}-1+2a\sqrt{5}$

$=6a-6\sqrt{5}-2\sqrt{5}-1+2a\sqrt{5}$

$=6a-1+\sqrt{5}(-8+2a)$

유리수가 되려면 $-8+2a=0$이어야 하므로

$2a=8$ 　$\therefore a=4$ 　　… 70 %

(2) $a=4$를 대입하면

$A=24-1=23$ 　　… 30 %

🔴 (1) 4　(2) 23

채점 기준	배점
(1) 구하기	70 %
(2) 구하기	30 %

20 $\square\text{ABCD}=\dfrac{1}{2}\times\{\sqrt{3}+(\sqrt{12}+\sqrt{2})\}\times\sqrt{8}$

$=\dfrac{1}{2}\times(\sqrt{3}+2\sqrt{3}+\sqrt{2})\times2\sqrt{2}$

$=\dfrac{1}{2}\times(3\sqrt{3}+\sqrt{2})\times2\sqrt{2}$

$=3\sqrt{6}+2(\text{cm}^2)$ 　　🔴 $(3\sqrt{6}+2)\text{cm}^2$

21 직사각형의 가로의 길이를 $x\,\mathrm{cm}$라 하면

$$\sqrt{96}x=120,\ 4\sqrt{6}x=120 \quad \therefore x=\frac{120}{4\sqrt{6}}=5\sqrt{6}$$

$\therefore$ (직사각형의 둘레의 길이)

$$=2(4\sqrt{6}+5\sqrt{6})=18\sqrt{6}\,(\mathrm{cm})$$

답 $18\sqrt{6}\,\mathrm{cm}$

22 $\overline{\mathrm{AB}}=\overline{\mathrm{AP}}=\sqrt{2}$이므로 점 P의 좌표는 $-1-\sqrt{2}$,
$\overline{\mathrm{CD}}=\overline{\mathrm{CQ}}=\sqrt{2}$이므로 점 Q의 좌표는 $2+\sqrt{2}$이다.
따라서 $\overline{\mathrm{PQ}}=(2+\sqrt{2})-(-1-\sqrt{2})=3+2\sqrt{2}$이다.

답 $3+2\sqrt{2}$

23 ① $\sqrt{25800}=\sqrt{10000\times2.58}=100\sqrt{2.58}$
$\qquad\quad =100\times1.606=160.6$

② $\sqrt{258}=\sqrt{100\times2.58}=10\sqrt{2.58}$
$\qquad\quad =10\times1.606=16.06$

③ $\sqrt{0.258}=\sqrt{\dfrac{25.8}{100}}=\dfrac{\sqrt{25.8}}{10}=\dfrac{5.079}{10}$
$\qquad\quad =0.5079$

④ $\sqrt{0.0258}=\sqrt{\dfrac{2.58}{100}}=\dfrac{\sqrt{2.58}}{10}=\dfrac{1.606}{10}$
$\qquad\quad =0.1606$

⑤ $\sqrt{0.000258}=\sqrt{\dfrac{2.58}{10000}}=\dfrac{\sqrt{2.58}}{100}=\dfrac{1.606}{100}$
$\qquad\quad =0.01606$

답 ①

24 $0.8276=8.276\times\dfrac{1}{10}=\sqrt{68.5}\times\dfrac{1}{10}$

$\qquad\quad =\sqrt{68.5\times\dfrac{1}{100}}=\sqrt{0.685}$

답 ③

25 ① $\sqrt{0.056}=\sqrt{\dfrac{560}{10000}}=\dfrac{4\sqrt{35}}{100}=\dfrac{\sqrt{35}}{25}$

② $\sqrt{2.52}=\sqrt{\dfrac{252}{100}}=\dfrac{6\sqrt{7}}{10}=\dfrac{3\sqrt{7}}{5}$

③ $\sqrt{63}=3\sqrt{7}$ ④ $\sqrt{448}=8\sqrt{7}$

⑤ $\sqrt{\dfrac{1}{28}}=\dfrac{1}{2\sqrt{7}}=\dfrac{\sqrt{7}}{14}$

답 ①

26 $\dfrac{3}{\sqrt{12}}-\sqrt{45}=\dfrac{3}{2\sqrt{3}}-3\sqrt{5}=\dfrac{\sqrt{3}}{2}-3\sqrt{5}$

$\qquad\quad =\dfrac{1}{2}\times1.732-3\times2.236$

$\qquad\quad \fallingdotseq 0.866-6.708=-5.842$

답 ②

27 $5<\sqrt{26}<6$에서 $\sqrt{26}$의 정수 부분은 5이므로 소수 부분 $a=\sqrt{26}-5$이다.

$\therefore a(a+10)=(\sqrt{26}-5)(\sqrt{26}-5+10)$
$\qquad\qquad\quad =(\sqrt{26}-5)(\sqrt{26}+5)$
$\qquad\qquad\quad =26-25=1$

답 1

28 $1<\sqrt{2}<2,\ -2<-\sqrt{2}<-1,\ 1<3-\sqrt{2}<2$이므로
정수 부분 $a=1$, 소수 부분 $b=3-\sqrt{2}-1=2-\sqrt{2}$
$\therefore 2a+b=2+2-\sqrt{2}=4-\sqrt{2}$

답 $4-\sqrt{2}$

29 $4\sqrt{3}=\sqrt{48}$에서 $6<\sqrt{48}<7$이므로 $a=4\sqrt{3}-6$ … 30%
$5\sqrt{2}=\sqrt{50}$에서 $7<\sqrt{50}<8$이므로 $b=5\sqrt{2}-7$ … 30%
$\therefore \sqrt{3}a-\sqrt{2}b=\sqrt{3}(4\sqrt{3}-6)-\sqrt{2}(5\sqrt{2}-7)$
$\qquad\qquad\qquad =12-6\sqrt{3}-10+7\sqrt{2}$
$\qquad\qquad\qquad =2-6\sqrt{3}+7\sqrt{2}$ … 40%

답 $2-6\sqrt{3}+7\sqrt{2}$

채점 기준	배점
a의 값 구하기	30%
b의 값 구하기	30%
$\sqrt{3}a-\sqrt{2}b$의 값 구하기	40%

2단계
B Step 탄탄 내신 p. 54~56

01 ④	**02** 6	**03** 1
04 $x=63,\ y=28$		**05** $4\sqrt{2}-3\sqrt{3}$
06 $1-\dfrac{\sqrt{10}}{2}$		**07** $\dfrac{15\sqrt{2}}{2}+4\sqrt{3}$
08 $2\sqrt{15}\,\mathrm{cm}$		**09** $6\sqrt{3}$
10 (1) 0.2236 (2) 0.4472 (3) 63.25 (4) 70.71		
11 2.8882	**12** $-\dfrac{1}{3}$	**13** ④ **14** $\sqrt{3}-1$
15 (1) $3\sqrt{6}-18$ (2) $\sqrt{3}-\sqrt{2}$		**16** 34
17 7개	**18** 8	

01 (core) $a>0,\ b>0$일 때, $\sqrt{a^2 b}=a\sqrt{b},\ \sqrt{\dfrac{b}{a^2}}=\dfrac{\sqrt{b}}{a}$

① $3\sqrt{6}=\sqrt{3^2\times6}=\sqrt{54}$

② $\sqrt{40}=\sqrt{2^2\times10}=2\sqrt{10}$

③ $\sqrt{125}=\sqrt{5^2\times5}=5\sqrt{5}$

④ $\sqrt{1.6}=\sqrt{\dfrac{16}{10}}=\sqrt{\dfrac{8}{5}}=\dfrac{\sqrt{2^2\times2}}{\sqrt{5}}=\dfrac{2\sqrt{2}}{\sqrt{5}}=\dfrac{2\sqrt{10}}{5}$

⑤ $\sqrt{\dfrac{26}{72}}=\sqrt{\dfrac{13}{36}}=\sqrt{\dfrac{13}{6^2}}=\dfrac{\sqrt{13}}{6}$

답 ④

02 (core) 근호 안의 수가 같은 것을 동류항으로 보고 덧셈, 뺄셈을 한다.

$$\sqrt{98}-\sqrt{24}-\sqrt{50}+\sqrt{150}=7\sqrt{2}-2\sqrt{6}-5\sqrt{2}+5\sqrt{6}$$
$$=2\sqrt{2}+3\sqrt{6}$$
따라서 $a=2$, $b=3$이므로 $ab=6$이다.   **립** 6

03 (core) 먼저 주어진 식을 간단히 한 후 ab의 값을 대입한다.

$$\frac{1}{a}\sqrt{\frac{a}{b}}+\frac{1}{b}\sqrt{\frac{b}{a}}=\sqrt{\frac{a}{a^2b}}+\sqrt{\frac{b}{ab^2}}=\sqrt{\frac{1}{ab}}+\sqrt{\frac{1}{ab}}$$
$$=2\sqrt{\frac{1}{ab}}=2\sqrt{\frac{1}{4}}=2\times\frac{1}{2}=1$$

   립 1

04 (core) $\dfrac{\sqrt{252}}{\sqrt{a}}=\sqrt{\dfrac{252}{a}}$가 자연수가 되려면 근호 안의 수가 제곱수이어야 한다.

$\dfrac{\sqrt{252}}{\sqrt{a}}=\sqrt{\dfrac{252}{a}}=\sqrt{\dfrac{2^2\times3^2\times7}{a}}$의 값이 자연수가 되려면 자연수 a는 7, $2^2\times7$, $3^2\times7$, $2^2\times3^2\times7$이다.

따라서 a의 값 중 가장 큰 홀수 x는 $3^2\times7=63$, 가장 작은 짝수 y는 $2^2\times7=28$이다.

   립 $x=63$, $y=28$

05 (core) $\sqrt{a^2b}$꼴은 $a\sqrt{b}$로 고치고, 분모에 무리수가 있으면 분모를 유리화한다.

$$\frac{10\sqrt{3}}{\sqrt{6}}+\sqrt{27}-\frac{4}{\sqrt{8}}-\frac{18}{\sqrt{3}}$$
$$=\frac{30\sqrt{2}}{6}+3\sqrt{3}-\frac{4}{2\sqrt{2}}-\frac{18\sqrt{3}}{3}$$
$$=5\sqrt{2}+3\sqrt{3}-\sqrt{2}-6\sqrt{3}=4\sqrt{2}-3\sqrt{3}$$

   립 $4\sqrt{2}-3\sqrt{3}$

06 (core) 곱셈, 나눗셈을 한 후, 덧셈, 뺄셈을 한다.

$$\frac{\sqrt{(-5)^2}}{\sqrt{10}}-5\div\sqrt{2.5}+\sqrt{0.25}\times2$$
$$=\frac{5}{\sqrt{10}}-5\times\sqrt{\frac{10}{25}}+0.5\times2$$
$$=\frac{5\sqrt{10}}{10}-5\times\frac{\sqrt{10}}{5}+1$$
$$=\frac{\sqrt{10}}{2}-\sqrt{10}+1=1-\frac{\sqrt{10}}{2}$$

   립 $1-\dfrac{\sqrt{10}}{2}$

07 (core) a는 b보다 크지 않은 수 $\Leftrightarrow$ a는 b보다 작거나 같은 수
$\Leftrightarrow$ $a\leq b$

$\dfrac{3}{\sqrt{2}}=\sqrt{\dfrac{9}{2}}$이므로 $\dfrac{3}{\sqrt{2}}<\sqrt{5}$

$7\sqrt{2}=\sqrt{98}$, $5=\sqrt{25}$이므로 $7\sqrt{2}>5$

$-4\sqrt{3}=-\sqrt{48}$, $-5.2=-\sqrt{27.04}$이므로
$-4\sqrt{3}<-5.2$

$$\therefore\left(\frac{3}{\sqrt{2}},\ \sqrt{5}\right)\times(7\sqrt{2},\ 5)-(-4\sqrt{3},\ -5.2)$$
$$=\frac{3}{\sqrt{2}}\times5-(-4\sqrt{3})=\frac{15}{\sqrt{2}}+4\sqrt{3}$$
$$=\frac{15\sqrt{2}}{2}+4\sqrt{3}$$

   립 $\dfrac{15\sqrt{2}}{2}+4\sqrt{3}$

08 (core) 넓이가 a인 정사각형의 한 변의 길이는 $\sqrt{a}$

큰 정사각형과 작은 정사각형의 한 변의 길이를 각각 b, c라 할 때, $b^2=240$, $c^2=60\div4=15$이므로
$b=\sqrt{240}=4\sqrt{15}\,(\mathrm{cm})$, $c=\sqrt{15}\,(\mathrm{cm})$
$(\because b>0,\ c>0)$이다.
$\therefore a=4\sqrt{15}-2\sqrt{15}=2\sqrt{15}\,(\mathrm{cm})$

   립 $2\sqrt{15}\,\mathrm{cm}$

09 넓이가 3인 정사각형의 한 변의 길이를 a라 하면
$a^2=3$ $\therefore a=\sqrt{3}\,(\because a>0)$

같은 방법으로 넓이가 12, 27인 정사각형의 한 변의 길이는 각각 $\sqrt{12}$, $\sqrt{27}$이다.   ··· 50%

$\therefore$ (세 정사각형의 한 변의 길이의 합)
$$=\sqrt{3}+\sqrt{12}+\sqrt{27}=\sqrt{3}+2\sqrt{3}+3\sqrt{3}=6\sqrt{3}$$ ··· 50%

   립 $6\sqrt{3}$

채점 기준	배점
각 정사각형의 한 변의 길이 구하기	50%
세 정사각형의 한 변의 길이의 합 구하기	50%

10 (core) $a>0$일 때, $\sqrt{100a}=10\sqrt{a}$, $\sqrt{\dfrac{a}{100}}=\dfrac{\sqrt{a}}{10}$

$(1)\ \sqrt{0.05}=\sqrt{\dfrac{5}{100}}=\dfrac{\sqrt{5}}{10}=\dfrac{2.236}{10}=0.2236$

$(2)\ \sqrt{0.2}=\sqrt{\dfrac{20}{100}}=\dfrac{\sqrt{20}}{10}=\dfrac{4.472}{10}=0.4472$

$(3)\ \sqrt{4000}=10\sqrt{40}=10\times6.325=63.25$

$(4)\ \sqrt{5000}=10\sqrt{50}=10\times7.071=70.71$

   립 $(1)\,0.2236$ $(2)\,0.4472$ $(3)\,63.25$ $(4)\,70.71$

11 (core) $a>0$일 때, $\dfrac{1}{\sqrt{a}}=\dfrac{\sqrt{a}}{a}$

$$\sqrt{1.75}-\frac{4}{\sqrt{5}}+\sqrt{11.25}$$
$$=\sqrt{\frac{175}{100}}-\frac{4\sqrt{5}}{5}+\sqrt{\frac{1125}{100}}=\sqrt{\frac{7}{4}}-\frac{4\sqrt{5}}{5}+\sqrt{\frac{45}{4}}$$
$$=\frac{\sqrt{7}}{2}-\frac{4\sqrt{5}}{5}+\frac{3\sqrt{5}}{2}=\frac{\sqrt{7}}{2}+\frac{7\sqrt{5}}{10}$$
$$=\frac{1}{2}\times2.646+\frac{7}{10}\times2.236$$
$$=1.323+1.5652=2.8882$$

   립 2.8882

12 $\sqrt{2}\left(\dfrac{4}{\sqrt{2}}-\dfrac{1}{\sqrt{3}}\right)-\sqrt{3}\left(\sqrt{2}a-\dfrac{1}{\sqrt{3}}\right)$

$=4-\dfrac{\sqrt{2}}{\sqrt{3}}-\sqrt{6}a+1==5-\dfrac{\sqrt{6}}{3}-\sqrt{6}a$

$=5-\left(\dfrac{1}{3}+a\right)\sqrt{6}$ ··· 70%

유리수가 되려면 $-\left(\dfrac{1}{3}+a\right)\sqrt{6}=0$일 때이므로

$\dfrac{1}{3}+a=0$이다. $\therefore a=-\dfrac{1}{3}$ ··· 30%

답 $-\dfrac{1}{3}$

채점 기준	배점
분배법칙을 이용하여 식을 간단히 하기	70%
a의 값 구하기	30%

13 (core) 근호 안의 제곱인 인수는 밖으로 꺼낸다.

$\sqrt{48}=4\sqrt{3}$, $\sqrt{108}=6\sqrt{3}$, $\sqrt{192}=8\sqrt{3}$이므로 사다리꼴 ABCD의 넓이는

$\dfrac{1}{2}(4\sqrt{3}+8\sqrt{3})\times6\sqrt{3}=\dfrac{1}{2}\times12\sqrt{3}\times6\sqrt{3}=108$이다.

답 ④

14 $3<\sqrt{12}<4$, $2<\sqrt{12}-1<3$이므로 $\sqrt{12}-1$의 소수 부분은 $(\sqrt{12}-1)-2=2\sqrt{3}-3$이다. ··· 40%

$1<\sqrt{3}<2$, $-2<-\sqrt{3}<-1$, $3<5-\sqrt{3}<4$이므로 $5-\sqrt{3}$의 소수 부분은 $(5-\sqrt{3})-3=2-\sqrt{3}$이다. ··· 40%

$\therefore 2\sqrt{3}-3+2-\sqrt{3}=\sqrt{3}-1$ ··· 20%

답 $\sqrt{3}-1$

채점 기준	배점
$\sqrt{12}-1$의 소수 부분 구하기	40%
$5-\sqrt{3}$의 소수 부분 구하기	40%
두 소수 부분의 합의 값 구하기	20%

15 (core) $a>0$, $b>0$, $c>0$일 때

$\dfrac{\sqrt{b}+\sqrt{c}}{\sqrt{a}}=\dfrac{(\sqrt{b}+\sqrt{c})\sqrt{a}}{\sqrt{a}\times\sqrt{a}}=\dfrac{\sqrt{ab}+\sqrt{ac}}{a}$

(1) $\dfrac{\sqrt{108}-18\sqrt{2}}{\sqrt{2}}=\dfrac{6\sqrt{3}-18\sqrt{2}}{\sqrt{2}}$

$=\dfrac{(6\sqrt{3}-18\sqrt{2})\times\sqrt{2}}{\sqrt{2}\times\sqrt{2}}$

$=\dfrac{6\sqrt{6}-36}{2}=3\sqrt{6}-18$

(2) $\dfrac{\sqrt{3}-\sqrt{6}}{\sqrt{3}}+\dfrac{\sqrt{6}-\sqrt{2}}{\sqrt{2}}$

$=\dfrac{(\sqrt{3}-\sqrt{6})\times\sqrt{3}}{\sqrt{3}\times\sqrt{3}}+\dfrac{(\sqrt{6}-\sqrt{2})\times\sqrt{2}}{\sqrt{2}\times\sqrt{2}}$

$=\dfrac{3-3\sqrt{2}}{3}+\dfrac{2\sqrt{3}-2}{2}$

$=1-\sqrt{2}+\sqrt{3}-1=\sqrt{3}-\sqrt{2}$

답 (1) $3\sqrt{6}-18$ (2) $\sqrt{3}-\sqrt{2}$

16 (core) 무리수 부분을 0으로 만든다.

$A=4a+12\sqrt{6}-6a\sqrt{6}+2$

$=4a+2+\sqrt{6}(12-6a)$

$12-6a=0$, $a=2$ $\therefore A=8+2=10$

$B=3\sqrt{3}\left(\dfrac{2}{\sqrt{3}}-6\right)-b(2\sqrt{3}+2)$

$=6-18\sqrt{3}-2b\sqrt{3}-2b$

$=6-2b-\sqrt{3}(18+2b)$

$18+2b=0$, $b=-9$ $\therefore B=6+18=24$

$\therefore A+B=10+24=34$ 답 34

17 (core) 정수 부분이 될 수 있는 수를 먼저 구한다.

$\sqrt{A}=m+n$이고, $4<m<7$, $0.4<n<0.7$

(i) $m=5$일 때

$5.4<\sqrt{A}<5.7$, $29.16<A<32.49$

이를 만족하는 자연수 A는 30, 31, 32이다.

(ii) $m=6$일 때

$6.4<\sqrt{A}<6.7$, $40.96<A<44.89$

이를 만족하는 자연수 A는 41, 42, 43, 44이다.

(i), (ii)에서 7개이다. 답 7개

18 (core) $\sqrt{x}$, $\sqrt{y}$를 문자로 생각하여 연립방정식을 푼다.

$\sqrt{4x}+\sqrt{y}=10$에서 $2\sqrt{x}+\sqrt{y}=10$ ······ ㉠,

$\sqrt{x}-\sqrt{9y}=-2$에서 $\sqrt{x}-3\sqrt{y}=-2$ ······ ㉡

㉠$-$㉡$\times2$를 하면 $7\sqrt{y}=14$ $\therefore \sqrt{y}=2$

$\sqrt{y}=2$를 ㉡에 대입하면 $\sqrt{x}=4$

$\therefore \sqrt{xy}=\sqrt{x}\times\sqrt{y}=8$ 답 8

3단계
A Step 만점 승승장구 p. 57

1 35 2 $a=-1$, $b=\dfrac{1}{81}$ 또는 $a=-\dfrac{4}{3}$, $b=\dfrac{1}{3}$

3 10001

1
$\sqrt{245}=7\sqrt{5}$ 이고

$7\sqrt{5}=\sqrt{5}+6\sqrt{5}=2\sqrt{5}+5\sqrt{5}=3\sqrt{5}+4\sqrt{5}$
$\quad=\sqrt{5}+\sqrt{180}=\sqrt{20}+\sqrt{125}=\sqrt{45}+\sqrt{80}$ 으로 나

타낼 수 있다.

$(\sqrt{x},\sqrt{y})=(\sqrt{5},\sqrt{180}),(\sqrt{20},\sqrt{125}),(\sqrt{45},\sqrt{80})$

y 의 값이 최소일 때는 $x=45$, $y=80$ 일 때이다.

$\therefore y-x=35$ 🖩 35

2
좌변을 계산하면 다음과 같다.

$\dfrac{31}{36}-(1+a)^2-(1+a)\sqrt{3}-\dfrac{3}{4}$

$=\dfrac{1}{9}-(1+a)^2-(1+a)\sqrt{3}$

(i) $\sqrt{b}$ 가 유리수일 때

$\quad \dfrac{1}{9}-(1+a)^2=\sqrt{b},\ 1+a=0$

$\quad \therefore a=-1,\ b=\dfrac{1}{81}$

(ii) $\sqrt{b}$ 가 무리수일 때

$\quad \dfrac{1}{9}-(1+a)^2=0,\ -(1+a)\sqrt{3}=\sqrt{b}$

$\quad -(1+a)>0$ 이므로 $1+a=-\dfrac{1}{3},\ \sqrt{b}=\dfrac{\sqrt{3}}{3}$

$\quad \therefore a=-\dfrac{4}{3},\ b=\dfrac{1}{3}$

따라서 $a=-1,\ b=\dfrac{1}{81}$ 또는 $a=-\dfrac{4}{3},\ b=\dfrac{1}{3}$ 이다.

🖩 $a=-1,\ b=\dfrac{1}{81}$ 또는 $a=-\dfrac{4}{3},\ b=\dfrac{1}{3}$

3
$\sqrt{n^2}<\sqrt{n^2+1}<\sqrt{(n+1)^2}$ 에서 $\sqrt{n^2+1}$ 의 정수 부분

이 n 이므로

$a_n=\sqrt{n^2+1}-n$ 에서 $a_{100}=\sqrt{100^2+1}-100$

$\therefore (a_{100}+100)^2=(\sqrt{100^2+1}-100+100)^2$
$\qquad\qquad\qquad\quad =(\sqrt{10001})^2=10001$

🖩 10001

---

1 곱셈 공식

원리확인 **기본문제**   p. 60~67

1
$(x+5y-3)(4x-y)$ 에서

$(x^2$항$)=x\times 4x=4x^2$

$(xy$항$)=x\times(-y)+5y\times 4x=19xy$

$\therefore a=4,\ b=19$

🖩 $a=4,\ b=19$

2
$(ax-7)(3x+b)=3ax^2+abx-21x-7b$
$\qquad\qquad\qquad\quad =3ax^2+x(ab-21)-7b$

$3a=15,\ a=5$

$5b-21=-1,\ 5b=20,\ b=4$

$c=7b=28$

🖩 $a=5,\ b=4,\ c=28$

3
(1) $(a+8)^2=a^2+2\times a\times 8+8^2=a^2+16a+64$

(2) $(-3a+1)^2=(-3a)^2+2\times(-3a)\times 1+1^2$
$\qquad\qquad\quad =9a^2-6a+1$

(3) $(a-3b)^2=a^2-2\times a\times 3b+(3b)^2$
$\qquad\qquad\quad =a^2-6ab+9b^2$

(4) $(-a-b)^2=(-a)^2-2\times(-a)\times b+b^2$
$\qquad\qquad\quad =a^2+2ab+b^2$

🖩 (1) $a^2+16a+64$ (2) $9a^2-6a+1$

(3) $a^2-6ab+9b^2$ (4) $a^2+2ab+b^2$

4
(1) $a^2+b^2=(a-b)^2+2ab=5^2+2\times(-4)$
$\qquad\qquad =25-8=17$

(2) $\dfrac{b}{a}+\dfrac{a}{b}=\dfrac{a^2+b^2}{ab}=-\dfrac{17}{4}$

🖩 (1) 17   (2) $-\dfrac{17}{4}$

5
$x^2+\dfrac{1}{x^2}=\left(x+\dfrac{1}{x}\right)^2-2=3^2-2=7$

🖩 7

6
(1) $(ab-c)(ab+c)=(ab)^2-c^2=a^2b^2-c^2$

(2) $\left(-\dfrac{1}{2}y+x\right)\left(\dfrac{1}{2}y+x\right)=\left(x-\dfrac{1}{2}y\right)\left(x+\dfrac{1}{2}y\right)$
$\qquad\qquad\qquad\quad =x^2-\left(\dfrac{1}{2}y\right)^2=x^2-\dfrac{1}{4}y^2$

(3) $(5a-2b)(5a+2b)$
$\qquad =(5a)^2-(2b)^2=25a^2-4b^2$

(4) $\left(\dfrac{1}{3}x+4y\right)\left(\dfrac{1}{3}x-4y\right)$

$\quad =\left(\dfrac{1}{3}x\right)^2-(4y)^2=\dfrac{1}{9}x^2-16y^2$

답 (1) $a^2b^2-c^2$ (2) $x^2-\dfrac{1}{4}y^2$

(3) $25a^2-4b^2$ (4) $\dfrac{1}{9}x^2-16y^2$

7 (색칠한 부분의 넓이)

$=(2a+b)(2a-b)=(2a)^2-b^2=4a^2-b^2$

답 $4a^2-b^2$

8 (1) $(y-8)(y+5)$

$\quad =y^2+(-8+5)y+(-8)\times 5$

$\quad =y^2-3y-40$

(2) $\left(a-\dfrac{1}{5}\right)\left(a+\dfrac{1}{2}\right)$

$\quad =a^2+\left(-\dfrac{1}{5}+\dfrac{1}{2}\right)a+\left(-\dfrac{1}{5}\right)\times\dfrac{1}{2}$

$\quad =a^2+\dfrac{3}{10}a-\dfrac{1}{10}$

(3) $(x+2y)(x-3y)$

$\quad =x^2+(2y-3y)x+2y\times(-3y)$

$\quad =x^2-xy-6y^2$

(4) $(x-5y)(x+2y)$

$\quad =x^2+(-5y+2y)x+(-5y)\times 2y$

$\quad =x^2-3xy-10y^2$

답 (1) $y^2-3y-40$ (2) $a^2+\dfrac{3}{10}a-\dfrac{1}{10}$

(3) $x^2-xy-6y^2$ (4) $x^2-3xy-10y^2$

9 (1) $(x+3)(x+2)=x^2+(3+2)x+6=x^2+5x+6$

(2) $(x+2)(x-1)=x^2+(2-1)x-2=x^2+x-2$

답 (1) x^2+5x+6 (2) x^2+x-2

10 (1) $(7x-3y)(4x+2y)$

$\quad =28x^2+(14-12)xy-6y^2$

$\quad =28x^2+2xy-6y^2$

(2) $(5x+2y)(3x-y)$

$\quad =15x^2+(-5+6)xy-2y^2$

$\quad =15x^2+xy-2y^2$

(3) $(6x+2y)(2x+y)$

$\quad =12x^2+(6+4)xy+2y^2$

$\quad =12x^2+10xy+2y^2$

(4) $(-x-5y)(9x-y)$

$\quad =-9x^2+(1-45)xy+5y^2$

$\quad =-9x^2-44xy+5y^2$

답 (1) $28x^2+2xy-6y^2$ (2) $15x^2+xy-2y^2$

(3) $12x^2+10xy+2y^2$ (4) $-9x^2-44xy+5y^2$

11 (1) $(x+3)(2x+1)=2x^2+(1+6)x+3$

$\quad =2x^2+7x+3$

(2) $(2x+3)(3x-2)=6x^2+(-4+9)x-6$

$\quad =6x^2+5x-6$

답 (1) $2x^2+7x+3$ (2) $6x^2+5x-6$

12 (1) $(5\sqrt{3}-6\sqrt{2})^2$

$\quad =(5\sqrt{3})^2-2\times 5\sqrt{3}\times 6\sqrt{2}+(6\sqrt{2})^2$

$\quad =75-60\sqrt{6}+72=147-60\sqrt{6}$

(2) $(\sqrt{8}+2\sqrt{7})(\sqrt{2}-3\sqrt{7})$

$\quad =\sqrt{8}\times\sqrt{2}+\sqrt{8}\times(-3\sqrt{7})+2\sqrt{7}\times\sqrt{2}$

$\qquad +2\sqrt{7}\times(-3\sqrt{7})$

$\quad =4-6\sqrt{14}+2\sqrt{14}-42$

$\quad =-4\sqrt{14}-38$

답 (1) $147-60\sqrt{6}$ (2) $-4\sqrt{14}-38$

13 (1) $\dfrac{\sqrt{2}}{2\sqrt{5}-3}=\dfrac{\sqrt{2}(2\sqrt{5}+3)}{(2\sqrt{5}-3)(2\sqrt{5}+3)}$

$\quad =\dfrac{2\sqrt{10}+3\sqrt{2}}{20-9}=\dfrac{2\sqrt{10}+3\sqrt{2}}{11}$

(2) $\dfrac{\sqrt{6}}{5\sqrt{3}+3\sqrt{2}}=\dfrac{\sqrt{6}(5\sqrt{3}-3\sqrt{2})}{(5\sqrt{3}+3\sqrt{2})(5\sqrt{3}-3\sqrt{2})}$

$\quad =\dfrac{15\sqrt{2}-6\sqrt{3}}{75-18}=\dfrac{15\sqrt{2}-6\sqrt{3}}{57}$

$\quad =\dfrac{5\sqrt{2}-2\sqrt{3}}{19}$

답 (1) $\dfrac{2\sqrt{10}+3\sqrt{2}}{11}$ (2) $\dfrac{5\sqrt{2}-2\sqrt{3}}{19}$

14 (1) $51^2=(50+1)^2=50^2+2\times 50\times 1+1^2$

$\quad =2500+100+1=2601$

(2) $67^2=(70-3)^2=70^2-2\times 70\times 3+3^2$

$\quad =4900-420+9=4489$

답 (1) 2601 (2) 4489

15 (1) $94\times 92=(90+4)(90+2)$

$\quad =90^2+(4+2)\times 90+4\times 2$

$\quad =8100+540+8=8648$

(2) $75 \times 65 = (70+5)(70-5) = 70^2 - 5^2$
$\qquad = 4900 - 25 = 4875$

(3) $73 \times 68 = (70+3)(70-2)$
$\qquad = 70^2 + (3-2) \times 70 + 3 \times (-2)$
$\qquad = 4900 + 70 - 6 = 4964$

(4) 198×199
$\qquad = (200-2)(200-1)$
$\qquad = 200^2 + (-2-1) \times 200 + (-2) \times (-1)$
$\qquad = 40000 - 600 + 2 = 39402$

$\qquad$ 답 (1) 8648 (2) 4875 (3) 4964 (4) 39402

1단계

C Step 촘촘 유형   p. 68~73

01 ②   **02** 17   **03** -9

04 $a=7$, $b=14$ **05** $p=\dfrac{3}{2}$, $q=\dfrac{11}{4}$

06 ③   **07** (1) $4a^2 - \dfrac{12}{5}ab + \dfrac{9}{25}b^2$

(2) $10x^2 - 12xy + 10y^2$ **08** 20   **09** ㄱ, ㄷ

10 ③   **11** ③   **12** 1   **13** 8

14 7   **15** 45   **16** $-4x^2 + 16x - 7$

17 ③   **18** ②   **19** ④   **20** -12

21 ①, ③   **22** ④   **23** (1) $3x^2 + 20x + 89$

(2) $6x^2 + 40$ (3) $-2x+1$ (4) $-6x+18$ **24** 2

25 $a^2 - 8a + 16$ **26** ③   **27** ④

28 (1) $a^2 + 2ab + b^2 - 9$ (2) $16x^2 - 8xy + y^2 + 4x - y - 6$

29 9   **30** $x^4 - 4x^3 - 39x^2 + 86x + 280$

31 1   **32** -1 **33** $4 - 6\sqrt{2} + 2\sqrt{3} - 2\sqrt{6}$

34 $4 - 7\sqrt{7}$ **35** $\sqrt{5} - \sqrt{2}$ **36** 6   **37** $-\dfrac{\sqrt{15}}{5}$

38 ④   **39** (1) 51.84 (2) 9991 (3) 63.96 (4) 5032

40 15   **41** $\dfrac{13}{2}$ **42** 11   **43** 18

44 $48\sqrt{3} - 96$ **45** $10\sqrt{6} - 11$

46 3

---

01 $(2x-y)(5x+3y) = 10x^2 + 6xy - 5xy - 3y^2$
$\qquad\qquad\qquad\qquad = 10x^2 + xy - 3y^2$

$\qquad$ 답 ②

02 $(ax-3)(4x+b) = 4ax^2 + abx - 12x - 3b$
$\qquad\qquad\qquad = 4ax^2 + (ab-12)x - 3b$
$\qquad\qquad\qquad = cx^2 + 2x - 21$ $\qquad$ … 50 %

$-3b = -21$, $b=7$
$7a - 12 = 2$, $a=2$
$4a = c$, $c=8$ $\qquad$ … 40 %
$\therefore a+b+c = 17$ $\qquad$ … 10 %

$\qquad$ 답 17

채점 기준	배점
주어진 식 전개하기	50%
a, b, c의 값 구하기	40%
$a+b+c$의 값 구하기	10%

03 필요한 항이 나오는 부분만 전개한다.
x^2항은 $4x^2 - 15x^2 + 2x^2 = -9x^2$이므로 구하는 계수는 -9이다. $\qquad$ 답 -9

04 $(x+a)^2 = x^2 + 2ax + a^2 = x^2 + bx + 49$이므로
$2a = b$, $a^2 = 49$
$\therefore a = 7\,(\because a>0)$, $b = 2 \times 7 = 14$

$\qquad$ 답 $a=7$, $b=14$

05 $(x+p)^2 + q = x^2 + 2px + p^2 + q = x^2 + 3x + 5$이므로
$2p = 3$, $p^2 + q = 5$
$\therefore p = \dfrac{3}{2}$, $q = \dfrac{11}{4}$ $\qquad$ 답 $p=\dfrac{3}{2}$, $q=\dfrac{11}{4}$

06 ③ $(-2x-1)^2 = 4x^2 + 4x + 1$ $\qquad$ 답 ③

07 (1) $\left(2a - \dfrac{3}{5}b\right)^2 = 4a^2 - \dfrac{12}{5}ab + \dfrac{9}{25}b^2$

(2) $(x-3y)^2 + (3x-y)^2$
$\qquad = x^2 - 6xy + 9y^2 + 9x^2 - 6xy + y^2$
$\qquad = 10x^2 - 12xy + 10y^2$

$\qquad$ 답 (1) $4a^2 - \dfrac{12}{5}ab + \dfrac{9}{25}b^2$ (2) $10x^2 - 12xy + 10y^2$

08 $(Ax-1)^2 = A^2x^2 - 2Ax + 1 = Bx^2 - 8x + 1$이므로
$A^2 = B$, $-2A = -8$
$\therefore A = 4$, $B = 16$
$\therefore A + B = 20$ $\qquad$ 답 20

09 $(-a+b)^2 = a^2 - 2ab + b^2$
ㄱ. $(b-a)^2 = a^2 - 2ab + b^2$
ㄴ. $(a+b)^2 = a^2 + 2ab + b^2$
ㄷ. $(a-b)^2 = a^2 - 2ab + b^2$
ㄹ. $-(a+b)^2 = -a^2 - 2ab - b^2$
ㅁ. $-(a-b)^2 = -a^2 + 2ab - b^2$
ㅂ. $-(-a-b)^2 = -a^2 - 2ab - b^2$ $\qquad$ 답 ㄱ, ㄷ

10 $(-mn+1)(-mn-1)=(-mn)^2-1^2$
$$=m^2n^2-1 \qquad \text{답 ③}$$

11 $③\left(-\dfrac{1}{4}-x\right)\left(-\dfrac{1}{4}+x\right)=\left(-\dfrac{1}{4}\right)^2-x^2=\dfrac{1}{16}-x^2$
$$\text{답 ③}$$

12 $\left(-\dfrac{1}{3}a+\dfrac{1}{4}b\right)\left(-\dfrac{1}{3}a-\dfrac{1}{4}b\right)=\left(-\dfrac{1}{3}a\right)^2-\left(\dfrac{1}{4}b\right)^2$
$$=\dfrac{1}{9}a^2-\dfrac{1}{16}b^2$$
$$=\dfrac{1}{9}\times36-\dfrac{1}{16}\times48$$
$$=4-3=1 \qquad \text{답 1}$$

13 $(1-2)(1+2)(1+4)(1+16)$
$$=(1-4)(1+4)(1+16)$$
$$=(1-16)(1+16)$$
$$=1-16^2=1-(2^4)^2=1-2^8$$
$$\therefore \square=8 \qquad \text{답 8}$$

14 $(x-1)(x+1)(x^2+1)(x^4+1)$
$$=(x^2-1)(x^2+1)(x^4+1)$$
$$=(x^4-1)(x^4+1)=x^8-1 \qquad \cdots 80\%$$
$$\therefore a=8,\ b=-1$$
$$\therefore a+b=7 \qquad \cdots 20\%$$
$$\text{답 7}$$

채점 기준	배점
곱셈 공식을 이용하여 좌변 전개하기	80%
$a+b$의 값 구하기	20%

15 $(x-a)(x-4)=x^2-(a+4)x+4a$
$$=x^2-bx+20\text{이므로}$$
$4a=20$에서 $a=5$, $a+4=b$에서 $b=9$
$$\therefore ab=45 \qquad \text{답 45}$$

16 $(x+4)(-x+2)-3(x-5)(x-1)$
$$=-x^2-2x+8-3(x^2-6x+5)$$
$$=-x^2-2x+8-3x^2+18x-15$$
$$=-4x^2+16x-7 \qquad \text{답 } -4x^2+16x-7$$

17 $(x+a)(x+b)=x^2+(a+b)x+ab$이므로
$a+b=c$, $ab=10$
$ab=10$을 만족시키는 정수 a, b의 순서쌍은 $(1, 10)$, $(2, 5)$, $(5, 2)$, $(10, 1)$, $(-1, -10)$, $(-2, -5)$, $(-5, -2)$, $(-10, -1)$이다.

따라서 c의 값이 될 수 있는 수는 $-11, -7, 7, 11$이다. $\qquad \text{답 ③}$

18 $② (-4x-1)(x+5)=-4x^2-21x-5$
$$\text{답 ②}$$

19 $(6x+A)(Bx-2)=6Bx^2+(-12+AB)x-2A$
$$=12x^2+Cx-8\text{이므로}$$
$6B=12$에서 $B=2$, $2A=8$에서 $A=4$
$-12+AB=C$에서 $C=-4$
$$\therefore A+B+C=2 \qquad \text{답 ④}$$

20 $(ax-2)(6x+1)=6ax^2+(a-12)x-2$
$3(a-12)=6a$, $3a-36=6a$, $3a=-36$
$$\therefore a=-12 \qquad \text{답 } -12$$

21 $① (x+5)(-x+5)=-x^2+25$
$③ (x-3y)^2=x^2-6xy+9y^2 \qquad \text{답 ①, ③}$

22 $① (x+8)^2=x^2+16x+64 \Rightarrow \square:16$
$② (3x-5)^2=9x^2-30x+25 \Rightarrow \square:9$
$③ (3x+2y)(3x-2y)=9x^2-4y^2 \Rightarrow \square:4$
$④ 2(x-1)(x+1)(x^2+1)=2(x^2-1)(x^2+1)$
$$=2(x^4-1)=2x^4-2$$
$$\Rightarrow \square:2$$
$⑤ (3x-1)(x+2)=3x^2+5x-2$
$$\Rightarrow \square:5$$
$$\text{답 ④}$$

23 $(1)\ (2x+5)^2-(x+8)(x-8)$
$$=4x^2+20x+25-x^2+64$$
$$=3x^2+20x+89$$
$(2)\ (3x-2)^2+3(6-x)(x+2)$
$$=9x^2-12x+4+3(-x^2+4x+12)$$
$$=9x^2-12x+4-3x^2+12x+36$$
$$=6x^2+40$$
$(3)\ 2x(2x-1)-(2x+1)(2x-1)$
$$=4x^2-2x-4x^2+1$$
$$=-2x+1$$
$(4)\ (x-3)^2+(-x+3)(x+3)$
$$=x^2-6x+9-x^2+9$$
$$=-6x+18$$
$$\text{답 }(1)\ 3x^2+20x+89\ \ (2)\ 6x^2+40$$
$$(3)\ -2x+1\ \ (4)\ -6x+18$$

24 $(3x-2)(x+5)-4(x+3)(2x+1)$
$=3x^2+13x-10-4(2x^2+7x+3)$
$=3x^2+13x-10-8x^2-28x-12$
$=-5x^2-15x-22$
$a=-5$, $b=-15$, $c=-22$이므로 $a+b-c=2$이다.
📄 2

25 암실은 한 변의 길이가 $a-4$인 정사각형이므로 암실의 넓이는 $(a-4)^2=a^2-8a+16$이다.
📄 $a^2-8a+16$

26 A=C이므로 A+B=B+C
A+B=$(x+y)(x-y)$, B+C=x^2-y^2이므로
$(x+y)(x-y)=x^2-y^2$
📄 ③

27 길을 제외한 화단의 넓이는 오른쪽 그림에서 색칠한 부분의 넓이와 같다.
$(8x-2)(5x-2)$
$=40x^2+(-16-10)x+4$
$=40x^2-26x+4$

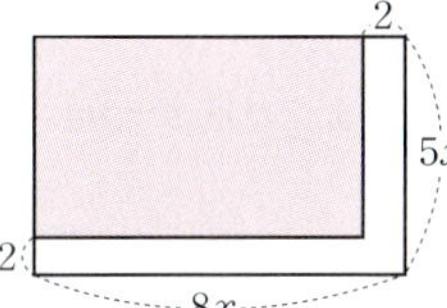

📄 ④

28 (1) $a+b=t$로 치환한다.
$(a+b+3)(a+b-3)$
$=(t+3)(t-3)=t^2-9$
$=(a+b)^2-9=a^2+2ab+b^2-9$
(2) $4x-y=t$로 치환한다.
$(4x-y+3)(4x-y-2)$
$=(t+3)(t-2)$
$=t^2+t-6$
$=(4x-y)^2+(4x-y)-6$
$=16x^2-8xy+y^2+4x-y-6$
📄 (1) $a^2+2ab+b^2-9$
(2) $16x^2-8xy+y^2+4x-y-6$

29 $2b-1=t$로 치환한다.
$(3a-2b+1)(3a+2b-1)$
$=\{3a-(2b-1)\}(3a+2b-1)$
$=(3a-t)(3a+t)=9a^2-t^2$
$=9a^2-(2b-1)^2=9a^2-4b^2+4b-1$
따라서 구하는 계수의 합은 $9-4+4=9$이다.
📄 9

30 $(x+2)(x+5)(x-4)(x-7)$
$=(x+2)(x-4)(x+5)(x-7)$
$=(x^2-2x-8)(x^2-2x-35)$
$\quad$ ($\Leftarrow x^2-2x=A$로 치환)
$=(A-8)(A-35)$
$=A^2-43A+280$
$\quad$ ($\Leftarrow A$ 대신 x^2-2x를 대입)
$=(x^2-2x)^2-43(x^2-2x)+280$
$=x^4-4x^3+4x^2-43x^2+86x+280$
$=x^4-4x^3-39x^2+86x+280$
📄 $x^4-4x^3-39x^2+86x+280$

31 $(a+3)(a+5)(a-4)(a-6)$
$=(a+3)(a-4)(a+5)(a-6)$
$=(a^2-a-12)(a^2-a-30)$
$\quad$ ($\Leftarrow a^2-a=A$로 치환)
$=(A-12)(A-30)$
$=A^2-42A+360$
$\quad$ ($\Leftarrow A$ 대신 a^2-a를 대입)
$=(a^2-a)^2-42(a^2-a)+360$
$=a^4-2a^3+a^2-42a^2+42a+360$
$=a^4-2a^3-41a^2+42a+360$ $\quad$ … 80%
a의 계수는 42, a^2의 계수는 -41이므로
$42+(-41)=1$이다. $\quad$ … 20%
📄 1

채점 기준	배점
주어진 식 전개하기	80%
a의 계수와 a^2의 계수의 합 구하기	20%

32 $(3\sqrt{2}+4)(1-\sqrt{2})=3\sqrt{2}-6+4-4\sqrt{2}=-2-\sqrt{2}$
이므로 $a=-2$, $b=-1$
$\therefore a-b=-1$
📄 -1

33 $\sqrt{3}\left(\dfrac{1}{\sqrt{3}}-\sqrt{6}\right)+\left(\dfrac{3}{\sqrt{3}}+2\right)(\sqrt{3}-\sqrt{6})$
$=1-3\sqrt{2}+3-3\sqrt{2}+2\sqrt{3}-2\sqrt{6}$
$=4-6\sqrt{2}+2\sqrt{3}-2\sqrt{6}$
📄 $4-6\sqrt{2}+2\sqrt{3}-2\sqrt{6}$

34 $(\sqrt{7}-4)^2-(3\sqrt{7}+2)(\sqrt{7}-1)$
$=7-8\sqrt{7}+16-(21-3\sqrt{7}+2\sqrt{7}-2)$
$=23-8\sqrt{7}-19+\sqrt{7}=4-7\sqrt{7}$
📄 $4-7\sqrt{7}$

35 $\dfrac{3}{\sqrt{5}+\sqrt{2}}=\dfrac{3(\sqrt{5}-\sqrt{2})}{(\sqrt{5}+\sqrt{2})(\sqrt{5}-\sqrt{2})}$

$\qquad\quad=\dfrac{3(\sqrt{5}-\sqrt{2})}{5-2}=\sqrt{5}-\sqrt{2}$ 〔답〕$\sqrt{5}-\sqrt{2}$

36 $\dfrac{\sqrt{2}-1}{\sqrt{2}+1}-\dfrac{1+\sqrt{2}}{1-\sqrt{2}}$

$\quad=\dfrac{(\sqrt{2}-1)^2}{(\sqrt{2}+1)(\sqrt{2}-1)}-\dfrac{(1+\sqrt{2})^2}{(1-\sqrt{2})(1+\sqrt{2})}$

$\quad=\dfrac{3-2\sqrt{2}}{2-1}-\dfrac{3+2\sqrt{2}}{1-2}=3-2\sqrt{2}+3+2\sqrt{2}=6$

따라서 $a=6$, $b=0$이므로 $a+b=6$이다. 〔답〕6

37 $x=\dfrac{4}{\sqrt{5}+\sqrt{3}}=\dfrac{4\sqrt{5}-4\sqrt{3}}{5-3}=2\sqrt{5}-2\sqrt{3}$,

$\quad y=\dfrac{4}{\sqrt{5}-\sqrt{3}}=\dfrac{4\sqrt{5}+4\sqrt{3}}{5-3}=2\sqrt{5}+2\sqrt{3}$에서 … 50%

$\quad x+y=(2\sqrt{5}-2\sqrt{3})+(2\sqrt{5}+2\sqrt{3})=4\sqrt{5}$

$\quad x-y=(2\sqrt{5}-2\sqrt{3})-(2\sqrt{5}+2\sqrt{3})=-4\sqrt{3}$ … 25%

$\quad\therefore \dfrac{x-y}{x+y}=\dfrac{-4\sqrt{3}}{4\sqrt{5}}=-\dfrac{\sqrt{3}}{\sqrt{5}}=-\dfrac{\sqrt{15}}{5}$ … 25%

〔답〕$-\dfrac{\sqrt{15}}{5}$

채점 기준	배점
x, y의 분모를 유리화하기	50%
$x+y$, $x-y$의 값 구하기	25%
$\dfrac{x-y}{x+y}$ 의 값을 구한 경우	25%

38 $1008\times999=(1000+8)(1000-1)$로 계산하면 가장 편리하므로 $(x+a)(x+b)=x^2+(a+b)x+ab$를 이용한다. 〔답〕④

39 (1) $7.2^2=(7+0.2)^2$

$\qquad\quad=7^2+2\times7\times0.2+(0.2)^2$

$\qquad\quad=51.84$

$\quad$(2) $103\times97=(100+3)(100-3)$

$\qquad\qquad\quad=100^2-3^2=9991$

$\quad$(3) $8.2\times7.8=(8+0.2)(8-0.2)$

$\qquad\qquad\quad=8^2-(0.2)^2=63.96$

$\quad$(4) 54^2+46^2

$\qquad=(50+4)^2+(50-4)^2$

$\qquad=50^2+2\times50\times4+4^2+50^2-2\times50\times4+4^2$

$\qquad=2\times(50^2+4^2)=5032$

〔답〕(1) 51.84 (2) 9991 (3) 63.96 (4) 5032

40 $x^2+y^2=(x+y)^2-2xy=16+2=18$

$\quad\therefore x^2+y^2-3x^2y^2=18-3\times(-1)^2=15$ 〔답〕15

41 $\dfrac{y}{x}+\dfrac{x}{y}=\dfrac{x^2+y^2}{xy}=\dfrac{(x-y)^2+2xy}{xy}$

$\qquad\quad=\dfrac{9+4}{2}=\dfrac{13}{2}$ 〔답〕$\dfrac{13}{2}$

42 $x^2+\dfrac{1}{x^2}=\left(x-\dfrac{1}{x}\right)^2+2=9+2=11$ 〔답〕11

43 $x^2-4x-1=0$의 양변을 x로 나누면

$\quad x-4-\dfrac{1}{x}=0$, $x-\dfrac{1}{x}=4$

$\quad\therefore x^2+\dfrac{1}{x^2}=\left(x-\dfrac{1}{x}\right)^2+2=16+2=18$ 〔답〕18

44 $(x+y)^2-(x-y)^2$

$\quad=(x^2+2xy+y^2)-(x^2-2xy+y^2)$

$\quad=4xy=4\times4\sqrt{3}\times(3-2\sqrt{3})$

$\quad=16\sqrt{3}(3-2\sqrt{3})$

$\quad=48\sqrt{3}-96$ 〔답〕$48\sqrt{3}-96$

45 $(x+y)(x-y)=x^2-y^2$

$\qquad\qquad\qquad=(2+\sqrt{6})^2-(3\sqrt{2}-\sqrt{3})^2$

$\qquad\qquad\qquad=(4+4\sqrt{6}+6)-(18-6\sqrt{6}+3)$

$\qquad\qquad\qquad=10+4\sqrt{6}-21+6\sqrt{6}$

$\qquad\qquad\qquad=10\sqrt{6}-11$ 〔답〕$10\sqrt{6}-11$

46 $x+4=2\sqrt{3}$이므로

$\quad x^2+8x+16=12$, $x^2+8x=-4$

$\quad\therefore \sqrt{x^2+8x+13}=\sqrt{-4+13}=\sqrt{9}=3$ 〔답〕3

2단계 **B**Step 탄탄 내신 p. 74~76

01 ⑤	**02** $a=12$, $b=-6$	**03** ⑤
04 6	**05** ①	**06** 2	**07** -5
08 17	**09** 27	**10** (1) $\dfrac{50}{7}$ (2) $\dfrac{20}{11}$

11 (1) 7, 2, 64, 16 (2) 5, 2, 10, 27 **12** (1) a^2-2b
(2) a^2-4b (3) a^2b-2b^2 **13** 2011 **14** 9

| **15** 47 | **16** 3 | **17** $-\dfrac{2}{3}$ | **18** 10 |

19 19 **20** -6 **21** (1) $\overline{HC}=-x+2y$,
$\overline{FJ}=2x-3y$ (2) $-2x^2+7xy-6y^2$

01 (core) 곱셈 공식을 이용하여 전개한다.

$\quad$⑤ $(2x+5)(-3x+2)=-6x^2-11x+10$ 〔답〕⑤

02 x^3이 나오는 항만 전개하여 구한다.

$(2x^2+ax+b)(6x-x^2+3)$에서

x^3항은 $12x^3-ax^3=(12-a)x^3$이므로

$12-a=0,\ a=12$ … 50%

x가 나오는 항만 전개하여 구한다.

x항은 $3ax+6bx=(3a+6b)x$이므로

$3a+6b=0$

$\therefore b=-\dfrac{1}{2}a=-\dfrac{1}{2}\times 12=-6$ … 50%

🔲 $a=12,\ b=-6$

채점 기준	배점
a의 값 구하기	50%
b의 값 구하기	50%

03 (core) $(a+b)(a-b)=a^2-b^2$,

$(ax+b)(cx+d)=acx^2+(ad+bc)x+bd$

$(3x-1)(2x-3)+(x+1)(x-1)$

$=6x^2-11x+3+x^2-1=7x^2-11x+2$ 🔲 ⑤

04 (core) 곱셈 공식을 이용하여 식을 전개한 후 구하는 계수를 찾는다.

$(a+5)^2-(3a-2)(3a+2)+(8a-7)(4a-5)$

$=a^2+10a+25-(9a^2-4)+32a^2-68a+35$

$=a^2+10a+25-9a^2+4+32a^2-68a+35$

$=24a^2-58a+64$

따라서 a의 계수는 -58, 상수항은 64이므로

$-58+64=6$이다. 🔲 6

05 (core) 연속하는 두 홀수를 $2n-1,\ 2n+1$로 놓는다.

연속하는 두 홀수를 $2n-1,\ 2n+1$이라 하면

$(2n+1)^2-(2n-1)^2$

$=4n^2+4n+1-(4n^2-4n+1)$

$=4n^2+4n+1-4n^2+4n-1=8n$

따라서 연속하는 두 홀수의 제곱의 차는 8의 배수이다. 🔲 ①

06 (core) 곱셈 공식을 이용하여 식을 전개한 후 조건에 맞는 미지수의 값을 찾는다.

$(x+a)(bx-c)=bx^2+(ab-c)x-ac$

$\qquad\qquad\qquad\ =dx^2-4x-6$

$ac=6,\ b=d,\ ab-c=-4$

$a,\ b,\ c,\ d$는 자연수이므로

$ab=c-4>0$에서 $c>4$

$ac=6$에서 $a=1,\ c=6$

$a=1,\ c=6$을 $ab=c-4$에 대입하면 $b=6-4=2$

따라서 $b=d$이므로 $d=2$이다. 🔲 2

07 (core) $(a+b)(a-b)=a^2-b^2,\ (a+b)^2=a^2+2ab+b^2$임을 이용하여 주어진 식을 전개한다.

$24ab+9(2a+b)(2a-b)-4(3a+b)^2$

$=24ab+9(4a^2-b^2)-4(9a^2+6ab+b^2)$

$=24ab+36a^2-9b^2-36a^2-24ab-4b^2$

$=-13b^2=-13\times\dfrac{5}{13}=-5$ 🔲 -5

08 양변에 $(2-1)$을 곱하면

$(2-1)(2+1)(2^2+1)(2^4+1)(2^8+1)$

$=(2^2-1)(2^2+1)(2^4+1)(2^8+1)$

$=(2^4-1)(2^4+1)(2^8+1)$

$=(2^8-1)(2^8+1)=2^{16}-1$ … 80%

$\therefore a=16,\ b=-1$

$\therefore a-b=17$ … 20%

🔲 17

채점 기준	배점
양변에 $(2-1)$을 곱하여 계산하기	80%
$a-b$의 값을 구하기	20%

09 (core) $x^2+3x-1=0$에서 $x^2+3x=1$이므로 주어진 식을 변형하여 식의 값을 구한다.

$x^2+3x-1=0$에서 $x^2+3x=1$

$(x+5)(x-1)(x-2)(x+4)$

$=(x+5)(x-2)(x-1)(x+4)$

$=(x^2+3x-10)(x^2+3x-4)$

$=(1-10)(1-4)=27$ 🔲 27

10 (core) $x:y=4:3$이므로 $x=4k,\ y=3k$로 놓고 식에 대입한다.

$x=4k,\ y=3k$라 하면(단, $k\neq 0$)

(1) $\dfrac{(x+y)^2+(x-y)^2}{(x+y)(x-y)}$

$=\dfrac{(4k+3k)^2+(4k-3k)^2}{(4k+3k)(4k-3k)}$

$=\dfrac{49k^2+k^2}{7k^2}=\dfrac{50k^2}{7k^2}=\dfrac{50}{7}$

(2) $\dfrac{(3x+y)^2-(x-3y)^2}{(2x+y)(x+2y)}$

$=\dfrac{(12k+3k)^2-(4k-9k)^2}{(8k+3k)(4k+6k)}$

$=\dfrac{(15k)^2-(-5k)^2}{11k\times 10k}=\dfrac{200k^2}{110k^2}=\dfrac{20}{11}$

🔲 (1) $\dfrac{50}{7}$ (2) $\dfrac{20}{11}$

11 (core) ☐를 차례로 미지수로 놓고 식을 전개한 후 계수를 비교한다.

$\square$를 차례로 A, B, C, D로 놓는다.

(1) $(Ax-2)(x+B)(3x+4)$
$=\{Ax^2+(AB-2)x-2B\}(3x+4)$
$=21x^3+Cx^2+36x-D$이므로
계수를 비교하여 구한다.

(x^3의 계수)$=3A=21$ ……㉠

(x^2의 계수)$=4A+3(AB-2)=C$ ……㉡

(x의 계수)$=4(AB-2)-6B=36$ ……㉢

(상수항)$=8B=D$ ……㉣

㉠에서 $A=7$

$A=7$을 ㉢에 대입하면

$4(7B-2)-6B=36$에서 $B=2$

$A=7$, $B=2$를 ㉡에 대입하면

$28+3(14-2)=C$에서 $C=64$

$B=2$를 ㉣에 대입하면 $D=16$

(2) $(x-3)(Ax+B)(2x-3)$
$=(x-3)(2x-3)(Ax+B)$
$=(2x^2-9x+9)(Ax+B)$
$=Cx^3-41x^2+Dx+18$이므로
계수를 비교하여 구한다.

(x^3의 계수)$=2A=C$ ……㉠

(x^2의 계수)$=2B-9A=-41$ ……㉡

(x의 계수)$=-9B+9A=D$ ……㉢

(상수항)$=9B=18$ ……㉣

㉣에서 $B=2$

$B=2$를 ㉡에 대입하면 $4-9A=-41$에서 $A=5$

$A=5$를 ㉠에 대입하면 $C=10$

$A=5$, $B=2$를 ㉢에 대입하면

$D=-18+45=27$

冒 (1) 7, 2, 64, 16 (2) 5, 2, 10, 27

12 (core) 곱셈 공식의 변형을 이용한다.

(1) $x^2+y^2=(x+y)^2-2xy=a^2-2b$

(2) $(x-y)^2=(x+y)^2-4xy=a^2-4b$

(3) $x^3y+xy^3=xy(x^2+y^2)$
$=b(a^2-2b)\ (\because (1))$
$=a^2b-2b^2$

冒 (1) a^2-2b (2) a^2-4b (3) a^2b-2b^2

13 (core) $(a+b)(a-b)=a^2-b^2$을 이용할 수 있게 수를 변형한다.

$\dfrac{2007\times2013+2019}{2010}$

$=\dfrac{(2010-3)(2010+3)+2019}{2010}$

$=\dfrac{2010^2-9+2010+9}{2010}$

$=\dfrac{2010^2+2010}{2010}=2010+1=2011$　**冒** 2011

14 (core) 곱셈 공식의 변형을 이용한다.

$\left(a+\dfrac{1}{a}\right)^2=\left(a-\dfrac{1}{a}\right)^2+4=5^2+4=29$

$\therefore \left(a+\dfrac{1}{a}\right)^2-4\left(a-\dfrac{1}{a}\right)=29-20=9$　**冒** 9

15 (core) x^2+y^2의 값을 먼저 구한다.

$x^2+y^2=(x+y)^2-2xy=9-2=7$

$(x^2+y^2)^2=x^4+2x^2y^2+y^4$

$\therefore x^4+y^4=(x^2+y^2)^2-2(xy)^2=49-2=47$

冒 47

16 (core) 곱셈 공식의 변형을 이용한다.

$x+y=10$, $xy=(5+\sqrt5)(5-\sqrt5)=25-5=20$

$\dfrac{y}{x}+\dfrac{x}{y}=\dfrac{x^2+y^2}{xy}=\dfrac{(x+y)^2-2xy}{xy}$

$=\dfrac{10^2-2\times20}{20}=\dfrac{60}{20}=3$　**冒** 3

17 (core) 분모의 유리화로 x를 간단히 한다.

$x=\dfrac{\sqrt{10}-3}{(\sqrt{10}+3)(\sqrt{10}-3)}=\sqrt{10}-3$

$\dfrac{x+1}{x-1}-\dfrac{x-1}{x+1}=\dfrac{(x+1)^2-(x-1)^2}{(x-1)(x+1)}$

$=\dfrac{4x}{x^2-1}=\dfrac{4(\sqrt{10}-3)}{(\sqrt{10}-3)^2-1}$

$=\dfrac{4(\sqrt{10}-3)}{-6(\sqrt{10}-3)}=-\dfrac{2}{3}$　**冒** $-\dfrac{2}{3}$

18 (core) 분모의 유리화로 x를 간단히 한다.

$x=\dfrac{(\sqrt5-2)^2}{(\sqrt5+2)(\sqrt5-2)}=(\sqrt5-2)^2=9-4\sqrt5$

$x-9=-4\sqrt5$이므로

$(x-9)^2=x^2-18x+81=80$

$x^2-18x=-1$

$\therefore x^2-18x+11=-1+11=10$　**冒** 10

19 (core) $(a-4)(b+4)=10$을 전개하여 ab의 값을 먼저 구한다.

$(a-4)(b+4)=10$

$ab+4(a-b)-16=10$
$ab+20-16=10,\ ab=6$
$\therefore a^2-3ab+b^2=(a-b)^2-ab$
$\qquad\qquad\quad =25-6=19$ 답 19

20 (core) $a+b+c=1$이므로 $a+b=1-c,\ b+c=1-a$, $c+a=1-b$
$(a+b)(b+c)(c+a)=(1-c)(1-a)(1-b)$
$=1-(a+b+c)+(ab+bc+ca)-abc$
$=1-1-2-4=-6$ 답 -6

21 (1) 사각형 ABFE는 정사각형이므로 $\overline{AE}=\overline{AB}=y$
에서 $\overline{ED}=x-y$
사각형 EGHD는 정사각형이므로
$\overline{DH}=\overline{ED}=x-y$에서
$\overline{HC}=y-(x-y)=-x+2y$
사각형 IJCH는 정사각형이므로
$\overline{IJ}=\overline{JC}=\overline{HC}=-x+2y$에서
$\overline{FJ}=x-y-(-x+2y)=x-y+x-2y$
$\qquad =2x-3y$
$\therefore \overline{HC}=-x+2y,\ \overline{FJ}=2x-3y$ … 60%
(2) $\square GFJI=(-x+2y)(2x-3y)$
$\qquad\qquad =-2x^2+7xy-6y^2$ … 40%
答 (1) $\overline{HC}=-x+2y,\ \overline{FJ}=2x-3y$
(2) $-2x^2+7xy-6y^2$

채점 기준	배점
(1) 구하기	60%
(2) 구하기	40%

3단계

A Step 만점 **승승장구**   p. 77

1 (1) x^4-34x^2+225 (2) $4xy+4zx$ (3) ac
2 1345   **3** $a=4,\ b=3$ **4** 657
5 56

1 (1) $(x-5)(x-3)(x+3)(x+5)$
$\qquad =(x+5)(x-5)(x+3)(x-3)$
$\qquad =(x^2-25)(x^2-9)$
$\qquad =x^4-34x^2+225$
(2) $(x+y+z)^2-(x-y-z)^2$
$\qquad =\{x+(y+z)\}^2-\{x-(y+z)\}^2$
$\qquad =4\times x\times(y+z)$
$\qquad =4xy+4zx$

(3) $\dfrac{1}{4}(a+b+c)(a-b+c)$
$\qquad +\dfrac{1}{4}(a+b-c)(-a+b+c)$
$=\dfrac{1}{4}\{(a+c)^2-b^2\}+\dfrac{1}{4}\{b^2-(a-c)^2\}$
$=\dfrac{1}{4}\{(a+c)^2-(a-c)^2\}$
$=\dfrac{1}{4}\times 4ac=ac$
答 (1) x^4-34x^2+225 (2) $4xy+4zx$ (3) ac

2 $674\times674-673\times675-672\times672+672\times674$
$=674^2-(674-1)(674+1)-672^2$
$\qquad +672(672+2)$
$=674^2-674^2+1-672^2+672^2+672\times2$
$=1+672\times2=1345$
    답 1345

3 몫을 $x+p$라 하면
$x^4+2ax^3+x^2+(b+3)x-21$
$=(x^3+x-3)\underset{몫}{(x+p)}+\underset{나머지}{x+3}$
$=x^4+x^2-3x+px^3+px-3p+x+3$
$=x^4+px^3+x^2+(p-2)x-3p+3$에서
$2a=p,\ b+3=p-2,\ -21=-3p+3$
$\therefore a=4,\ b=3,\ p=8$
    답 $a=4,\ b=3$

4 $a^2+b^2=(a+b)^2-2ab=25+4=29$
$x^2+y^2=(x+y)^2-2xy=9+12=21$
$m^2+n^2=(ax+by)^2+(bx+ay)^2$
$\qquad =a^2x^2+a^2y^2+b^2x^2+b^2y^2+2abxy+2abxy$
$\qquad =a^2(x^2+y^2)+b^2(x^2+y^2)+4abxy$
$\qquad =21a^2+21b^2+4abxy$
$\qquad =21(a^2+b^2)+4abxy$
$\qquad =21\times29+4\times(-2)\times(-6)$
$\qquad =609+48=657$
    답 657

5 주어진 식에서 $a+b=X,\ c-d=Y,\ a-b=Z$, $c+d=W$라 하면
$P=(X+Y)^2+(X-Y)^2+(Z-W)^2$
$\qquad +(-Z+W)^2$
$(X+Y)^2+(X-Y)^2=2(X^2+Y^2)$
$(Z+W)^2+(-Z+W)^2=2(Z^2+W^2)$

$$\therefore P=2(X^2+Y^2+Z^2+W^2)$$
$$=2\{(a+b)^2+(a-b)^2+(c+d)^2+(c-d)^2\}$$
$$=2(2a^2+2b^2+2c^2+2d^2)$$
$$=4(a^2+b^2+c^2+d^2)$$
$$=4(1+2+3+8)=4\times14=56 \qquad \text{답}\ 56$$

Ⅱ 다항식의 곱셈과 인수분해 / 2. 다항식의 인수분해

1 인수분해의 뜻과 공식

원리확인 **가본문제**   p. 78~82

1 $3(x-5)(x+6)$의 1이 아닌 인수는 $3,\ x-5,\ x+6,$
$3(x-5),\ 3(x+6),\ (x-5)(x+6),$
$3(x-5)(x+6)$이다.

답 ③

2 $(1)\ ma-mb=m\times a-m\times b=m(a-b)$
$(2)\ 3a^2b+ab^2=ab\times3a+ab\times b=ab(3a+b)$
$(3)\ 8x^2-4x+xy=x\times8x-x\times4+x\times y$
$$=x(8x-4+y)$$
$(4)\ 2x-xy+xz=x\times2-x\times y+x\times z$
$$=x(2-y+z)$$
$(5)\ a(x+1)+b(x+1)=(x+1)(a+b)$
$(6)\ (m-n)(3a+1)-5(m-n)$
$$=(m-n)(3a+1-5)=(m-n)(3a-4)$$
답 $(1)\ m(a-b)$ $(2)\ ab(3a+b)$ $(3)\ x(8x-4+y)$
$(4)\ x(2-y+z)$ $(5)\ (x+1)(a+b)$
$(6)\ (m-n)(3a-4)$

3 $(1)\ a^2+14a+49=a^2+2\times a\times7+7^2=(a+7)^2$
$(2)\ a^2-6a+9=a^2-2\times a\times3+3^2=(a-3)^2$
$(3)\ 16x^2+8x+1=(4x)^2+2\times4x\times1+1^2$
$$=(4x+1)^2$$
$(4)\ -5x^2+10x-5=-5(x^2-2x+1)$
$$=-5(x^2-2\times x\times1+1^2)$$
$$=-5(x-1)^2$$
답 $(1)\ (a+7)^2$ $(2)\ (a-3)^2$
$(3)\ (4x+1)^2$ $(4)\ -5(x-1)^2$

---

4 $(1)\ y^2-8y+\square=y^2-2\times y\times4+\square$에서
$$\square=4^2=16$$
$(2)\ 9x^2\pm\square xy+16y^2=(3x\pm4y)^2$이므로
$$\square xy=2\times3x\times4y=24xy \quad\therefore \square=24$$
답 $(1)\ 16$ $(2)\ 24$

5 $(1)\ a^2-64=a^2-8^2=(a+8)(a-8)$
$(2)\ x^2-81=x^2-9^2=(x+9)(x-9)$
$(3)\ a^2-\dfrac{1}{9}=a^2-\left(\dfrac{1}{3}\right)^2=\left(a+\dfrac{1}{3}\right)\left(a-\dfrac{1}{3}\right)$
$(4)\ x^2-\dfrac{4}{25}=x^2-\left(\dfrac{2}{5}\right)^2=\left(x+\dfrac{2}{5}\right)\left(x-\dfrac{2}{5}\right)$
답 $(1)\ (a+8)(a-8)$ $(2)\ (x+9)(x-9)$
$(3)\left(a+\dfrac{1}{3}\right)\left(a-\dfrac{1}{3}\right)$ $(4)\left(x+\dfrac{2}{5}\right)\left(x-\dfrac{2}{5}\right)$

6 $(1)\ 4ax^2-36a=4a(x^2-9)=4a(x^2-3^2)$
$$=4a(x+3)(x-3)$$
$(2)\ x^4-1=(x^2)^2-1^2=(x^2+1)(x^2-1)$
$$=(x^2+1)(x+1)(x-1)$$
답 $(1)\ 4a(x+3)(x-3)$ $(2)\ (x^2+1)(x+1)(x-1)$

7 (1) 합이 -8이고 곱이 15인 두 수는 $-3,\ -5$이므로
$$x^2-8x+15=(x-3)(x-5)$$
$$x \quad \begin{matrix} -3 \to -3x \\ -5 \to -5x \end{matrix}\ (+$$
$$-8x$$
(2) 합이 7이고 곱이 12인 두 수는 $3,\ 4$이므로
$$x^2+7x+12=(x+3)(x+4)$$
$$x \quad \begin{matrix} 3 \to 3x \\ 4 \to 4x \end{matrix}\ (+$$
$$7x$$
(3) 합이 3이고 곱이 -28인 두 수는 $-4,\ 7$이므로
$$x^2+3x-28=(x-4)(x+7)$$
$$x \quad \begin{matrix} -4 \to -4x \\ 7 \to 7x \end{matrix}\ (+$$
$$3x$$
(4) 합이 -5이고 곱이 -6인 두 수는 $-6,\ 1$이므로
$$x^2-5x-6=(x-6)(x+1)$$
$$x \quad \begin{matrix} -6 \to -6x \\ 1 \to x \end{matrix}\ (+$$
$$-5x$$
답 $(1)\ (x-3)(x-5)$ $(2)\ (x+3)(x+4)$
$(3)\ (x-4)(x+7)$ $(4)\ (x-6)(x+1)$

8 (1) $a^2+12ab+35b^2=(a+5b)(a+7b)$

$$
\begin{array}{ccc}
a & \searrow 5b \to & 5ab \\
a & \nearrow 7b \to & \underline{7ab} \;(+ \\
& & 12ab
\end{array}
$$

(2) $a^2+2ab-8b^2=(a+4b)(a-2b)$

$$
\begin{array}{ccc}
a & \searrow 4b \to & 4ab \\
a & \nearrow -2b \to & \underline{-2ab} \;(+ \\
& & 2ab
\end{array}
$$

(3) $x^2-5xy-14y^2=(x-7y)(x+2y)$

$$
\begin{array}{ccc}
x & \searrow -7y \to & -7xy \\
x & \nearrow 2y \to & \underline{2xy} \;(+ \\
& & -5xy
\end{array}
$$

(4) $x^2-4xy-12y^2=(x-6y)(x+2y)$

$$
\begin{array}{ccc}
x & \searrow -6y \to & -6xy \\
x & \nearrow 2y \to & \underline{2xy} \;(+ \\
& & -4xy
\end{array}
$$

🈁 (1) $(a+5b)(a+7b)$ (2) $(a+4b)(a-2b)$

(3) $(x-7y)(x+2y)$ (4) $(x-6y)(x+2y)$

9 (1) $2x^2+9x+9=(2x+3)(x+3)$

$$
\begin{array}{ccc}
2 & \searrow 3 \to & 3 \\
1 & \nearrow 3 \to & \underline{6} \;(+ \\
& & 9
\end{array}
$$

(2) $6x^2-13x+6=(2x-3)(3x-2)$

$$
\begin{array}{ccc}
2 & \searrow -3 \to & -9 \\
3 & \nearrow -2 \to & \underline{-4} \;(+ \\
& & -13
\end{array}
$$

(3) $3a^2+19a-14=(a+7)(3a-2)$

$$
\begin{array}{ccc}
1 & \searrow 7 \to & 21 \\
3 & \nearrow -2 \to & \underline{-2} \;(+ \\
& & 19
\end{array}
$$

(4) $5y^2+8y+3=(y+1)(5y+3)$

$$
\begin{array}{ccc}
1 & \searrow 1 \to & 5 \\
5 & \nearrow 3 \to & \underline{3} \;(+ \\
& & 8
\end{array}
$$

🈁 (1) $(2x+3)(x+3)$ (2) $(2x-3)(3x-2)$

(3) $(a+7)(3a-2)$ (4) $(y+1)(5y+3)$

10 (1) $6x^2+7xy-5y^2=(2x-y)(3x+5y)$

$$
\begin{array}{ccc}
2 & \searrow -1 \to & -3 \\
3 & \nearrow 5 \to & \underline{10} \;(+ \\
& & 7
\end{array}
$$

(2) $3x^2-xy-10y^2=(x-2y)(3x+5y)$

$$
\begin{array}{ccc}
1 & \searrow -2 \to & -6 \\
3 & \nearrow 5 \to & \underline{5} \;(+ \\
& & -1
\end{array}
$$

(3) $2x^2-11xy+5y^2=(x-5y)(2x-y)$

$$
\begin{array}{ccc}
1 & \searrow -5 \to & -10 \\
2 & \nearrow -1 \to & \underline{-1} \;(+ \\
& & -11
\end{array}
$$

(4) $6x^2+xy-12y^2=(2x+3y)(3x-4y)$

$$
\begin{array}{ccc}
2 & \searrow 3 \to & 9 \\
3 & \nearrow -4 \to & \underline{-8} \;(+ \\
& & 1
\end{array}
$$

🈁 (1) $(2x-y)(3x+5y)$ (2) $(x-2y)(3x+5y)$

(3) $(x-5y)(2x-y)$ (4) $(2x+3y)(3x-4y)$

팡팡 계산력   p. 83

1 (1) $(x+3)^2$ (2) $(x-5)^2$ (3) $\left(x-\dfrac{1}{4}\right)^2$ (4) $\left(\dfrac{1}{3}x-1\right)^2$

(5) $(2x+3y)^2$ (6) $(3x-5y)^2$ (7) $(x+7)^2$ (8) $(4x-1)^2$

2 (1) $(x+11)(x-11)$ (2) $(x+6)(x-6)$

(3) $(x+5y)(x-5y)$ (4) $(3x+y)(3x-y)$

(5) $\left(x+\dfrac{1}{8}\right)\left(x-\dfrac{1}{8}\right)$ (6) $(6x+1)(6x-1)$

(7) $(2x+7)(2x-7)$ (8) $\left(\dfrac{1}{3}x+\dfrac{1}{2}\right)\left(\dfrac{1}{3}x-\dfrac{1}{2}\right)$

3 (1) $(x+3)(x+4)$ (2) $(x-9)(x+5)$

(3) $(x-6)(x+2)$ (4) $(x-7)(x+8)$

(5) $(x-5y)(x+3y)$ (6) $(x+2y)(x+6y)$

(7) $(x-y)(x-7y)$ (8) $(x-5y)(x+8y)$

(9) $(x-3)(2x+7)$ (10) $(x-1)(6x+1)$

(11) $(2x+3)(2x+5)$ (12) $(3x-2)(4x+3)$

(13) $(x-7y)(6x+y)$ (14) $(2x-y)(4x-5y)$

(15) $(3x-8y)(5x+6y)$ (16) $(2x+3y)(2x+9y)$

1단계

C Step 촘촘 유형   p. 84~89

01 ④	**02** ㄱ, ㄹ	**03** ①
04 (1) $(a-b)(x+y)$	(2) $(2x-1)(3y-1)$	
(3) $(2a+b)(b-3c)$	**05** ③	**06** $\left(\dfrac{1}{5}x-5\right)^2$
07 -2	**08** $5x(2x-3y)^2$	**09** ⑤
10 28	**11** $\dfrac{4}{5}$	**12** -7	**13** $2x-4$
14 2	**15** $-2x+1$	**16** ⑤	
17 $3y(x+5y)(x-5y)$	**18** 7	**19** 12
20 -35	**21** ④	**22** $2x-10$
23 $(x+3)(x-2)$	**24** $3x+5$	**25** (다), (라)
26 16	**27** ②	**28** ④	**29** ②
30 ③, ④	**31** ①	**32** $x-5$	**33** -28
34 3	**35** 0	**36** $(x-9)(x+2)$
37 $(2x-5)(x-2)$	**38** ⑤	**39** ①
40 25	**41** $6x+8$	**42** $5x-2y$	**43** $10x-8$
44 $26\pi r^2\,\text{cm}^2$		

01 ① ㉠의 과정을 인수분해한다고 한다.
② ㉡의 과정을 전개한다고 한다.
③ $10ab^2-5a^2b=\underline{5ab}(2b-a)$
  $10ab^2,\ -5a^2b$의 공통인수
⑤ ㉡의 과정에서 분배법칙이 이용된다.　**답** ④

02 ㄹ. $2a^2-2a=2a(a-1)$
따라서 인수인 것은 ㄱ, ㄹ이다.　**답** ㄱ, ㄹ

03 ① $ab^2+2ab=\underline{ab}(b+2)$
② $6x^2-3x=\underline{3x}(2x-1)$
③ $ma-mb+mc=\underline{m}(a-b+c)$
④ $xy(x-y)+xy=\underline{xy}(x-y+1)$
⑤ $2(a+b)-a(a+b)=(\underline{a+b})(2-a)$　**답** ①

04 (1) $a(x+y)-b(x+y)=(a-b)(x+y)$
(2) $2x(3y-1)+1-3y=2x(3y-1)-(3y-1)$
$\qquad\qquad\qquad\quad=(2x-1)(3y-1)$
(3) $2a(b-3c)-b(3c-b)$
$\quad=2a(b-3c)+b(b-3c)=(2a+b)(b-3c)$
답 (1) $(a-b)(x+y)$ (2) $(2x-1)(3y-1)$
$\qquad$ (3) $(2a+b)(b-3c)$

05 ① $(x+4)^2$　② $(3x-2)^2$　③ $(x+1)(4x+1)$
④ $\left(x+\dfrac{1}{2}\right)^2$　⑤ $\left(\dfrac{1}{6}x-1\right)^2$　**답** ③

06 $\dfrac{1}{25}x^2-2x+25=\left(\dfrac{1}{5}x\right)^2-2\times\dfrac{1}{5}x\times5+5^2$
$\qquad\qquad\qquad\quad=\left(\dfrac{1}{5}x-5\right)^2$　**답** $\left(\dfrac{1}{5}x-5\right)^2$

07 $x(x-A)+4=x^2-Ax+4=(x-B)^2$
$4=B^2$이므로 $B=\pm2$
$-Ax=-2\times x\times B$이므로 $A=2B$
$A<0$이므로 $A=-4,\ B=-2$　… 70%
$\therefore A-B=-2$　… 30%
답 -2

채점 기준	배점
$A,\ B$의 값 구하기	70%
$A-B$의 값 구하기	30%

08 $20x^3-60x^2y+45xy^2=5x(4x^2-12xy+9y^2)$
$\qquad\qquad\qquad\qquad\quad=5x(2x-3y)^2$
답 $5x(2x-3y)^2$

09 ① $4a^2-\square ab+49b^2=(2a\pm7b)^2$이므로
$\quad\square=\pm2\times2\times7=\pm28$
$\quad\therefore \square=28(\because \square$는 자연수$)$
② $a^2+10ab+\square b^2$이 완전제곱식이면
$\quad10=2\times1\times\sqrt{\square},\ \sqrt{\square}=5$　$\therefore \square=25$
③ $\square x^2-8xy+y^2$이 완전제곱식이면
$\quad8=2\times\sqrt{\square}\times1,\ \sqrt{\square}=4$　$\therefore \square=16$
④ $4x^2-\square x+9=(2x\pm3)^2$이므로
$\quad\square=\pm2\times2\times3=\pm12$
$\quad\therefore \square=12(\because \square$는 자연수$)$
⑤ $9x^2-12x+\square$가 완전제곱식이면
$\quad12=2\times3\times\sqrt{\square},\ \sqrt{\square}=2$　$\therefore \square=4$
따라서 □ 안의 자연수가 가장 작은 것은 ⑤이다.
답 ⑤

10 $x^2-ax+\dfrac{9}{4}=\left(x\pm\dfrac{3}{2}\right)^2$이므로
$a=2\times1\times\dfrac{3}{2}=3(\because a>0)$　… 40%
$4x^2-20x+b=(2x)^2-2\times2x\times5+b$에서
$b=5^2=25$　… 40%
$\therefore a+b=28$　… 20%
답 28

채점 기준	배점
a의 값 구하기	40%
b의 값 구하기	40%
$a+b$의 값 구하기	20%

11 $5x^2+4x+k=5\left(x^2+\dfrac{4}{5}x+\dfrac{k}{5}\right)$이므로

$\dfrac{k}{5}=\left(\dfrac{1}{2}\times\dfrac{4}{5}\right)^2=\dfrac{4}{25}$ $\therefore k=\dfrac{4}{5}$　　答 $\dfrac{4}{5}$

다른풀이

ax^2+bx+c가 완전제곱식이 될 조건은 $b=\pm2\sqrt{ac}$ 이다.

$5x^2+4x+k$에서 $4=2\sqrt{5k}$, $2=\sqrt{5k}$

양변을 제곱하면 $4=5k$

$\therefore k=\dfrac{4}{5}$

12 $9x^2-(5-p)x+4=(3x\pm2)^2$이므로

$(5-p)=\pm2\times3\times2$

$5-p=\pm12$에서 $p=-7$ 또는 $p=17$

따라서 p는 음수이므로 $p=-7$이다.　　答 -7

13 $0<x<4$이므로 $x-4<0$

$\sqrt{x^2}-\sqrt{x^2-8x+16}=\sqrt{x^2}-\sqrt{(x-4)^2}$

$\qquad\qquad=x+(x-4)=2x-4$

　　答 $2x-4$

14 $\sqrt{x^2+2x+1}=\sqrt{(x+1)^2}$,

$\sqrt{x^2-2x+1}=\sqrt{(x-1)^2}$

$-1<x<1$에서 $x+1>0$, $x-1<0$이므로

$\sqrt{x^2+2x+1}+\sqrt{x^2-2x+1}$

$=\sqrt{(x+1)^2}+\sqrt{(x-1)^2}=x+1-x+1=2$　　答 2

15 $\sqrt{x^2-6x+9}=\sqrt{(x-3)^2}$,

$\sqrt{x^2+4x+4}=\sqrt{(x+2)^2}$　　　　… 40%

$-2<x<3$이므로 $x-3<0$, $x+2>0$　　… 30%

$\therefore \sqrt{x^2-6x+9}-\sqrt{x^2+4x+4}$

$=\sqrt{(x-3)^2}-\sqrt{(x+2)^2}$

$=-(x-3)-(x+2)$

$=-x+3-x-2=-2x+1$　　… 30%

　　答 $-2x+1$

채점 기준	배점
근호 안을 완전제곱식으로 고치기	40%
근호 안의 다항식의 부호 구하기	30%
주어진 식 간단히 하기	30%

16 ① $-x^2-25=-(x^2+25)$

② $\dfrac{1}{9}x^2-y^2=\left(\dfrac{1}{3}x\right)^2-y^2=\left(\dfrac{1}{3}x+y\right)\left(\dfrac{1}{3}x-y\right)$

③ $x^4-1=(x^2+1)(x^2-1)$

$\qquad=(x^2+1)(x+1)(x-1)$

④ $-16x^2+81y^2=-(4x)^2+(9y)^2$

$\qquad\qquad=(-4x+9y)(4x+9y)$

　　答 ⑤

17 $3x^2y-75y^3=3y(x^2-25y^2)=3y(x+5y)(x-5y)$

　　答 $3y(x+5y)(x-5y)$

18 $16x^2-4y^2=4(4x^2-y^2)=4\{(2x)^2-y^2\}$

$\qquad\qquad=4(2x+y)(2x-y)$　　… 50%

에서 $a=4$, $b=2$, $c=1$　　… 25%

$\therefore 2a-b+c=8-2+1=7$　　… 25%

　　答 7

채점 기준	배점
주어진 식 인수분해하기	50%
a, b, c의 값 구하기	25%
$2a-b+c$의 값 구하기	25%

19 $x^2-121=x^2-11^2=(x+11)(x-11)$

소수는 1과 자기 자신만을 약수로 가지므로

$x+11=1$이거나 $x-11=1$이다.

x는 자연수이므로 $x-11=1$에서 $x=12$　　答 12

20 $x^2+2xy-35y^2=(x+7y)(x-5y)$이므로

$A=-7$, $B=5$ 또는 $A=5$, $B=-7$

$\therefore A\times B=-35$　　答 -35

21 $6x^3+6x^2y-12xy^2=6x(x^2+xy-2y^2)$

$\qquad\qquad=6x(x+2y)(x-y)$

③ $2x+4y=2(x+2y)$

⑤ $x^2+2xy=x(x+2y)$　　答 ④

22 $x^2-10x+21=(x-3)(x-7)$　　… 60%

따라서 두 일차식의 합은

$(x-3)+(x-7)=2x-10$이다.　　… 40%

　　答 $2x-10$

채점 기준	배점
인수분해하기	60%
두 일차식의 합 구하기	40%

23 $(x-3)(x+4)+6=x^2+x-12+6$

$\qquad\qquad=x^2+x-6=(x+3)(x-2)$

　　答 $(x+3)(x-2)$

24 $6x^2+x-15=(2x-3)(3x+5)$이므로 $A=3x+5$

　　答 $3x+5$

25 $12x^2+13x-35=(3x+7)(4x-5)$
따라서 뽑은 카드 2장은 (다), (라)이다. **답** (다), (라)

26 $ax^2+x-b=(7x-5)(4x+c)$
$\quad\quad\quad\quad\quad =28x^2+(7c-20)x-5c$에서
$a=28,\ 7c-20=1,\ c=3$
$-5c=-b,\ b=15$
$\therefore a-b+c=16$ **답** 16

27 ① $3x^2-4x+1=(x-1)(3x-1)$
② $4x^2-4x-15=(2x+3)(2x-5)$
③ $6x^2-11x+3=(2x-3)(3x-1)$
④ $2x^2-3x-2=(2x+1)(x-2)$
⑤ $3x^2+x-2=(3x-2)(x+1)$
따라서 $2x+3$을 인수로 갖는 것은 ②이다. **답** ②

28 ④ $\dfrac{9}{4}x^2-3x+1=\left(\dfrac{3}{2}x-1\right)^2$ **답** ④

29 ① $x^2-8x+16=(x-\boxed{4})^2$
② $4a^2-49b^2=(2a+\boxed{7}b)(2a-7b)$
③ $9x^2+6x+1=(\boxed{3}x+1)^2$
④ $x^2+2xy-15y^2=(x-3y)(x+\boxed{5}y)$
⑤ $2a^2-7ab+3b^2=(2a-b)(a-\boxed{3}b)$
따라서 □ 안에 들어가야 할 수가 가장 큰 것은 ②이다. **답** ②

30 ① $5x^2-40=5(x^2-8)$
② $3x^2-x-14=(x+2)(3x-7)$
③ $x^2+x-6=(x+3)(\underline{x-2})$
④ $3ax^2-12ax+12a=3a(x^2-4x+4)$
$\quad\quad\quad\quad\quad\quad\quad\quad =3a(\underline{x-2})^2$
⑤ $x^2+6x+8=(x+2)(x+4)$ **답** ③, ④

31 $2x^2-50=2(x^2-25)=2(x+5)(\underline{x-5})$
$x^2-2x-15=(x+3)(\underline{x-5})$
따라서 두 다항식의 공통인수는 $x-5$이다. **답** ①

32 $x^2+x-30=(x+6)(\underline{x-5})$ … 40%
$4x^2-19x-5=(\underline{x-5})(4x+1)$ … 40%
따라서 두 다항식의 공통인 인수는 $x-5$이다. … 20%
답 $x-5$

채점 기준	배점
x^2+x-30 인수분해하기	40%
$4x^2-19x-5$ 인수분해하기	40%
공통인수 구하기	20%

33 x^2+ax+b가 $x+k$를 인수로 가질 때
$x^2+ax+b=(x+k)(x+m)$으로 놓는다.
$x^2-3x+a=(x-7)(x+m)$으로 놓으면
$-3=m-7$ $\quad \therefore m=4$
$\therefore a=-7\times 4=-28$ **답** -28

34 ax^2-7x+2의 다른 인수를 $mx+n$이라 하면
$ax^2-7x+2=(3x-1)(mx+n)$
$\quad\quad\quad\quad\quad\quad =3mx^2+(3n-m)x-n$
$\begin{cases} a=3m &\quad\cdots\cdots① \\ -7=3n-m &\cdots\cdots② \\ n=-2 \end{cases}$
$n=-2$를 ②에 대입하면 $-7=-6-m$ $\quad \therefore m=1$
$m=1$을 ①에 대입하면 $a=3$ **답** 3

35 $x-1$이 x^2-3x+a의 인수이므로
$x^2-3x+a=(x-1)(x+p)$라 하면
$p-1=-3,\ p=-2$에서 $a=-1\times(-2)=2$
또, $x-1$이 $5x^2+bx-3$의 인수이므로
$5x^2+bx-3=(x-1)(5x+q)$라 하면
$-q=-3,\ q=3$에서 $b=q-5=3-5=-2$
$\therefore a+b=2+(-2)=0$ **답** 0

36 라니 : $(x-6)(x+3)=x^2-3x-18$
$\quad\quad\quad \Rightarrow x^2$의 계수 : 1, 상수항 : -18
지현 : $(x-3)(x-4)=x^2-7x+12$
$\quad\quad\quad \Rightarrow x$의 계수 : -7
$\therefore x^2-7x-18=(x-9)(x+2)$
답 $(x-9)(x+2)$

37 정연이는 $(2x+5)(x+2)=2x^2+9x+10$에서 x의
계수를 잘못 보았으므로 $b=10$ … 30%
하선이는 $(2x+3)(x-6)=2x^2-9x-18$에서 상수
항을 잘못 보았으므로 $a=-9$ … 30%
$\therefore 2x^2-9x+10=(2x-5)(x-2)$ … 40%
답 $(2x-5)(x-2)$

채점 기준	배점
b의 값 구하기	30%
a의 값 구하기	30%
바르게 인수분해하기	40%

38 $ab=-10$이고 $a,\ b$는 정수, $a>b$이므로 가능한 순서
쌍 $(a,\ b)$는 $(1,\ -10),\ (2,\ -5),\ (5,\ -2),$
$(10,\ -1)$이다.

따라서 A의 값이 될 수 있는 수는 -9, -3, 3, 9이므로 A의 최댓값은 9이다. 　답 ⑤

39 $a+b=9$이고 a, b는 자연수이므로 가능한 순서쌍 (a, b)는 $(1, 8)$, $(2, 7)$, $(3, 6)$, $(4, 5)$, $(5, 4)$, $(6, 3)$, $(7, 2)$, $(8, 1)$이다.
따라서 k의 값이 될 수 있는 수는 8, 14, 18, 20이다.
　답 ①

40 $ab=-7$이고 $p=-3a-4b$이므로 p의 값을 구하면 다음과 같다.

a	b	p
1	-7	25
-1	7	-25
7	-1	-17
-7	1	17

따라서 p의 최댓값은 25이다.　답 25

41 (직사각형의 넓이)$=2x^2+5x+3=(2x+3)(x+1)$
따라서 새로운 직사각형의 가로, 세로는 $2x+3$, $x+1$이므로 둘레의 길이는
$2\{(2x+3)+(x+1)\}=6x+8$　답 $6x+8$

42 $25x^2-20xy+4y^2=(5x-2y)^2$
$x>y>0$에서 $5x-2y>0$이므로 정사각형의 한 변의 길이는 $5x-2y$이다.　답 $5x-2y$

43 직사각형의 세로의 길이를 $2x+m$이라 하면
$6x^2-11x+a=(3x-1)(2x+m)$
$3m-2=-11$에서 $m=-3$
$\therefore$ (직사각형의 둘레의 길이)
$\quad=2\{(3x-1)+(2x-3)\}=10x-8$
　답 $10x-8$

44 두 원의 반지름의 길이가 각각 $\dfrac{15}{2}r\,\text{cm}$, $\dfrac{11}{2}r\,\text{cm}$이므로
(색칠한 부분의 넓이)$=\pi\times\left(\dfrac{15}{2}r\right)^2-\pi\times\left(\dfrac{11}{2}r\right)^2$
$\qquad=\pi\left(\dfrac{15}{2}r+\dfrac{11}{2}r\right)\left(\dfrac{15}{2}r-\dfrac{11}{2}r\right)$
$\qquad=\pi\times13r\times2r=26\pi r^2\,(\text{cm}^2)$
　답 $26\pi r^2\,\text{cm}^2$

---

2 인수분해 공식의 활용

1 (1) $x-1=A$로 치환하면
$(x-1)^2-2(x-1)+1$
$=A^2-2A+1=(A-1)^2 \Leftarrow A=x-1$을 대입
$=(x-2)^2$
(2) $a-b=A$로 치환하면
$(a-b)^2-4(a-b)+3$
$=A^2-4A+3$
$=(A-3)(A-1) \Leftarrow A=a-b$를 대입
$=(a-b-3)(a-b-1)$
(3) $x-y=A$로 치환하면
$(x-y)(x-y+1)-6$
$=A(A+1)-6=A^2+A-6$
$=(A+3)(A-2) \Leftarrow A=x-y$를 대입
$=(x-y+3)(x-y-2)$
(4) $x+2y=A$로 치환하면
$(x+2y-5)(x+2y+7)+11$
$=(A-5)(A+7)+11$
$=A^2+2A-35+11=A^2+2A-24$
$=(A+6)(A-4) \Leftarrow A=x+2y$를 대입
$=(x+2y+6)(x+2y-4)$
　답 (1) $(x-2)^2$　(2) $(a-b-3)(a-b-1)$
　　　(3) $(x-y+3)(x-y-2)$
　　　(4) $(x+2y+6)(x+2y-4)$

2 (1) $x+2y=A$, $3x-2y=B$로 치환하면
$(x+2y)^2-(3x-2y)^2$
$=A^2-B^2=(A+B)(A-B)$
$=(x+2y+3x-2y)(x+2y-3x+2y)$
$=4x(-2x+4y)=-8x(x-2y)$
(2) $x+1=A$, $x-4=B$로 치환하면
$2(x+1)^2+5(x+1)(x-4)+2(x-4)^2$
$=2A^2+5AB+2B^2=(A+2B)(2A+B)$
$=(x+1+2x-8)(2x+2+x-4)$
$=(3x-7)(3x-2)$
　답 (1) $-8x(x-2y)$　(2) $(3x-7)(3x-2)$

3 (1) $a^2b+ab-a-1=ab(a+1)-(a+1)$
$\qquad\qquad=(ab-1)(a+1)$
(2) $x^3+x^2y-x-y=x^2(x+y)-(x+y)$
$\qquad\qquad=(x^2-1)(x+y)$
$\qquad\qquad=(x+1)(x-1)(x+y)$

(3) $4x^2-4xy+y^2-1$
$=(4x^2-4xy+y^2)-1=(2x-y)^2-1$
$=(2x-y+1)(2x-y-1)$
(4) $-9x^2+9y^2-6y+1$
$=(9y^2-6y+1)-9x^2=(3y-1)^2-(3x)^2$
$=(3y+3x-1)(3y-3x-1)$

답 (1) $(ab-1)(a+1)$ (2) $(x+1)(x-1)(x+y)$
(3) $(2x-y+1)(2x-y-1)$
(4) $(3y+3x-1)(3y-3x-1)$

4 주어진 식의 항이 5개 이상일 때 한 문자에 대하여 내림차순으로 정리한다.
(1) $x^2+3y^2+4xy-2x-4y+1$
$=x^2+(4y-2)x+3y^2-4y+1$
$=x^2+(4y-2)x+(3y-1)(y-1)$

$$\begin{array}{ccc} x & 3y-1 & \to (3y-1)x \\ x & y-1 & \to (y-1)x\ + \\ \hline & & (4y-2)x(\end{array}$$

$=(x+3y-1)(x+y-1)$
(2) $x^2+2xy-3y^2-3x-y+2$
$=x^2+(2y-3)x-(3y^2+y-2)$
$=x^2+(2y-3)x-(3y-2)(y+1)$

$$\begin{array}{ccc} x & 3y-2 & \to (3y-2)x \\ x & -y-1 & \to (-y-1)x\ + \\ \hline & & (2y-3)x(\end{array}$$

$=(x+3y-2)(x-y-1)$

답 (1) $(x+3y-1)(x+y-1)$
(2) $(x+3y-2)(x-y-1)$

5 (1) $8a^3+27b^3$
$=(2a)^3+(3b)^3$
$=(2a+3b)\{(2a)^2-2a\times3b+(3b)^2\}$
$=(2a+3b)(4a^2-6ab+9b^2)$
(2) $64x^3-125y^3$
$=(4x)^3-(5y)^3$
$=(4x-5y)\{(4x)^2+4x\times5y+(5y)^2\}$
$=(4x-5y)(16x^2+20xy+25y^2)$
(3) $4x^2+49y^2+z^2+28xy+14yz+4zx$
$=(2x)^2+(7y)^2+z^2+2(14xy+7yz+2zx)$
$=(2x+7y+z)^2$
(4) $a^3-21a^2+147a-343$
$=a^3-3\times a^2\times7+3\times a\times7^2-7^3=(a-7)^3$
(5) $16x^4+36x^2+81$
$=(2x)^4+(2x)^2\times3^2+3^4$

$=\{(2x)^2+2x\times3+3^2\}\{(2x)^2-2x\times3+3^2\}$
$=(4x^2+6x+9)(4x^2-6x+9)$
(6) $x+(x-1)+(1-2x)=0$이므로
$x^3+(x-1)^3+(1-2x)^3=3x(x-1)(1-2x)$

답 (1) $(2a+3b)(4a^2-6ab+9b^2)$
(2) $(4x-5y)(16x^2+20xy+25y^2)$
(3) $(2x+7y+z)^2$ (4) $(a-7)^3$
(5) $(4x^2+6x+9)(4x^2-6x+9)$
(6) $3x(x-1)(1-2x)$

6 (1) $78^2-22^2=(78+22)(78-22)=100\times56$
$=5600$
(2) $3\times87^2-3\times13^2=3(87^2-13^2)$
$=3(87+13)(87-13)$
$=3\times100\times74=22200$

답 (1) 5600 (2) 22200

7 (1) $x^2-8x+16=(x-4)^2=(4+\sqrt{5}-4)^2$
$=(\sqrt{5})^2=5$
(2) $a^2-b^2=(a+b)(a-b)$
$=(\sqrt{2}+1+\sqrt{2}-1)(\sqrt{2}+1-\sqrt{2}+1)$
$=2\sqrt{2}\times2=4\sqrt{2}$

답 (1) 5 (2) $4\sqrt{2}$

팡팡 계산력   p. 95

1 (1) $(x-2)(y-2)$ (2) $(x+1)(x-1)(y+1)(y-1)$
(3) $(a+1)(a-1)(b+1)$ (4) $(x+y+3z)(x-y-3z)$
(5) $(x+y)(x+z)$ (6) $(2x+y-3)(2x-y-3)$
(7) $(a+b)(x+y)(x-y)$ (8) $(a+1)^2(a-1)$
2 (1) $(x-y-1)(x-y-2)$ (2) $(a+4)(a-4)$
(3) $2(3x+1)(2x+3)$ (4) $-2(3x+1)$
(5) $(x^2+4x-6)(x+2)^2$ (6) $(a-b-1)(a-2b+3)$
(7) $(x+y-3)(x-y-1)$ (8) $(a+13b-c)(a-3b+c)$
(9) $(x^2+x-14)(x^2+x-4)$
(10) $(xy-x+1)(xy-y+1)$

1 (1) $xy-2x-2y+4=x(y-2)-2(y-2)$
$=(x-2)(y-2)$
(2) $x^2y^2-x^2-y^2+1$
$=x^2(y^2-1)-(y^2-1)$
$=(x^2-1)(y^2-1)$
$=(x+1)(x-1)(y+1)(y-1)$

(3) $a^2b+a^2-b-1=a^2(b+1)-(b+1)$
$\qquad =(a^2-1)(b+1)$
$\qquad =(a+1)(a-1)(b+1)$

(4) $x^2-y^2-9z^2-6yz=x^2-(y^2+9z^2+6yz)$
$\qquad =x^2-(y+3z)^2$
$\qquad =(x+y+3z)(x-y-3z)$

(5) $xy+yz+x^2+xz=y(x+z)+x(x+z)$
$\qquad =(x+y)(x+z)$

(6) $4x^2-y^2-12x+9=(4x^2-12x+9)-y^2$
$\qquad =(2x-3)^2-y^2$
$\qquad =(2x+y-3)(2x-y-3)$

(7) $ax^2-by^2-ay^2+bx^2=a(x^2-y^2)+b(x^2-y^2)$
$\qquad =(a+b)(x^2-y^2)$
$\qquad =(a+b)(x+y)(x-y)$

(8) $a^3+a^2-a-1=a^2(a+1)-(a+1)$
$\qquad =(a^2-1)(a+1)$
$\qquad =(a+1)(a-1)(a+1)$
$\qquad =(a+1)^2(a-1)$

답 (1) $(x-2)(y-2)$
$\quad$ (2) $(x+1)(x-1)(y+1)(y-1)$
$\quad$ (3) $(a+1)(a-1)(b+1)$
$\quad$ (4) $(x+y+3z)(x-y-3z)$
$\quad$ (5) $(x+y)(x+z)$
$\quad$ (6) $(2x+y-3)(2x-y-3)$
$\quad$ (7) $(a+b)(x+y)(x-y)$
$\quad$ (8) $(a+1)^2(a-1)$

2 (1) $x-y=A$로 치환하면
$\quad (x-y-3)(x-y)+2$
$\quad =(A-3)A+2=A^2-3A+2$
$\quad =(A-1)(A-2)=(x-y-1)(x-y-2)$

(2) $a-2=A$로 치환하면
$\quad (a-2)^2+4(a-2)-12$
$\quad =A^2+4A-12=(A+6)(A-2)$
$\quad =(a+4)(a-4)$

(3) $2x+1=A$로 치환하면
$\quad 3(2x+1)^2+5(2x+1)-2$
$\quad =3A^2+5A-2=(3A-1)(A+2)$
$\quad =(6x+2)(2x+3)=2(3x+1)(2x+3)$

(4) $x-1=A$, $x+1=B$로 치환하면
$\quad (x-1)^2+(x-1)(x+1)-2(x+1)^2$
$\quad =A^2+AB-2B^2=(A-B)(A+2B)$
$\quad =-2(3x+1)$

(5) $(x-1)(x+1)(x+3)(x+5)-9$

$\qquad =(x^2+4x-5)(x^2+4x+3)-9$
$x^2+4x=A$로 치환하면
$(A-5)(A+3)-9$
$=A^2-2A-24=(A-6)(A+4)$
$=(x^2+4x-6)(x^2+4x+4)$
$=(x^2+4x-6)(x+2)^2$

(6) $a^2-3ab+2b^2+2a-b-3$
$\quad =a^2+(-3b+2)a+(2b^2-b-3)$
$\quad =a^2+(-3b+2)a+(b+1)(2b-3)$
$\quad =(a-b-1)(a-2b+3)$

(7) x^2-4x-y^2+2y+3
$\quad =(x^2-4x+4)-(y^2-2y+1)$
$\quad =(x-2)^2-(y-1)^2$
$\quad =(x-2+y-1)(x-2-y+1)$
$\quad =(x+y-3)(x-y-1)$

(8) $a^2-39b^2-c^2+10ab+16bc$
$\quad =a^2+10ab+25b^2-64b^2-c^2+16bc$
$\quad =(a^2+10ab+25b^2)-(64b^2-16bc+c^2)$
$\quad =(a+5b)^2-(8b-c)^2$
$\quad =(a+5b+8b-c)(a+5b-8b+c)$
$\quad =(a+13b-c)(a-3b+c)$

(9) $(x^2-9)(x^2+2x-8)-16$
$\quad =(x+3)(x-3)(x+4)(x-2)-16$
$\quad =(x^2+x-6)(x^2+x-12)-16$
$x^2+x=A$로 치환하면
$(A-6)(A-12)-16$
$=A^2-18A+56=(A-14)(A-4)$
$=(x^2+x-14)(x^2+x-4)$

(10) $(xy+1)(x-1)(y-1)+xy$
$\quad =(xy+1)(xy-x-y+1)+xy$
$xy+1=A$로 치환하면
$A\{A-(x+y)\}+xy$
$=A^2-(x+y)A+xy=(A-x)(A-y)$
$=(xy-x+1)(xy-y+1)$

답 (1) $(x-y-1)(x-y-2)$
$\quad$ (2) $(a+4)(a-4)$
$\quad$ (3) $2(3x+1)(2x+3)$ (4) $-2(3x+1)$
$\quad$ (5) $(x^2+4x-6)(x+2)^2$
$\quad$ (6) $(a-b-1)(a-2b+3)$
$\quad$ (7) $(x+y-3)(x-y-1)$
$\quad$ (8) $(a+13b-c)(a-3b+c)$
$\quad$ (9) $(x^2+x-14)(x^2+x-4)$
$\quad$ (10) $(xy-x+1)(xy-y+1)$

01 $2a$　　**02** (1) $(x+1)(x-3)(x^2-2x-4)$
(2) $(x+2)^2(x-2)(x+6)$　(3) $(x-y-7)(x-y+2)$
(4) $(x+y-3)(x+y+4)$　(5) $(x+y-4)(x+y+5)$
03 1　　**04** $(x-1)(x-4)(x^2-5x-12)$
05 $(x^2-x-10)(x^2-x-44)$　　**06** 5
07 ③　　**08** (1) $(a+b)(a-b)(b+c)$
(2) $(x+1)(x-1)(y+1)$　(3) $(2x+y+1)(2x-y+1)$
09 $(5x-3y+4)(5x-3y-4)$　　**10** $2x$
11 ②　　**12** $(a+8)(a-2b+8)$　　**13** 3
14 ③　　**15** 0　　**16** $8\sqrt{5}$　　**17** (1) $2-\sqrt{2}$
(2) $-6+10\sqrt{2}$　　**18** $54-14\sqrt{5}$
19 ⑤　　**20** 70　　**21** $4x-4$　　**22** 3
23 $x+y-4$

01 $a-2=X$로 치환하면
$$(a-2)^2+4(a-2)+3$$
$$=X^2+4X+3$$
$$=(X+1)(X+3)$$
$$=(a-2+1)(a-2+3)$$
$$=(a-1)(a+1)$$
따라서 두 일차식의 합은 $(a-1)+(a+1)=2a$이다.
답 $2a$

02 (1) $x^2-2x=X$라 놓으면
$$(x^2-2x)^2-7(x^2-2x)+12$$
$$=X^2-7X+12$$
$$=(X-4)(X-3) \Leftarrow X=x^2-2x를 대입$$
$$=(x^2-2x-4)(x^2-2x-3)$$
$$=(x^2-2x-4)(x+1)(x-3)$$
(2) $x^2+4x=X$라 놓으면
$$(x^2+4x)^2-8(x^2+4x)-48$$
$$=X^2-8X-48$$
$$=(X+4)(X-12) \Leftarrow X=x^2+4x를 대입$$
$$=(x^2+4x+4)(x^2+4x-12)$$
$$=(x+2)^2(x-2)(x+6)$$
(3) $x-y=X$라 놓으면
$$(x-y)(x-y-5)-14$$
$$=X(X-5)-14$$
$$=X^2-5X-14$$
$$=(X-7)(X+2) \Leftarrow X=x-y를 대입$$
$$=(x-y-7)(x-y+2)$$
(4) $x+y=X$라 놓으면

$$(x+y-2)(x+y+3)-6$$
$$=(X-2)(X+3)-6$$
$$=X^2+X-12$$
$$=(X-3)(X+4) \Leftarrow X=x+y를 대입$$
$$=(x+y-3)(x+y+4)$$
(5) $x+y=X$라 놓으면
$$(x+y+1)^2-(x+y)-21$$
$$=(X+1)^2-X-21$$
$$=X^2+2X+1-X-21$$
$$=X^2+X-20$$
$$=(X-4)(X+5) \Leftarrow X=x+y를 대입$$
$$=(x+y-4)(x+y+5)$$
답 (1) $(x+1)(x-3)(x^2-2x-4)$
(2) $(x+2)^2(x-2)(x+6)$
(3) $(x-y-7)(x-y+2)$
(4) $(x+y-3)(x+y+4)$
(5) $(x+y-4)(x+y+5)$

03 $x-1=A$, $y+2=B$로 치환하면
$$3(x-1)^2-(x-1)(y+2)-10(y+2)^2$$
$$=3A^2-AB-10B^2 \qquad \cdots 30\%$$
$$=(A-2B)(3A+5B) \qquad \cdots 30\%$$
$$=(x-1-2y-4)(3x-3+5y+10)$$
$$=(x-2y-5)(3x+5y+7) \qquad \cdots 20\%$$
이므로 $a=-2$, $b=-5$, $c=3$, $d=5$
$$\therefore a+b+c+d=1 \qquad \cdots 20\%$$
답 1

채점 기준	배점
공통 부분을 A, B로 치환하기	30%
인수분해하기	30%
A, B에 원래 식 대입하기	20%
$a+b+c+d$의 값 구하기	20%

04 $(x-7)(x-3)(x-2)(x+2)+36$
$$=(x-7)(x+2)(x-2)(x-3)+36$$
$$=(x^2-5x-14)(x^2-5x+6)+36$$
$$\Leftarrow x^2-5x=A로 치환$$
$$=(A-14)(A+6)+36$$
$$=A^2-8A-48$$
$$=(A+4)(A-12) \Leftarrow A=x^2-5x를 대입$$
$$=(x^2-5x+4)(x^2-5x-12)$$
$$=(x-1)(x-4)(x^2-5x-12)$$
답 $(x-1)(x-4)(x^2-5x-12)$

05 $(x+3)(x+6)(x-4)(x-7)-64$
$=(x+3)(x-4)(x+6)(x-7)-64$
$=(x^2-x-12)(x^2-x-42)-64$
  $\Leftarrow x^2-x=A$로 치환
$=(A-12)(A-42)-64$
$=A^2-54A+440$
$=(A-10)(A-44) \Leftarrow A=x^2-x$를 대입
$=(x^2-x-10)(x^2-x-44)$
  답 $(x^2-x-10)(x^2-x-44)$

06 $(x-1)(x+1)(x+2)(x+4)+9$에서 상수항의 합
이 같아지도록 두 개씩 묶으면
$(x-1)(x+1)(x+2)(x+4)+9$
$=(x-1)(x+4)(x+1)(x+2)+9$
$=(x^2+3x-4)(x^2+3x+2)+9$ … 30%
  $\Leftarrow x^2+3x=A$로 치환
$=(A-4)(A+2)+9$
$=A^2-2A+1$
$=(A-1)^2 \Leftarrow A=x^2+3x$를 대입 … 30%
$=(x^2+3x-1)^2$ … 20%
이므로 $a=3,\, b=-1$
$\therefore 2a+b=5$ … 20%
  답 5

채점 기준	배점
상수항의 합이 같도록 두 개씩 묶기	30%
공통 부분을 A로 치환하여 인수분해하기	30%
A에 원래 식 대입하기	20%
$2a+b$의 값 구하기	20%

07 $x^3+4x^2-9x-36=x^2(x+4)-9(x+4)$
$=(x^2-9)(x+4)$
$=(x+3)(x-3)(x+4)$ **답** ③

08 (1) $a^2b-b^2c+a^2c-b^3=a^2b+a^2c-b^3-b^2c$
$=a^2(b+c)-b^2(b+c)$
$=(a^2-b^2)(b+c)$
$=(a+b)(a-b)(b+c)$
(2) $x^2y+x^2-y-1=x^2(y+1)-(y+1)$
$=(x^2-1)(y+1)$
$=(x+1)(x-1)(y+1)$
(3) $4x^2+4x+1-y^2=(2x+1)^2-y^2$
$=(2x+y+1)(2x-y+1)$
  답 (1) $(a+b)(a-b)(b+c)$
  (2) $(x+1)(x-1)(y+1)$
  (3) $(2x+y+1)(2x-y+1)$

09 $25x^2-30xy-16+9y^2$
$=(25x^2-30xy+9y^2)-16$
$=(5x-3y)^2-4^2$
$=(5x-3y+4)(5x-3y-4)$
  답 $(5x-3y+4)(5x-3y-4)$

10 $x^2-y^2+4y-4=x^2-(y^2-4y+4)$
$=x^2-(y-2)^2$ … 40%
$=(x+y-2)(x-y+2)$ … 40%
따라서 두 일차식의 합은
$(x+y-2)+(x-y+2)=2x$이다. … 20%
  답 $2x$

채점 기준	배점
A^2-B^2의 꼴로 변형하기	40%
인수분해하기	40%
인수의 합 구하기	20%

11 $x^2-2xy+3x-3y+y^2+2$
$=x^2-(2y-3)x+(y^2-3y+2)$
$=x^2-(2y-3)x+(y-1)(y-2)$
$=(x-y+1)(x-y+2)$ **답** ②

12 b에 관하여 내림차순으로 정리하면
$a^2-2ab+16a-16b+64$
$=(-2a-16)b+(a^2+16a+64)$
$=-2(a+8)b+(a+8)^2$
$=(a+8)(-2b+a+8)$
$=(a+8)(a-2b+8)$ **답** $(a+8)(a-2b+8)$

13 $x^2-y^2+4x+8y-12$
$=x^2+4x-(y^2-8y+12)$ … 30%
$=x^2+4x-(y-6)(y-2)$
$=(x-y+6)(x+y-2)$ … 50%
이므로 $a=-1,\, b=6,\, c=-2$
$\therefore a+b+c=3$ … 20%
  답 3

채점 기준	배점
x에 관하여 내림차순으로 정리하기	30%
인수분해하기	50%
$a+b+c$의 값 구하기	20%

다른풀이
$$x^2-y^2+4x+8y-12$$
$$=x^2-y^2+4x+8y+4-16$$
$$=(x^2+4x+4)-(y^2-8y+16)$$
$$=(x+2)^2-(y-4)^2$$
$$=(x+y-2)(x-y+6)$$

14 $201^2-200^2=(201+200)(201-200)=201+200$
🄰 ③

15 $21=x$, $14=y$라 하면
$$6\times21^2-7\times21\times14-3\times14^2$$
$$=6x^2-7xy-3y^2=(2x-3y)(3x+y)$$
$$=(42-42)(63+14)=0$$
🄰 0

16 $(\sqrt{5}+2)^2-(\sqrt{5}-2)^2$
$$=\{(\sqrt{5}+2)+(\sqrt{5}-2)\}\times\{(\sqrt{5}+2)-(\sqrt{5}-2)\}$$
$$=2\sqrt{5}\times4=8\sqrt{5}$$
🄰 $8\sqrt{5}$

17 (1) $x^2-3x+2=(x-1)(x-2)$
$$=\sqrt{2}(\sqrt{2}-1)=2-\sqrt{2}$$
(2) $x^2-3xy-4y^2$
$$=(x-4y)(x+y)$$
$$=(1+\sqrt{2}-4+4\sqrt{2})\times(1+\sqrt{2}+1-\sqrt{2})$$
$$=(-3+5\sqrt{2})\times2=-6+10\sqrt{2}$$
🄰 (1) $2-\sqrt{2}$ (2) $-6+10\sqrt{2}$

18 $x-3=A$라 하면
$$(x-3)^2-10(x-3)+25=A^2-10A+25$$
$$=(A-5)^2=(x-8)^2$$
$$=(\sqrt{5}-7)^2=54-14\sqrt{5}$$
🄰 $54-14\sqrt{5}$

19 $x=\dfrac{1}{2+\sqrt{5}}=\dfrac{2-\sqrt{5}}{(2+\sqrt{5})(2-\sqrt{5})}=\sqrt{5}-2$

$y=\dfrac{1}{2-\sqrt{5}}=\dfrac{2+\sqrt{5}}{(2-\sqrt{5})(2+\sqrt{5})}=-2-\sqrt{5}$

$x+y=-4$, $xy=-1$
$$x^2y-x+xy^2-y=xy(x+y)-(x+y)$$
$$=(xy-1)(x+y)$$
$$=-2\times(-4)=8$$
🄰 ⑤

20 $x^2-2xy+y^2-x+y-2$
$$=(x-y)^2-(x-y)-2$$
$$=9^2-9-2=70$$
🄰 70

21 $x^2-2x+1-y^2=(x-1)^2-y^2$
$$=(x+y-1)(x-y-1)$$
직사각형의 가로의 길이가 $x+y-1$이므로 세로의 길이는 $x-y-1$이다.
$$\therefore (직사각형의 둘레의 길이)$$
$$=2\{(x+y-1)+(x-y-1)\}$$
$$=2(2x-2)=4x-4$$
🄰 $4x-4$

22 $x^4+3x^2-28=(x^2+7)(x^2-4)$
따라서 정사각형에서 가로는 7만큼 늘이고, 세로는 4만큼 줄였으므로 $a=7$, $b=4$이다.
$$\therefore a-b=3$$
🄰 3

23 $x^2-y^2-8x+16=(x-4)^2-y^2$
$$=(x+y-4)(x-y-4)$$
직사각형의 가로가 $x-y-4$이므로 세로의 길이는 $x+y-4$이다.
🄰 $x+y-4$

2단계 B Step 탄탄 내신
p. 99~101

01 ③	**02** 3	**03** 1	**04** -7
05 ①	**06** (1) $7(x+2)(x-2)$		

(2) $(x+1)(x-6)$ (3) $(2x-3y)(2x+3y-xy)$

07 ④	**08** 5		

09 $(x+y)(x-2y)(x+3y)$

10 $x=4$, $y=6$ 또는 $x=8$, $y=2$		**11** 12
12 (1) 3600 (2) $\dfrac{16}{21}$	**13** 63, 65	**14** $\sqrt{30}$
15 (1) -1 (2) 0	**16** $3x+3y$	
17 (1) 10 (2) 2 (3) 8 cm	**18** 18	**19** ④
20 $(x-y+1)(x+y-1)$	**21** -1	
22 $k=25$, $(x^2+x-7)^2$	**23** $\dfrac{16}{9}$	

01 (core) 먼저 공통인수가 있는지 확인하여 공통인수로 묶고, 인수분해 공식을 이용한다.
① $12a^2-3b^2=3(4a^2-b^2)=3(2a+b)(2a-b)$
② $2x^2-12x+16=2(x^2-6x+8)$
$$=2(x-2)(x-4)$$
③ $4a^2(x-y)+b^2(y-x)$
$$=4a^2(x-y)-b^2(x-y)$$
$$=(4a^2-b^2)(x-y)$$
$$=(2a+b)(2a-b)(x-y)$$

④ $\dfrac{1}{3}a^2-\dfrac{5}{3}ab-2b^2=\dfrac{1}{3}(a^2-5ab-6b^2)$

$\qquad\qquad\qquad\quad=\dfrac{1}{3}(a+b)(a-6b)$

⑤ $2a^2b-20ab+50b=2b(a^2-10a+25)$

$\qquad\qquad\qquad\quad=2b(a-5)^2$

답 ③

02 (core) 곱이 6인 두 정수와 곱이 -10인 두 정수를 찾는다.

$6x^2+axy-10y^2=(2x+by)(cx-2y)$

$$\begin{array}{ccccc} 2x & & 5y & \to & 15xy \\ 3x & & -2y & \to & \underline{-4xy}(+ \\ & & & & 11xy \end{array}$$

$a=11,\ b=5,\ c=3$이므로 $a-b-c=3$

답 3

03 (core) $ax^2+bx+c=a\left(x^2+\dfrac{b}{a}x+\dfrac{c}{a}\right)$가 완전제곱식이 되려면 $b=\pm2\sqrt{ac}$

$8x^2-(3k+2)x+2=2\left(4x^2-\dfrac{3k+2}{2}x+1\right)$

$\qquad\qquad\qquad\qquad=2(2x\pm1)^2$

$\dfrac{3k+2}{2}=\pm2\times2\times1=\pm4,\ 3k+2=\pm8$

$3k+2=8$에서 $k=2$

$3k+2=-8$에서 $k=-\dfrac{10}{3}$

k는 정수이므로 $k=2$

$\therefore k^2-3=4-3=1$

답 1

04 (core) $x+c$가 다항식 x^2+ax+b의 인수이면
$x^2+ax+b=(x+c)(x$에 관한 일차식$)$

x^2+a는 $x-5$를 인수로 가지므로

$(x+5)(x-5)=x^2-25$에서 $a=-25$

$(x+4)(x-7)-b$는 $x-5$를 인수로 가지므로

$(x+4)(x-7)-b=x^2-3x-28-b$

$\qquad\qquad\qquad\quad=(x-5)(x+m)$으로 놓으면

$m-5=-3$에서 $m=2$

$-5m=-28-b$에서 $b=-18$

$\therefore a-b=-7$

답 -7

05 (core) 정의에 맞게 식을 나타내고 인수분해한다.

$[a,\ b,\ c]+4[c,\ a,\ b]$

$=(a-b)(a-c)+4(c-a)(c-b)$

$=(a-b)(a-c)+4(a-c)(b-c)$

$=(a-c)\{(a-b)+4(b-c)\}$

$=(a-c)(a+3b-4c)$

답 ①

06 (core) 괄호를 풀어 전개하여 간단히 한 뒤 인수분해한다.

(1) $(2x+1)(2x-3)+3x(x+1)+x-25$

$\quad=4x^2-4x-3+3x^2+3x+x-25$

$\quad=7x^2-28=7(x^2-4)=7(x+2)(x-2)$

(2) $(x-3)(x+3)-(x-3)(x+1)+x(x-7)$

$\quad=x^2-9-x^2+2x+3+x^2-7x$

$\quad=x^2-5x-6=(x+1)(x-6)$

(3) $3(x-3)y^2-2(y-2)x^2$

$\quad=3xy^2-9y^2-2x^2y+4x^2$

$\quad=xy(3y-2x)+(4x^2-9y^2)$

$\quad=-xy(2x-3y)+(2x+3y)(2x-3y)$

$\quad=(2x-3y)(2x+3y-xy)$

답 (1) $7(x+2)(x-2)$ (2) $(x+1)(x-6)$
(3) $(2x-3y)(2x+3y-xy)$

07 (core) $2x^2+mx-9=(2x+a)(x+b)$에서 $m=a+2b$, $ab=-9$

$a+2b=m,\ ab=-9$에서 a, b, m의 값을 나타내면 다음 표와 같다.

a	1	3	9	-1	-3	-9
b	-9	-3	-1	9	3	1
m	-17	-3	7	17	3	-7

답 ④

08 (core) 주어진 식에 $x=(2-a)^2$을 대입하여 근호 안의 식을 인수분해한다.

$\sqrt{x}=2-a$의 양변을 제곱하면

$x=(2-a)^2=4-4a+a^2$

$x+6a-3=a^2+2a+1=(a+1)^2$에서

$-1<a<0$이므로 $a+1>0$

$x-4a+12=a^2-8a+16=(a-4)^2$에서

$-1<a<0$이므로 $a-4<0$

$\therefore \sqrt{x+6a-3}+\sqrt{x-4a+12}$

$\quad=\sqrt{(a+1)^2}+\sqrt{(a-4)^2}$

$\quad=(a+1)-(a-4)=5$

답 5

09 (core) 공통인수로 묶어 인수분해한다.

$x^2(x+y)+xy(x+y)-6y^2(x+y)$

$=(x+y)(x^2+xy-6y^2)$

$=(x+y)(x-2y)(x+3y)$

답 $(x+y)(x-2y)(x+3y)$

10 (core) 공통인수가 생기도록 적당한 항을 묶는다.

$xy-x-3y+3=5$

$x(y-1)-3(y-1)=5$

$(x-3)(y-1)=5$

이때 x, y는 양의 정수이므로 $x-3=1$, $y-1=5$

또는 $x-3=5$, $y-1=1$이다.

$\therefore x=4$, $y=6$ 또는 $x=8$, $y=2$

답 $x=4$, $y=6$ 또는 $x=8$, $y=2$

11 $\sqrt{x^2-40}=y$의 양변을 제곱하면

$x^2-40=y^2$, $x^2-y^2=40$

$(x+y)(x-y)=40$ ··· 30%

$x+y>0$이므로 $x-y>0$에서 $x>y$

(i) $x+y=40$, $x-y=1$일 때, 만족하는 자연수 x, y의 값이 없다.

(ii) $x+y=20$, $x-y=2$일 때, $x=11$, $y=9$

(iii) $x+y=10$, $x-y=4$일 때, $x=7$, $y=3$

(iv) $x+y=8$, $x-y=5$일 때, 만족하는 자연수 x, y의 값이 없다. ··· 50%

따라서 만족하는 y의 값은 모두 9, 3이므로 합은

$9+3=12$이다. ··· 20%

답 12

채점 기준	배점
주어진 식의 양변을 제곱하여 인수분해하기	30%
조건에 맞는 x, y의 값 구하기	50%
y의 값들의 합 구하기	20%

12 (core) 주어진 수를 인수분해 공식을 이용하여 계산이 편리한 수로 변형한다.

(1) $48^2+2\times48\times17+17^2-25^2$

$=(48+17)^2-25^2=65^2-25^2$

$=(65+25)(65-25)$

$=90\times40=3600$

(2) $n^2-1=(n-1)(n+1)$을 이용하여 주어진 식을 변형하면

$\dfrac{3^2-1}{3^2}\times\dfrac{4^2-1}{4^2}\times\dfrac{5^2-1}{5^2}\times\dfrac{6^2-1}{6^2}\times\dfrac{7^2-1}{7^2}$

$=\dfrac{2\times4}{3\times3}\times\dfrac{3\times5}{4\times4}\times\dfrac{4\times6}{5\times5}\times\dfrac{5\times7}{6\times6}\times\dfrac{6\times8}{7\times7}$

$=\dfrac{2}{3}\times\dfrac{8}{7}=\dfrac{16}{21}$

답 (1) 3600 (2) $\dfrac{16}{21}$

13 (core) $a^2-b^2=(a+b)(a-b)$를 이용하여 수를 소인수분해한다.

$2^{24}-1=(2^{12}-1)(2^{12}+1)$

$=(2^6-1)(2^6+1)(2^{12}+1)$

$=63\times65\times(2^{12}+1)$이므로

$2^{24}-1$은 63과 65로 나누어떨어진다. 답 63, 65

14 (core) $a+b=\sqrt{10}-1$, $a-b=\sqrt{3}-1$을 이용할 수 있도록 식을 변형한다.

$a^2+2a-b^2+1=a^2+2a+1-b^2$

$=(a+1)^2-b^2$

$=(a+b+1)(a-b+1)$

$=(\sqrt{10}-1+1)(\sqrt{3}-1+1)$

$=\sqrt{10}\times\sqrt{3}=\sqrt{30}$

답 $\sqrt{30}$

15 (core) (1) $a^2-b^2=(a+b)(a-b)$임을 이용한다.

(2) $a+b$, ab의 값을 이용할 수 있도록 식을 변형한다.

(1) $\dfrac{b}{a+1}=\dfrac{a}{b+1}$

$a(a+1)=b(b+1)$

$a^2+a=b^2+b$

$a^2-b^2=b-a$

$(a+b)(a-b)=-(a-b)$

$a\neq b$이므로 양변을 $a-b$로 나누면 $a+b=-1$

(2) (1)에서 $a+b=-1$이고, $ab=-7$이므로

$a^2b+7a+ab^2+7b=ab(a+b)+7(a+b)$

$=(a+b)(ab+7)$

$=-1\times(-7+7)=0$

답 (1) -1 (2) 0

16 (core) (직육면체의 부피)$=$(가로)$\times$(세로)$\times$(높이)

$x^3+3x^2y-18xy^2=x(x^2+3xy-18y^2)$

$=x(x+6y)(x-3y)$

따라서 이 직육면체의 높이는 $x+6y$이므로 가로, 세로, 높이의 합은 $x-3y+x+x+6y=3x+3y$이다.

답 $3x+3y$

17 (1) (두 정사각형의 둘레의 길이의 합)

$=4x+4y=4(x+y)=40$에서 $x+y=10$ ··· 30%

(2) (두 정사각형의 넓이의 차)

$=|x^2-y^2|=|(x+y)(x-y)|$

$=(x+y)|x-y|=20$

$x+y=10$이므로 $10|x-y|=20$에서

$|x-y|=2$ ··· 40%

(3) (두 정사각형의 둘레의 길이의 차)

$=|4x-4y|=4|x-y|=4\times2=8$

따라서 두 정사각형의 둘레의 길이의 차는 $8\,\text{cm}$이다. ··· 30%

답 (1) 10 (2) 2 (3) $8\,\text{cm}$

채점 기준	배점
(1) 구하기	30 %
(2) 구하기	40 %
(3) 구하기	30 %

채점 기준	배점
상수항의 합이 같도록 두 개씩 묶기	20 %
공통 부분을 A로 치환하여 전개하기	20 %
k의 값 구하기	30 %
인수분해하기	30 %

18 (core) $a^3+b^3+c^3-3abc$
$\qquad =(a+b+c)(a^2+b^2+c^2-ab-bc-ca)$

$a^3+b^3+c^3-3abc$
$=(a+b+c)(a^2+b^2+c^2-ab-bc-ca)$
$a+b+c=0$이므로
$a^3+b^3+c^3=3abc=3\times6=18$ 　　　답 18

19 (core) $x^3-y^3=(x-y)(x^2+xy+y^2)$

$x^4-2x^3-x+2=x^3(x-2)-(x-2)$
$\qquad\qquad\qquad\quad =(x-2)(x^3-1)$
$\qquad\qquad\qquad\quad =(x-2)(x-1)(x^2+x+1)$
$\therefore a+b+c=(-2)+(-1)+1=-2$ 　　답 ④

20 (core) 기호의 정의에 맞게 식을 나타낸다.

$(x+y)\circ(x-y)-1$
$=(x+y)(x-y)+(x+y)-(x-y)-1$
$=(x+y)(x-y+1)-(x-y+1)$
$=(x-y+1)(x+y-1)$
　　　　　　　　답 $(x-y+1)(x+y-1)$

21 (core) 문자가 여러 개이고 차수가 같은 식에서는 어느 한 문자에 대하여 내림차순으로 정리한다.

$5x^2-11xy+6y^2+12x-14y+4$
$=5x^2-(11y-12)x+6y^2-14y+4$
$=5x^2-(11y-12)x+(6y-2)(y-2)$
$=(5x-6y+2)(x-y+2)$
$\therefore a+b+c+d=5-6+1-1=-1$ 　　答 -1

22 $(x-3)(x-1)(x+2)(x+4)+k$
$=(x-3)(x+4)(x-1)(x+2)+k$ 　… 20 %
$=(x^2+x-12)(x^2+x-2)+k$
　$\Leftarrow x^2+x=A$로 치환
$=(A-12)(A-2)+k$
$=A^2-14A+24+k$ 　　　… 20 %
완전제곱식의 꼴이 되려면
$24+k=\left(\dfrac{14}{2}\right)^2=49$ 　$\therefore k=25$ 　… 30 %
$\therefore (x-3)(x-1)(x+2)(x+4)+25$
　$=(x^2+x-7)^2$ 　　　… 30 %
　　　　　　답 $k=25$, $(x^2+x-7)^2$

23 (core) 먼저 주어진 식을 인수분해하여 간단히 한다.

$\dfrac{1}{8}x-\dfrac{1}{2}y=0$에서 $x=4y$

$\therefore \dfrac{3x^2-5xy-12y^2}{2x^2-5xy-3y^2}$
$=\dfrac{(x-3y)(3x+4y)}{(x-3y)(2x+y)}$
$=\dfrac{3x+4y}{2x+y}\ (\because x-3y\neq0)$
$=\dfrac{12y+4y}{8y+y}=\dfrac{16y}{9y}=\dfrac{16}{9}$
　　　　　　答 $\dfrac{16}{9}$

3단계
A Step 만점 승승장구 　　　p. 102~103

1 $\dfrac{11}{20}$	**2** 0	**3** 1	**4** $\dfrac{7}{8}$
5 $(4,5),(6,3),(11,2)$		**6** 0	**7** $\dfrac{\sqrt5+1}{8}$
8 -10			

1 $\left(1-\dfrac{1}{2^2}\right)\left(1-\dfrac{1}{3^2}\right)\left(1-\dfrac{1}{4^2}\right)\times\cdots\times\left(1-\dfrac{1}{10^2}\right)$

$=\left(1-\dfrac{1}{2}\right)\left(1+\dfrac{1}{2}\right)\left(1-\dfrac{1}{3}\right)\left(1+\dfrac{1}{3}\right)$
$\quad \times\left(1-\dfrac{1}{4}\right)\left(1+\dfrac{1}{4}\right)\times\cdots\times\left(1-\dfrac{1}{10}\right)\left(1+\dfrac{1}{10}\right)$
$=\dfrac{1}{2}\times\dfrac{3}{2}\times\dfrac{2}{3}\times\dfrac{4}{3}\times\dfrac{3}{4}\times\dfrac{5}{4}\times\cdots\times\dfrac{9}{10}\times\dfrac{11}{10}$
$=\dfrac{1}{2}\times\dfrac{11}{10}=\dfrac{11}{20}$
　　　　　　答 $\dfrac{11}{20}$

2 $x^4-2x^3+2x^2-x-2$
$=(x^4-2x^3+x^2)+(x^2-x)-2$
$=(x^2-x)^2+(x^2-x)-2$
$=(x^2-x-1)(x^2-x+2)$
$=0\,(\because x^2-x-1=0)$
　　　　　　答 0

3 $510=a$로 놓으면

$510 \times 511 \times 512 \times 513 + 1$
$= a(a+1)(a+2)(a+3)+1$
$= a(a+3)(a+1)(a+2)+1$
$= (a^2+3a)(a^2+3a+2)+1$
$\qquad \Leftarrow a^2+3a=A$로 치환
$= A(A+2)+1 = A^2+2A+1$
$= (A+1)^2 \Leftarrow A=a^2+3a$를 대입
$= (a^2+3a+1)^2$

$\sqrt{510 \times 511 \times 512 \times 513 + 1}$
$= (510)^2 + 3 \times 510 + 1$
$= 510 \times (510+3) + 1$
$= 5 \times 102 \times 513 + 1$

따라서 $\sqrt{510 \times 511 \times 512 \times 513 + 1}$을 5로 나눈 나머지는 1이다. **답** 1

4 $a = \dfrac{1}{2+\sqrt{3}} = \dfrac{2-\sqrt{3}}{(2+\sqrt{3})(2-\sqrt{3})} = 2-\sqrt{3}$,

$b = \dfrac{1}{2-\sqrt{3}} = \dfrac{2+\sqrt{3}}{(2-\sqrt{3})(2+\sqrt{3})} = 2+\sqrt{3}$에서

$a+b=4$, $ab=1$

$\therefore \dfrac{a^2+b^2}{a^2+2ab+b^2} = \dfrac{(a+b)^2-2ab}{(a+b)^2}$
$\qquad\qquad = \dfrac{16-2}{16} = \dfrac{14}{16} = \dfrac{7}{8}$ **답** $\dfrac{7}{8}$

5 $xy^2 - x - 3y^2 - 21 = 0$

$x(y^2-1) - 3(y^2-1) = 24$
$(x-3)(y^2-1) = 24$
$(x-3)(y-1)(y+1) = 24$

y는 양의 정수이므로 $y-1>0$, $y+1>0$이므로
$x-3>0$에서 $x>3$이다.

$24 = 1 \times 1 \times 24 = 1 \times 2 \times 12 = 1 \times 3 \times 8 = 1 \times 4 \times 6$
$\quad = 2 \times 2 \times 6 = 2 \times 3 \times 4$에서

$(y-1, y+1) = (1, 3)$ 또는 $(4, 6)$ 또는 $(2, 4)$이므로 $x-3=8$, $y-1=1$ 또는 $x-3=1$, $y-1=4$ 또는 $x-3=3$, $y-1=2$

따라서 순서쌍 (x, y)는 $(4, 5)$, $(6, 3)$, $(11, 2)$이다. **답** $(4, 5)$, $(6, 3)$, $(11, 2)$

6 $x = \sqrt{7+4\sqrt{3}} = \sqrt{4+2 \times 2\sqrt{3}+3}$
$\qquad\qquad = \sqrt{2^2 + 2 \times 2 \times \sqrt{3} + (\sqrt{3})^2}$
$\qquad\qquad = \sqrt{(2+\sqrt{3})^2} = 2+\sqrt{3}$

$x^4 - 4x^3 + 4x^2 - 12x + 3$
$= x^4 + 4x^2 + 3 - 4x^3 - 12x$
$= (x^2+1)(x^2+3) - 4x(x^2+3)$
$= (x^2-4x+1)(x^2+3)$에서
$x^2 - 4x = x(x-4)$
$\qquad = (2+\sqrt{3})(-2+\sqrt{3}) = -1$
$x^2 - 4x + 1 = -1 + 1 = 0$이므로
$x^4 - 4x^3 + 4x^2 - 12x + 3 = 0$ **답** 0

7 $x^2 - 6xy + 3x + 9y^2 - 9y + 2$
$= x^2 - (6y-3)x + (3y-1)(3y-2)$
$= (x-3y+1)(x-3y+2)$

$\therefore \dfrac{x-3y+2}{x^2-6xy+3x+9y^2-9y+2}$

$= \dfrac{x-3y+2}{(x-3y+1)(x-3y+2)} \; (\because x-3y+2 \neq 0)$

$= \dfrac{1}{x-3y+1} = \dfrac{1}{2\sqrt{5}-2}$

$= \dfrac{\sqrt{5}+1}{2(\sqrt{5}-1)(\sqrt{5}+1)} = \dfrac{\sqrt{5}+1}{8}$ **답** $\dfrac{\sqrt{5}+1}{8}$

8 $(x+a)(2x+12) + 30$
$= 2x^2 + (2a+12)x + 12a + 30$
$= 2\{x^2 + (a+6)x + 6a + 15\}$
$= 2(x-m)(x-n)$으로 놓으면
$(단, m, n$은 정수, $m > n)$
$m+n = -(a+6)$에서 $a = -m-n-6$ $\cdots\cdots$ ㉠
$mn = 6a + 15$ $\cdots\cdots$ ㉡
㉠을 ㉡에 대입하면 $mn = -6m - 6n - 36 + 15$
$6m + 6n + mn + 36 = 15$
$m(6+n) + 6(n+6) = 15$
$(m+6)(n+6) = 15$
$m > n$이므로 $m+6 > n+6$

(i) $m+6=15$, $n+6=1$일 때 $m=9$, $n=-5$이므로 $a=-10$

(ii) $m+6=5$, $n+6=3$일 때 $m=-1$, $n=-3$이므로 $a=-2$

(iii) $m+6=-1$, $n+6=-15$일 때 $m=-7$, $n=-21$이므로 $a=22$

(iv) $m+6=-3$, $n+6=-5$일 때 $m=-9$, $n=-11$이므로 $a=14$

따라서 a의 최솟값은 -10이다. **답** -10

Ⅲ 이차방정식 / 1. 이차방정식과 그 풀이

1 이차방정식과 그 풀이

원리확인 **기본문제** p. 106~112

1 $4(x+1)(x-3)=x^2-7x$
$4(x^2-2x-3)=x^2-7x,\ 4x^2-8x-12=x^2-7x$
$3x^2-x-12=0$이므로 $a=-1,\ b=-12$
답 $a=-1,\ b=-12$

2 이차방정식이 되려면 x^2의 계수가 0이 아니어야 하므로 $a-1\neq0$에서 $a\neq1$이다.
답 ②

3 주어진 식의 x에 $-2,\ -1,\ 0,\ 1,\ 2$를 각각 대입하여 등식이 성립하는지 확인한다.
(1) $x^2+x-2=0$에서
$x=-2$일 때, $(-2)^2+(-2)-2=0$
$x=-1$일 때, $(-1)^2+(-1)-2=-2\neq0$
$x=0$일 때, $0^2+0-2=-2\neq0$
$x=1$일 때, $1^2+1-2=0$
$x=2$일 때, $2^2+2-2=4\neq0$
따라서 이차방정식 $x^2+x-2=0$의 해는 $x=-2$ 또는 $x=1$
(2) $-x^2+2x+3=0$에서
$x=-2$일 때,
$-(-2)^2+2\times(-2)+3=-5\neq0$
$x=-1$일 때, $-(-1)^2+2\times(-1)+3=0$
$x=0$일 때, $-0^2+2\times0+3=3\neq0$
$x=1$일 때, $-1^2+2\times1+3=4\neq0$
$x=2$일 때, $-2^2+2\times2+3=3\neq0$
따라서 이차방정식 $-x^2+2x+3=0$의 해는 $x=-1$
답 (1) $x=-2$ 또는 $x=1$ (2) $x=-1$

4 이차방정식의 한 근이 주어질 때는 주어진 근을 이차방정식에 대입하여 미지수의 값을 구한다.
$x=-6$을 $x^2+ax-48=0$에 대입하면
$(-6)^2+a\times(-6)-48=0,\ 36-6a-48=0,$
$-6a=12$ $\therefore a=-2$
답 -2

5 ① $(x+1)(4x-1)=0$에서
$x+1=0$ 또는 $4x-1=0$
$\therefore x=-1$ 또는 $x=\dfrac{1}{4}$
② $(x+1)(x-4)=0$에서 $x+1=0$ 또는 $x-4=0$
$\therefore x=-1$ 또는 $x=4$
③ $(x-1)(x+4)=0$에서 $x-1=0$ 또는 $x+4=0$
$\therefore x=1$ 또는 $x=-4$
④ $(x-1)(4x+1)=0$에서
$x-1=0$ 또는 $4x+1=0$
$\therefore x=1$ 또는 $x=-\dfrac{1}{4}$
⑤ $(-x+1)(x-4)=0$에서
$-x+1=0$ 또는 $x-4=0$ $\therefore x=1$ 또는 $x=4$
답 ②

6 (1) $-2x(x-5)=0$에서 $x=0$ 또는 $x-5=0$
$\therefore x=0$ 또는 $x=5$
(2) $(x+3)(x-4)=0$에서 $x+3=0$ 또는 $x-4=0$
$\therefore x=-3$ 또는 $x=4$
(3) $(x+2)(5x-6)=0$에서
$x+2=0$ 또는 $5x-6=0$
$\therefore x=-2$ 또는 $x=\dfrac{6}{5}$
(4) $(2x-1)(3x+1)=0$에서
$2x-1=0$ 또는 $3x+1=0$
$\therefore x=\dfrac{1}{2}$ 또는 $x=-\dfrac{1}{3}$
답 (1) $x=0$ 또는 $x=5$ (2) $x=-3$ 또는 $x=4$
(3) $x=-2$ 또는 $x=\dfrac{6}{5}$ (4) $x=\dfrac{1}{2}$ 또는 $x=-\dfrac{1}{3}$

7 (1) $x^2-49=0,\ (x+7)(x-7)=0$
$\therefore x=-7$ 또는 $x=7$
(2) $4x^2-25=0,\ (2x+5)(2x-5)=0$
$\therefore x=-\dfrac{5}{2}$ 또는 $x=\dfrac{5}{2}$
(3) $x^2-4x-45=0,\ (x+5)(x-9)=0$
$\therefore x=-5$ 또는 $x=9$
(4) $x^2-5x+4=0,\ (x-1)(x-4)=0$
$\therefore x=1$ 또는 $x=4$
답 (1) $x=-7$ 또는 $x=7$ (2) $x=-\dfrac{5}{2}$ 또는 $x=\dfrac{5}{2}$
(3) $x=-5$ 또는 $x=9$ (4) $x=1$ 또는 $x=4$

8 (1) $2x(x-1)=x,\ 2x^2-2x=x$
$2x^2-3x=0,\ x(2x-3)=0$
$\therefore x=0$ 또는 $x=\dfrac{3}{2}$

(2) $(2x-1)(3x+2)=-1$, $6x^2+x-2=-1$
$6x^2+x-1=0$, $(2x+1)(3x-1)=0$
$\therefore x=-\dfrac{1}{2}$ 또는 $x=\dfrac{1}{3}$

(3) $x^2+x=2(5-x)$, $x^2+x=10-2x$
$x^2+3x-10=0$, $(x+5)(x-2)=0$
$\therefore x=-5$ 또는 $x=2$

(4) $2(x-1)^2=3x^2-10$, $2(x^2-2x+1)=3x^2-10$
$2x^2-4x+2=3x^2-10$, $x^2+4x-12=0$
$(x-2)(x+6)=0$
$\therefore x=2$ 또는 $x=-6$

> 답 (1) $x=0$ 또는 $x=\dfrac{3}{2}$ (2) $x=-\dfrac{1}{2}$ 또는 $x=\dfrac{1}{3}$
> (3) $x=-5$ 또는 $x=2$ (4) $x=2$ 또는 $x=-6$

9 (1) $x^2-6x+9=0$에서 $(x-3)^2=0$ $\therefore x=3$(중근)

(2) $x^2+10x+21=-4$에서
$x^2+10x+25=0$, $(x+5)^2=0$
$\therefore x=-5$(중근)

(3) $2x^2+32=16x$에서
$2x^2-16x+32=0$, $2(x^2-8x+16)=0$
$2(x-4)^2=0$ $\therefore x=4$(중근)

(4) $9x^2-5x+7=x+6$에서
$9x^2-6x+1=0$, $(3x-1)^2=0$ $\therefore x=\dfrac{1}{3}$(중근)

> 답 (1) $x=3$(중근) (2) $x=-5$(중근)
> (3) $x=4$(중근) (4) $x=\dfrac{1}{3}$(중근)

10 이차방정식 $x^2+ax+b=0$이 중근을 가지려면
$b=\left(\dfrac{a}{2}\right)^2$이어야 하므로 $-2m-4=\left(\dfrac{8}{2}\right)^2$
$-2m-4=16$, $-2m=20$ $\therefore m=-10$

> 답 -10

다른풀이

이차방정식이 중근을 가지려면 (완전제곱식)=0의 꼴
이어야 하므로 $x^2+8x-2m-4=0$에서
$(x+4)^2=2m+20$, $2m+20=0$ $\therefore m=-10$

11 (1) $x^2-16=0$, $x^2=16$ $\therefore x=\pm4$

(2) $x^2-8=0$, $x^2=8$ $\therefore x=\pm2\sqrt{2}$

(3) $4x^2-9=0$, $4x^2=9$, $x^2=\dfrac{9}{4}$ $\therefore x=\pm\dfrac{3}{2}$

(4) $2x^2-10=0$에서 $2x^2=10$, $x^2=5$ $\therefore x=\pm\sqrt{5}$

> 답 (1) $x=\pm4$ (2) $x=\pm2\sqrt{2}$
> (3) $x=\pm\dfrac{3}{2}$ (4) $x=\pm\sqrt{5}$

12 (1) $(x+3)^2-25=0$에서 $(x+3)^2=25$, $x+3=\pm5$
$x=-3\pm5$ $\therefore x=2$ 또는 $x=-8$

(2) $(x-7)^2-11=0$에서 $(x-7)^2=11$
$x-7=\pm\sqrt{11}$ $\therefore x=7\pm\sqrt{11}$

(3) $3(x-5)^2-2=0$에서 $3(x-5)^2=2$,
$(x-5)^2=\dfrac{2}{3}$, $x-5=\pm\sqrt{\dfrac{2}{3}}$ $\therefore x=5\pm\dfrac{\sqrt{6}}{3}$

(4) $(5x+2)^2-15=0$에서 $(5x+2)^2=15$
$5x+2=\pm\sqrt{15}$, $5x=-2\pm\sqrt{15}$
$\therefore x=\dfrac{-2\pm\sqrt{15}}{5}$

> 답 (1) $x=2$ 또는 $x=-8$ (2) $x=7\pm\sqrt{11}$
> (3) $x=5\pm\dfrac{\sqrt{6}}{3}$ (4) $x=\dfrac{-2\pm\sqrt{15}}{5}$

13 $2x^2+3x-4=0$의 양변을 2로 나누면
$x^2+\dfrac{3}{2}x-2=0$, $x^2+\dfrac{3}{2}x=2$
$x^2+\dfrac{3}{2}x+\dfrac{9}{16}=2+\dfrac{9}{16}$, $\left(x+\dfrac{3}{4}\right)^2=\dfrac{41}{16}$
따라서 $a=\dfrac{3}{4}$, $b=\dfrac{41}{16}$이므로 $a+b=\dfrac{3}{4}+\dfrac{41}{16}=\dfrac{53}{16}$
이다.

> 답 $\dfrac{53}{16}$

14 (1) $x^2-8x+13=0$에서 $x^2-8x=-13$
$x^2-8x+16=-13+16$, $(x-4)^2=3$
$x-4=\pm\sqrt{3}$ $\therefore x=4\pm\sqrt{3}$

(2) $3x^2+5x-1=0$의 양변을 3으로 나누면
$x^2+\dfrac{5}{3}x-\dfrac{1}{3}=0$, $x^2+\dfrac{5}{3}x=\dfrac{1}{3}$
$x^2+\dfrac{5}{3}x+\dfrac{25}{36}=\dfrac{1}{3}+\dfrac{25}{36}$
$\left(x+\dfrac{5}{6}\right)^2=\dfrac{37}{36}$, $x+\dfrac{5}{6}=\pm\dfrac{\sqrt{37}}{6}$
$\therefore x=-\dfrac{5}{6}\pm\dfrac{\sqrt{37}}{6}=\dfrac{-5\pm\sqrt{37}}{6}$

(3) $4x^2+9x+3=0$의 양변을 4로 나누면
$x^2+\dfrac{9}{4}x+\dfrac{3}{4}=0$, $x^2+\dfrac{9}{4}x=-\dfrac{3}{4}$
$x^2+\dfrac{9}{4}x+\dfrac{81}{64}=-\dfrac{3}{4}+\dfrac{81}{64}$
$\left(x+\dfrac{9}{8}\right)^2=\dfrac{33}{64}$, $x+\dfrac{9}{8}=\pm\dfrac{\sqrt{33}}{8}$
$\therefore x=-\dfrac{9}{8}\pm\dfrac{\sqrt{33}}{8}=\dfrac{-9\pm\sqrt{33}}{8}$

(4) $2x^2+7x+1=0$의 양변을 2로 나누면
$x^2+\dfrac{7}{2}x+\dfrac{1}{2}=0$, $x^2+\dfrac{7}{2}x=-\dfrac{1}{2}$

$$x^2+\frac{7}{2}x+\frac{49}{16}=-\frac{1}{2}+\frac{49}{16}$$

$$\left(x+\frac{7}{4}\right)^2=\frac{41}{16},\ x+\frac{7}{4}=\pm\frac{\sqrt{41}}{4}$$

$$\therefore x=-\frac{7}{4}\pm\frac{\sqrt{41}}{4}=\frac{-7\pm\sqrt{41}}{4}$$

답 (1) $x=4\pm\sqrt{3}$ (2) $x=\dfrac{-5\pm\sqrt{37}}{6}$

(3) $x=\dfrac{-9\pm\sqrt{33}}{8}$ (4) $x=\dfrac{-7\pm\sqrt{41}}{4}$

팡팡 계산력

p. 113

1 (1) $x=0$ 또는 $x=5$ (2) $x=0$ 또는 $x=-3$

(3) $x=-1$ 또는 $x=-2$ (4) $x=3$ 또는 $x=-5$

(5) $x=2$ 또는 $x=\dfrac{1}{3}$ (6) $x=-\dfrac{3}{4}$ 또는 $x=4$

(7) $x=\dfrac{5}{3}$ 또는 $x=-\dfrac{9}{2}$ (8) $x=\dfrac{5}{2}$ 또는 $x=\dfrac{4}{7}$

2 (1) $x=\pm3$ (2) $x=1$ 또는 $x=-6$

(3) $x=8$ 또는 $x=-3$ (4) $x=\dfrac{1}{2}$ 또는 $x=-5$

(5) $x=-8$(중근) (6) $x=-1$ 또는 $x=\dfrac{5}{3}$

(7) $x=\dfrac{7}{2}$(중근) (8) $x=-\dfrac{3}{2}$ 또는 $x=\dfrac{2}{3}$

3 (1) $x=\pm2\sqrt{6}$ (2) $x=\pm2\sqrt{5}$ (3) $x=\pm2\sqrt{7}$

(4) $x=\pm\sqrt{5}$ (5) $x=1\pm\sqrt{5}$ (6) $x=-2$ 또는 $x=-8$

(7) $x=14$ 또는 $x=0$ (8) $x=4\pm\sqrt{3}$

4 (1) $x=-3\pm\sqrt{6}$ (2) $x=2\pm\sqrt{5}$ (3) $x=-1\pm\sqrt{6}$

(4) $x=3\pm\sqrt{7}$ (5) $x=1\pm\sqrt{10}$ (6) $x=-4\pm\sqrt{19}$

(7) $x=4\pm2\sqrt{3}$ (8) $x=-2\pm\sqrt{7}$

2 (1) $x^2-9=0,\ (x+3)(x-3)=0$ $\therefore x=\pm3$

(2) $x^2+5x-6=0,\ (x-1)(x+6)=0$

$\therefore x=1$ 또는 $x=-6$

(3) $x^2-5x-24=0,\ (x-8)(x+3)=0$

$\therefore x=8$ 또는 $x=-3$

(4) $2x^2+9x-5=0,\ (2x-1)(x+5)=0$

$\therefore x=\dfrac{1}{2}$ 또는 $x=-5$

(5) $x^2+16x+64=0,\ (x+8)^2=0$

$\therefore x=-8$(중근)

(6) $3x^2-2x-5=0,\ (x+1)(3x-5)=0$

$\therefore x=-1$ 또는 $x=\dfrac{5}{3}$

(7) $4x^2-28x+49=0,\ (2x-7)^2=0$

$\therefore x=\dfrac{7}{2}$(중근)

(8) $6x^2+5x-6=0,\ (2x+3)(3x-2)=0$

$\therefore x=-\dfrac{3}{2}$ 또는 $x=\dfrac{2}{3}$

답 (1) $x=\pm3$ (2) $x=1$ 또는 $x=-6$

(3) $x=8$ 또는 $x=-3$ (4) $x=\dfrac{1}{2}$ 또는 $x=-5$

(5) $x=-8$(중근) (6) $x=-1$ 또는 $x=\dfrac{5}{3}$

(7) $x=\dfrac{7}{2}$(중근) (8) $x=-\dfrac{3}{2}$ 또는 $x=\dfrac{2}{3}$

3 (1) $x^2-24=0,\ x^2=24$ $\therefore x=\pm\sqrt{24}=\pm2\sqrt{6}$

(2) $3x^2-60=0,\ 3x^2=60,\ x^2=20$

$\therefore x=\pm\sqrt{20}=\pm2\sqrt{5}$

(3) $\dfrac{1}{4}x^2-7=0,\ \dfrac{1}{4}x^2=7,\ x^2=28$

$\therefore x=\pm\sqrt{28}=\pm2\sqrt{7}$

(4) $0.2x^2-1=0,\ 0.2x^2=1,\ x^2=5$ $\therefore x=\pm\sqrt{5}$

(5) $(x-1)^2=5,\ x-1=\pm\sqrt{5}$ $\therefore x=1\pm\sqrt{5}$

(6) $(x+5)^2=9,\ x+5=\pm3$

$\therefore x=-2$ 또는 $x=-8$

(7) $2(x-7)^2=98,\ (x-7)^2=49,\ x-7=\pm7$

$\therefore x=14$ 또는 $x=0$

(8) $\dfrac{1}{3}(x-4)^2=1,\ (x-4)^2=3,\ x-4=\pm\sqrt{3}$

$\therefore x=4\pm\sqrt{3}$

답 (1) $x=\pm2\sqrt{6}$ (2) $x=\pm2\sqrt{5}$ (3) $x=\pm2\sqrt{7}$

(4) $x=\pm\sqrt{5}$ (5) $x=1\pm\sqrt{5}$

(6) $x=-2$ 또는 $x=-8$

(7) $x=14$ 또는 $x=0$ (8) $x=4\pm\sqrt{3}$

4 (1) $x^2+6x+3=0,\ x^2+6x+9=-3+9$

$(x+3)^2=6,\ x+3=\pm\sqrt{6}$

$\therefore x=-3\pm\sqrt{6}$

(2) $x^2-4x-1=0,\ x^2-4x+4=1+4$

$(x-2)^2=5,\ x-2=\pm\sqrt{5}$

$\therefore x=2\pm\sqrt{5}$

(3) $x^2+2x-5=0,\ x^2+2x+1=5+1$

$(x+1)^2=6,\ x+1=\pm\sqrt{6}$

$\therefore x=-1\pm\sqrt{6}$

(4) $x^2-6x+2=0,\ x^2-6x+9=-2+9$

$(x-3)^2=7,\ x-3=\pm\sqrt{7}$

$\therefore x=3\pm\sqrt{7}$

(5) $x^2-2x-9=0,\ x^2-2x+1=9+1$

$(x-1)^2=10,\ x-1=\pm\sqrt{10}$

$\therefore x=1\pm\sqrt{10}$

(6) $x^2+8x-3=0$, $x^2+8x+16=3+16$
　　$(x+4)^2=19$, $x+4=\pm\sqrt{19}$
　　$\therefore x=-4\pm\sqrt{19}$

(7) $x^2-8x+4=0$, $x^2-8x+16=-4+16$
　　$(x-4)^2=12$, $x-4=\pm2\sqrt{3}$
　　$\therefore x=4\pm2\sqrt{3}$

(8) $x^2+4x-3=0$, $x^2+4x+4=3+4$
　　$(x+2)^2=7$, $x+2=\pm\sqrt{7}$
　　$\therefore x=-2\pm\sqrt{7}$

답 (1) $x=-3\pm\sqrt{6}$ (2) $x=2\pm\sqrt{5}$ (3) $x=-1\pm\sqrt{6}$
　　(4) $x=3\pm\sqrt{7}$ (5) $x=1\pm\sqrt{10}$ (6) $x=-4\pm\sqrt{19}$
　　(7) $x=4\pm2\sqrt{3}$ (8) $x=-2\pm\sqrt{7}$

1단계 C Step 촘촘 유형

p. 114~118

01 ③	**02** 7	**03** ①	**04** ②
05 ⑤	**06** $x=1$	**07** -3	
08 $a=-2,\ b=-13$	**09** 2	**10** 10	
11 -4	**12** 8	**13** 28	**14** -3
15 ③	**16** (1) $x=-12$ 또는 $x=10$		

(2) $x=-\dfrac{1}{2}$ 또는 $x=\dfrac{1}{3}$　(3) $x=\dfrac{1}{2}$ 또는 $x=4$

(4) $x=-\dfrac{1}{2}$ 또는 $x=5$　**17** -2　**18** 6개

19 $x=-1$ 또는 $x=-2$	**20** $x=\dfrac{7}{4}$	**21** $x=8$
22 $a=-1,\ x=3$	**23** $x=\dfrac{1}{2}$	**24** 4
25 5	**26** -1 또는 4	**27** ④
28 35	**29** $\dfrac{5}{4}$	**30** 2
31 $x=0$ 또는 $x=-\dfrac{1}{5}$	**32** ②	**33** $4\sqrt{3}$
34 7	**35** ②	**36** $a=-3,\ b=5$

37 (1) $x=1\pm\sqrt{21}$ (2) $x=-2\pm\dfrac{\sqrt{10}}{2}$ (3) $x=2\pm\sqrt{7}$

(4) $x=\dfrac{-3\pm2\sqrt{3}}{3}$　**38** 3

39 $a=2,\ b=1$

01 ㄱ. $x^2-3=x^2-3x$　$\therefore 3x-3=0$
　　ㄴ. $x(x-6)=2x^2-3x$, $x^2-6x=2x^2-3x$
　　　　$\therefore x^2+3x=0$
　　ㄷ. $x^2+5x+3=5x+3$　$\therefore x^2=0$
　　ㄹ. $(x+2)(x-2)=3-x^2$, $x^2-4=3-x^2$
　　　　$\therefore 2x^2-7=0$

ㅁ. $(2x+1)(x-2)=(2x-1)(2x+3)$
　　$2x^2-3x-2=4x^2+4x-3$　$\therefore 2x^2+7x-1=0$
ㅂ. $(5+2x)^2=4x^2$, $4x^2+20x+25=4x^2$
　　$\therefore 20x+25=0$
따라서 이차방정식은 ㄴ, ㄷ, ㄹ, ㅁ의 4개이다.　답 ③

02 $(x-1)^2-6=4x^2+4x-1$을 정리하면
$x^2-2x+1-6=4x^2+4x-1$
$3x^2+6x+4=0$
따라서 $a=3$, $b=4$이므로 $a+b=3+4=7$이다.
답 7

03 $(ax-2)(x+1)=x^2+bx$
$ax^2+(a-2)x-2=x^2+bx$
$(a-1)x^2+(a-b-2)x-2=0$
x^2의 계수가 0이 아니어야 하므로 $a-1\neq0$
$\therefore a\neq1$　답 ①

04 주어진 이차방정식에 $x=-2$를 대입하여 등식이 성립하면 $x=-2$는 해가 된다.
① $(-2)^2-3\times(-2)=10\neq0$
② $(-2)^2+(-2)-2=0$
③ $(-2)^2+5\times(-2)+1=-5\neq0$
④ $(-2)^2-6\times(-2)+2=18\neq0$
⑤ $(-2)^2-3\times(-2)+7=17\neq0$　답 ②

05 ① $4^2-5\times4+6=2\neq0$
② $(-4)^2-(-4)-12=8\neq0$
③ $2^2+2=6\neq-2(2+2)=-8$
④ $1^2-1=0\neq2$
⑤ $(2\times3-3)^2=9=15-2\times3$　답 ⑤

06 $x=-2$일 때, $2\times(-2)^2+(-2)-3=3\neq0$
$x=-1$일 때, $2\times(-1)^2+(-1)-3=-2\neq0$
$x=0$일 때, $2\times0^2+0-3=-3\neq0$
$x=1$일 때, $2\times1^2+1-3=0$
따라서 이차방정식 $2x^2+x-3=0$의 해는 $x=1$이다.
답 $x=1$

07 $x=5$를 $x^2+(a-2)x+(a+3)=0$에 대입하면
$5^2+(a-2)\times5+a+3=0$, $6a+18=0$
$6a=-18$　$\therefore a=-3$　답 -3

08 $x=-8$을 $2x^2+15x+4a=0$에 대입하면
$2\times(-8)^2+15\times(-8)+4a=0$

$128-120+4a=0,\ 4a=-8$ ∴ $a=-2$
$x=3$을 $6x^2+(b-4)x-3=0$에 대입하면
$6\times 3^2+(b-4)\times 3-3=0$
$3b+39=0,\ 3b=-39$ ∴ $b=-13$
답 $a=-2,\ b=-13$

09 $x=-3$을 $x^2-2ax+a-2=0$에 대입하면
$(-3)^2-2a\times(-3)+a-2=0,\ 7a=-7$에서
$a=-1$ … 40 %
$x=-3$을 $2x^2+(2b-1)x-3=0$에 대입하면
$2\times(-3)^2+(2b-1)\times(-3)-3=0,\ -6b=-18$
에서 $b=3$ … 40 %
∴ $a+b=-1+3=2$ … 20 %
답 2

채점 기준	배점
a의 값 구하기	40 %
b의 값 구하기	40 %
$a+b$의 값 구하기	20 %

10 $x=m$을 $3x^2+2x-5=0$에 대입하면
$3m^2+2m-5=0$이므로 $3m^2+2m=5$
∴ $6m^2+4m=2(3m^2+2m)=2\times 5=10$ 답 10

11 $x=m$을 $x^2-4x+3=0$에 대입하면
$m^2-4m+3=0$이므로 $m^2-4m=-3$
$x=n$을 $2x^2+7x-4=0$에 대입하면
$2n^2+7n-4=0$이므로 $2n^2+7n=4$
∴ $m^2-4m-2n^2-7n+3$
$=(m^2-4m)-(2n^2+7n)+3$
$=-3-4+3=-4$ 답 -4

12 $x=a$를 $x^2-8x+12=0$에 대입하면
$a^2-8a+12=0$
$a\neq 0$이므로 양변을 a로 나누면 $a-8+\dfrac{12}{a}=0$
∴ $a+\dfrac{12}{a}=8$ 답 8

13 $a\neq 0,\ x=a$이므로 $a^2-5a+1=0$에서 양변을 a로
나누면 $a-5+\dfrac{1}{a}=0$ ∴ $a+\dfrac{1}{a}=5$ … 40 %
$a+a^2+\dfrac{1}{a}+\dfrac{1}{a^2}=\left(a+\dfrac{1}{a}\right)+\left(a^2+\dfrac{1}{a^2}\right)$
$=\left(a+\dfrac{1}{a}\right)+\left(a+\dfrac{1}{a}\right)^2-2$
$=5+5^2-2=28$ … 60 %
답 28

채점 기준	배점
$a+\dfrac{1}{a}$의 값 구하기	40 %
$a+a^2+\dfrac{1}{a}+\dfrac{1}{a^2}$의 값 구하기	60 %

14 $(x+7)(x-4)=0$에서 $x+7=0$ 또는 $x-4=0$
∴ $x=-7$ 또는 $x=4$
따라서 두 근의 합은 $-7+4=-3$이다. 답 -3

15 ① $2x(x-6)=0$에서 $x=0$ 또는 $x=6$ ⇨ $0+6=6$
② $(x+3)(2x-1)=0$에서 $x=-3$ 또는 $x=\dfrac{1}{2}$
⇨ $-3+\dfrac{1}{2}=-\dfrac{5}{2}$
③ $(x+1)(x-3)=0$에서 $x=-1$ 또는 $x=3$
⇨ $-1+3=2$
④ $x(x+4)=0$에서 $x=0$ 또는 $x=-4$
⇨ $0+(-4)=-4$
⑤ $(x-6)(x+2)=0$에서 $x=6$ 또는 $x=-2$
⇨ $6+(-2)=4$ 답 ③

16 (1) $x^2+2x-120=0$에서 $(x+12)(x-10)=0$
∴ $x=-12$ 또는 $x=10$
(2) $6x^2+x-1=0$에서 $(2x+1)(3x-1)=0$
∴ $x=-\dfrac{1}{2}$ 또는 $x=\dfrac{1}{3}$
(3) $4+x^2=-x(x-9),\ 4+x^2=-x^2+9x$
$2x^2-9x+4=0,\ (2x-1)(x-4)=0$
∴ $x=\dfrac{1}{2}$ 또는 $x=4$
(4) $(x+1)(x-10)=-x^2-5$
$x^2-9x-10=-x^2-5,\ 2x^2-9x-5=0$
$(2x+1)(x-5)=0$
∴ $x=-\dfrac{1}{2}$ 또는 $x=5$
답 (1) $x=-12$ 또는 $x=10$
(2) $x=-\dfrac{1}{2}$ 또는 $x=\dfrac{1}{3}$ (3) $x=\dfrac{1}{2}$ 또는 $x=4$
(4) $x=-\dfrac{1}{2}$ 또는 $x=5$

17 $(x+2)(x-3)=2(x^2-4)$
$x^2-x-6-2x^2-8,\ x^2+x-2=0$
$(x+2)(x-1)=0$
따라서 $a=2,\ b=-1$ 또는 $a=-1,\ b=2$이므로
$ab=-2$ 이다. 답 -2

18 $(3x+2)(x-4)=(x-4)^2$
$3x^2-10x-8=x^2-8x+16$
$x^2-x-12=0,\ (x+3)(x-4)=0$
$\therefore x=-3\ \text{또는}\ x=4$
따라서 두 근 -3과 4 사이의 정수는 $-2,\ -1,\ 0,\ 1,$
$2,\ 3$의 6개이다. **답** 6개

19 $(2x+1)(x-6)=x(x-10)$
$2x^2-11x-6=x^2-10x$
$x^2-x-6=0,\ (x+2)(x-3)=0$
$\therefore x=-2\ \text{또는}\ x=3$
$a>b$이므로 $a=3,\ b=-2$
$x^2+3x+2=0$에서 $(x+1)(x+2)=0$
$\therefore x=-1\ \text{또는}\ x=-2$ **답** $x=-1$ 또는 $x=-2$

20 $x=-2$를 $ax^2+x-14=0$에 대입하면
$a\times(-2)^2+(-2)-14=0,\ 4a=16\quad\therefore a=4$
$4x^2+x-14=0$에서 $(x+2)(4x-7)=0$
$\therefore x=-2\ \text{또는}\ x=\dfrac{7}{4}$

따라서 다른 한 근은 $x=\dfrac{7}{4}$이다. **답** $x=\dfrac{7}{4}$

21 $x=1$을 주어진 식에 대입하면
$2-3(a+3)+5a+1=0\quad\therefore a=3$ … 30%
$a=3$을 주어진 식에 대입하면
$2x^2-18x+16=0,\ x^2-9x+8=0$
$(x-1)(x-8)=0\quad\therefore x=1\ \text{또는}\ x=8$
따라서 다른 한 근은 $x=8$이다. … 70%
답 $x=8$

채점 기준	배점
a의 값 구하기	30%
다른 한 근 구하기	70%

22 $x=a$를 주어진 식에 대입하면
$a^2-2a+a-2=0,\ a^2-a-2=0$
$(a-2)(a+1)=0\quad\therefore a=2\ \text{또는}\ a=-1$
$a<0$이므로 $a=-1$
$x^2-2x-3=0$
$(x-3)(x+1)=0$
$\therefore x=3\ \text{또는}\ x=-1$
따라서 다른 한 근은 $x=3$이다. **답** $a=-1,\ x=3$

23 $2x^2-5x+2=0$에서 $(2x-1)(x-2)=0$
$\therefore x=\dfrac{1}{2}\ \text{또는}\ x=2$

$6x^2+5x-4=0$에서 $(3x+4)(2x-1)=0$
$\therefore x=-\dfrac{4}{3}\ \text{또는}\ x=\dfrac{1}{2}$
따라서 두 이차방정식의 공통인 근은 $x=\dfrac{1}{2}$이다.

답 $x=\dfrac{1}{2}$

24 $x=-3$을 $3x^2-ax-6=0$에 대입하면
$3\times(-3)^2-a\times(-3)-6=0$
$3a=-21\quad\therefore a=-7$
$x=-3,\ a=-7$을 $x^2-2ax+3b=0$에 대입하면
$(-3)^2-2\times(-7)\times(-3)+3b=0$
$3b=33\quad\therefore b=11$
$\therefore a+b=4$ **답** 4

25 $x^2-3x-18=0$에서 $(x+3)(x-6)=0$
$\therefore x=-3\ \text{또는}\ x=6$
따라서 $x^2-ax-24=0$의 한 근이 -3이므로
$9+3a-24=0,\ 3a=15\quad\therefore a=5$ **답** 5

26 $x^2-5x+6=0,\ (x-2)(x-3)=0$
$\therefore x=2\ \text{또는}\ x=3$ … 40%
작은 근 $x=2$를 $x^2+m(x-m+1)=0$에 대입하면
$4+m(2-m+1)=0,\ m^2-3m-4=0$
$(m+1)(m-4)=0$
$\therefore m=-1\ \text{또는}\ m=4$ … 60%
답 -1 또는 4

채점 기준	배점
$x^2-5x+6=0$의 해 구하기	40%
m의 값 구하기	60%

27 ① $x^2=6\quad\therefore x=\pm\sqrt{6}$
② $x^2=3x,\ x^2-3x=0,\ x(x-3)=0$
　$\therefore x=0\ \text{또는}\ x=3$
③ $x^2+2x-3=0,\ (x+3)(x-1)=0$
　$\therefore x=-3\ \text{또는}\ x=1$
④ $x(x+7)=x-9,\ x^2+7x=x-9$
　$x^2+6x+9=0,\ (x+3)^2=0\quad\therefore x=-3(중근)$
⑤ $5(x-1)^2=2,\ (x-1)^2=\dfrac{2}{5}$
　$x-1=\pm\dfrac{\sqrt{10}}{5}\quad\therefore x=1\pm\dfrac{\sqrt{10}}{5}$ **답** ④

28 $(x-7)^2=0$에서 $x^2-14x+49=0$
$a=-14,\ b=49\quad\therefore a+b=35$ **답** 35

29 $k+1=\left(-\dfrac{3}{2}\right)^2=\dfrac{9}{4}$이므로 $k=\dfrac{5}{4}$ **답** $\dfrac{5}{4}$

30 $x^2-2(x+3a)+13=0$에서 $x^2-2x-6a+13=0$

$-6a+13=\left(-\dfrac{2}{2}\right)^2=1,\ -6a=-12$

$\therefore a=2$ ··· 50%

즉, $x^2-2x+1=0$이므로 $(x-1)^2=0$

$\therefore x=1$(중근) $\therefore b=1$ ··· 30%

$\therefore ab=2$ ··· 20%

답 2

채점 기준	배점
a의 값 구하기	50%
b의 값 구하기	30%
ab의 값 구하기	20%

31 $2x^2+12x+2(2k-1)=0$이 중근을 가지므로

$x^2+6x+2k-1=0$에서 $2k-1=\left(\dfrac{6}{2}\right)^2,\ 2k=10$

$\therefore k=5$

$5x^2=-x$에서 $5x^2+x=0,\ x(5x+1)=0$

$\therefore x=0$ 또는 $x=-\dfrac{1}{5}$ **답** $x=0$ 또는 $x=-\dfrac{1}{5}$

32 $5(x+2)^2=25,\ (x+2)^2=5$

$x+2=\pm\sqrt{5}$ $\therefore x=-2\pm\sqrt{5}$

따라서 $n=5$이다. **답** ②

33 $(x-2)^2=12$에서 $x-2=\pm\sqrt{12}=\pm2\sqrt{3}$

$\therefore x=2\pm2\sqrt{3}$

따라서 두 근의 차는 $(2+2\sqrt{3})-(2-2\sqrt{3})=4\sqrt{3}$이다. **답** $4\sqrt{3}$

34 $(x-m)^2=n,\ x-m=\pm\sqrt{n},\ x=m\pm\sqrt{n}$이므로

$m=-3,\ n=10$ $\therefore m+n=7$ **답** 7

35 $x^2+2x-2=0$

$x^2+2x=2$ 상수항을 우변으로 이항

$x^2+2x+1^2=2+1^2$ x의 계수 2의 $\dfrac{1}{2}$의 제곱을 양변에 더한다.

$(x+1)^2=3$ 좌변을 완전제곱식으로 바꾼다.

$\therefore A=1,\ B=3$

따라서 $A+B=1+3=4$이다. **답** ②

36 $x^2-6x+4=0,\ x^2-6x=-4$

$x^2-6x+9=-4+9,\ (x-3)^2=5$

$\therefore a=-3,\ b=5$ **답** $a=-3,\ b=5$

37 (1) $2x^2-4x-40=0$에서

$x^2-2x-20=0,\ x^2-2x+1=20+1$

$(x-1)^2=21,\ x-1=\pm\sqrt{21}$ $\therefore x=1\pm\sqrt{21}$

(2) $2x^2+8x+3=0,\ x^2+4x+\dfrac{3}{2}=0$

$x^2+4x+4=-\dfrac{3}{2}+4$

$(x+2)^2=\dfrac{5}{2},\ x+2=\pm\dfrac{\sqrt{10}}{2}$

$\therefore x=-2\pm\dfrac{\sqrt{10}}{2}$

(3) $(2x-3)^2-(3x+1)(x-3)=15$

$(4x^2-12x+9)-(3x^2-8x-3)=15$

$x^2-4x-3=0,\ x^2-4x+4=3+4$

$(x-2)^2=7,\ x-2=\pm\sqrt{7}$

$\therefore x=2\pm\sqrt{7}$

(4) $(x-1)(x+3)=-2(x+1)^2$

$x^2+2x-3=-2x^2-4x-2$

$3x^2+6x-1=0,\ x^2+2x-\dfrac{1}{3}=0$

$x^2+2x+1=\dfrac{1}{3}+1,\ (x+1)^2=\dfrac{4}{3}$

$x+1=\pm\dfrac{2\sqrt{3}}{3}$ $\therefore x=\dfrac{-3\pm2\sqrt{3}}{3}$

답 (1) $x=1\pm\sqrt{21}$ (2) $x=-2\pm\dfrac{\sqrt{10}}{2}$

(3) $x=2\pm\sqrt{7}$ (4) $x=\dfrac{-3\pm2\sqrt{3}}{3}$

38 $4x^2-8x-1=0,\ x^2-2x-\dfrac{1}{4}=0$

$x^2-2x+1=\dfrac{1}{4}+1,\ (x-1)^2=\dfrac{5}{4}$

$x-1=\pm\dfrac{\sqrt{5}}{2}$ $\therefore x=\dfrac{2\pm\sqrt{5}}{2}$

따라서 $m=2,\ n=5$이므로 $n-m=3$ **답** 3

39 $x^2+ax-b=0$에서 $x^2+ax+\dfrac{a^2}{4}=b+\dfrac{a^2}{4}$

$\left(x+\dfrac{a}{2}\right)^2=\dfrac{a^2+4b}{4},\ x+\dfrac{a}{2}=\pm\dfrac{\sqrt{a^2+4b}}{2}$

$\therefore x=\dfrac{-a\pm\sqrt{a^2+4b}}{2}$ ··· 60%

$-\dfrac{a}{2}=-1$에서 $a=2$

$\dfrac{\sqrt{a^2+4b}}{2}=\sqrt{2}$에서 $\sqrt{4+4b}=2\sqrt{2}=\sqrt{8}$

$4+4b=8$ $\therefore b=1$ ··· 40%

답 $a=2,\ b=1$

채점 기준	배점
완전제곱식을 이용하여 $x^2+ax-b=0$의 해 구하기	60%
a, b의 값 구하기	40%

2단계
B Step 탄탄 내신   p. 119~121

01 ④	**02** $a\neq-2$이고 $a\neq2$	**03** ⑤
04 3개	**05** 2	**06** ② **07** 2, 3, 5, 7
08 3	**09** $\dfrac{2}{7}$	**10** (1) $m=-11$, $x=-\dfrac{3}{2}$

(2) $m=-1$, $x=1-\sqrt{2}$ (3) $m=3$, $x=\dfrac{5}{3}$

11 $a=7$, $x=\dfrac{1}{12}$ **12** $\dfrac{1}{18}$

13 $x=-5$ 또는 $x=\dfrac{2}{7}$ **14** 5   **15** 4

16 13   **17** $-\dfrac{1}{2}$ **18** $x=-2$일 때 $m=-\dfrac{3}{2}$,

$n=-7$, $x=-3$일 때 $m=0$, $n=-9$ **19** ④

20 ⑤   **21** 4

01 (core) $x=p$를 이차방정식에 대입하여 식이 성립하면 해이다.

① $x=-3$을 $x^2+x-12=0$에 대입하면
$9-3-12=-6\neq0$

② $x=2$를 $x^2-8x+3=0$에 대입하면
$4-16+3=-9\neq0$

③ $x=\dfrac{1}{2}$을 $2x^2-3x+4=0$에 대입하면

$\dfrac{1}{2}-\dfrac{3}{2}+4=3\neq0$

④ $x=3$을 $4x^2-11x-3=0$에 대입하면
$36-33-3=0$

⑤ $x=\dfrac{2}{3}$를 $3x^2-4x-2=0$에 대입하면

$\dfrac{4}{3}-\dfrac{8}{3}-2=-\dfrac{10}{3}\neq0$ 답 ④

02 (core) 정리한 식이 $ax^2+bx+c=0(a\neq0)$이어야 한다.

$(a^2-1)x^2+ax-1=3x^2-x$에서
$(a^2-4)x^2+(a+1)x-1=0$
$a^2-4\neq0$이므로 $a^2-4=(a+2)(a-2)$에서
$a\neq-2$이고 $a\neq2$이어야 한다.   답 $a\neq-2$이고 $a\neq2$

03 (core) 인수분해나 완전제곱식을 이용하여 해를 구한다.

① $3x^2-27=0$, $3x^2=27$, $x^2=9$ $\therefore x=\pm3$

② $4(x-3)^2=16$, $(x-3)^2=4$, $x-3=\pm2$
   $\therefore x=1$ 또는 $x=5$

③ $x^2-6x+8=0$, $(x-2)(x-4)=0$
   $\therefore x=2$ 또는 $x=4$

④ $(2x-5)^2=9$, $2x-5=\pm3$
$2x=2$ 또는 $2x=8$ $\therefore x=1$ 또는 $x=4$

⑤ $5x^2-10x=8$, $x^2-2x=\dfrac{8}{5}$

$x^2-2x+1=\dfrac{8}{5}+1$, $(x-1)^2=\dfrac{13}{5}$

$x-1=\pm\dfrac{\sqrt{65}}{5}$

$\therefore x=1\pm\dfrac{\sqrt{65}}{5}=\dfrac{5\pm\sqrt{65}}{5}$ 답 ⑤

04 (core) $x=p$가 이차방정식 $x^2+ax+b=0$의 해이면 이차방정식에 x 대신 p를 대입하면 등식이 성립한다.

$x=a-\sqrt{b}$를 $x^2-ax+b=0$에 대입하면
$(a-\sqrt{b})^2-a(a-\sqrt{b})+b=0$, $a\sqrt{b}=2b$
$\therefore a=2\sqrt{b}\,(\because b\neq0)$
이때 a가 자연수이므로 b는 제곱수이다.
$b=1$일 때 $a=2$, $b=4$일 때 $a=4$, $b=9$일 때 $a=6$
따라서 $(a, b)=(2, 1), (4, 4), (6, 9)$의 3개이다.
   답 3개

05 (core) 기호의 정의에 따라 식을 나타내어 이차방정식의 해를 구한다.

$\begin{vmatrix} x & 1 \\ -5 & x \end{vmatrix}=\begin{vmatrix} 8 & x \\ -2 & 1 \end{vmatrix}$에서 $x^2+5=8+2x$

$x^2-2x-3=0$, $(x-3)(x+1)=0$
$\therefore x=3$ 또는 $x=-1$
따라서 $\alpha+\beta=3+(-1)=2$이다.   답 2

06 (core) $x=2$를 $x^2-2ax+3a=0$에 대입하여 미지수의 값을 구한다.

① $x=2$를 $x^2-2ax+3a=0$에 대입하면
$4-4a+3a=0$ $\therefore a=4$

② $a=4$를 대입하면 $x^2-8x+12=0$
$(x-2)(x-6)=0$ $\therefore x=2$ 또는 $x=6$
다른 한 근은 6이므로 $4+6=10$이다.

③ 주어진 방정식 $x^2-8x+12=0$에서
x의 계수는 -8, 상수항은 12이다.
   $\therefore (x$의 계수$)+($상수항$)=-8+12=4$

④ 다른 한 근 $x=6$을 $x^2-5x-6=0$에 대입하면
$6^2-5\times6-6=0$

⑤ $x^2-8x+12=0$, $x^2-8x+16=-12+16$
$(x-4)^2=4$
$p=-4$, $q=4$이므로 $p+q=-4+4=0$이다.
   답 ②

07 (core) 약수의 개수가 **2**개인 자연수는 소수이다.

$\langle x \rangle^2 - \langle x \rangle - 2 = 0$, $(\langle x \rangle - 2)(\langle x \rangle + 1) = 0$

$\therefore \langle x \rangle = 2$ 또는 $\langle x \rangle = -1$

$\langle x \rangle > 0$이므로 $\langle x \rangle = 2$

따라서 x는 약수의 개수가 2개인 10 이하의 자연수이므로 2, 3, 5, 7이다.   답 2, 3, 5, 7

08 (core) 이차방정식의 해를 구해 주어진 식에 대입하여 구한다.

$2x^2 - 3x - 2 = 0$에서 $(2x+1)(x-2) = 0$

$\therefore x = -\dfrac{1}{2}$ 또는 $x = 2$

$a < 0$이므로 $a = -\dfrac{1}{2}$이다.

$\therefore 8a^2 - 6a - 2 = 8 \times \left(-\dfrac{1}{2}\right)^2 - 6 \times \left(-\dfrac{1}{2}\right) - 2 = 3$

  답 3

09 (core) x를 y에 관한 식으로 나타낸다.

$x^2 - 7xy + \dfrac{49}{4}y^2 = 0$에서 $\left(x - \dfrac{7}{2}y\right)^2 = 0$

$\therefore x = \dfrac{7}{2}y$

따라서 $\dfrac{y}{x} = \dfrac{y}{\frac{7}{2}y} = \dfrac{2}{7}$이다.   답 $\dfrac{2}{7}$

10 (core) 해 $x = p$를 이차방정식 $ax^2 + bx + c = 0$에 대입하여 미지수의 값을 구한다.

(1) $x = -4$를 주어진 식에 대입하면 $32 + 4m + 12 = 0$

$4m = -44$ $\therefore m = -11$

$m = -11$을 대입하면 $2x^2 + 11x + 12 = 0$

$(2x+3)(x+4) = 0$

$\therefore x = -\dfrac{3}{2}$ 또는 $x = -4$

따라서 다른 한 근은 $x = -\dfrac{3}{2}$이다.

(2) $x = 1 + \sqrt{2}$를 주어진 식에 대입하면

$(1+\sqrt{2})^2 - 2(1+\sqrt{2}) + m = 0$, $m + 1 = 0$

$\therefore m = -1$

$m = -1$을 대입하면 $x^2 - 2x - 1 = 0$

$x^2 - 2x + 1 = 1 + 1$, $(x-1)^2 = 2$

$x - 1 = \pm\sqrt{2}$ $\therefore x = 1 \pm \sqrt{2}$

따라서 다른 한 근은 $x = 1 - \sqrt{2}$이다.

(3) $x = \dfrac{2}{3}$를 주어진 식에 대입하면

$\dfrac{1}{9}m^2 - \dfrac{2}{3}m + 1 = 0$, $m^2 - 6m + 9 = 0$

$(m-3)^2 = 0$ $\therefore m = 3$(중근)

$m = 3$을 대입하면 $9(x-1)^2 - 3x + 1 = 0$

$9x^2 - 21x + 10 = 0$, $(3x-2)(3x-5) = 0$

$\therefore x = \dfrac{2}{3}$ 또는 $x = \dfrac{5}{3}$

따라서 다른 한 근은 $x = \dfrac{5}{3}$이다.

답 (1) $m = -11$, $x = -\dfrac{3}{2}$ (2) $m = -1$, $x = 1 - \sqrt{2}$

  (3) $m = 3$, $x = \dfrac{5}{3}$

11 $x = \dfrac{1}{2}$을 $(a^2-1)x^2 - 4ax + 2 = 0$에 대입하면

$(a^2-1) \times \left(\dfrac{1}{2}\right)^2 - 4a \times \dfrac{1}{2} + 2 = 0$

$\dfrac{1}{4}(a^2-1) - 2a + 2 = 0$

$a^2 - 8a + 7 = 0$, $(a-1)(a-7) = 0$

$\therefore a = 7$ $(\because a \neq 1)$ ··· 40%

즉, $48x^2 - 28x + 2 = 0$에서 $24x^2 - 14x + 1 = 0$

$(2x-1)(12x-1) = 0$

$\therefore x = \dfrac{1}{2}$ 또는 $x = \dfrac{1}{12}$ ··· 40%

따라서 다른 한 근은 $x = \dfrac{1}{12}$이다.   ··· 20%

答 $a = 7$, $x = \dfrac{1}{12}$

채점 기준	배점
$x = \dfrac{1}{2}$을 대입하여 a의 값 구하기	40%
a를 대입하여 이차방정식 풀기	40%
다른 한 근 구하기	20%

12 (core) 이차방정식 $x^2 + px + q = 0$이 중근을 가질 조건은 $q = \left(\dfrac{p}{2}\right)^2$이다.

$x^2 + ax + b = 0$이 중근을 갖기 위해서는

$b = \left(\dfrac{a}{2}\right)^2 = \dfrac{a^2}{4}$

$\therefore a = 2$일 때 $b = 1$, $a = 4$일 때 $b = 4$

주사위를 두 번 던져서 처음 나온 눈이 2, 두 번째 나온 눈이 1일 확률은 $\dfrac{1}{6} \times \dfrac{1}{6} = \dfrac{1}{36}$이고, 처음 나온 눈이 4, 두 번째 나온 눈이 4일 확률은 $\dfrac{1}{6} \times \dfrac{1}{6} = \dfrac{1}{36}$이다.

$\therefore$ (중근일 확률) $= \dfrac{1}{36} + \dfrac{1}{36} = \dfrac{2}{36} = \dfrac{1}{18}$ 답 $\dfrac{1}{18}$

13 (core) 이차방정식 $ax^2 + bx + c = 0$의 양변을 x^2의 계수로 나누어 생각한다.

$3x^2 + a + 7x = x$, $3x^2 + 6x + a = 0$

$x^2 + 2x + \dfrac{a}{3} = 0$, $\dfrac{a}{3} = \left(\dfrac{2}{2}\right)^2 = 1$ $\therefore a = 3$

$a=3$을 $(a+4)x^2+33x-3a=1$에 대입하면
$7x^2+33x-10=0$, $(x+5)(7x-2)=0$
$\therefore x=-5$ 또는 $x=\dfrac{2}{7}$　　　답 $x=-5$ 또는 $x=\dfrac{2}{7}$

14 (core) $(x+p)^2=q(q\geq0)$의 해 $x=-p\pm\sqrt{q}$가 유리수이
려면 q가 (유리수)^{2}이어야 한다.
$(2x-7)^2=5k$에서 $2x-7=\pm\sqrt{5k}$, $2x=7\pm\sqrt{5k}$
$\therefore x=\dfrac{7\pm\sqrt{5k}}{2}$

해가 유리수가 되려면 $\sqrt{5k}$가 유리수이어야 하므로 $5k$
는 자연수의 제곱인 수이어야 한다.
따라서 자연수 k의 최솟값은 5이다.　　　답 5

15 (core) $x^2+3x-18=0$, $2x^2+26x=-84$의 근을 각각 구
하여 공통인 근을 찾는다.
$x^2+3x-18=0$, $(x-3)(x+6)=0$
$\therefore x=3$ 또는 $x=-6$
$2x^2+26x=-84$, $x^2+13x+42=0$
$(x+6)(x+7)=0$
$\therefore x=-6$ 또는 $x=-7$
두 이차방정식의 공통인 근 $x=-6$을
$3x^2+(k+8)x-9k=0$에 대입하면
$3\times(-6)^2+(k+8)\times(-6)-9k=0$
$108-6k-48-9k=0$, $15k=60$
$\therefore k=4$　　　답 4

16 $x=-2$를 $ax^2+(a-2)x-10=0$에 대입하면
$4a-2a+4-10=0$, $2a=6$
$\therefore a=3$　　　… 25%
즉, $3x^2+x-10=0$에서 $(x+2)(3x-5)=0$
$\therefore x=-2$ 또는 $x=\dfrac{5}{3}$　　　… 25%
$6x^2-3(bx+1)+8=0$에서 $6x^2-3bx+5=0$
$x=\dfrac{5}{3}$를 $6x^2-3bx+5=0$에 대입하면
$\dfrac{50}{3}-5b+5=0$, $-5b=-\dfrac{65}{3}$
$\therefore b=\dfrac{13}{3}$　　　… 40%
$\therefore ab=3\times\dfrac{13}{3}=13$　　　… 10%
답 13

채점 기준	배점
a의 값 구하기	25%
$ax^2+(a-2)x-10=0$의 해 구하기	25%
b의 값 구하기	40%
ab의 값 구하기	10%

17 (core) $A\neq-4$, $B=0$을 만족시키는 x의 값을 먼저 구한다.
$A=(x-3)^2-8=x^2-6x+1$에서
$x^2-6x+1\neq-4$, $x^2-6x+5\neq0$
$(x-1)(x-5)\neq0$　　$\therefore x\neq1$이고 $x\neq5$
$B=2x^2-9x-5=(x-5)(2x+1)=0$
$\therefore x=5$ 또는 $x=-\dfrac{1}{2}$
따라서 $A\neq-4$, $B=0$을 동시에 만족시키는 x의 값
은 $-\dfrac{1}{2}$이다.　　　답 $-\dfrac{1}{2}$

18 (core) $x^2+5x+6=0$의 해를 구하여 각각의 경우로 나누어 구
한다.
$x^2+5x+6=0$, $(x+2)(x+3)=0$
$\therefore x=-2$ 또는 $x=-3$
(i) $x=-2$가 공통인 근일 때
$\begin{cases}4-2m+n=0\\4+2(m-2)-4m-3=0\end{cases}$에서
$m=-\dfrac{3}{2}$, $n=-7$
(ii) $x=-3$이 공통인 근일 때
$\begin{cases}9-3m+n=0\\9+3(m-2)-4m-3=0\end{cases}$에서
$m=0$, $n=-9$
$\therefore x=-2$일 때, $m=-\dfrac{3}{2}$, $n=-7$
　　$x=-3$일 때, $m=0$, $n=-9$
답 $x=-2$일 때, $m=-\dfrac{3}{2}$, $n=-7$
　　$x=-3$일 때, $m=0$, $n=-9$

19 (core) $n<a<n+1$에서 n은 a의 정수 부분이다.
$3x^2+5x-1=0$, $x^2+\dfrac{5}{3}x-\dfrac{1}{3}=0$
$x^2+\dfrac{5}{3}x+\dfrac{25}{36}=\dfrac{1}{3}+\dfrac{25}{36}$, $\left(x+\dfrac{5}{6}\right)^2=\dfrac{37}{36}$
$\therefore x=\dfrac{-5\pm\sqrt{37}}{6}$
$a>0$이므로 $a=\dfrac{-5+\sqrt{37}}{6}$
$6<\sqrt{37}<7$에서 $\dfrac{1}{6}<\dfrac{-5+\sqrt{37}}{6}<\dfrac{2}{6}$
$0<\dfrac{-5+\sqrt{37}}{6}<1$
따라서 $n=0$이다.　　　답 ④

20 (core) $x=2a$, $y=3a-a^2$을 $ax+y-4=0$에 대입한다.
$x=2a$, $y=3a-a^2$을 $ax+y-4=0$에 대입하면

$a \times 2a + (3a - a^2) - 4 = 0$, $a^2 + 3a - 4 = 0$

$(a-1)(a+4) = 0$

$\therefore a = 1$ 또는 $a = -4$

이때 직선 $ax + y - 4 = 0$이 제4사분면을 지나지 않으므로 $-a > 0$, $a < 0$이다.

따라서 $a = -4$이다. 　　　　　　　　　🔳 ⑤

21 $9x^2 - 18x + 2k = 0$, $x^2 - 2x + \dfrac{2}{9}k = 0$

$x^2 - 2x + 1 = -\dfrac{2}{9}k + 1$, $(x-1)^2 = \dfrac{9-2k}{9}$

$x - 1 = \pm\dfrac{\sqrt{9-2k}}{3}$ 　　$\therefore x = \dfrac{3 \pm \sqrt{9-2k}}{3}$ 　… 40%

$9 - 2k \geq 0$, $-2k \geq -9$ 　$\therefore k \leq \dfrac{9}{2}$ 　… 30%

$\dfrac{9}{2}$보다 작은 자연수는 1, 2, 3, 4이고 이 중 $9-2k$를 제곱수로 만드는 k의 값은 4이다.

$\therefore k = 4$ 　　　　　　　　　　　　　… 30%

🔳 4

채점 기준	배점
$9x^2 - 18x + 2k = 0$의 해 구하기	40%
k의 값의 범위 구하기	30%
자연수 k의 값 구하기	30%

3단계

A Step 만점 승승장구 　　　　　　　　p. 122~123

1 (1) $x = -3$ 또는 $x = -\sqrt{2}$ 　(2) $x = 2\sqrt{3}$ 또는 $x = 3\sqrt{3}$

2 $x = -5$ 또는 $x = 0$ 또는 $x = 5$

3 $x = 3$, 2개 　　　　　**4** -4 또는 1

5 (1) $x = 2 \pm \sqrt{2}$, $y = 2 \mp \sqrt{2}$

(2) $x = 1$일 때 $y = 2$, $x = \dfrac{1}{2}$일 때 $y = 3$ 　　**6** 6

1 (1) $x^2 + (3 + \sqrt{2})x + 3\sqrt{2} = 0$

$(x+3)(x+\sqrt{2}) = 0$

$\therefore x = -3$ 또는 $x = -\sqrt{2}$

(2) $\sqrt{3}x^2 - 15x + 18\sqrt{3} = 0$

$(\sqrt{3}x - 6)(x - 3\sqrt{3}) = 0$

$\therefore x = 2\sqrt{3}$ 또는 $x = 3\sqrt{3}$

🔳 (1) $x = -3$ 또는 $x = -\sqrt{2}$

(2) $x = 2\sqrt{3}$ 또는 $x = 3\sqrt{3}$

2 $x^2 - 5|x| = 0$에서

(i) $x \geq 0$일 때

$x^2 - 5x = 0$, $x(x-5) = 0$

$\therefore x = 0$ 또는 $x = 5$

(ii) $x < 0$일 때

$x^2 + 5x = 0$, $x(x+5) = 0$

$\therefore x = 0$ 또는 $x = -5$

$x < 0$이므로 $x = -5$

(i), (ii)에서 $x = -5$ 또는 $x = 0$ 또는 $x = 5$

🔳 $x = -5$ 또는 $x = 0$ 또는 $x = 5$

3 $x^2 - 4x + 3 = 0$에서 $(x-1)(x-3) = 0$

$\therefore x = 1$ 또는 $x = 3$

(i) $x = 1$이 공통인 근일 때

$x^2 + ax + b = 0$에서 $a + b = -1$

이것을 만족하는 음의 정수 a, b는 존재하지 않는다.

(ii) $x = 3$이 공통인 근일 때

$x^2 + ax + b = 0$에서 $3a + b = -9$

$b = -9 - 3a < 0$에서 $a > -3$

$\therefore (a, b) = (-1, -6), (-2, -3)$

따라서 공통인 근은 $x = 3$이고, (a, b)는 2개이다.

🔳 $x = 3$, 2개

4 $n^2 + 3n < \sqrt{20} < n^2 + 3n + 2$

$4 < \sqrt{20} < 5$이고 $n^2 + 3n$이 정수이므로

$n^2 + 3n = 3$ 또는 $n^2 + 3n = 4$

(i) $n^2 + 3n = 3$일 때

$n^2 + 3n + \dfrac{9}{4} = 3 + \dfrac{9}{4}$, $\left(n + \dfrac{3}{2}\right)^2 = \dfrac{21}{4}$

$n + \dfrac{3}{2} = \pm\dfrac{\sqrt{21}}{2}$

$\therefore n = \dfrac{-3 \pm \sqrt{21}}{2}$

(ii) $n^2 + 3n = 4$일 때

$n^2 + 3n - 4 = 0$, $(n+4)(n-1) = 0$

$\therefore n = -4$ 또는 $n = 1$

따라서 (i), (ii)에서 $n = -4$ 또는 $n = 1$이다.

🔳 -4 또는 1

5 (1) $\begin{cases} x + y = 4 & \cdots\cdots ㉠ \\ xy = 2 & \cdots\cdots ㉡ \end{cases}$

㉠에서 $y = 4 - x$를 ㉡에 대입하면 $x(4-x) = 2$

$x^2 - 4x + 2 = 0$, $x^2 - 4x + 4 = -2 + 4$

$(x-2)^2=2$

$\therefore x=2\pm\sqrt{2}$

$\therefore y=4-x=2\mp\sqrt{2}$

(2) $\begin{cases} xy+x+y=5 & \cdots\cdots\ \textcircled{\scriptsize ㄱ} \\ xy+3x+2y=9 & \cdots\cdots\ \textcircled{\scriptsize ㄴ} \end{cases}$

$\textcircled{\scriptsize ㄴ}-\textcircled{\scriptsize ㄱ}$에서 $2x+y=4$, $y=4-2x$ $\cdots\cdots\ \textcircled{\scriptsize ㄷ}$

$\textcircled{\scriptsize ㄷ}$을 $\textcircled{\scriptsize ㄱ}$에 대입하면

$x(4-2x)+x+(4-2x)=5$

$2x^2-3x+1=0$, $(x-1)(2x-1)=0$

$\therefore x=1$ 또는 $x=\dfrac{1}{2}$

따라서 $x=1$일 때 $y=2$, $x=\dfrac{1}{2}$일 때 $y=3$이다.

$\boxed{답}$ (1) $x=2\pm\sqrt{2}$, $y=2\mp\sqrt{2}$

(2) $x=1$일 때 $y=2$, $x=\dfrac{1}{2}$일 때 $y=3$

6 연립방정식의 해가 무수히 많으므로

$\dfrac{a^2-6a+8}{-8}=\dfrac{-3}{3}=\dfrac{-63}{2a^2-9}$

(i) $a^2-6a+8=8$, $a^2-6a=0$, $a(a-6)=0$

$\therefore a=0$ 또는 $a=6$

(ii) $2a^2-9=63$, $2a^2=72$, $a^2=36$ $\therefore a=\pm6$

따라서 (i), (ii)에서 $a=6$이다. $\boxed{답}$ 6

Ⅲ 이차방정식 / **2. 이차방정식의 활용**

1 이차방정식의 활용

원리확인 **기본문제** p. 125~131

1 (1) $x^2+3x-2=0$에서 $a=1$, $b=3$, $c=-2$이므로

$x=\dfrac{-3\pm\sqrt{3^2-4\times1\times(-2)}}{2\times1}=\dfrac{-3\pm\sqrt{17}}{2}$

(2) $2x^2+5x-1=0$에서 $a=2$, $b=5$, $c=-1$이므로

$x=\dfrac{-5\pm\sqrt{5^2-4\times2\times(-1)}}{2\times2}$

$=\dfrac{-5\pm\sqrt{33}}{4}$

(3) $3x^2-4x-2=0$에서 $a=3$, $b'=-2$, $c=-2$이므로

$x=\dfrac{-(-2)\pm\sqrt{(-2)^2-3\times(-2)}}{3}$

$=\dfrac{2\pm\sqrt{10}}{3}$

(4) $5x^2-7x+1=0$에서 $a=5$, $b=-7$, $c=1$이므로

$x=\dfrac{-(-7)\pm\sqrt{(-7)^2-4\times5\times1}}{2\times5}$

$=\dfrac{7\pm\sqrt{29}}{10}$

$\boxed{답}$ (1) $x=\dfrac{-3\pm\sqrt{17}}{2}$ (2) $x=\dfrac{-5\pm\sqrt{33}}{4}$

(3) $x=\dfrac{2\pm\sqrt{10}}{3}$ (4) $x=\dfrac{7\pm\sqrt{29}}{10}$

2 $5x^2-8x+1=0$에서

근의 공식을 이용하면 $a=5$, $b'=-4$, $c=1$이므로

$x=\dfrac{-(-4)\pm\sqrt{(-4)^2-5\times1}}{5}=\dfrac{4\pm\sqrt{11}}{5}$

따라서 $A=4$, $B=11$이므로 $B-A=7$ $\boxed{답}$ 7

3 (1) $2\left(\dfrac{10-x}{2}\right)^2=x^2$, $\dfrac{(10-x)^2}{2}=x^2$

$(10-x)^2=2x^2$, $x^2-20x+100=2x^2$

$x^2+20x-100=0$

$a=1$, $b'=10$, $c=-100$이므로

$x=-10\pm\sqrt{10^2-1\times(-100)}=-10\pm\sqrt{200}$

$=-10\pm10\sqrt{2}$

(2) $\dfrac{x^2-3}{5}=\dfrac{-x-2}{4}$ 의 양변에 20을 곱하면

$4(x^2-3)=5(-x-2)$, $4x^2+5x-2=0$

$a=4$, $b=5$, $c=-2$이므로

$x=\dfrac{-5\pm\sqrt{5^2-4\times4\times(-2)}}{2\times4}=\dfrac{-5\pm\sqrt{57}}{8}$

(3) $0.06x^2+0.3x=-0.36$의 양변에 100을 곱하면

$6x^2+30x=-36$, $x^2+5x+6=0$

$(x+2)(x+3)=0$

$\therefore x=-2$ 또는 $x=-3$

(4) $0.2x(x+1)=0.3(3-x)-1$의 양변에 10을 곱하면 $2x(x+1)=3(3-x)-10$

$2x^2+2x=9-3x-10$, $2x^2+5x+1=0$에서

$a=2$, $b=5$, $c=1$이므로

$x=\dfrac{-5\pm\sqrt{5^2-4\times2\times1}}{2\times2}=\dfrac{-5\pm\sqrt{17}}{4}$

답 (1) $x=-10\pm10\sqrt{2}$ (2) $x=\dfrac{-5\pm\sqrt{57}}{8}$

(3) $x=-2$ 또는 $x=-3$ (4) $x=\dfrac{-5\pm\sqrt{17}}{4}$

4 (1) $(2x-1)^2-(2x-1)-6=0$에서

$2x-1=t$로 치환하면 $t^2-t-6=0$

$(t-3)(t+2)=0$

$\therefore t=3$ 또는 $t=-2$

$t=2x-1$을 대입하면

$2x-1=3$ 또는 $2x-1=-2$

$\therefore x=2$ 또는 $x=-\dfrac{1}{2}$

(2) $(x-3)^2=-2(3-x)$, $(x-3)^2=2(x-3)$

$x-3=A$로 치환하면 $A^2=2A$

$A^2-2A=0$, $A(A-2)=0$

$\therefore A=0$ 또는 $A=2$

따라서 $x-3=0$ 또는 $x-3=2$에서 $x=3$ 또는 $x=5$이다.

답 (1) $x=2$ 또는 $x=-\dfrac{1}{2}$ (2) $x=3$ 또는 $x=5$

5 (1) $a=2$, $b=3$, $c=-4$에서

$b^2-4ac=3^2-4\times2\times(-4)=41>0$

따라서 근이 2개이다.

(2) $a=1$, $b'=1$, $c=-1$에서

$b'^2-ac=1^2-1\times(-1)=2>0$

따라서 근이 2개이다.

(3) $a=1$, $b=-3$, $c=9$에서

$b^2-4ac=(-3)^2-4\times1\times9=-27<0$

따라서 근이 없다.

(4) $a=4$, $b'=-10$, $c=25$에서

$b'^2-ac=(-10)^2-4\times25=0$

따라서 근이 1개이다.

답 (1) 2개 (2) 2개 (3) 0개 (4) 1개

6 서로 다른 두 근을 가지려면 $b'^2-ac>0$이므로

$(-2)^2-1\times(-k)>0$, $4+k>0$ $\therefore k>-4$

답 $k>-4$

7 (1) $-\dfrac{a}{1}=7$에서 $a=-7$, $\dfrac{b}{1}=-10$에서 $b=-10$

(2) $-\dfrac{a}{2}=-9$에서 $a=18$, $-\dfrac{b}{2}=14$에서 $b=-28$

답 (1) $a=-7$, $b=-10$ (2) $a=18$, $b=-28$

8 두 근을 α, 2α라 하면 $\alpha+2\alpha=3$

$3\alpha=3$ $\therefore \alpha=1$

따라서 두 근은 1, 2이므로 근과 계수의 관계에서

$k=1\times2=2$이다.

답 ①

9 (1) x^2의 계수가 12이고 두 근이 -2, 5이므로

$12(x+2)(x-5)=0$, $12(x^2-3x-10)=0$

$\therefore 12x^2-36x-120=0$

(2) x^2의 계수가 -4이고 두 근의 합이 5, 두 근의 곱이 -2이므로 $-4(x^2-5x-2)=0$

$\therefore -4x^2+20x+8=0$

(3) x^2의 계수가 3이고 중근이 7이므로

$3(x-7)^2=0$, $3(x^2-14x+49)=0$

$\therefore 3x^2-42x+147=0$

(4) x^2의 계수가 $\dfrac{1}{2}$이고 두근이 $5+\sqrt{3}$, $5-\sqrt{3}$에서

$5+\sqrt{3}+5-\sqrt{3}=10$, $(5+\sqrt{3})(5-\sqrt{3})=22$이므로 $\dfrac{1}{2}(x^2-10x+22)=0$

$\therefore \dfrac{1}{2}x^2-5x+11=0$

답 (1) $12x^2-36x-120=0$

(2) $-4x^2+20x+8=0$

(3) $3x^2-42x+147=0$

(4) $\dfrac{1}{2}x^2-5x+11=0$

10 $2(x+5)=(x+5)^2$, $2x+10=x^2+10x+25$

$x^2+8x+15=0$, $(x+3)(x+5)=0$

$\therefore x=-3$ 또는 $x=-5$ 답 $x=-3$ 또는 $x=-5$

11 연속하는 세 정수를 $x-1$, x, $x+1$(x는 정수)이라 하면

$(x-1)^2+x^2+(x+1)^2=149$

$x^2-2x+1+x^2+x^2+2x+1=149$

$3x^2+2=149$, $3x^2=147$, $x^2=49$ $\therefore x=\pm7$

따라서 연속하는 세 정수는 -8, -7, -6 또는 6, 7, 8이므로 세 정수의 합은 -21 또는 21이다.

답 -21 또는 21

12 공을 쏘아 올린 지 t초 후의 높이가 420m이므로

$100t-5t^2=420$, $5t^2-100t+420=0$

$t^2-20t+84=0$, $(t-6)(t-14)=0$

$\therefore t=6$ 또는 $t=14$

따라서 공의 높이가 420m일 때는 쏘아 올린 지 6초 후, 14초 후이다. 답 6초 후, 14초 후

13 직사각형의 세로의 길이를 $x$cm라 하면 가로의 길이는 $(x+4)$cm이고 직육면체의 가로, 세로, 높이의 길이는 각각 $x$cm, $(x-4)$cm, 2cm이다.

$2x(x-4)=42$, $x^2-4x-21=0$

$(x+3)(x-7)=0$

$\therefore x=-3$ 또는 $x=7$

$x>0$이므로 $x=7$이다.

따라서 처음 직사각형의 세로의 길이는 7cm이다.

답 7cm

팡팡 계산력

p. 132

1 (1) $x=\dfrac{2\pm\sqrt{6}}{2}$ (2) $x=\dfrac{3\pm\sqrt{5}}{2}$ (3) $x=2$ 또는 $x=4$

(4) $x=\dfrac{3}{2}$ 또는 $x=-\dfrac{2}{3}$ (5) $x=\dfrac{-6\pm3\sqrt{2}}{2}$

(6) $x=\dfrac{7\pm3\sqrt{5}}{2}$ **2** (1) $x=-1$ 또는 $x=5$

(2) $x=\dfrac{-4\pm\sqrt{6}}{2}$ (3) $x=-3\pm\sqrt{13}$ (4) $x=\dfrac{-1\pm\sqrt{51}}{5}$

(5) $x=\dfrac{-4\pm\sqrt{13}}{3}$ (6) $x=1$ 또는 $x=\dfrac{1}{5}$

3 (1) $x=0$ 또는 $x=-1$ (2) $x=\dfrac{-5\pm\sqrt{21}}{2}$

(3) $x=\dfrac{21\pm2\sqrt{34}}{5}$ (4) $x=0$ 또는 $x=5$

(5) $x=\dfrac{3}{2}$ 또는 $x=-\dfrac{1}{3}$ (6) $x=-2$ 또는 $x=-\dfrac{9}{2}$

1 (1) $2x^2-4x-1=0$에서

$$x=\frac{-(-2)\pm\sqrt{(-2)^2-2\times(-1)}}{2}$$

$$=\frac{2\pm\sqrt{6}}{2}$$

(2) $x^2=3x-1$, $x^2-3x+1=0$에서

$$x=\frac{-(-3)\pm\sqrt{(-3)^2-4\times1\times1}}{2}=\frac{3\pm\sqrt{5}}{2}$$

(3) $x^2-6x=-8$, $x^2-6x+8=0$

$(x-2)(x-4)=0$ $\therefore x=2$ 또는 $x=4$

(4) $6x^2-5x-6=0$, $(2x-3)(3x+2)=0$

$\therefore x=\dfrac{3}{2}$ 또는 $x=-\dfrac{2}{3}$

(5) $2x^2+12x+9=0$에서

$$x=\frac{-6\pm\sqrt{6^2-2\times9}}{2}$$

$$=\frac{-6\pm\sqrt{18}}{2}=\frac{-6\pm3\sqrt{2}}{2}$$

(6) $x^2+3x=1-4x+2x^2$, $x^2-7x+1=0$에서

$$x=\frac{-(-7)\pm\sqrt{(-7)^2-4\times1\times1}}{2}$$

$$=\frac{7\pm\sqrt{45}}{2}=\frac{7\pm3\sqrt{5}}{2}$$

답 (1) $x=\dfrac{2\pm\sqrt{6}}{2}$ (2) $x=\dfrac{3\pm\sqrt{5}}{2}$

(3) $x=2$ 또는 $x=4$ (4) $x=\dfrac{3}{2}$ 또는 $x=-\dfrac{2}{3}$

(5) $x=\dfrac{-6\pm3\sqrt{2}}{2}$ (6) $x=\dfrac{7\pm3\sqrt{5}}{2}$

2 (1) $0.1x^2-0.4x-0.5=0$의 양변에 10을 곱하면

$x^2-4x-5=0$, $(x+1)(x-5)=0$

$\therefore x=-1$ 또는 $x=5$

(2) $0.2(x^2+2)=-0.8x-0.1$의 양변에 10을 곱하면

$2(x^2+2)=-8x-1$, $2x^2+8x+5=0$

$$x=\frac{-4\pm\sqrt{4^2-2\times5}}{2}=\frac{-4\pm\sqrt{6}}{2}$$

(3) $\dfrac{1}{6}x^2+x-\dfrac{2}{3}=0$의 양변에 6을 곱하면

$x^2+6x-4=0$

$\therefore x=-3\pm\sqrt{3^2-1\times(-4)}=-3\pm\sqrt{13}$

(4) $\dfrac{3}{10}x-\dfrac{x^2+x}{2}+1=0$의 양변에 10을 곱하면

$3x-5(x^2+x)+10=0$, $5x^2+2x-10=0$에서

$$x=\frac{-1\pm\sqrt{1^2-5\times(-10)}}{5}=\frac{-1\pm\sqrt{51}}{5}$$

(5) $0.5x^2+\dfrac{4}{3}x+\dfrac{1}{6}=0$의 양변에 6을 곱하면

$3x^2+8x+1=0$

$\therefore x=\dfrac{-4\pm\sqrt{4^2-3\times1}}{3}=\dfrac{-4\pm\sqrt{13}}{3}$

(6) $0.2(x-1)(2x-1)=\dfrac{1}{10}(1-x^2)$의 양변에 10을 곱하면

$2(x-1)(2x-1)=1-x^2$, $5x^2-6x+1=0$

$(x-1)(5x-1)=0$ $\therefore x=1$ 또는 $x=\dfrac{1}{5}$

답 (1) $x=-1$ 또는 $x=5$ (2) $x=\dfrac{-4\pm\sqrt{6}}{2}$

(3) $x=-3\pm\sqrt{13}$ (4) $x=\dfrac{-1\pm\sqrt{51}}{5}$

(5) $x=\dfrac{-4\pm\sqrt{13}}{3}$ (6) $x=1$ 또는 $x=\dfrac{1}{5}$

3 (1) $(2x-1)(3x+4)=x^2-4$

$6x^2+5x-4=x^2-4$, $5x^2+5x=0$

$5x(x+1)=0$ ∴ $x=0$ 또는 $x=-1$

(2) $x(x-3)+6=(2x+3)^2$

$x^2-3x+6=4x^2+12x+9$

$3x^2+15x+3=0,\ x^2+5x+1=0$

∴ $x=\dfrac{-5\pm\sqrt{5^2-4\times1\times1}}{2}=\dfrac{-5\pm\sqrt{21}}{2}$

(3) $x-4=A$로 치환하면

$5(x-4)^2-2(x-4)-27=0$

$5A^2-2A-27=0$

∴ $A=\dfrac{-(-1)\pm\sqrt{(-1)^2-5\times(-27)}}{5}$

$\quad=\dfrac{1\pm\sqrt{136}}{5}=\dfrac{1\pm2\sqrt{34}}{5}$

∴ $x=\dfrac{21\pm2\sqrt{34}}{5}$

(4) $x-3=A$로 치환하면

$(x-3)^2+(x-3)-6=0,\ A^2+A-6=0$

$(A+3)(A-2)=0$ ∴ $A=-3$ 또는 $A=2$

∴ $x=0$ 또는 $x=5$

(5) $2x-1=A$로 치환하면

$3(2x-1)^2-(2x-1)-10=0$

$3A^2-A-10=0,\ (A-2)(3A+5)=0$

∴ $A=2$ 또는 $A=-\dfrac{5}{3}$

$2x-1=2$ 또는 $2x-1=-\dfrac{5}{3}$이므로

$x=\dfrac{3}{2}$ 또는 $x=-\dfrac{1}{3}$

(6) $x+5=A$로 치환하면

$\dfrac{1}{3}(x+5)^2-\dfrac{7}{6}(x+5)+\dfrac{1}{2}=0$

$\dfrac{1}{3}A^2-\dfrac{7}{6}A+\dfrac{1}{2}=0$의 양변에 6을 곱하면

$2A^2-7A+3=0,\ (A-3)(2A-1)=0$

∴ $A=3$ 또는 $A=\dfrac{1}{2}$

∴ $x=-2$ 또는 $x=-\dfrac{9}{2}$

📋 (1) $x=0$ 또는 $x=-1$ (2) $x=\dfrac{-5\pm\sqrt{21}}{2}$

(3) $x=\dfrac{21\pm2\sqrt{34}}{5}$ (4) $x=0$ 또는 $x=5$

(5) $x=\dfrac{3}{2}$ 또는 $x=-\dfrac{1}{3}$

(6) $x=-2$ 또는 $x=-\dfrac{9}{2}$

1단계

C Step 촘촘 **유형**　　　　　p. 133~137

01 4　　**02** (1) $x=\dfrac{5\pm\sqrt{17}}{2}$　(2) $x=2\pm\sqrt{7}$

(3) $x=\dfrac{-9\pm\sqrt{141}}{6}$　　**03** 2　　**04** -3

05 $4\sqrt{3}$　　**06** $x=-10$ 또는 $x=5$　　**07** $\dfrac{3}{2}$

08 6　　**09** $x=\dfrac{-8\pm\sqrt{79}}{5}$　　**10** ①, ②

11 ⑤　　**12** $a=-4,\ m=-\dfrac{1}{2}$　　**13** 16

14 2　　**15** ①　　**16** (1) 모든 실수 (2) 없다.

(3) 없다.　**17** 5개　　**18** 8　　**19** 0

20 $-\dfrac{38}{11}$　　**21** -11　　**22** 32

23 $\dfrac{5}{3}$ 또는 $-\dfrac{13}{3}$　　　**24** (1) $x^2-4x+3=0$

(2) $x^2-x-12=0$ (3) $x^2-\dfrac{5}{6}x+\dfrac{1}{6}=0$

25 $2x^2+\dfrac{22}{3}x-\dfrac{8}{3}=0$　　**26** $a=2,\ b=20$

27 400 또는 484　　**28** 7, 9, 11　　**29** 11명

30 17살　　**31** 6초 후　　**32** 10초 후　　**33** 8초

34 6 m　　**35** 5 m　　**36** $4\sqrt{2}$ cm　　**37** 36π

01 $(x-5)^2=18-x^2$에서 $2x^2-10x+7=0$

∴ $x=\dfrac{-(-5)\pm\sqrt{(-5)^2-2\times7}}{2}=\dfrac{5\pm\sqrt{11}}{2}$

$a=5,\ b=11$이므로 $3a-b=4$　　📋 4

02 (1) $x^2+2=5x$에서 $x^2-5x+2=0$

$x=\dfrac{5\pm\sqrt{(-5)^2-4\times1\times2}}{2\times1}=\dfrac{5\pm\sqrt{17}}{2}$

(2) $x^2-4x-3=0$에서

$x=2\pm\sqrt{(-2)^2-1\times(-3)}=2\pm\sqrt{7}$

(3) $3x^2+9x-5=0$에서

$x=\dfrac{-9\pm\sqrt{9^2-4\times3\times(-5)}}{2\times3}=\dfrac{-9\pm\sqrt{141}}{6}$

📋 (1) $x=\dfrac{5\pm\sqrt{17}}{2}$ (2) $x=2\pm\sqrt{7}$

(3) $x=\dfrac{-9\pm\sqrt{141}}{6}$

03 $x^2-ax+2a-13=0$에서

$x=\dfrac{a\pm\sqrt{a^2-4(2a-13)}}{2}$ 이므로

$\dfrac{a}{2}=3,\ \dfrac{a^2-4(2a-13)}{4}=b$

$a=6$이므로 $36-4\times(-1)=4b$ ∴ $b=10$

∴ $2a-b=12-10=2$　　📋 2

04 $\dfrac{x^2}{4}-\dfrac{2}{3}x=\dfrac{1}{6}x^2+1$의 양변에 12를 곱하면

$3x^2-8x=2x^2+12$, $x^2-8x-12=0$

$x=4\pm\sqrt{16+12}=4\pm\sqrt{28}=4\pm2\sqrt{7}$

$A=4$, $B=7$이므로 $A-B=-3$이다.　　　답 -3

05 $(2x+1)^2-(x-3)(x+1)=5$에서

$4x^2+4x+1-x^2+2x+3=5$

$3x^2+6x-1=0$

$\therefore x=\dfrac{-3\pm\sqrt{9+3}}{3}=\dfrac{-3\pm2\sqrt{3}}{3}$

$a>\beta$이므로 $a=\dfrac{-3+2\sqrt{3}}{3}$, $\beta=\dfrac{-3-2\sqrt{3}}{3}$에서

$3(a-\beta)=3\times\dfrac{4\sqrt{3}}{3}=4\sqrt{3}$　　　답 $4\sqrt{3}$

06 $0.2x^2-5=\dfrac{(x+4)(x-5)}{6}$의 양변에 30을 곱하면

$6x^2-150=5(x^2-x-20)$　　　… 40%

$x^2+5x-50=0$, $(x+10)(x-5)=0$

$\therefore x=-10$ 또는 $x=5$　　　… 60%

답 $x=-10$ 또는 $x=5$

채점 기준	배점
계수가 정수가 되도록 적당한 수를 양변에 곱하기	40%
식을 간단히 하여 방정식의 해 구하기	60%

07 $(2x-1)^2-(2x-1)=6$에서

$2x-1=A$로 치환하면

$A^2-A=6$, $A^2-A-6=0$

$(A+2)(A-3)=0$

$\therefore A=-2$ 또는 $A=3$

즉, $2x-1=-2$ 또는 $2x-1=3$

$\therefore x=-\dfrac{1}{2}$ 또는 $x=2$

따라서 두 근의 합은 $-\dfrac{1}{2}+2=\dfrac{3}{2}$이다.　　　답 $\dfrac{3}{2}$

08 $(2x-y+1)(2x-y+5)+4=0$에서

$2x-y=A$로 치환하면

$(A+1)(A+5)+4=0$, $A^2+6A+9=0$,

$(A+3)^2=0$　　$\therefore A=-3$(중근)

즉, $2x-y=-3$이므로

$2y-4x=-2(2x-y)=(-2)\times(-3)=6$　　　답 6

09 $\dfrac{1}{4}(x+3)^2=0.7(x+3)+\dfrac{3}{10}$에서

$x+3=A$로 치환하면 $\dfrac{1}{4}A^2-0.7A-\dfrac{3}{10}=0$　　… 30%

양변에 20을 곱하면 $5A^2-14A-6=0$

$\therefore A=\dfrac{7\pm\sqrt{49+30}}{5}=\dfrac{7\pm\sqrt{79}}{5}$　　　… 40%

$\therefore x=A-3=\dfrac{-8\pm\sqrt{79}}{5}$　　　… 30%

답 $x=\dfrac{-8\pm\sqrt{79}}{5}$

채점 기준	배점
$x+3=A$로 치환하기	30%
A의 값 구하기	40%
x의 값 구하기	30%

10 $b^2-4ac>0\,(b'^2-ac>0)$인 것을 찾는다.

① $x^2-6x-7=0$에서

$(-3)^2-1\times(-7)=16>0$

⇨ 서로 다른 두 근을 갖는다.

② $3x^2-x-1=0$에서

$(-1)^2-4\times3\times(-1)=13>0$

⇨ 서로 다른 두 근을 갖는다.

③ $x^2+5x+7=0$에서

$5^2-4\times1\times7=-3<0$ ⇨ 근이 없다.

④ $9x^2+12x+4=0$에서

$6^2-9\times4=0$ ⇨ 중근을 갖는다.

⑤ $2x^2+20x+50=0$, $x^2+10x+25=0$에서

$5^2-1\times25=0$ ⇨ 중근을 갖는다.

답 ①, ②

11 ㄱ. $k=0$이면 $x^2-6x=0$, $x(x-6)=0$

$\therefore x=0$ 또는 $x=6$

ㄴ. $k=9$이면 $x^2-6x+9=0$, $(x-3)^2=0$

$\therefore x=3$(중근)

ㄷ. 적어도 하나의 근을 가지려면

$b'^2-ac=(-3)^2-1\times k\geq0$이어야 하므로

$9-k\geq0$　$\therefore k\leq9$

ㄹ. 근이 없으려면 $b'^2-ac=(-3)^2-1\times k<0$이어

야 하므로 $9-k<0$　$\therefore k>9$　　　답 ⑤

12 중근을 가지므로 $(-2)^2-a(a+3)=0$

$a^2+3a-4=0$, $(a+4)(a-1)=0$

$\therefore a=-4\,(\because a\neq1)$

$a=-4$를 $ax^2-4x+a+3=0$에 대입하면

$-4x^2-4x-1=0$

$4x^2+4x+1=0$, $(2x+1)^2=0$

$\therefore x=-\dfrac{1}{2}$(중근)

따라서 $a=-4$, $m=-\dfrac{1}{2}$이다.

$$\boxed{\text{답}}\ a=-4,\ m=-\dfrac{1}{2}$$

13 $x^2-3x+p=0$이 중근을 가지므로

$(-3)^2-4\times p=0$　$\therefore p=\dfrac{9}{4}$

$x^2+(3-p)x+q=0$에서 $x^2+\dfrac{3}{4}x+q=0$

중근을 가지므로 $\left(\dfrac{3}{4}\right)^2-4\times q=0$　$\therefore q=\dfrac{9}{64}$

$\therefore \dfrac{p}{q}=\dfrac{9}{4}\times\dfrac{64}{9}=16$　　$\boxed{\text{답}}\ 16$

14 $x^2-8x+k+10=0$이 중근을 가지므로

$(-4)^2-(k+10)=0$　$\therefore k=6$

$k=6$을 $(k-3)x^2-6x-4=0$에 대입하면

$3x^2-6x-4=0$　$\therefore x=\dfrac{3\pm\sqrt{21}}{3}$

$\therefore (\text{두 근의 합})=\dfrac{3+\sqrt{21}}{3}+\dfrac{3-\sqrt{21}}{3}=2$　$\boxed{\text{답}}\ 2$

15 $3x^2-6x+k=0$이 근을 갖지 않으려면

$(-3)^2-3k<0$이므로 $9-3k<0$　$\therefore k>3$　$\boxed{\text{답}}\ ①$

16 $x^2+ax-14=0$에서

(1) $a^2-4\times1\times(-14)>0$　$\therefore a^2+56>0$

　$a^2\geq0$이므로 a는 모든 실수이다.

(2) $a^2+56=0$　$\therefore a^2=-56$

　$a^2\geq0$이므로 만족하는 a의 값은 없다.

(3) $a^2+56<0$　$\therefore a^2<-56$

　$a^2\geq0$이므로 만족하는 a의 값은 없다.

$$\boxed{\text{답}}\ (1)\ \text{모든 실수}\ (2)\ \text{없다.}\ (3)\ \text{없다.}$$

17 $x^2+3x+m-1=0$에서

$9-4\times1\times(m-1)>0$이므로 $m<\dfrac{13}{4}$

따라서 $\dfrac{13}{4}$보다 작은 정수는 -3, -1, 0, 1, 3의 5개

이다.　　$\boxed{\text{답}}\ 5$개

18 근과 계수의 관계에서 $\dfrac{5a}{3}=2$이므로

$a=\dfrac{6}{5}$, $b=\dfrac{6}{3}=2$

$\therefore 5a+b=6+2=8$　　$\boxed{\text{답}}\ 8$

19 $(\text{두 근의 합})=-\dfrac{1}{3}+b=2$에서 $b=\dfrac{7}{3}$

$(\text{두 근의 곱})=-\dfrac{1}{3}\times\dfrac{7}{3}=-\dfrac{7}{9}$이므로 $a=-\dfrac{7}{9}$

$\therefore 3a+b=-\dfrac{7}{3}+\dfrac{7}{3}=0$　　$\boxed{\text{답}}\ 0$

20 $\alpha+\beta=4$, $\alpha\beta=-11$　　　… 40%

$\therefore \dfrac{\beta}{\alpha}+\dfrac{\alpha}{\beta}=\dfrac{\alpha^2+\beta^2}{\alpha\beta}=\dfrac{(\alpha+\beta)^2-2\alpha\beta}{\alpha\beta}$

$\qquad=\dfrac{4^2-2\times(-11)}{-11}=-\dfrac{38}{11}$　　… 60%

$$\boxed{\text{답}}\ -\dfrac{38}{11}$$

채점 기준	배점
$\alpha+\beta$, $\alpha\beta$의 값 구하기	40%
$\dfrac{\beta}{\alpha}+\dfrac{\alpha}{\beta}$의 값 구하기	60%

21 $2x^2+3x-5=0$에서 두 근의 합은 $-\dfrac{3}{2}$, 두 근의 곱

은 $-\dfrac{5}{2}$이다.

$-a=-\dfrac{3}{2}-\dfrac{5}{2}=-4$에서 $a=4$

$b=\left(-\dfrac{3}{2}\right)\times\left(-\dfrac{5}{2}\right)=\dfrac{15}{4}$

$\therefore a-4b=4-15=-11$　　$\boxed{\text{답}}\ -11$

22 두 근을 m, $m+4$라 하면

$m+m+4=12$에서 $m=4$

따라서 두 근은 4, 8이므로 $k=4\times8=32$이다.　$\boxed{\text{답}}\ 32$

23 두 근을 α, 2α라 하면

$\alpha\times2\alpha=18$에서 $2\alpha^2=18$, $\alpha^2=9$　$\therefore \alpha=\pm3$

$\alpha+2\alpha=3a+4$에서 $a=a-\dfrac{4}{3}$

$\therefore a=\dfrac{5}{3}$ 또는 $a=-\dfrac{13}{3}$　　$\boxed{\text{답}}\ \dfrac{5}{3}$ 또는 $-\dfrac{13}{3}$

24 (1) $(\text{두 근의 합})=1+3=4$, $(\text{두 근의 곱})=1\times3=3$

　$\therefore x^2-4x+3=0$

(2) $(\text{두 근의 합})=-3+4=1$

　$(\text{두 근의 곱})=-3\times4=-12$

　$\therefore x^2-x-12=0$

(3) $(\text{두 근의 합})=\dfrac{1}{2}+\dfrac{1}{3}=\dfrac{5}{6}$

　$(\text{두 근의 곱})=\dfrac{1}{2}\times\dfrac{1}{3}=\dfrac{1}{6}$

　$\therefore x^2-\dfrac{5}{6}x+\dfrac{1}{6}=0$

$$\boxed{\text{답}}\ (1)\ x^2-4x+3=0\ (2)\ x^2-x-12=0$$
$$\boxed{\text{답}}\ (3)\ x^2-\dfrac{5}{6}x+\dfrac{1}{6}=0$$

25 $3x^2-7x-10=0$에서 $\alpha+\beta=\dfrac{7}{3}$, $\alpha\beta=-\dfrac{10}{3}$

$\alpha-3+\beta-3=\alpha+\beta-6=\dfrac{7}{3}-6=-\dfrac{11}{3}$

$(\alpha-3)(\beta-3)=\alpha\beta-3(\alpha+\beta)+9$

$\qquad\qquad\qquad=-\dfrac{10}{3}-3\times\dfrac{7}{3}+9=-\dfrac{4}{3}$

따라서 구하는 이차방정식은

$2\left(x^2+\dfrac{11}{3}x-\dfrac{4}{3}\right)=0$, 즉 $2x^2+\dfrac{22}{3}x-\dfrac{8}{3}=0$이다.

답 $2x^2+\dfrac{22}{3}x-\dfrac{8}{3}=0$

26 계수가 유리수인 이차방정식의 한 근이 $-5+\sqrt{3}$이므로 다른 한 근은 $-5-\sqrt{3}$이다.

$-2a-6=-5+\sqrt{3}-5-\sqrt{3}=-10$ $\quad\therefore a=2$

$a+b=(-5+\sqrt{3})(-5-\sqrt{3})=22$ $\quad\therefore b=20$

답 $a=2$, $b=20$

27 $(3a+4)^2-440=2(3a+4)$

$3a+4=t$로 놓으면 $t^2-2t-440=0$

$(t+20)(t-22)=0$

$\therefore t=-20$ 또는 $t=22$

$t=3a+4$이므로 $(3a+4)^2=(-20)^2$ 또는

$(3a+4)^2=22^2$이다.

$\therefore 400$ 또는 484

답 400 또는 484

28 연속하는 세 홀수를 $2x-1$, $2x+1$, $2x+3$(x는 자연수)이라 하면 … 30%

$(2x-1)^2+(2x+1)^2+(2x+3)^2=251$

$x^2+x-20=0$, $(x+5)(x-4)=0$

$\therefore x=4(\because x>0)$ … 50%

따라서 구하는 세 홀수는 7, 9, 11이다. … 20%

답 $7, 9, 11$

채점 기준	배점
세 홀수를 x로 나타내기	30%
방정식을 세워 해 구하기	50%
세 홀수 구하기	20%

29 한 명이 받을 사탕의 개수는 $(x+4)$개이므로

$x(x+4)=165$, $x^2+4x-165=0$

$(x+15)(x-11)=0$

$\therefore x=11(\because x>0)$

따라서 학생 수는 11명이다. 답 11명

30 형의 나이를 x살이라 하면 동생의 나이는 $(x-3)$살이다.

$(x+x-3)\times15=x^2+(x-3)^2-20$

$30x-45=2x^2-6x-11$, $2x^2-36x+34=0$

$x^2-18x+17=0$, $(x-1)(x-17)=0$

$\therefore x=17(\because x>3)$

따라서 형의 나이는 17살이다. 답 17살

31 $30x-5x^2=0$에서 $5x^2-30x=0$

$5x(x-6)=0$ $\quad\therefore x=6(\because x>0)$

따라서 야구공이 지면에 떨어지는 것은 던진 지 6초 후이다. 답 6초 후

32 $70+45x-5x^2=20$, $5x^2-45x-50=0$

$x^2-9x-10=0$, $(x+1)(x-10)=0$

$\therefore x=10(\because x>0)$

따라서 공이 지면으로부터 20m인 지점을 지나는 것은 쏘아 올린 지 10초 후이다. 답 10초 후

33 x초 후의 가로, 세로의 길이는 각각 $(12-x)$cm, $(8+2x)$cm이므로 $(12-x)(8+2x)=12\times8$

$2x^2-16x=0$, $x^2-8x=0$, $x(x-8)=0$

$\therefore x=8(\because x>0)$

따라서 8초 후에 처음의 넓이와 같아진다. 답 8초

34 길의 폭을 xm라 하면 $(40-x)(30-x)=816$

$x^2-70x+384=0$, $(x-6)(x-64)=0$

$\therefore x=6(\because 0<x<30)$

따라서 길의 폭은 6m이다. 답 6m

35 뜰의 폭을 xm라 하면 (남쪽 뜰의 넓이)$=30x\,\text{m}^2$, (동쪽 뜰의 넓이)$=20x\,\text{m}^2$

$30x+20x-x^2=30\times20\times0.375$

$x^2-50x+225=0$, $(x-45)(x-5)=0$

$\therefore x=5(\because 0<x<20)$ … 70%

따라서 뜰의 폭은 5m이다. … 30%

답 5m

채점 기준	배점
방정식을 세워서 풀기	70%
뜰의 폭 구하기	30%

36 큰 원의 반지름의 길이는 $(4+x)$cm이므로

$\pi\times(4+x)^2=2\times\pi\times4^2$, $16+8x+x^2=32$

$x^2+8x-16=0$

$\therefore x=-4\pm\sqrt{16+16}=-4\pm4\sqrt{2}$

$x>0$이므로 $x=-4+4\sqrt{2}$

따라서 큰 원의 반지름의 길이는 $4\sqrt{2}$cm이다.

답 $4\sqrt{2}$cm

37 연속하는 세 짝수를 $2x$, $2x+2$, $2x+4$(x는 자연수)
라 하면
$$\pi\{(2x)^2+(2x+2)^2+(2x+4)^2\}=200\pi$$
$$x^2+2x-15=0,\ (x+5)(x-3)=0$$
$$\therefore x=3\ (\because x>0)$$
따라서 가장 작은 원의 반지름의 길이는 6이므로 원의
넓이는 $\pi\times6^2=36\pi$이다.   답 36π

2단계

B Step 탄탄 내신   p. 138~141

01 ②   **02** 16   **03** (1) $x=\dfrac{3\pm\sqrt{33}}{3}$

(2) $x=\dfrac{-1\pm\sqrt{3}}{2}$ **04** 20개

05 -2 또는 1   **06** (1) $a>-1$일 때 근이
2개, $a=-1$일 때 근이 1개(중근), $a<-1$일 때 근이 0개
(2) 2개   **07** 2   **08** 2 또는 4   **09** 2

10 $x=3$ 또는 $x=5$ **11** (1) 2   (2) $\dfrac{1}{3}$ 또는 12

12 $-2x^2-2x-\dfrac{2}{7}=0$ **13** $x=\dfrac{5\pm\sqrt{41}}{2}$

14 68   **15** ②   **16** 가로의 길이 : 4 cm,
세로의 길이 : 6 cm   **17** 12초 후   **18** 271장

19 ③   **20** 12 cm   **21** $\dfrac{1+\sqrt{5}}{2}$ cm

22 $(6-2\sqrt{5})$ cm   **23** 8 cm

24 P$(8,\ 5)$ 또는 P$(10,\ 4)$

01 (core) 근의 공식에 대입하여 해를 구한다.
① $x^2-5x+3=0$에서
$$x=\frac{-(-5)\pm\sqrt{(-5)^2-4\times1\times3}}{2\times1}=\frac{5\pm\sqrt{13}}{2}$$
③ $x^2-6x-6=0$에서
$$x=-(-3)\pm\sqrt{(-3)^2-1\times(-6)}=3\pm\sqrt{15}$$
④ $2x^2+5x-1=0$에서
$$x=\frac{-5\pm\sqrt{5^2-4\times2\times(-1)}}{2\times2}=\frac{-5\pm\sqrt{33}}{4}$$
⑤ $4x^2-3x-3=0$에서
$$x=\frac{-(-3)\pm\sqrt{(-3)^2-4\times4\times(-3)}}{2\times4}$$
$$=\frac{3\pm\sqrt{57}}{8}$$
    답 ②

02 (core) x^2의 계수가 양의 정수가 되도록 양변에 곱한다.
$\dfrac{2}{5}x(x+1)=0.2-0.1x^2$의 양변에 10을 곱하면

$$4x(x+1)=2-x^2,\ 5x^2+4x-2=0$$
$$\therefore x=\frac{-2\pm\sqrt{2^2-5\times(-2)}}{5}=\frac{-2\pm\sqrt{14}}{5}$$
따라서 $a=-2$, $b=14$이므로 $b-a=16$이다.   답 16

03 (core) (1) 계수가 분수이면 양변에 분모의 최소공배수를 곱한다.
(2) 괄호가 있으면 전개하여 $ax^2+bx+c=0$의 꼴로 정리한 후
푼다.
(1) $\dfrac{3x^2-2}{3}-\dfrac{3x^2-2x}{2}=-2$의 양변에 6을 곱하면
$$2(3x^2-2)-3(3x^2-2x)=-12$$
$$6x^2-4-9x^2+6x=-12,\ 3x^2-6x-8=0$$
$$\therefore x=\frac{3\pm\sqrt{9+24}}{3}=\frac{3\pm\sqrt{33}}{3}$$
(2) $(3x+5)(2x-1)-(2x+1)^2=x-5$
$$2x^2+3x-6=x-5,\ 2x^2+2x-1=0$$
$$\therefore x=\frac{-1\pm\sqrt{1+2}}{2}=\frac{-1\pm\sqrt{3}}{2}$$
    답 (1) $x=\dfrac{3\pm\sqrt{33}}{3}$ (2) $x=\dfrac{-1\pm\sqrt{3}}{2}$

04 (core) $2x^2-5x+m=0$의 근 중 어느 한 근이
$x^2+x-2=0$의 두 근 사이에 있는지 찾아 구한다.
이차방정식 $2x^2-5x+m=0$에서 근의 공식에 의하
여
$$x=\frac{-(-5)\pm\sqrt{(-5)^2-4\times2\times m}}{2\times2}=\frac{5\pm\sqrt{25-8m}}{4}$$
이차방정식 $x^2+x-2=0$에서
$$(x+2)(x-1)=0\quad\therefore x=-2\ 또는\ x=1$$
이때 $m<4$인 정수이므로 $\sqrt{25-8m}>0$
이차방정식 $2x^2-5x+m=0$의 두 근 중
$$x=\frac{5+\sqrt{25-8m}}{4}>1$$
즉 나머지 한 근 $x=\dfrac{5-\sqrt{25-8m}}{4}$이 -2와 1 사이
에 있어야 하므로
$$-2<\frac{5-\sqrt{25-8m}}{4}<1\quad\therefore -18<m<3$$
따라서 구하는 정수 m은 모두 20개이다.   답 20개

05 (core) 식을 전개하여 공통 부분이 있으면 한 문자로 치환하여 이
차방정식을 푼다.
$a(a+1)+b(b+1)+2(ab+1)=4$에서
$$a^2+b^2+a+b+2ab+2=4$$
$$(a+b)^2+(a+b)-2=0$$
$a+b=t$로 치환하면
$$t^2+t-2=0,\ (t+2)(t-1)=0$$
$$\therefore t=-2\ 또는\ t=1$$

$t=a+b$를 대입하면 $a+b=-2$ 또는 $a+b=1$이다.

답 -2 또는 1

06 (core) 이차방정식 $ax^2+bx+c=0(a\neq0)$에서 $b^2-4ac>0$이면 근이 2개, $b^2-4ac=0$이면 근이 1개, $b^2-4ac<0$이면 근이 없다.

(1) $2x^2-4x-a+1=0$에서
$$(-2)^2-2(-a+1)=4+2a-2$$
$$=2a+2=2(a+1)$$

(i) $a>-1$일 때, $2(a+1)>0$이므로 근이 2개이다.

(ii) $a=-1$일 때, $2(a+1)=0$이므로 근이 1개(중근)이다.

(iii) $a<-1$일 때, $2(a+1)<0$이므로 근이 없으므로 0개이다.

(2) $ax^2+(a+2b)x+b=0$에서
$$(a+2b)^2-4ab=a^2+4ab+4b^2-4ab$$
$$=a^2+4b^2>0(\because a\neq0)$$

따라서 근이 2개이다.

답 (1) $a>-1$일 때 근이 2개,

$a=-1$일 때 근이 1개(중근),

$a<-1$일 때 근이 0개

(2) 2개

07 (core) 이차방정식 $ax^2+bx+c=0$이 해를 가지지 않으려면 $b^2-4ac<0$이다.

$2x(kx-4)-x^2+6=0$, $(2k-1)x^2-8x+6=0$

해가 없으려면 $(-4)^2-(2k-1)\times6<0$이어야 하므로 $12k>22$ $\therefore k>\dfrac{11}{6}$

따라서 해를 갖지 않을 최소의 정수 $k=2$이다. 답 2

08 (core) $ax^2+bx+c=0(a\neq0)$의 두 근이 α, β일 때,

$\alpha+\beta=-\dfrac{b}{a}$, $\alpha\beta=\dfrac{c}{a}$

$\alpha+\beta=2(3k-4)=6k-8$, $\alpha\beta=k^2$이므로

$(\alpha-1)(\beta-1)=1$, $\alpha\beta-(\alpha+\beta)=0$

$k^2-6k+8=0$, $(k-2)(k-4)=0$

$\therefore k=2$ 또는 $k=4$ 답 2 또는 4

09 (core) 절댓값이 같고 부호가 반대인 수는 a, $-a$이다.

이차방정식의 두 근을 a, $-a$라 하면

$a+(-a)=0$이므로

$p^2-7p+10=0$, $(p-2)(p-5)=0$

$\therefore p=2$ 또는 $p=5$

또한, $a\times(-a)=p-4$에서 $-a^2=p-4<0$이므로

$p<4$

따라서 $p=2$이다. 답 2

10 두 근이 $\dfrac{1}{3}$, $\dfrac{1}{5}$이고 x^2의 계수가 1인 이차방정식은

$\left(x-\dfrac{1}{3}\right)\left(x-\dfrac{1}{5}\right)=0$, $x^2-\dfrac{8}{15}x+\dfrac{1}{15}=0$에서

$p=-\dfrac{8}{15}$, $q=\dfrac{1}{15}$ … 60%

$qx^2+px+1=0$에 $p=-\dfrac{8}{15}$, $q=\dfrac{1}{15}$을 대입하면

$\dfrac{1}{15}x^2-\dfrac{8}{15}x+1=0$

양변에 15를 곱하면 $x^2-8x+15=0$

$(x-3)(x-5)=0$

$\therefore x=3$ 또는 $x=5$ … 40%

답 $x=3$ 또는 $x=5$

채점 기준	배점
p, q의 값 구하기	60%
$qx^2+px+1=0$의 해 구하기	40%

11 (core) (1) 두 수의 차가 k일 때, 두 수를 x, $x-k$ 또는 x, $x+k$로 놓는다.

(2) 두 수의 비가 $m:n$일 때, 두 수를 mx, nx로 놓는다.

(1) 두 근을 α, $\alpha+2$로 놓으면

(두 근의 합)$=\alpha+(\alpha+2)=-2m$

$\therefore \alpha=-m-1$ ……㉠

(두 근의 곱)$=\alpha(\alpha+2)=m^2-2m+3$ ……㉡

㉠을 ㉡에 대입하면

$(-m-1)(-m+1)=m^2-2m+3$

$m^2-1=m^2-2m+3$, $2m=4$

$\therefore m=2$

(2) 두 근을 2α, 3α로 놓으면

$2\alpha+3\alpha=m-2$, $5\alpha=m-2$

$\therefore \alpha=\dfrac{m-2}{5}$ ……㉠

$2\alpha\times3\alpha=2m$ $\therefore 3\alpha^2=m$ ……㉡

㉠을 ㉡에 대입하면 $3(m-2)^2=25m$

$3m^2-37m+12=0$, $(3m-1)(m-12)=0$

$\therefore m=\dfrac{1}{3}$ 또는 $m=12$

답 (1) 2 (2) $\dfrac{1}{3}$ 또는 12

12 (core) 두 근이 α, β이고 x^2의 계수가 a인 이차방정식은
$a\{x^2-(\alpha+\beta)x+\alpha\beta\}=0$
$x^2+5x+1=0$에서 $\alpha+\beta=-5$, $\alpha\beta=1$이므로
$\dfrac{1}{\alpha-1}$, $\dfrac{1}{\beta-1}$ 을 두 근으로 하고 x^2의 계수가 -2인 이차방정식은

$$\text{(두 근의 합)}=\frac{1}{\alpha-1}+\frac{1}{\beta-1}=\frac{(\alpha-1)+(\beta-1)}{(\alpha-1)(\beta-1)}$$
$$=\frac{\alpha+\beta-2}{\alpha\beta-(\alpha+\beta)+1}=\frac{-7}{7}=-1$$
$$\text{(두 근의 곱)}=\frac{1}{\alpha-1}\times\frac{1}{\beta-1}=\frac{1}{7}$$
$$-2\left(x^2+x+\frac{1}{7}\right)=0$$
$$\therefore -2x^2-2x-\frac{2}{7}=0 \qquad \boxed{\text{답}}\ -2x^2-2x-\frac{2}{7}=0$$

13 이차방정식을 $x^2+ax+b=0$이라 하면 민희는 상수항을 옳게 보았으므로 $4\times(-1)=b$에서 $b=-4$
주혜는 일차항을 옳게 보았으므로 $2+3=-a$에서 $a=-5$ … 60%
원래 이차방정식이 $x^2-5x-4=0$이므로
$$x=\frac{5\pm\sqrt{25+16}}{2}=\frac{5\pm\sqrt{41}}{2}\text{이다.}$$ … 40%
$$\boxed{\text{답}}\ x=\frac{5\pm\sqrt{41}}{2}$$

채점 기준	배점
a, b의 값 구하기	60%
원래 이차방정식의 해 구하기	40%

14 (core) 일의 자리 숫자가 x, 십의 자리 숫자가 y인 수는 $10y+x$이다.
일의 자리의 숫자를 x라 하면 십의 자리의 숫자는 $x-2$이다.
$x^2-(x-2)^2=x(x-2)-20$
$x^2-6x-16=0$, $(x-8)(x+2)=0$
$\therefore x=8\,(\because 3\leq x\leq 9)$
따라서 두 자리의 양의 정수는 68이다. $\boxed{\text{답}}\,68$

15 (core) 학생 수를 x명으로 놓고 식을 세운다.
학생 수를 x명이라 하면 한 사람이 받은 자두의 개수는 $(x-3)$개이므로
$x(x-3)=180$, $x^2-3x-180=0$
$(x-15)(x+12)=0$ $\therefore x=15\,(\because x>3)$
따라서 학생 수는 15명이다. $\boxed{\text{답}}\,$②

16 (core) 가로의 길이와 세로의 길이의 비가 $1:2$이므로 각각 $x\,\text{cm}$, $2x\,\text{cm}$로 놓고 식을 세운다.

작은 직사각형의 가로의 길이를 $x\,\text{cm}$라 하면 세로의 길이는 $2x\,\text{cm}$이고, 처음 직사각형의 가로, 세로의 길이는 각각 $(x+2)\text{cm}$, $(2x+2)\text{cm}$이다.
$\dfrac{1}{3}(x+2)(2x+2)=2x^2$
$2x^2-3x-2=0$, $(2x+1)(x-2)=0$
$\therefore x=2\,(\because x>0)$
따라서 처음 직사각형의 가로, 세로의 길이는 각각 $4\,\text{cm}$, $6\,\text{cm}$이다.
$\boxed{\text{답}}\,$ 가로의 길이 : $4\,\text{cm}$, 세로의 길이 : $6\,\text{cm}$

17 (core) 지면에 떨어질 때의 높이가 $0\,\text{m}$이므로 $-50t^2+50t+120=0$으로 놓고 푼다.
물체가 지면에 떨어질 때의 높이는 $0\,\text{m}$이므로
$-5t^2+50t+120=0$, $t^2-10t-24=0$
$(t+2)(t-12)=0$ $\therefore t=12\,(\because t>0)$
따라서 물체를 쏘아 올린 지 12초 후에 지면에 떨어진다. $\boxed{\text{답}}\,12$초 후

18 (core) 정사각형의 한 변에 놓인 타일의 수를 x장이라 놓고 식을 세운다.
최대 정사각형의 한 변에 놓인 타일이 x장이라면
$x^2+15=2x(x-7)-17$
$x^2-14x-32=0$
$(x+2)(x-16)=0$
$\therefore x=16\,(\because x>7)$
따라서 가지고 있는 타일은 모두 $16^2+15=271$(장)이다. $\boxed{\text{답}}\,271$장

19 (core) (직사각형의 넓이)=(가로)×(세로)
$\overline{\text{CR}}=x\,\text{cm}$라 하면 $\overline{\text{PQ}}=x\,\text{cm}$이고, $\overline{\text{PQ}}/\!/\overline{\text{AC}}$이므로 $\triangle\text{PBQ}\backsim\triangle\text{ABC}$이다.
$\therefore \overline{\text{BQ}}=\overline{\text{PQ}}=x\,\text{cm}$
또한, $\overline{\text{BC}}=\overline{\text{AC}}=15\,\text{cm}$이므로
$\overline{\text{QC}}=\overline{\text{BC}}-\overline{\text{BQ}}=(15-x)\,\text{cm}$
$\therefore x(15-x)=54$
$x^2-15x+54=0$
$(x-6)(x-9)=0$
$\therefore x=6\,(\because x<9)$
따라서 $\overline{\text{CR}}=6\,\text{cm}$이다. $\boxed{\text{답}}\,$③

20 (core) (원의 넓이)$=\pi\times$(반지름)^2
가장 작은 원의 반지름의 길이를 $x\,\text{cm}$라 하면
$\{(x+8)^2-(x+4)^2\}\times\pi=x^2\times\pi$

Ⅲ
이차방정식

$(x+8)^2-(x+4)^2=x^2$, $x^2-8x-48=0$
$(x+4)(x-12)=0$
$\therefore x=12(\because x>0)$
따라서 $\overline{\mathrm{OA}}=12\,\mathrm{cm}$이다.　　　답 $12\,\mathrm{cm}$

21 (core) $\overline{\mathrm{AD}}=x\,\mathbf{cm}$라 놓고 방정식을 세운다.

$\overline{\mathrm{AD}}=x\,\mathrm{cm}$라 하면 $\overline{\mathrm{ED}}=(x-1)\,\mathrm{cm}$이다.
$\square\mathrm{OFCH}$에서 $\overline{\mathrm{CH}}=\overline{\mathrm{OH}}=\overline{\mathrm{ED}}$이고
$\square\mathrm{GBCH}=\square\mathrm{ABFE}$이므로
$x(x-1)=1$, $x^2-x-1=0$
$\therefore x=\dfrac{1\pm\sqrt{5}}{2}$

$x>1$이므로 $x=\dfrac{1+\sqrt{5}}{2}$

따라서 $\overline{\mathrm{AD}}=\dfrac{1+\sqrt{5}}{2}\,\mathrm{cm}$이다.　　답 $\dfrac{1+\sqrt{5}}{2}\,\mathrm{cm}$

22 (core) (삼각형의 넓이)$=\dfrac{1}{2}\times$(밑변)$\times$(높이)

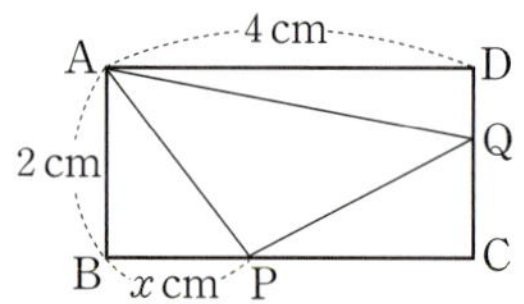

$\overline{\mathrm{BP}}=x\,\mathrm{cm}$라 하면 $\triangle\mathrm{ABP}=\triangle\mathrm{QDA}$에서
$\dfrac{1}{2}\times x\times 2=\dfrac{1}{2}\times\overline{\mathrm{QD}}\times 4$
$\therefore \overline{\mathrm{QD}}=\dfrac{x}{2}\,(\mathrm{cm})$
$\triangle\mathrm{ABP}=\triangle\mathrm{PCQ}$에서
$\dfrac{1}{2}\times x\times 2=\dfrac{1}{2}\times(4-x)\times\left(2-\dfrac{x}{2}\right)$
$x^2-12x+16=0$
$\therefore x=6\pm\sqrt{36-16}=6\pm 2\sqrt{5}$
$0<x<4$이므로 $x=6-2\sqrt{5}$
$\therefore \overline{\mathrm{BP}}=(6-2\sqrt{5}\,)\,\mathrm{cm}$　　답 $(6-2\sqrt{5}\,)\,\mathrm{cm}$

23 $\overline{\mathrm{AC}}=x\,\mathrm{cm}$라 놓으면 $\overline{\mathrm{CB}}=(13-x)\,\mathrm{cm}$이므로 … 30%

$x^2+(13-x)^2=x(13-x)+49$　　　… 20%
$3x^2-39x+120=0$, $x^2-13x+40=0$
$(x-8)(x-5)=0$　$\therefore x=8(\because \overline{\mathrm{AC}}>\overline{\mathrm{CB}})$
따라서 $\overline{\mathrm{AC}}=8\,\mathrm{cm}$이다.　　　… 50%
답 $8\,\mathrm{cm}$

채점 기준	배점
$\overline{\mathrm{AC}}$, $\overline{\mathrm{CB}}$의 길이를 x로 나타내기	30%
이차방정식 세우기	20%
$\overline{\mathrm{AC}}$의 길이 구하기	50%

24 (core) 점 P의 x좌표를 p라 놓고 y좌표를 p에 관한 식으로 나타낸다.

점 P의 x좌표를 p라 하면 $\mathrm{P}\left(p,\ -\dfrac{1}{2}p+9\right)$이고

$\square\mathrm{OAPB}=\overline{\mathrm{OA}}\times\overline{\mathrm{OB}}$이므로 $p\left(-\dfrac{1}{2}p+9\right)=40$
$p^2-18p+80=0$, $(p-8)(p-10)=0$
$\therefore p=8$ 또는 $p=10$
$x=8$일 때 $y=5$, $x=10$일 때 $y=4$이므로 $\mathrm{P}(8,\ 5)$
또는 $\mathrm{P}(10,\ 4)$이다.

답 $\mathrm{P}(8,\ 5)$ 또는 $\mathrm{P}(10,\ 4)$

3단계

A Step 만점 승승장구　　　　　　p. 142~143

1 50	2 12	3 4.8 km	4 6
5 1L	6 속력 : 10 km/시, 걸린 시간 : 1시간 40분		
7 $2+2\sqrt{11}$	8 12		

1 원가를 a원이라 놓으면 정가는 $a\left(1+\dfrac{x}{100}\right)$원, 판매

가격은 $a\left(1+\dfrac{x}{100}\right)\left(1-\dfrac{x}{200}\right)$원이다.

$a\left(1+\dfrac{x}{100}\right)\left(1-\dfrac{x}{200}\right)=\dfrac{1125}{1000}a$
$x^2-100x+2500=0$
$(x-50)^2=0$
$\therefore x=50$　　　　　　　答 50

2 $n(n+1)(n+2)(n+3)+1=181^2$에서
$n(n+3)(n+1)(n+2)$
$=181^2-1=(181-1)(181+1)$
$(n^2+3n)(n^2+3n+2)=180\times 182$
$n^2+3n=t$로 치환하면
$t(t+2)=180\times 182$, $t^2+2t-180\times 182=0$
$(t-180)(t+182)=0$
$\therefore t=180$ 또는 $t=-182$
$t>0$이므로 $t=180$
$t=n^2+3n$을 대입하면 $n^2+3n=180$이므로
$n^2+3n-180=0$, $(n-12)(n+15)=0$

$\therefore n=12$ 또는 $n=-15$

n은 자연수이므로 $n=12$이다.   📳 12

3 A지점에서 B지점까지의 거리를 $2x\,$km라 하면 준서가 1.6km를 뛰는 동안 광수가 뛴 거리는 $(x-1.2)$km이고, 광수가 $x$km를 뛰는 동안 준서가 뛴 거리는 $(2x-1.6)$km이므로

$1.6:(x-1.2)=(2x-1.6):x$

$2x^2-4x+1.92=1.6x$, $2x^2-5.6x+1.92=0$

$25x^2-70x+24=0$, $(5x-2)(5x-12)=0$

$\therefore x=\dfrac{2}{5}$ 또는 $x=\dfrac{12}{5}$

$x>1.6$에서 $x=\dfrac{12}{5}$이므로 A 지점에서 B 지점까지

의 거리는 $2\times\dfrac{12}{5}=4.8\,$(km)이다.   📳 4.8km

4 직선 AB의 방정식은 $y=-x+6$

점 P는 직선 $y=2x-k$와 직선 $y=-x+6$의 교점이

므로 $\text{P}\left(\dfrac{k+6}{3},\ \dfrac{12-k}{3}\right)$이다.

또한, $\text{A}(6,0)$, $\text{Q}\left(\dfrac{k}{2},0\right)$에서

$\triangle\text{APQ}=\dfrac{1}{2}\times\left(6-\dfrac{k}{2}\right)\times\dfrac{12-k}{3}=\dfrac{1}{12}(12-k)^2$

$\triangle\text{OAB}=\dfrac{1}{2}\times6\times6=18$

$\triangle\text{APQ}=\dfrac{1}{6}\triangle\text{OAB}$이므로

$\dfrac{1}{12}(12-k)^2=\dfrac{1}{6}\times18$, $k^2-24k+108=0$

$(k-6)(k-18)=0$

$\therefore k=6$ 또는 $k=18$

$0\le x\le6$에서 $0\le\dfrac{k}{2}\le6$이므로 $0\le k\le12$

$\therefore k=6$ 📳 6

5 처음에 알코올 xL를 빼내고 xL의 물을 넣었을 때, 알코올의 농도는

$$\dfrac{10\times\dfrac{40}{100}-x\times\dfrac{40}{100}}{10}\times100=40-4x\,(\%)$$

두 번째는 알코올 $2x$L를 빼내고 $2x$L의 물을 넣었을 때, 알코올의 농도가 28.8 %이므로

$$\dfrac{10\times\dfrac{40-4x}{100}-2x\times\dfrac{40-4x}{100}}{10}\times100=28.8$$

$x^2-15x+14=0$

$(x-1)(x-14)=0$

$\therefore x=1\,(\because 0<x<5)$

따라서 처음에 빼낸 알코올의 양은 1L이다.   📳 1L

6 현진이의 속력을 $a\,$km/시, 두 사람이 만날 때까지 걸린 시간을 x시간, 두 사람이 만난 지점을 P라 하면 민재가 A에서 P까지 간 거리는 $8x\,$km, 현진이가 B에서 P까지 간 거리는 $ax\,$km, P에서 A까지 간 거리는 $\dfrac{4}{3}a\,$km이므로

$8x=\dfrac{4}{3}a$ ……㉠, $8x+ax=30$ ……㉡

㉠에서 $a=6x$를 ㉡에 대입하면

$3x^2+4x-15=0$, $(3x-5)(x+3)=0$

$\therefore x=\dfrac{5}{3}\,(\because x>0)$

$x=\dfrac{5}{3}$를 ㉠에 대입하면 $a=10$

따라서 현진이의 속력은 10km/시이고, 두 사람이 만날 때까지 걸린 시간은 $\dfrac{5}{3}$시간=1시간 40분이다.

📳 속력 : 10km/시, 걸린 시간 : 1시간 40분

7

A   D
Q
15 cm² 5 cm
10 cm²
B x cm P C H

평행사변형의 넓이는 $50\,\text{cm}^2$이므로

$\square\text{ABCD}=10\times(\text{높이})=50\,(\text{cm}^2)$

$\therefore (\text{높이})=5\,(\text{cm})$

$\overline{\text{AD}}\,/\!/\,\overline{\text{BP}}$에서 $\triangle\text{AQD}\backsim\triangle\text{PQB}$

$\overline{\text{AQ}}:\overline{\text{PQ}}=\overline{\text{AD}}:\overline{\text{PB}}=10:x$

$\therefore \overline{\text{PQ}}:\overline{\text{PA}}=x:(10+x)$

$\triangle\text{ABP}=\dfrac{1}{2}\times\overline{\text{BP}}\times5=\dfrac{5}{2}x$

$\triangle\text{QBP}=\dfrac{1}{2}\square\text{ABCD}-\square\text{PCDQ}$

$\qquad\quad=25-15=10\,(\text{cm}^2)$

$\triangle\text{ABP}:\triangle\text{QBP}=\overline{\text{AP}}:\overline{\text{QP}}$

$\dfrac{5}{2}x:10=(10+x):x$

$10(10+x)=\dfrac{5}{2}x^2$

$5x^2-20x-200=0$

$x^2-4x-40=0$

$\therefore x=2\pm\sqrt{4+40}=2\pm2\sqrt{11}$

$0<x<10$이므로 $x=2+2\sqrt{11}$ 📳 $2+2\sqrt{11}$

8

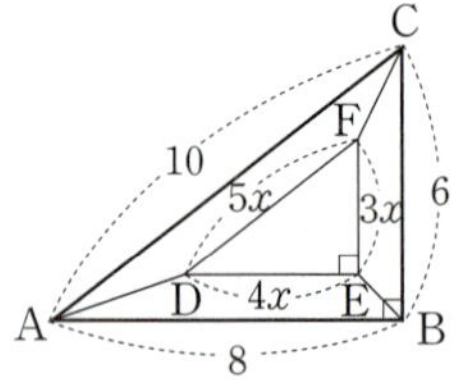

원의 중심 P가 그리는 자취를 $\triangle DEF$라고 하면 $\triangle DEF \backsim \triangle ABC$이므로 $\overline{DE}$, $\overline{EF}$, $\overline{FD}$의 길이를 각각 $4x$, $3x$, $5x$라 하자.

또, $\square DABE$, $\square EBCF$, $\square FCAD$는 모두 높이가 1인 사다리꼴이다.

$\triangle ABC = \dfrac{1}{2} \times 8 \times 6 = 24$

$$\triangle ABC = \square DABE + \square EBCF$$
$$+ \square FCAD + \triangle DEF$$
$$= \dfrac{1}{2} \times (4x+8) \times 1 + \dfrac{1}{2} \times (3x+6) \times 1$$
$$+ \dfrac{1}{2} \times (5x+10) \times 1 + 6x^2$$
$$= 6x^2 + 6x + 12$$

$\therefore 6x^2 + 6x + 12 = 24$

$x^2 + x - 2 = 0$, $(x+2)(x-1) = 0$

$\therefore x = 1 \ (\because x > 0)$

따라서 점 P가 그리는 자취의 길이는

$3x + 4x + 5x = 12x = 12$이다. **답** 12

Ⅳ 이차함수 / **1. 이차함수와 그 그래프**

1 이차함수와 그 그래프

원리확인 **기본문제** p. 146~156

1 (1) (직사각형의 넓이)=(가로)×(세로)이므로
$$y = x(x+2) = x^2 + 2x \Rightarrow \text{이차함수}$$
(2) (시간)$=\dfrac{(거리)}{(속력)}$이므로 $y = \dfrac{25}{x}$
$\Rightarrow$ 반비례 관계인 함수
(3) (정사각형의 둘레의 길이)=4×(한 변의 길이)이므로 $y = 4 \times 3x = 12x \Rightarrow$ 일차함수
답 (1)

2 $f(x) = -2x^2 + 9$이므로
(1) $f(2) = -2 \times 2^2 + 9 = 1$
(2) $f(-3) = -2 \times (-3)^2 + 9 = -9$
(3) $f\left(\dfrac{5}{2}\right) = -2 \times \left(\dfrac{5}{2}\right)^2 + 9 = -\dfrac{7}{2}$
답 (1) 1 (2) -9 (3) $-\dfrac{7}{2}$

3 $y = x^2$에 주어진 점의 좌표를 대입한다.
① $-\dfrac{4}{9} \neq \left(\dfrac{2}{3}\right)^2 = \dfrac{4}{9}$ ② $5 \neq 25^2 = 625$
③ $-\dfrac{1}{4} \neq \left(\dfrac{1}{2}\right)^2 = \dfrac{1}{4}$ ④ $-49 \neq (-7)^2 = 49$
⑤ $\dfrac{16}{81} = \left(\dfrac{4}{9}\right)^2$ **답** ⑤

4 $y = ax^2$의 그래프에서
(1) $a < 0$이면 위로 볼록한 포물선이다.
(2) $y = ax^2$의 그래프와 $y = -ax^2$의 그래프는 x축에 대하여 서로 대칭이다.
(3) $|a|$가 클수록 폭이 좁고, 작을수록 폭이 넓다.
답 (1) ㄱ, ㄹ, ㅂ (2) ㄷ과 ㄹ
(3) 가장 좁은 것 : ㅁ, 가장 넓은 것 : ㅂ

5 ① $a > 0$이면 아래로 볼록한 포물선이다.
③ 축의 방정식은 $x = 0$이다.
④ a의 절댓값이 클수록 그래프의 폭이 좁아진다.
⑤ $y = ax^2$의 그래프와 $y = -ax^2$의 그래프는 x축에 대하여 서로 대칭이다. **답** ②

6 이차함수 $y = ax^2 + q$의 그래프는 이차함수 $y = ax^2$의 그래프를 y축의 방향으로 q만큼 평행이동한 것이다.
답 (1) 4 (2) -2

7 이차함수 $y=-2x^2$의 그래프를 y축의 방향으로 4만큼 평행이동한 그래프의 식은 $y=-2x^2+4$이다.
이 그래프가 점 $(-1, a)$를 지나므로 $x=-1$, $y=a$를 대입하면 $a=-2\times(-1)^2+4=2$ 🗒 2

8 ③ 축의 방정식은 $x=0$이다. 🗒 ③

9 이차함수 $y=a(x-p)^2$의 그래프는 이차함수 $y=ax^2$의 그래프를 x축의 방향으로 p만큼 평행이동한 것이다.
🗒 (1) 4 (2) -2

10 이차함수 $y=-\dfrac{1}{2}x^2$의 그래프를 x축의 방향으로 -3만큼 평행이동한 그래프의 식은 $y=-\dfrac{1}{2}(x+3)^2$이다.
이 그래프가 점 $(5, k)$를 지나므로 $x=5$, $y=k$를 대입하면 $k=-\dfrac{1}{2}(5+3)^2=-\dfrac{1}{2}\times64=-32$
🗒 -32

11 ① 꼭짓점의 좌표는 $(1, 0)$이다.
② 축의 방정식은 $x=1$이다.
③ $|5|<|-6|$이므로 $y=-6x^2$의 그래프보다 폭이 넓다.
④ $y=5x^2$의 그래프를 x축의 방향으로 1만큼 평행이동한 것이다.
🗒 ⑤

12 이차함수 $y=a(x-p)^2+q$의 그래프는 이차함수 $y=ax^2$의 그래프를 x축의 방향으로 p만큼, y축의 방향으로 q만큼 평행이동한 그래프이다.
🗒 (1) 1, 3 (2) $-\dfrac{1}{3}$, 2

13 이차함수 $y=\dfrac{2}{3}x^2$의 그래프를 x축의 방향으로 -2만큼, y축의 방향으로 -5만큼 평행이동한 그래프의 식은 $y=\dfrac{2}{3}(x+2)^2-5$이다.
이 그래프가 점 $(k, 1)$을 지나므로 $x=k$, $y=1$을 대입하면 $1=\dfrac{2}{3}(k+2)^2-5$, $k^2+4k-5=0$
$(k+5)(k-1)=0$ ∴ $k=1 (∵ k>0)$ 🗒 1

14 이차함수 $y=-(x-4)^2+q$의 그래프의 꼭짓점의 좌표는 $(4, q)$이고 이 점은 $(p, 11)$과 일치하므로

$4=p$, $q=11$
또, 축의 방정식은 $x=4$이므로 $r=4$
∴ $2p-q+r=8-11+4=1$ 🗒 1

15 🗒 (1) $>$, $<$, $<$ (2) $<$, $<$, $=$

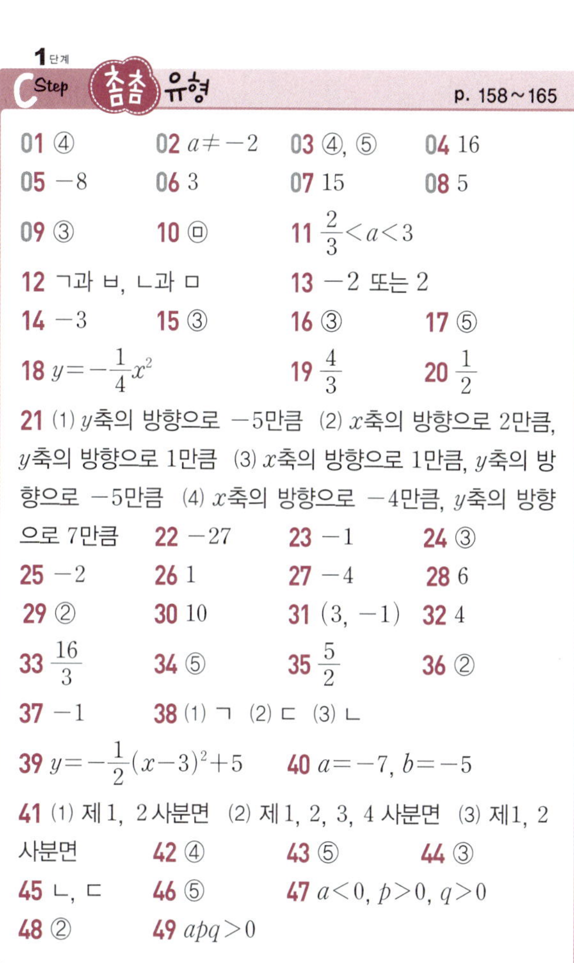

1단계
C Step 촘촘 유형 p. 158~165

01 ④	**02** $a\neq-2$	**03** ④, ⑤	**04** 16
05 -8	**06** 3	**07** 15	**08** 5
09 ③	**10** ㅁ	**11** $\dfrac{2}{3}<a<3$	
12 ㄱ과 ㅂ, ㄴ과 ㅁ		**13** -2 또는 2	
14 -3	**15** ③	**16** ③	**17** ⑤
18 $y=-\dfrac{1}{4}x^2$		**19** $\dfrac{4}{3}$	**20** $\dfrac{1}{2}$

21 (1) y축의 방향으로 -5만큼 (2) x축의 방향으로 2만큼, y축의 방향으로 1만큼 (3) x축의 방향으로 1만큼, y축의 방향으로 -5만큼 (4) x축의 방향으로 -4만큼, y축의 방향으로 7만큼

	22 -27	**23** -1	**24** ③
25 -2	**26** 1	**27** -4	**28** 6
29 ②	**30** 10	**31** $(3, -1)$	**32** 4
33 $\dfrac{16}{3}$	**34** ⑤	**35** $\dfrac{5}{2}$	**36** ②

37 -1 **38** (1) ㄱ (2) ㄷ (3) ㄴ

39 $y=-\dfrac{1}{2}(x-3)^2+5$ **40** $a=-7, b=-5$

41 (1) 제1, 2사분면 (2) 제1, 2, 3, 4 사분면 (3) 제1, 2 사분면

	42 ④	**43** ⑤	**44** ③
45 ㄴ, ㄷ	**46** ⑤	**47** $a<0, p>0, q>0$	
48 ②	**49** $apq>0$		

01 함수 $y=f(x)$가 x에 대한 이차식으로 나타내어질 때, 이 함수를 이차함수라 한다.
① $y=2$ ② $y=6x+1$
③ $y=4x+3$ ④ $y=-x^2+x-1$
⑤ $y=-4x+1$ 🗒 ④

02 $y=(a+1)x^2+(x+1)(x-3)$
$=(a+1)x^2+x^2-2x-3$
$=(a+2)x^2-2x-3$
따라서 이차함수가 되려면 $a+2\neq0$이어야 하므로 $a\neq-2$이다. 🗒 $a\neq-2$

03 ① (원의 넓이)$=\pi\times$(반지름의 길이)^{2}이므로 $y=\pi x^2$

② (정육면체의 겉넓이)$=6\times$(한 면의 넓이)이므로
$$y=6x^2$$

③ (삼각형의 넓이)$=\dfrac{1}{2}\times$(밑변의 길이)$\times$(높이)이므로
$$y=\dfrac{1}{2}x^2+\dfrac{5}{2}x$$

④ (사다리꼴의 넓이)$=\dfrac{1}{2}\{$(윗변의 길이)$+$(아랫변의 길이)$\}\times$(높이)이므로 $y=6x+15$

⑤ (거리)$=$(속력)$\times$(시간)이므로 $y=10x$

답 ④, ⑤

04 $f(-3)=(-3)^2-(-3)+1=13$
$f(2)=2^2-2+1=3$
$\therefore f(-3)+f(2)=13+3=16$

답 16

05 $f(-1)=5$이므로
$f(-1)=-(-1)^2+a\times(-1)-2=5$
$-a-3=5$　$\therefore a=-8$

답 -8

06 $f(1)=4$에서 $a\times1^2+7\times1-8=4$
$a-1=4$　$\therefore a=5$　　　… 40%
$f(x)=5x^2+7x-8$이므로 $f(b)=-2$에서
$5b^2+7b-8=-2,\ 5b^2+7b-6=0$
$(b+2)(5b-3)=0,\ b$는 정수이므로 $b=-2$　… 40%
$\therefore a+b=3$　　　… 20%

답 3

채점 기준	배점
a의 값 구하기	40%
b의 값 구하기	40%
$a+b$의 값 구하기	20%

07 $y=ax^2$의 그래프가 점 $(2,3)$을 지나므로
$3=a\times2^2$　$\therefore a=\dfrac{3}{4}$
$y=\dfrac{3}{4}x^2$의 그래프가 점 $(-4,b)$를 지나므로
$b=\dfrac{3}{4}\times(-4)^2=12$
$\therefore 4a+b=15$

답 15

08 $y=-2x^2+3$의 그래프가 점 $(a,1),\ (2,b)$를 지나므로
$1=-2\times a^2+3,\ a^2=1$　$\therefore a=-1(\because a<0)$
$b=-2\times2^2+3=-5$
$\therefore ab=(-1)\times(-5)=5$

답 5

09 이차함수 $y=ax^2$의 그래프에서 $a>0$일 때 아래로 볼록하고(②, ③, ⑤), a의 절댓값이 클수록 폭이 좁아지므로 ③이다.

답 ③

10 $y=ax^2$의 그래프는 $a<-1$이므로 위로 볼록한 포물선이고, $|a|>|-1|$이므로 $y=-x^2$의 그래프보다 폭이 더 좁다. 따라서 ㅁ이다.

답 ㅁ

11 $a>0$일 때 이차함수 $y=ax^2$의 그래프가 $y=-3x^2$의 그래프보다 폭이 넓으므로 $0<a<3$ $\cdots\cdots$ ㉠
이차함수 $y=\dfrac{2}{3}x^2$의 그래프보다 폭이 좁으므로
$a>\dfrac{2}{3}$ $\cdots\cdots$ ㉡
㉠, ㉡에서 $\dfrac{2}{3}<a<3$

답 $\dfrac{2}{3}<a<3$

12 $y=ax^2$과 $y=-ax^2$의 그래프가 x축에 대하여 서로 대칭이다.
따라서 그래프가 x축에 대하여 서로 대칭인 것은 ㄱ과 ㅂ, ㄴ과 ㅁ이다.

답 ㄱ과 ㅂ, ㄴ과 ㅁ

13 $y=-3x^2$의 그래프와 x축에 대하여 대칭인 그래프의 식은 $y=3x^2$이므로 $x=m,\ y=12$를 대입하면
$12=3\times m^2,\ m^2=4$　$\therefore m=\pm2$

답 -2 또는 2

14 $y=5x^2$에 $x=a,\ y=2a$를 대입하면
$2a=5a^2$　$\therefore a=\dfrac{2}{5}(\because a\neq0)$　… 40%
$y=5x^2$의 그래프가 $y=bx^2$의 그래프와 x축에 대하여 대칭이므로 $b=-5$　　　… 40%
$\therefore 5a+b=2-5=-3$　　… 20%

답 -3

채점 기준	배점
a의 값 구하기	40%
b의 값 구하기	40%
$5a+b$의 값 구하기	20%

15 ③ 점 $(4,-4)$를 지난다.

답 ③

16 ③ $a>0$일 때 제1사분면과 제2사분면을 지나고, $a<0$일 때 제3사분면과 제4사분면을 지난다.

답 ③

17 ① 아래로 볼록한 포물선은 ㄴ, ㄷ이다.
② ㄱ의 그래프는 ㄹ의 그래프보다 폭이 좁다.
③ x축에 대하여 서로 대칭인 그래프는 ㄴ과 ㄹ이다.
④ 축의 방정식은 모두 $x=0$이다.

답 ⑤

18 $y=ax^2$의 그래프가 점 $(4, -4)$를 지나므로

$-4=16a$ $\therefore a=-\dfrac{1}{4}$

따라서 구하는 이차함수의 식은 $y=-\dfrac{1}{4}x^2$이다.

답 $y=-\dfrac{1}{4}x^2$

19 그래프의 꼭짓점이 원점이므로 구하는 이차함수의 식을 $y=ax^2$으로 놓자.

$y=ax^2$의 그래프가 점 $(-6, 12)$를 지나므로

$12=36a$ $\therefore a=\dfrac{1}{3}$

따라서 이차함수의 식은 $y=\dfrac{1}{3}x^2$이므로

$f(-2)=\dfrac{1}{3}\times(-2)^2=\dfrac{4}{3}$이다.   **답** $\dfrac{4}{3}$

20 점 B의 x좌표를 b라 하면 $A(b, b^2)$, $B(b, 0)$이고,

점 C는 $\overline{AB}$의 중점이므로 $C\left(b, \dfrac{b^2}{2}\right)$이다.

이때 $y=ax^2$의 그래프가 점 C를 지나므로

$\dfrac{b^2}{2}=a\times b^2$ $\therefore a=\dfrac{1}{2}$ **답** $\dfrac{1}{2}$

21 (1) $y=3x^2$의 그래프를 y축의 방향으로 -5만큼 평행이동한 것이다.

(2) $y=x^2$의 그래프를 x축의 방향으로 2만큼, y축의 방향으로 1만큼 평행이동한 것이다.

(3) $y=-x^2$의 그래프를 x축의 방향으로 1만큼, y축의 방향으로 -5만큼 평행이동한 것이다.

(4) $y=-\dfrac{1}{2}x^2$의 그래프를 x축의 방향으로 -4만큼, y축의 방향으로 7만큼 평행이동한 것이다.

답 (1) y축의 방향으로 -5만큼

(2) x축의 방향으로 2만큼, y축의 방향으로 1만큼

(3) x축의 방향으로 1만큼, y축의 방향으로 -5만큼

(4) x축의 방향으로 -4만큼, y축의 방향으로 7만큼

22 $y=-3x^2$의 그래프를 x축의 방향으로 2만큼 평행이동한 그래프의 식은 $y=-3(x-2)^2$

이 그래프가 점 $(5, k)$를 지나므로

$k=-3(5-2)^2=-27$ **답** -27

23 $y=-\dfrac{1}{2}x^2$의 그래프를 x축의 방향으로 3만큼, y축의 방향으로 -2만큼 평행이동한 그래프의 식은

$y=-\dfrac{1}{2}(x-3)^2-2$이다.   ⋯ 40 %

$y=-\dfrac{1}{2}(x-3)^2-2$의 그래프가 점 $(a, -10)$을 지나므로 $-10=-\dfrac{1}{2}(a-3)^2-2$, $(a-3)^2-16=0$

$a^2-6a-7=0$, $(a+1)(a-7)=0$

$\therefore a=-1\,(\because a<0)$ ⋯ 60 %

답 -1

채점 기준	배점
평행이동한 그래프의 식 구하기	40 %
구한 식에 $x=a$, $y=-10$을 대입하여 a의 값 구하기	60 %

24 $y=-3x^2+8$의 그래프에서 꼭짓점의 좌표는 $(0, 8)$, 축의 방정식은 $x=0$

$y=3(x-1)^2-7$의 그래프에서 꼭짓점의 좌표는 $(1, -7)$, 축의 방정식은 $x=1$

④ 두 그래프는 x^2의 계수의 절댓값이 같으므로 폭이 같다.

⑤ $y=3x^2$의 그래프를 평행이동하면 $y=3(x-1)^2-7$의 그래프와 포개어진다.

답 ③

25 $y=3(x-2)^2$의 그래프를 x축의 방향으로 -5만큼, y축의 방향으로 4만큼 평행이동하였으므로

$y=3(x+5-2)^2+4=3(x+3)^2+4$이므로 꼭짓점의 좌표는 $(-3, 4)$이고 축의 방정식은 $x=-3$이다.

$p=-3$, $q=4$, $m=-3$이므로 $p+q+m=-2$

답 -2

26 $y=-(x+3)^2+4$의 그래프를 x축의 방향으로 p만큼, y축의 방향으로 q만큼 평행이동한 그래프의 식은

$y=-(x-p+3)^2+4+q$이고, 이 그래프는

$y=-(x-1)^2+7$의 그래프와 일치하므로

$-p+3=-1$, $4+q=7$에서 $p=4$, $q=3$

$\therefore p-q=1$ **답** 1

27 이차함수 $y=\dfrac{1}{4}(x+5)^2-2$의 그래프를 x축의 방향으로 m만큼, y축의 방향으로 -6만큼 평행이동한 그래프의 식은

$y=\dfrac{1}{4}\{(x-m)+5\}^2-2-6=\dfrac{1}{4}(x-m+5)^2-8$

이 식에 $x=-3$, $y=1$을 대입하면

$1=\dfrac{1}{4}(2-m)^2-8$, $m^2-4m-32=0$

$(m+4)(m-8)=0$ $\therefore m=-4\,(\because m<0)$

답 -4

28 $y=2(x+4)^2-7$의 그래프를 x축의 방향으로 -3만큼, y축의 방향으로 m만큼 평행이동한 그래프의 식은
$$y=2(x+3+4)^2-7+m=2(x+7)^2-7+m \quad \cdots 50\%$$
$y=2(x+7)^2-7+m$의 그래프가 점 $(-5, 13-m)$을 지나므로
$$13-m=2(-5+7)^2-7+m,\ 2m=12$$
$$\therefore m=6 \quad \cdots 50\%$$

📖 6

채점 기준	배점
평행이동한 그래프의 식 구하기	50%
지나는 점을 대입하여 m의 값 구하기	50%

29 각각의 꼭짓점을 x축의 방향으로 1만큼, y축의 방향으로 -2만큼 평행이동시킨다.
① $(0, 4) \Rightarrow (1, 2)$: 제1사분면
② $(-2, 0) \Rightarrow (-1, -2)$: 제3사분면
③ $(0, 3) \Rightarrow (1, 1)$: 제1사분면
④ $(1, 0) \Rightarrow (2, -2)$: 제4사분면
⑤ $(-3, 4) \Rightarrow (-2, 2)$: 제2사분면

📖 ②

30 $y=\dfrac{1}{4}(x+a)^2-3$의 그래프의 축의 방정식이 $x=-2$이므로 $a=2$
$y=\dfrac{1}{4}(x+2)^2-3$의 그래프가 점 $(b, 6)$을 지나므로
$$6=\dfrac{1}{4}(b+2)^2-3,\ b^2+4b-32=0$$
$$(b+8)(b-4)=0 \quad \therefore b=-8(\because b<0)$$
$$\therefore a-b=2-(-8)=10$$

📖 10

31 $y=2x^2+k$의 그래프가 x축의 방향으로 3만큼, y축의 방향으로 4만큼 평행이동한 그래프의 식은
$$y=2(x-3)^2+k+4$$
이 식에 $x=1$, $y=7$을 대입하면
$$7=2(1-3)^2+k+4 \quad \therefore k=-5$$
따라서 평행이동한 그래프의 꼭짓점의 좌표는 $(3, k+4)=(3, -1)$이다.

📖 $(3, -1)$

32 $y=-3(x+k)^2+k^2+1$의 그래프의 꼭짓점의 좌표는 $(-k, k^2+1)$이고, 꼭짓점이 직선 $y=-x+13$ 위에 있으므로 $y=-x+13$에 $x=-k$, $y=k^2+1$을 대입하면
$$k^2+1=k+13,\ k^2-k-12=0$$
$$(k+3)(k-4)=0 \quad \therefore k=4(\because k>0)$$

📖 4

33 이차함수 $y=-\dfrac{2}{3}x^2$의 그래프와 모양이 같고 꼭짓점의 좌표가 $(-2, 4)$인 그래프의 식은
$$y=-\dfrac{2}{3}(x+2)^2+4$$이므로
$$a=-\dfrac{2}{3},\ p=-2,\ q=4$$
$$\therefore apq=\left(-\dfrac{2}{3}\right)\times(-2)\times4=\dfrac{16}{3}$$

📖 $\dfrac{16}{3}$

34 $y=a(x+p)^2+q$의 그래프의 꼭짓점의 좌표가 $(3, 2)$이므로 $p=-3$, $q=2$
$y=a(x-3)^2+2$의 그래프가 점 $(1, -2)$를 지나므로 $-2=a(1-3)^2+2$에서 $a=-1$
$$\therefore a-p+q=-1+3+2=4$$

📖 ⑤

35 이차함수 $y=4x^2$의 그래프를 평행이동한 그래프의 꼭짓점의 좌표가 $(1, -3)$이므로 주어진 그래프의 식은 $y=4(x-1)^2-3$이고 이 그래프가 점 $(m, 6)$을 지나므로 $6=4(m-1)^2-3$, $4m^2-8m-5=0$
$$(2m+1)(2m-5)=0 \quad \therefore m=\dfrac{5}{2}(\because m>0)$$

📖 $\dfrac{5}{2}$

36 $y=-\dfrac{1}{3}(x-1)^2$의 그래프가 오른쪽 그림과 같으므로 x의 값이 증가함에 따라 y의 값이 감소하는 x의 값의 범위는 $x>1$이다.

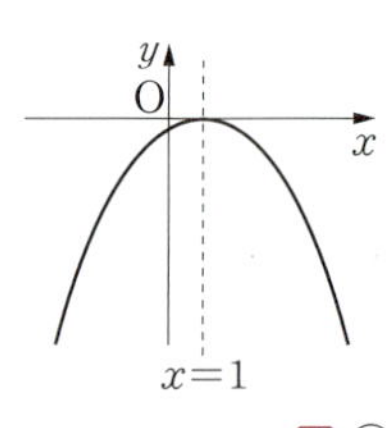

📖 ②

37 이차함수 $y=\dfrac{1}{6}x^2$의 그래프를 x축의 방향으로 a만큼, y축의 방향으로 b만큼 평행이동한 그래프의 식은
$$y=\dfrac{1}{6}(x-a)^2+b$$
x의 값이 증가함에 따라 y의 값이 증가하는 x의 값의 범위가 $x>-1$에서 축의 방정식은 $x=-1$이므로 $a=-1$

📖 -1

38 (1) y 대신 $-y$를 대입하면 $-y=-2(x-1)^2$
$$\therefore y=2(x-1)^2$$
(2) x 대신 $-x$를 대입하면 $y=-2(-x-1)^2$
$$\therefore y=-2(x+1)^2$$
(3) x 대신 $-x$, y 대신 $-y$를 대입하면
$$-y=-2(-x-1)^2,\ y=2(-x-1)^2$$

$$\therefore y=2(x+1)^2$$

답 (1) ㄱ (2) ㄷ (3) ㄴ

39 이차함수 $y=\dfrac{1}{2}x^2$의 그래프를 x축의 방향으로 3만큼,

y축의 방향으로 -5만큼 평행이동한 그래프의 식은

$y=\dfrac{1}{2}(x-3)^2-5$이고, 이 그래프를 x축에 대하여 대

칭이동한 그래프의 식은 $-y=\dfrac{1}{2}(x-3)^2-5$

$$\therefore y=-\dfrac{1}{2}(x-3)^2+5$$ 답 $y=-\dfrac{1}{2}(x-3)^2+5$

40 이차함수 $y=3x^2+a$의 그래프가 x축에 대하여 대칭

이동한 그래프의 식은 $-y=3x^2+a$

$$\therefore y=-3x^2-a \qquad \cdots 20\%$$

이 그래프가 점 $(-1, 4)$를 지나므로

$$4=-3\times(-1)^2-a \quad \therefore a=-7 \qquad \cdots 40\%$$

$y=-3x^2+7$에 $x=2$, $y=b$를 대입하면

$$b=-3\times 2^2+7=-5 \qquad \cdots 40\%$$

답 $a=-7$, $b=-5$

채점 기준	배점
대칭이동한 그래프의 식 구하기	20%
a의 값 구하기	40%
b의 값 구하기	40%

41 (1) $y=2x^2$의 그래프를 x축
의 방향으로 1만큼 평행
이동한 것이다.
오른쪽 그림에서 그래프
는 제1, 2사분면을 지난
다.

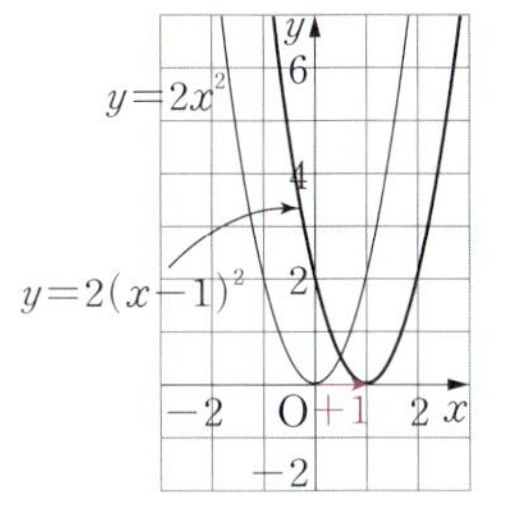

(2) $y=2x^2$의 그래프를 y축의
방향으로 -1만큼 평행이동
한 것이다.
오른쪽 그림에서 그래프는
제1, 2, 3, 4사분면을 지난
다.

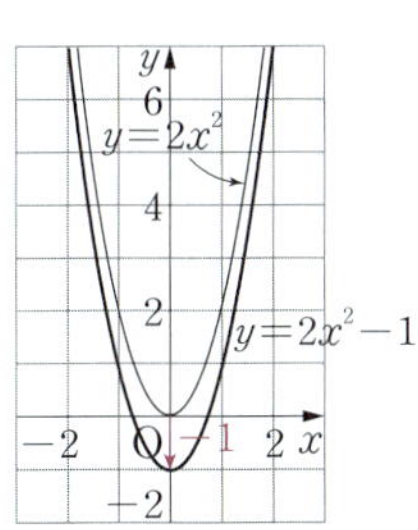

(3) $y=2x^2$의 그래프를 x축
의 방향으로 -1만큼, y
축의 방향으로 2만큼 평
행이동한 것이다.
오른쪽 그림의 그래프에
서 제1, 2사분면을 지난
다.

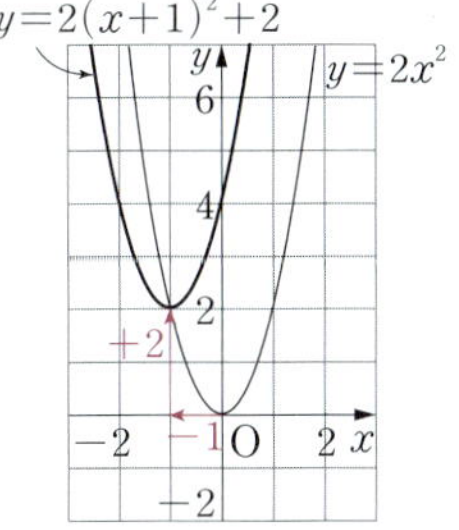

답 (1) 제1, 2 사분면 (2) 제1, 2, 3, 4 사분면
(3) 제1, 2 사분면

42 $y=-(x-2)^2+1$의 그래프는 꼭짓점의 좌표가
$(2, 1)$이고 위로 볼록한 포물선이다.
$y=-(x-2)^2+1$에 $x=0$을 대입하면 $y=-3$이므
로 y축과 만나는 점의 좌표는 $(0, -3)$이다.   답 ④

43 $y=\dfrac{1}{3}(x+3)^2-1$의 그래

프는 오른쪽 그림과 같으
므로 제4사분면을 지나지
않는다.

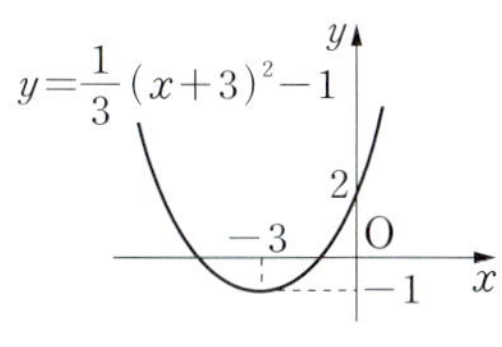

답 ⑤

44 ① 축의 방정식은 $x=0$이다.
② 꼭짓점의 좌표는 $(0, 5)$이다.
④ 모든 x의 값에 대하여 $y\leq 5$이다.
⑤ 위로 볼록한 포물선이다.   답 ③

45 $y=2x^2-1$의 그래프를 x축의 방향으로 5만큼, y축의
방향으로 -3만큼 평행이동한 그래프의 식은
$y=2(x-5)^2-1-3=2(x-5)^2-4$
ㄱ. 평행이동하면 x^2의 계수가 2인 이차함수의 그래프
와 겹쳐진다.
ㄹ. $x=5$를 대입하면 $y=-4$ 답 ㄴ, ㄷ

46 ⑤ $y=-(x+1)^2+1+12=-(x+1)^2+13$ 답 ⑤

47 위로 볼록하므로 $a<0$
꼭짓점이 제1사분면에 있으므로 $p>0$, $q>0$
답 $a<0$, $p>0$, $q>0$

48 아래로 볼록한 포물선이므로 $a>0$, 꼭짓점 $(0, -q)$
가 y축 아래에 있으므로 $-q<0$ $\therefore q>0$
③ $a+q>0$
④ $a-q$의 부호는 알 수 없다.
⑤ $aq>0$ 답 ②

49 이차함수 $y=a(x-p)^2+q$의
그래프는 오른쪽 그림과 같다.
그래프의 모양이 아래로 볼록
한 포물선이므로 $a>0$
꼭짓점이 제3사분면에 있으므
로 $p<0$, $q<0$이다.

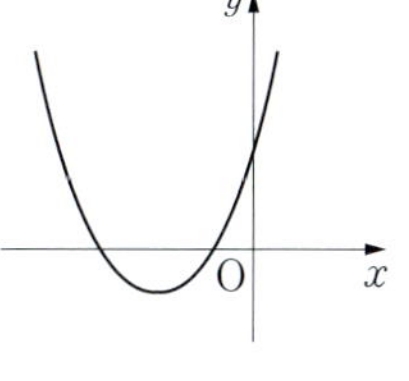

따라서 $a>0$, $p<0$, $q<0$이므로 $apq>0$이다.

답 $apq>0$

2단계
B Step 탄탄 내신

p. 166~168

01 ②	02 33	03 ③	04 $-\dfrac{1}{2}$
05 $A\left(\dfrac{4}{3},\dfrac{16}{9}\right)$		06 $\dfrac{37}{2}$	07 ④
08 9	09 4	10 -8	11 -3
12 5	13 ③, ⑤	14 ③	15 $x>\dfrac{3}{2}$
16 5	17 $-\dfrac{1}{4}<a<0$	18 ③	

01 (core) $y=ax^2+bx+c$가 이차함수이려면 $a\neq0$이어야 한다.

$y=k(k-5)x^2-6x^2+3x=(k^2-5k-6)x^2+3x$
$\quad=(k+1)(k-6)x^2+3x$

x에 대한 이차함수이려면 x^2의 계수가 0이 아니어야 하므로 k의 값이 될 수 없는 수는 -1, 6이다. 답 ②

02 (core) 이차함수 $f(x)=ax^2+bx+c$에 대하여 $f(p)=ap^2+bp+c$이다.

$f(2)=2\times2^2-a\times2+b=3$이므로
$-2a+b=-5$ ······ ㉠
$f(-1)=2\times(-1)^2-a\times(-1)+b=9$이므로
$a+b=7$ ······ ㉡
㉠, ㉡을 연립하여 풀면 $a=4$, $b=3$
따라서 $f(x)=2x^2-4x+3$이므로
$f(5)=2\times5^2-4\times5+3=33$ 답 33

03 (core) 이차함수 $y=ax^2$의 a의 절댓값이 클수록 그래프의 폭이 좁아진다.

㉡의 그래프는 ㉠의 그래프와 x^2의 계수의 부호가 반대이고, 그래프의 폭이 더 좁으므로 ㉠보다 x^2의 계수의 절댓값이 더 크다. ∴ ③ 답 ③

04 (core) 세 점 A, B, C의 x좌표가 모두 같다.

$B(k,0)$이므로 $A(k,2k^2)$, $C(k,ak^2)$이다.
$\overline{AB}:\overline{BC}=4:1$에서

$2k^2:|ak^2|=4:1$, $2:|a|=4:1$ $\quad\therefore|a|=\dfrac{1}{2}$

$y=ax^2$의 그래프는 위로 볼록하므로 $a<0$에서

$a=-\dfrac{1}{2}$이다. 답 $-\dfrac{1}{2}$

05 (core) $\overline{AB}$가 y축에 평행하면 두 점 A, B의 x좌표가 같고, $\overline{BC}$가 x축에 평행하면 두 점 B, C의 y좌표가 같다.

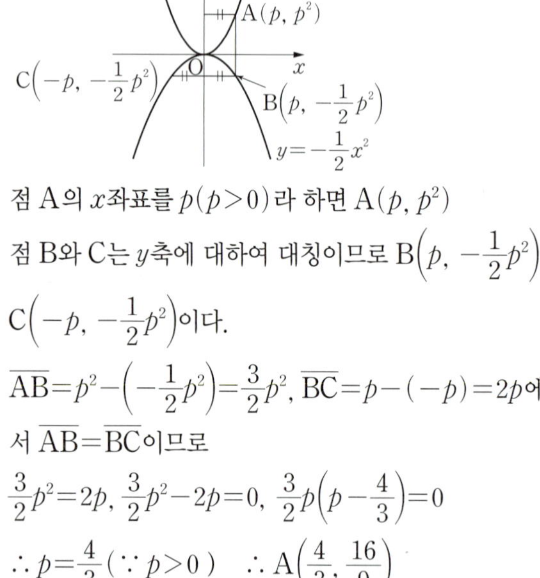

점 A의 x좌표를 $p\,(p>0)$라 하면 $A(p,p^2)$
점 B와 C는 y축에 대하여 대칭이므로 $B\left(p,-\dfrac{1}{2}p^2\right)$,
$C\left(-p,-\dfrac{1}{2}p^2\right)$이다.

$\overline{AB}=p^2-\left(-\dfrac{1}{2}p^2\right)=\dfrac{3}{2}p^2$, $\overline{BC}=p-(-p)=2p$에서 $\overline{AB}=\overline{BC}$이므로

$\dfrac{3}{2}p^2=2p$, $\dfrac{3}{2}p^2-2p=0$, $\dfrac{3}{2}p\left(p-\dfrac{4}{3}\right)=0$

$\therefore p=\dfrac{4}{3}\,(\because p>0)$ $\quad\therefore A\left(\dfrac{4}{3},\dfrac{16}{9}\right)$

답 $A\left(\dfrac{4}{3},\dfrac{16}{9}\right)$

06 (core) $y=ax^2$의 그래프와 x축에 대하여 대칭인 그래프의 식은 $y=-ax^2$이다.

$y=\dfrac{2}{9}x^2$의 그래프가 점 $(a-7,a-5)$를 지나므로

$a-5=\dfrac{2}{9}(a-7)^2$, $2a^2-37a+143=0$

$(a-13)(2a-11)=0$ $\quad\therefore a=13$ 또는 $a=\dfrac{11}{2}$

따라서 모든 a의 값의 합은 $13+\dfrac{11}{2}=\dfrac{37}{2}$이다.

답 $\dfrac{37}{2}$

07 (core) 원점을 꼭짓점으로 하는 이차함수의 식은 $y=ax^2$ 꼴이다.

$y=ax^2$의 그래프가 점 $(6,12)$를 지나므로

$12=36a$ $\therefore a=\dfrac{1}{3}$

$y=\dfrac{1}{3}x^2$의 그래프와 x축에 대하여 대칭인 포물선의

식은 $y=-\dfrac{1}{3}x^2$

따라서 이 포물선이 지나는 점이 아닌 것은 ④이다.

답 ④

08 이차함수 $y=3x^2$의 그래프를 x축의 방향으로 p만큼, y축의 방향으로 q만큼 평행이동한 그래프의 식은 $y=3(x-p)^2+q$이다. ··· 30%

이 그래프는 두 점 $(0, 11)$, $(1, 8)$을 지나므로
$11=3p^2+q$ ······㉠, $8=3-6p+3p^2+q$ ······㉡
㉡−㉠을 하면 $-3=3-6p$ $\therefore p=1$ ··· 30%
$p=1$을 ㉠에 대입하면 $11=3\times1^2+q$
$\therefore q=8$ ··· 30%
$\therefore p+q=9$ ··· 10%

답 9

채점 기준	배점
평행이동한 그래프의 식 구하기	30%
p의 값 구하기	30%
q의 값 구하기	30%
$p+q$의 값 구하기	10%

09 (core) 이차함수 $y=a(x-p)^2+q$의 그래프를 x축의 방향으로 m만큼, y축의 방향으로 n만큼 평행이동한 그래프의 식은 $y=a\{(x-m)-p\}^2+q+n$이다.

이차함수 $y=-\dfrac{1}{2}(x-2)^2+3$의 그래프를 x축의 방향으로 k만큼, y축의 방향으로 $3-2k$만큼 평행이동한

그래프의 식은 $y=-\dfrac{1}{2}(x-k-2)^2+3+3-2k$

$y=-\dfrac{1}{2}(x-k-2)^2+6-2k$의 그래프는

점 $(8, -4)$를 지나므로

$-4=-\dfrac{1}{2}(8-k-2)^2+6-2k$

$k^2-8k+16=0$, $(k-4)^2=0$

$\therefore k=4$

답 4

10 (core) 이차함수의 그래프를 y축에 대하여 대칭이동한 식은 x 대신 $-x$를 대입하여 구하고, x축에 대하여 대칭이동한 식은 y 대신 $-y$를 대입하여 구한다.

이차함수 $y=-2(x+a)^2$의 그래프를 y축에 대하여 대칭이동한 그래프의 식은 $y=-2(-x+a)^2$이고, 다시 x축에 대하여 대칭이동한 그래프의 식은

$-y=-2(-x+a)^2$ $\therefore y=2(a-x)^2$

이차함수 $y=2(a-x)^2$은 점 $(-3, 50)$을 지나므로
$50=2(a+3)^2$, $a^2+6a-16=0$
$(a+8)(a-2)=0$ $\therefore a=-8(\because a<0)$

답 −8

11 이차함수 $y=-\dfrac{1}{2}(x-3)^2+1$의 그래프를 x축의 방향으로 5만큼, y축의 방향으로 4만큼 평행이동한 그래프의 식은 $y=-\dfrac{1}{2}(x-8)^2+5$ ··· 40%

이 그래프를 y축에 대하여 대칭이동한 식은

$y=-\dfrac{1}{2}(-x-8)^2+5$

$\therefore y=-\dfrac{1}{2}(x+8)^2+5$ ··· 40%

$\therefore f(-4)=-\dfrac{1}{2}(-4+8)^2+5$

$=-8+5=-3$ ··· 20%

답 −3

채점 기준	배점
x축의 방향으로 5만큼, y축의 방향으로 4만큼 평행이동한 그래프의 식 구하기	40%
y축에 대하여 대칭이동한 식 구하기	40%
$f(-4)$의 값 구하기	20%

12 (core) 이차함수에서 모든 x의 값에 대하여 y의 값이 양수이려면 그래프가 아래로 볼록하고 제1, 2사분면을 지난다.

$y=(5k-2)(x-1)^2+k-4$에서 모든 x의 값에 대하여 y의 값이 양수이려면 그래프가 아래로 볼록해야 하므로

$5k-2>0$ $\therefore k>\dfrac{2}{5}$ ······㉠

또 꼭짓점의 y좌표가 양수이어야 하므로
$k-4>0$ $\therefore k>4$ ······㉡
㉠, ㉡에서 $k>4$이므로 가장 작은 정수 k는 5이다.

답 5

13 (core) 이차함수 $y=a(x-p)^2+q$의 그래프의 축의 방정식은 $x=p$, 꼭짓점의 좌표는 (p, q)이다.
① 축의 방정식은 $x=0$이다.
② 꼭짓점의 좌표는 $(-3, -4)$이다.
③ 점 $(-1, -17)$을 지난다.

답 ③, ⑤

14 (core) 각 조건에 알맞은 포물선을 찾는다.
㈎에서 $|a|<1$이므로 ②, ③, ⑤

(나)에서 $p>0$, $q<0$이므로 ①, ③, ⑤

(나), (다)에서 $ap^2+q>0$이므로 y절편이 ③ $\dfrac{22}{3}$, ⑤는

$-\dfrac{5}{2}$에서 ③이다.　　　　　　　　　　답 ③

15 (core) 두 점 $(-4, 0)$, $(0, 6)$을 지나는 일차함수의 식을 구하여 a, b의 값을 구한다.

일차함수 $y=ax-b$의 그래프가 $(0, 6)$을 지나므로

$-b=6$　∴ $b=-6$

또한 $y=ax+6$의 그래프가 점 $(-4, 0)$을 지나므로

$0=-4a+6$　∴ $a=\dfrac{3}{2}$

∴ $y=-6\left(x-\dfrac{3}{2}\right)^2-9$

따라서 x의 값이 증가할 때 y의 값은 감소하는 x의 값의 범위는 $x>\dfrac{3}{2}$이다.　　답 $x>\dfrac{3}{2}$

16 (core) 점 (p, q)가 $y=ax+b$ 위의 점일 때 $x=p$, $y=q$를 대입하면 등호가 성립한다.

꼭짓점의 좌표가 $(-p, p^2-3)$이므로

$p^2-3=3p+7$, $p^2-3p-10=0$

$(p+2)(p-5)=0$　∴ $p=5\,(\because p>0)$　　답 5

17 (core) 꼭짓점이 $(2, 1)$이고 모든 사분면을 지나는 이차함수의 그래프의 모양을 생각하며 구한다.

꼭짓점의 좌표가 $(2, 1)$이므로 제1사분면 위의 점이다. 이때 그래프가 모든 사분면을 지나려면 위로 볼록해야 하므로 $a<0$ ……㉠

또 y축과의 교점이 x축의 위쪽에 위치해야 하므로

$a\times(-2)^2+1>0$　∴ $a>-\dfrac{1}{4}$ ……㉡

㉠, ㉡에서 $-\dfrac{1}{4}<a<0$　　답 $-\dfrac{1}{4}<a<0$

18 (core) 일차함수의 그래프를 보고 a, b의 부호를 구한다.

$-a<0$, $b<0$에서 $a>0$, $b<0$이므로 $y=a(x+b)^2$의 그래프로 알맞은 것은 ③이다.　　답 ③

---

1 $y=2(x-3)^2-8$　　　　**2** -4

3 (1) 2　(2) $\dfrac{3}{2}$　(3) 3

1 $y=2(x+2)^2-k$의 그래프를 y축에 대하여 대칭이동한 그래프의 식은 $y=2(x-2)^2-k$

다시 x축의 방향으로 1만큼, y축의 방향으로 5만큼 평행이동한 그래프의 식은 $y=2(x-3)^2-k+5$

이 그래프의 축의 방정식은 $x=3$이고 x축과 만나는 두 점 사이의 거리가 4이므로 두 교점의 좌표는

$(1, 0)$, $(5, 0)$이다.

$y=2(x-3)^2-k+5$에 $x=1$, $y=0$을 대입하면

$0=2(1-3)^2-k+5$　∴ $k=13$

따라서 구하는 이차함수의 식은

$y=2(x-3)^2-13+5$이다.　∴ $y=2(x-3)^2-8$

답 $y=2(x-3)^2-8$

2 축의 방정식이 $x=1$이므로 점 R의 좌표는 $(3, 0)$

∴ $\overline{QR}=4$

$P(1, q)$이므로 $p=1$

$\triangle PQR$의 넓이가 8이므로

$\dfrac{1}{2}\times4\times q=8$　∴ $q=4$

점 $Q(-1, 0)$을 지나므로

$y=a(x-1)^2+q$에 대입하면

$4a=-q$　∴ $a=-1$

따라서 $\dfrac{pq}{a}=\dfrac{1\times4}{-1}=-4$이다.　　답 -4

3 (1) $\overline{AB}$가 y축에 평행하고 □ABCD가 직사각형이므로 점 C의 x좌표를 t라 하면 $B(-t, t^2)$, $C(t, t^2)$, $D(t, 2t^2)$에서

$\overline{CD}=2t^2-t^2=t^2$, $\overline{BC}=2t$

또한, □ABCD가 정사각형이므로 $t^2=2t$

$t(t-2)=0$　∴ $t=0$ 또는 $t=2$

∴ $t=2\,(\because t>0)$

따라서 점 C의 x좌표는 2이다.

(2) 두 점 $C(t, t^2)$, $D(t, 2t^2)$의 중점은

$\left(t, \dfrac{t^2+2t^2}{2}\right)=\left(t, \dfrac{3}{2}t^2\right)$

이 점이 $y=ax^2$의 그래프 위에 있으므로

$\dfrac{3}{2}t^2=at^2$ $\therefore a=\dfrac{3}{2}$

(3) $C(t, t^2)$, $D(t, 2t^2)$일 때 $\overline{CD}=t^2$, $\overline{BC}=2t$

$2(t^2+2t)=30$, $t^2+2t=15$

$t^2+2t-15=0$, $(t+5)(t-3)=0$

$\therefore t=-5$ 또는 $t=3$

$\therefore t=3(\because t>0)$

따라서 점 C의 x좌표는 3이다.

답 (1) 2 (2) $\dfrac{3}{2}$ (3) 3

---

1 이차함수 $y=ax^2+bx+c$의 그래프

원리확인 **기본문제** **p.** 171~175

1 (1) $y=2x^2-4x+3$

$\qquad =2(x^2-2x+1)-2+3$

$\qquad =2(x-1)^2+1$

축의 방정식 : $x=1$

꼭짓점의 좌표 : $(1, 1)$

(2) $y=-\dfrac{1}{2}x^2+2x+1$

$\qquad =-\dfrac{1}{2}(x^2-4x+4)+2+1$

$\qquad =-\dfrac{1}{2}(x-2)^2+3$

축의 방정식 : $x=2$

꼭짓점의 좌표 : $(2, 3)$

답 (1) 축의 방정식 : $x=1$, 꼭짓점의 좌표 : $(1, 1)$

(2) 축의 방정식 : $x=2$, 꼭짓점의 좌표 : $(2, 3)$

2 $y=2x^2+4x-6$에 $y=0$을 대입하면

$2x^2+4x-6=0$, $2(x^2+2x-3)=0$

$2(x-1)(x+3)=0$ $\therefore x=1$ 또는 $x=-3$

따라서 x축과의 교점의 좌표는 $(1, 0)$, $(-3, 0)$이다.

$y=2x^2+4x-6$에 $x=0$을 대입하면

$y=2\times0^2+4\times0-6=-6$

따라서 y축과의 교점의 좌표는 $(0, -6)$이다.

답 x축 : $(1, 0)$, $(-3, 0)$

y축 : $(0, -6)$

3 $y=-2x^2+8x-13$

$\qquad =-2(x^2-4x+4-4)-13$

$\qquad =-2(x-2)^2+8-13$

$\qquad =-2(x-2)^2-5$

① 위로 볼록하다.

② 꼭짓점의 좌표가 $(2, -5)$이다.

③ $x=0$일 때 y의 값이므로 -13

이다.

④ 제3, 4사분면을 지나고 제1, 2사분면을 지나지 않는다.

⑤ $x>2$일 때, x의 값이 증가하면 y의 값은 감소한다.

답 ④

4 $y=-2x^2-4x-5=-2(x^2+2x+1)+2-5$
$\qquad =-2(x+1)^2-3$

x 대신 $x-a$, y 대신 $y-b$를 대입하면

$y-b=-2(x-a+1)^2-3$

$\therefore y=-2(x-a+1)^2-3+b$

이 그래프가

$y=-2x^2+4x-8=-2(x^2-2x+1)+2-8$
$\qquad =-2(x-1)^2-6$이므로

$-a+1=-1$에서 $a=2$, $-3+b=-6$에서 $b=-3$

$\therefore a+b=2-3=-1$

답 -1

5   이차함수 $y=\dfrac{1}{2}x^2-3x+\dfrac{7}{2}$의 그래프를 x축에 대하

여 대칭이동한 그래프의 식은 $-y=\dfrac{1}{2}x^2-3x+\dfrac{7}{2}$

$y=-\dfrac{1}{2}x^2+3x-\dfrac{7}{2}=-\dfrac{1}{2}(x^2-6x+9-9)-\dfrac{7}{2}$

$\qquad =-\dfrac{1}{2}(x-3)^2+1$

이므로 $a=-\dfrac{1}{2}$, $p=-3$, $q=1$

$\therefore apq=\left(-\dfrac{1}{2}\right)\times(-3)\times 1=\dfrac{3}{2}$

답 $\dfrac{3}{2}$

6 $a>0$이므로 아래로 볼록하다.

$ab<0$이므로 축이 y축의 오른쪽에 있다.

$c<0$이므로 y축과의 교점은 x축보다 아래쪽에 있다.

따라서 이차함수 $y=ax^2+bx+c$의 그래프는 ②이
다.

답 ②

7   ① 포물선의 축이 y축의 오른쪽에 있으므로 $ab<0$

② y축과의 교점이 x축(원점) 위에 있으므로 $c=0$
$\qquad \therefore ac=0$

③ $c=0$이므로 $bc=0$이다.

④ $x=1$일 때 $y<0$이므로 $a+b+c<0$

⑤ $x=-1$일 때 $y>0$이므로 $a-b+c>0$

답 ③

---

01 $y=2x^2-12x+5=2(x^2-6x+9)-18+5$
$\qquad =2(x-3)^2-13$

$\therefore a=2$, $p=3$, $q=-13$

따라서 $a+p+q=2+3-13=-8$이다. 답 -8

02 $y=5x^2-4x+6=5\left(x^2-\dfrac{4}{5}x+\dfrac{4}{25}\right)-\dfrac{4}{5}+6$

$\qquad =5\left(x-\dfrac{2}{5}\right)^2+\dfrac{26}{5}$ … 50 %

$p=\dfrac{2}{5}$, $pq=\dfrac{26}{5}$이므로 $\dfrac{2}{5}q=\dfrac{26}{5}$, $q=13$

$\therefore p=\dfrac{2}{5}$, $q=13$ … 50 %

답 $p=\dfrac{2}{5}$, $q=13$

채점 기준	배점
$y=a(x-p)^2+q$꼴로 나타내기	50 %
p, q의 값 구하기	50 %

03   (1) $y=2x^2+4x-1=2(x^2+2x+1)-2-1$
$\qquad =2(x+1)^2-3$

따라서 꼭짓점의 좌표는 $(-1,\ -3)$이고 축의 방
정식은 $x=-1$이다.

(2) $y=-x^2+2x+1=-(x^2-2x+1)+1+1$
$\qquad =-(x-1)^2+2$

따라서 꼭짓점의 좌표는 $(1,\ 2)$이고 축의 방정식은
$x=1$이다.

(3) $y=x^2-3x+4=\left(x^2-3x+\dfrac{9}{4}\right)-\dfrac{9}{4}+4$

$\qquad =\left(x-\dfrac{3}{2}\right)^2+\dfrac{7}{4}$

따라서 꼭짓점의 좌표는 $\left(\dfrac{3}{2},\ \dfrac{7}{4}\right)$이고 축의 방정식

은 $x=\dfrac{3}{2}$이다.

---

(4) $y=-2x^2-2x+3=-2\left(x^2+x+\dfrac{1}{4}\right)+\dfrac{1}{2}+3$

$\qquad =-2\left(x+\dfrac{1}{2}\right)^2+\dfrac{7}{2}$

따라서 꼭짓점의 좌표는 $\left(-\dfrac{1}{2},\ \dfrac{7}{2}\right)$이고 축의 방정식은 $x=-\dfrac{1}{2}$이다.

답 (1) $(-1,\ -3),\ x=-1$　(2) $(1,\ 2),\ x=1$

$\qquad$ (3) $\left(\dfrac{3}{2},\ \dfrac{7}{4}\right),\ x=\dfrac{3}{2}$　(4) $\left(-\dfrac{1}{2},\ \dfrac{7}{2}\right),\ x=-\dfrac{1}{2}$

04 $y=4x^2-4x+a=4\left(x^2-x+\dfrac{1}{4}\right)-1+a$

$\qquad =4\left(x-\dfrac{1}{2}\right)^2-1+a$

이 그래프의 꼭짓점의 좌표가 $\left(\dfrac{1}{2},\ -1+a\right)$이고,

$(b,\ -8)$과 일치하므로 $\dfrac{1}{2}=b,\ -1+a=-8$

$\therefore a=-7,\ b=\dfrac{1}{2}$

$\therefore a+4b=-7+4\times\dfrac{1}{2}=-5$　답 -5

05 $y=x^2-5x=\left(x-\dfrac{5}{2}\right)^2-\dfrac{25}{4}$의 그래프의 꼭짓점의

좌표는 $\left(\dfrac{5}{2},\ -\dfrac{25}{4}\right)$ …… ㉠　… 40 %

$y=\dfrac{1}{4}x^2+ax+b=\dfrac{1}{4}(x+2a)^2-a^2+b$의 그래프의

꼭짓점의 좌표는 $(-2a,\ -a^2+b)$ …… ㉡　… 40 %

㉠, ㉡이 일치하므로 $\dfrac{5}{2}=-2a,\ -\dfrac{25}{4}=-a^2+b$

$\therefore a=-\dfrac{5}{4},\ b=-\dfrac{75}{16}$　… 20 %

답 $a=-\dfrac{5}{4},\ b=-\dfrac{75}{16}$

채점 기준	배점
$y=x^2-5x$의 그래프의 꼭짓점 구하기	40 %
$y=\dfrac{1}{4}x^2+ax+b$의 그래프의 꼭짓점 구하기	40 %
$a,\ b$의 값 구하기	20 %

06 $y=-3x^2-12x-11=-3(x^2+4x+4)+12-11$

$\qquad =-3(x+2)^2+1$

이 그래프의 축의 방정식은 $x=-2$이다.

$y=-\dfrac{1}{2}x^2+2ax-1$

$\qquad =-\dfrac{1}{2}(x^2-4ax+4a^2)+2a^2-1$

$\qquad =-\dfrac{1}{2}(x-2a)^2+2a^2-1$

이 그래프의 축의 방정식은 $x=2a$이다.

두 그래프의 축의 방정식이 같으므로 $2a=-2$

$\therefore a=-1$　답 -1

07 $y=-3x^2+6x-5=-3(x^2-2x+1)+3-5$

$\qquad =-3(x-1)^2-2$

이 그래프를 x축의 방향으로 -2만큼, y축의 방향으로 5만큼 평행이동한 그래프의 식은

$y=-3(x+1)^2+3$

따라서 그래프의 축의 방정식은 $x=-1$이다.

답 $x=-1$

08 $y=2x^2+8x+5=2(x^2+4x+4)-8+5$

$\qquad =2(x+2)^2-3$

$y=2x^2-12x+12=2(x^2-6x+9)-18+12$

$\qquad =2(x-3)^2-6$

$y=2x^2-12x+12$의 그래프를 $y=2x^2+8x+5$의 그래프와 겹쳐지게 평행이동하는 것은 꼭짓점 $(3,\ -6)$을 꼭짓점 $(-2,\ -3)$으로 평행이동하는 것과 같다.

따라서 x축의 방향으로 -5만큼, y축의 방향으로 3만큼 평행이동해야 한다.

답 x축의 방향으로 -5만큼, y축의 방향으로 3만큼

09 이차함수 $y=ax^2-8x$의 그래프와

$y=-\dfrac{1}{2}x^2+bx+c$의 그래프는 폭이 같으므로

$a=-\dfrac{1}{2}$　… 20 %

$y=-\dfrac{1}{2}x^2-8x=-\dfrac{1}{2}(x^2+16x+64)+32$

$\qquad =-\dfrac{1}{2}(x+8)^2+32$　… 30 %

이 그래프를 x축의 방향으로 6만큼 평행이동한 그래프의 식은

$y=-\dfrac{1}{2}\{(x-6)+8\}^2+32=-\dfrac{1}{2}x^2-2x+30$이므로 $b=-2,\ c=30$　… 30 %

$\therefore 2a-b-c=-1+2-30=-29$　… 20 %

답 -29

채점 기준	배점
a의 값 구하기	20 %
$y=a(x-p)^2+q$꼴로 고치기	30 %
$b,\ c$의 값 구하기	30 %
$2a-b-c$의 값 구하기	20 %

10 위로 볼록하므로 이차항의 계수는 음수이다.

$\Rightarrow$ ②, ⑤

②, ⑤ 중 이차항의 계수의 절댓값이 큰 것은 ②이므로 폭이 더 좁다.

탑 ②

11 $y=\dfrac{1}{5}x^2-\dfrac{2}{5}x+2$의 그래프를 평행이동하여 완전히 포개어지려면 이차항의 계수가 같아야 한다.　　탑 ④

12 $y=3x^2+12x-8=3(x^2+4x+4)-12-8$

$\qquad =3(x+2)^2-20$

따라서 x의 값이 증가할 때 y의 값도 증가하는 x의 값의 범위는 $x>-2$이다.　　탑 $x>-2$

13 $y=-x^2+2ax+7=-(x^2-2ax+a^2)+a^2+7$

$\qquad =-(x-a)^2+a^2+7$

축의 방정식이 $x=a$이므로 $a=1$　　탑 1

14 $y=x^2+x-12$에 $y=0$을 대입하면

$x^2+x-12=0$, $(x+4)(x-3)=0$

$\therefore x=-4$ 또는 $x=3$

따라서 A$(-4, 0)$, B$(3, 0)$ 또는 A$(3, 0)$,

B$(-4, 0)$이므로 $\overline{AB}=7$이다.　　탑 7

15 $\overline{AB}=5$이므로 A$(a, 0)$, B$(a+5, 0)$이라 하면 두 점 A, B는 $y=x^2-x+k$의 그래프 위의 점이므로

$a^2-a+k=0$ ……㉠

$(a+5)^2-(a+5)+k=0$에서

$a^2+9a+20+k=0$ ……㉡

㉡$-$㉠을 하면 $10a+20=0$　　$\therefore a=-2$

$y=x^2-x+k$의 그래프가 점 $(-2, 0)$을 지나므로

$0=(-2)^2-(-2)+k$　　$\therefore k=-6$　　탑 -6

16 $y=-2x^2-4x+1=-2(x^2+2x+1)+2+1$

$\qquad =-2(x+1)^2+3$

따라서 꼭짓점의 좌표는 $(-1, 3)$, y절편은 1이고 위로 볼록한 그래프이다.　　탑 ②

17 ① 꼭짓점의 좌표가 $(0, -3)$이므로 제1, 2사분면을 지나지 않는다.

② $y=\dfrac{1}{2}x^2-5x+\dfrac{25}{2}=\dfrac{1}{2}(x-5)^2$

따라서 꼭짓점의 좌표가 $(5, 0)$으로 x축 위에 있으므로 제3, 4사분면을 지나지 않는다.

③ $y=x^2+4x+1=(x+2)^2-3$

따라서 꼭짓점의 좌표가 $(-2, -3)$이고, y축과의 교점의 좌표가 $(0, 1)$이므로 제4사분면을 지나지 않는다.

④ $y=-x^2+4x+5=-(x-2)^2+9$

따라서 꼭짓점의 좌표가 $(2, 9)$이고, y축과의 교점의 좌표가 $(0, 5)$이므로 모든 사분면을 지난다.

⑤ $y=-3x^2+6x-5=-3(x-1)^2-2$

따라서 꼭짓점의 좌표가 $(1, -2)$이고, y축과의 교점이 $(0, -5)$이므로 제1, 2사분면을 지나지 않는다.

탑 ④

18 $y=x^2-2x-15$에 $y=0$을 대입하면

$x^2-2x-15=0$에서 $(x+3)(x-5)=0$

$\therefore x=-3$ 또는 $x=5$

$\therefore$ A$(-3, 0)$, B$(5, 0)$

또, $y=x^2-2x-15$에 $x=0$을 대입하면

$y=-15$　　$\therefore$ C$(0, -15)$

$\therefore \triangle ABC=\dfrac{1}{2}\times 8\times 15=60$　　탑 60

19 $y=-x^2+2x+3$에 $y=0$을 대입하면

$x^2-2x-3=0$, $(x+1)(x-3)=0$

$\therefore x=-1$ 또는 $x=3$

$\therefore$ A$(-1, 0)$, B$(3, 0)$　　… 30%

$y=-x^2+2x+3$에 $x=0$을 대입하면 $y=3$

$\therefore$ C$(0, 3)$　　… 20%

$y=-x^2+2x+3=-(x-1)^2+4$에서

D$(1, 4)$　　… 30%

$\triangle ABC=\dfrac{1}{2}\times 4\times 3=6$

$\triangle ABD=\dfrac{1}{2}\times 4\times 4=8$

$\therefore \triangle ABC : \triangle ABD=6 : 8=3 : 4$　　… 20%

탑 $3 : 4$

채점 기준	배점
점 A, B의 좌표 구하기	30%
점 C의 좌표 구하기	20%
점 D의 좌표 구하기	30%
넓이의 비 구하기	20%

다른풀이

$\triangle ABC$와 $\triangle ABD$에서 변 AB를 밑변이라 하면 넓이의 비는 높이의 비와 같다.

두 삼각형의 높이의 비가 $3 : 4$이므로

$\triangle ABC : \triangle ABD=3 : 4$

20 $y=-x^2+4x+5=-(x-2)^2+9$이므로 $\mathrm{A}(2, 9)$
$x=0$을 대입하면 $y=5$이므로 $\mathrm{B}(0, 5)$
$y=0$을 대입하면 $-x^2+4x+5=0$,
$x^2-4x-5=0$, $(x+1)(x-5)=0$
$\therefore x=-1$ 또는 $x=5$
$\therefore \mathrm{C}(5, 0)$
$\therefore \triangle \mathrm{ABC}=\triangle \mathrm{ABO}+\triangle \mathrm{AOC}-\triangle \mathrm{BOC}$
$$=\frac{1}{2}\times 5\times 2+\frac{1}{2}\times 5\times 9-\frac{1}{2}\times 5\times 5$$
$$=15$$
🔲 15

21 $y=-3x^2+6x-1=-3(x-1)^2+2$
④ x축의 방향으로 -2만큼, y축의 방향으로 1만큼
평행이동한 그래프의 식은
$y=-3(x+2-1)^2+2+1=-3(x+1)^2+3$
$y=-3(x+1)^2+3$의 그래프는 원점을 지난다.
⑤ 이차항의 계수의 절댓값이 같으므로 폭이 같다.
🔲 ⑤

22 ① $y=-x^2+2x+6=-(x-1)^2+7$에서 축의 방정
식은 $x=1$이다.
② 이차항의 계수의 절댓값이 같으므로 그래프의 폭은
같다.
③ $y=-3x^2+18x-26=-3(x-3)^2+1$
④ $a<0$만으로는 $y=ax^2+bx+c$의 그래프의 꼭짓
점이 어느 사분면 위에 있는지 알 수 없다.
⑤ $y=2(x+4)^2-10=2x^2+16x+22$이므로 y축과
만나는 점의 y좌표는 22이다.
🔲 ③

23 $a<0$이므로 위로 볼록하고 $ab<0$이므로 축이 y축의
오른쪽에 있다.
$c>0$이므로 y축과의 교점이 x축보다 위쪽에 있다.
따라서 꼭짓점은 제1사분면 위에 있다.
🔲 제1사분면

24 제1, 2, 4사분면을 지나고 제3
사분면을 지나지 않는 그래프는
오른쪽 그림과 같다.
아래로 볼록하므로 $a>0$
축이 y축의 오른쪽에 있으므로
$-ab<0$ $\therefore b>0$
y축과의 교점이 x축보다 위쪽에 있으므로
$-c>0$ $\therefore c<0$

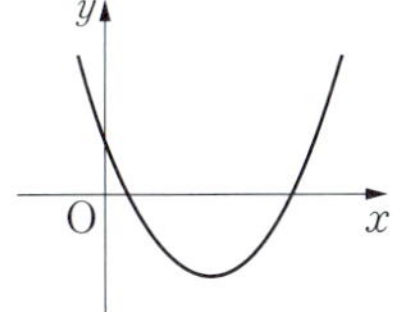

$\therefore abc<0$
🔲 $abc<0$

25 아래로 볼록하므로 $a>0$
축이 y축의 왼쪽에 있으므로 $ab>0$ $\therefore b>0$
y축과의 교점이 x축보다 아래쪽에 있으므로 $c<0$
$y=cx^2+bx-a$의 그래프는 $c<0$이므로 위로 볼록하
고, $bc<0$이므로 축이 y축의 오른쪽에 있고, $-a<0$
이므로 y축과의 교점은 x축보다 아래쪽에 있다.
따라서 $y=cx^2+bx-a$의 그래프로 적당한 것은 ③이
다.
🔲 ③

---

2 이차함수의 활용

원리확인 기본문제   p. 181~186

1 (1) 꼭짓점의 좌표가 $(1, 3)$이므로 이차함수의 식을
$y=a(x-1)^2+3$으로 놓고 $x=3$, $y=5$를 대입하
면 $5=a(3-1)^2+3$ $\therefore a=\frac{1}{2}$
따라서 구하는 이차함수의 식은
$y=\frac{1}{2}(x-1)^2+3$, 즉 $y=\frac{1}{2}x^2-x+\frac{7}{2}$이다.

(2) 축의 방정식이 $x=4$이므로 이차함수의 식을
$y=a(x-4)^2+q$로 놓고 $x=-2$, $y=13$을 대입
하면
$13=a(-2-4)^2+q$에서 $36a+q=13$ ······㉠
$x=8$, $y=3$을 대입하면
$3=a(8-4)^2+q$에서 $16a+q=3$ ······㉡
㉠, ㉡을 연립하여 풀면 $a=\frac{1}{2}$, $q=-5$
따라서 구하는 이차함수의 식은
$y=\frac{1}{2}(x-4)^2-5$, 즉 $y=\frac{1}{2}x^2-4x+3$이다.
🔲 (1) $y=\frac{1}{2}x^2-x+\frac{7}{2}$ (2) $y=\frac{1}{2}x^2-4x+3$

2 (1) 꼭짓점의 좌표가 $(-2, 1)$이고, 점 $(1, 4)$를 지나
므로 이차함수의 식을 $y=a(x+2)^2+1$로 놓고
$x=1$, $y=4$를 대입하면
$4=a(1+2)^2+1$ $\therefore a=\frac{1}{3}$
따라서 구하는 이차함수의 식은
$y=\frac{1}{3}(x+2)^2+1$, 즉 $y=\frac{1}{3}x^2+\frac{4}{3}x+\frac{7}{3}$이다.

(2) 축의 방정식이 $x=1$이므로 이차함수의 식을
$y=a(x-1)^2+q$로 놓는다.

두 점 $\left(3, -\dfrac{5}{2}\right)$, $(-2, -5)$가 이 그래프 위에 있

으므로 $x=3$, $y=-\dfrac{5}{2}$를 대입하면

$-\dfrac{5}{2}=a(3-1)^2+q$에서 $4a+q=-\dfrac{5}{2}$ ······㉠

$x=-2$, $y=-5$를 대입하면

$-5=a(-2-1)^2+q$에서 $9a+q=-5$ ······㉡

㉠, ㉡을 연립하여 풀면 $a=-\dfrac{1}{2}$, $q=-\dfrac{1}{2}$

따라서 구하는 이차함수의 식은

$y=-\dfrac{1}{2}(x-1)^2-\dfrac{1}{2}$, 즉 $y=-\dfrac{1}{2}x^2+x-1$이다.

답 $(1)\,y=\dfrac{1}{3}x^2+\dfrac{4}{3}x+\dfrac{7}{3}$ $(2)\,y=-\dfrac{1}{2}x^2+x-1$

3 (1) 이차함수의 식을 $y=ax^2+bx+c$로 놓고

$x=0$, $y=-3$을 대입하면 $-3=c$ ······㉠

$x=1$, $y=2$를 대입하면 $2=a+b+c$ ······㉡

$x=5$, $y=-2$를 대입하면

$-2=25a+5b+c$ ······㉢

㉠, ㉡, ㉢을 연립하여 풀면

$a=-\dfrac{6}{5}$, $b=\dfrac{31}{5}$, $c=-3$

따라서 구하는 이차함수의 식은

$y=-\dfrac{6}{5}x^2+\dfrac{31}{5}x-3$이다.

(2) x축과의 교점이 $(-2, 0)$, $(5, 0)$이므로 이차함수

의 식을 $y=a(x+2)(x-5)$로 놓고

$x=4$, $y=-3$을 대입하면

$-3=a(4+2)(4-5)$ ∴ $a=\dfrac{1}{2}$

따라서 구하는 이차함수의 식은

$y=\dfrac{1}{2}(x+2)(x-5)$, 즉 $y=\dfrac{1}{2}x^2-\dfrac{3}{2}x-5$이다.

답 $(1)\,y=-\dfrac{6}{5}x^2+\dfrac{31}{5}x-3$ $(2)\,y=\dfrac{1}{2}x^2-\dfrac{3}{2}x-5$

4 (1) 주어진 그래프는 세 점 $(-1, 4)$, $(0, 1)$, $(1, 2)$를

지나므로 이차함수의 식을 $y=ax^2+bx+c$로 놓고

$x=-1$, $y=4$를 대입하면 $4=a-b+c$ ······㉠

$x=0$, $y=1$을 대입하면 $1=c$ ······㉡

$x=1$, $y=2$를 대입하면 $2=a+b+c$ ······㉢

㉠, ㉡, ㉢을 연립하여 풀면 $a=2$, $b=-1$, $c=1$

따라서 구하는 이차함수의 식은 $y=2x^2-x+1$이

다.

(2) 주어진 그래프는 $(-1, 0)$, $(3, 0)$에서 x축과 만나

고 $(0, 2)$를 지난다.

구하는 이차함수의 식을 $y=a(x+1)(x-3)$으로

놓고 $x=0$, $y=2$를 대입하면

$2=a(0+1)(0-3)$ ∴ $a=-\dfrac{2}{3}$

따라서 구하는 이차함수의 식은

$y=-\dfrac{2}{3}(x+1)(x-3)$, 즉 $y=-\dfrac{2}{3}x^2+\dfrac{4}{3}x+2$

이다.

답 $(1)\,y=2x^2-x+1$ $(2)\,y=-\dfrac{2}{3}x^2+\dfrac{4}{3}x+2$

5 이차방정식 $3x^2-7x+8=0$에서

$(-7)^2-4\times3\times8=-47<0$이므로 근이 없다.

따라서 이차함수 $y=3x^2-7x+8$의 그래프와 x축의

교점은 없다. 답 0개

6 이차방정식 $x^2-5x+k-1=0$에서

$D=(-5)^2-4(k-1)=25-4k+4=29-4k$

(1) $D=29-4k>0$, $-4k>-29$

∴ $k<\dfrac{29}{4}$

(2) $D=29-4k=0$ ∴ $k=\dfrac{29}{4}$

(3) $D=29-4k<0$, $-4k<-29$

∴ $k>\dfrac{29}{4}$

답 $(1)\,k<\dfrac{29}{4}$ $(2)\,k=\dfrac{29}{4}$ $(3)\,k>\dfrac{29}{4}$

7 $x^2-4x-2=2x+1$, $x^2-6x-3=0$

이차방정식 $x^2-6x-3=0$에서

$\dfrac{D}{4}=(-3)^2-1\times(-3)=12>0$

따라서 두 그래프의 교점의 개수는 2개이다. 답 2개

8

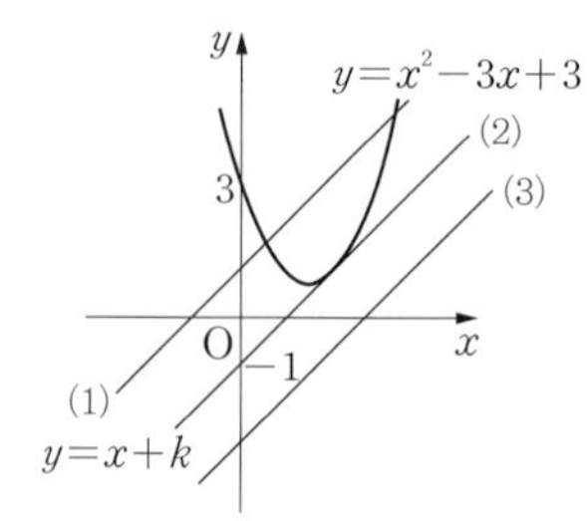

$y=x^2-3x+3$, $y=x+k$에서 $x^2-3x+3=x+k$

$x^2-4x+3-k=0$

∴ $\dfrac{D}{4}=(-2)^2-(3-k)=1+k$

(1) $D>0$일 때, 즉 $k>-1$일 때 두 그래프는 두 점에

서 만난다.

(2) $D=0$일 때, 즉 $k=-1$일 때 두 그래프는 한 점에서 만난다.

(3) $D<0$일 때, 즉 $k<-1$일 때 두 그래프는 만나지 않는다.

　　　　답 (1) $k>-1$ (2) $k=-1$ (3) $k<-1$

9 (1) 세로의 길이를 x cm이므로 가로의 길이는 $(13-x)$ cm이다.

$$\therefore y=x(13-x)$$
$$=-x^2+13x$$

(2) $y=-x^2+13x$에 $y=40$을 대입하면
$$40=-x^2+13x,\ x^2-13x+40=0$$
$$(x-5)(x-8)=0$$
$$\therefore x=5 \text{ 또는 } x=8$$

따라서 구하는 세로의 길이는 5 cm 또는 8 cm이다.　　답 (1) $y=-x^2+13x$ (2) 5 cm 또는 8 cm

---

1단계
C Step 촘촘 유형　　　　　　p. 187~189

01 -3	**02** $(0,1)$	**03** -17	**04** ⑤
05 $(-1,-5)$		**06** -23	**07** 13
08 $\left(-\dfrac{1}{2},-\dfrac{3}{2}\right)$		**09** $(2,6)$	**10** $\dfrac{5}{4}$
11 8	**12** 9	**13** $y=\dfrac{1}{4}x^2-\dfrac{1}{2}x-\dfrac{15}{4}$	
14 50	**15** (1) $y=-2x^2+28x\ (0<x<14)$		
(2) 7 cm	**16** 4 cm	**17** (1) 4초 후	
(2) 1초 후 또는 3초 후	**18** D$(2,2)$		

01 꼭짓점의 좌표가 $(2,-11)$이므로 이차함수의 식을 $y=a(x-2)^2-11$로 놓고 $x=5$, $y=7$을 대입하면
$$7=a(5-2)^2-11,\ 18=9a \quad \therefore a=2$$
$y=a(x-2)^2-11$에 $a=2$를 대입하면
$$y=2(x-2)^2-11=2x^2-8x-3에서$$
$$b=-8,\ c=-3$$
$$\therefore a+b-c=2-8-(-3)=-3 \qquad 답 -3$$

02 꼭짓점의 좌표가 $(-1,3)$이므로 이차함수의 식을 $y=a(x+1)^2+3$으로 놓고 $x=1$, $y=-5$를 대입하면 $-5=a(1+1)^2+3$, $-8=4a$ $\therefore a=-2$

따라서 구하는 이차함수의 식은
$$y=-2(x+1)^2+3=-2x^2-4x+1이다.$$

y축과 만나는 점의 x좌표는 0이므로 $x=0$을 대입하면 $y=1$이다.

따라서 구하는 점의 좌표는 $(0,1)$이다.　　답 $(0,1)$

03 주어진 그래프는 꼭짓점의 좌표가 $(-4,1)$이고, 점 $(0,-7)$을 지나므로 이차함수의 식을 $y=a(x+4)^2+1$로 놓고 $x=0$, $y=-7$을 대입하면
$$-7=a(0+4)^2+1,\ 16a=-8 \quad \therefore a=-\dfrac{1}{2}$$

구하는 이차함수의 식은 $y=-\dfrac{1}{2}(x+4)^2+1$이고 이 그래프가 점 $(2,k)$를 지나므로
$$k=-\dfrac{1}{2}(2+4)^2+1=-17 \qquad 답 -17$$

04 직선 $x=1$이 축의 방정식이므로 $y=a(x-1)^2+q$로 놓고 $x=0$, $y=8$을 대입하면 $8=a+q$ ……㉠
$x=-3$, $y=-7$을 대입하면 $-7=16a+q$ ……㉡
㉠, ㉡을 연립하여 풀면 $a=-1$, $q=9$
$$\therefore y=-(x-1)^2+9$$

① $(-4,-16)$, ② $(-1,5)$, ③ $\left(-\dfrac{1}{2},\dfrac{27}{4}\right)$,
④ $(1,9)$　　　　　　　　　　답 ⑤

05 축의 방정식이 $x=-1$이므로 이차함수의 식을 $y=a(x+1)^2+q$로 놓고
$x=1$, $y=3$을 대입하면 $3=4a+q$ ……㉠
$x=-2$, $y=-3$을 대입하면 $-3=a+q$ ……㉡
㉠, ㉡을 연립하여 풀면 $a=2$, $q=-5$
구하는 이차함수의 식은 $y=2(x+1)^2-5$이므로 꼭짓점의 좌표는 $(-1,-5)$이다.　　답 $(-1,-5)$

06 이차함수의 식을 $y=a(x-3)^2+q$로 놓고　… 20 %
$x=2$, $y=7$을 대입하면
$$7=a(2-3)^2+q에서 a+q=7 ……㉠$$
$x=5$, $y=1$을 대입하면
$$1=a(5-3)^2+q에서 4a+q=1 ……㉡$$
㉠, ㉡을 연립하여 풀면 $a=-2$, $q=9$　… 60 %
구하는 이차함수의 식은 $y=-2(x-3)^2+9$이므로
$x=-1$, $y=m$을 대입하면
$$m=-2(-1-3)^2+9=-23$$　　　… 20 %
　　　　　　　　　　　　　　답 -23

채점 기준	배점
$y=a(x-p)^2+q$꼴로 놓기	20 %
$a,\ q$의 값 구하기	60 %
m의 값 구하기	20 %

07 $y=ax^2-6x+b$에
$x=-2$, $y=4$를 대입하면 $4a+b=-8$ ……㉠

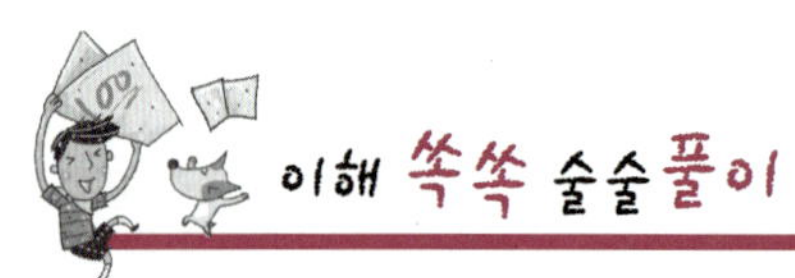

$x=1$, $y=-5$를 대입하면 $a+b=1$ ……㉡

$x=2$, $y=c$를 대입하면 $4a+b-c=12$ ……㉢

㉠, ㉡, ㉢을 연립하여 풀면 $a=-3$, $b=4$, $c=-20$

∴ $a-b-c=-3-4-(-20)=13$ **답** 13

08 y절편이 -1이므로 $y=ax^2+bx-1$로 놓고

$x=-3$, $y=11$을 대입하면 $9a-3b=12$ ……㉠

$x=1$, $y=3$을 대입하면 $a+b=4$ ……㉡

㉠, ㉡을 연립하여 풀면 $a=2$, $b=2$

따라서 $y=2x^2+2x-1=2\left(x+\dfrac{1}{2}\right)^2-\dfrac{3}{2}$이므로 꼭

짓점의 좌표는 $\left(-\dfrac{1}{2},\ -\dfrac{3}{2}\right)$이다.

답 $\left(-\dfrac{1}{2},\ -\dfrac{3}{2}\right)$

09 주어진 그래프는 세 점 $(-1,\ -3)$, $(0,\ 2)$, $(1,\ 5)$를

지나므로 $y=ax^2+bx+c$에

$x=-1$, $y=-3$을 대입하면 $a-b+c=-3$ ……㉠

$x=0$, $y=2$를 대입하면 $c=2$ ……㉡

$x=1$, $y=5$를 대입하면 $a+b+c=5$ ……㉢

㉠, ㉡, ㉢을 연립하여 풀면 $a=-1$, $b=4$, $c=2$

구하는 이차함수의 식은

$y=-x^2+4x+2=-(x^2-4x+4)+4+2$

$=-(x-2)^2+6$

이므로 꼭짓점의 좌표는 $(2,\ 6)$이다. **답** $(2,\ 6)$

10 이차함수의 식을 $y=ax^2+bx+c$로 놓고

$x=-2$, $y=20$을 대입하면 $4a-2b+c=20$ …㉠

$x=4$, $y=-4$를 대입하면 $16a+4b+c=-4$ …㉡

$x=7$, $y=11$을 대입하면 $49a+7b+c=11$ …㉢

㉠, ㉡, ㉢을 연립하여 풀면 $a=1$, $b=-6$, $c=4$

따라서 구하는 함수의 식은 $y=x^2-6x+4$이므로

$f\left(\dfrac{1}{2}\right)=\left(\dfrac{1}{2}\right)^2-6\times\dfrac{1}{2}+4=\dfrac{5}{4}$이다. **답** $\dfrac{5}{4}$

11 이차함수의 식을 $y=a(x+3)(x-2)$로 놓고

$x=0$, $y=12$를 대입하면 $12=a(0+3)(0-2)$

$-6a=12$ ∴ $a=-2$

구하는 이차함수의 식이

$y=-2(x+3)(x-2)=-2x^2-2x+12$이므로

$b=-2$, $c=12$

∴ $a+b+c=-2-2+12=8$ **답** 8

12 이차함수의 그래프가 두 점 $(-6,\ 0)$, $(1,\ 0)$을 지나

므로 $y=a(x+6)(x-1)=ax^2+5ax-6a$

따라서 $5a=b$, $-6a=-18$이므로 $a=3$, $b=15$

∴ $y=3x^2+15x-18$

이 식에 $x=0$을 대입하면 $y=-18$이므로

$(0,\ -18)$에서 $c=-18$

∴ $2a-b-c=6-15+18=9$ **답** 9

13 x축과의 교점이 $(-3,\ 0)$, $(5,\ 0)$이므로 축의 방정식

은 $x=1$이다.

따라서 꼭짓점의 좌표는 $(1,\ -4)$이다.

$y=a(x+3)(x-5)$라 하면 점 $(1,\ -4)$를 지나므

로

$-4=a(1+3)(1-5)$ ∴ $a=\dfrac{1}{4}$

따라서 구하는 이차함수의 식은

$y=\dfrac{1}{4}(x+3)(x-5)=\dfrac{1}{4}x^2-\dfrac{1}{2}x-\dfrac{15}{4}$

답 $y=\dfrac{1}{4}x^2-\dfrac{1}{2}x-\dfrac{15}{4}$

다른풀이

이차함수의 식을 $y=a(x+3)(x-5)$로 놓으면

$y=a(x+3)(x-5)=a(x^2-2x-15)$

$=a(x^2-2x+1)-16a=a(x-1)^2-16a$

꼭짓점의 y좌표가 -4이므로

$-16a=-4$ ∴ $a=\dfrac{1}{4}$

따라서 구하는 이차함수의 식은

$y=\dfrac{1}{4}(x-1)^2-4=\dfrac{1}{4}x^2-\dfrac{1}{2}x-\dfrac{15}{4}$이다.

14 $y=-2x^2+ax+b$의 그래프가 두 점 $(-5,\ 0)$,

$(5,\ 0)$에서 만나므로

$y=-2(x+5)(x-5)=-2x^2+50$

$a=0$, $b=50$이므로 $a+b=50$ **답** 50

15 (1)

x cm $\quad$ $(28-2x)$ cm $\quad$ x cm

28 cm

높이가 x cm, 단면의 넓이가 y cm²이므로

$y=x(28-2x)=-2x^2+28x\,(0<x<14)$

(2) $y=-2x^2+28x$에 $y=98$을 대입하면

$98=-2x^2+28x$, $x^2-14x+49=0$

$(x-7)^2=0$ ∴ $x=7$

따라서 구하는 높이는 7 cm이다.

답 (1) $y=-2x^2+28x\,(0<x<14)$ (2) 7 cm

16 부채꼴의 반지름의 길이를 x cm, 넓이를 y cm²라 하면

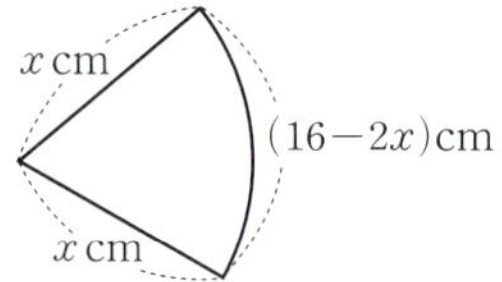

$$y=\frac{1}{2}x(16-2x)$$
$$=-x^2+8x$$

$y=-x^2+8x$에 $y=16$을 대입하면

$16=-x^2+8x,\ x^2-8x+16=0$

$(x-4)^2=0$　$\therefore x=4$

따라서 구하는 반지름의 길이는 4 cm이다.

🖪 4 cm

참고 원의 반지름의 길이가 r, 호의 길이가 l인 부채꼴의 넓이는 $\frac{1}{2}rl$이다.

17 (1) 공이 지면에 떨어질 때는 $y=0$일 때이므로

$0=20x-5x^2,\ 5x(x-4)=0$

$\therefore x=4\ (\because x>0)$

따라서 공은 쏘아 올린 지 4초 후에 지면에 떨어진다.　… 50 %

(2) $y=15$를 대입하면 $15=20x-5x^2$,

$x^2-4x+3=0$

$(x-1)(x-3)=0$　$\therefore x=1$ 또는 $x=3$

따라서 공의 높이가 15 m가 되는 것은 공을 쏘아 올린 지 1초 후 또는 3초 후이다.　… 50 %

🖪 (1) 4초 후 (2) 1초 후 또는 3초 후

채점 기준	배점
(1) 구하기	50 %
(2) 구하기	50 %

18 점 C의 좌표를 $(k, 0)$이라 하면(단, $k>0$) 점 D의 좌표는 $(k, -k^2+6)$

또, 이 그래프는 y축에 대하여 대칭이므로 점 B의 좌표는 $(-k, 0)$

□ABCD는 직사각형이므로 점 A의 좌표는 $(-k, -k^2+6)$

즉, $\overline{BC}=k-(-k)=2k$, $\overline{AB}=-k^2+6$이므로

□ABCD의 둘레의 길이를 l이라 하면

$l=2(\overline{BC}+\overline{AB})=2(2k-k^2+6)$
$=-2k^2+4k+12$

$l=-2k^2+4k+12$에 $l=12$를 대입하면

$12=-2k^2+4k+12,\ k^2-2k=0$

$k(k-2)=0$　$\therefore k=2\ (\because k>0)$

따라서 점 D(2, 2)이다.

🖪 D(2, 2)

---

01 ②　　02 5　　03 3

04 $y=x^2-2x+1$　　05 $a\leq-2$

06 -2 또는 4　　07 $-\dfrac{20}{3}$

08 $\left(1, \dfrac{3}{2}\right)$　09 $k\geq\dfrac{1}{3}$　10 $-\dfrac{2}{9}<k<0$

11 $-1\leq b<0$일 때 제1, 2사분면,

$b<-1$일 때 제1, 2, 3사분면　　12 $\dfrac{45}{2}$

13 (1) $b^2-4ac>0$ (2) $9a+3b+c=0$

(3) $16a-4b+c>0$ (4) $a+2b+4c<0$　14 6

15 $-2+\sqrt{14}$　　16 $(-1, -16)$

17 8　　18 442　　19 D$(-2, 2)$

20 0　　21 163.8 cm　　22 44200원

01 core 두 그래프의 꼭짓점의 좌표를 비교한다.

$y=2x^2-8ax+8a^2=2(x-2a)^2$의 그래프의 꼭짓점의 좌표는 $(2a, 0)$

$y=3x^2-6bx+2a=3(x-b)^2-3b^2+2a$의 그래프의 꼭짓점의 좌표는 $(b, -3b^2+2a)$

두 그래프의 꼭짓점이 일치하므로 $\begin{cases}2a=b\\0=-3b^2+2a\end{cases}$

이 연립방정식을 풀면 $a=\dfrac{1}{6}, b=\dfrac{1}{3}\ (\because a\neq0)$

$\therefore a+b=\dfrac{1}{6}+\dfrac{1}{3}=\dfrac{1}{2}$

🖪 ②

02 core $y=ax^2+bx+c \Rightarrow y=a(x-p)^2+q \Rightarrow$ 꼭짓점의 좌표 : (p, q)

$y=4x^2-16ax+8a+5$
$=4(x^2-4ax+4a^2)-16a^2+8a+5$
$=4(x-2a)^2-16a^2+8a+5$

꼭짓점의 좌표가 $(2a, -16a^2+8a+5)$이고

꼭짓점의 y좌표가 -19이므로

$-16a^2+8a+5=-19,\ 2a^2-a-3=0$

$(a+1)(2a-3)=0$　$\therefore a=-1$ 또는 $a=\dfrac{3}{2}$

따라서 그릴 수 있는 두 개의 포물선의 꼭짓점의 x좌표가 각각 -2, 3이므로 꼭짓점 사이의 거리는

$3-(-2)=5$이다.　　🖪 5

03 $y=(a+x)^2+2(a+1)x+1$
$=a^2+2ax+x^2+2ax+2x+1$
$=x^2+2(2a+1)x+a^2+1$
$=(x+2a+1)^2-3a^2-4a$　… 30 %

이 그래프의 꼭짓점의 좌표가 $(b, -4)$이므로
$-2a-1=b$ ……㉠
$-3a^2-4a=-4$ ……㉡ … 20%
㉡에서 $3a^2+4a-4=0$, $(a+2)(3a-2)=0$
$\therefore a=-2\,(\because a<0)$ … 30%
$a=-2$를 ㉠에 대입하면 $4-1=b$ $\therefore b=3$ … 20%

답 3

채점 기준	배점
주어진 함수의 식을 $y=a(x-p)^2+q$의 꼴로 고치기	30%
$p=b$, $q=-4$로 놓기	20%
a의 값 구하기	30%
b의 값 구하기	20%

04 (core) 이차함수 $y=ax^2$의 그래프를 평행이동시켜도 이차항의 계수 a는 변하지 않는다.
그래프의 폭은 변화가 없으므로 $a=1$
$y=x^2+bx+c$의 그래프가 두 점 $(1, 0)$, $(0, 1)$을 지나므로
$$\begin{cases}0=1+b+c\\1=c\end{cases}$$ 을 풀면 $b=-2$, $c=1$
따라서 평행이동한 그래프의 식은 $y=x^2-2x+1$이다.

답 $y=x^2-2x+1$

05 이차항의 계수가 a이고 꼭짓점의 좌표가 $(1, 2)$인 이차함수의 식은 $y=a(x-1)^2+2$이고 제2사분면을 지나지 않는 그래프는 오른쪽 그림과 같다. … 50%
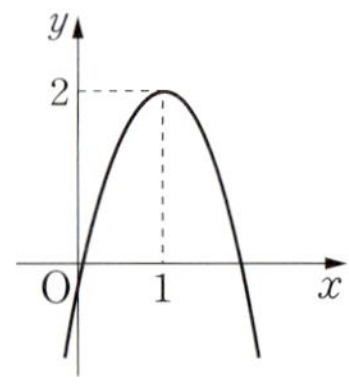
y축과 만나는 점의 좌표가 원점이거나 x축보다 아래쪽에 있어야 하므로 $x=0$일 때 $0\geq a\times(0-1)^2+2$에서 $a\leq -2$이다. … 50%

답 $a\leq -2$

채점 기준	배점
그래프 그리기	50%
a의 값의 범위 구하기	50%

06 (core) 그래프의 꼭짓점이 x축 위에 있으므로 꼭짓점의 y좌표는 0이다.
$y=x^2-2p(x-1)+8=x^2-2px+2p+8$
$\quad=(x-p)^2-p^2+2p+8$
이 그래프의 꼭짓점의 좌표는 $(p, -p^2+2p+8)$이고 꼭짓점이 x축 위에 있으므로 $-p^2+2p+8=0$
$p^2-2p-8=0$, $(p+2)(p-4)=0$
$\therefore p=-2$ 또는 $p=4$

답 -2 또는 4

07 (core) 이차함수의 그래프는 축의 방정식에 대하여 대칭이다.
$y=\dfrac{1}{3}x^2+\dfrac{2}{3}x-5$에 $y=0$을 대입하면
$0=\dfrac{1}{3}x^2+\dfrac{2}{3}x-5$, $x^2+2x-15=0$
$(x+5)(x-3)=0$ $\therefore x=-5$ 또는 $x=3$
x축과 만나는 두 점의 좌표는 $(-5, 0)$, $(3, 0)$이므로 두 점 사이의 거리는 8이다.
$y=\dfrac{1}{3}x^2+\dfrac{2}{3}x-5=\dfrac{1}{3}(x+1)^2-\dfrac{16}{3}$의 그래프를 y축의 방향으로 m만큼 평행이동한 그래프의 식은
$y=\dfrac{1}{3}(x+1)^2-\dfrac{16}{3}+m$
이 그래프의 축의 방정식은 $x=-1$이고 x축과 만나는 두 점 사이의 거리는 $8\times\dfrac{3}{2}=12$이므로 x축과 만나는 두 점의 좌표는 $(-7, 0)$, $(5, 0)$이다.
$y=\dfrac{1}{3}(x+1)^2-\dfrac{16}{3}+m$은 점 $(5, 0)$을 지나므로
$0=\dfrac{1}{3}(5+1)^2-\dfrac{16}{3}+m$ $\therefore m=-\dfrac{20}{3}$ 답 $-\dfrac{20}{3}$

08 (core) 이차함수 $y=ax^2+bx+c$를 $y=a(x-p)^2+q$의 꼴로 변형하면 축의 방정식 $x=p$를 기준으로 증가하거나 감소한다.
$y=-\dfrac{1}{2}x^2+mx+2m-1$
$\quad=-\dfrac{1}{2}(x^2-2mx+m^2)+\dfrac{1}{2}m^2+2m-1$
$\quad=-\dfrac{1}{2}(x-m)^2+\dfrac{1}{2}m^2+2m-1$
이므로 그래프의 꼭짓점의 좌표는
$\left(m, \dfrac{1}{2}m^2+2m-1\right)$이다.
또한, 위로 볼록한 포물선 모양의 그래프이므로 x의 값이 증가할 때 y의 값이 감소하는 부분은 축의 오른쪽이다. 즉, $x>m$이므로 $m=1$이다.
따라서 꼭짓점의 좌표는
$\left(m, \dfrac{1}{2}m^2+2m-1\right)=\left(1, \dfrac{3}{2}\right)$이다. 답 $\left(1, \dfrac{3}{2}\right)$

09 (core) 아래로 볼록한 포물선이므로 제3 사분면을 지나지 않으려면 y축과 만나는 점이 원점이거나 x축보다 위쪽에 있어야 한다.
$y=2x^2-7x+3k-1$의 그래프는 아래로 볼록한 포물선이고 꼭짓점의 x좌표가 $\dfrac{7}{4}$이므로 제3사분면을 지나지 않으려면 y축과 만나는 점이 원점이거나 x축보다 위쪽에 있어야 한다.
$3k-1\geq 0$ $\therefore k\geq \dfrac{1}{3}$ 답 $k\geq \dfrac{1}{3}$

10 $y=kx^2-6kx+9k+2$
　　$=k(x-3)^2+2$　…30%

의 꼭짓점의 좌표는 $(3, 2)$
이므로 모든 사분면을 지나
는 그래프는 오른쪽 그림과
같다.　　　　　　　…20%

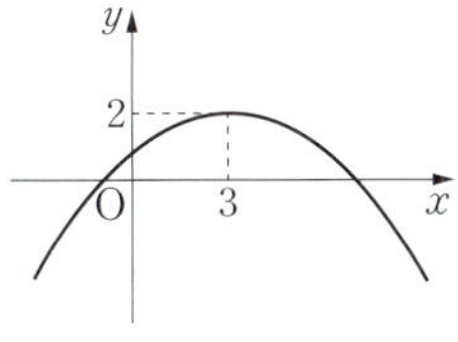

위로 볼록하므로 $k<0$ ……㉠

y축과 만나는 점이 x축보다 위쪽에 있어야 하므로

$9k+2>0$에서 $k>-\dfrac{2}{9}$ ……㉡

㉠, ㉡에서 $-\dfrac{2}{9}<k<0$　　　…50%

　　　　　　　　　　　답 $-\dfrac{2}{9}<k<0$

채점 기준	배점
$y=a(x-p)^2+q$꼴로 고치기	30%
그래프 그리기	20%
k의 값의 범위 구하기	50%

11 (core) 일차함수 $y=ax+b$의 그래프에서 a의 부호는 직선의
방향이고, b의 부호는 y절편이다.

$y=ax+b$의 그래프에서 $a>0$, $b<0$

$y=ax^2-2abx+a$에서 y절편은 a이고 $a>0$이므로
y축과의 교점은 x축보다 위쪽에 있다.

$y=ax^2-2abx+a=a(x-b)^2+a-ab^2$에서 꼭짓
점의 좌표는 $(b, a-ab^2)$이고 $b<0$이므로 꼭짓점은 y
축의 왼쪽에 있다.

$a-ab^2=a(1-b^2)$에서

(i) $-1<b<0$이면 꼭짓점이 제2사분면에 위치하므
　로 이차함수 $y=ax^2-2abx+a$의 그래프는 제1,
　2사분면을 지난다.

(ii) $b=-1$이면 꼭짓점이 x축 위에 위치하므로 이차
　함수 $y=ax^2-2ax+a$의 그래프는 제1, 2 사분면
　을 지난다.

(iii) $b<-1$이면 꼭짓점이 제3사분면에 위치하므로 이
　차함수 $y=ax^2-2abx+a$의 그래프가 제1, 2, 3
　사분면을 지난다.

따라서 $-1\le b<0$일 때 제1, 2사분면을 지나고,
$b<-1$일 때 제1, 2, 3사분면을 지난다.

　　　　　답 $-1\le b<0$일 때 제1, 2사분면,
　　　　　　　　$b<-1$일 때 제1, 2, 3사분면

12 (core) 이차함수 $y=a(x-p)^2+q$꼴로 고쳐 꼭짓점의 좌표
(p, q)를 구한다.

주어진 그래프의 꼭짓점의 좌표가 $(-4, 25)$이므로

$y=-x^2+ax+b=-\left(x^2-ax+\dfrac{a^2}{4}\right)+\dfrac{a^2}{4}+b$

　　　$=-\left(x-\dfrac{a}{2}\right)^2+\dfrac{a^2}{4}+b$

꼭짓점의 좌표 $\left(\dfrac{a}{2}, \dfrac{a^2}{4}+b\right)=(-4, 25)$에서

$\dfrac{a}{2}=-4$, $\dfrac{a^2}{4}+b=25$에서 $a=-8$, $b=9$　…50%

이차함수의 식은 $y=-x^2-8x+9$이고 이 식에
$y=0$을 대입하면

$-x^2-8x+9=0$에서

$x^2+8x-9=0$, $(x+9)(x-1)=0$

$\therefore x=-9$ 또는 $x=1$

즉, $A(0, 9)$, $B(-9, 0)$, $C(-4, 0)$이다.

$\therefore \triangle ABC=\dfrac{1}{2}\times\overline{BC}\times\overline{OA}=\dfrac{1}{2}\times5\times9$

　　　　　$=\dfrac{45}{2}$　　　　　　…50%

　　　　　　　　　　　　　답 $\dfrac{45}{2}$

채점 기준	배점
a, b의 값 구하기	50%
$\triangle ABC$의 넓이 구하기	50%

13 (core) 이차함수 $y=ax^2+bx+c(a>0)$의 그래프가 x축과
만나는 두 점의 x좌표가 α, $\beta(\alpha<\beta)$일 때
(i) $x<\alpha$, $x>\beta$ $\Rightarrow$ $y>0$　(ii) $x=\alpha$, $x=\beta$ $\Rightarrow$ $y=0$
(iii) $\alpha<x<\beta$ $\Rightarrow$ $y<0$

(1) $y=ax^2+bx+c=a\left(x+\dfrac{b}{2a}\right)^2-\dfrac{b^2-4ac}{4a}$

　꼭짓점이 제4사분면에 있으므로 $-\dfrac{b^2-4ac}{4a}<0$

　$a>0$이므로 $-b^2+4ac<0$　$\therefore b^2-4ac>0$

(2) $x=3$일 때 $y=0$이므로 $9a+3b+c=0$

(3) $x=-4$일 때 $y>0$이므로 $16a-4b+c>0$

(4) $x=\dfrac{1}{2}$일 때 $y<0$이므로 $\dfrac{1}{4}a+\dfrac{1}{2}b+c<0$

　$\therefore a+2b+4c<0$

　　　　答 (1) $b^2-4ac>0$　(2) $9a+3b+c=0$
　　　　　　(3) $16a-4b+c>0$　(4) $a+2b+4c<0$

14 (core) 꼭짓점의 좌표가 (p, q)인 이차함수의 식은
$y=a(x-p)^2+q$

이차항의 계수가 1이므로 이차함수의 식을
$y=(x-2)^2+c$로 놓고 $x=5$, $y=3$을 대입하면
$3=(5-2)^2+c$　$\therefore c=-6$

이차함수의 식은 $y=(x-2)^2-6=x^2-4x-2$이므로 $-2a=-4$, $b=-2$

$\therefore a=2$, $b=-2$, $c=-6$ $\quad \therefore a+b-c=6$ **답** 6

15 $y=ax^2+bx+c$에

$x=-9$, $y=28$을 대입하면 $81a-9b+c=28$ $\cdots$㉠

$x=-1$, $y=-12$를 대입하면 $a-b+c=-12$ $\cdots$㉡

$x=3$, $y=16$을 대입하면

$9a+3b+c=16$ $\cdots\cdots$㉢ $\qquad$ $\cdots$ 40%

㉠, ㉡, ㉢을 연립하여 풀면

$a=1$, $b=5$, $c=-8$ $\qquad$ $\cdots$ 30%

이차함수의 식은 $y=x^2+5x-8$이고 $x=p$, $y=p+2$를 대입하면 $p+2=p^2+5p-8$, $p^2+4p-10=0$

$\therefore p=-2\pm\sqrt{14}$

따라서 양수 p의 값은 $-2+\sqrt{14}$이다. $\qquad$ $\cdots$ 30%

답 $-2+\sqrt{14}$

채점 기준	배점
$y=ax^2+bx+c$에 그래프를 지나는 세 점의 좌표를 대입하여 연립방정식 만들기	40%
a, b, c의 값 구하기	30%
양수 p의 값 구하기	30%

16 (core) 점 (m, n)이 직선 $y=ax+b$ 위에 있으면 $n=am+b$이다.

$y=3x^2+6x+4k-5=3(x^2+2x+1)-3+4k-5$

$\qquad =3(x+1)^2+4k-8$

꼭짓점의 좌표가 $(-1, 4k-8)$이고 이 점이 직선 $y=2x-14$ 위에 있으므로 $4k-8=-2-14$

$\therefore k=-2$

따라서 이차함수의 식이 $y=3(x+1)^2-16$이므로 꼭짓점의 좌표는 $(-1, -16)$이다.

답 $(-1, -16)$

17 (core) $ax^2+bx+c=0$의 두 근이 p, q이면 $a(x-p)(x-q)=0$으로 놓을 수 있다.

이차방정식 $ax^2+bx+c=0$의 두 근이 -4, 5이므로

$ax^2+bx+c=a(x+4)(x-5)$에서

$y=ax^2+bx+c=a(x+4)(x-5)$

$\qquad =ax^2-ax-20a$ $\cdots\cdots$㉠

이차함수의 그래프는 축의 방정식에 대하여 대칭이므로 축의 방정식은 $x=\dfrac{-4+5}{2}=\dfrac{1}{2}$이고, 꼭짓점의 y좌표는 9이므로

$y=a\left(x-\dfrac{1}{2}\right)^2+9=ax^2-ax+\dfrac{a}{4}+9$ $\cdots\cdots$㉡

㉠, ㉡에서 $-20a=\dfrac{a}{4}+9$ $\quad \therefore a=-\dfrac{4}{9}$

$a=-\dfrac{4}{9}$를 ㉠에 대입하면

$y=-\dfrac{4}{9}x^2+\dfrac{4}{9}x+\dfrac{80}{9}$이므로 $b=\dfrac{4}{9}$, $c=\dfrac{80}{9}$

$\therefore a-b+c=8$ **답** 8

18 (core) $\overline{\text{AP}}$를 x cm로 놓고 $\overline{\text{BP}}$를 x에 관한 식으로 나타낸다.

$\overline{\text{AP}}=x$ cm, $\overline{\text{BP}}=(22-x)$ cm

$y=-x^2+(22-x)^2$

$\qquad =2x^2-44x+484$

$a=2$, $b=-44$, $c=484$이므로

$a+b+c=2+(-44)+484=442$ **답** 442

19 (core) 두 직선이 평행하면 두 직선의 기울기는 같다.

$\text{A}(-3, 0)$, $\text{B}(0, -2)$, $\text{C}(1, 0)$, $\text{D}(a, b)$라 하면

$\overline{\text{AB}} /\!/ \overline{\text{CD}}$에서 $\dfrac{-2-0}{0-(-3)}=\dfrac{b-0}{a-1}$

$2a+3b=2$ $\cdots\cdots$㉠

$\overline{\text{AD}} /\!/ \overline{\text{BC}}$에서 $\dfrac{b-0}{a-(-3)}=\dfrac{0-(-2)}{1-0}$

$2a-b=-6$ $\cdots\cdots$㉡

㉠, ㉡을 연립하여 풀면 $a=-2$, $b=2$

$\therefore \text{D}(-2, 2)$ **답** $\text{D}(-2, 2)$

20 (core) a, b의 부호를 구하여 근호 안의 부호를 알아낸다.

축이 y축의 오른쪽에 위치하므로

$1\times(-a)<0$, $-a<0$ $\quad \therefore a>0$

y축과의 교점이 x축의 위쪽에 위치하므로

$-b>0$ $\quad \therefore b<0$

$a>0$, $b<0$이므로 $a-b>0$, $b-a<0$

$\therefore \sqrt{(a-b)^2}-\sqrt{(b-a)^2}=a-b+(b-a)=0$

답 0

21 (core) 공이 그리는 곡선이 이차함수의 그래프의 모양이므로 $y=a(x-\alpha)(x-\beta)$의 꼴로 나타내어본다.

공을 쏘아 올린 지점을 원점이라 보면 공이 날아가면서 그린 곡선이 이차함수의 그래프와 같으므로

$y=ax(x-2)$

이 식에 $x=1$, $y=1.8$을 대입하면 $-a=1.8$

$\therefore a=-1.8$

$\therefore y=-1.8x(x-2)$

이 식에 $x=1.3$을 대입하면

$y=-1.8\times 1.3\times(-0.7)=1.638$

따라서 승윤이의 키는 163.8 cm이다. **답** 163.8 cm

22 (core) (총 판매가격)=(한 장당 판매가격)×(총 장수)

한 장의 가격이 x원 올랐을 때 한 장의 판매가격은 $(100+x)$원, x원 올랐을 때 팔리는 장수는 $(400-2x)$장이다.

$y=(100+x)(400-2x)=-2x^2+200x+40000$

$y=-2x^2+200x+40000$에 $x=30$을 대입하면

$y=44200$이므로 총 판매금액은 44200원이다.

🖹 44200원

---

³단계

A Step **만점** 승승장구   p. 194~195

1 6	**2** $\dfrac{11}{2}$ m	**3** (1) $y=-\dfrac{3}{2}x+3$

(2) $-1\pm\sqrt{5}$ **4** (1) $y=\dfrac{1}{2}x^2(0\leq x\leq 4)$,

$y=4x-8(4\leq x\leq 6)$ (2) $\sqrt{14}$초 후

5 $P\left(-\dfrac{2}{3},\dfrac{2}{9}\right)$ **6** $0\leq a<\dfrac{1}{5}$

1 $y=-\dfrac{1}{2}x^2+x+\dfrac{5}{2}=-\dfrac{1}{2}(x-1)^2+3$의 그래프의

꼭짓점의 좌표는 $(1, 3)$

$y=-\dfrac{1}{2}x^2+3x-\dfrac{3}{2}=-\dfrac{1}{2}(x-3)^2+3$의 그래프의

꼭짓점의 좌표는 $(3, 3)$

두 점 A, B에서 x축에 내린 수선의 발을 각각 P, Q라 하면 ①, ②의 넓이가 같으므로 구하는 부분의 넓이는 □APQB의 넓이와 같다.

∴ (구하는 부분의 넓이)=□APQB=$2\times3=6$

🖹 6

2 오른쪽 그림에서 점 A에서 $\overline{BC}$에 수선을 내려 만나는 점을 H라 하면

$\overline{AH}=8$m,

$\overline{BH}=11-5=6$(m)이고

$\triangle EBF\varnothing\triangle ABH$이므로

$\overline{BF}:\overline{EF}=\overline{BH}:\overline{AH}=6:8=3:4$

$\overline{BF}=3x$m, $\overline{EF}=4x$m라 하면

건물의 가로의 길이는 $(11-3x)$m이고, 세로의 길이는 $4x$m이므로

$y=(11-3x)\times4x=-12x^2+44x$

$y=-12x^2+44x$에 $y=\dfrac{121}{3}$을 대입하면

$\dfrac{121}{3}=-12x^2+44x$, $36x^2-132x+121=0$

$(6x-11)^2=0$ ∴ $x=\dfrac{11}{6}$

$\overline{BF}=\dfrac{11}{2}$m이므로 $\overline{FC}=11-\dfrac{11}{2}=\dfrac{11}{2}$(m)이다.

🖹 $\dfrac{11}{2}$m

3 (1) 점 $A(-2, a)$가 포물선 $y=\dfrac{3}{2}x^2$ 위에 있으므로

$a=\dfrac{3}{2}\times(-2)^2=6$

②의 그래프는 두 점 $A(-2, 6)$, $B\left(1, \dfrac{3}{2}\right)$을 지나

는 직선이므로 $y-6=\dfrac{6-\dfrac{3}{2}}{-2-1}(x+2)$

$y=-\dfrac{3}{2}(x+2)+6$ ∴ $y=-\dfrac{3}{2}x+3$

(2) $\dfrac{3}{2}x^2=2\left(-\dfrac{3}{2}x+3\right)$,

$x^2+2x-4=0$

∴ $x=-1\pm\sqrt{5}$

🖹 (1) $y=-\dfrac{3}{2}x+3$ (2) $-1\pm\sqrt{5}$

4 (1) (i) 점 P가 $\overline{AB}$ 위를 움직일 때

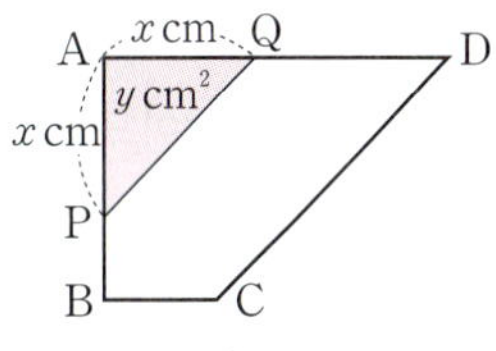

$\triangle APQ=\dfrac{1}{2}\times\overline{AP}\times\overline{AQ}$

∴ $y=\dfrac{1}{2}x^2\ (0\leq x\leq 4)$

(ii) 점 P가 $\overline{BC}$ 위를 움직일 때

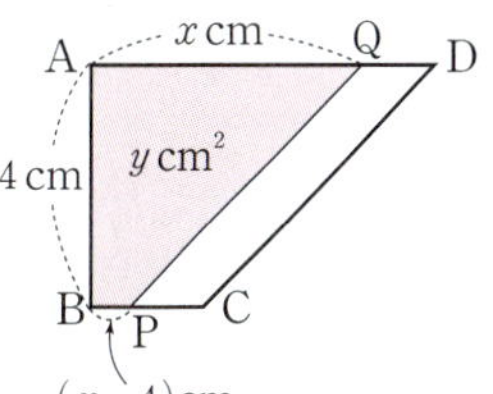

$\overline{AQ}=x$cm, $\overline{BP}=(x-4)$cm

$\square ABPQ=\dfrac{1}{2}\times(\overline{AQ}+\overline{BP})\times\overline{AB}$

∴ $y=\dfrac{1}{2}\times\{x+(x-4)\}\times4$

$=4x-8\,(4\leq x\leq6)$

따라서 $0\leq x\leq4$일 때 $y=\dfrac{1}{2}x^2$이고,

$4\leq x\leq6$일 때 $y=4x-8$이다.

(2) $y=\dfrac{1}{2}x^2\,(0\leq x\leq4)$에서 $y=7$일 때, $7=\dfrac{1}{2}x^2$

$x^2=14$ $\therefore x=\sqrt{14}\,(\because x>0)$

$y=4x-8\,(4\leq x\leq6)$에서 $7=4x-8$

$\therefore x=\dfrac{15}{4}$ (조건을 만족하지 않는다.)

따라서 출발한 지 $\sqrt{14}$초 후이다.

답 $(1)\,y=\dfrac{1}{2}x^2\,(0\leq x\leq4),\ y=4x-8\,(4\leq x\leq6)$

$(2)\,\sqrt{14}$초 후

5

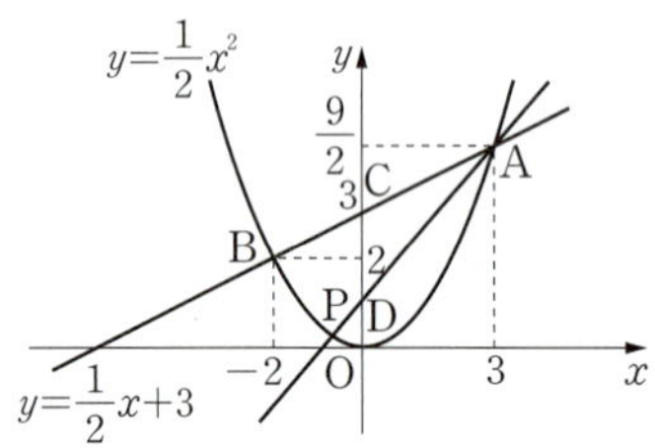

$y=\dfrac{1}{2}x^2$과 $y=\dfrac{1}{2}x+3$에서 $\dfrac{1}{2}x^2=\dfrac{1}{2}x+3$

$x^2=x+6,\ x^2-x-6=0,\ (x-3)(x+2)=0$

$\therefore x=3$ 또는 $x=-2$

$\therefore \mathrm{A}\!\left(3,\dfrac{9}{2}\right),\ \mathrm{B}(-2,2)$

점 D의 좌표를 $(0,a)$라 하면 직선 AP의 기울기는

$\dfrac{\frac{9}{2}-a}{3-0}=\dfrac{9-2a}{6}$이고, y절편은 a이므로 직선 AP의

방정식은 $y=\dfrac{9-2a}{6}x+a$이다.

$y=\dfrac{1}{2}x^2$과 $y=\dfrac{9-2a}{6}x+a$에서

$\dfrac{1}{2}x^2=\dfrac{9-2a}{6}x+a$

$3x^2-(9-2a)x-6a=0$

$(3x+2a)(x-3)=0$

$\therefore x=-\dfrac{2}{3}a$ 또는 $x=3$

$\therefore \mathrm{P}\!\left(-\dfrac{2}{3}a,\dfrac{2}{9}a^2\right)$

$\triangle\mathrm{ACD}=\dfrac{1}{2}\times(3-a)\times3=\dfrac{9-3a}{2}$

$\triangle\mathrm{DOP}=\dfrac{1}{2}\times a\times\dfrac{2}{3}a=\dfrac{1}{3}a^2$

$\dfrac{9-3a}{2}\times\dfrac{1}{9}=\dfrac{1}{3}a^2,\ \dfrac{9-3a}{18}=\dfrac{1}{3}a^2$

$2a^2+a-3=0,\ (2a+3)(a-1)=0$

$\therefore a=1\,(\because a>0)$

$\therefore \mathrm{P}\!\left(-\dfrac{2}{3},\dfrac{2}{9}\right)$ 답 $\mathrm{P}\!\left(-\dfrac{2}{3},\dfrac{2}{9}\right)$

6 이차방정식 $-x^2+2ax+3a=0$의 근이 모두 -2와 1 사이에 있어야 하므로 $f(x)=-x^2+2ax+3a$라 하면 함수 $f(x)$의 그림은 다음과 같다.

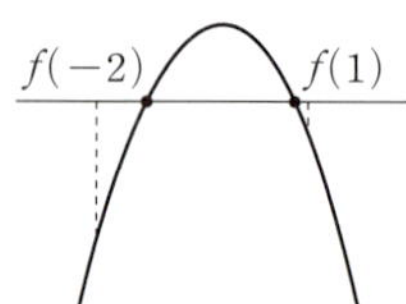

이차함수 $f(x)=-x^2+2ax+3a$와 x축이 만나는 점의 x좌표가 -2와 1 사이에 있을 조건은 다음과 같다.

(i) $f(-2)<0,\ f(1)<0$

(ii) 대칭축이 직선 $x=-2$와 $x=1$ 사이에 존재

(iii) 그래프와 x축이 만나므로 $D\geq0$

(i) $f(-2)=-4-4a+3a<0$에서 $a>-4$

$f(1)=-1+2a+3a<0$에서 $a<\dfrac{1}{5}$

$\therefore -4<a<\dfrac{1}{5}$

(ii) $f(x)=-x^2+2ax+3a=-(x-a)^2+a^2+3a$

의 대칭축이 $x=a$이므로 $-2<a<1$

(iii) $\dfrac{D}{4}=a^2+3a\geq0$

$g(a)=a^2+3a=a(a+3)$이라 하면 함수 $g(a)$의 그림은 다음과 같다.

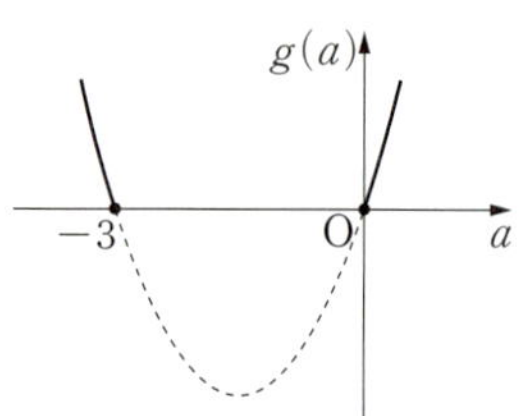

$g(a)\geq0$인 경우는 $a\leq-3$ 또는 $a\geq0$

(i), (ii), (iii)을 동시에 만족하는 a의 값의 범위는

$0\leq a<\dfrac{1}{5}$이다.   답 $0\leq a<\dfrac{1}{5}$

memo

memo

이해쏙쏙
술술풀이

중3-상